Schriften zum Immobilienrecht

Band 7

Emma Sammet

Das Gesetz des Wohnungsmarktes

Rekonstruktion ökonomischer Annahmen der Wohngesetzgebung

Nomos

Onlineversion
Nomos eLibrary

Die Deutsche Nationalbibliothek verzeichnet diese Publikation in der Deutschen Nationalbibliografie; detaillierte bibliografische Daten sind im Internet über http://dnb.d-nb.de abrufbar.

Zugl.: Bielefeld, Univ., Diss., 2025

1. Auflage 2025

Publiziert von
Nomos Verlagsgesellschaft mbH & Co. KG
Waldseestraße 3–5 | 76530 Baden-Baden
www.nomos.de

Gesamtherstellung:
Nomos Verlagsgesellschaft mbH & Co. KG
Waldseestraße 3–5 | 76530 Baden-Baden

ISBN (Print): 978-3-7560-3332-4
ISBN (ePDF): 978-3-7489-6266-3

DOI: https://doi.org/10.5771/9783748962663

Vorwort

Die vorliegende Arbeit verfolgt die ökonomischen Wissensstrukturen, die der Gesetzgebung hinsichtlich des Wohnens zugrunde liegen, auf ihre Ursprünge zurück. Gleichzeitig bietet sie eine Methodik zur Rekonstruktion dieser gesetzgeberischen Annahmen an und vermisst das Feld der Wohngesetzgebung neu. Sie wurde im Wintersemester 2024/2025 von der Fakultät für Rechtswissenschaft der Universität Bielefeld als Dissertation angenommen. Literatur wurde bis April 2025 berücksichtigt.

Mein Dank gilt zuvorderst und in besonderem Maße Prof. Dr. Thomas Wischmeyer für die Betreuung der Arbeit und die stets konstruktive Kritik. Er hat es vermocht, die Freude am wissenschaftlichen Denken vorzuleben und zu vermitteln. Die Stimmung am Lehrstuhl, besonders während der Doktorand*innenseminare, wird mir als produktiv und unbeschwert in Erinnerung bleiben. Hierzu haben auch viele lieb gewonnene Kolleginnen und Kollegen beigetragen.

Ich danke Prof. Dr. Markus Artz für die Erstellung des Zweitgutachtens und die Unterstützung des Nachwuchsnetzwerks „Wohnen im Recht" als Vorsitzender des Mietgerichtstags. Den weiteren Herausgebern der Schriften zum Immobilienrecht, Prof. Dr. Beate Gsell, Prof. Dr. Florian Jacoby und Prof. Dr. Hubert Schmidt, danke ich für die Aufnahme in die Schriftenreihe.

Was Rechts*wissenschaft* bedeutet, durfte ich das erste Mal 2017 bei einem Schwerpunktseminar im brandenburgischen Teupitz erleben. Das gemeinschaftliche ernsthafte, präzise und kritische Nachdenken hat mich sehr beeindruckt. Umso glücklicher bin ich, dass ich auch in der Dissertationszeit mit vielen klugen Juristinnen über unsere Projekte diskutieren durfte. Mein besonderer Dank gilt Dr. Juliane Rausch für die Begleitung von Anfang an: für den stetigen Austausch, die klugen Anregungen und das gegenseitige Empowerment.

Das inter- und intradisziplinäre Forschen und die Berücksichtigung neuer Forschungsansätze haben mir verschiedene Zusammenhänge erleichtert. Insbesondere danke ich Anna-Katharina König und Eva Herzog für den Austausch zu Law and Political Economy. Franziska Brachthäuser und Undine Christian danke ich stellvertretend für viele für unsere Austauschtreffen zum Wohnen im Recht. Methodische Fragen durfte ich mit Elisabeth Faltinat diskutieren, Louise Majetschak und Hoa Vuong haben die Arbeit durch verschiedene Phasen begleitet und Moritz Mesterheide viele Türen in Bielefeld für mich geöffnet.

Der Zuspruch und die Unterstützung meiner Eltern, Freundinnen und Weggefährtinnen hat mich durch die Höhen und Tiefen der nun vorliegenden Arbeit getragen. Ganz besonders und seit vielen Jahren begleitet Lucas Kannenberg mein Nachdenken. Das geteilte Interesse an der politischen Ökonomie, seine Unterstützung in allen Lebenslagen und unsere endlosen Spaziergänge haben die Entstehung dieser Arbeit geprägt.

Berlin im Mai 2025

Inhaltsübersicht

Inhaltsverzeichnis 11

Abkürzungsverzeichnis 21

Einführung 25

§ 1 Wohngesetzgebung zwischen Ökonomie und Recht 27

§ 2 Ökonomische Annahmen der Gesetzgebung 35

A. Begriff und Bedeutung gesetzgeberischer Annahmen 36
B. Annahmen ‚der Gesetzgebung' 49
C. Methodik der Rekonstruktion 53

§ 3 Begriff und Entwicklung der Wohngesetzgebung 61

A. Wohngesetzgebung als Untersuchungsgegenstand 61
B. Entwicklung der Wohngesetzgebung in Deutschland 64
C. Das wohngesetzgeberische Instrumentarium 82

Erster Teil: Ökonomische Annahmen und gesetzgeberische Argumentationslinien 87

§ 4 Das neoklassische Grundmodell: Die Wohnung als Wirtschaftsgut 91

A. Neoklassische Grundlagen 92
B. Neoklassische Argumentationslinien 102
C. Zusammenfassung 119

§ 5 Ansätze polit-ökonomischer Kritik: Die Wohnung als Sozialgut 121

A. Leerstellen und Kritik der Neoklassik 122
B. Polit-ökonomisches Wissen in der Wohngesetzgebung 136
C. Zusammenfassung 158

§ 6 Die Bedeutung der Sozialen Marktwirtschaft 161

A. Theorie, Konzept und Mythos 163
B. Soziale Marktwirtschaft und Wohngesetzgebung 180
C. Zusammenfassung 198

Zweiter Teil: Analyse der Wohngesetzgebung 201

§ 7 Wohngeld 203

A. Einordnung: Wohngeld als Instrument der Subjektförderung 204
B. Materialienkorpus: Gesetzgeberische Meilensteine des Wohngelds 210
C. Analyse: Einführung und Durchsetzung der Wohnungsmarktwirtschaft 230
D. Zusammenfassung: Die Bedeutung des Wohngelds für die Soziale Marktwirtschaft 265

§ 8 Mietpreisbremse 269

A. Einordnung: Die Mietpreisbremse im Mietpreisrecht 270
B. Materialienkorpus: Einführung und Entwicklung der Mietpreisbremse 275
C. Analyse: Soziale Ziele im marktwirtschaftlichen Rahmen 280
D. Zusammenfassung: Abwägung sozialer Ziele im marktwirtschaftlichen System 340

§ 9 Grundsteuer 343

A. Einordnung: Die Grundsteuer als wohnungs- und bodenpolitisches Instrument 344
B. Materialienkorpus: Grundsteuerreform 2019 360
C. Analyse: Ökonomische Wertungsentscheidungen zwischen den Grundsteuermodellen 363
D. Zusammenfassung: Modelldiskussionen und marktwirtschaftliche Impulse 392

§ 10 Milieuschutzsatzungen 395

A. Einordnung: Milieuschutz im Städtebaurecht 396
B. Materialienkorpus: Gesetzesmaterialien zum Milieuschutz 404

C. Analyse: Entwicklung des Erhaltungsgedankens zwischen Milieuschutz und Eigentum 410
D. Gegenerzählung des Bundesverwaltungsgerichts: Das Ende des erhaltungsrechtlichen Vorkaufsrechts 434
E. Zusammenfassung: Der Erhaltungsgedanke unter Druck 447

Schluss 449

§ 11 Zusammenfassung und Fazit 451

A. Potenzial des Forschungsansatzes: Rekonstruktion gesetzgeberischer Annahmen 452
B. Annahmen der Wohngesetzgebung: Wirkungsweisen und Argumentationsmuster 454
C. Status quo: Das Recht des Wohnungsmarktes 458
D. Ausblick: Methodische Entfaltung und weitere Bedeutung 461

Verzeichnis der Gesetzesmaterialien 465

Literaturverzeichnis 481

Inhaltsverzeichnis

Abkürzungsverzeichnis 21

Einführung 25

§ 1 Wohngesetzgebung zwischen Ökonomie und Recht 27

§ 2 Ökonomische Annahmen der Gesetzgebung 35

A. Begriff und Bedeutung gesetzgeberischer Annahmen 36
I. Wissen im Recht 37
II. Gesetzgeberische Wissensstrukturen 40
III. Argumente als Schlüssel 46
IV. Notwendigkeit der Rekonstruktion 47
B. Annahmen ‚der Gesetzgebung' 49
C. Methodik der Rekonstruktion 53

§ 3 Begriff und Entwicklung der Wohngesetzgebung 61

A. Wohngesetzgebung als Untersuchungsgegenstand 61
B. Entwicklung der Wohngesetzgebung in Deutschland 64
I. Gesetzgeberischer Umgang mit der Wohnungsfrage bis 1945 65
II. Frühe bundesrepublikanische Wohngesetzgebung 69
III. Konsolidierung der bundesrepublikanischen Wohngesetzgebung 72
IV. Wohngesetzgebung seit der Wende 75
V. Zusammenfassung: Konjunkturen der Wohngesetzgebung 81
C. Das wohngesetzgeberische Instrumentarium 82

Erster Teil: Ökonomische Annahmen und gesetzgeberische Argumentationslinien 87

§ 4 Das neoklassische Grundmodell: Die Wohnung als Wirtschaftsgut 91

A. Neoklassische Grundlagen 92
I. Das neoklassische Paradigma 94
II. Ökonomische Effizienz 96
III. Das Modell der vollständigen Konkurrenz 98
IV. Marktversagen als Rechtfertigung für staatliches Handeln 100
B. Neoklassische Argumentationslinien 102
I. Primat des Marktes 103
1. Rechtfertigungsbedürftigkeit rechtlicher Regelungen 103
a) Preismechanismus und Marktversagen 103
b) Maßnahmen vor dem Hintergrund von Mangellagen 105
2. Subjektförderung als marktneutrale Maßnahme 109
3. Rückzug des Staates aus dem Wohnungswesen 110
II. Wohnungswirtschaftliche Effizienz 111
1. Vermeidung von Fehlallokationen 111
2. Trickle-Down durch Filtering-Prozesse 113
III. Angebotsorientierte Policy und Profitanreize 115
IV. Eigentumsförderung 117
C. Zusammenfassung 119

§ 5 Ansätze polit-ökonomischer Kritik: Die Wohnung als Sozialgut 121

A. Leerstellen und Kritik der Neoklassik 122
I. Law and Political Economy 122
1. Kritik am Status quo neoliberalen Rechtsdenkens 124
2. Reorientierungen: Macht, Verteilung und Demokratie 126
II. Politische Ökonomie des Wohnens 128
1. Zirkulation des Kapitals 130
2. Wohnen als soziales Verhältnis 131
3. Wohnen und Ideologie 133
4. Neue Paradigmen: Dekommodifizierung und Demokratisierung 134

III. Potenzial polit-ökonomischer Analysekategorien 135
B. Polit-ökonomisches Wissen in der Wohngesetzgebung 136
I. Soziale Fragen und Ungleichheit 136
1. Die soziale Bedeutung des Wohnens 137
2. Soziale Überformung und Steuerung des Wohnungsmarktes 139
a) Einkommensschwache und diskriminierte Bevölkerungsgruppen 140
b) Segregation und Gentrifizierung 142
3. Fragen der Gerechtigkeit: Nutzen und Kostentragung 143
II. Strukturelle Besonderheiten und rechtspolitische Folgerungen 144
1. Die Besonderheiten von Wohnung und Wohnungsmarkt 144
2. Systemisches Marktversagen 147
3. Strategien rund um Sickereffekte 150
4. Gemeinwohlorientierung jenseits von Markt und Staat 152
III. Mitbestimmung: Demokratische Handlungsmacht 153
1. Markt-Staat-Polarisierung 154
2. Die Bedeutung des Wohneigentums 156
C. Zusammenfassung 158

§ 6 Die Bedeutung der Sozialen Marktwirtschaft 161

A. Theorie, Konzept und Mythos 163
I. Annäherung an die Soziale Marktwirtschaft 164
1. Der theoretische Hintergrund des Ordoliberalismus 165
2. Die Formulierung als Leitbild 167
II. Entfaltung der Sozialen Marktwirtschaft 169
III. Grundelemente der Sozialen Marktwirtschaft 174
1. Wettbewerbsordnung und Marktmechanismus 175
2. Soziale Dimensionen 177
3. Die Soziale Marktwirtschaft als Fahnenwort 179
B. Soziale Marktwirtschaft und Wohngesetzgebung 180
I. Der Ordo-Gedanke eines stabilen wirtschaftlichen Rahmens 181

II. Konformitätsmerkmale einer Sozialen Wohnungsmarktwirtschaft 182
1. Wohnungsmarkt und Mietpreisfreigabe 183
2. Subjektförderung als ideales Instrument 186
III. Sozialpartnerschaft im Wohnungswesen 188
IV. Entproletarisierung durch Wohneigentum 190
V. Soziale Marktwirtschaft als Leitbegriff im Wohnungssektor 192
1. Soziale Marktwirtschaft als gesetzgeberischer Bezugspunkt 193
2. Soziales Mietrecht als Ausprägung der Sozialen Marktwirtschaft 195
C. Zusammenfassung 198

Zweiter Teil: Analyse der Wohngesetzgebung 201

§ 7 Wohngeld 203

A. Einordnung: Wohngeld als Instrument der Subjektförderung 204
I. Wohngeld als staatlicher Wohnkostenzuschuss 205
II. Wohngeld im System der öffentlichen Förderung 208
B. Materialienkorpus: Gesetzgeberische Meilensteine des Wohngelds 210
I. Einführungsphase 211
1. Erstes Bundesmietengesetz (1955) 212
2. Zweites Wohnungsbaugesetz (1956) 213
3. Abbaugesetz (1960) 215
4. Wohnbeihilfegesetz (1963) 216
5. Wohngeldgesetz (1965) 218
II. Normalisierungsphase 219
1. Zweites Wohngeldgesetz (1970) 219
2. Wohngeldsondergesetz (1991) 220
3. Gesetz zur Änderung des Wohngeldrechts und anderer Gesetze (1999) 221
4. Wohngeldnovelle (2008) 222
III. Neuere Entwicklungen 224
1. Wohngeldstärkungsgesetz (2019) 225
2. Wohngeld-CO_2-Bepreisungsentlastungsgesetz (2020) 226
3. Wohngeld-Plus-Gesetz (2022) 227

C. Analyse: Einführung und Durchsetzung der Wohnungsmarktwirtschaft 230
I. Gesetzgeberische Annahmen I: Soziale Ziele des Wohngeldes 231
1. Wohnen als existenzielles Bedürfnis 231
2. Wohngeld im Sozialstaat 233
II. Gesetzgeberische Annahmen II: Wohngeld in der Sozialen Marktwirtschaft 236
1. Wohngeld zur Legitimierung der Marktwirtschaft 237
a) Der Abbau der „Zwangswirtschaft“ als Kontext und Bezugspunkt 239
b) Wirtschaftlichkeit des Hausbesitzes 241
c) Beihilfen als zwingendes Junktim 243
2. Soziale Marktwirtschaft als konstanter Denkrahmen 245
a) Schrittweise Normalisierung des „Netz vor dem Netz“ 246
b) Aktualisierung durch Parallelen: Staatliche Zuschüsse als Absicherungsmodus in Krisenzeiten 247
c) Wohngeld trotz Kritik 251
3. Zusammenfassung: Wohngeld zur Absicherung des Wohnungsmarktes 254
III. Gesetzgeberische Annahmen III: Individualistische Ausrichtung des Wohngeldes 255
1. Individualprinzip und Zielgenauigkeit 255
2. Zaghafte strukturelle Entwicklungstrends 258
IV. Gesetzgeberische Annahmen IV: Wohngeld im Bedeutungszusammenhang mit Eigentum und Familie 259
1. Der Lastenzuschuss als Ausdruck sozialmarktwirtschaftlicher Eigentumspolitik 260
2. Verhandlung von Familienvorstellungen im Wohngeld 261
D. Zusammenfassung: Die Bedeutung des Wohngelds für die Soziale Marktwirtschaft 265

§ 8 Mietpreisbremse 269

A. Einordnung: Die Mietpreisbremse im Mietpreisrecht 270
I. Die Bedeutung des Vergleichsmietensystems 271

II. Regelungsregime der Mietpreisbremse 274
B. Materialienkorpus: Einführung und Entwicklung der Mietpreisbremse 275
I. Mietrechtsnovellierungsgesetz (2015) 276
II. Mietrechtsanpassungsgesetz (2018) 277
III. Gesetz zur Verlängerung und Verbesserung der Regelungen über die zulässige Miethöhe bei Mietbeginn (2020) 279
C. Analyse: Soziale Ziele im marktwirtschaftlichen Rahmen 280
I. Gesetzgeberische Annahmen I: Marktbasierte Problembeschreibung 281
1. Wohnungsknappheit und Nachfrageüberhang in prosperierenden Städten 282
2. Räumliche Begrenzung auf angespannte Wohnungsmärkte 285
3. Eingeschränkte Effizienz: Fehlbelegung bei angespannten Marktlagen 290
II. Gesetzgeberische Annahmen II: Neoklassische Problemlösung abseits der Mietpreisbremse 290
1. Bekämpfung der Ursachen statt nur der Symptome 292
2. Anreize für Neubau statt einer Investitionsbremse 295
III. Gesetzgeberische Annahmen III: Die Mietpreisbremse als Markteingriff 299
1. Milderung und Dynamisierung durch die ortsübliche Vergleichsmiete 300
a) Konstituierung der Vergleichsmiete 301
b) Marktorientierung der Vergleichsmiete 304
2. Bestandsschutz der Vormiete 308
3. Befristung und Ausnahmen: Die Mietpreisbremse als vorübergehende Intervention 310
IV. Gesetzgeberische Annahmen IV: Sozialer Ausgleich mit der Mietpreisbremse 312
1. Soziale Fragen im Wohndualismus 313
2. Soziales Mietrecht in der Sozialen Marktwirtschaft 315
3. Ein neuer Impuls im Sozialen Mietrecht: „Gentrifizierung“ verhindern 318
V. Gesetzgeberische Annahmen V: Sozialbindung und gesetzgeberische Handlungsspielräume 322

VI. Gesetzgeberische Annahmen VI: Individuelle Zugriffe jenseits von Machtverhältnissen 330
1. Mieterschutz als Verbraucherschutz? 333
2. Durchsetzung der Mietpreisbremse: privatrechtlich und individuell 334
3. Informationshierarchien: Auskunft und Rüge 336
D. Zusammenfassung: Abwägung sozialer Ziele im marktwirtschaftlichen System 340

§ 9 Grundsteuer 343

A. Einordnung: Die Grundsteuer als wohnungs- und bodenpolitisches Instrument 344
I. Bodenpolitische Grundlagen 345
II. Die Grundsteuer im System der indirekten Förderung 349
III. Entwicklung der Grundsteuer 351
IV. Die Grundsteuer im föderalen Zusammenspiel 356
1. Kompetenzen und Modelle 356
2. Verfahren und Erhebung der Bundesgrundsteuer 359
B. Materialienkorpus: Grundsteuerreform 2019 360
C. Analyse: Ökonomische Wertungsentscheidungen zwischen den Grundsteuermodellen 363
I. Gesetzgeberische Spielräume für ökonomische Annahmen 365
II. Gesetzgeberische Annahmen I: Diskussionen über Belastungsgründe und Modelle 368
1. Potenzielle Leistungsfähigkeit der Eigentümerinnen 369
2. Pauschalierte Werteinschätzung nach dem Grundstücksmarkt 372
3. Die Grundsteuer als Ausgleich für kommunale Leistungen 376
III. Gesetzgeberische Annahmen II: Belastungswirkung zulasten der Mieterinnen 379
1. „Mietenturbo“ und Aufkommensneutralität 380
2. Umlage auf Mieterinnen als Fortführung des Äquivalenzansatzes 382
3. (Wert-)Vorteile, Schutzbedürftigkeit und Marktwirtschaft 384

IV. Gesetzgeberische Annahmen III: Sozialer Anspruch unter marktwirtschaftlichem Mantel 387
1. Grundsteuerreduzierungen aus sozialen Gründen 387
2. Baulandmobilisierung: Anreize zum Wohnungsbau 389
D. Zusammenfassung: Modelldiskussionen und marktwirtschaftliche Impulse 392

§ 10 Milieuschutzsatzungen 395

A. Einordnung: Milieuschutz im Städtebaurecht 396
I. Begriff und Entwicklung des Milieuschutzrechts 398
II. Erhaltungssatzungen und kommunales Vorkaufsrecht 401
B. Materialienkorpus: Gesetzesmaterialien zum Milieuschutz 404
I. Gesetz zur Änderung des Bundesbaugesetzes (1976) 404
II. Gesetz über das Baugesetzbuch (1986) 406
III. Bau- und Raumordnungsgesetz (1998) 407
IV. Aktuelle Entwicklungen 408
C. Analyse: Entwicklung des Erhaltungsgedankens zwischen Milieuschutz und Eigentum 410
I. Gesetzgeberische Annahmen I: Variationen des Erhaltungsgedankens 411
1. Mittelbarer Milieuschutz: Modernisieren, um zu erhalten 413
a) Modernisierungen als Voraussetzung für Milieuschutz 413
b) Kontinuität des Gedankens in den Debatten um Substandards 414
2. Milieuschutz als Erhaltungsziel: Erhalt der Bevölkerungsstruktur 416
a) Der milieuschutzrechtliche Erhaltungszweck im Bundesbaugesetz 416
b) Sicherstellung des Erhaltungszwecks im Baugesetzbuch 419
3. Milieuschutz als Mieterschutz: ein Verständnis in Entwicklung 422
a) Schutz von Mieterinnen 423
b) Aufwertung und Ablehnung des Mieterschutzgedankens 425

II. Gesetzgeberische Annahmen II: Eigentum als Argument 427
1. Eigentumsbildung als gesetzgeberische Leitvorstellung 428
2. Bedeutung des Eigentums in der gesetzgeberischen Abwägung 429
3. Marktwirtschaftlich begründete Skepsis als aktuelle Entwicklung 431
III. Zusammenfassung: Die Entwicklung des Erhaltungszwecks in Abwägung mit Eigentum und Marktwirtschaft 433
D. Gegenerzählung des Bundesverwaltungsgerichts: Das Ende des erhaltungsrechtlichen Vorkaufsrechts 434
I. Rekonstruktionserzählung des Bundesverwaltungsgerichts 436
II. Gesetzgeberische Reaktion: Diskussion um Aufwertung des Erhaltungszwecks 441
III. Deutungen der Gesetzgebungsgeschichte 446
E. Zusammenfassung: Der Erhaltungsgedanke unter Druck 447

Schluss 449

§ 11 Zusammenfassung und Fazit 451

A. Potenzial des Forschungsansatzes: Rekonstruktion gesetzgeberischer Annahmen 452
B. Annahmen der Wohngesetzgebung: Wirkungsweisen und Argumentationsmuster 454
C. Status quo: Das Recht des Wohnungsmarktes 458
D. Ausblick: Methodische Entfaltung und weitere Bedeutung 461

Verzeichnis der Gesetzesmaterialien 465

Literaturverzeichnis 481

Abkürzungsverzeichnis

Abkürzung	**Erläuterung**
1. BMG	Gesetz über Maßnahmen auf dem Gebiete des Mietpreisrechts (Erstes Bundesmietengesetz)
1. WoBauG	Erstes Wohnungsbaugesetz
2. BMG	Zweites Bundesmietengesetz
2. MRÄndG	Zweites Gesetz zur Änderung mietrechtlicher Vorschriften (Zweites Mietrechtsänderungsgesetz)
2. WKSchG	Zweites Gesetz über den Kündigungsschutz für Mietverhältnisse über Wohnraum (Zweites Wohnraumkündigungsschutzgesetz)
2. WoBauG	Zweites Wohnungsbaugesetz
2. WoGG	Zweites Wohngeldgesetz
4. MRÄndG	Viertes Gesetz zu Änderung mietrechtlicher Vorschriften (Viertes Mietrechtsänderungsgesetz)
AbbauG	Gesetz über den Abbau der Wohnungszwangswirtschaft und über ein soziales Miet- und Wohnrecht (Abbaugesetz)
Abg.	Abgeordnete(r)
AGH-Drs.	Drucksache des Abgeordnetenhauses von Berlin
BauROG	Gesetz zur Änderung des Baugesetzbuchs und zur Neuregelung des Rechts der Raumordnung (Bau- und Raumordnungsgesetz 1998)
BBauGÄndG	Gesetz zur Änderung des Bundesbaugesetzes (Bundesbaugesetzänderungsgesetz)
BBSR	Bundesinstitut für Bau-, Stadt- und Raumforschung
BetrKV	Betriebskostenverordnung
BewG	Bewertungsgesetz
BM	Bundesminister/Bundesministerin
BMWK	Bundesministerium für Wirtschaft und Klimaschutz
BMWSB	Bundesministerium für Wohnen, Stadtentwicklung und Bauwesen
BR-PlProt.	Plenarprotokoll des Deutschen Bundesrates

BT-PlProt.	Plenarprotokoll des Deutschen Bundestages
FAG	Gesetz über den Finanzausgleich zwischen Bund und Ländern (Finanzausgleichsgesetz)
GBauGB	Gesetz über das Baugesetzbuch
GBl. DDR	Gesetzesblatt der Deutschen Demokratischen Republik
GdW	Bundesverband deutscher Wohnungs- und Immobilienunternehmen
GG-Änd. GrStG	Gesetz zur Änderung des Grundgesetzes (Artikel 72, 105 und 125b)
GrStG	Grundsteuergesetz
GrStGÄndG	Gesetz zur Änderung des Grundsteuergesetzes zur Mobilisierung von baureifen Grundstücken für die Bebauung
GrStRefG	Gesetz zur Reform des Grundsteuer- und Bewertungsrechts (Grundsteuer-Reformgesetz)
HSanG	Haushaltssanierungsgesetz
i.A.	in Arbeit
INSM	Initiative Neue Soziale Marktwirtschaft
KdU	Kosten der Unterkunft
LPE	Law and Political Economy
MEW	Marx-Engels-Werke
MHG	Gesetz zur Regelung der Miethöhe (Miethöhegesetz)
MietAnpG	Gesetz zur Ergänzung der Regelungen über die zulässige Miethöhe bei Mietbeginn und zur Anpassung der Regelungen über die Modernisierung der Mietsache (Mietrechtsanpassungsgesetz)
MietNovG	Gesetz zur Dämpfung des Mietanstiegs auf angespannten Wohnungsmärkten und zur Stärkung des Bestellerprinzips bei der Wohnungsvermittlung (Mietrechtsnovellierungsgesetz)
MietRVerbG	Gesetz zur Verbesserung des Mietrechts und zur Begrenzung des Mietanstiegs sowie zur Regelung von Ingenieur- und Architektenleistungen (Mietrechtsverbesserungsgesetz)
MPBRefG	Gesetz zur Verlängerung und Verbesserung der Regelungen über die zulässige Miethöhe bei Mietbeginn (Mietpreisbremsenreformgesetz)
MSchG	Gesetz über Mieterschutz und Mieteinigungsämter (Mieterschutzgesetz)

MÜG	Gesetz zur Überleitung preisgebundenen Wohnraums im Beitrittsgebiet in das allgemeine Miethöherecht (Mietenüberleitungsgesetz)
MWoErhG	Gesetz zur Erhöhung des Angebots an Mietwohnungen
RMG	Reichsmietengesetz
SenSBW	Senatsverwaltung für Stadtentwicklung, Bauen und Wohnen des Landes Berlin
VKRÄG	Vorkaufsrechtsänderungsgesetz
VorkG	Gesetz zur Wiederherstellung des Vorkaufsrechts in Milieuschutzgebieten (Neues Vorkaufsrecht-Gesetz)
WKSchG	Gesetz über den Kündigungsschutz für Mietverhältnisse über Wohnraum (Wohnraumkündigungsschutzgesetz)
WoBauRefG	Gesetz zur Reform des Wohnungsbaurechts (Wohnungsbaureformgesetz)
WoFG	Wohnraumförderungsgesetz
WoGCO_2BeprEntlG	Gesetz zur Entlastung bei den Heizkosten im Wohngeld im Kontext der CO_2-Bepreisung
WoGG	Wohngeldgesetz
WoGNovG	Gesetz zur Änderung des Wohngeldgesetzes und anderer Gesetze (Wohngeldnovellierungsgesetz)
WoGRefG	Gesetz zur Reform des Wohngeldrechts und zur Änderung des Wohnraumförderungsgesetzes
WoGStärkG	Gesetz zur Stärkung des Wohngeldes (Wohngeldstärkungsgesetz)
WWSUVtr	Vertrag über die Schaffung einer Währungs-, Wirtschafts- und Sozialunion zwischen der Bundesrepublik Deutschland und der Deutschen Demokratischen Republik

Übliche Abkürzungen sowie Zeitschriftenabkürzungen werden nicht aufgeführt. Im Übrigen wird auf *Kirchner*, Abkürzungsverzeichnis der Rechtssprache, 11. Aufl. Berlin 2024, verwiesen.

Einführung

§ 1 Wohngesetzgebung zwischen Ökonomie und Recht

Das Recht konstituiert die ökonomischen Verhältnisse – die ökonomischen Verhältnisse wirken auf das Recht. Diese Zusammenhänge von Recht und Ökonomie sind ebenso komplex wie dem Grunde nach bekannt.[1] Gleichwohl ist das Verhältnis der korrespondierenden wissenschaftlichen Disziplinen nicht endgültig festgelegt, sondern einer ständigen Entwicklung unterworfen.[2] Innerhalb der Gemengelage zwischen Ökonomie und Rechtswissenschaft erweist sich seit den 1970er Jahren eine bestimmte Ausprägung ökonomischer Theorien des Rechts als zunehmend bedeutsam:[3] Bekannt als *Law and Economics* oder Rechtsökonomik informieren die auf ihnen basierenden ökonomischen Analysen des Rechts Juristinnen, Ökonominnen und Politikerinnen über die ökonomischen Auswirkungen rechtlicher Regelungen – und bringen dabei spezifische ökonomische Prämissen in das Recht ein.[4]

Aktuell werden diese wissenschaftlichen Ansätze und ökonomischen Denkmodelle wieder verstärkt hinterfragt: Ob, wie und mit welchen Folgen bestimmte ökonomische Annahmen, Deutungsmuster und Argumenta-

---

1 Zumal die ökonomischen Kerninstitutionen (Eigentum, Verträge) rechtliche Institutionen sind, stehen Rechtswissenschaft und Ökonomie seit jeher in einem engen Verhältnis, *Kjaer*, in: Kjaer (Hrsg.), Law of Political Economy, 2020, S. 1 (2); *Deakin et al.*, Journal of Comparative Economics 2017, 188.

2 Die Diskussionen der jeweiligen Disziplinen haben sich trotz ihrer inneren Verbindung oft genug getrennt voneinander entwickelt, *Kjaer*, in: Kjaer (Hrsg.), Law of Political Economy, 2020, S. 1 (2). Dass erst die „Auflösung der umfassenden alten Staatswissenschaft" interdisziplinäres Arbeiten erforderte, stellt *Morlok*, in: Engel/Morlok (Hrsg.), Öffentliches Recht als ein Gegenstand ökonomischer Forschung, 1998, S. 1 (2), heraus. Zur Vorstellung von Rezeptionsverläufen als Zyklen *Bumke*, in: Marsch/Münkler/Wischmeyer (Hrsg.), Apokryphe Schriften, 2018, S. 47 (49).

3 Auch die Verwendung ökonomischer Theorien, um Erkenntnisse im Bereich des Rechts zu gewinnen, ist kein neues Phänomen, *Mackaay*, in: Bouckaert/Geest (Hrsg.), Encyclopedia of Law and Economics, 2000, S. 65 (65 ff.). Siehe zur Unterscheidung von „Old and New Law and Economics" u.a. *Lieth*, Ökonomische Analyse des Rechts, 2007, S. 26 ff.; dazu, dass es sich auch bei den ökonomischen Analysen des Rechts um keinen homogenen Ansatz handelt, überblicksartig *Horst*, in: Buckel/Christensen/Fischer-Lescano (Hrsg.), Neue Theorien des Rechts, 3. Aufl. 2020, S. 301 (303); → § 4, insb. Fn. 1.

4 Vgl. *Horst*, in: Buckel/Christensen/Fischer-Lescano (Hrsg.), Neue Theorien des Rechts, 3. Aufl. 2020, S. 301 (301 f.).

tionslinien das Recht und rechtswissenschaftliche Diskurse prägen, ist Gegenstand von Diskussionen, die unter der Bezeichnung *Law and Political Economy* aus dem US-amerikanischen Raum den Weg nach Deutschland finden.[5] Dieser rechtskritische Ansatz, der auf verschiedenen wissenschaftlichen Traditionen aufbaut und sich maßgeblich gegen die Hegemonie des *Law and Economics*-Ansatzes richtet,[6] ist ein neuerlicher Impuls, sich mit dem Stellenwert ökonomischen Wissens im deutschen Rechtssystem zu beschäftigen.[7] Dieser Impuls lässt sich mit verschiedenen jüngeren Arbeiten zur Bedeutung von Leiterzählungen im und Leitbildern für das Recht verbinden und ist somit Teil eines breiteren rechtswissenschaftlichen Reflexionsprozesses.[8] Diese Arbeiten zeigen nicht nur, wie Leiterzählungen und -bilder methodisch sichtbar gemacht werden können, sondern belegen zugleich die Notwendigkeit dieser Rekonstruktionen, indem sie die vorherrschenden Erzählungen infrage stellen oder jedenfalls eine stärkere Reflexion im Umgang mit ihnen fordern. Mit der vorliegenden Arbeit werden auch diese methodischen Impulse aufgegriffen und auf das Feld der Wohngesetzgebung angewandt.

Auch wenn ökonomisches Wissen auf unterschiedlichen Wegen Eingang ins Recht erhält, stellt die Gesetzgebung einen besonders wirkmächtigen Rezeptionsmechanismus dar. Denn bei der Rechtsetzung liegt ihr stets ein bestimmtes Verständnis der Realität zugrunde.[9] Sie verarbeitet daher Wissen verschiedenster Disziplinen, auch solches der Ökonomie, teilwei-

5 Vgl. einführend *Britton-Purdy/Grewal/Kapczynski/Rahman*, Yale L. J. 2020, 1784; *Britton-Purdy/Kapczynski/Grewal*, Manifesto, LPE-Blog v. 11.6.2017.

6 → § 5 A. I.

7 *Herzog*, JZ 78 (2023), 968 (972); zum Wissensbegriff und den konkret interessierenden Wissensstrukturen → § 2 A.

8 Siehe nur *J. Braun*, Leitbilder, 2015; *Croon-Gestefeld*, Gemeininteressen im Privatrecht, 2022. Parallel lassen sich bereits seit längerer Zeit rechtssoziologische und politikwissenschaftliche Ansätze beobachten, die unter dem Stichwort *Interpretive Policy Analysis* politische Bedeutungszuschreibungen und deren Institutionalisierung thematisieren, einführend *van Hulst et al.*, Critical Policy Studies 2024, 1; *Münch*, Interpretative Policy-Analyse, 2016.

9 Vgl. *Wolff*, Anreize im Recht, 2021, S. 16, 31; *Münkler*, Expertokratie, 2020, S. 398, 400. Von einer Integration der Angebote der Sozialwissenschaften „im Prozeß der Wirklichkeitskonstruktion der juristischen Profession" schreibt *Hoffmann-Riem*, DV Beiheft 2 (1999), 83 (85). Ökonomische Theorie ist in diesem Sinne hilfreich bei der „Vergewisserung über die tatsächlichen Umstände", *Morlok*, in: Engel/Morlok (Hrsg.), Öffentliches

se ausdrücklich, teilweise implizit.[10] Die ökonomischen Analysen des Rechts dienen sich der Gesetzgebung dabei offen an, indem sie „normlegitimierende[ ] Argumente“ bereitstellen.[11] Sie liefern also, unter anderem im Zuge der Gesetzesfolgenabschätzung, Argumente, mit denen die Gesetzgebung „ihre Normvorstellung stützen kann oder gegen die sie ihren Rechtsetzungsvorschlag verteidigen muß.“[12] Wenn die Gesetzgebung auf dieses Wissen zurückgreift, macht sie sich neben den Argumenten die diesen zugrunde liegenden Prämissen als Annahmen zu eigen und überführt sie ins Recht. Das Gesetzgebungsverfahren fungiert dabei gleichsam als Filter: Hier entscheidet sich, welche ökonomischen Annahmen und Argumente, wie und mit welchem Gewicht in das Gesetz eingehen.[13] Im Zuge des Gesetzgebungsverfahrens wird dieses Wissen schließlich mit einem rechtlichen Geltungsanspruch versehen, zeitlich fixiert und wirkt über die genetische Auslegung auf das Rechtsverständnis zurück.[14] Während die ökonomischen Annahmen trotz ihres prägenden Charakters in diesem Prozess vielfach unsichtbar werden, ist es Anliegen der vorliegenden Untersuchung, sie sichtbar zu machen, zu kontextualisieren und somit reflektierbar zu machen. Entscheidend ist dabei weder die ‚Wahrheit‘ oder ‚Richtigkeit‘ der

Recht als ein Gegenstand ökonomischer Forschung, 1998, S. 1 (2); weiter *von Arnauld,* in: C. Klein/Martínez (Hrsg.), Wirklichkeitserzählungen, 2009, S. 14 (20 f.).

10 Umfassend *Münkler*, Expertokratie, 2020.

11 *Janson*, Ökonomische Theorie im Recht, 2004, S. 127 f.; weiter zur ökonomischen Theorie und Analyse des Rechts → § 4 A.

12 *Janson*, Ökonomische Theorie im Recht, 2004, S. 129. Das kann auch für grundlegende Normvorstellungen gelten, die sich aus der Ökonomie als wirtschaftspolitische Programme übersetzen und schließlich in das Recht eingehen.

13 Der Begriff des Filters wurde entlehnt von *S. Schulz*, Die freiheitliche demokratische Grundordnung, 2019, S. 79; ähnlich zuvor auch *Hoffmann-Riem*, in: Bentele/Rühl (Hrsg.), Theorien öffentlicher Kommunikation, 1993, S. 461 (462); *Hoffmann-Riem*, DV Beiheft 2 (1999), 83 (85). Vgl. weiter *Hoffmann-Riem*, in: Schmidt-Aßmann/Hoffmann-Riem (Hrsg.), Methoden der Verwaltungsrechtswissenschaft, 2004, S. 9 (58 ff.), mit Anleitungen zu transdisziplinären Transfers durch die Rechtswissenschaft. Zur Bedeutung gesetzgeberischer Wertungen beim Transfer für die Rechtsanwendung *Lüdemann*, in: Augsberg (Hrsg.), Extrajuridisches Wissen, 2013, S. 121 (147 f.); weiter zu uninformiertem Theorieimport im rechtswissenschaftlichen Kontext *Voßkuhle*, in: Bauer/Czybulka/Kahl/R. Schmidt (Hrsg.), Umwelt, Wirtschaft und Recht, 2002, S. 171 (182 ff.). Erste Überlegungen zur Berücksichtigung ökonomischen und stadtsoziologischen Wissens in der Wohnungspolitik: *Sammet*, in: Bahmer et al. (Hrsg.), Interaktionen, 63. JTÖR 2023, 2024, S. 143–160.

14 *Hoffmann-Riem*, Die Verwaltung 49 (2016), 1 (4); → § 2 A. IV.

Annahmen noch inwiefern sie sich in der Realität beweisen lassen.[15] Im Fokus der Untersuchung steht vielmehr, wie solche Annahmen auf die Gesetzgebung einwirken, wie sie sich rekonstruieren lassen – und was daraus für den Umgang mit dem Recht zu lernen ist.[16]

Bevor der hier gewählte methodische Ansatz expliziert und der Untersuchungsgegenstand der Wohngesetzgebung näher umrissen werden, soll vorab kurz dargestellt werden, wieso sich gerade das Themenfeld des Wohnens für eine entsprechende Rekonstruktion eignet:

Erstens erfolgt die Beschäftigung mit den Auswirkungen von *Law and Economics* seitens *Law and Political Economy* in ihren Ursprüngen vor dem Hintergrund steigender gesellschaftlicher Ungleichheit.[17] Obwohl sich die gesellschaftlichen Verhältnisse hierzulande von denen in den USA unterscheiden, kann dieser Aspekt mit dem vorliegenden Fokus aufgegriffen werden. Denn das Wohnen gilt in Deutschland vielfach als „soziale Frage unserer Zeit".[18] Kaum ein (rechts-)wissenschaftlicher Beitrag in diesem Themenfeld kommt mehr aus, ohne die aktuelle Brisanz des Wohnens an den Anfang zu stellen.[19] Dabei wurde vor dem Hintergrund verschiedener Analysen zu gesellschaftlicher Ungleichheit bereits die Forderung nach

---

15 Vgl. für eine entsprechende Untersuchung *Dudeck*, Die soziale Frage unserer Zeit, 2025, insb. S. 117 ff. Siehe zudem für den spezifischen Geltungsanspruch von Wirklichkeitserzählungen in Bezug auf reale Sachverhalte als sowohl konstruktiv als auch referenziell *C. Klein/Martínez*, in: C. Klein/Martínez (Hrsg.), Wirklichkeitserzählungen, 2009, S. 1 (1 f., 6 f.). Zum der Arbeit zugrunde liegenden konstruktivistischen Wissensverständnis → § 2 A. I.

16 Vgl. zu diesem Verständnis nachbarwissenschaftlicher Argumente in der Neuen Verwaltungsrechtswissenschaft *Bumke*, in: Schmidt-Aßmann/Hoffmann-Riem (Hrsg.), Methoden der Verwaltungsrechtswissenschaft, 2004, S. 73 (104).

17 Auch dies ist freilich keine neue Frage in der Rechtswissenschaft, vgl. nur besonders prominent für den US-amerikanischen Kontext im Zuge der *Critical Legal Studies* die Aussagen zu den distributiven Effekten rechtlicher Regelungen *Kennedy*, Legal Studies Forum 15 (1991), 327.

18 Vgl. m.w.N. u.a. *Schollmeier*, Wohnraum als Verfassungsfrage, 2020, S. 29 (Fn. 1), 492; *Dudeck*, Die soziale Frage unserer Zeit, 2025.

19 Mit verschiedenen Facetten *B. Schönig*, Blätter 2/2013, 17; *Holm*, APuZ 64:20/21 (2014), 24; *Gütter*, Wohnungsnot und Bodenmarkt, 2019, S. 99; *Röhner*, KJ 53 (2020), 16 (19); *Schuldt*, in: Artz/Eisenschmid/H. Schmidt/Streyl (Hrsg.), FS Börstinghaus, 2020, S. 369; *Böhmer/Jacob/Obey*, in: Holm (Hrsg.), Wohnen, 2021, S. 10 (11); *Kronauer/Siebel*, WSI-Mitteilungen 3/2022, 178; *P. Lange*, Staatliche Wohnraumvorsorge, 2023, S. 1 f.

einer intensivierten Untersuchung der Wohnverhältnisse an die deutsche Rechtswissenschaft gerichtet.[20]

Zweitens ist das Wohnen ein besonderer Gegenstand rechtlicher Regeln: Es ist ein Grundbedürfnis, das vornehmlich als Wirtschaftsgut gehandelt wird. Das Recht muss diese duale Natur berücksichtigen, wobei die Gewichtung beider Facetten für die Ausgestaltung, Begründung und Legitimation von Wohnungspolitik bedeutend ist.[21] Verschiedene ökonomische Analysen deuten dabei den Niederschlag spezifisch neoklassischer Annahmen im Mietrecht an und erleichtern so die Entwicklung eines Analyseschemas.[22] Dies gilt nicht in gleichem Maße für andere ökonomische Deutungsangebote, deren Berücksichtigung angesichts der zugespitzten Wohnsituation in Teilen Deutschlands durchaus fruchtbar sein könnte.[23]

Denn es lässt sich, drittens, feststellen, dass die Gesetzgebung angesichts der andauernden und akuten Wohnproblematiken keineswegs untätig geblieben ist. Vielmehr ist das Wohnen einer regen Gesetzgebungsaktivität unterworfen.[24] Diese Bemühungen sind bislang jedoch weitgehend erfolglos geblieben.[25] Die Gründe für den mangelnden Erfolg der gesetzgeberischen Ansätze sind komplex. Durch die Reflexion des Stellenwerts verschiedener ökonomischer Annahmen kann die vorliegende Untersuchung *einen* Hintergrund beleuchten und durch eine Perspektiverweiterung neue Erkenntnisse anbieten.

Das Potenzial einer Rekonstruktion ökonomischer Annahmen der Gesetzgebung wird im Verlaufe der vorliegenden Arbeit entfaltet. Hierzu werden in der Einführung die methodischen Überlegungen vertieft und eine inhaltliche Grundlage gelegt: Die gesetzgeberischen Annahmen können in einer methodischen Parallele zum Willen des Gesetzgebers rekonstru-

---

20 *Croon-Gestefeld*, JZ 74 (2019), 340 (346); angedeutet bei *Pistor*, Der Code des Kapitals, 2020, S. 20.

21 *Klus*, Europäische Stadt unter Privatisierungsdruck, 2013, S. 81; → § 5 A. II., B. I., II.

22 Siehe insb. → § 4 B.

23 Vgl. allgemeiner dazu, dass sich nicht (mehr) nur auf hergebrachte ökonomische Theorietraditionen verlassen werden kann, sondern gerade deren Prämissen und Wirkungen hinterfragt werden müssen, *Horst*, in: Buckel/Christensen/Fischer-Lescano (Hrsg.), Neue Theorien des Rechts, 3. Aufl. 2020, S. 301 (320).

24 Vgl. aktuell *Stiel et al.*, DIW Wochenbericht 18 (2025), 254.

25 Zur Bewertung als „nicht zufriedenstellend" siehe *Herrlein*, NJW 2017, 711 (714); ähnlich *Molinari*, Interventionen in den Mietwohnungsmarkt, 2021, S. 133. Entsprechend hatte sich die Ampel-Koalition im Koalitionsvertrag auf insgesamt sechs Seiten zu „Bauen und Wohnen" auf die Fortführung bestehender und Einführung weiterer Instrumente verständigt, siehe *SPD/Bündnis 90/Die Grünen/FDP*, Mehr Fortschritt wagen, S. 88–93.

iert werden (→ § 2). Doch diese Rekonstruktion setzt eine Kenntnis des Untersuchungsgegenstandes voraus. Daher werden anschließend der Begriff der Wohngesetzgebung eingeführt und die wesentlichen historischen Entwicklungslinien nachgezeichnet (→ § 3). Im Einklang mit der methodischen Vorbereitung konzentriert sich die Untersuchung dabei auf die Wohngesetzgebung des Bundes. Hierauf aufbauend kann das wohngesetzgeberische Instrumentarium systematisiert werden und eine Auswahl der Untersuchungsgegenstände erfolgen.

Im ersten Teil der Arbeit wird der theoretische Zugriff für den Themenbereich des Wohnens geschärft: Eine Rekonstruktion gesetzgeberischer Annahmen ist auf Informationen darüber angewiesen, welche Form diese Annahmen typischerweise aufweisen. Daher werden verschiedene ökonomische Wissensstrukturen vorgestellt und typisiert. Diese Entwicklung analyseleitender Deutungsmuster stellt einen ersten Schwerpunkt der Untersuchung dar. Dabei werden aufgrund der bestehenden Vorarbeiten zunächst die Grundstrukturen neoklassischer Annahmen dargestellt und ihre möglichen Ausprägungen in der Wohngesetzgebung untersucht (→ § 4). Im Zentrum dieser im Mietrecht erprobten Argumentationen steht die Allokationseffizienz des marktwirtschaftlichen Systems. Das Wohnen wird unter dieser Prämisse über den Wohnungs*markt* verhandelt, der zwar Besonderheiten aufweist, langfristig aber nach den üblichen Mechanismen funktioniert. An eine solche Vorstellung richten sich jedoch verschiedene Kritiken, die sowohl die Prämissen des marktwirtschaftlichen Verständnisses in Frage stellen als auch Leerstellen der neoklassischen Argumentationen aufzeigen. In diesem Sinne werden aufbauend auf der Rechtskritik des *Law and Political Economy*-Ansatzes und mithilfe sachbereichsspezifischer Ergänzungen aus der Stadtforschung weitere Analysekategorien entwickelt (→ § 5). Da in diesem Zuge insbesondere soziale Fragen in den Fokus rücken, wird anschließend untersucht, inwiefern der neoklassische Ansatz und seine Kritiken im Modell der Sozialen Wohnungsmarktwirtschaft versöhnt werden (→ § 6).

Aufbauend auf dieser theoretischen Vorarbeit wendet sich die Untersuchung anschließend dem zweiten Teil und Schwerpunkt zu: der Analyse ausgewählter wohngesetzgeberischer Instrumente (→ §§ 7–10). Der dabei vorgenommene Querschnitt durch das wohnpolitische Instrumentarium soll der Vielschichtigkeit der gesetzgeberischen Handlungsweisen gerecht werden. In enger Auseinandersetzung mit den Gesetzesmaterialien wird rekonstruiert, welche ökonomischen Annahmen Eingang ins Recht finden bzw. welche ökonomischen Wissensstrukturen sich in der Wohngesetzgebung abbilden. Hiermit wird der Impuls des *Law and Political Economy*-Ansatzes auf ein konkretes Themenfeld übertragen und das Potenzial der Methodik, ihre Leistungsfähigkeit und Grenzen, getestet. Gleichzeitig werden die rechtswissenschaftlichen Diskussionen rund um das Wohnen mittels dieses methodisch-kritischen Blicks angereichert. Dabei kann gezeigt werden, dass die den Instrumenten zugrunde liegenden Annahmen je nach Rechtsgebiet durchaus differieren.[26] Gleichwohl sind neoklassische Gedanken in alle Regelungsgebiete eingegangen. Der Beschreibung neuerer Entwicklungen durch die Stadtforschung wird hingegen nur begrenzt Rechnung getragen. Nicht nur für die Methodik, sondern auch für die gesetzgeberische Rezeption stadtforscherischer Argumente lassen sich somit ungenutzte Spielräume ausmachen.

26 Vgl. für eine These über Differenzen zwischen (ökonomischem) Privatrecht und (nicht-interventionistischem) Öffentlichen Recht *Britton-Purdy/Grewal/Kapczynski/Rahman*, Yale L. J. 2020, 1784 (1806 f.); → § 5 A. I. 1.

§ 2 Ökonomische Annahmen der Gesetzgebung

Die vorliegende Untersuchung greift den Impuls des angloamerikanischen *Law and Political Economy*-Ansatzes auf, wonach der Gesetzgebung bestimmte ökonomische Annahmen[1] zugrunde liegen, die im Wege der wissenschaftlichen Analyse offengelegt werden können.[2] Indem die gesetzgeberischen Annahmen sichtbar gemacht werden, wird insgesamt zur Rationalisierung (nicht nur) des rechtswissenschaftlichen Diskurses beigetragen.[3] Diese Analyse beruht auf einigen methodischen und theoretischen[4] Prämissen, die vorab expliziert werden sollen.

Dazu wird in einem ersten Schritt präzisiert, welche Dimension ökonomischen ‚Wissens' vorliegend interessiert und der hierfür verwendete Begriff der gesetzgeberischen ‚Annahmen' von verwandten Begrifflichkeiten abgegrenzt (A.). Geklärt werden muss zudem, ob sich der intentionale Begriff der Annahme tatsächlich auf ein Kollektiv wie die Gesetzgebung anwenden lässt. Dabei kann an jüngere rechtstheoretische Arbeiten zum ‚Willen des Gesetzgebers' angeknüpft werden (B.). Hierauf aufbauend wird dargelegt, wie gesetzgeberische Annahmen aus den Gesetzesmaterialien und mittels kontextualisierender Berücksichtigung von Literatur und Rechtsprechung rekonstruiert werden können (C.).

---

1 Die Bezeichnung als ökonomische Annahmen wird in der Folge entfaltet. Vorweggreifend sollen hierunter solche Annahmen verstanden werden, die die Wohngesetzgebung (→ § 3) aufbauend auf neoklassischen (→ § 4), polit-ökonomischen (→ § 5) und auf Gedanken der Sozialen Marktwirtschaft beruhenden (→ § 6) Verständnissen begründen.

2 Einführend *Britton-Purdy/Grewal/Kapczynski/Rahman*, Yale L. J. 2020, 1784; siehe aber bereits in den 1980ern *Olsen*, Harvard Law Review 1983, 1497; explizit auch, in verschiedenen Varianten, *Renner/Kindt*, JZ 78 (2023), 972 (975).

3 Einer Hermeneutik des Verdachts, für Rechtsfindung und richterliche Entscheidung beschrieben u.a. durch *Kennedy*, in: Tomlins/Desautels-Stein (Hrsg.), Searching for Contemporary Legal Thought, 2017, S. 365 (365 ff.), wird somit vorgebeugt. Dass ideologische Präferenzen und Vorverständnisse nicht mehr nur als Vorwurf verstanden, sondern als ökonomische Annahmen sichtbar werden, ermöglicht eine De-Ideologisierung von Diskussionen. Für den deutschen Kontext vgl. *Esser*, Vorverständnis und Methodenwahl, 1972, S. 7 f.; politikwissenschaftlich *Münch*, Interpretative Policy-Analyse, 2016, S. 47.

4 Zur inhaltlichen Vorbereitung der Analyse → §§ 4–6.

A. Begriff und Bedeutung gesetzgeberischer Annahmen

Die Feststellung, dass die Gesetzgebung auf ökonomisches Wissen zurückgreift, ist ebenso banal wie ihre Folgen komplex sind. Als normatives Programm ist die Gesetzgebung auf Wissen über ihre Regelungsgegenstände angewiesen.[5] Die Verarbeitung ökonomischen Wissens durch die Gesetzgebung lässt sich somit im Kern der Debatte um Interdisziplinarität, oder präziser: um die kognitiven Grundlagen des Rechts, verorten.[6] Gleichwohl ist die Frage danach, welche Ideen und Vorstellungen ‚die Gesetzgebung' bei der Rechtsetzung im Kopf hatte bzw. wie sich dies überhaupt analysieren lässt, rechtswissenschaftlich noch nicht abschließend durchdrungen.[7]

---

5 → § 1 Fn. 9. Zur Terminologie u.a. *Hoffmann-Riem*, Die Verwaltung 49 (2016), 1 (4): „Realbereich"; *Müller/Christensen*, Juristische Methodik, 11. Aufl. 2013, S. 251 Rn. 235a: „Sachbereich". Allg. *Fassbender*, in: Isensee/Kirchhof (Hrsg.) HStR Bd. 4, 3. Aufl. 2006, § 76 Rn. 2; *Gutmann*, in: Hilgendorf/Schulze-Fielitz (Hrsg.), Selbstreflexionen, 2. Aufl. 2021, S. 93 (101 f.); zur Integration von Expertise anhand des Gesetzgebungsverfahrens i.w.S. und mit Thematisierung des Verhältnisses von Wissen zu politischen Zielvorstellungen *Frenzel*, in: I. Augsberg (Hrsg.), Extrajuridisches Wissen, 2013, S. 177 (180 ff.); siehe auch *Huber*, Einbindung von Expertise, 2021. Vgl. aus jüngerer Zeit zum Wissen im Recht die Beiträge in Münkler (Hrsg.), Dimensionen des Wissens im Recht, 2019; für Wissen als Ausgangspunkt einer privatrechtlichen Untersuchung *Schrader*, Wissen im Recht, 2017.

6 Als „kognitive Offenheit des Rechts" der eigentlichen Interdisziplinarität vorgelagert bei *Gutmann*, in: Hilgendorf/Schulze-Fielitz (Hrsg.), Selbstreflexionen, 2. Aufl. 2021, S. 93 (101 f.); zur Interdisziplinarität, in deren Zuge es darum gehe, dass „anderen Disziplinen *zugrundeliegende Denkweisen* in das rechtswissenschaftliche Verständnis hineingetragen" werden, *Münkler*, in: Münkler (Hrsg.), Dimensionen des Wissens im Recht, 2019, S. 3 (14), Herv. d. Verf.

7 Zwar bieten rechtssoziologische und politikwissenschaftliche Arbeiten in Tradition der Interpretativen Policy-Analyse (→ § 1 Fn. 8) seit geraumer Zeit entsprechende Ansätze zur Untersuchung der gesellschaftlichen und diskursiven Aushandlungsprozesse von Politikvorstellungen, insbesondere auf in herkömmlichen Policy Analysen ausgeblendete narrative und symbolische Bezüge sowie Bedeutungszuschreibungen, an, siehe bspw. *Hajer*, in: Fischer/Forester (Hrsg.), The Argumentative Turn in Policy Analysis and Planning, 1993, S. 43; *Abolafia,* Journal of Public Administration Research and Theory 14/3 (2004), 349. Für den vorliegend interessierenden gesetzgeberischen Rückgriff auf extrajuridisches Wissen wird jedoch schwerpunktmäßig an öffentlich-rechtliche Diskussionen angeknüpft, die einen engeren Bezugsrahmen und gleichzeitig sicheres Fundament für entsprechende Überlegungen bieten; für die Anknüpfung auch politikwissenschaftlicher Diskursanalyse an u.a. den Wissensbegriff *Nullmeier*, in: Keller/Hirseland/W. Schneider/Viehöver (Hrsg.), Handbuch sozialwissenschaftliche Diskursanalyse, 3. Aufl. 2011, S. 309 (310 f.); *Münch*, Interpretative Policy-Analyse, 2016, S. 33 ff., 53 f.

I. Wissen im Recht

In jüngerer Zeit hat sich vor allem die Neue Verwaltungsrechtswissenschaft damit hervorgetan, das Wissen im Recht zu thematisieren.[8] Dabei ist der Begriff des Wissens meist[9] mit einem spezifischen Bedeutungssinn verbunden: Wissen steht in einem engen Zusammenhang mit seinen Vorstufen Daten und Informationen und ist Grundlage und Ergebnis der Informationsgewinnung.[10] Demnach entsteht Wissen dadurch, dass Informationen in ein Muster bestehender Erkenntnisse[11] so eingebettet werden, dass sie verstanden und genutzt werden können.[12] In anderen Worten handelt es

8 *Münkler*, in: Münkler (Hrsg.), Dimensionen des Wissens im Recht, 2019, S. 3; *I. Augsberg*, in: I. Augsberg (Hrsg.), Extrajuridisches Wissen, 2013, S. 3 (7 ff.); *Vesting*, in: Voßkuhle/Eifert/Möllers (Hrsg.), GVwR, Bd. I, 3. Aufl. 2022, § 20 Rn. 1, 10 ff.; *Voßkuhle*, in: Voßkuhle/Eifert/Möllers (Hrsg.), GVwR, Bd. I, 3. Aufl. 2022, § 1 Rn. 12. Gleichwohl lässt sich auf eine lange Tradition des Wissens bzw. der „Erkenntnis" im Recht zurückblicken, überblicksartig *Lüdemann*, in: Boysen et al. (Hrsg.), Netzwerke, 2007, S. 266 (266 ff.); zu Rezeptionszyklen bereits → § 1 Fn. 2. Insb. fanden in den 1960er und 70er Jahren intensive Diskussionen über die Integration sozial- und wirtschaftswissenschaftlicher Erkenntnisse statt, bspw. die Debatte zur Ökonomik in der JuristenZeitung (*Fezer*, JZ 41 [1986], 817; *C. Ott/Schäfer*, JZ 43 [1988], 213; *Fezer*, JZ 43 [1988], 223).

9 Als „ritualisierte[ ] Abgrenzung" bei *Wischmeyer*, Informationssicherheit, 2023, S. 26 Fn. 38. Auf eine erkenntnistheoretische als weitere Verständnisvariante verweist u.a. *Münkler*, in: Münkler (Hrsg.), Dimensionen des Wissens im Recht, 2019, S. 3 (7 f.); für verschiedene Grundlagen siehe auch *Schrader*, Wissen im Recht, 2017, S. 1 ff.; überblicksartig *Spiecker gen. Döhmann*, Rechtswissenschaft 1 (2010), S. 247 (251 ff., 255 f.); *Trute*, DV Beiheft 9 (2010), 11 (11 ff.).

10 Daten sind als „Zeichen" der Ausgangspunkt des Wissens. Indem Daten eine Bedeutung erlangen werden sie zur „Information". Dies geschieht dadurch, dass die Daten kontextualisiert und selektiert werden und so ein Neuigkeitswert produziert wird, ausführlich *Albers*, RTh 33 (2002), 61 (67 ff.); *Kluth*, in: Spiecker gen. Döhmann/Collin (Hrsg.), Generierung und Transfer staatlichen Wissens, 2008, S. 73 (75 f.); *Trute*, DV Beiheft 9 (2010), 11 (15); *Vesting*, in: Voßkuhle/Eifert/Möllers (Hrsg.), GVwR, Bd. I, 3. Aufl. 2022, § 20 Rn. 18 ff., 26 ff.; *Münkler*, in: Münkler (Hrsg.), Dimensionen des Wissens im Recht, 2019, S. 3 (6); jüngst aufgearbeitet durch *Mauer*, Datenbanken, 2024, S. 44 ff.

11 Etabliert: „Bestand an Erkenntnissen", *Vesting*, in: Voßkuhle/Eifert/Möllers (Hrsg.), GVwR, Bd. I, 3. Aufl. 2022, § 20 Rn. 26; *Hoffmann-Riem*, in: I. Augsberg (Hrsg.), Ungewissheit als Chance, 2006, S. 17 (23); *Hoffmann-Riem*, Die Verwaltung 49 (2016), 1 (6 f.); bei *Willke*, Supervision des Staates, 1997, S. 20: „Präferenzregeln". Kritisch zum institutionellen Anklang diverser Wissensverständnisse *Grosche*, in: Münkler (Hrsg.), Dimensionen des Wissens im Recht, 2019, S. 27 (30 ff.).

12 *Willke*, Supervision des Staates, 1997, S. 20; *Vesting*, in: Voßkuhle/Eifert/Möllers (Hrsg.), GVwR, Bd. I, 3. Aufl. 2022, § 20 Rn. 26; *Trute*, DV Beiheft 9 (2010), 11 (15); *Spiecker gen. Döhmann*, Rechtswissenschaft 1 (2010), 247 (253); *Hoffmann-Riem*, in:

sich bei Wissen um eine Erfahrungsstruktur, die durch die Selektion von Informationen anhand des bestehenden Wissens neues Wissen schafft.[13] Die Komplexität der Wissensproduktion, insbesondere die in seine Struktur eingeschriebene Selektivität, Kontextabhängigkeit, Reflexivität und wertenden Elemente, führt zu einer Normativität und einem gewissen Unsicherheitsgrad jeglichen Wissens.[14] Wissen ist daher nicht mit der Wirklichkeit gleichzusetzen, sondern beschreibt vielmehr „Erklärungsansätze" oder „Wirklichkeitsausschnitte", die auf den vorausgehenden Wissensstrukturen basieren und als konstruktivistische Welterklärungen nebeneinander stehen.[15] Damit ist nicht gesagt, dass dieses Wissen durch das Recht und die Rechtswissenschaft nicht rezipiert werden sollte.[16] Gleichwohl ist anzu-

---

Hoffmann-Riem/Schmidt-Aßmann (Hrsg.), Verwaltungsrecht in der Informationsgesellschaft, 2000, S. 9 (12).

13 *Albers*, RTh 33 (2002), 61 (71); *Trute*, DV Beiheft 9 (2010), 11 (15); *I. Augsberg*, Informationsverwaltungsrecht, 2014, S. 29; *Mauer*, Datenbanken, 2024, S. 45 f.

14 *Münkler*, in: Münkler (Hrsg.), Dimensionen des Wissens im Recht, 2019, S. 3 (7, 9); *Münkler*, Expertokratie, 2020, S. 59 ff., 397 ff.; *Hoffmann-Riem*, in: I. Augsberg (Hrsg.), Ungewissheit als Chance, 2006, S. 17 (insb. 22 f.); zur Sozialität von Wissen allgemein *Knoblauch*, Wissenssoziologie, 3. Aufl. 2014, S. 14 ff.

15 *Voßkuhle*, in: Voßkuhle/Eifert/Möllers (Hrsg.), GVwR, Bd. I, 3. Aufl. 2022, § 1 Rn. 25, 29, 31, auch „Wirklichkeitsbeschreibung" (Rn. 39); *Hoffmann-Riem*, DV Beiheft 2 (1999), 83 (86): „Wirklichkeitskonstruktionen"; *Albers*, RTh 33 (2002), 61 (72); weiter zu einem konstruktivistischen Wirklichkeits- bzw. Realitätsbegriff im Recht *Starck*, JZ 27 (1972), 609; *Gusy*, JZ 46 (1991), 213; *Scherzberg*, in: Engel/Halfmann/Schulte (Hrsg.), Wissen, Nichtwissen, unsicheres Wissen, 2002, S. 114 (114 f., 119); *Voßkuhle*, in: Bauer et al. (Hrsg.), Umwelt, Wirtschaft, Recht, 2002, S. 171 (185, insb. Fn. 75); *Hoffmann-Riem*, in: Schmidt-Aßmann/Hoffmann-Riem (Hrsg.), Methoden der Verwaltungsrechtswissenschaft, 2004, S. 9 (30 f.); *Hoffmann-Riem*, Die Verwaltung 49 (2016), 1 (7); im Kontext „ökonomischen Wissens" *Lüdemann*, in: I. Augsberg (Hrsg.), Extrajuridisches Wissen, 2013, S. 121 (145 f.); *Lüdemann*, in: Boysen et al. (Hrsg.), Netzwerke, 2007, S. 266 (281 f.); überblicksartig für die Soziologie *Knoblauch*, Wissenssoziologie, 3. Aufl. 2014, S. 153 ff. Dieses konstruktivistische Verständnis bildet die Brücke zu interpretativen Policy-Analysen, die die politische Aushandlung und Bedeutungszuschreibung von Realitäts- und Problemverständnissen fokussieren (vgl. *Münch*, Interpretative Policy-Analyse, 2016, S. 7 ff.), und zur feministischen wie auch post-kolonialen Rechtswissenschaft (explizit bspw. *Liebscher*, Rasse im Recht, 2021).

16 Zum Wert solcher Wirklichkeitskonstruktionen u.a. *Grosche*, in: Münkler (Hrsg.), Dimensionen des Wissens im Recht, 2019, S. 27 (37 ff.); *Lüdemann*, in: Engel/Englerth/Lüdemann/Spiecker gen. Döhmann (Hrsg.), Recht und Verhalten, 2007, S. 7 (28 ff.); *Scherzberg*, in: Engel/Halfmann/Schulte (Hrsg.), Wissen, Nichtwissen, unsicheres Wissen, 2002, S. 114 (119); als Methodenfrage *Möllers*, in: Voßkuhle/Eifert/Möllers (Hrsg.), GVwR, Bd. I, 3. Aufl. 2022, § 2 Rn. 10. Die Frage ist daher nicht (mehr), inwiefern es notwendig und „erlaubt" ist, auf ökonomisches Wissen zurückzugreifen, *Lüdemann*, in: I. Augsberg (Hrsg.), Extrajuridisches Wissen, 2013,

erkennen, dass das jeweilige Wissen von den die Wissensproduktion anleitenden Erfahrungsstrukturen abhängt und dies normative Auswirkungen hat.[17]

Aufgrund dieses Charakters des Wissens wird diskutiert, welche (rechtswissenschaftlichen) Kriterien für die Rezeption extrajuridischen Wissens, auch angesichts dessen „normativer Vorannahmen", gelten können.[18] Die in diesem Zuge entwickelten Programme und Kriterien beziehen sich jedoch maßgeblich auf das ‚Wie' der Rezeption durch die Rechtswissenschaft angesichts der mit diesen Vorannahmen verbundenen Unsicherheiten, nicht aber auf die Vorannahmen an sich.[19] Das reflexive Moment der Wissenspro-

---

S. 121 (122, 144 f.). Diese Diskussionsfrage der 1970er und 80er Jahre macht heute anderen Fragestellungen, wie nach dem ‚Wie' der „methodengerechten Rezeption" Platz. Die Bedeutung von Wissen als Grundlage gesetzgeberischen Handels sollte also nicht negiert, jedoch auch nicht überhöht (Expertokratie) werden, vgl. *Münkler*, in: Münkler (Hrsg.), Dimensionen des Wissens im Recht, 2019, S. 3 (16 ff.); *Münkler*, APuZ 72.26/27 (2022), 7 (13); ausführlich *Münkler*, Expertokratie, 2020.

17 *Münkler*, in: Münkler (Hrsg.), Dimensionen des Wissens im Recht, 2019, S. 3 (9 f.); von notwendigem, aber zuweilen problematischem „Hintergrundwissen" schreibt *Grosche*, in: Münkler (Hrsg.), Dimensionen des Wissens im Recht, 2019, S. 27 (48 f.); *Lüdemann*, in: Engel/Englerth/Lüdemann/Spiecker gen. Döhmann (Hrsg.), Recht und Verhalten, 2007, S. 7 (17). Ausführlich auch die Prämissenkritik von *Lepsius*, in: Bertschi et al. (Hrsg.), Demokratie und Freiheit, 1999, S. 123 (139 ff.), an den explizit als „Wirklichkeitskonstruktionen" benannten ökonomischen Modellannahmen, die Steuerungspessimismus als vermeintlich neutraler Gesellschaftsbeschreibung zugrunde liegen (ebd., 134). Kritisch zu unterschiedlichen Anforderungen an deskriptives, analytisches und explizit normatives Wissen – u.a. auch durch ökonomische Theorie wie bei *van Aaken*, in: Bungenberg (Hrsg.), Recht und Ökonomik, 2004, S. 1; weiter hierzu → § 4 A. – *Münkler*, Expertokratie, 2020, S. 397 ff., 430 ff.; *Lepsius*, JZ 60 (2005), 1 (2).

18 Vgl. *Münkler*, in: Münkler (Hrsg.), Dimensionen des Wissens im Recht, 2019, S. 3 (15); *Vesting*, in: Voßkuhle/Eifert/Möllers (Hrsg.), GVwR, Bd. I, 3. Aufl. 2022, § 20 Rn. 69; *Voßkuhle*, in: Voßkuhle/Eifert/Möllers (Hrsg.), GVwR, Bd. I, 3. Aufl. 2022, § 1 Rn. 29: „methodisch bewusstere[r] Umgang mit der ‚Wirklichkeit'" als Anspruch der Neuen Verwaltungsrechtswissenschaft; ausbuchstabiert durch *Voßkuhle*, in: Bauer/Czybulla/Kahl/Voßkuhle (Hrsg.), Umwelt, Wirtschaft, Recht, 2002, S. 171 (188 ff.); allgemein *Lüdemann*, in: Boysen et al. (Hrsg.), Netzwerke, 2007, S. 266 (275): „Rezeptionstheorie"; weiter hierzu *Münkler*, Expertokratie, 2020, S. 406 ff.

19 → § 2 Fn. 16. Dies mag auch daran liegen, dass die Diskussion im Verwaltungsrecht angesiedelt ist; hier dienen ‚Informationen' zuvorderst als Entscheidungsgrundlage, vgl. *Kaufhold*, in: I. Augsberg (Hrsg.), Extrajuridisches Wissen, 2013, S. 151 (155), m.w.N.; *I. Augsberg*, in: I. Augsberg (Hrsg.), Extrajuridisches Wissen, 2013, S. 3 (10); *Hoffmann-Riem*, Die Verwaltung 49 (2016), 1 (8); *Lüdemann*, in: I. Augsberg (Hrsg.), Extrajuridisches Wissen, 2013, S. 121 (145 f.).

duktion, die zugrunde liegenden „Strukturen oder Muster[ ] des Wissens"[20], bleibt in den Wissensdiskursen – gerade bezogen auf die Gesetzgebung – nach wie vor unterbelichtet.[21] Insbesondere hat sich für den Bereich der Gesetzgebung, obwohl dort die Wahrnehmungen und Interpretationen gesellschaftlicher Verhältnisse als politische Grundlage gesetzlicher Regelungen umso bedeutsamer sind, noch keine Begrifflichkeit zur Bezeichnung der zugrunde liegenden Wissensstrukturen als „Deutungsmuster"[22] durchgesetzt. Insofern lässt sich festhalten, dass die Neue Verwaltungsrechtswissenschaft den Wissensbegriff zwar zuletzt geschärft und für ihren verwaltungsrechtlichen Kontext prozeduralisiert hat. Gleiches kann jedoch nicht über die vorliegend interessierenden Wissensstrukturen der Gesetzgebung gesagt werden, die vielmehr eine weitere Präzisierung und begriffliche Festlegung erfordern.

II. Gesetzgeberische Wissensstrukturen

Wenn auch nicht vertieft für die Gesetzgebung, so werden grundlegende Wissensstrukturen im Recht durchaus thematisiert und im Zuge der Begriffsbildung die jeweiligen Erkenntnisinteressen konkretisiert. Dies soll auch vorliegend geschehen, wobei an den bestehenden Arbeiten und Diskursen, insbesondere an Untersuchungen zur richterlichen Entscheidungsfindung und wissenschaftlichen Selbstreflexion, – auch begrifflich – Anleihen genommen werden.[23] Entgegen den dort etablierten Begrifflichkeiten Prämisse, Vorverständnis und Paradigma verwendet die vorliegende Untersuchung den Begriff der ‚Annahmen', um die der Gesetzgebung zugrunde liegenden Wissensstrukturen als Deutungsmuster zu beschreiben. Diese Terminologie erklärt sich nicht aus sich heraus; die Duden-Definition ist

---

20 *Vesting*, in: Voßkuhle/Eifert/Möllers (Hrsg.), GVwR, Bd. I, 3. Aufl. 2022, § 20 Rn. 26.

21 Vgl. *Münkler*, in: Münkler (Hrsg.), Dimensionen des Wissens im Recht, 2019, S. 3 (7); problematisiert bei *Münkler*, Expertokratie, 2020, S. 417 ff., m.V.a. *Engel*, in: Engel/Englerth/Lüdemann/Spiecker gen. Döhmann (Hrsg.), Recht und Verhalten, 2007, S. 363 (388), der vorschlägt, dass sich die juristischen Rezipientinnen insb. dort, wo die normativen Implikationen wenig bekannt sind (ergänzend: in Vergessenheit geraten), als „Ideologiekritiker betätigen".

22 *Hoffmann-Riem*, DV Beiheft 2 (1999), 83 (86); *Hoffmann-Riem*, in: I. Augsberg (Hrsg.), Ungewissheit als Chance, 2006, S. 17 (23). Der Begriff wird vorliegend weitgehend synonym zu dem der Wissensstrukturen verwendet, vgl. weiter *Münch*, Interpretative Policy-Analyse, 2016, S. 34.

23 Eine Systematisierung findet sich bspw. bei *J. Braun*, Leitbilder, 2015, S. 27 ff.

denkbar knapp[24] und im rechtswissenschaftlichen Schrifttum wird der Begriff der ‚Annahmen' vorausgesetzt.[25] Da er aber bereits dafür verwendet wird, grundlegende Wissensstrukturen aufzudecken und zu reflektieren,[26] eignet er sich grundsätzlich für eine solche Beschreibung. Gegenüber den verwandten Begrifflichkeiten zeichnet er sich dadurch aus, dass er (noch) keinem spezifischen Kontext zugeordnet ist und dadurch – negativ formuliert – am wenigsten präzisiert, positiv: am wenigsten festgelegt, ist. Um den Begriff der ‚Annahmen' für die hiesige Verwendung zu schärfen, sind einige Abgrenzungen erforderlich.

Aus dem bisher Gesagten ergibt sich bereits, dass der an anderer Stelle verwendete Begriff gesetzgeberischer „Prämissen über Tatsachen"[27] nicht das erfasst, was die vorliegende Untersuchung antreibt. Zum einen interessieren vorliegend nicht die ökonomischen Erkenntnisse ‚an sich'.[28] Stattdessen stehen deren hintergründige Strukturen und Unsicherheit im Vordergrund, denn die Ökonomie wird als methodische Wissenschaft begriffen,

24 Dort als dritte Begriffsvariante: „Vermutung, Ansicht", https://www.duden.de/rechtschreibung/Annahme#Bedeutung-3.

25 So wird der Begriff der Annahmen teilweise zur Definition anderer Begrifflichkeiten verwendet, bspw. *J. Braun*, Leitbilder, 2015, S. 24, 41, wonach Annahmen gewissermaßen das sind, was in einem Leitbild bildlich gebündelt werden kann. Zu „unvollständig theoretisierten Vorannahmen" *Croon-Gestefeld*, Gemeininteressen im Privatrecht, 2022, S. 268 Fn. 39.

26 Vgl. *Hoffmann-Riem*, Die Verwaltung 49 (2016), 1 (4): die Norm als „Transformator von Annahmen". Siehe auch *Croon-Gestefeld*, Gemeininteressen im Privatrecht, 2022, S. 23, die herausarbeitet, „welche expliziten und welche verdeckten Annahmen über das Recht" innerhalb der privatrechtswissenschaftlichen Selbstbeschreibung bestehen; oder *Wischmeyer*, Zwecke im Recht, 2015, S. 7, der die „theoretischen Vorannahmen" untersucht, von denen das jeweilige „Verständnis des Zweckbegriffs abhängt"; früh auch schon bei *Habermas*, Faktizität und Geltung, 7. Aufl. 2019, S. 485. Vgl. zudem für weitere rechtstheoretische Verortungen, wenngleich unter der Begrifflichkeit des Vorverständnisses, *Renner/Kindt*, JZ 78 (2023), 972 (974 ff.). Geläufig ist auch die Bezeichnung als „Grundannahmen" (etwa bei *Morlok*, in: Engel/Morlok [Hrsg.], Öffentliches Recht als ein Gegenstand ökonomischer Forschung, 1998, S. 1 [5]; *Hoffmann-Riem*, DV Beiheft 2 [1999], 83 [102]; *Bumke*, JZ 69 [2014], 641 [647]), die zwar auf den grundlegenden Charakter der Annahmen verweist, vorliegend jedoch keinen weiteren Erkenntnisvorteil birgt. Vgl. weiter im Englischen „assumption", *Olsen*, Harvard Law Review 1983, 1497 (1498), und wenn als gesellschaftliche Leiterzählung verdichtet „structure of consciousness".

27 *Frieling*, Gesetzesmaterialien, 2017, S. 119.

28 Siehe aber zur Integration derartigen ökonomischen Wissens *L. Winkler*, Regulierung von Bestandsbauten, 2023.

die Erklärungsansätze und Modelle, aber keine faktische *Wahrheit* liefert.[29] Zum anderen deutet der Begriff der Prämissen[30] auf eine selbstreflexive Erfassung der eigenen Vorstellungen. Er eignet sich daher insbesondere für den wissenschaftlichen Kontext.[31] Vorliegend werden jedoch gerade die nicht reflektierten, nicht explizierten ökonomischen Vorstellungen der Gesetzgebung untersucht, die aus ihrem disziplinären Diskussionskontext entfernt wurden. Insofern zeichnet sich die Aneignung ökonomischer Wissensstrukturen durch die Gesetzgebung durch einen besonderen Gestaltwandel derselben aus: Extrajuridische Vorstellungen oder auch politische Strategien werden nicht einfach ins Recht übernommen, sondern übersetzt.[32] Während sich viele ökonomische Theorien und Diskussionen durch eine selbstkritische Limitierung eigener Aussagegehalte und ein spezifiziertes Erkenntnisinteresse auszeichnen, werden sie in vereinfachter und absoluter Form in den politischen Diskurs übertragen.[33] Gesetzgeberische

---

29 Vgl. *Lüdemann*, in: I. Augsberg (Hrsg.), Extrajuridisches Wissen, 2013, S. 121 (145 f.); mit Blick auf den *Homo Oeconomicus* ausführlich *Lüdemann*, in: Engel/Englerth/Lüdemann/Spiecker gen. Döhmann (Hrsg.), Recht und Verhalten, 2007, S. 7 ff.; weiter *Lüdemann*, in: Boysen et al. (Hrsg.), Netzwerke, 2007, S. 266 (283), der auch positive ökonomische Theorien als „Bilder des Seins" beschreibt. Zur „Wirklichkeit" → siehe bereits oben.

30 Oder gar „Grundprämissen", wie bei *Voßkuhle*, in: Bauer/Czybulka/Kahl/Schmidt (Hrsg.), Umwelt, Wirtschaft und Recht, 2002, S. 171 (193), bzgl. des neoklassischen Paradigmas (→ § 4 A.).

31 Treffend daher der Begriff der „professionelle[n] Prämissen" bei *Hoffmann-Riem*, DV Beiheft 2 (1999), 83 (86); Offenlegung von Prämissen als „Aufklärung des Verständnishorizonts", *I. Augsberg*, Informationsverwaltungsrecht, 2012, S. 29.

32 Noch für den rechts*wissenschaftlichen* Kontext *Jestaedt*, in: Jestaedt/Lepsius (Hrsg.), Rechtswissenschaftstheorie, 2008, S. 185 (203 [f.]); *I. Augsberg*, in: I. Augsberg (Hrsg.), Extrajuridisches Wissen, 2013, S. 3 (16 ff., 21 f., 24 f.); *von Arnauld*, in: Funke/Lüdemann (Hrsg.), Öffentliches Recht und Wissenschaftstheorie, 2009, S. 65 (94 ff.); ausführlich *Münkler*, Expertokratie, 2020, S. 407 ff., m.w.N.; speziell für die Piketty-Rezeption *Croon-Gestefeld*, JZ 74 (2019), 340 (345). Auch generell ist die Rezeptionstheorie maßgeblich auf die Wissenschaft ausgerichtet, vgl. *Lüdemann*, in: Boysen et al. (Hrsg.), Netzwerke, 2007, S. 266 (278). Für die Gesetzgebung wurden und werden kaum Regeln formuliert – was auch am Charakter politischer Entscheidungen liegt. Weiter → siehe unten, § 2 A. IV.

33 Beispielhaft dazu, wie sich das ordoliberale Wissenschaftsvokabular als Bestandteil der Alltagssprache etabliert hat, *Küsters*, Ordoliberal Language, 2023, S. 1 ff., 84, 91 ff. und passim. Das gilt im Übrigen auch, wenngleich in anderer Art und anderem Ausmaß, für die Rechtswissenschaft, genauer die Rechtsökonomik – wie später in der Auseinandersetzung mit Werken zu ökonomischer Theorie im Recht und mit rechtsökonomischen Analysen des Mietrechts erkennbar werden wird, → § 4 B.; § 6 B. Siehe weiter parallel für die rechtswissenschaftliche Rezeption *Hoffmann-Riem*, DV Beiheft 2 (1999), 83 (85); *Voßkuhle*, in: Voßkuhle/Eifert/Möllers (Hrsg.), GVwR,

Annahmen zeichnen sich gegenüber wissenschaftlichen Prämissen also dadurch aus, dass sie seltener expliziert und reflektiert werden und in keinem wissenschaftlichen, sondern einem politischen Diskussionskontext stehen.

Doch auch wissenschaftliche Prämissen werden nicht konstant mit der gleichen Intensität hinterfragt. Stattdessen lässt sich regelmäßig eine „gemeinsame intuitive Einstellung von Wissenschaftsakteuren zum Forschungsbereich" feststellen, „die Empirie, Normen und Werte beinhaltet, welche als selbstverständlich vorausgesetzt werden".[34] Diese oft implizite[35] Bündelung disziplinärer, forschungsdeterminierender Faktoren wird als Paradigma bezeichnet.[36] Obwohl bisweilen die Rede davon ist, dass Gesetze einem bestimmten außerrechtlichen Paradigma verpflichtet sind, erfasst auch dieser Begriff nicht den Kern des vorliegenden Interesse. Denn bei Paradigmen handelt es sich um „übergreifende[ ] Linien" wissenschaftlicher Ideen: Sie betreffen nicht einzelne Fragestellungen, sondern die Betrachtungsperspektive und somit einen größeren Theorierahmen.[37] Insofern verhalten sich Paradigmen auf einer den hier interessierenden Annahmen übergeordneten Ebene. Obwohl auch gesetzgeberische Annahmen gebündelt werden können, sollen sie vorliegend vielmehr abgeschichtet und dif-

---

Bd. I, 3. Aufl. 2022, § 1 Rn. 39; bzgl. *Law and Economics* im akademischen Bereich in den USA *Herzog*, JZ 78 (2023), 968 (969), m.w.N.; für insofern disziplinäre Arbeitsteilung *Eidenmüller*, Effizienz als Rechtsprinzip, 4. Aufl. 2015, S. 78, mit Kritik S. 79. Hervorzuheben ist, dass Juristinnen beim Import ökonomischen Wissens meistens nicht selbstverständlich von eigenem Wissen ausgehen, wie im Hinblick auf andere Sozialwissenschaften teilweise gängig, vgl. *Lepsius*, JZ 60 (2005), 1 (1 ff.).

34 *Baer*, „Der Bürger", 2006, S. 86; *J. Braun*, Leitbilder, 2015, S. 35. Zurückgehend auf *Kuhn*, Struktur wissenschaftlicher Revolutionen, 1967; vgl. *Knoblauch*, Wissenssoziologie, 2014, S. 239 f.; *Weingart*, Wissenschaftssoziologie, 2003, S. 42 ff. Prägend für das Bewusstsein von „Rechtsparadigmen" in der Rechtswissenschaft *Habermas*, Faktizität und Geltung, 7. Aufl. 2019, S. 468 ff., insb. S. 470.

35 Vgl. für den Kontext des Sozialstaatsdiskurses: „Die historische Vergegenwärtigung des Paradigmenwandels hat dem eigenen paradigmatischen Rechtsverständnis den Status eines bloß *intuitiv* orientierenden Hintergrundwissens genommen", *Habermas*, Faktizität und Geltung, 7. Aufl. 2019, S. 470 (Herv. i.O.).

36 *J. Braun*, Leitbilder, 2015, S. 35; *Kuhn*, Struktur wissenschaftlicher Revolutionen, 1967, S. 28.

37 *J. Braun*, Leitbilder, 2015, S. 35; *Kuhn*, Struktur wissenschaftlicher Revolutionen, 1967, S. 28 f.; dazu *Knoblauch*, Wissenssoziologie, 2014, S. 239, der Paradigmen strukturell mit Präzedenzfällen vergleicht. Siehe auch beispielhaft *Baer*, „Der Bürger", 2006, S. 93, mit verschiedenen Prototypen (Obrigkeitsstaat, liberaler Staat, Sozialstaat, Verhandlungsstaat, schwacher Staat); im Verwaltungsrecht: das steuerungstheoretische Paradigma (*Voßkuhle*, in: Voßkuhle/Eifert/Möllers [Hrsg.], GVwR, Bd. I, 3. Aufl. 2022, § 1 Rn. 21) oder die Umstellung auf die Information als neues Paradigma (*I. Augsberg*, Informationsverwaltungsrecht, 2014, S. 6).

ferenziert werden.[38] Wenngleich mit dem Begriff des Paradigmas somit zwar der implizite Charakter der gesetzgeberischen Annahmen beschrieben wird, ist er daher auf einer zu hohen Betrachtungsebene angesiedelt.

Ein dritter Begriff, der zur Beschreibung grundlegender Wissensstrukturen verwendet und im rechtswissenschaftlichen Kontext vor allem für die richterliche Entscheidungsfindung relevant ist, ist der des Vorverständnisses.[39] Hierbei handelt es sich um eine „strukturtheoretische Beschreibungskategorie im hermeneutisch gefassten Verstehensprozess", die davon ausgeht, dass das Verstehen einer Information (gedacht als Text) vom Vorverständnis, das die Interpretin an die Information heranträgt, geprägt ist.[40] Das Vorverständnis verweist somit eindrücklich auf die Bedeutung von Wissensstrukturen und Deutungsmustern. Allerdings nähert sich der Begriff diesen Strukturen aus der entgegengesetzten Perspektive: Das Vorverständnis betrifft die Informationsverarbeitung durch ihre Kontextualisierung, kurz: das Verstehen. Für die Untersuchung der Gesetzgebung interessiert hingegen, welche Wissensstrukturen die Text*entstehung* beeinflussen, das heißt, wie sie sich produktiv äußern.[41] Mit den Annahmen wird somit ein dem Verstehensprozess vor- oder nachgelagerter Schaffensprozess erfasst.[42] Zudem handelt es sich beim Vorverständnis um eine zwar nicht-individuelle, aber subjektabhängige Kategorie: Auch wenn das

38 Auf Ebene der Paradigmen ließen sich bspw. die marktwirtschaftliche Grundausrichtung des Wohnsektors oder die Neuausrichtung an Dekommodifizierung und Demokratisierung betrachten, die jeweils verschiedene Annahmen bündeln.

39 *J. Braun*, Leitbilder, 2015, S. 39 ff.; *Baer*, „Der Bürger", 2006, S. 87; zum Begriff auch *Esser*, Vorverständnis und Methodenwahl, 1972, S. 12 f.; *F. Müller/Christensen*, Juristische Methodik, 11. Aufl. 2013, S. 275 ff. Rn. 268 ff.

40 *J. Braun*, Leitbilder, 2015, S. 39 (f.). Prägend *Gadamer*, Hermeneutik Bd. I. Wahrheit und Methode (1960), 6. Aufl. 1990, S. 271 ff.; *Esser*, Vorverständnis und Methodenwahl, 1972, S. 137 ff.; weiter *Vesting*, Rechtstheorie, 2007, § 6 II. Rn. 210, 216; aktuell *Hirzel*, Macht und Methode, 2023, S. 102.

41 Parallel beschreibt *Hoffmann-Riem*, in: Schmidt-Aßmann/Hoffmann-Riem (Hrsg.), Methoden der Verwaltungsrechtswissenschaft, 2004, S. 9 (55), die „deskriptiven Annahmen über die soziale Realität und Funktionsweise realer Abläufe, die der Normentstehung und -anwendung zu Grunde liegen." Dort bzw. im Folgenden (S. 55 ff.) jedoch weitgehend synonym verwendet mit dem Begriff der Prämissen.

42 Selbstverständlich kann auch jedes Schaffen als ein Verstehen bzw. jedes Verstehen als ein Schaffen verstanden werden, *Gadamer*, Hermeneutik Bd. I. Wahrheit und Methode (1960), 6. Aufl. 1990, S. 271; *Vesting*, Rechtstheorie, 2007, § 6 II. Rn. 211. Für den vorliegenden Kontext interessiert gleichwohl nicht die Interpretation ökonomischen Wissens durch die Gesetzgebung (ihr Vorverständnis), sondern wie sie die Erkenntnisse ihrer genuin gesetzgebenden Tätigkeit zugrunde legt. Insofern wird das Begriffspaar Annahme – Vorverständnis als zwei Seiten einer Medaille verwendet.

Vorverständnis nicht im luftleeren Raum entsteht, wird es von der jeweiligen Interpretin an die Information herangetragen und ist von ihren persönlichen, auch professionellen Erfahrungen geprägt.[43] Folglich betrifft der Begriff des Vorverständnisses zwar präzise den Prozess der Rechtsfindung durch Auslegung oder Entscheidung, er eignet sich jedoch weniger zur Thematisierung von Wissensstrukturen für die legislative Rechtsetzung.[44]

Während die alternativen Begrifflichkeiten somit allesamt ausscheiden, konnte das hiesige Verständnis der ‚Annahmen' durch die Abgrenzung geschärft werden. Prämissen, Paradigmen, Vorverständnisse und Annahmen verweisen allesamt auf die dem Wissen zugrunde liegenden Strukturen und Denkmuster, heben aber unterschiedliche Dimensionen hervor. Mit dem Begriff der ‚Annahmen' lassen sich dabei solche extrajuridischen Wissensstrukturen beschreiben, die einen produktiven Prozess wie die Gesetzgebung anleiten, ohne dabei zwingend spezifisch reflektiert zu werden. Insbesondere erweist sich als ein Vorteil des Begriffs, dass er sowohl offene oder reflektierte als auch verdeckte, unbewusste oder jedenfalls unausgesprochene[45] Deutungsmuster erfasst.[46] Gerade die impliziten Annahmen, auch als „Hintergrundannahmen" bezeichnet, formen gesetzgeberische Vorstell-

---

Zur Zirkularität weiter u.a. *Albers*, in: Voßkuhle/Eifert/Möllers (Hrsg.), GVwR, Bd. I, 3. Aufl. 2022, § 22 Rn. 10.

43 Vgl. *J. Braun*, Leitbilder, 2015, S. 40 f.; *Vesting*, Rechtstheorie, 2007, § 6 II. Rn. 214 ff.; *F. Müller/Christensen*, Juristische Methodik, 11. Aufl. 2013, S. 277 Rn. 271. Von „persönlichen Vorverständnissen" schreibt bspw. *Voßkuhle*, in: Voßkuhle/Eifert/Möllers (Hrsg.), GVwR, Bd. I, 3. Aufl. 2022, § 1 Rn. 31; zur Bedeutung des „*eigenen* Vorverständnis" ebd., Rn. 29 Fn. 154 (Herv. d. Verf.), m.w.N. Insofern erweist sich der hier zugrunde gelegte Begriff der Annahmen als näher am Begriff der Prämissen und Paradigmen. Dennoch beschreibt auch der Begriff der Annahme eine intentionale Kategorie, ausführlich → § 2 B.

44 Aus diesem der Arbeit zugrunde liegenden Begriffsverständnis des ‚Vorverständnisses' erklärt sich die Abweichung von den Begrifflichkeiten bei *Renner/Kindt*, JZ 78 (2023), 972 (975).

45 Der implizite Charakter der Annahmen macht sie nicht zu implizitem Wissen i.S.v. bspw. *Hoffmann-Riem*, in: I. Augsberg (Hrsg.), Ungewissheit als Chance, 2006, S. 17 (25 f.); *Fassbender*, in: Isensee/Kirchhof (Hrsg.), HStR Bd. 4, 3. Aufl. 2006, § 76 Rn. 8; *Trute*, DV Beiheft 9 (2010), 11 (19). Nicht die Kommunizierbarkeit des Wissens, sondern der nicht ausdrücklich gemachte Charakter der Annahmen steht im Vordergrund.

46 Vgl. *Croon-Gestefeld*, Gemeininteressen im Privatrecht, 2022, S. 23; *Grosche*, in: Münkler (Hrsg.), Dimensionen des Wissens im Recht, 2019, S. 27 (28): „implizit oder explizit zugrunde gelegte[ ] Annahmen"; *Wischmeyer*, Zwecke im Recht, 2015, S. 402: „Diese Annahmen werden regelmäßig nicht ausdrücklich gemacht."

ungen untergründig.[47] Sie zeichnen sich zudem häufig „durch ein betont erzählendes Element"[48] aus und weisen somit eine Nähe zu Begrifflichkeiten wie der Wirklichkeitserzählung[49] auf.

III. Argumente als Schlüssel

Doch wenn Annahmen selten explizit gemacht werden, wie lassen sie sich überhaupt aufdecken? Ermöglicht wird dies dadurch, dass aus disziplinären Theorien Netzwerke entstehen, die nicht nur Gedankengänge und Denkgebäude, sondern auch eine gemeinsame Sprache und spezifische Argumentationslinien teilen.[50] Der Begriff der Annahmen umfasst daher zwar selbst nur den Bereich der *Vor*annahmen, verweist aber auch auf die auf ihnen basierenden Argumente und den semantischen Bereich. Dabei lassen sich Konjunkturen von Argumentationen ausmachen, deren Untersuchung Aufschluss darüber bieten kann, welche Argumente wann (und gegebenenfalls weshalb) besonders wirkmächtig waren und sind. Diese Ebene der Argumentationskonjunkturen steht vorliegend jedoch nicht im Zentrum des Interesses; es stellen sich andere Fragen. Denn während die Argumentationslinien einem Rationalisierungsprozess grundsätzlich zugänglich sind, entziehen sich die Annahmen diesem häufig. Stattdessen werden

---

47 Vgl. *Croon-Gestefeld*, Gemeininteressen im Privatrecht, 2022, S. 27; zum Anspruch, „sämtliche normative[ ] Hintergrundannahmen der Expertise" aufzudecken, *Münkler*, Expertokratie, 2020, S. 419; anders nuanciert als Bindung juristischen Denkens an „bestimmte unausgesprochene [...] Allgemeinvorstellungen" bei *K. Vogel*, Schlußwort, VVDStRL 24 (1965), S. 247 (251). Eindrücklich *Lüdemann*, in: Engel/Englerth/Lüdemann/Spiecker gen. Döhmann (Hrsg.), Recht und Verhalten, 2007, S. 7 (17), dass nicht auszuschließen sei, „dass die methodologische Annahme rationaler Nutzenmaximierung auch die Einstellungen der Menschen prägt, die mit diesem Modell arbeiten"; *Engel*, in: Engel (Hrsg.), Methodische Zugänge, 1998, S. 11 (35).

48 *Croon-Gestefeld*, Gemeininteressen im Privatrecht, 2022, S. 27.

49 Zur Bedeutung einführend *C. Klein/Martínez*, in: C. Klein/Martínez (Hrsg.), Wirklichkeitserzählungen, 2009, S. 1; im Zuge der Interpretativen Policy-Analyse *van Hulst et al.*, Critical Policy Studies 2024, 1 (8 ff.); zur methodischen Verwendung der Erzähltheorie in der Rechtswissenschaft *Croon-Gestefeld*, Gemeininteressen im Privatrecht, 2022, S. 25 ff. Weiter zum verwandten Begriff des Narrativs, womit (im rechtswissenschaftlichen Kontext) unterschiedliche „Sammlungen von Aussagen, Einschätzungen und Hypothesen über die Entwicklung" des Rechts gemeint sind, *Bumke*, in: Marsch/Münkler/Wischmeyer (Hrsg.), Apokryphe Schriften, 2018, S. 47 (55), zur Wirkung von Narrativen (56). Dies wird insb. im Kontext der Sozialen Marktwirtschaft relevant, → § 6 A. III. 3., B. V.

50 Zu *weichen* Bausteinen *Küsters*, Ordoliberal Language, 2023, S. 3 f. und passim.

auch in der argumentativen Auseinandersetzung die zugrunde liegenden Annahmen oft genug nicht offengelegt, was eine Verständigung erschweren und Perspektivverengungen bewirken kann. Dem entgegenwirkend sollen vorliegend nun gerade die Annahmen sichtbar und damit reflektierbar gemacht werden. Obwohl daher die Argumentationskonjunkturen nicht im Fokus stehen, sondern zugunsten der zugrunde liegenden Annahmen abgeschichtet werden, ist die Untersuchung zwangsläufig zweistufig angelegt, weil die Argumente gewissermaßen den Schlüssel zu den Annahmen darstellen: Erst die Kenntnis der Argumente erlaubt, die ihnen zugrunde liegenden Annahmen zu rekonstruieren.[51]

IV. Notwendigkeit der Rekonstruktion

Die „Notwendigkeit der Dekonstruktion kognitiver Entscheidungsgrundlagen" ist ein wesentliches Element im Umgang mit Wissen im Spannungsfeld zwischen Demokratie und Expertise.[52] Dies gilt vorliegend umso mehr, weil sich implizite gesetzgeberische Annahmen auf spezifische Weise auswirken: Disziplinäre Erkenntnisse werden in diesem Prozess verabsolutiert und mit einem rechtlichen Geltungsanspruch versehen.

Indem ökonomisches Wissen rezipiert wird, wird es von seinen disziplinären Wurzeln entfernt. Dabei transformiert die Rechtsetzung die extrajuridischen Annahmen, so dass sie sich in die Rechtsnorm einfügen.[53] In diesem Prozess ändern sich der Inhalt und Charakter des Wissens, es entsteht ein anderes Wissen.[54] Komplexes und umstrittenes extrajuridisches Wissen wird hierbei vielfach vereinfacht[55] und vorherrschende Perspektiven nor-

---

51 → §§ 4–6.

52 Anders gelagert *Münkler*, Expertokratie, 2020, S. 419 ff., zu möglichen Grenzen S. 464 f.; vgl. auch *I. Augsberg*, Informationsverwaltungsrecht, 2014, S. 291.

53 Parallel *Grimm*, in: McCrudden (Hrsg.), Understanding Human Dignity, 2013, S. 381 (386); → s.o., § 1. Überblicksartig *Bonß*, in: Bentele/Rühl (Hrsg.), Theorien öffentlicher Kommunikation, 1993, S. 437 (443 f.) und passim.

54 *Bonß*, in: Bentele/Rühl (Hrsg.), Theorien öffentlicher Kommunikation, 1993, S. 437 (445); *Hoffmann-Riem*, in: Bentele/Rühl (Hrsg.), Theorien öffentlicher Kommunikation, 1993, S. 461 (462); *Hoffmann-Riem*, DV Beiheft 2 (1999), 83 (85); daran anschließend *Voßkuhle*, in: Bauer/Czybulka/Kahl/Schmidt (Hrsg.), Umwelt, Wirtschaft und Recht, 2002, S. 171 (182): Gestaltwandel aufgrund eines „Filter[s] spezifischer Verwendungstauglichkeit", d.h. dass Erkenntnisse anderer Disziplinen den „vom professionellen Stab der jeweiligen Disziplin zugemessenen Erklärungsgehalt" einbüßen.

55 Parallel für die rechtswissenschaftliche Rezeption *Hoffmann-Riem*, DV Beiheft 2 (1999), 83 (85): „Banalisierung und Trivialisierung" im Prozess der Assimilation;

malisiert[56]. Dieser Übersetzungsprozess verlangt keinen Vorwurf, sondern entspricht bereits dem Charakter wissenschaftlicher Modelle und Theorien als Mittel der Komplexitätsreduzierung und als „alternative Techniken, Gesellschaft darzustellen".[57] Gleichwohl steigert diese Praxis – zumal verschiedenen Arten von Wissen eine unterschiedliche ‚objektive' Bedeutung zugemessen wird –[58] das „Risiko suboptimaler Wissensnutzung"[59]. Das gilt nicht nur mit Blick auf offensichtlich normative Annahmen, die von der Ökonomie an das Recht herangetragen werden, sondern insbesondere auch für die „impliziten Vorannahmen, die vermeintlich deskriptive Theorien transportieren", die aber „mit dem Eingang ins Recht normativ relevant werden".[60] Denn „auch die Filter, durch die wir die Wirklichkeit wahrnehmen, können unsere Einstellungen und damit gewissermaßen durch die Hintertür den Stil des Rechts prägen."[61]

Voßkuhle, in: Voßkuhle/Eifert/Möllers (Hrsg.), GVwR, Bd. I, 3. Aufl. 2022, § 1 Rn. 39; *Münkler*, Expertokratie, 2020, S. 415. Vgl. auch *Herzog*, JZ 78 (2023), 968 (969), zu „wenig reflektierten, naturalisierten Vulgärvarianten des neoklassischen Mainstreams".

56 Parallel auch *K. Vogel*, Schlußwort, VVDStRL 24 (1965), S. 247 (251): „[Z]war philosophieren die Juristen in der Regel nicht selber, aber sie übernehmen bestimmte philosophische Leitgedanken, die jeweils zu ihrer Zeit im Schwange sind, als selbstverständlich und legen sie ihrer eigenen Argumentation stillschweigend zugrunde"; *Thurn*, Welcher Sozialstaat?, 2013, S. 12. Anders formuliert: Im Zuge der Gesetzgebung entscheidet sich, welches Wissen gesellschaftlich als gültig und relevant anerkannt wird, vgl. *Riegner*, in: Münkler (Hrsg.), Dimensionen des Wissens im Recht, 2019, S. 89 (92 f.). Dies ist auch Ausgangspunkt feministischer wie auch rassismuskritischer Rechtswissenschaft, vgl. u.a. *Liebscher*, Rasse im Recht, 2021.

57 *von Arnauld*, in: Funke/Lüdemann (Hrsg.), Öffentliches Recht und Wissenschaftstheorie, 2009, S. 65 (91, insb. auch Fn. 142); als Beispiel dient u.a. *Lüdemann*, in: Engel/Englerth/Lüdemann/Spiecker gen. Döhmann (Hrsg.), Recht und Verhalten, 2007, S. 7 (18 f.); *Lüdemann*, in: Boysen et al. (Hrsg.), Netzwerke, 2007, S. 266 (281 f.).

58 *Lepsius*, JZ 60 (2005), 1 (2); ausführlich *Münkler*, Expertokratie, 2020, S. 430 ff.; → § 2 Fn. 17.

59 *Hoffmann-Riem*, in: I. Augsberg (Hrsg.), Ungewissheit als Chance, 2006, S. 17 (23).

60 *von Arnauld*, in: Funke/Lüdemann (Hrsg.), Öffentliches Recht und Wissenschaftstheorie, 2009, S. 65 (90 f.); *Lüdemann*, in: Boysen et al. (Hrsg.), Netzwerke, 2007, S. 266 (281 f.); *Engel*, in: Engel/Englerth/Lüdemann/Spiecker gen. Döhmann (Hrsg.), Recht und Verhalten, 2007, S. 363 (387 f.); *Münkler*, Expertokratie, 2020, S. 59.

61 *Lüdemann*, in: Engel/Englerth/Lüdemann/Spiecker gen. Döhmann (Hrsg.), Recht und Verhalten, 2007, S. 7 (17), m.V.a. *Engel*, in: Engel (Hrsg.), Methodische Zugänge, 1998, S. 11 (35); *Engel*, in: Engel/Englerth/Lüdemann/Spiecker gen. Döhmann (Hrsg.), Recht und Verhalten, 2007, S. 363 (364, 387 f.); *Münkler*, Expertokratie, 2020, S. 59 (ff.); allgemein *Starck*, JZ 27 (1972), 609 (610, 613 f.).

Während dieser „Konstruktionscharakter", der der „ökonomischen Realität" eigen ist, zwar hervorgehoben und vor der einfachen Übertragung in das Recht gewarnt wird,[62] muss eine Untersuchung dessen, ob und wie die Gesetzgebung bereits ökonomische Annahmen aufgreift, erst erfolgen. Die Notwendigkeit einer solchen Untersuchung wird durch das spezifisch gesetzliche Charakteristikum der Geltung gesteigert: Dadurch, dass ökonomische Annahmen Sinn und Bestandteil von Gesetzen werden, „werden sie mit einer juridischen Normativität aufgeladen [...], die sie im Ursprungskontext nicht besaßen."[63] Werden die ökonomischen Annahmen aus ihrer Disziplin ins Recht transformiert, erhalten sie einen Geltungsanspruch und werden durch staatliche Autorität durchsetzbar.[64] Gleichzeitig ist dieser Schritt die Grundlage dafür, dass grundsätzlich nicht mehr die ökonomischen Wurzeln, sondern die juristischen Auslegungsmethoden und die rechtliche Bedeutung maßgeblich sind.[65]

B. Annahmen ‚der Gesetzgebung'

Gesetzgeberische Annahmen sichtbar zu machen, stellt sich vor diesem Hintergrund als methodische Notwendigkeit dar. Dabei ergeben sich jedoch nicht unerhebliche theoretische Probleme. Da die Annahmen selten explizit gemacht werden, sondern uns als Grundlage von und in Form

---

62 *I. Augsberg,* Informationsverwaltungsrecht, 2014, S. 291.

63 *von Arnauld,* in: Funke/Lüdemann (Hrsg.), Öffentliches Recht und Wissenschaftstheorie, 2009, S. 65 (89); *Hoffmann-Riem,* DV Beiheft 2 (1999), 83 (85 ff.); bereits einleitend → § 1, insb. Fn. 13, 14.

64 Parallel *Grimm,* in: McCrudden (Hrsg.), Understanding Human Dignity, 2013, S. 381; ähnlich *Hoffmann-Riem,* in: Schmidt-Aßmann/Hoffmann-Riem (Hrsg.), Methoden der Verwaltungsrechtswissenschaft, 2004, S. 9 (59): „Rechtsmacht zur Selektion und verwendungsorientierten Transformation" sowie „Rechtsmacht zur Rechtsanwendung"; *von Arnauld,* in: Funke/Lüdemann (Hrsg.), Öffentliches Recht und Wissenschaftstheorie, 2009, S. 65 (89 ff.): „normative Aufladung"; *Poscher,* in: Hage/von der Pfordten (Hrsg.), Concepts in Law, 2009, S. 99 (102 ff.). Parallel dazu, wie Ideen durch ihre Einbettung in (rechtliche) Institutionen auf Dauer Wirkung entfalten, *Nullmeier,* in: Keller/Hirseland/W. Schneider/Viehöver (Hrsg.), Handbuch sozialwissenschaftliche Diskursanalyse, 3. Aufl. 2011, S. 309 (315).

65 Parallel *Grimm,* in: McCrudden (Hrsg.), Understanding Human Dignity, 2013, S. 381 (384); extrajuridisches Wissen wird zum „Bestandteil der Rechtsordnung selbst", *Münkler,* in: Münkler (Hrsg.), Dimensionen des Wissens im Recht, 2019, S. 3 (14); vgl. beispielhaft *Poscher,* in: Hage/von der Pfordten (Hrsg.), Concepts in Law, 2009, S. 99 (101 f.); weiter *Lüdemann,* in: Engel/Englerth/Lüdemann/Spiecker gen. Döhmann (Hrsg.), Recht und Verhalten, 2007, S. 7 (41 ff.).

gesetzgeberischer Argumente gegenübertreten, erfordert ihre Dekonstruktion eine Kenntnis der mit den jeweiligen Argumenten verbundenen Wissensstrukturen.[66] Dieser inhaltlichen Grundlegung vorgelagert ist jedoch die Frage, ob und wie ein Kollektiv wie die Gesetzgebung überhaupt Annahmen entwickeln kann: Lässt sich sinnvoll davon sprechen, dass ‚die Gesetzgebung' entsprechende Annahmen hat? Oder ist der Prozess der Gesetzgebung nicht viel zu komplex und pluralistisch? Diese Fragen nach der Intentionalität kollektiver Entitäten beschäftigen die Rechtswissenschaft seit langem in verschiedenen Ausprägungen und sind jüngst mit Blick auf den ‚Willen des Gesetzgebers' intensiv diskutiert worden.[67] Aus diesen Diskussionen können aufgrund der strukturellen Verwandtschaft mit und Nähe zum gesetzgeberischen Willen auch Folgerungen für die Untersuchung der Annahmen abgeleitet werden. Denn die Annahmen liegen dem Willen als Deutungsmuster der Wirklichkeit zugrunde und formen ihn bewusst und unbewusst. Sie sind insofern Teil der gesetzgeberischen Intention.

Gleichwohl sind sowohl die Begründung als auch die Methode (→ C.) der Rekonstruktion eines kollektiv intentionalen ‚Willens des Gesetzgebers' weder trivial noch unumstritten.[68] Von der Praxis wird eine gesetzgeberische Kollektivintention selten begründet, sondern weitgehend ohne Problembewusstsein bejaht oder jedenfalls unterstellt.[69] Gleichzeitig wird die Fähigkeit einen Willen zu bilden – oder hier: Annahmen zu haben – naturalistisch begründet auf individuelle psychologische Vorgänge beschränkt.[70]

---

66 Dies ist Gegenstand der → §§ 4–6, in denen das Analyseschema für die Untersuchung erarbeitet wird.

67 Insb. *Wischmeyer*, Zwecke im Recht, 2015, S. 225 ff., 377 ff.; *Wischmeyer*, JZ 70 (2015), 957; und mit einem anders gelagerten Ansatz *Sehl*, Was will der Gesetzgeber?, 2019, S. 99 ff.

68 Zu den Herausforderungen und einer methodischen Selbstbeschränkung *Sehl*, Was will der Gesetzgeber?, 2019, S. 143, 146 ff. Ausführungen zum sog. Unsicherheitsargument finden sich auch bei *Fleischer*, AcP 211 (2011), 317 (324).

69 Überblicksartig *Wischmeyer*, Zwecke im Recht, 2015, S. 226 ff. Mit Problembewusstsein beispielhaft *Frieling*, Gesetzesmaterialien, 2017, S. 132, der schlussendlich einen wertenden, „normativen" Willensbegriff zugrunde legt; ähnlich *Fleischer*, AcP 211 (2011), 317 (323 f.); siehe weiter *Looschelders/Roth*, Juristische Methodik, 1996, S. 46 f., für einen fingierten Willen, der als rechtliche Fiktion für die Rechtsordnung ebenso Bedeutung haben muss; kritisch zum Willen des Gesetzgebers als Fiktion bzw. einer rechtsimmanent geschaffenen Größe hingegen *Sehl*, Was will der Gesetzgeber?, 2019, S. 97 ff.

70 Sog. Willensargument. Siehe *Fleischer*, AcP 211 (2011), 317 (323 f.); *Frieling*, Gesetzesmaterialien, 2017, S. 131 (m.w.N.). Demgegenüber macht *Wischmeyer*, JZ 70 (2015), 957 (960), die auf dieser Annahme fußende Kritik am gesetzgeberischen Willen zum Ausgangspunkt seiner Klärung des Willensbegriffs. Für das kritisierte naturalistisch-

Ein ‚Wille des Gesetzgebers' wird daher aufgrund des Kollektivcharakters der gesetzgebenden Organe Bundestag und Bundesrat und ihres Zusammenwirkens im Gesetzgebungsverfahren grundsätzlich in Frage gestellt. Mithilfe verschiedener unter dem Dach der Sozialphilosophie entwickelter Erklärungsansätze zur Beschreibung kollektiver intentionaler Handlungen konnte die herrschende Praxis zuletzt aber rationalisiert werden.[71] Hierbei können insbesondere ein verantwortungstheoretischer und ein sozialontologischer Ansatz unterschieden werden.

Ausgangspunkt des verantwortungstheoretischen Rekonstruktionsansatzes ist die Feststellung, dass Rechtsetzung als kollektiver Prozess nur „im Modus des ‚Wir'"[72] funktioniert. Indem die Beteiligten wechselseitig aufeinander Bezug nehmen und sich auf das gemeinsame Projekt einlassen, indem sie ihre Pläne verschränken und sich durch Organisationsregeln eine gemeinsame Struktur geben, lässt sich das Gesetzgebungsverfahren nicht mehr als bloße Aggregation von individuellen Willen beschreiben, sondern als ein aufeinander bezogenes Gemeinsames.[73] Entscheidend dafür, dass die Kollektiventscheidung nicht mehr „ohne Rest" auf die Individuen zurückzuführen ist, sind die Entscheidungsstrukturen.[74] Aufgrund ihrer rationalisierenden Binnenorganisation kann die Gesetzgebung insoweit als Musterbeispiel für Verfahren und Entscheidung eines kollektiv intentional handelnden Akteurs gelten.[75] Indem sie wesentliche Entscheidungsschritte abbilden, fungieren die Gesetzesmaterialien danach als Indizien zur Ermittlung des gesetzgeberischen Willens.[76]

individuelle Verständnis siehe *F. Müller/Christensen*, Juristische Methodik, 11. Aufl. 2013, S. 96 Rn. 67 d, S. 505 Rn. 443; ähnlich selbstverständlich *Looschelders/Roth*, Juristische Methodik, 1996, S. 46.

71 Hierzu im Folgenden insb. *Wischmeyer*, JZ 70 (2015), 957; *Wischmeyer*, Zwecke im Recht, 2015, S. 377 ff.; *Sehl*, Was will der Gesetzgeber?, 2019, S. 99 ff.

72 *Wischmeyer*, JZ 70 (2015), 957 (961).

73 *Wischmeyer*, JZ 70 (2015), 957 (960 f.).

74 *Wischmeyer*, JZ 70 (2015), 957 (962); ausführlich *Wischmeyer*, Zwecke im Recht, 2015, S. 241 f., demzufolge sich über diese Binnenstruktur die Parallelen von individueller und kollektiver Entscheidungsfindung zeigen. *Frieling*, Gesetzesmaterialien, 2017, S. 133, beschreibt das Entscheidungsfindungsverfahren in dieser Konstruktion als „Ersatz" für die natürliche Willensbildungsfähigkeit des Menschen.

75 *Wischmeyer*, Zwecke im Recht, 2015, S. 247; *Wischmeyer*, JZ 70 (2015), 957 (963).

76 *Wischmeyer*, JZ 70 (2015), 957 (963); zu den im Laufe des Gesetzgebungsverfahrens produzierten Texten *Waldhoff/Rennert*, in: Grimm/König (Hrsg.), Lektüre und Geltung, 2020, S. 83 (101 f.), eingrenzend, dass die Materialien auf verschiedene Autorinnen zurückzuführen sind und nicht das Gesetz sondern Zwischenschritte begründen ebd., (103).

Auch aus sozialontologischer Perspektive ist das Gesetzgebungsverfahren zwar im Hinblick auf die Verantwortlichkeit für den Gesetzestext relevant, es werden jedoch weitere unmittelbare Hinweise auf die konkretisierte kollektive Willensbildung gesucht.[77] Insofern geht dieser Ansatz davon aus, im Verlauf der Rechtsetzung „geteilte Absichten" ermitteln zu können.[78] Dazu werden „die mentalen Einstellungen der Individuen und ihre Koordination untereinander"[79] in den Blick genommen.[80] Für die Willensbildung als Auslegungsfrage ist die Koordination hinsichtlich der inhaltlichen Konkretisierung des Gesetzestextes relevant, da auf dieser Ebene „bewusste und explizite Zuschreibungen, welche Bedeutung die Abgeordneten mit dem Gesetzestext verbunden wissen wollten", erfolgen.[81] Der gesetzgeberische Wille lässt sich so als „von der einfachen Mehrheit der Abgeordneten im Bundestag bzw. Bundesrat geteilte[ ] Absichten" verstehen, „dem Gesetzestext im Zeitpunkt seiner Verabschiedung eine bestimmte Bedeutung zuzuschreiben."[82] Erneut gelten die Gesetzesmaterialien als entscheidende „empirische Indizien", um den geteilten Willen zu ermitteln.[83]

Sowohl mit dem verantwortungstheoretischen als auch mit dem sozialonthologischen Ansatz muss ein ‚Wille des Gesetzgebers' nicht mehr bloß behauptet werden. Stattdessen lässt sich eine kollektive, geteilte Intention mit beiden Ansätze nunmehr theoretisch begründen. Darauf basiert

77 Vgl. *Sehl*, Was will der Gesetzgeber?, 2019, S. 104 ff. Die verantwortungstheoretische Perspektive wird aufgrund ihrer Kriterien als zwar hilfreich für die Rechtsanwendung, theoretisch jedoch „zu grobkörnig" befunden, ebd., S. 106.

78 *Sehl*, Was will der Gesetzgeber?, 2019, S. 106 ff., 151 ff.

79 *Sehl*, Was will der Gesetzgeber?, 2019, S. 107.

80 *Sehl*, Was will der Gesetzgeber?, 2019, S. 106 ff. Die Verabschiedung eines Gesetzes beweist für diesen Ansatz, dass auf einer gewissen Ebene „geteilte Absichten" (hinsichtlich Ziel, Vorgehen, Form etc.) vorlagen, ebd., S. 110 f.

81 *Sehl*, Was will der Gesetzgeber?, 2019, S. 113 Fn. 437.

82 *Sehl*, Was will der Gesetzgeber?, 2019, S. 147. Dass die von einer Mehrheit geteilten Absichten ausreichen, ergibt sich aus einem Erst-Recht-Schluss im Hinblick auf den Gesetzgebungsakt (ebd., S. 140 m.w.N., S. 115 ff.). Die Absichten der Opposition zählen an sich nicht. Sie entfalten nur insoweit Wirkung, als dass ihre Aussagen bei der Rekonstruktion des Mehrheitswillens hilfreich sind und auch sie den Gesetzestext „als Handlung der Gesetzgebung akzeptieren [muss], nachdem sie im politischen Prozess mit ihren Positionen und Argumenten unterlegen ist" (ebd., S. 140, insb. Fn. 548). Hiergegen lässt sich aus verantwortungstheoretischer Perspektive insbesondere einwenden, dass aus dem diskursiven Charakter des Gesetzgebungsverfahrens folge, dass der Gesetzesbeschluss kein bloßes Obsiegen der Mehrheit darstellt, *Wischmeyer*, Zwecke im Recht, 2015, S. 361 f. Hierzu wiederum *Sehl*, Was will der Gesetzgeber?, 2019, S. 141 ff. Zum methodischen Umgang → § 2 C.

83 *Sehl*, Was will der Gesetzgeber?, 2019, S. 192, 189 ff.

jeweils ein Programm zur Rekonstruktion dieser Kollektivintention mithilfe verschiedener Materialien. Hieran lässt sich für die Rekonstruktion gesetzgeberischer Annahmen anknüpfen. Dabei verfolgt die Untersuchung ein im Vergleich zur teleologischen Auslegung bescheidenes Ziel: Während die Rekonstruktion des gesetzgeberischen Willens sogar dazu herangezogen wird, den Inhalts des geltenden Rechts im Rahmen der Auslegung mitzubestimmen,[84] werden vorliegend lediglich Aussagen über die den gesetzgeberischen Willen prägenden und die Gesetzesfassung leitenden Annahmen getroffen. Daher muss vorliegend keine Bewertung und Auswahl unter diesen beiden und weiteren verwandten Ansätzen erfolgen; ein pragmatischer, methodisch reflektierter Umgang genügt.

C. Methodik der Rekonstruktion

Die beiden Ansätze begründen die Rekonstruktion eines gesetzgeberischen Willens jeweils vor dem Hintergrund sozialphilosophischer Theoriebildung. Darauf aufbauend wählen sie mit unterschiedlicher Begründung und Gewichtung verschiedene Materialien aus, die als Indizien fungieren.[85] Neben dem Gesetzestext selbst, der als objektiver Bezugspunkt Ausgang und Grenze der Überlegungen sein soll, kommen insbesondere die amtlichen Drucksachen[86] in Betracht.[87] Da der Gesetzestext nur der Zielpunkt des Verfahrens ist und mit dem hier verfolgten Vorgehen nicht nur dieses

84 Vgl. zum Ziel der Auslegung *Looschelders/Roth*, Juristische Methodik, 1996, S. 21 m.w.N.; *Waldhoff/Rennert*, in: Grimm/König (Hrsg.), Lektüre und Geltung, 2020, S. 83 (98 f.), m.w.N. Zur Entwicklung der methodischen Aussagen des BVerfG zu subjektiver und objektiver Auslegung *Burkiczak*, RTh 52 (2021), 23.

85 Für eine umfassende Zusammenstellung der als Erkenntnisquellen in Betracht kommenden Gesetzesmaterialien siehe *Frieling*, Gesetzesmaterialien, 2017, S. 25 ff.; für die Ermittlung des Willens des Verfassungsgebers *Hirzel*, Macht und Methode, 2023, S. 156 ff. Eine aktuelle Zusammenstellung der nach dem BVerfG in Frage kommenden Materialien im Rahmen der Auslegung findet sich in BVerfGE 149, 126 <154 f., Rn. 74> – *sachgrundlose Befristung* [2018]. Demgegenüber mit Bezugnahme auch auf Äußerungen einzelner Abgeordneter BVerfGE 157, 223 <284 f., Rn. 158> – *Berliner Mietendeckel* [2021].

86 Zur im Folgenden verwendeten Bezeichnung der amtlichen Drucksachen, die im Zeitpunkt des Gesetzesbeschlusses öffentlich waren, als „Gesetzesmaterialien", siehe *Sehl*, Was will der Gesetzgeber?, 2019, S. 171 f.

87 Nachträgliche Zeugenbefragungen bleiben außer Betracht, *Sehl*, Was will der Gesetzgeber?, 2019, S. 170 f.; zu mündlichen Auskünften auch *Fleischer*, AcP 211 (2011), 317 (331 f.); zur Diskussionen anreizenden Entscheidung des BVerfG zum Ersten Wohnungsbaugesetz (BVerfGE 1, 299 [insb. Ls. 2 u. 3]), die genau genommen nur

Ergebnis, sondern auch das Verfahren bedeutsam ist, entfalten auch sie grundsätzlich Relevanz.[88] Der konkrete Stellenwert der Materialien ergibt sich dabei gerade aus der (jeweiligen) Herleitung der Möglichkeit kollektiver gesetzgeberischer Annahmen. Aus *verantwortungstheoretischer* Perspektive sind die Dokumente maßgeblich, die der Gesetzgebung als Vorstufen zuzurechnen sind und die letztendliche Entscheidung in Form eines Gesetzes als deren Intention und Ratio erkennen lassen.[89] Als strukturierende Kriterien für die Auswahl gelten daher Repräsentativität, Schlüsselstellung, Transparenz und Konsistenz.[90] Die *sozialontologische* Perspektive betont die Möglichkeit zur Bildung mehrheitlich geteilter Absichten. Auch hierbei gelten die Kriterien der Transparenz, Konsistenz, Kontinuität und insbesondere der Repräsentativität, verstanden als kommunikative Rückbindung in die Fraktionen.[91] Daher werden die Materialien der Ausschussphase besonders hoch gewichtet.[92]

In einer Verbindung der Ansätze wird die Auswahl der gesichteten Dokumententypen vorliegend damit begründet, dass sich aus ihnen geteilte Annahmen ermitteln lassen[93] oder dass sie verantwortungstheoretisch Rückschlüsse auf gesetzgeberische Annahmen zulassen.[94] Die methodische Bewertung hängt jedoch nicht nur von der Materialienauswahl ab, sondern auch davon, wie mit ihnen argumentativ umgegangen wird.[95] In der Rekonstruktionsarbeit gilt, dass einzelne Aussagen in einem Dokument nicht ausreichen, um eine gesetzgeberische Annahme abzubilden: Da es sich bei den Gesetzesmaterialien um Indizien handelt, kommt es stets auf eine „Zusammenschau *mehrerer* zur Verfügung stehender Materialienaussagen und Textdokumente“[96] und somit deren „narrative, indiziengestützte Verknüpfung“[97] an. Dies kann nur durch eine umfassende Sichtung der Mate-

den Ausschluss nachträglicher Gesetzesbegründungen intendierte, siehe *Burkiczak*, Rth 52 (2021), 23 (29 f.).

88 Insb. *Wischmeyer*, JZ 70 (2015), 957 (963).

89 *Wischmeyer*, JZ 70 (2015), 957 (963).

90 *Wischmeyer*, JZ 70 (2015), 957 (964 f.).

91 *Sehl*, Was will der Gesetzgeber?, 2019, S. 171 f., 230 ff.

92 *Sehl*, Was will der Gesetzgeber?, 2019, S. 229: „Ohne einen entsprechend qualifizierten Materialienfund aus der Ausschussphase oder, in seltenen Fällen, aus dem Plenum lässt sich eine Rekonstruktion eines ‚Willen des Gesetzgebers‘ nicht sättigen.“

93 Vgl. *Sehl*, Was will der Gesetzgeber?, 2019, S. 151.

94 *Wischmeyer*, Zwecke im Recht, 2015, S. 377 ff.; *Wischmeyer*, JZ 70 (2015), 957 (963 ff.).

95 Vgl. für Argumentationsregeln *Sehl*, Was will der Gesetzgeber?, 2019, S. 92.

96 *Sehl*, Was will der Gesetzgeber?, 2019, S. 188 (Herv. i.O.).

97 *Sehl*, Was will der Gesetzgeber?, 2019, S. 192.

rialien und Kontrastierung verschiedener Aussagen – durch „detaillierte Aufschlüsselung" und „hermeneutische Feinarbeit" –[98] erreicht werden.[99] Somit ist eine methodisch sensible und transparente sowie durch Materialiennachweise gesättigte *Rekonstruktionserzählung*[100] erforderlich.

Aufbauend auf diesen Überlegungen ergibt sich für die vorliegende Untersuchung die folgende Auswahl an Gesetzesmaterialien[101]: Von besonderer Bedeutung sind neben dem Gesetzestext der Gesetzentwurf samt Begründung[102] und die Dokumente der Ausschussphase[103]. Dies gilt umso mehr, als dass sich über einen Abgleich dieser Dokumente mögliche Änderungen in den verschiedenen Phasen des Gesetzestextes, das heißt mögliche Wandlungen, aber auch die Konsistenz der Annahmen herausar-

98 *Waldhoff/Rennert*, in: Grimm/König (Hrsg.), Lektüre und Geltung, 2020, S. 83 (106), m.V.a. *Wischmeyer*, Zwecke im Recht, 2015, S. 385–393.

99 Vgl. die Metapher der „Freilegung eines Mosaiks" bei *Hirzel*, Macht und Methode, 2023, S. 152.

100 So die im Folgenden verwendete Bezeichnung nach *Sehl*, Was will der Gesetzgeber?, 2019, S. 188, in Bezug auf die „Ermittlung" des gesetzgeberischen Willens, m.V.a. *Wischmeyer*, Zwecke im Recht, 2015, S. 398, und dessen Bezeichnung „historisches Narrativ". Insofern sei erneut auf die Nähe von Annahmen und Erzählungen hingewiesen, → § 2 A. II.

101 Im Verlauf der Untersuchung werden die Untersuchungsgegenstände einzeln kontextualisiert und ein Materialienkorpus gebildet, jeweils → § 7 A., B.; § 8 A., B.; § 9 A., B.; § 10 A., B. Als Schritte einer Diskursanalyse parallel *Landwehr*, Historische Diskursanalyse, 2. Aufl. 2018, S. 98 ff., 102 ff.

102 Da sich der Bundestag diese Dokumente mit der ersten Beratung und Überweisung an die Ausschüsse zu eigen macht (§§ 79, 80 GOBT) und sie „Grundlage und Bezugspunkt der gesamten parlamentarischen Prozedur" bilden, *Wischmeyer*, Zwecke im Recht, 2015, S. 390; *Wischmeyer*, JZ 70 (2015), 957 (965). Mit demselben Ergebnis, aber gegen diese „fiktionalisierte Aneignung" bzw. für deren Begründungsbedarf, da dieser Akt auch als bloßer ordnungsgemäßer Fortgang des Gesetzgebungsverfahrens verstanden werden kann, *Sehl*, Was will der Gesetzgeber?, 2019, S. 207. Die nachträgliche Aneignung sei daher „nur eine Zurechnungskonstruktion mit zweifelhafter Begründung" (ebd.). Entscheidender seien Diskussionen auf der Basis fraktionsinterner Zurechnungsstrukturen (ebd., S. 208 ff.). Zur Billigung im Sinne der klassischen Paktentheorie *Fleischer*, AcP 211 (2011), 317 (330), m.w.N.

103 §§ 63 Abs. 1, 66 GOBT. Zur Begründung, dass sich das Parlament auch diese in zweiter Lesung zu eigen mache, *Wischmeyer*, Zwecke im Recht, 2015, S. 393; *Wischmeyer*, JZ 70 (2015), 957 (965). Wiederum mit demselben Ergebnis bzw. mit hoher Relevanzzuschreibung für die Ausschussdokumente, aber mit abweichender Begründung *Sehl*, Was will der Gesetzgeber?, 2019, S. 177 ff. Vermutet wird demnach, dass das, was von den Ausschussmitgliedern vertreten wird, auch von den übrigen Mitgliedern ihrer Fraktion geteilt wird, ebd., S. 206 ff.

beiten lassen.[104] Ebenfalls berücksichtigt werden, wenngleich nachrangig, die Dokumente aus dem Mitwirkungsprozess des Bundesrates im ersten und zweiten Durchgang[105] sowie aus dem Vermittlungsausschuss[106]. Keine Beachtung finden hingegen die Vorarbeiten aus der Ministerialsphäre, die Ausarbeitungen und Stellungnahmen von Verbänden oder durch Expertinnen im Zuge der öffentlichen Anhörungen im Ausschuss. Auch wenn diese Ansichten im parlamentarischen Prozess hinzugezogen werden, bleiben sie solche von außerhalb des unmittelbar gesetzgeberischen Prozesses stehenden Personen. Die Mitarbeiterinnen und Expertinnen werden durch ihre Befassung ebenso wenig zum Gesetzgeber, wie die gegenzeichnenden Ministerinnen oder die verkündende Bundespräsidentin. Ihre Akte sind für die gesetzgeberische Kollektivintentionalität nicht bzw. nur mittelbar beachtlich; jedenfalls müssten die Expertenaussagen durch eine Bezugnahme aufgenommen werden.[107] Selbst außerhalb der kollektiven Willensbildung verorten sich zudem Abgeordnete über persönliche Erklärungen gem. § 31 GOBT, die daher ebenfalls außer Betracht bleiben.

Auch insgesamt kommt den Äußerungen einzelner Abgeordneter oder Regierungsvertreterinnen nach den Plenarprotokollen grundsätzlich nur geringe Bedeutung zu.[108] Gegen ihre Berücksichtigung sprechen regelmäßig

104 Insofern sind auch die Änderungen im Entwurfstext in zweiter Lesung sowie die Abstimmung über den (modifizierten) Gesamtentwurf (§§ 81 ff. GOBT) beachtlich (*Wischmeyer*, Zwecke im Recht, 2015, S. 393 f.), die jedoch in vielen Fällen mit den Abstimmungen in der Ausschussphase übereinstimmen sollten.

105 Gerade im ersten Durchgang zeigen die Dokumente vielfach lediglich zwischen Bundesregierung und Bundesrat strittige Punkte auf, nicht aber eine durch den Bundestag zugeschriebene Bedeutung. Dennoch lassen sich auch aus diesen Dokumenten Hinweise auf gesetzgeberische Annahmen und Zuschreibungen ermitteln, gerade durch Kontrastierung. Dazu *Sehl*, Was will der Gesetzgeber?, 2019, S. 177.

106 Diese bleiben bei *Wischmeyer*, Zwecke im Recht, 2015, S. 394, außer Betracht. Vgl. zudem *Sehl*, Was will der Gesetzgeber?, 2019, S. 224 f., demzufolge die Arbeit des Vermittlungsausschusses aus sozialontologischer Perspektive nicht überzubewerten sei, weil sich die „geteilten Absichten“ auf größere politische Linien bezögen und somit auf einer anderen Planebene diskutiert werde. Bei Berücksichtigung des speziellen Charakters des Vermittlungsausschusses lassen sich jedoch Bedeutungen ausfindig machen, indem Formulierungen kontrastiert werden oder zurückverfolgt wird, wo sich entsprechende Entscheidungen angedeutet haben.

107 *Sehl*, Was will der Gesetzgeber?, 2019, S. 133 f.; dafür, dass Ausschussanhörungen der Binnenorganisation und Entscheidungsvorbereitung dienen, *Wischmeyer*, Zwecke im Recht, 2015, S. 393.

108 Mit einem Fokus auf Parlamentsdebatten hingegen *Stiel et al.*, DIW Wochenbericht 18 (2025), 254.

ihre fehlende Repräsentativität[109] und der Charakter des Plenums als ein „Ort der Parteilichkeit und der Differenz“[110]. Jedoch können diese Aussagen an Bedeutung gewinnen, indem sie zuvor herausgearbeitete Annahmen stützen oder herausfordern. Schließlich können durch die plakative Darstellung in den Plenardebatten relevante Zwecksetzungen und Annahmen hervorgehoben und pointiert sowie Argumentationsstränge weitergeführt und verdeutlicht werden. Somit ermöglicht eine kontextsensible Handhabung, zu überprüfen, ob und inwieweit sich aus Einzelaussagen Hinweise auf gesetzgeberische Kollektivannahmen ergeben.[111]

Dies verdeutlicht die Relevanz des methodischen Umgangs mit den ausgewählten Materialien: Materialienaussagen leben durch ihre Kontextualisierung und Kontrastierung. Hierbei bieten sich zum einen Vergleiche verschiedener Dokumente innerhalb eines Gesetzgebungsverfahrens und mit Dokumenten aus vorherigen Gesetzgebungsverfahren an.[112] Auf diese Weise können die Konsistenz, der Abbruch von Argumentationslinien sowie die Weiterentwicklung gesetzgeberischer Annahmen überprüft werden. Zum anderen kann der Konsens der Mehrheit durch einen Abgleich mit den Beiträgen der Opposition oder den Diskussionen im Bundesrat identifiziert werden. Auch wenn bei dieser näheren Betrachtung unterschiedliche Schwerpunktsetzungen sichtbar werden, muss daraus nicht folgen, dass die Annahmen in einem unauflösbaren Widerspruch stehen und das Projekt, gesetzgeberische Annahmen auszumachen, scheitert.[113] Es können sich vielmehr auch unterschiedliche Annahmen in einem Gesetz niederschlagen – ihr Charakter ist nicht immer eindeutig und widerspruchsfrei, sondern teils fragmentarisch, inkohärent und weniger zielgerichtet als ein Wille.[114] Daher gilt eine bei der Ermittlung des gesetzgeberi-

109 *Wischmeyer*, JZ 70 (2015), 957 (964).

110 *Wischmeyer*, Zwecke im Recht, 2015, S. 391; *Wischmeyer*, JZ 70 (2015), 957 (965). Insofern zeigen sich Parallelen zum Umgang mit den Materialien aus dem Vermittlungsausschuss.

111 Ähnlich bzgl. des Willens *Sehl*, Was will der Gesetzgeber?, 2019, S. 221; mit einem Beispiel für eine mögliche Ausnahme auch *Wischmeyer*, Zwecke im Recht, 2015, S. 391 f. Fn. 310.

112 Zu dieser Praxis *Sehl*, Was will der Gesetzgeber?, 2019, S. 55; *Simon*, Gesetzesauslegung im Strafrecht, 2011, S. 317. Hinweise auf fruchtbare Kontrastierung liefert insofern die (rechts-)wissenschaftliche Literatur.

113 Bereits für die Auslegung wird betont, dass der Kompromisscharakter parlamentarischer Gesetzgebung berücksichtigt werden müsse, *Waldhoff/Rennert*, in: Grimm/König (Hrsg.), Lektüre und Geltung, 2020, S. 83 (104).

114 Vgl. parallel *Croon-Gestefeld*, Gemeininteressen im Privatrecht, 2022, S. 23 f.: „Zwischentöne“; vgl. auch *Münch*, Interpretative Policy-Analyse, 2016, S. 20.

schen Willens zu beachtende Konsistenzregel im Sinne durchgehaltener Argumentationslinien[115] bei der Rekonstruktion gesetzgeberischer Annahmen nur eingeschränkt. Denn eine streng an Konsistenz ausgerichtete Analyse liefe Gefahr, die für Annahmen charakteristischen Widersprüche zu überdecken bzw. zu harmonisieren und ist angesichts des Untersuchungsziels nicht zielführend. Es werden stattdessen gerade auch Entwicklungen und Brüche nachgezeichnet und offengelegt. Indem Inkonsistenzen offen angesprochen werden, wird somit auch vermieden, ein durch selektive Auswahl verzerrtes Bild zu vermitteln.[116] Denn das sich aus jeder Darstellung ergebende Problem eigener Vorverständnisse und Gewichtungen wird durch den impliziten Charakter der Annahmen und die mit der Übersetzung extrajuridischer Annahmen ins Recht verbundenen Herausforderungen noch gesteigert.

Mit diesen methodischen Herausforderungen kann nur offensiv und transparent umgegangen werden: Durch umfassende methodische und theoretische Rationalisierung soll die Darstellung erklärt und reflektiert werden,[117] das Vorgehen so nachvollziehbar und an den entwickelten Maßstäben messbar sein.[118] Dabei wird an etablierte Vorgehensweisen bei der Ermittlung des gesetzgeberischen Willens angeknüpft. Zudem werden die Materialienaussagen nicht isoliert betrachtet, sondern mithilfe von Rechtsprechung und Schrifttum in ihren historischen und rechtlichen Kontexten reflektiert.[119] Die wesentlichen Passagen werden nicht nur zusammen-

---

115 *Wischmeyer*, JZ 70 (2015), 957 (964 f.).

116 Vgl. *Sehl*, Was will der Gesetzgeber?, 2019, S. 188, 190 ff.

117 Zum Sprechen über die Methode als Zwang zur Reflexion und Ermöglichung von Diskurs und Kontrolle *Hoffmann-Riem*, in: Schmidt-Aßmann/Hoffmann-Riem (Hrsg.), Methoden der Verwaltungsrechtswissenschaft, 2004, S. 9 (11, weiter 51 f.); instruktiv *Voßkuhle*, in: Bauer/Czybulka/Kahl/Schmidt (Hrsg.), Umwelt, Wirtschaft und Recht, 2002, S. 171 (188 ff.).

118 Vgl. *Bumke*, in: Schmidt-Aßmann/Hoffmann-Riem (Hrsg.), Methoden der Verwaltungsrechtswissenschaft, 2004, S. 73 (125); dass insbesondere normativ-kritische Wissenschaftsbeiträge – so wird *Law and Political Economy* verstanden – auf eine solche intersubjektive Nachvollziehbarkeit angewiesen seien, betonen *Renner/Kindt*, JZ 78 (2023), 972 (974). Siehe weiter im Kontext der genetischen Auslegung *Sehl*, Was will der Gesetzgeber?, 2019, S. 90 ff., zu Nachvollziehbarkeit (Erfassen der Argumentation) und Kontrollierbarkeit (Bewerten) als wesentliche methodische Ansprüche.

119 Parallel *Thurn*, Welcher Sozialstaat?, 2013, S. 9, der zum einen das „jeweils zugrundeliegende Sozialstaatsverständnis" und zum anderen „das in der Auseinandersetzung dokumentierte Wissenschaftsverständnis" und den „Umgang mit (fremden und eigenen) ideologischen Vorverständnissen" analysiert; vgl. zudem die Aussagen

gefasst, sondern als wörtliche Zitate wiedergegeben. Auch hierdurch soll Transparenz hergestellt und die Grundlage der eigenen Schlussfolgerungen offengelegt werden. Dass die vorgenommene Rekonstruktion nur eine Erzählung von vielen ist, wird schließlich im Kapitel zur Analyse der Milieuschutzsatzungen in Auseinandersetzung mit einer abweichenden Rekonstruktionserzählung des Bundesverwaltungsgerichts illustriert.[120] Die bestehenden Unsicherheiten werden somit antizipiert und eingehegt, so dass der Erkenntnisgewinn des Vorgehens – die Weiterentwicklung des hermeneutischen Vorgehens zur Rekonstruktion gesetzgeberischer Annahmen – überwiegt.

---

zum deskriptiv-kritischen Vorgehen bei *Pichl*, Untersuchung im Rechtsstaat, 2022, S. 35.

120 → § 10 C. I. 2. b., D. I.

§ 3 Begriff und Entwicklung der Wohngesetzgebung

Mit der Anwendung auf rechtliche Regelungen rund um das Wohnen wird die beschriebene Methode ihrem Praxistest zugeführt. Im folgenden Kapitel werden hierfür die inhaltlichen Grundlagen gelegt. Ausgehend vom Wohnen als menschlicher Praxis und gesellschaftlichem Verhältnis wird zunächst der Begriff der Wohngesetzgebung eingeführt (A.). Anschließend wird die Entwicklung der Wohngesetzgebung in Deutschland überblicksartig dargestellt (B.).[1] Hierauf baut die Systematisierung des wohngesetzgeberischen Instrumentariums auf, die die Instrumentenauswahl für die Untersuchung begründet (C.).

A. Wohngesetzgebung als Untersuchungsgegenstand

Wohnen umfasst als menschliches Grundbedürfnis verschiedene Funktionen und Dimensionen. Grundlegend ist das Bedürfnis, an einem Ort zu leben, der Schutz vor natürlichen Einflüssen bietet.[2] Über den Ort des modernen Wohnens, die Wohnung, erlangt der Mensch diesen Schutz vor den natürlichen Einflüssen und setzt sich zugleich „in ein Verhältnis zur Umwelt".[3] Aufgrund des engen Zusammenhangs von Wohnen und Woh-

---

1 Zumindest die wohnpolitische Entwicklung in der Bundesrepublik ist, wie bereits *Hügemann*, Mietpreisrecht, 1998, S. 2 Fn. 9, feststellt, schon „umfassend in einer nicht mehr überschaubaren Literaturmenge abgehandelt." Vgl. nur aktuell *Schollmeier*, Wohnraum als Verfassungsfrage, 2020, Teil 1 C; *P. Lange*, Staatliche Wohnraumvorsorge, 2023, §§ 1, 2 (3); *Dudeck*, Die Soziale Frage unserer Zeit, 2025, B. Hervorzuheben ist zudem die Wiedergabe der mietrechtlichen Entwicklung als „Regelungstradition und Staatspraxis" in BVerfGE 157, 223 <268 ff., Rn. 117 ff.> – *Berliner Mietendeckel* [2021].

2 Prägend: „‚Wohnen' müssen alle Menschen; zumindest wollen sie an einem Ort leben […], der ihnen Schutz verleiht gegenüber der umgebenden Natur", *Gleichmann*, in: Häußermann (Hrsg.), Großstadt, 1998, S. 270; *Harth/Scheller*, Wohnerlebnis in Deutschland, 2012, S. 7. Zum Wohnen als Grundbedürfnis weiter → § 5 B. I. 1.

3 *Klus*, Europäische Stadt unter Privatisierungsdruck, 2013, S. 75. Das Verhältnis zur Natur betonend auch *Gleichmann*, in: Häußermann (Hrsg.), Großstadt, 1998, S. 270 (270 f.); weiter für verschiedene Aspekte der Wohnung *Donner*, Wohnungspolitiken, 2000, S. 1.

nung – die räumliche Bindung des Wohnens an die Wohnung[4] –, werden beide Begriffe weitgehend synonym verwendet. Auch im Recht wird das Wohnen meist über die Wohnung vermittelt begriffen.[5] Dennoch bleiben es voneinander verschiedene Begriffe.[6] Denn auch wenn das Grundbedürfnis des Wohnens über Wohnungen grundsätzlich erfüllt werden kann, spiegeln Wohnungen nicht umgekehrt die Wohnbedürfnisse wider, sondern stellen einen Kompromiss zwischen Wohnbedürfnissen und Wohnmöglichkeiten dar.[7] Eine Verengung auf die Wohnung versperrt den Blick auf diese Differenzen und reduziert das Wohnen auf die Wohnung, deren Beschaffenheit und Nutzungsmöglichkeit.[8] Das gilt umso mehr, als dass es beim Wohnen als Grundbedürfnis nicht nur um Schutzbedürftigkeit geht. Wohnen ist vielmehr eine „elementare Erscheinungs- und Ausdrucksform menschlichen Seins“ und umfasst als solche „alle die Tätigkeiten und Verhaltensweisen, die regelmäßig an einem bestimmten Ort stattfinden.“[9] So bedeutet Wohnen auch Selbstgestaltung, Personalisierung und Selbstentfaltung durch und in der Wohnung.[10] Es ist insofern ein wichtiger Baustein im (zwischen-)menschlichen Sozialisierungsprozess.[11] Gleichzeitig wirken die Wohnraumversorgung und -entwicklung „als wesentliche Faktoren der gesellschaftlichen Integration“ auf die Wohnenden zurück.[12] Somit ist das Wohnen selbst gesellschaftlich gewachsen und stetiger Veränderung unterworfen.[13]

---

4 *Spiegel*, in: Jenkis (Hrsg.), Kompendium, 4. Aufl. 2001, S. 42: die Wohnung als das „materielle Substrat des Wohnens“; *Knabe*, in: Kessl/Reutlinger (Hrsg.), Handbuch Sozialraum, 2. Aufl. 2019, S. 635 (637).

5 Die Wohnung wiederum ist ein rechtlich vielfältig verwendeter Begriff. Siehe für eine Bestandsaufnahme und Systematisierung *Krumme*, Die Wohnung im Recht, 2004; anders gelagert *Vorsteher*, Das Zuhause im Bürgerlichen Gesetzbuch, 2024.

6 *Spiegel*, in: Jenkis (Hrsg.), Kompendium, 4. Aufl. 2001, S. 42.

7 *Spiegel*, in: Jenkis (Hrsg.), Kompendium, 4. Aufl. 2001, S. 42 (43). Dies gilt insb. bei Mietwohnverhältnissen; weiter → § 5 B. I. 1.

8 Das gilt insb. für ökonomische Zugriffe, vgl. *Sotelo*, Ökonomische Grundlagen der Wohnungspolitik, 2001, S. 19; *Schuldt*, Mietpreisbremse, 2017, S. 49. Schon *Lütge*, Wohnungswirtschaft, 2. Aufl. 1949, S. 28, definierte das Wohnen bspw. als „Konsumakt“ der Nutzung des Gutes Wohnung. Aktuell, mit Ausführungen zu verschiedenen Wohn-Definitionen, *L. Winkler*, Regulierung von Bestandsbauten, 2023, S. 38 ff.

9 *Spiegel*, in: Jenkis (Hrsg.), Kompendium, 4. Aufl. 2001, S. 42.

10 *Harth/Scheller*, Wohnerlebnis in Deutschland, 2012, S. 7.

11 *Knabe*, in: Kessl/Reutlinger (Hrsg.), Handbuch Sozialraum, 2. Aufl. 2019, S. 635 (637).

12 *B. Schönig/Vollmer*, Informationen zur Raumentwicklung 2018, 8 (11).

13 *C. Hannemann*, APuZ 64:20/21 (2014), 36; zum Idealtypus des sog. modernen Wohnens siehe *Krumme*, Die Wohnung im Recht, 2004, S. 22 ff.

Die vorliegende Arbeit interessiert weniger die materielle Beschaffenheit von Wohnungen, deren Bauprozess und die damit korrespondierenden Rechtsgebiete, sondern alle mit dem Wohnen verbundenen *rechtlichen Verhältnisse.* Daher bietet sich die hauptsächliche Verwendung des Begriffs ‚Wohnen' an. Um dabei die Perspektive der Verarbeitung und Strukturierung des Wohnens speziell durch die Gesetzgebung deutlich zu machen, rückt der Begriff der Wohngesetzgebung ins Zentrum der Untersuchung. Wenngleich existent, so ist der Begriff doch wenig gebräuchlich. Für die Verwendung in dieser Arbeit spricht, dass er den Kern der Untersuchung erfasst und andere Begrifflichkeiten vor dem Hintergrund der Arbeit nicht überzeugen. So ergibt sich aus dem beschriebenen Verständnis von Wohnen und Wohnung, dass die vorliegende Arbeit nicht mit den Begriffen der *Wohnungs*politik[14] oder *Wohnungs*wirtschaft(spolitik)[15] arbeitet. Der Begriff der Wohnungs*wirtschaft* begrenzt die Betrachtung zudem aufgrund der einseitigen Betonung der wirtschaftlichen Komponente von vornherein auf bestimmte gesetzgeberische Annahmen, die es demgegenüber erst zu untersuchen gilt. Ähnlich verhält es sich mit dem Begriff der Wohnungs*politik*: Die politischen Argumente und Entscheidungen sind zwar teilweise identisch mit gesetzgeberischen Annahmen, bauen jedoch teilweise erst darauf auf.[16] Es ist Anliegen der Untersuchung, diese Ebenen abzuschichten.[17] Der Begriff *Wohnungswirtschaftspolitik* versagt daher im Hinblick auf das konkrete Vorhaben dreifach. Auch weitere Begrifflichkeiten würden die Untersuchung von vornherein begrenzen: Die Wohnraum*regulierung*, bei der mit Wohnraum andere Aspekte als mit der Wohnung fokussiert werden, beschränkt die Perspektive auf nur eines der verschiedenen wohnpolitischen Instrumentarien.[18] Die Wohnraumvorsorge[19] wiederum nimmt vornehmlich staatliche Verpflichtungen in den Blick. Der Begriff der Wohngesetz-

---

14 Zu finden bspw. bei *Beil*, Entwicklungslinien Wohnraummietrecht, 2021, S. 8 ff.; für eine Definition siehe *Schubert/M. Klein*, Politiklexikon, 8. Aufl. 2021, S. 385: Wohnungspolitik „bezeichnet alle politischen und verbandlichen Aktivitäten sowie die staatlichen Maßnahmen, die sich mit der Wohnraumversorgung der Bevölkerung, dem Neubau, der Modernisierung und der Erhaltung von Wohnungen befassen."

15 Präferiert von *Jenkis*, in: Jenkis (Hrsg.), Kompendium, 4. Aufl. 2001, S. 65 (67), da sich die staatlichen Handlungen nicht auf die Wohnung, sondern den Wirtschaftszweig Wohnungswirtschaft beziehen.

16 Mit einer anders gelagerten Kritik an der Wohnungspolitik(forschung) *Knabe*, in: Kessl/Reutlinger (Hrsg.), Handbuch Sozialraum, 2. Aufl. 2019, S. 635 (646).

17 → § 2 A.

18 → § 3 C.; ebenso „Wohnraummietrecht" (*Beil*, Entwicklungslinien Wohnraummietrecht, 2021) o.Ä.

19 *P. Lange*, Staatliche Wohnraumvorsorge, 2023.

gebung erfasst hingegen alle relevanten Facetten der Untersuchung: Die Gesetzgebung als deliberatives Verfahren, in dem die verschiedenen und geteilten Annahmen sich offenbaren, rückt in den Vordergrund und ermöglicht die methodische Rekonstruktion.

B. Entwicklung der Wohngesetzgebung in Deutschland

Seit der Industrialisierung und Urbanisierung ist das Wohnen ein gesellschaftliches, politisch und ökonomisch umstrittenes Thema.[20] Nach der Entwicklung eines großen Teils des wohngesetzgeberischen Instrumentariums in den 1920er Jahren kam es immer wieder zu einer Zuspitzung, (Weiter-)Entwicklung und Ausdifferenzierung.[21] Dabei stellt die Geschichte der Wohngesetzgebung ein Abbild der jeweils vorherrschenden Interessenlage dar.[22] Es ist wesentlich, diese Entwicklungslinien und Konflikte der Wohngesetzgebung zu kennen, um die noch heutigen Instrumenten zugrunde liegenden Annahmen zu begreifen.[23] Insbesondere baut die noch folgende theoretische Ausarbeitung neoklassischer, polit-ökonomischer und sozialmarktwirtschaftlicher Wissensstrukturen hierauf auf.

Den Ausgangspunkt der Darstellung bildet die Zuspitzung der Wohnungsfrage ab dem 19. Jahrhundert und die Herausbildung der Wohngesetzgebung bis 1945 (I.). Nach dem Zweiten Weltkrieg verfolgten die beiden deutschen Staaten unterschiedliche wohngesetzgeberische Paradigmen. Aufgrund ihrer durchschlagenden Bedeutung für das heutige Recht werden vor allem die Entwicklungen in der Bundesrepublik beschrieben.[24] Dort etablierte sich die Wohngesetzgebung bereits nach kurzer Zeit unter marktwirtschaftlichen Vorzeichen (II.). Nach massiver Neubauförderung in den

---

20 Zwar gab es auch zuvor schon (rechtlich normierte) Wohnverhältnisse, siehe nur *Hügemann*, Mietpreisrecht, 1998, S. 13 ff., zum Römischen Recht und den städtischen Weiterentwicklungen der Leihe ab dem 12. und 13. Jahrhundert. Doch zum einen waren diese Regelungen uneinheitlich und von geringerer Relevanz, ebd., S. 22, zum anderen brachten die gesellschaftlichen Brüche im 19. Jahrhundert neue Verhältnisse mit sich, die als moderne Wohnungsfrage bis heute nachwirken, ebd., S. 25.

21 Zunächst *Jenkis*, in: Jenkis (Hrsg.), Kompendium, 4. Aufl. 2001, S. 65 (88); dem folgend *Klus*, Europäische Stadt unter Privatisierungsdruck, 2013, S. 93, 104.

22 Siehe *Hügemann*, Mietpreisrecht, 1998, S. 313, bezogen auf das Mietpreisrecht.

23 Siehe jüngst eine verwandte Untersuchung von *Stiel et al.*, DIW Wochenbericht 18 (2025), 254, zur Veränderung wohnungspolitischer Stichworte in politischen Debatten im Laufe der Zeit; beispielhaft zum Wohnungsmarkt im politischen Diskurs siehe *Aubele et al.*, DIW Politikberatung kompakt 199, 2023, 93 ff.

24 Vgl. für Konjunkturen auch *Stiel et al.*, DIW Wochenbericht 18 (2025), 254 (255 ff.).

Nachkriegsjahren wurden ab Mitte der 1950er Jahre Schritte eingeleitet, um Mietpreisregelungen und Wohnraumbewirtschaftung abzubauen und die Eigentumsbildung zu fördern. Das so gebildete mietrechtliche Regime wurde ab den 1970ern nur noch angepasst: Ein differenziertes System aus Kündigungsschutz und Möglichkeiten zur Mieterhöhung im Bestand sichern es ebenso ab wie das Wohngeld (III.). Staatlicher (sozialer) Wohnungsbau hingegen ließ nach, mit der Wende setzte gar der gegenteilige Trend der Privatisierung ein (IV.). In diesem Zusammenhang sind schließlich auch die Wirkungen der Wiedervereinigung auf das ostdeutsche Wohnungswesen von Bedeutung.

I. Gesetzgeberischer Umgang mit der Wohnungsfrage bis 1945

Industrialisierung und Urbanisierung führten im 19. Jahrhundert zunächst zu einer Verschlechterung der Wohnsituation der Arbeiterschaft.[25] Wohnprobleme bestanden in quantitativer wie qualitativer Hinsicht und wurden frühzeitig als soziale Frage begriffen.[26] Während sich neue Wohnformen[27], Wohnungsmärkte, Bauunternehmen und ein gewerbliches Vermietertum entwickelten,[28] hielt sich die Gesetzgebung zunächst zurück. Mit dem BGB wurden im Jahr 1900 zwar die wenigen vorhandenen, meist dispositiven

25 *Hügemann,* Mietpreisrecht, 1998, S. 32 f.; *Hinkelmann (*heute *Flatow),* Ortsübliche Miete, 1999, S. 18; *Börstinghaus*, in: Derleder/Gauweiler/Merle/E. Schumann (Hrsg.), FS Bub, 2007, S. 283 (285); *Beil,* Entwicklungslinien Wohnraummietrecht, 2021, S. 23 ff.; *Teuteberg,* in: Teuteberg (Hrsg.), Stadtwachstum, Industrialisierung, Sozialer Wandel, 1986, S. 13 (15 ff.), hebt hervor, dass sich die Wohnungsproblematik nicht ausschließlich auf städtische, sondern auch ländliche Gebiete bezog.

26 *Hügemann*, Mietpreisrecht, 1998, S. 4 f.; *Rink*, in: Eckardt/Meier (Hrsg.), Handbuch Wohnsoziologie, 2021, S. 79 (84); zur Betonung gesundheitlicher gegenüber ökonomischen Aspekten *Häußermann*, in: Allmendinger/Ludwig-Mayerhofer (Hrsg.), Soziologie des Sozialstaats, 2000, S. 167 (169); zur Rechtslosigkeit der Mieterinnen *Teuteberg*, in: Teuteberg (Hrsg.), Stadtwachstum, Industrialisierung, Sozialer Wandel, 1986, S. 13 (23); zur Wohnungsfrage als Bestandteil der Arbeiterfrage ebd., S. 14, 30, 42.

27 Siehe zu Wohn- und Arbeitsformen im historischen Wandel *Grüber*, Sozialer Wohnungsbau, 1981, S. 14.

28 *Teuteberg*, in: Teuteberg (Hrsg.), Stadtwachstum, Industrialisierung, Sozialer Wandel, 1986, S. 13 (43); zum historischen Kontext der Entstehung von Wohnungsmärkten und der Wohnung als Ware sowie den vorher bestehenden Möglichkeiten, eine Wohnung zu erlangen, siehe *Krumme*, Die Wohnung im Recht, 2004, S. 28.

Regelungen zu Miete und Pacht in Deutschland vereinheitlicht.[29] Dabei fehlten jedoch sowohl speziell auf Wohnraummietverhältnisse zugeschnittene als auch mieterschützende Regelungen.[30]

Das änderte sich mit dem Ersten Weltkrieg.[31] Unter dem Eindruck der im Krieg gewachsenen Wohnungsnöte bildeten sich parlamentarische Mehrheiten für mieterschützende Vorschriften.[32] Es wurden verschiedene Ver- und Anordnungen erlassen, die Kündigungsrechte und das Mietpreisrecht betrafen,[33] und sog. Mieteinigungsämter eingeführt, die bei Mietstreitigkeiten vermitteln und die Gerichte entlasten sollten.[34] Diese Regelungen ergingen noch als Kriegsnotrecht mit zeitlicher Geltungsbegrenzung und kriegspolitischer Zielsetzung.[35] Doch auch nach dem Ersten Weltkrieg führte eine

---

29 *Hinkelmann (*heute *Flatow)*, Ortsübliche Miete, 1999, S. 15 f.; *Börstinghaus*, in: Derleder/Gauweiler/Merle/E. Schumann (Hrsg.), FS Bub, 2007, S. 283 (284 f.); *Börstinghaus*, WuM 2018, 610 (612); ausführlich *Beil*, Entwicklungslinien Wohnraummietrecht, 2021, Kap. 3; zur differenzierten Wohnsituation, auf die die BGB-Regelungen trafen, und den zeitgenössischen Diskussionen um das BGB-Mietrecht *Dudeck*, Die soziale Frage unserer Zeit, 2025, S. 13 ff.

30 *Hinkelmann (*heute *Flatow)*, Ortsübliche Miete, 1999, S. 16; *Herrlein*, NJW 2017, 711; *Börstinghaus*, WuM 2018, 610 (612). „[E]ine ganze Reihe mieterschützender Bestimmungen" sieht hingegen *Emmerich*, in: Staudinger, BGB-Komm., 2024, Vorb. zu § 535 Rn. 2, der jedoch deren dispositiven Charakter bemängelt; auch *P. Lange*, Staatliche Wohnraumvorsorge, 2023, S. 21; privatrechtsdogmatisch einordnend *Dudeck*, Die soziale Frage unserer Zeit, 2025, S. 17 ff.

31 Ausführlich *Beil*, Entwicklungslinien Wohnraummietrecht, 2021, S. 33 ff.

32 *G. Schulz*, in: Teuteberg (Hrsg.), Stadtwachstum, Industrialisierung, Sozialer Wandel, 1986, S. 135 (137 ff.); *J.-U. Petersen*, Mieterschutzgesetz 1923, 1991, S. 23, 25; *Hügemann*, Mietpreisrecht, 1998, S. 5, 27, 87, 106 ff., 125 ff., 128 f.; *Börstinghaus*, WuM 2018, 610 (613); *Dudeck*, Die soziale Frage unserer Zeit, 2025, S. 20 ff.

33 Hervorzuheben sind die drei Mieterschutzverordnungen von 1917, 1918 und 1919 (Bekanntmachung zum Schutze der Mieter v. 26.7.1917, RGBl. I S. 659 [1. MSchVO]; Bekanntmachung, betreffend Änderung der Verordnung zum Schutze der Mieter v. 23.9.1918, RGBl. I S. 1135 [2. MSchVO]; Verordnung zum Schutze der Mieter v. 22.6.1919, RGBl. I S. 591 [3. MSchVO]), *Herrlein*, NZM 2016, 1 (2); *J.-U. Petersen*, Mieterschutzgesetz 1923, 1991, S. 26 ff.; *Hügemann*, Mietpreisrecht, 1998, S. 132 ff.; *Hinkelmann* (heute *Flatow)*, Ortsübliche Miete, 1999, S. 19, 22 ff.; *Dudeck*, Die soziale Frage unserer Zeit, 2025, S. 22 ff.

34 *J.-U. Petersen*, Mieterschutzgesetz 1923, 1991, S. 25 ff.; insb. auch *Hügemann*, Mietpreisrecht, 1998, S. 104 ff., 110 f., 131 ff.; *Hinkelmann (*heute *Flatow)*, Ortsübliche Miete, 1999, S. 19; *Börstinghaus*, WuM 2018, 610 (613 f.); *Dudeck*, Die soziale Frage unserer Zeit, 2025, S. 21 f. Den Mieteinigungsämtern kamen teilweise weitreichende Entscheidungsbefugnisse über die Wirksamkeit von Kündigungen, die Fortsetzung von Mietverhältnissen und Festsetzung von Miethöhen zu.

35 *G. Schulz*, in: Teuteberg (Hrsg.), Stadtwachstum, Industrialisierung, Sozialer Wandel, 1986, S. 135 (138); *J.-U. Petersen*, Mieterschutzgesetz 1923, 1991, S. 29; *Hügemann*,

große Wohnungsnot zu Unruhen in der Mieterschaft.[36] Die Gesetzgebung begann daher, durch massive Förderung von Neubau und Sanierung der Bestandswohnungen Einfluss auf die Wohnversorgung zu nehmen.[37] Hierfür wurden öffentliche Mittel aufgewendet, die später auch aus der infolge der Hyperinflation eingeführten sog. Hauszinssteuer stammten.[38] Bis zur Erreichung der Wohnungsbauziele sollten Mieterschutzgesetze und öffentliche Wohnraumbewirtschaftung die Probleme lindern.[39] Hierzu dienten zunächst die Preußische Höchstmietenverordnung[40] und in den 1920ern insbesondere das Mieterschutz-, das Reichsmieten- und das Wohnungsmangelgesetz.[41] Nachdem die Wohnraumbewirtschaftung schon ab Mitte

---

Mietpreisrecht, 1998, S. 123; *Hinkelmann* (heute *Flatow*), Ortsübliche Miete, 1999, S. 19; *P. Lange*, Staatliche Wohnraumvorsorge, 2023, S. 21, 26.

36 *J.-U. Petersen*, Mieterschutzgesetz 1923, 1991, S. 29 f.; *Beil*, Entwicklungslinien Wohnraummietrecht, 2021, S. 36 f.; *Rink*, in: Eckardt/Meier (Hrsg.), Handbuch Wohnsoziologie, 2021, S. 79 (85); zu den Ursachen insb. auch *Ruck*, in: Schildt/Sywottek (Hrsg.), Massenwohnung und Eigenheim, 1988, S. 150 (m.w.N.).

37 *Ruck*, in: Schildt/Sywottek (Hrsg.), Massenwohnung und Eigenheim, 1988, S. 150 (150 f.); *P. Lange*, Staatliche Wohnraumvorsorge, 2023, S. 26 ff.; *G. Schulz*, in: Teuteberg (Hrsg.), Stadtwachstum, Industrialisierung, Sozialer Wandel, 1986, S. 135 (140).

38 Bei der Hauszinssteuer handelte es sich um einen Oberbegriff für verschiedene landesgesetzliche Steuern auf bebauten Grundbesitz, die in den 1920ern zeitweise einen großen Anteil am Steueraufkommen ausmachten. Vgl. *Ruck*, in: Schildt/Sywottek (Hrsg.), Massenwohnung und Eigenheim, 1988, S. 150 (159 ff.); *G. Schulz*, in: Teuteberg (Hrsg.), Stadtwachstum, Industrialisierung, Sozialer Wandel, 1986, S. 135 (142 ff.); *Hügemann*, Mietpreisrecht, 1998, S. 218, 226; *Hinkelmann* (heute *Flatow*), Ortsübliche Miete, 1999, S. 33; *Klus*, Europäische Stadt unter Privatisierungsdruck, 2013, S. 78 f.; *P. Lange*, Staatliche Wohnraumvorsorge, 2023, S. 43 ff.

39 *Knauer*, Tragbare Mieten, 1968, S. 15; *Ruck*, in: Schildt/Sywottek (Hrsg.), Massenwohnung und Eigenheim, 1988, S. 150 (151); *Hügemann*, Mietpreisrecht, 1998, S. 91 Fn. 306.

40 Verordnung des Ministers für Volkswohlfahrt, betreffend einer Höchstgrenze für Mietzinssteigerungen v. 9.12.1919, Preußische Gesetzessammlung 1919 S. 187 (PrHMVO).

41 Gesetz über Mieterschutz und Mieteinigungsämter (Mieterschutzgesetz) v. 1.6.1923, RGBl. 1923 I S. 353 (MSchG); Reichsmietengesetz v. 24.3.1922, RGBl. 1922 S. 273 (RMG); Gesetz zur Änderung der Bekanntmachung über Maßnahmen gegen Wohnungsmangel (Wohnungsmangelgesetz) v. 26.7.1923, RGBl. 1923 I S. 751 (WMG). Diese drei Gesetze werden auch als die „Grundgesetze der Wohnungszwangswirtschaft" bezeichnet, zurückgehend auf *Roquette*, Mietrecht, 1939, S. 16; dazu *Hügemann*, Mietpreisrecht, 1998, S. 220 ff. Bei *Roquette* handelt es sich um einen für das Mietrecht im Nationalsozialismus wesentlichen Stichwortgeber. Vgl. hierzu und für seine Karriere nach 1945 *Herrlein*, KJ 48 (2015), 17 (24, 26, 31 f., 35). Weiter *J.-U. Petersen*, Mieterschutzgesetz 1923, 1991, S. 32; *Beil*, Entwicklungslinien Wohnraummietrecht, 2021, S. 194 ff.; *P. Lange*, Staatliche Wohnraumvorsorge, 2023, S. 36 ff.

der 1920er Jahre abgebaut worden war, wurden 1931 die noch bestehenden Mietpreisregelungen weiter gelockert und gleichzeitig die Hauszinssteuer abgebaut, was zu einem Einbruch des Wohnungsbaus und Arbeitslosigkeit im Baugewerbe führte.[42]

Diese bisherige Politik wurde im Nationalsozialismus zunächst fortgeführt.[43] Mit der Zeit erfolgten aber wesentliche Umstellungen, insbesondere vor den Hintergründen nationalsozialistischer Ideologie und kriegspolitischer Ziele.[44] Propagierte Schwerpunkte der nationalsozialistischen Wohngesetzgebung waren der (Klein-)Siedlungsbau und repräsentative Gebäude.[45] Versorgungslücken sollten, wohl um die Macht der NSDAP nicht zu gefährden, durch Mieterschutzgesetze und Mietpreisbindung kompensiert werden.[46] Dabei wurde die mietrechtliche Dogmatik entsprechend der nationalsozialistischen Ideologie umgekrempelt.[47] Ab 1938 wurde jüdischen Mieterinnen jeglicher mietrechtlicher Schutz entzogen und ihre „Ghettoi-

---

42 *Ruck*, in: Schildt/Sywottek (Hrsg.), Massenwohnung und Eigenheim, 1988, S. 150 (179 f.); *Haerendel*, Kommunale Wohnungspolitik im Dritten Reich, 1999, S. 118.

43 *Haerendel*, Kommunale Wohnungspolitik im Dritten Reich, 1999, S. 20, 117; *Haerendel*, ZfS 1999, 843; *G. Schulz*, in: Teuteberg (Hrsg.), Stadtwachstum, Industrialisierung, Sozialer Wandel, 1986, S. 135 (149 ff.).

44 Statt in den Wohnungsbau wurde massiv in die Rüstung investiert, mit der Umstellung auf die Kriegswirtschaft brach der Wohnungsbau endgültig ein. Auch insgesamt wurde die Wohnungswirtschaft ab 1936 auf kriegswirtschaftliche Ziele umgestellt, z.B. im Preisrecht (Mietpreissetzungen durch die Verordnung über das Verbot von Preiserhöhungen v. 26.11.1936, RGBl. 1936 S. 955 [PreisstoppVO]) und durch Bausperren, später die Bewältigung von Kriegsfolgen und Planung für die Nachkriegszeit, vgl. u.a. *Haerendel*, Kommunale Wohnungspolitik im Dritten Reich, 1999, S. 122, 427; *Börstinghaus*, in: Derleder/Gauweiler/Merle/E. Schumann (Hrsg.), FS Bub, 2007, S. 283 (296 ff.); *Häußermann/Läpple/Siebel*, Stadtpolitik, 2008, S. 70 ff.; *Herrlein*, NZM 2016, 1 (5 f.).

45 *Haerendel*, Kommunale Wohnungspolitik im Dritten Reich, 1999, S. 121; *Haerendel*, ZfS 1999, 843 (850 ff.); *Häußermann/Läpple/Siebel*, Stadtpolitik, 2008, S. 70 f. Siedlungspolitische Zielsetzungen waren u.a.: Verbundenheit mit dem Boden, Eigentumsbildung, Selbstversorgung, Förderung von Kinderzahlen, Festlegung der Frau auf die Rolle als Hausfrau und Mutter (widergespiegelt beispielsweise in der Kochküche anstelle der Wohnküche).

46 *Haerendel*, ZfS 1999, 843 (851); *J. Mayer/Mayeres*, in: Holm (Hrsg.), Wohnen, 2021, S. 14 (20).

47 Allgemein kennzeichnend ist die Auslegung unbestimmter Rechtsbegriffe und Generalklauseln im nationalsozialistischen Sinne. Für das Mietrecht bedeutete dies unter anderem, dass Jüdinnen und Juden nicht mehr Teil der „Hausgemeinschaft“ sein konnten, weil sie auch nicht als Volksgenossen galten, *Herrlein*, NZM 2015, 641 (643); *P. Lange*, Staatliche Wohnraumvorsorge, 2023, S. 71 ff.

sierung“ vorangetrieben.[48] Während des Nationalsozialismus folgte die Mietenpolitik also weniger gesellschaftlichen Entwicklungen als politischen Vorstellungen: das Mietrecht diente als Teil des nationalsozialistischen Unrechtsgebäudes.[49]

II. Frühe bundesrepublikanische Wohngesetzgebung

Nach dem Zweiten Weltkrieg herrschte in Deutschland eine beispiellose Wohnungsnot.[50] Durch Bombardements waren rund ein Viertel der Wohnungen, insbesondere in Großstädten und Ballungsräumen, zerstört worden.[51] Der Zuzug von Vertriebenen, Wohnungsbedarf aufgrund aufgeschobener Haushaltsneugründungen und fehlender Wohnungsneubau aufgrund der priorisierten Kriegswirtschaft verschärften die Situation.[52] Die Wohnsituation war folglich ein bestimmendes soziales Element und wurde sowohl in der BRD als auch der DDR politisch verhandelt.[53] Unter Beibehaltung von Wohnraumbewirtschaftung und Mietpreisbindung („Verwaltung des Mangels“[54]) wurde der Aufbau zunächst schleppend und teilweise unreguliert vorangetrieben.[55]

---

48 Dies geschah durch Rechtsprechung, Wissenschaft und Gesetz. Siehe *Herrlein*, NZM 2015, 641 (647 f., 650); *Herrlein*, KJ 48 (2015), 17 (22 ff.); *Haerendel*, ZfS 1999, 843 (869 ff.); *Häußermann/Läpple/Siebel*, Stadtpolitik, 2008, S. 73.

49 *Herrlein*, NZM 2015, 641 (653 f.); *Haerendel*, Kommunale Wohnungspolitik im Dritten Reich, 1999, S. 22; *Häußermann/Läpple/Siebel*, Stadtpolitik, 2008, S. 73; *Börstinghaus*, WuM 2018, 610 (617).

50 *Börstinghaus*, in: Derleder/Gauweiler/Merle/E. Schumann (Hrsg.), FS Bub, 2007, S. 283 (299); *Börstinghaus*, WuM 2018, 610 (619).

51 Siehe hierzu *Frerich/M. Frey*, Handbuch der Geschichte der Sozialpolitik Bd. 3, 2. Aufl. 1996, S. 128; *Häußermann/Läpple/Siebel*, Stadtpolitik, 2008, S. 72; *P. Lange*, Staatliche Wohnraumvorsorge, 2023, S. 97 ff. Verschiedene Zahlen zur Schadensbilanz finden sich auch bei *von Beyme*, in: Flagge (Hrsg.), Geschichte des Wohnens, Bd. 5, 1999, S. 81 (90).

52 Vgl. *Frerich/M. Frey*, Handbuch der Geschichte der Sozialpolitik Bd. 3, 2. Aufl. 1996, S. 2.

53 *Frerich/M. Frey*, Handbuch der Geschichte der Sozialpolitik Bd. 3, 2. Aufl. 1996, S. 2. Die Darstellung orientiert sich folgend an der bundesrepublikanischen Entwicklung, vgl. die Begründung oben → § 3 B.

54 *P. Lange*, Staatliche Wohnraumvorsorge, 2023, S. 99 (ff.).

55 *Frerich/M. Frey*, Handbuch der Geschichte der Sozialpolitik Bd. 3, 2. Aufl. 1996, S. 128; *von Beyme*, in: Flagge (Hrsg.), Geschichte des Wohnens, Bd. 5, 1999, S. 81 (85 ff.); *Hinkelmann* (heute *Flatow*), Ortsübliche Miete, 1999, S. 45 ff.; *Börstinghaus*, in: Derleder/Gauweiler/Merle/E. Schumann (Hrsg.), FS Bub, 2007, S. 283 (299 f.); *Egner*, APuZ 64:20/21 (2014), 13; *P. Lange*, Staatliche Wohnraumvorsorge, 2023, S. 106 ff.

Mit der Gründung des Wohnungsbauministeriums wurde diese Aufgabe in der BRD auf der Bundesebene zentralisiert.[56] Es war zudem erklärtes Ziel der ersten Bundesregierung, den Wohnungsbau „energisch [zu] fördern"[57]. Den gesetzgeberischen Ausgangspunkt hierfür stellte das Erste Wohnungsbaugesetz[58] dar, mit dem der Mangel an Wohnungen durch „massive Investition auf der Angebotsseite des Wohnungsmarktes"[59] behoben werden sollte.[60] Aufbauend auf diesem Gedanken wurden verschiedene Regelungsregime für frei finanzierten, steuerbegünstigten und öffentlich geförderten Wohnraum begründet.[61] Während das Erste Wohnungsbaugesetz auf den Neubau zielte, wurde mit dem Ersten Bundesmietengesetz[62] von 1955 angestrebt, auch den Altbaubesitz wirtschaftlich verträglicher zu gestalten, indem Mieterhöhungen erlaubt und nachträglich legalisiert wurden.[63] Mit dem Zweiten Wohnungsbaugesetz[64] von 1956 verlagert sich der Schwerpunkt zum Eigenheimbau bzw. allgemein zur Wohneigentumsbildung.[65] Die zu dieser Zeit enorme

---

56 *Jaedicke/Wollmann*, in: von Beyme/M. Schmidt (Hrsg.), Politik in der Bundesrepublik Deutschland, 1990, S. 203 (206 f.); mit kritischen Stimmen *von Beyme*, in: Flagge (Hrsg.), Geschichte des Wohnens, Bd. 5, 1999, S. 81 (101 f.).

57 BK *Adenauer*, Sten. Bericht der 5. Sitzung, 20.9.1949, BT-PlProt. 1/5, Regierungserklärung, 23D.

58 Erstes Wohnungsbaugesetz v. 24.4.1950, BGBl. I S. 83 (1. WoBauG). Ein „erste[s] Anzeichen einer Entwicklung eines selbständigen bundesrepublikanischen Mietpreisrechts", *Hügemann*, Mietpreisrecht, 1998, S. 326.

59 *Egner*, APuZ 64:20/21 (2014), 13.

60 Zu den damit verbundenen gesetzgeberischen Zielen des gesamtgesellschaftlichen Wiederaufbaus und der Frage staatlicher bzw. privater Initiative *Dudeck*, Die soziale Frage unserer Zeit, 2025, S. 37 ff.

61 Bspw. wurde der frei finanzierte und steuerbegünstigt neu geschaffene Wohnraum vom Mieterschutz (§ 26) sowie von Erfassung und Zuteilung im Rahmen der „Zwangswirtschaft" ausgenommen (§ 23) und für völlig frei finanzierten Wohnraum zudem die Mietpreisbindung abgeschafft (§ 27 Abs. 2). Des Weiteren gab es nun eine Zweiteilung in Kostenmiete (§ 22 Abs. 1) und Marktmiete (§ 22 Abs. 2). Konkretisiert wurden die Vorgaben in der Verordnung über die Miethöhe für neugeschaffenen Wohnraum (Mietenverordnung) v. 20.11.1950, BGBl. I S. 759. Weiter u.a. *Weiß*, Entwicklung des Mieterschutzes, 1993, S. 84 f.; *P. Lange*, Staatliche Wohnraumvorsorge, 2023, S. 111 ff.; kritisch zu einem formalistischen Verständnis der Ausdifferenzierung *Wihl*, Zur Nichtigkeit des Berliner Mietendeckels, VerfBlog v. 15.4.2021.

62 Gesetz über Maßnahmen auf dem Gebiete des Mietpreisrechts (Erstes Bundesmietengesetz) v. 27.7.1955, BGBl. 1955 I S. 458 (1. BMG).

63 *Hinkelmann* (heute *Flatow*), Ortsübliche Miete, 1999, S. 56 f.

64 Zweites Wohnungsbaugesetz (Wohnungsbau- und Familieneigenheimgesetz) v. 27.6.1956, BGBl. I S. 523 (2. WoBauG).

65 Zur Einschätzung als Schwerpunktverlagerung *Frerich/M. Frey*, Handbuch der Geschichte der Sozialpolitik Bd. 3, 2. Aufl. 1996, S. 130. Vgl. auch §§ 1 Abs. 2, 26 2. WoBauG zur Rangfolge in der Förderung; §§ 63 ff. 2. WoBauG zu vorsorglichen Maß-

Bauleistung wurde gesamtwirtschaftlich zu einem treibenden Faktor: Zwischen 1950 und 1959 wurden über fünf Millionen Wohnungen gebaut, die Wohnungsdefizitquote sank von 50 % auf 4 %.[66]

Da der neue Wohnraum im Vergleich zum Altbau weniger rechtlichen Bindungen, wie Belegungsrechten und Mietpreisfestlegungen, unterlag, strebte die Gesetzgebung mit dem Abbaugesetz[67] von 1960 an, „den gesamten Wohnungsmarkt aus der staatlichen Bewirtschaftung in die Marktwirtschaft zu entlassen."[68] Mieterhöhungen im Altbau[69] und das Ende der Wohnraumbewirtschaftung für alle Gebiete mit niedrigem Wohnungsfehlbestand[70] wurden flankiert von der endgültigen Einführung von Wohnbeihilfen[71] und eines sog. Sozialen Mietrechts[72]. Da dieses Kündigungen nur noch in Härtefällen ausschloss und ansonsten mit verlängerter Frist ermöglichte, kam es in der Folge zu einer großen Zahl an Änderungskündigungen – Kündigung zur Durchsetzung von Mieterhöhungen – und Mieterhöhungen.[73] Parallel wur-

---

nahmen der Umwandlung von Miet- in Wohneigentum. Zur fortgeführten Förderung des sozialen Wohnungsbaus *Börstinghaus*, in: Derleder/Gauweiler/Merle/E. Schumann (Hrsg.), FS Bub, 2007, S. 283 (300); *Emmerich* in: Staudinger, BGB-Komm., 2024, Vorb. zu § 535 Rn. 6 m.w.N. Nach *Schollmeier*, Wohnraum als Verfassungsfrage, 2020, S. 60, sind die im 2. WoBauG eingeführten Förderwege das „Herzstück" des sozialen Wohnungsbaus.

66 *Frerich/M. Frey*, Handbuch der Geschichte der Sozialpolitik Bd. 3, 2. Aufl. 1996, S. 130 f.; *P. Lange*, Staatliche Wohnraumvorsorge, 2023, S. 132 ff.; für eine Übersicht über die Zahlen der fertiggestellten Wohnungen zwischen 1950 und 1985 siehe *Jaedicke/Wollmann*, in: von Beyme/M. Schmidt (Hrsg.), Politik in der Bundesrepublik Deutschland, 1990, S. 203 (209, Tabelle 8.1).

67 Gesetz über den Abbau der Wohnungszwangswirtschaft und über ein soziales Miet- und Wohnrecht v. 23.6.1960, BGBl. I S. 389 (Abbaugesetz – AbbauG, auch: „Lücke-Plan"); *P. Lange*, Staatliche Wohnraumvorsorge, 2023, S. 134 ff.

68 *Emmerich,* in: Staudinger, BGB-Komm., 2024, Vorb. zu § 535 Rn. 7. Zur Einordnung weiter → § 6 B. II.

69 § 1 Abs. 1 des Zweiten Bundesmietengesetzes (2. BMG), das im Abbaugesetz enthalten war.

70 Sog. weiße Kreise. Gemeint sind alle Gebiete mit einem rechnerischen Wohnungsfehlbestand von weniger als 3 %, RegE AbbauG, BT-Drs. 3/1234, 50; *Frerich/M. Frey*, Handbuch der Geschichte der Sozialpolitik Bd. 3, 2. Aufl. 1996, S. 131.

71 Art. VII des Abbaugesetzes, BGBl. 1960 S. 399 ff.; beschrieben als „Übergang von der Kapital- zur Subjektförderung" bei *Jenkis*, in: Jenkis (Hrsg.), Kompendium, 4. Aufl. 2001, S. 65 (93). Weiter ausführlich → § 7.

72 Zum Begriff des Sozialen Mietrechts → § 6 B. V. 2.; § 8 C. IV. 2.

73 *Schulze-Fielitz*, Sozialplanung im Städtebaurecht, 1979, S. 5; *Börstinghaus*, in: Derleder/Gauweiler/Merle/E. Schumann (Hrsg.), FS Bub, 2007, S. 283 (301). Zur zeitgenössischen Beschreibung als unbefriedigend siehe *Roth*, WuM 1987, 176 (177); sogar von sozialem Unfrieden schreibt *Schmidt-Futterer*, MDR 1971, 630. Zu den Mietstei-

den mit dem Bundesbaugesetz 1960[74] auch die staatliche Bodenpreiskontrolle aufgehoben und einheitliche Rechtsgrundlagen in der Stadtplanung und Stadtentwicklung geschaffen.[75] Mit dem Gesetz über Wohnbeihilfen[76] wurde die Subjektförderung schließlich auf ein eigenes Gesetz gestützt. Wenige Jahre später wurden die Begrifflichkeiten geändert und die Rechtslage bundesweit vereinheitlicht.[77] Hiermit hatte sich das wohngesetzgeberische Regime der Nachkriegszeit konsolidiert: der Wohnungsneubau ließ nach, Mietpreisbindung und Wohnraumbewirtschaftung waren abgeschafft und durch ein zurückhaltendes Mietrecht, Wohngeld und Eigenheimförderung ersetzt worden.

III. Konsolidierung der bundesrepublikanischen Wohngesetzgebung

Ab Mitte der 1960er stiegen die Mieten sowie auch die Anzahl der Wohngeldempfängerinnen deutlich an.[78] Dies führte zu grundlegenderen Diskussionen um marktwirtschaftliche Logiken im Wohnsektor[79] und schließlich zu weiteren, vor allem mietenpolitischen Reformen, in deren Zuge insbesondere die Rechtsstellung der Mieterinnen gestärkt wurde.[80] Mit dem Wohnraumkün-

---

gerungen siehe auch *Hinkelmann* (heute *Flatow*), Ortsübliche Miete, 1999, S. 62; und wiederum *Börstinghaus*, WuM 2018, 610 (619).

74 Bundesbaugesetz v. 23.6.1960, BGBl. I S. 341 (BBauG).

75 *Frerich/M. Frey*, Handbuch der Geschichte der Sozialpolitik Bd. 3, 2. Aufl. 1996, S. 131; *Donner*, Wohnungspolitiken, 2000, S. 169 f.

76 Gesetz über Wohnbeihilfen v. 29.7.1963, BGBl. I S. 508 (Wohnbeihilfegesetz).

77 Gesetz zur Änderung des Gesetzes über Wohnbeihilfen v. 23.3.1965, BGBl. I S. 140; Wohngeldgesetz v. 1.4.1965, BGBl. I S. 177, 178; *L. Zimmermann*, in: L. Zimmermann (Hrsg.), WoGG-HK, 2014, Einleitung Rn. 3 f.

78 Vgl. die Tabelle bei *Frerich/M. Frey*, Handbuch der Geschichte der Sozialpolitik Bd. 3, 2. Aufl. 1996, S. 133. Bereits → § 3 Fn. 73.

79 *Frerich/M. Frey*, Handbuch der Geschichte der Sozialpolitik Bd. 3, 2. Aufl. 1996, S. 135; *P. Lange*, Staatliche Wohnraumvorsorge, 2023, S. 148. Diskutiert wurde laut *Börstinghaus*, WuM 2018, 610 (619 f.), „ob Wohnungen wie jedes andere Wirtschaftsgut behandelt und deshalb den marktwirtschaftlichen Kräften überlassen werden sollten, oder ob hier eine Regulierung geboten war." Siehe weiter die bodenpolitischen Anstöße durch *H.-J. Vogel*, NJW 1972, 1544; dazu *Gütter*, Wohnungsnot und Bodenmarkt, 2019, S. 45.

80 *Frerich/M. Frey*, Handbuch der Geschichte der Sozialpolitik Bd. 3, 2. Aufl. 1996, S. 135, sprechen von einer neuerlichen Umorientierung; *Hinkelmann* (heute *Flatow*), Ortsübliche Miete, 1999, S. 77, von einer neuen Phase. Siehe zur Kausalität u.a. *Schollmeier*, Wohnraum als Verfassungsfrage, 2020, S. 61: es folgten „*deshalb* mieterschutzrechtliche Regelungen" (Herv. d. Verf.); auch *Schuldt*, Mietpreisbremse, 2017, S. 41.

digungsschutzgesetz[81] und dem Mietrechtsverbesserungsgesetz[82] wurde neben Änderungen an der Härtefallklausel, dem Zweckentfremdungsverbot und Mietwucherparagrafen insbesondere der „Rechtsgedanke, daß Änderungskündigungen zum Zwecke der Mietsteigerung wegen der zentralen Bedeutung des Gutes Wohnen unzulässig sein müssen, [...] – nach anfänglich erheblichen Auseinandersetzungen – in der Bundesrepublik Deutschland zum politischen Konsens."[83] Als Ausgleich für den gestärkten Bestandsschutz wurden Mieterhöhungen im Bestand nach dem sog. Vergleichsmietensystem ermöglicht.[84]

Die zunächst auf drei Jahre befristeten Regelungen aus dem Wohnraumkündigungsschutzgesetz wurden schließlich durch das Zweite Wohnraumkündigungsschutzgesetz[85] als Dauerrecht in ein neu geschaffenes Miethöhegesetz[86] überführt.[87] Das Vergleichsmietensystem wurde dabei weiterentwickelt, insbesondere eine Umlage- bzw. Mieterhöhungsmöglichkeit bei Modernisierung oder gestiegenen Betriebs- und Kapitalkosten sowie eine Kap-

81 Gesetz über den Kündigungsschutz für Mietverhältnisse über Wohnraum v. 25.11.1971, BGBl. I S. 1839 (Wohnraumkündigungsschutzgesetz – WKSchG).

82 Gesetz zur Verbesserung des Mietrechts und zur Begrenzung des Mietanstiegs sowie zur Regelung von Ingenieur- und Architektenleistungen v. 4.11.1971, BGBl. I S. 1745 (Mietrechtsverbesserungsgesetz – MietRVerbG). Das WKSchG und das MietRVerbG wurden durch die Bundesregierung ursprünglich als ein Gesetzentwurf eingebracht (RegE über Maßnahmen zur Verbesserung des Mietrechts und der Begrenzung des Mietanstiegs [MietRVerbG], BT-Drs. 6/1549), das WKSchG jedoch nach Verhandlungen im Vermittlungsausschuss als Einspruchsgesetz abgetrennt.

83 *Hinkelmann* (heute *Flatow*), Ortsübliche Miete, 1999, S. 77; weiter *P. Lange*, Staatliche Wohnraumvorsorge, 2023, S. 148 f.

84 *Frerich/M. Frey*, Handbuch der Geschichte der Sozialpolitik Bd. 3, 2. Aufl. 1996, S. 135. Den Ausgleich als verfassungsmäßig geboten bezeichnen, mit gegenseitiger Bezugnahme, *Börstinghaus*, in: Schmidt-Futterer, Mietrecht-Großkomm., 16. Aufl. 2024, Vorb. zu § 558 BGB Rn. 2; *Weitemeyer*, NZM 2000, 313 (315). Jedenfalls bestätigte das BVerfG das Verbot der Änderungskündigung und das Vergleichsmietensystem bei Bestandsmietverträgen 1974 als verfassungsgemäß, BVerfG 37, 132 <132, 3. Ls> – *Vergleichsmiete I* [1974]. Ausführlich → § 8 A. I.

85 Zweites Gesetz über den Kündigungsschutz für Mietverhältnisse über Wohnraum (Zweites Wohnraumkündigungsschutzgesetz – 2. WKSchG) v. 18.12.1974, BGBl. I S. 3603.

86 Gesetz zur Regelung der Miethöhe v. 18.12.1974, BGBl. I S. 3603, 3604 (MHG).

87 *Börstinghaus*, in: Börstinghaus (Hrsg.), Miethöhe-Handbuch, 2. Aufl. 2016, Kap. 1 Rn. 43; *Emmerich*, in: Staudinger, BGB-Komm., 2024, Vorb. zu § 535 Rn. 13; *Frerich/M. Frey*, Handbuch der Geschichte der Sozialpolitik Bd. 3, 2. Aufl. 1996, S. 135; *Egner*, APuZ 64:20/21 (2014), 13 (15); *Schuldt*, Mietpreisbremse, 2017, S. 42 f.; *Börstinghaus*, WuM 2018, 610 (620).

pungsgrenze eingeführt.[88] Begleitet wurden diese mietenpolitischen Entwicklungen von Anpassungen beim Wohngeld und bei der Wohnungsbauförderung.[89] Zudem änderte sich die Ausrichtung des Städtebaurechts: neben Neubau wurde auch auf die Entwicklung des Bestands gesetzt.[90]

Trotz eines statistisch ausgeglichenen Wohnungsmarktes kam es ab Ende der 1970er/Anfang der 1980er Jahre in den Ballungsräumen zu einem spürbaren Wohnungsmangel im preisgünstigen Segment.[91] In der Folge wurde 1982 das Gesetz zur Erhöhung des Angebots an Mietwohnungen[92] beschlossen. Durch eine erneute Veränderung des Vergleichsmietenbegriffs wurden eine allgemeine Anhebung der örtlichen Vergleichsmiete und regelmäßig mögliche Mietsteigerungen im Gesetz angelegt.[93] Begrenzt wurde dies durch die ebenfalls modifizierte Kappungsgrenze.[94] Gleichzeitig setzte sich der staatliche Rückzug aus dem sozialen Wohnungsbau verstärkt fort.[95] Stattdessen

88 Verbot der Änderungskündigung gem. § 1 Abs. 1, Erhöhungen gem. §§ 2 ff. MHG; *Hügemann*, Mietpreisrecht, 1998, S. 327 f.; *Hinkelmann* (heute *Flatow*), Ortsübliche Miete, 1999, S. 70 ff.; *Börstinghaus*, WuM 2018, 610 (620); *Schollmeier*, Wohnraum als Verfassungsfrage, 2020, S. 62.

89 Mit dem Zweiten Wohngeldgesetz v. 14.12.1970, BGBl. I S. 1637 (2. WoGG), wurde die Zielsetzung verändert; zwei Wohnungsbauänderungsgesetze führten die Förderung des sozialen Wohnungsbau mit mäßigem Erfolg (*P. Lange*, Staatliche Wohnraumvorsorge, 2023, S. 150 f.) fort (Gesetz zur Durchführung des langfristigen Wohnungsbauprogramms [Wohnungsbauänderungsgesetz 1971 – WoBauÄndG 1971] v. 17.12.1971, BGBl. I S. 1993; Gesetz zur Änderung des Wohnungsbindungsgesetzes 1965 und des Zweiten Wohnungsbaugesetzes [Wohnungsbauänderungsgesetz 1973 – WoBauÄndG 1973] v. 21.12.1973, BGBl. I S. 1970).

90 Gesetz zur Änderung des Bundesbaugesetzes v. 18.8.1976, BGBl. I S. 2221 (BBauGÄndG); Gesetz über städtebauliche Sanierungs- und Entwicklungsmaßnahmen in den Gemeinden (Städtebauförderungsgesetz) v. 27.7.1971, BGBl. I S. 1125. Vgl. *von Beyme*, in: Flagge (Hrsg.), Geschichte des Wohnens, Bd. 5, 1999, S. 81 (115); *Kiehle*, in: Andersen/Bogumil/Marschall/Woyke (Hrsg.), Handwörterbuch des politischen Systems der Bundesrepublik Deutschland, 8. Aufl. 2021, S. 1028 (1032); → § 10.

91 *Hinkelmann* (heute *Flatow*), Ortsübliche Miete, 1999, S. 72 f.; vgl. auch *Grüber*, Sozialer Wohnungsbau, 1981, S. 9.

92 Gesetz zur Erhöhung des Angebots an Mietwohnungen v. 20.12.1982, BGBl. I S. 1912 (keine amtliche Abkürzung, im Folgenden MWoErhG). Die verschiedenen zugrunde liegenden Gesetzentwürfe bespricht *Dudeck*, Die soziale Frage unserer Zeit, 2025, S. 82 (ff.).

93 *Börstinghaus*, WuM 2018, 610 (621). Dazu → § 8 A. I., C. III. 1. b.

94 30 % Erhöhung innerhalb von drei Jahren, § 2 Abs. 1 Nr. 3 MHG n.F.

95 *A. Mayer*, Theorie und Politik des Wohnungsmarktes, 1998, S. 200 ff.; *Kiehle*, in: Andersen/Bogumil/Marschall/Woyke (Hrsg.), Handwörterbuch des politischen Systems der Bundesrepublik Deutschland, 8. Aufl. 2021, S. 1028 (1032); *Schollmeier*, Wohnraum als Verfassungsfrage, 2020, S. 61; *P. Lange*, Staatliche Wohnraumvorsorge, 2023, S. 151 ff.

wurde auf marktwirtschaftliche Mechanismen gesetzt und die Eigenheimförderung ausgebaut.[96] Nachdem 1982 Fälle von Vetternwirtschaft und Missmanagement bei der Neuen Heimat bekannt geworden waren, begann zudem eine Diskussion über die Wohngemeinnützigkeit, die mit ihrer Abschaffung 1990 endete.[97]

IV. Wohngesetzgebung seit der Wende

In der Bundesrepublik war die Wohngesetzgebung 1990 also rund um die Wohnung als Wirtschaftsgut konsolidiert, mit den tragenden mietenpolitischen Pfeilern Kündigungsschutz und Vergleichsmietensystem.[98] Daneben war die Subjektförderung von zunehmendem Gewicht; Wohnungsneubau und der zuvor gemeinnützige Sektor waren auf dem Rückzug. In dieses Regelungsregime wurde auch das ostdeutsche Wohnungswesen nach der Wende überführt. Dieser Prozess dauerte über ein Jahrzehnt an, was auch an der grundlegend verschiedenen Gestalt des Wohnungswesens in der DDR lag.

Die Wohnungspolitik der DDR verfolgte zwei vorrangige Ziele: Erstens sollten mit der Miete keine Profite generiert werden, zweitens sollte die Wohnraumverteilung nicht nach Einkommen, sondern nach Bedarf erfolgen.[99] Die Wohnpolitik sollte einerseits das sozialistische System legitimie-

---

96 Dazu *Gerda Hasselfeldt*: „Die einhellige Meinung lautete: Der Markt muss es richten", zit. nach: *Weißmüller*, Wie der soziale Wohnungsbau vor die Hunde ging, SZ v. 17.12.2021; weiter *P. Lange*, Staatliche Wohnraumvorsorge, 2023, S. 154 f.

97 Durch das Gesetz zur Überführung der Wohnungsgemeinnützigkeit in den allgemeinen Wohnungsmarkt v. 25.7.1988, BGBl. I S. 1093, 1136, verabschiedet als Art. 21 des Steuerreformgesetz 1990. Zu den Auswirkungen – rund ein Viertel der Mietwohnungen verließen die Mietpreisbindung – *Kiehle*, in: Andersen/Bogumil/Marschall/Woyke (Hrsg.), Handwörterbuch des politischen Systems der Bundesrepublik Deutschland, 8. Aufl. 2021, S. 1028 (1032); zu den Hintergründen m.w.N. knapp *Sammet*, Bezahlbare Miete statt Rendite, VerfBlog v 10.6.2024. 2024 wurde eine neue Wohngemeinnützigkeit eingeführt, siehe weiter → § 5 B. II. 4.

98 Zum Wandel von der sozialpolitischen zur marktwirtschaftlichen Ausrichtung siehe *Heinelt*, in: Egner/Georgakis/Heinelt/Bartholomäi (Hrsg.), Wohnungspolitik in Deutschland, 2004, S. 35 (40).

99 *Penig*, Komplexer Wohnungsbau, 1973, S. 12; *J. Mayer/Mayeres*, in: Holm (Hrsg.), Wohnen, 2021, S. 14 (23). Dabei wird als Bezugspunkt wiederholt *Engels* Aufsatz zur Wohnungsfrage herangezogen, wonach sich die Wohnungsfrage nur im Sozialismus lösen lasse, *Engels*, Zur Wohnungsfrage (1872/1873), zitiert nach MEW 18, 1976, S. 209 (216, 243, 285).

ren,[100] andererseits wurde sie umgekehrt aus dem Charakter des sozialistischen Staates abgeleitet und begründet: Die Bereitstellung von Wohnungen galt als staatliche Sozialleistung,[101] die Wohnung selbst als gemeinschaftliches Konsumtionsgut.[102] Diese Grundhaltung spiegelte sich in den Verfassungen,[103] dem Städtebau[104] sowie der in der DDR vorherrschenden Wohnraumbewirtschaftung[105] wider. Ab den 1970ern sollte zudem der Wohnraummangel mittels einer Staatsaktion innerhalb von 20 Jahren behoben werden.[106] Das entsprechende Wohnungsbauprogramm wurde als „Kernstück der Sozialpolitik" der DDR bezeichnet.[107] Die Finanzierung von Neubau, Instandhaltung

---

100 *C. Hannemann*, Die Platte, 3. Aufl. 2005, S. 11; *Häußermann*, in: Häußermann/Neef (Hrsg.), Stadtentwicklung in Ostdeutschland, 1996, S. 5 (18).

101 *Penig*, Komplexer Wohnungsbau, 1973, S. 12; *Frerich/M. Frey*, Handbuch der Geschichte der Sozialpolitik Bd. 2, 2. Aufl. 1996, S. 455; *Schollmeier*, Wohnraum als Verfassungsfrage, 2020, S. 66.

102 *Penig*, Komplexer Wohnungsbau, 1973, S. 12, 121; vgl. hierzu ausführlicher *Tesch*, Der Wohnungsbau in der DDR 1971–1990, 2001, S. 50 ff.

103 Art. 26 Abs. 2 der Verfassung von 1949, Art. 37 der Verfassung von 1968.

104 Am sichtbarsten spiegelt sich das sozialistische Leitbild der Wohnungspolitik im Städtebau, insb. in den Stadtneugründungen (da hier nicht auf kapitalistischem Erbe aufgebaut wurde), wider. Es gab drei Arten von Wohnungsbau: staatlich bzw. volkseigen, genossenschaftlich und Eigenheimbau, siehe hierzu ausführlich *Jenkis*, in: Jenkis (Hrsg.), Kompendium, 4. Aufl. 2001, S. 673 (683); zuvor schon *Penig*, Komplexer Wohnungsbau, 1973, S. 124.

105 Es galt ein strenges mieterschützendes System. Dabei sollte die Wohnraumbewirtschaftung kein zeitweiliges Notinstrument darstellen, sondern galt als „Instrument zur Verwirklichung einer sozialistischen Wohnungspolitik", *Frerich/M. Frey*, Handbuch der Geschichte der Sozialpolitik Bd. 2, 2. Aufl. 1996, S. 440. Wesentlich waren die Mietpreisfestlegung und die zentralisierte Vergabe von Wohnungen: Zuweisung von Wohnungen, Kontrahierungszwang und Festlegung des Mietpreises entsprechend Rechtsvorschriften. Vermieterkündigungen waren nur unter strengen Voraussetzungen, wie dem Vorhandensein einer Ersatzwohnung, möglich. Zur Zuteilung von Wohnungen existierte eine Wohnraumkartei, bei der frei gewordene Wohnungen zu melden waren. Kriterien für die Zuteilung von Wohnungen waren politisch, volkswirtschaftlich und sozial, was zu einer sozialen Segregation nicht „nach dem Einkommen, sondern nach Alter oder politischer Privilegierung" führte. Statt ökonomischer gab es also eine sozial-politisch-demographische Segregation. Dazu *Frerich/M. Frey*, Handbuch der Geschichte der Sozialpolitik Bd. 2, 2. Aufl. 1996, S. 440 ff.; *Schollmeier*, Wohnraum als Verfassungsfrage, 2020, S. 66; *Hügemann*, Mietpreisrecht, 1998, S. 296 f.; *Häußermann*, in: Häußermann/Neef (Hrsg.), Stadtentwicklung in Ostdeutschland, 1996, S. 5 (18 ff.).

106 *Häußermann*, in: C. Hannemann (Hrsg.), Die Platte, 3. Aufl. 2005, S. 7.

107 *Honecker*, Bericht des Politbüros an das ZK der SED, 7. Tagung, Berlin 1988, S. 84. Siehe auch *Frerich/M. Frey*, Handbuch der Geschichte der Sozialpolitik Bd. 2, 2. Aufl. 1996, S. 451; zur Formulierung auch *Tesch*, Der Wohnungsbau in der DDR 1971–1990, 2001, S. 11. Ende der 1980er, mit Übergabe der dreimillionsten Wohnung

und Mietpreispolitik erfolgte durch Umverteilung staatlicher Gelder.[108] Dabei führte die Priorisierung des Neubaus zusammen mit fehlenden Baukapazitäten und Materialmangel dazu, dass der Altbaubestand verfiel.[109] Dessen offenkundig schlechter Zustand stand zum Ende der DDR und steht noch heute sinnbildlich für deren politische Probleme nicht nur hinsichtlich der Wohnungsfrage und dient als gängiger Ausgangspunkt von Kritiken der DDR-Wohnungspolitik.[110]

Die Wiedervereinigung läutete einen Umbruch im Wohnungswesen der neuen Bundesländer ein: auch hier wurde die Wohnungsversorgung nun marktwirtschaftlich organisiert.[111] Entsprechende Änderungen hinsichtlich Eigentumsstruktur, Mietrecht und Wohnungsvergabe waren bereits im Einigungsvertrag angelegt.[112] Zum einen wurde mit dem Ziel, die Eigentumsquote zu erhöhen, die Struktur des Wohnsektors geändert:[113] Während 1990 noch 41 % der Wohnungen dem Staat und 18 % Genossenschaften gehörten, wurde dieses Eigentum bis 1996 auf ca. 1.200 kommunale oder genossenschaftliche Wohnungsunternehmen, die verpflichtet waren, rentabilitätsorientiert zu wirtschaften, aufgeteilt.[114] Von den Schulden, die die Wohnungsunternehmen dabei aufnahmen, wurden sie zwar später im Zuge

---

im Rahmen des Wohnungsbauprogramms, wurde die Lösung der Wohnungsfrage verkündet, *Honecker*, Bericht des Politbüros an das ZK der SED, 7. Tagung, Berlin 1988, S. 84 f., 87. Dies ist zu kontrastieren mit wissenschaftlichen Beiträgen, wie dem von *Tesch*, Der Wohnungsbau in der DDR 1971–1990, 2001, S. 47: Zwar wurden wohl die „Mengenziele des Wohnungsbauprogramms […] im wesentlichen erreicht". Aber dies bedeutete nicht die Lösung der Wohnungsfrage, denn weiterhin gab es wachsende Wartelisten, regionale Unterschiede, bauliche Mängel, einen schlechten Zustand der Altbausubstanz, unzureichende Ausstattung, unterbelegte Wohnungen und auch keine (gelungene) bauliche Entwicklung der Städte. Weiter *Tesch*, DDR-Wohnungsbauprogramm, Utopie kreativ Sonderheft 2000, 50 (58).

108 Die Wohnnutzung wurde mit bspw. dem Schulbesuch gleichgesetzt und als Sozialleistung verstanden, *Penig*, Komplexer Wohnungsbau, 1973, S. 107.

109 *J. Mayer/Mayeres*, in: Holm (Hrsg.), Wohnen, 2021, S. 14 (24); *P. Lange*, Wohnraumvorsorge, 2023, S. 163, 209 f.

110 Bspw. *Jenkis*, in: Jenkis (Hrsg.), Kompendium, 4. Aufl. 2001, S. 673 (686); *Rink*, Wohnen, BPB 2020.

111 *Borst*, in: Häußermann/Neef (Hrsg.), Stadtentwicklung in Ostdeutschland, 1996, S. 107.

112 Zu den verschiedenen Bausteinen der Vermarktlichung vgl. *Borst*, in: Häußermann/Neef (Hrsg.), Stadtentwicklung in Ostdeutschland, 1996, S. 107.

113 *J. Mayer/Mayeres*, in: Holm (Hrsg.), Wohnen, 2021, S. 14 (26).

114 Art. 22 Abs. 4 S. 4 Einigungsvertrag; *Häußermann*, in: Häußermann/Neef (Hrsg.), Stadtentwicklung in Ostdeutschland, 1996, S. 5 (32 f.).

des Altschuldenhilfegesetzes[115] teilweise wieder entlastet – im Gegenzug dazu mussten sie aber 15 % ihres Bestands veräußern.[116] Daneben wurden auch hunderttausende Altbauwohnungen an ihre Alteigentümerinnen zurückgegeben.[117] Beides führte vor allem zu einer Vermögensbildung bei Privateigentümerinnen, Anlegergesellschaften und Unternehmen aus dem Westen und legte den Grundstein für spätere Dynamiken der Privatisierung und Finanzialisierung.[118]

Zum anderen stellte sich nach der Umstrukturierung des Wohnungswesens die Frage nach sozialer Wohn- und Mietenpolitik. Nachdem die Preisfestschreibungen zunächst verlängert worden waren,[119] wurden die Wohnungsbestände schrittweise in das Mietrecht der BRD überführt. Da aufgrund der zuvor bestehenden Preisbindung noch nicht genügend frei vereinbarte (höhere) Vergleichsmieten existierten, wurde zunächst ein Mieterhöhungsanspruch abweichend vom Miethöhegesetz festgelegt.[120] Be-

---

115 Gesetz über Altschuldenhilfe für Kommunale Wohnungsunternehmen, Wohnungsgenossenschaften und private Vermieter in dem in Artikel 3 des Einigungsvertrages genannten Gebiet (Altschuldenhilfe-Gesetz), erlassen als Art. 39 des Gesetzes über Maßnahmen zur Bewältigung der finanziellen Erblasten im Zusammenhang mit der Herstellung der Einheit Deutschlands, zur langfristigen Sicherung des Aufbaus in den neuen Ländern, zur Neuordnung des bundesstaatlichen Finanzausgleichs und zur Entlastung der öffentlichen Haushalte (Gesetz zur Umsetzung des Föderalen Konsolidierungsprogramms – FKPG) v. 23.6.1993, BGBl. I S. 944, 986.

116 Vgl. bereits Art. 22 Abs. 4 S. 4, 5 Einigungsvertrag; *Häußermann*, in: Häußermann/Neef (Hrsg.), Stadtentwicklung in Ostdeutschland, 1996, S. 5 (32); *Kiehle*, in: Andersen/Bogumil/Marschall/Woyke (Hrsg.), Handwörterbuch des politischen Systems der Bundesrepublik Deutschland, 8. Aufl. 2021, S. 1028 (1029). Vgl. allgemein zu den Privatisierungen im Zuge der Wende *Borst*, in: Häußermann/Neef (Hrsg.), Stadtentwicklung in Ostdeutschland, 1996, S. 107.

117 *Borst*, in: Häußermann/Neef (Hrsg.), Stadtentwicklung in Ostdeutschland, 1996, S. 107.

118 *Häußermann*, in: Häußermann/Neef (Hrsg.), Stadtentwicklung in Ostdeutschland, 1996, S. 5 (39). Insbesondere scheiterte die angestrebte Erhöhung der ostdeutschen Wohneigentumsquote.

119 § 2 PreisVO vom 25.6.1990, GBl. DDR I, Nr. 37, S. 472; Anlage I, Kapitel XIV, Abschnitt II, Nr. 7 Einigungsvertrag. Siehe auch *Hinkelmann* (heute *Flatow*), Ortsübliche Miete, 1999, S. 79; *Häußermann*, in: Häußermann/Neef (Hrsg.), Stadtentwicklung in Ostdeutschland, 1996, S. 5 (33).

120 Gesetz zur Überleitung preisgebundenen Wohnraums im Beitrittsgebiet in das allgemeine Miethöherecht (Mietenüberleitungsgesetz) v. 6.6.1995, BGBl. I S. 748 (MÜG); siehe insb. RegE MÜG, BT-Drs. 13/783, 1 f.; *Hinkelmann* (heute *Flatow*), Ortsübliche Miete, 1999, S. 81; *Börstinghaus*, WuM 2018, 610 (622).

gleitet wurden diese Maßnahmen von einem speziellen Wohngeld-Ost[121] und massiven stadtentwicklungspolitischen Umstrukturierungen (Stadtumbau-Ost).[122]

Neben den spezifischen Entwicklungen rund um das ostdeutsche Wohnungswesen, müssen für die 1990er Jahre weitere mietrechtliche Änderungen[123] und insbesondere die Eigenheimförderung erwähnt werden. Letztere erreichte mit der ab 1996 geltenden Eigenheimzulage[124] einen finanziellen Höhepunkt und führte zu signifikant weniger Steuereinnahmen.[125] Prägend waren zudem die Arbeiten einer Expertenkommission zur Wohnungspolitik, deren Abschlussbericht[126] als Grundlage für weitere Reformen und insbesondere für die Verankerung des Wohnraummietrechts im BGB mit

---

121 Gesetz über die Einführung eines Wohngeldsondergesetzes für das in Artikel 3 des Einigungsvertrages genannte Gebiet, die Änderung des Wohngeldgesetzes und anderer wohngeldrechtlicher Vorschriften sowie über die Änderung des Ersten Buches Sozialgesetzbuch v. 20.6.1991, BGBl. I S. 1250.

122 *Egner*, APuZ 64:20/21 (2014), 13 (16); weiter u.a. *Bernt*, Urban Geography, 40:2 (2019), 174 (174 ff.).

123 Bspw. wurde mit dem Vierten Mietrechtsänderungsgesetz (Viertes Gesetz zu Änderung mietrechtlicher Vorschriften v. 21.7.1993, BGBl. I S. 1257 [4. MRÄndG]) der Vergleichszeitraum zur Berechnung der ortsüblichen Vergleichsmiete auf vier Jahre verlängert und die Kappungsgrenze auf 20 % gesenkt. Äußerungen bezüglich der Zielsetzung und Erwartungen – und abweichende Ansichten der Opposition – finden sich insb. in der Plenardebatte zur Verabschiedung des Gesetzes, vgl. Sten. Bericht der 163. Sitzung, 17.6.1993, 4. MRÄndG, BT-PlProt. 12/163, 14030 ff.; *Börstinghaus*, WuM 2018, 610 (621); *Hinkelmann* (heute *Flatow*), Ortsübliche Miete, 1999, S. 76.

124 Eigenheimzulagegesetz, erlassen als Art. 1 des Gesetzes zur Neuregelung der steuerrechtlichen Wohneigentumsförderung v. 15.12.1995, BGBl. I S. 1783.

125 Die Eigenheimzulage wird daher zu den teuersten Subventionen der BRD gezählt, *Egner*, APuZ 64:20/21 (2014), 13 (17). Sie wurde zum 1.1.2006 mit dem Gesetz zur Abschaffung der Eigenheimzulage v. 22.12.2005, BGBl. I S. 3680, abgeschafft. Siehe auch GesE CDU/CSU und SPD, Gesetz zur Abschaffung der Eigenheimzulage, BT-Drs. 16/108, 3, wonach die Eigenheimzulage „seit Jahren [...] die steuerliche Einzelsubvention mit dem höchsten Volumen im Bundeshaushalt" war.

126 *Expertenkommission Wohnungspolitik*, Abschlussbericht, BT-Drs. 13/159. Hervorzuheben ist vor dem vorliegenden Hintergrund deren Annahme, dass sich die gravierenden Probleme im Mietrecht nur durch eine Flexibilisierung der Miethöhe lösen ließen, „um die Anreize für Investoren zu verbessern und um einer drohenden Erstarrung der Belegungsstruktur entgegenzuwirken", ebd., 3. Zudem widmet die Expertenkommission der Eigentumsförderung ein „besonderes Augenmerk", ebd., 4. Die Hintergründe, wieso Eigentumsbildung überhaupt wünschenswert ist, werden jedoch nicht erläutert; zu verschiedenen Motiven aber *Donner*, Wohnungspolitiken, 2000, S. 47 f.

dem Mietrechtsreformgesetz[127] zu Beginn des neuen Jahrtausends diente.[128] Daneben begann mit dem Wohnungsbaureformgesetz[129] ein weiterer Rückzug des Staates aus dem sozialen Wohnungsbau.[130] Gleichzeitig wurde auch das Wohngeldgesetz neu gefasst und an das Preisniveau angepasst.[131] Das Wohngeld verlor jedoch mit der Einführung des Arbeitslosengelds II gegenüber den Kosten der Unterkunft an Bedeutung.[132] Zudem wurden die Privatisierungen auch in den 2000er Jahren fortgesetzt.[133] Zwischen 1999 und 2006 wurden rund 1,2 Mio. Wohnungen privatisiert, davon ca. 807.000 allein im Zeitraum zwischen 2004 und 2006.[134] Hiergegen formierten sich mit der Zeit Protestbewegungen.[135] Auch wenn sich der Trend zuletzt teilweise sogar umgekehrt hat,[136] wirken die Folgen der damaligen Privatisierungen bis heute. Denn die en bloc-Verkäufe haben die Finanzialisierung des deutschen Wohnsektors vorangetrieben: Immobilien unterlie-

---

127 Gesetz zur Neugliederung, Vereinfachung und Reform des Mietrechts (Mietrechtsreformgesetz – MietRRefG) v. 21.6.2001, BGBl. I S. 1149.

128 Als Neuausrichtung bei *Egner*, APuZ 64:20/21 (2014), 13 (17); *Schuldt*, Mietpreisbremse, 2017, S. 44; a.A. *Börstinghaus*, WuM 2018, 610 (622), der wenig Veränderungen, aber den Versuch der Vereinfachung sieht.

129 Gesetz zur Reform des Wohnungsbaurechts (Wohnungsbaureformgesetz) v. 13.9.2001, BGBl. I S. 2376 (WoBauRefG).

130 *Gebhardt*, in: Herlitz/Saxinger (Hrsg.), Hdb. soz. Wohnungsbau und MietR, 2019, Kap. 3 Rn. 37 ff.; weiter → § 7 A. II. Mit der Föderalismusreform 2006 ging die Zuständigkeit schließlich an die Länder über. In manchen Landesteilen kam der soziale Wohnungsbau fast völlig zum Erliegen; entsprechend der politischen Prämissen der Länderregierungen ging teilweise ein großer Anteil der verfügbaren Gelder in die Eigenheimförderung, *Klus*, Europäische Stadt unter Privatisierungsdruck, 2013, S. 95. Eine Verlagerung auf die kommunale Ebene beobachten *Stiel et al.*, DIW Wochenbericht 18 (2025), 254 (258).

131 Bekanntmachung der Neufassung des Wohngeldgesetzes v. 2.1.2001, BGBl. I S. 2; Änderung des Wohngeldgesetzes als Art. 17 des Wohnungsbaureformgesetzes v. 13.9.2001, BGBl. I S. 2376, 2399. Zu den wesentlichen Änderungen und folgenden Entwicklungen siehe *L. Zimmermann*, in: L. Zimmermann (Hrsg.), WoGG-HK, 2014, Einleitung Rn. 9 ff.

132 *Egner*, APuZ 64:20/21 (2014), 13 (18); *Rink*, in: Eckardt/Meier (Hrsg.), Handbuch Wohnsoziologie, 2021, S. 79 (90).

133 Zur zweiten Privatisierungswelle siehe *Klus*, Europäische Stadt unter Privatisierungsdruck, 2013, S. 97 ff.; *Schendel*, wohnbund-Informationen 3–4/2006, 15 (15 ff.).

134 *Klus*, Europäische Stadt unter Privatisierungsdruck, 2013, S. 97.

135 Siehe aus der Berichterstattung insb. *Haimann*, Wendepunkt am Wohnungsmarkt, Die Welt v. 14.11.2006; *Klus*, Europäische Stadt unter Privatisierungsdruck, 2013, S. 15 f., 107 ff.

136 Vgl. Bestrebungen zur Rekommunalisierung wie der Volksentscheid „Deutsche Wohnen & Co enteignen" in Berlin.

gen als Finanzanlageobjekte zunehmend finanzwirtschaftlichen Logiken.[137] Seit ungefähr 2010 lässt sich innerhalb dieser Gemengelage ein neuerlicher Anstieg von Miet- und Kaufpreisen, insbesondere in Großstädten, feststellen.[138] Hierauf reagiert die Gesetzgebung (bisher) durch Bestands- (Modernisierungsmieterhöhung[139], Mietpreisbremse[140]) und Neubaupolitik (u.a. Baulandmobilisierung).

V. Zusammenfassung: Konjunkturen der Wohngesetzgebung

Die Wohngesetzgebung in Deutschland stand seit jeher in einem engen Zusammenhang mit der wohn- und wirtschaftspolitischen Entwicklung des Landes. Wahrgenommene Probleme sollten mithilfe verschiedener Instrumente – häufig einem Zusammenspiel[141] aus Neubau und Mietrecht – bearbeitet und entschärft werden. Zugespitzt zeigt sich dies in Zeiten gesellschaftlicher Umbrüche, wie nach den beiden Weltkriegen sowie der Wende. Nach den Kriegen dominierte die Wohnungsnot, die jeweils kurzfristig mithilfe rechtlicher Instrumente gelindert, langfristig aber marktwirtschaft-

137 *Unger*, Widerspruch 68 (2016), 91 (95 ff.); *Vollmer*, Strategien gegen Gentrifizierung, 2018, S. 32; *Kiehle*, in: Andersen/Bogumil/Marschall/Woyke (Hrsg.), Handwörterbuch des politischen Systems der Bundesrepublik Deutschland, 8. Aufl. 2021, S. 1028 (1034); zur Entwicklung *Heeg*, suburban 1 (2013), 75 (77 ff.); *Heeg*, in: B. Schönig/Kadi/Schipper (Hrsg.), Wohnraum für alle?!, 2017, S. 47 (49 ff.); zusammenfassend zu Ursachen und Auswirkungen *Gustorff*, Mietpreisbremse und Bestellerprinzip, 2021, S. 78 ff. Weiter → § 5 A. II. 1.

138 Vgl. *DIW*, Mieten und Wohnungspreise in deutschen Großstädten steigen 2014 weiter, Pressemitteilung v. 5.12.2013; *Dudeck*, Die soziale Frage unserer Zeit, 2025, S. 127 f. Zum Zusammenhang des vermehrten Engagements im Immobiliensektor mit globalen finanzpolitischen Entwicklungen und zur Zusammensetzung der Miete bei kapitalmarktorientierten Immobilienunternehmen siehe *Unger*, Vonovia, 2. Aufl. 2022, S. 18 ff.; → § 5 A. II. 1.

139 Gesetz über die energetische Modernisierung von vermietetem Wohnraum und über die vereinfachte Durchsetzung von Räumungstiteln (Mietrechtsänderungsgesetz – MietRÄndG) v. 11.3.2013, BGBl. I S. 434; *Emmerich*, in: Staudinger, BGB-Komm., 2024, Vorb. zu § 535 Rn. 18.

140 Gesetz zur Dämpfung des Mietanstiegs auf angespannten Wohnungsmärkten und zur Stärkung des Bestellerprinzips bei der Wohnungsvermittlung (Mietrechtsnovellierungsgesetz – MietNovG) v. 21.4.2015, BGBl. I S. 610.

141 Dieses Zusammenspiel beruht nicht auf einem ganzheitlichen gestalterischen Konzept, sondern ist aus einzelnen Reaktionen entstanden, vgl. *Molinari*, Interventionen in den Mietwohnungsmarkt, 2021, S. 75 f.; *Knabe*, in: Kessl/Reutlinger (Hrsg.), Handbuch Sozialraum, 2. Aufl. 2019, S. 635 (646), spricht von einer „flickenteppichartige[n] Herangehensweise".

lich aufgelöst werden sollte.[142] In diesem Zuge wurde in den 1920er Jahren ein großer Teil der noch heute bekannten wohnpolitischen Instrumente entwickelt.[143] Umgesetzte und diskutierte Vorhaben haben seitdem regelmäßig historische Vorläufer; häufig werden auch vorerst befristete Regelungen in Dauerrecht überführt.[144] Während in der Weimarer Republik der Wohnungsbau auch aus der Hauszinssteuer finanziert wurde, setzte die Bundesrepublik verstärkt auf Bauanreize für private Investitionen durch den Abbau mietpreisrechtlicher Regeln und auf Subjektförderung. Anknüpfend an Überlegungen der Weimarer Zeit wurde ein Soziales Mietrecht etabliert. Auf dem Gebiet der ehemaligen DDR wurde diese Entwicklung in den 1990er Jahren nachgeholt. Seitdem haben sich qualitativ neue Dynamiken und Problemlagen ergeben: Privatisierung und Finanzialisierung des Wohnungswesens haben vermehrte Mietrechtsetzung und weitere gesetzgeberische Reaktionen hervorgerufen.

C. Das wohngesetzgeberische Instrumentarium

Wie die Darstellung der Entwicklungslinien gezeigt hat, ist das Wohnen in Deutschland rechtlich auf vielfältige Art geregelt. Eine Systematisierung der verschiedenen Instrumente ist anhand verschiedener Kriterien möglich und wird nicht einheitlich vorgenommen: nach der Zielgruppe, dem Wirkungsmechanismus (rechtlich oder finanziell), der Aktivität staatlicher Akteurinnen, Ansetzen auf Angebots- oder Nachfrageseite, der administrativen Zuständigkeit, der Intensität oder Eingriffslogik.[145] In rechtswissenschaftlichen Arbeiten wird teilweise auch anhand von Rechtsgebieten differenziert.[146] Typischerweise werden verschiedene *Säulen der Wohnungs-*

142 Vgl. *Hinkelmann* (heute *Flatow*), Ortsübliche Miete, 1999, S. 63.

143 *Sonnenschein*, Wohnraummiete, 1995, S. 12; *Klus*, Europäische Stadt unter Privatisierungsdruck, 2013, S. 93.

144 *Sonnenschein*, Wohnraummiete, 1995, S. 12; *Schollmeier*, Wohnraum als Verfassungsfrage, 2020, S. 73, 492.

145 Vgl. u.a. die Übersichten bei *Donner*, Wohnungspolitiken, 2000, S. 55 ff.; *Heinelt*, in: Egner/Georgakis/Heinelt/Bartholomäi (Hrsg.), Wohnungspolitik in Deutschland, 2004, S. 35 (39); *Gluns*, in: Freise/Zimmer (Hrsg.), Zivilgesellschaft und Wohlfahrtsstaat im Wandel, 2019, S. 257 (268); *Schollmeier*, Wohnraum als Verfassungsfrage, 2020, S. 45; *Landmesser/Metzkow*, in: Holm (Hrsg.), Wohnen, 2021, S. 172 (174).

146 Vgl. *Krumme*, Die Wohnung im Recht, 2004. Zu beachten ist ebenso das Vorgehen („Zoomen") bei *Weigelt*, Wachsende Stadt, 2016, der vom verfassungsrechtlichen Rahmen ausgehend auf Bauplanungs- und Ordnungsrecht als Rahmen der Woh-

politik konstruiert.[147] Deren Gestalt und Anzahl hängt von den übergeordneten Grundlogiken ab: Maßgebliche Unterscheidungen ergeben sich zwischen direkter und indirekter Förderung,[148] zwischen einer leistungs- und einer ordnungspolitischen Dimension[149] oder zwischen verschiedenen staatlichen Aktivitäten wie Finanzierung, Regulierung und Information[150]. Die verschiedenen Systematisierungen unterscheiden sich zwar in der Bezeichnung der jeweiligen Säulen. Die inhaltlichen Unterschiede halten sich jedoch in Grenzen.[151] Da die Differenzierung zwischen leistungs- und ordnungspolitischen Instrumenten im Recht gängig ist, folgt die vorliegende Arbeit dieser Unterscheidung.[152]

Innerhalb der leistungspolitischen Dimension lässt sich zwischen direkter und indirekter Förderung unterscheiden. Die direkte Förderung umfasst dabei alle unmittelbaren öffentlichen Ausgaben, sowohl als Objektförde-

---

nungen schaut, anschließend die zivilrechtlichen Regelungen zur Wohnnutzung analysiert und schließlich die Regelungen im Ordnungswidrigkeitenrecht und Strafrecht untersucht. Aufgrund des Fokus auf Wohnraum*vorsorge* wiederum anders *P. Lange*, Staatliche Wohnraumvorsorge, 2023, S. 321 ff.

147 Vgl. die verschiedenen Ansätze bei *Jenkis*, in: Jenkis (Hrsg.), Kompendium, 4. Aufl. 2001, S. 65 (88 ff.); ähnlich *A. Mayer*, Theorie und Politik des Wohnungsmarktes, 1998, S. 220 ff.; *Egner*, APuZ 64:20/21 (2014), 13 (13 ff.); dem teilweise folgend *Schollmeier*, Wohnraum als Verfassungsfrage, 2020, S. 60; oder *Häußermann*, in: Allmendinger/Ludwig-Mayerhofer (Hrsg.), Soziologie des Sozialstaats, 2000, S. 167 (177 ff., insb. 179).

148 Grundlegend wohl *Leutner*, Wohnungspolitik nach dem 2. Weltkrieg, 1990, S. 4 (ff.); folgend *Jenkis*, in: Jenkis (Hrsg.), Kompendium, 4. Aufl. 2001, S. 65 (88 f.); *von Beyme*, in: Flagge (Hrsg.), Geschichte des Wohnens, Bd. 5, 1999, S. 81 (97 ff.); *Klus*, Europäische Stadt unter Privatisierungsdruck, 2013, S. 93 f. Vgl. auch die Darstellung von *Kühne-Büning*, in: Kühne-Büning/Nordalm/Steveling (Hrsg.), Grundlagen der Wohnungs- und Immobilienwirtschaft, 4. Aufl. 2005, S. 259 (270 ff., 279).

149 *Jaedicke*, in: Jenkis (Hrsg.), Kompendium, 4. Aufl. 2001, S. 184 (189 f.); *A. Mayer*, Theorie und Politik des Wohnungsmarktes, 1998, S. 221 ff.; auch *Kühne-Büning*, in: Kühne-Büning/Nordalm/Steveling (Hrsg.), Grundlagen der Wohnungs- und Immobilienwirtschaft, 4. Aufl. 2005, S. 250 (260 ff.); weiter differenziert bei *Heinelt*, in: Egner/Georgakis/Heinelt/Bartholomäi (Hrsg.), Wohnungspolitik in Deutschland, 2004, S. 35 (37 f.).

150 So *Gluns*, in: Freise/Zimmer (Hrsg.), Zivilgesellschaft und Wohlfahrtsstaat im Wandel, 2019, S. 257 (268 ff.).

151 Bspw. sind die Säulen direkter und indirekter Förderung bei *Jenkis*, in: Jenkis (Hrsg.), Kompendium, 4. Aufl. 2001, S. 65 (89), der Differenzierung nach Leistungs- und Ordnungspolitik bei *Jaedicke*, in: Jenkis (Hrsg.), Kompendium, 4. Aufl. 2001, S. 184 (190), nicht unähnlich.

152 Somit wird den Systematisierungen bei → § 3 Fn. 149 gefolgt. Ebenso *L. Winkler*, Regulierung von Bestandsbauten, 2023, S. 177.

rung, das heißt auf das geförderte Objekt der Wohnung bezogen,[153] als auch als Subjektförderung der Bewohnerinnen.[154] Sowohl Subjekt- als auch Objektförderung blicken auf eine lange Entwicklungsgeschichte zurück. Während die Objektförderung in den Nachkriegsjahren dominant war, hat die Subjektförderung seit ihrer Einführung an finanziellem Volumen sowie politischer Bedeutung gewonnen und die Objektförderung in weiten Teilen ersetzt.[155] Die indirekte Förderung wiederum funktioniert als Einnahmeverzicht durch Steuervergünstigungen[156] und ist eng mit der Eigentumsförderung verbunden.[157]

Die Ordnungsdimension wird hierzulande durch das Mietrecht geprägt, das aufgrund der vergleichsweise geringen Wohneigentumsquote in Deutschland eine besondere Breitenwirkung besitzt.[158] Das Wohnraummietrecht des BGB sieht insbesondere Regelungen zum Kündigungsschutz und zur Miethöhe vor.[159] Neben dem Mietrecht existieren verschiedene städtebauliche Vorgaben, die auf das Wohnen ausgerichtet sind. Wenngleich das Städtebaurecht in vielen gängigen Modellen kaum beachtet

---

153 Heutzutage wird mit der Objektförderung vor allem der soziale Wohnungsbau bzw. seit 2001 die soziale Wohnraumförderung verbunden, vgl. die Systematisierung bei *Egner*, APuZ 64:20/21 (2014), 13 (13 ff.); weiter *Leutner*, Wohnungspolitik nach dem 2. Weltkrieg, 1990, S. 8 ff.; *Gebhardt*, in: Herlitz/Saxinger (Hrsg.), Hdb. soz. Wohnungsbau und MietR, 2019, Kap. 3 Rn. 9 f.

154 *Kühne-Büning*, in: Kühne-Büning/Nordalm/Steveling (Hrsg.), Grundlagen der Wohnungs- und Immobilienwirtschaft, 4. Aufl. 2005, S. 250 (268); *Kofner*, Wohnungsmarkt und Wohnungswirtschaft, 2010, S. 131; *Gebhardt*, in: Herlitz/Saxinger (Hrsg.), Hdb. soz. Wohnungsbau und MietR, 2019, Kap. 3 Rn. 9, 11.

155 So auch *Jenkis*, in: Jenkis (Hrsg.), Kompendium, 4. Aufl. 2001, S. 65 (93); *Gebhardt*, in: Herlitz/Saxinger (Hrsg.), Hdb. soz. Wohnungsbau und MietR, 2019, Kap. 3 Rn. 13: „starkes Ungleichgewicht zugunsten der Subjektförderung"; weiter → § 7 A. II.

156 *Kühne-Büning*, in: Kühne-Büning/Nordalm/Steveling (Hrsg.), Grundlagen der Wohnungs- und Immobilienwirtschaft, 4. Aufl. 2005, S. 250 (268).

157 *Donner*, Wohnungspolitiken, 2000, S. 101. Zwar erfolgt Eigentumsförderung auch im Zuge der Subjektförderung mittels Wohngeld oder durch vergünstigte Kredite und Zuschüsse. Maßgeblich ist jedoch das Steuerrecht.

158 *Eller*, in: Croon-Gestefeld et al. (Hrsg.), Das Private im Privatrecht, 2022, S. 75 (76); *Beil*, Entwicklungslinien Wohnraummietrecht, 2021, S. 1 ff.; *Dudeck*, Die soziale Frage unserer Zeit, 2025, S. 118 ff.

159 Tatsächlich lassen sich über die Zeit hinweg Mietpreisrecht und Kündigungsschutz als wesentliche mietrechtliche Gehalte ausmachen. Zu deren engem Zusammenhang vgl., noch für den Kontext des WKSchG, *Derleder*, WuM 2013, 383 (386). Zusammengefasst „Mieterschutz", *Leutner*, Wohnungspolitik nach dem 2. Weltkrieg, 1990, S. 14.

wird,[160] gewinnt es in jüngerer Zeit an Bedeutung und wird daher vorliegend in die Untersuchung einbezogen.[161]

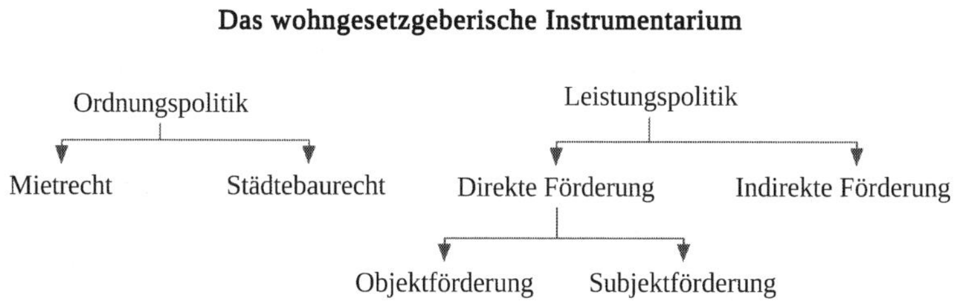

Abbildung 1: Das wohngesetzgeberische Instrumentarium (eigene Systematisierung und Darstellung).

Das vorgestellte Instrumentarium leitet die Auswahl der Untersuchungsgegenstände für den zweiten Teil der Untersuchung an. Die verschiedenen Säulen der Wohngesetzgebung werden durch jeweils ein Instrument vertreten: die direkte Förderung durch das Wohngeld (→ § 7), das Mietrecht durch die Mietpreisbremse (→ § 8), die indirekte Förderung durch die Grundsteuer (→ § 9) und das Städtebaurecht durch die Erhaltungssatzungen (→ § 10). Die untersuchten Instrumente decken somit die Breite des Instrumentariums sowie verschiedene Zeiträume in der Entwicklungsgeschichte ab. Sie fokussieren unterschiedliche Wirkungslogiken und eignen sich dazu, Gemeinsamkeiten und Unterschiede der ihnen zugrunde liegenden ökonomischen Annahmen herauszuarbeiten.

---

160 Bspw. bei *A. Mayer*, Theorie und Politik des Wohnungsmarktes, 1998, S. 273. Mit einer Begründung: *Heinelt*, in: Egner/Georgakis/Heinelt/Bartholomäi (Hrsg.), Wohnungspolitik in Deutschland, 2004, S. 35 (39 f.), demzufolge sich das „Politikfeld Wohnen jenseits des Städtebaus bzw. der Städtebaupolitik institutionalisiert" habe.

161 Dies entspricht auch der Forderung der Ausweitung des Blickes auf das wohnungspolitische Portfolio des Staates, wie bei *Weigelt*, Wachsende Stadt, 2016, S. 52. Ähnlich die Zielsetzung von *Altrock/Kienast*, in: Egner/Grohs/Robischon (Hrsg.), Die Rückkehr der Wohnungsfrage, 2021, S. 15 (15 ff.); berücksichtigt bei *Jaedicke*, in: Jenkis (Hrsg.), Kompendium, 4. Aufl. 2001, S. 184 (189 f.). Ausdrückliche Beispiele für die Verbindung der Stadtentwicklung mit dem Wohnen sind Programme wie die ‚Soziale Stadt' oder die Stadtumbau-Programme Ost und West, siehe *Gluns*, in: Freise/Zimmer (Hrsg.), Zivilgesellschaft und Wohlfahrtsstaat im Wandel, 2019, S. 257 (273).

Erster Teil: Ökonomische Annahmen und gesetzgeberische Argumentationslinien

Die Analyse wohngesetzgeberischer Instrumente auf die ihnen zugrunde liegenden Annahmen muss nicht nur methodisch[1], sondern auch theoretisch angeleitet werden. Daher werden in den folgenden Kapiteln jene ökonomischen Wissensstrukturen vorgestellt, auf die in der anschließenden Untersuchung ein besonderes Augenmerk gelegt wird. Der oft implizite Charakter gesetzgeberischer Annahmen verlangt dabei insbesondere auch eine Kenntnis der mit ihnen verbundenen Argumentationslinien.[2] Aus diesem Grund werden stets auch die zugehörigen – typisierten – wohngesetzgeberischen Argumentationsmuster herausgearbeitet, die die anschließende Untersuchung als Analyseschema anleiten. Neben das Untersuchungsziel, gesetzgeberische Annahmen offenzulegen, tritt somit organisch eine Untersuchung von Argumentationskonjunkturen und -ursprüngen. Dabei werden unter den verschiedenen Angeboten ökonomischer Perspektiven auf die Wohngesetzgebung drei Wissensstrukturen herausgegriffen.

Die erste dieser Wissensstrukturen stellt der neoklassische Ansatz dar (§ 4). Hierbei handelt es sich um das ökonomische Paradigma, das den ökonomischen Analysen des Rechts zugrunde liegt. Somit besteht bereits ein ausgefeiltes Modell inklusive einer Praxis zur Untersuchung und Bewertung rechtlicher Regelungen, das zugunsten der Untersuchung abgeschichtet und schematisiert werden kann. Die neoklassischen Annahmen und Argumentationsmuster sind jedoch weder die einzig mögliche Perspektive auf die Wohngesetzgebung, noch bestehen sie unwidersprochen. Dieses spezifische, auf individuelle Anreize ausgerichtete Rationalmodell[3] sowie auch die auf ihm basierenden Argumentationslinien sind verschiedenen Kritiken ausgesetzt und werden teilweise durch andere Einsichten ergänzt oder ersetzt. Zwei dieser alternativen Ansätze, eine Rechtskritik durch den *Law and Political Economy*-Ansatz und sachbereichsspezifische Impulse

1 Hierzu bereits → § 2.

2 Siehe → § 2 A. III.

3 *Engel*, in: Engel/Englerth/Lüdemann/Spiecker gen. Döhmann (Hrsg.), Recht und Verhalten, 2007, S. 363 (388).

aus der Stadtforschung, werden vorliegend gebündelt und dem neoklassischen Ansatz als polit-ökonomische Kritik gegenübergestellt (§ 5). Anders als durch die Neoklassik wird das Wohnen hier vorrangig als Sozial- anstatt als Wirtschaftsgut konturiert. Daher wird, drittens, untersucht, inwiefern der Gedanke der Sozialen Marktwirtschaft, dessen Anspruch schließlich die Verbindung marktwirtschaftlicher und sozialer Aspekte ist, die beiden Ansätze verbindet und die Wohngesetzgebung beeinflusst (§ 6).

Die ausgewählten Wissensstrukturen zeichnen sich durch deutlich unterschiedliche Zugriffe auf die Wohngesetzgebung aus; sie beobachten teilweise unterschiedliche Elemente des Wohnens selbst, seiner gesellschaftlichen Organisation sowie des politischen Prozesses. Dies stellt jedoch vor dem Hintergrund des Erkenntnisinteresses der vorliegenden Arbeit, die nicht das Wissen an sich bewerten, sondern seine Rezeption durch die Gesetzgebung beobachten will, kein Hindernis dar. Stattdessen wird sich im Laufe der Untersuchung zeigen, wie die Gesetzgebung derart unterschiedliches Wissen aufgreift, im politischen Prozess miteinander verbindet und es nach ihren eigenen Regeln verarbeitet.

Daher werden die drei Wissensstrukturen und die ihnen eigenen Argumentationslinien im Folgenden nicht nur abstrakt dargestellt, sondern durch Beispiele aus der Geschichte der Wohngesetzgebung illustriert und somit ihre praktische Relevanz beleuchtet. Dabei erfolgt in einem ersten Schritt stets die Grundlegung (jeweils A.), bevor die darauf basierenden Argumentationsmuster und Topoi entfaltet werden (jeweils B.). In der auf diesen Analyseschemata aufbauenden Analyse erfolgt dieser Vorgang gewissermaßen umgekehrt, indem die nun bekannten Argumentationsmuster identifiziert, benannt und auf ihre Ursprünge zurückgeführt werden. Gleichwohl soll damit nicht suggeriert werden, dass die Gesetzgebung tatsächlich die Annahmen und Strukturen der beschriebenen Ansätze, beispielsweise die Kritik des *Law and Political Economy*-Ansatzes, im Kopf hatte. Stattdessen dient die Bildung des Analyseschemas als wissenschaftliche Hilfskonstruktion. Sie kann eine inhaltliche Rückführbarkeit und disziplinäre Ursprünge gesetzgeberischer Annahmen plausibilisieren, das heißt: eine Kongruenz der Wissenssysteme nahelegen, aber keinen unmittelbaren Übersetzungs- oder Umsetzungsprozess nachweisen.[4]

4 Allgemein zum Rückgriff auf Wissen als „Prozeß des induktiven ‚Umgangs mit handlungsentlastet produzierten Deutungsangeboten'" *Bonß*, in: Bentele/Rühl (Hrsg.), Theorien öffentlicher Kommunikation, 1993, S. 437 (445); *Hoffmann-Riem*, in: Bentele/Rühl (Hrsg.), Theorien öffentlicher Kommunikation, 1993, S. 461 (462). Zur Verselbstständigung der Wissensstrukturen im Prozess der Gesetzgebung → § 2 A. IV.

Dass nicht nur ein Ansatz zurückverfolgt, sondern verschiedene ökonomische Wissensstrukturen gegenübergestellt werden, erleichtert, die jeweiligen Annahmen zu explizieren und zu hinterfragen.[5] Des Weiteren ist schlicht nicht davon auszugehen, dass die Gesetzgebung über die Entwicklung des Wohnens hinweg stets den gleichen ökonomischen Annahmen gefolgt ist. Insofern lässt sich durch die Rekonstruktion nachzeichnen, auf welche Wissensstrukturen die Gesetzgebung wann und auf welche Weise zurückgreift und welche sie dabei vorzieht.[6]

5 Vgl. *Münkler*, Expertokratie, 2020, S. 454 f.; mit einem ähnlichen Anspruch *Horst*, in: Buckel/Christensen/Fischer-Lescano (Hrsg.), Neue Theorien des Rechts, 3. Aufl. 2020, S. 301 (319 f.). Das Vorgehen entspricht somit dem eines methodenpluralistischen Zugriffs beim interdisziplinären Arbeiten, *Lüdemann*, in: Boysen, Sigrid et al. (Hrsg.), Netzwerke, 2007, S. 266 (284); *Lüdemann*, in: Engel/Englerth/Lüdemann/Spiecker gen. Döhmann (Hrsg.), Recht und Verhalten, 2007, S. 7 (28, 33 ff.).

6 Dass eine solche Auswahl nie ganz wertfrei sein wird und auch nicht wertfrei sein muss, aber begründet und reflektiert werden und verschiedene Perspektiven angemessen würdigen sollte, betont schon *Münkler*, Expertokratie, 2020, S. 422 f.; weiter zur Verpflichtung einer „ökonomisch informierten Rechtswissenschaft", sich der „(neuen) Pluralität ökonomischer Theoriebildung im Recht [zu] öffnen und Streit über die grundlegenden ökonomischen Prämissen [zu]zulassen", *Horst*, in: Buckel/Christensen/Fischer-Lescano (Hrsg.), Neue Theorien des Rechts, 3. Aufl. 2020, S. 301 (320).

§ 4 Das neoklassische Grundmodell: Die Wohnung als Wirtschaftsgut

Die derzeit wohl dominante ökonomische Lesart des Wohnens ist dem neoklassischen Ansatz verpflichtet (A.).[1] Dieser zeichnet sich dadurch aus, auf dem Modell des *Homo Oeconomicus* basierende modellhafte Berechnungen anzustellen und überwiegend auf Märkte als Verteilungsmechanismen zu setzen.[2] Das neoklassische Paradigma wurde mit der ökonomischen Theorie und Analyse des Rechts in der Rechtswissenschaft aufgegriffen und angewendet. Auch rechtswissenschaftliche Arbeiten zur rechtlichen Regelung des Wohnens orientieren sich hieran und nehmen neoklassische Bewertungen von mietrechtlichen Instrumenten vor.[3] Aufbauend hierauf und auf den historischen Entwicklungslinien der Wohngesetzgebung[4] wird in einem zweiten Schritt gezeigt, wie das Wohnen mithilfe der argumentativen Bausteine der Markt-, Effizienz-, Rendite- und Eigentumsorientierung als Wirtschaftsgut gefasst wird (B.).

---

1 Trotz disziplinärer Varianz orientiert sich die folgend zugrunde gelegte Literatur an weitgehend übereinstimmenden neoklassischen Grundlagen, weshalb die Ansätze auch vorliegend unter diesem Stichwort gebündelt werden. Vgl. *Horst*, in: Buckel/Christensen/Fischer-Lescano (Hrsg.), Neue Theorien des Rechts, 3. Aufl. 2020, S. 301 (303 ff.); zur Ausdifferenzierung von *Law and Economics* aufgrund ökonomischer Kontroversen weiterführend *Mackaay*, in: Bouckaert/Geest (Hrsg.), Encyclopedia of Law and Economics, 2000, S. 65 (66 f.).

2 Zur zeitgenössischen Ökonomik als methodischer Herangehensweise und dem Marktmodell als Ausgangspunkt *Veljanovski*, British Journal of Law and Society 1980, 158 (162); zur Bedeutung der Ökonomik als Methodik *Janson*, Ökonomische Theorie im Recht, 2004, S. 20 f.; *Lüdemann*, in: Engel/Englerth/Lüdemann/Spiecker gen. Döhmann (Hrsg.), Recht und Verhalten, 2007, S. 7 (15 f.); *N. Petersen/Towfigh*, in: Towfigh/N. Petersen (Hrsg.), Ökonomische Methoden im Recht, 3. Aufl. 2023, S. 1 (2 f., Rn. 3); einführend zum neoklassischen Mainstream und heterodoxen Ansätzen *Mankiw*, Grundzüge der Volkswirtschaftslehre, 7. Aufl. 2018, S. 23 ff.

3 Dieser Feststellung liegt eine Auseinandersetzung mit den Dissertationen von *Busz*, Die Äquivalenz im freifinanzierten Wohnraummietrecht, 2002, *Hofacker*, Preisvorschriften Wohnraum, 2000, und *Schuldt*, Mietpreisbremse, 2017, zugrunde. Siehe → § 4 B.

4 → § 3 B.

A. Neoklassische Grundlagen

Ökonomische Theorien und Analysen des Rechts stellen die derzeit dominante Verbindung der rechtswissenschaftlichen und ökonomischen Diskussionen dar.[5] Ausgehend von der *University of Chicago*[6] etablierte sich *Law and Economics* ab den 1970er Jahren als Teil des Mainstreams der US-amerikanischen Rechtswissenschaften.[7] Der Ansatz verfolgt das erklärte Ziel, Methoden und Konzepte der Wirtschaftswissenschaften auf das Recht zu übertragen.[8] Dabei geraten insbesondere die Gesetzgebung und gesetztes Recht in den Blick, deren Ziele, Wirkungen, Kosten und Nutzen analysiert werden.[9] Auch wenn der Ansatz nach Deutschland importiert wurde, hat die Strömung hierzulande bisher keine vergleichbare Position inne.[10]

---

5 Historisch einordnend u.a. *Mackaay*, in: Bouckaert/Geest (Hrsg.), Encyclopedia of Law and Economics, 2000, S. 65 (65 ff.); *Janson*, Ökonomische Theorie im Recht, 2004, S. 19 ff.; *Lieth*, Ökonomische Analyse des Rechts, 2007, S. 26; *Kjaer*, in: Kjaer (Hrsg.), Law of Political Economy, 2020, S. 1 (2); als „geläufige[r] Anknüpfungspunkt“ bei *van Aaken*, „Rational Choice“, 2003, S. 13.

6 Eingehend zu Strategie und Vorgehen (finanzielle Förderung, Aufbau von Netzwerken, Rekrutierung von Einzelpersonen, Publikationen und Gründung von Zeitschriften) insb. *Teles*, The Rise of the Conservative Legal Movement, 2008, S. 90 ff.; *Grechenig/Gelter*, RabelsZ 72 (2008), 513 (534 ff.); auch *Mackaay*, in: Bouckaert/Geest (Hrsg.), Encyclopedia of Law and Economics, 2000, S. 65 (74 ff.).

7 Zusammenfassend *Teles*, The Rise of the Conservative Legal Movement, 2008, S. 132 ff.

8 *Veljanovski*, British Journal of Law and Society 1980, 158: „use of economics“; *Parisi*, EJLE 2004, 259; *Lieth*, Ökonomische Analyse des Rechts, 2007, S. 26. Eine tiefergehende Aufarbeitung der Entwicklung im Schatten des *Legal Realism* findet sich wiederum bei *Grechenig/Gelter*, RabelsZ 72 (2008), 513 (522 ff.).

9 Die Betonung außerjuristischer Elemente führt zu einer Betonung der Rechtspolitik, *Grechenig/Gelter*, RabelsZ 72 (2008), 513 (529); vgl. bereits *Kleinewefers*, in: Dicke/Fleiner-Gerster (Hrsg.), FS Schürmann, 1987, S. 83 (87 ff.); *Eidenmüller*, Effizienz als Rechtsprinzip, 4. Aufl. 2015, S. 2 f., 8 ff.; *Taupitz*, AcP 196 (1996), 114 (122); *Morlok*, in: Engel/Morlok (Hrsg.), Öffentliches Recht als ein Gegenstand ökonomischer Forschung, 1998, S. 1 (26 f.). Im amerikanischen Kontext kommt aufgrund des *Common Law*-Systems auch der Rechtsprechung im Vergleich höhere Bedeutung zu. Weiterer Anspruch der ökonomischen Analyse des Rechts ist ein vertieftes Verständnis rechtlicher Probleme, gesteigerte Rationalität juristischer Argumentation und eine an ökonomischen Kriterien ausgerichtete Erklärung rechtlicher Institute, vgl. dazu *Behrens*, Ökonomische Grundlagen, 1986, S. 1; für das Vertragsrecht, bspw. die Theorie der Verfügungsrechte sowie Transaktions- und Informationskosten, siehe *Kirchgässner*, Homo Oeconomicus, 4. Aufl. 2013, S. 135 ff.; zur Entwicklung des Eigentums in der ökonomischen Theorie *M. Müller*, AöR 147 (2022), 518 (545 f.).

10 Ausführlich *Grechenig/Gelter*, RabelsZ 72 (2008), 513; *N. Petersen/Towfigh*, in: Towfigh/N. Petersen (Hrsg.), Ökonomische Methoden im Recht, 3. Aufl. 2023, S. 1 (3 f.,

Innerhalb der deutschsprachigen Rezeption wurde und wird verschiedenen Aspekten der grundlegenden Konzepte und Paradigmen von *Law and Economics* skeptisch begegnet, die Ökonomik jedoch auch verteidigt und angewendet.[11] Dabei lässt sich zwischen nuancierten ökonomischen Theorien einerseits und ihrer Anwendung, der ökonomischen Analyse, andererseits unterschieden.[12] Diese stehen jedoch nicht unverbunden nebeneinander. Stattdessen wird die ökonomische Theorie durch die Analyse, mitunter verkürzt, in wirtschaftspolitische Argumente überführt und zeitigt so praktische Wirkungen.[13] Zudem bedürfen – trotz einer postulierten Unterscheidbarkeit positiver und normativer Ansätze[14] – nicht nur die explizit normativen ökonomischen Ansätze (juristischer) Vorsicht.[15] Stattdessen tragen bereits die impliziten Annahmen vermeintlich deskriptiver Theorien zu einer spezifischen Wirklichkeitskonstruktion bei.[16] Die Darstellung startet daher mit dem Ausgangspunkt der rechtsökonomischen Überlegungen, dem neoklassischen Paradigma (I.), das als „anerkanntes Handwerkszeug jedes Ökonomen"[17] Grundlage des darauf aufbauenden Prinzips ökonomischer Effizienz (II.) und marktwirtschaftlicher Überlegungen (III., IV.) ist.

Rn. 5); im Kontext von *Law and Political Economy* (→ § 5 A. I.) aktuell auch *Herzog*, JZ 78 (2023), 968 (970 f.).

11 Selbstverständlich gibt es nicht „die" eine deutschsprachige Rezeption; zudem lässt sich insgesamt eine grundsätzliche Entwicklung und Öffnung feststellen, → § 2 Fn. 8. Ähnlich bereits *Kirchgässner*, JZ 46 (1991), 104 (104, 111); explizit in diesem Sinne u.a. *Janson*, Ökonomische Theorie im Recht, 2004, S. 119; weiter *Grechenig/Gelter*, RabelsZ 72 (2008), 513 (516 ff.).

12 Vgl. *van Aaken*, in: Bungenberg (Hrsg.), Recht und Ökonomik, 2004, S. 1 (1 Fn. 4); anders nuanciert *Kirchner*, Ökonomische Theorie des Rechts 1997, S. 5 f.

13 Zur Problematik bereits → § 1; § 2 A. IV.; für das Wohnen § 4 B., vgl. § 4 Fn. 3.

14 *Towfigh*, in: Towfigh/N. Petersen (Hrsg.), Ökonomische Methoden im Recht, 3. Aufl. 2023, S. 23 (36 f., Rn. 88); *Parisi*, EJLE 2004, 259 (264); erneut *van Aaken*, in: Bungenberg (Hrsg.), Recht und Ökonomik, 2004, S. 1 (2 Fn. 6 [zur Rezeption], 31 [zusammenfassend]); kritisch zum aus dieser Differenzierung folgenden Umgang mit Wissensformen unterschiedlichen Untersicherheitsgrads siehe bereits → § 2 Fn. 17.

15 Diese können sogar weniger die Betätigung als „Ideologiekritiker" erfordern, vgl. anders gelagert *Engel*, in: Engel/Englerth/Lüdemann/Spiecker gen. Döhmann (Hrsg.), Recht und Verhalten, 2007, S. 363 (388); → § 2 Fn. 21.

16 *von Arnauld*, in: Funke/Lüdemann (Hrsg.), Öffentliches Recht und Wissenschaftstheorie, 2009, S. 65 (90 f.); *Lüdemann*, in: Boysen, Sigrid et al. (Hrsg.), Netzwerke, 2007, S. 266 (281 f.); *Lepsius*, in: Bertschi et al. (Hrsg.), Demokratie und Freiheit, 1999, S. 123 (139 ff.); → § 2 A., insb. Fn. 29, 60.

17 *Mathis*, Effizienz statt Gerechtigkeit?, 4. Aufl. 2019, S. 21; „dominantes Forschungsparadigma", *Lüdemann*, in: Engel/Englerth/Lüdemann/Spiecker gen. Döhmann (Hrsg.), Recht und Verhalten, 2007, S. 7 (12).

I. Das neoklassische Paradigma

Grundannahme der Neoklassik ist die Grenzenlosigkeit menschlicher Bedürfnisse.[18] Da diese Bedürfnisse größer sind als die Mittel zu ihrer Befriedigung, müssen Menschen Entscheidungen treffen.[19] So wird die „menschliche Handlung als Entscheidung zwischen Alternativen"[20] zur zentralen Kategorie und die Neoklassik zur Entscheidungstheorie.[21] Ihre Entscheidungen treffen Individuen[22] rational, das heißt, sie setzen die vorhandenen Mittel entsprechend einer eigenen Präferenzordnung mit dem Zweck des

---

18 Anstelle vieler *Schäfer/Ott*, Lehrbuch der ökonomischen Analyse des Zivilrechts, 6. Aufl. 2020, S. 50.

19 Knappheit ist dabei ein relativer Begriff und gesellschaftliches Phänomen, d.h. abhängig von den jeweiligen Bedürfnissen und Mitteln. Sowohl Bedürfnisse als auch Mittel sind zudem nicht ausschließlich materiell zu verstehen, sondern betreffen bspw. auch Zeit, *Behrens*, Ökonomische Grundlagen, 1986, S. 31; *Kirchgässner*, Homo Oeconomicus, 4. Aufl. 2013, S. 12; *Mathis*, Effizienz statt Gerechtigkeit?, 4. Aufl. 2019, S. 22.

20 *Behrens*, Ökonomische Grundlagen, 1986, S. 30; ähnlich *Kirchgässner*, Homo Oeconomicus, 4. Aufl. 2013, S. 12.

21 Zur Gemeinsamkeit von Recht und Ökonomik in dieser Hinsicht *Lieth*, Ökonomische Analyse des Rechts, 2007, S. 23 ff.; für die Rechtswissenschaft grundlegend *Rödig*, Denkform der Alternative, 1969, S. 95 f. Obwohl das neoklassische Paradigma aus wirtschaftswissenschaftlicher Sicht auch die nachfolgenden Elemente umfasst, ist insbesondere die entscheidungstheoretische Ebene für rechtsökonomische Analysen bedeutsam und wird meist ausführlich behandelt. Diese Auseinandersetzung wird vorliegend daher (begrenzt) gespiegelt.

22 Das neoklassische Paradigma beruht auf einem methodologischem Individualismus, der teilweise als eigener Baustein hervorgehoben wird. Hiernach wird das Individuum fokussiert und angenommen, dass auch Mikro- und Makrobetrachtungen auf dieser Individualebene basieren, *Fritsch*, Marktversagen und Wirtschaftspolitik, 10. Aufl. 2018, S. 21 f.; *Towfigh*, in: Towfigh/N. Petersen (Hrsg.), Ökonomische Methoden im Recht, 3. Aufl. 2023, S. 23 (25, Rn. 63); *van Aaken*, „Rational Choice", 2003, S. 62; *Janson*, Ökonomische Theorie im Recht, 2004, S. 24 f.; *Lieth*, Ökonomische Analyse des Rechts, 2007, S. 50, 59; *Kirchgässner*, Homo Oeconomicus, 4. Aufl. 2013, S. 12, 22 ff.; *Horst*, in: Buckel/Christensen/Fischer-Lescano (Hrsg.), Neue Theorien des Rechts, 3. Aufl. 2020, S. 301 (304).

größtmöglichen Nutzens[23] ein.[24] Diese Rationalitätsannahme ist bedeutsam für die Rechtsökonomik, weil sie eine systematische, nicht zufällige oder willkürliche Reaktion auf Umweltbedingungen bedeutet.[25] Daraus folgt, dass menschliches Verhalten durch Anreize und Handlungsrestriktionen, insbesondere durch das Recht, gesteuert werden kann.[26]

Die Grundbausteine des so umrissenen neoklassischen Paradigmas werden im Modell des *Homo Oeconomicus* vereint, das der neoklassischen Ökonomik zugrunde liegt: Ein lückenlos informiertes Individuum mit beschränkten Ressourcen, das in Knappheitssituationen angesichts der verschiedenen Alternativen rationale, nutzenmaximierende Entscheidungen trifft.[27] Dieses Modell ist jedoch nicht unumstritten und wurde infolge verhaltenswissenschaftlicher Untersuchungen weiterentwickelt.[28] Insbesondere die Annahmen des Eigeninteresses und der Rationalität wurden modi-

---

23 Diese auch als Eigennutztheorem oder Eigennutzaxiom bezeichnete Vorstellung hängt eng mit der Rationalitätsannahme zusammen. Zum Utilitarismus als Grundlage rechtsökonomischer Ansätze *Grechenig/Gelter*, RabelsZ 72 (2008), 513 (530 ff.); weiter, insb. auch zu den Herausforderungen der Nutzenmessung und zur Wende von kardinaler zu ordinaler, d.h. intersubjektiver Nutzenbestimmung, schon *Behrens*, Ökonomische Grundlagen, 1986, S. 34 f.; *Mathis*, Effizienz statt Gerechtigkeit?, 4. Aufl. 2019, S. 23 f.; *Eidenmüller*, Effizienz als Rechtsprinzip, 4. Aufl. 2015, S. 42 ff.; *Fritsch*, Marktversagen und Wirtschaftspolitik, 10. Aufl. 2018, S. 22.

24 Vgl. *Behrens*, Ökonomische Grundlagen, 1986, S. 33; *Mathis*, Effizienz statt Gerechtigkeit?, 4. Aufl. 2019, S. 25 f.; *Lieth*, Ökonomische Analyse des Rechts, 2007, S. 51; *Kirchgässner*, Homo Oeconomicus, 4. Aufl. 2013, S. 13 f.; *Eidenmüller*, Effizienz als Rechtsprinzip, 4. Aufl. 2015, S. 29. Die individuelle Nutzenmaximierung wird als gesamtgesellschaftliche Nutzenmaximierung und Maximierung von *wealth* verstanden, siehe hierzu → § 4 A. II. Umfassend *van Aaken*, „Rational Choice", 2003.

25 *Mathis*, Effizienz statt Gerechtigkeit?, 4. Aufl. 2019, S. 26; *Kirchgässner*, Homo Oeconomicus, 4. Aufl. 2013, S. 17.

26 *Kirchgässner*, Homo Oeconomicus, 4. Aufl. 2013, S. 13, 17 f.; *van Aaken*, „Rational Choice", 2003, S. 79; *van Aaken*, in: Bungenberg (Hrsg.), Recht und Ökonomik, 2004, S. 1 (6); *Mathis*, Effizienz statt Gerechtigkeit?, 4. Aufl. 2019, S. 26 ff.; auch *Behrens*, Ökonomische Grundlagen, 1986, S. 34; *Lieth*, Ökonomische Analyse des Rechts, 2007, S. 60 f.; *Eidenmüller*, Effizienz als Rechtsprinzip, 4. Aufl. 2015, S. 29, 34 ff.

27 U.a. *Eidenmüller*, Effizienz als Rechtsprinzip, 4. Aufl. 2015, S. 29; *van Aaken*, „Rational Choice", 2003, S. 72 ff.; *Mathis*, Effizienz statt Gerechtigkeit?, 4. Aufl. 2019, S. 22; *Lieth*, Ökonomische Analyse des Rechts, 2007, S. 49; vgl. für den *Homo Oeconomicus* im Kontext spezifisch ökonomischer Wirklichkeitserzählungen *Kleeberg*, in: C. Klein/ Martínez (Hrsg.), Wirklichkeitserzählungen, 2009, S. 136 (137 ff.).

28 *Englerth/Towfigh*, in: Towfigh/N. Petersen (Hrsg.), Ökonomische Methoden im Recht, 3. Aufl. 2023, S. 215 (216 f., Rn. 479 ff.); *Eidenmüller*, Effizienz als Rechtsprinzip, 4. Aufl. 2015, S. 37 ff.; *van Aaken*, „Rational Choice", 2003, S. 82 ff.; *van Aaken*, in: Bungenberg (Hrsg.), Recht und Ökonomik, 2004, S. 1 (9 ff.); *Lüdemann*, in: Engel/Englerth/Lüdemann/Spiecker gen. Döhmann (Hrsg.), Recht und Verhalten, 2007,

fiziert und begrenzt.[29] Von grundlegender Bedeutung bleibt jedoch – auch für die Weiterentwicklung – die grundsätzliche Berechen- und Steuerbarkeit menschlicher Entscheidungen.[30]

II. Ökonomische Effizienz

Der Sprung von der individuellen auf die gesellschaftliche Ebene ist für neoklassische Ansätze nicht weit.[31] Da sich gesellschaftliche Prozesse über individuelle Nutzenentscheidungen entfalten, verbindet auch das maßgebliche Bewertungskriterium darüber, was eine gute Entscheidung ausmacht, beide Ebenen: die von der Wohlfahrtsökonomik entwickelte ökonomische Effizienz.[32] Effizienz wird in diesem Sinne[33] als optimale Nutzung der verfügbaren Mittel durch deren Zuteilung, das heißt als Allokationseffizienz, verstanden.[34] In diesem Zustand sind die Individualnut-

---

S. 1 (2); *Lüdemann*, in: Engel/Englerth/Lüdemann/Spiecker gen. Döhmann (Hrsg.), Recht und Verhalten, 2007, S. 7 (15 ff., 20 ff.).

29 *Towfigh*, in: Towfigh/N. Petersen (Hrsg.), Ökonomische Methoden im Recht, 3. Aufl. 2023, S. 23 (35, Rn. 86); *Mathis*, Effizienz statt Gerechtigkeit?, 4. Aufl. 2019, S. 42 ff.; *Lüdemann*, in: Engel/Englerth/Lüdemann/Spiecker gen. Döhmann (Hrsg.), Recht und Verhalten, 2007, S. 7 (21 f.); *Fritsch*, Marktversagen und Wirtschaftspolitik, 10. Aufl. 2018, S. 22.

30 *Van Aaken*, „Rational Choice", 2003, S. 72, 82, 85 (ff.), 108; *Mathis*, Effizienz statt Gerechtigkeit?, 4. Aufl. 2019, S. 45.

31 Vgl. *Kirchgässner*, Homo Oeconomicus, 4. Aufl. 2013, S. 22 f.; zum methodologischen Individualismus → § 4 Fn. 22.

32 Vgl. *Behrens*, Ökonomische Grundlagen, 1986, S. 81; *Eidenmüller*, Effizienz als Rechtsprinzip, 4. Aufl. 2015, S. 21 f., 41 ff. Spätestens an dieser Stelle wird die in der Ökonomik vorgenommene Unterscheidung zwischen positiven und normativen Ansätzen relevant, vgl. → § 4 Fn. 14.

33 Zu verschiedenen Effizienzbegriffen überblicksartig *Hoffmann-Riem*, in: Hoffmann-Riem/Schmidt-Aßmann (Hrsg.), Effizienz als Herausforderung an das Verwaltungsrecht, 1998, S. 11 (27 ff.); *Schmidt-Aßmann*, in: Hoffmann-Riem/Schmidt-Aßmann (Hrsg.), Effizienz als Herausforderung an das Verwaltungsrecht, 1998, S. 245 (246 ff.); *van Aaken*, in: Bungenberg (Hrsg.), Recht und Ökonomik, 2004, S. 1 (22 ff.), m.w.N.

34 Vgl. *Towfigh*, in: Towfigh/N. Petersen (Hrsg.), Ökonomische Methoden im Recht, 3. Aufl. 2023, S. 23 (36 f., Rn. 87 f.); siehe auch *Kleinewefers*, in: Dicke/Fleiner-Gerster (Hrsg.), FS Schürmann, 1987, S. 83 (94 ff.); *van Aaken*, „Rational Choice", 2003, S. 184, 210 ff.; *Janson*, Ökonomische Theorie im Recht, 2004, S. 88; *Lieth*, Ökonomische Analyse des Rechts, 2007, S. 44; *Horst*, in: Buckel/Christensen/Fischer-Lescano (Hrsg.), Neue Theorien des Rechts, 3. Aufl. 2020, S. 301 (306).

zen, die zusammen die Gesamtwohlfahrt ergeben, maximal.[35] Bestimmt wird die Allokationseffizienz anhand des Pareto- und des darauf aufbauenden Kaldor-Hicks-Kriteriums.[36] Demnach ist eine Situation dann pareto-optimal, das heißt effizient, wenn keine Verbesserung mehr vorgenommen werden kann, ohne die Bedingungen für zumindest ein Individuum zu verschlechtern.[37] Umgekehrt ist ein Zustand pareto-ineffizient, wenn er noch für mindestens ein Individuum verbessert werden kann, ohne dass ein anderes einen Nachteil erfährt.[38] Das Kaldor-Hicks-Kriterium entwickelt das Pareto-Kriterium insofern weiter, als dass auch Verschlechterungen bei einer Fraktion effizient sein können, wenn der Nutzenzuwachs einer anderen Fraktion die Verschlechterung hypothetisch übersteigt.[39] Hieran wird jedoch kritisiert, dass über den bloß hypothetischen Charakter des Kaldor-Hicks-Kriteriums verteilungspolitische Aspekte ausgelagert werden.[40] Während Effizienz durch den Markt gewährleistet werden soll, werden Verteilungsfragen so dem Staat zugewiesen.[41] Indem das Effizienzkriterium dabei fortwirkt und eine Umverteilung entgegen der Paretoeffizienz gerechtfertigt werden muss, werden Zielkonflikte grundsätzlich zugunsten der Effizienz aufgelöst.[42] Verstärkt

35 *Behrens*, Ökonomische Grundlagen, 1986, S. 84 f.; *Lieth*, Ökonomische Analyse des Rechts, 2007, S. 44.

36 Umfassend *Eidenmüller*, Effizienz als Rechtsprinzip, 4. Aufl. 2015, S. 47 ff.; auch *van Aaken*, in: Bungenberg (Hrsg.), Recht und Ökonomik, 2004, S. 1 (24 ff.); *Janson*, Ökonomische Theorie im Recht, 2004, S. 90 ff.; *Towfigh*, in: Towfigh/N. Petersen (Hrsg.), Ökonomische Methoden im Recht, 3. Aufl. 2023, S. 25 (36 ff., Rn. 87 ff.).

37 Siehe anstelle vieler *Behrens*, Ökonomische Grundlagen, 1986, S. 84; *Fritsch*, Marktversagen und Wirtschaftspolitik, 10. Aufl. 2018, S. 24; *Kleinewefers*, in: Dicke/Fleiner-Gerster (Hrsg.), FS Schürmann, 1987, S. 83 (96); *Parisi*, EJLE 2004, 259 (267).

38 *Behrens*, Ökonomische Grundlagen, 1986, S. 84.

39 *Eidenmüller*, Effizienz als Rechtsprinzip, 4. Aufl. 2015, S. 51; *Parisi*, EJLE 2004, 259 (267); *Horst*, in: Buckel/Christensen/Fischer-Lescano (Hrsg.), Neue Theorien des Rechts, 3. Aufl. 2020, S. 301 (308).

40 *Towfigh*, in: Towfigh/N. Petersen (Hrsg.), Ökonomische Methoden im Recht, 3. Aufl. 2023, S. 23 (39, Rn. 94 f.); affirmativ *Fritsch*, Marktversagen und Wirtschaftspolitik, 10. Aufl. 2018, S. 25; kritisch u.a. *Kleinewefers*, in: Dicke/Fleiner-Gerster (Hrsg.), FS Schürmann, 1987, S. 83 (95 f.).

41 Insofern handelt es sich bei Effizienz und Verteilung faktisch um Ziele für unterschiedliche Mechanismen, *Behrens*, Ökonomische Grundlagen, 1986, S. 93, 189 f. Eine solche pragmatische Handhabung beschreibt auch *Lieth*, Ökonomische Analyse des Rechts, 2007, S. 48.

42 *Behrens*, Ökonomische Grundlagen, 1986, S. 92. In der Folge werden bspw. preispolitische Maßnahmen ausgeschlossen und stattdessen die nachträgliche Umverteilung mittels Steuern vorgeschlagen, bereits *Müller-Armack*, in: Beckerath et al. (Hrsg.), HdSW Bd. 9, 1956, S. 390 (391); für das Wohnen *Hofacker*, Preisvorschriften Wohn-

wird die Problematik dadurch, dass sich Nutzen in der Neoklassik maßgeblich in Zahlungsbereitschaft ausdrückt und so wohlhabende Akteurinnen bevorzugt werden: Wer mehr Geld hat, wird häufig bereit sein, mehr Geld auszugeben als Personen mit weniger Geld, und suggeriert damit einen größeren individuellen Nutzen.[43] Trotz dieser verschiedenen Werturteilsproblematiken[44] ist die Allokationseffizienz ein relevanter Bestandteil neoklassischer Analysen, der auch im Recht Wirkung entfaltet:[45] als Teil der Cost-Benefit-Analyse in der Gesetzesfolgenabschätzung[46] oder als Steuerungsziel[47].

III. Das Modell der vollständigen Konkurrenz

Die aufgezeigten Grundprinzipien kumulieren im Konzept der Marktwirtschaft, das eine dezentrale Planung und Lenkung von Wirtschaft über den Markt, das heißt eine Koordination von Angebot und Nachfrage über den Preismechanismus, vorsieht. Zur Beschreibung des Marktmechanismus wurde das mikroökonomische Modell der vollständigen[48] Konkurrenz entwickelt, das als wichtigstes preistheoretisches Modell der Neoklassik

raum, 2000, S. 87, 116 ff.; allg. *Schäfer/Ott*, Lehrbuch der ökonomischen Analyse des Zivilrechts, 6. Aufl. 2020, S. 19 f.

43 *Van Aaken,* in: Bungenberg (Hrsg.), Recht und Ökonomik, 2004, S. 1 (24 f.); vgl. *Behrens*, Ökonomische Grundlagen, 1986, S. 187 f.; *Janson*, Ökonomische Theorie im Recht, 2004, S. 93 f.; *Towfigh*, in: Towfigh/N. Petersen (Hrsg.), Ökonomische Methoden im Recht, 3. Aufl. 2023, S. 23 (39, Rn. 95).

44 Zusammenfassend *van Aaken,* in: Bungenberg (Hrsg.), Recht und Ökonomik, 2004, S. 1 (26).

45 Dies war insb. in den frühen Jahren von *Law and Economics* besonders umstritten, siehe *Parisi*, EJLE 2004, 259 (262). Prägend zur Frage, ob Effizienz als allgemeines Rechtsprinzip dienen kann oder es Aufgabe des Gesetzgebers ist, den Stellenwert ökonomischer Prinzipien festzulegen, *Eidenmüller*, Effizienz als Rechtsprinzip, 4. Aufl. 2015; *Lieth*, Die ökonomische Analyse des Rechts im Spiegelbild, 2007; zusammenfassend, dass im Recht keine einseitige Orientierung am Effizienzkriterium sinnvoll sei, *Lüdemann*, in: Engel/Englerth/Lüdemann/Spiecker gen. Döhmann (Hrsg.), Recht und Verhalten, 2007, S. 7 (11).

46 *Eidenmüller*, Effizienz als Rechtsprinzip, 4. Aufl. 2015, S. 51 ff.; *Horst*, in: Buckel/Christensen/Fischer-Lescano (Hrsg.), Neue Theorien des Rechts, 3. Aufl. 2020, S. 301 (309).

47 *Behrens*, Ökonomische Grundlagen, 1986, S. 81, 104.

48 Auch: vollkommene Konkurrenz. Im Folgenden werden die Begriffe synonym verwendet, wie es auch in weiten Teilen der Volkswirtschaftslehre üblich ist. Die Verfasserin ist sich bewusst, dass es auch Streitigkeiten über die Begrifflichkeiten und deren Verwendung gibt, angedeutet bei *Biebricher/Ptak*, Soziale Marktwirtschaft und

gilt.[49] Demnach werden die individuellen Nutzenvorstellungen mittels der im Tausch als Preise kommunizierten Präferenzen koordiniert.[50] Dem Preis kommt folglich eine Signal- und Informationsfunktion zu und er dient dazu, die Nachfrage zurückzudrängen.[51] So führt der Preismechanismus auf Märkten ein Gleichgewicht herbei, das eine effiziente Allokation der Ressourcen und somit maximale Gesamtwohlfahrt bedeutet.[52]

Um die Komplexität der Realität für die Modellanwendung zu reduzieren, geht das Modell der vollständigen Konkurrenz von bestimmten Voraussetzungen aus.[53] Erstens wird angenommen, dass weder in sachlicher, persönlicher, räumlicher oder zeitlicher Hinsicht Präferenzen und Vorteile bestehen.[54] Insbesondere ist der Markt als bilaterales Polypol strukturiert: Sowohl auf Angebots- als auch auf Nachfrageseite agieren unzählige Anbieterinnen und Nachfragerinnen als reine Mengenanpasserinnen.[55] Dabei können die Marktteilnehmerinnen sofort reagieren[56] und unterliegen kei-

Ordoliberalismus, 2020, S. 57; *Küsters*, Ordoliberal Language, 2023, S. 67 ff. Diese Fragen weisen jedoch über das vorliegende Thema hinaus.

49 *Fritsch*, Marktversagen und Wirtschaftspolitik, 10. Aufl. 2018, S. 25: das „Standard-Modell der ökonomischen Theorie".

50 *Behrens*, Ökonomische Grundlagen, 1986, S. 115 f., 187. Erneut (→ § 4 A. II.) wird der Zusammenhang zwischen Nutzen, Zahlungsbereitschaft und gesellschaftlicher (Vermögens-)Verteilung deutlich.

51 *J. Schumann/Meyer/Ströbele*, Grundzüge der mikroökonomischen Theorie, 9. Aufl. 2011, S. 10; siehe auch *Woll*, in: Albers et al. (Hrsg.), HdWW Bd. 5, 1980, S. 127 (128), zur Koordinations-, Knappheitsanzeige- und Allokationsfunktion.

52 *Heinrich/Utecht/Baßeler*, Grundlagen und Probleme der Volkswirtschaft, 19. Aufl. 2010, S. 174; *Fritsch*, Marktversagen und Wirtschaftspolitik, 10. Aufl. 2018, S. 15, 25 f.; *Mankiw*, Grundzüge der Volkswirtschaftslehre, 7. Aufl. 2018, S. 59, 240 f.; *Mathis*, Effizienz statt Gerechtigkeit?, 4. Aufl. 2019, S. 33, als Grundprinzip kurz: „Der Markt sorgt für die optimale Allokation der Ressourcen."

53 Auch die Anwenderinnen der Modelle betonen, dass keine Darstellung der Realität angestrebt werde. Stattdessen gehe es darum, über die Modelle grundlegende Zusammenhänge nachzuvollziehen, siehe anstelle vieler *Fritsch*, Marktversagen und Wirtschaftspolitik, 10. Aufl. 2018, S. 25; *Heinrich/Utecht/Baßeler*, Grundlagen und Probleme der Volkswirtschaft, 19. Aufl. 2010, S. 171. Dass die Modellvoraussetzungen der vollständigen Konkurrenz in der Realität nicht gegeben sind, ist Ansatzpunkt verschiedener Kritik (→ § 5 B. II. 3.).

54 Sog. Homogenitätsbedingung. Begriffsprägend wohl *Gutenberg*, Grundlagen der Betriebswirtschaftslehre II, 17. Aufl. 1984, S. 185; *Ott*, in: Albers et al. (Hrsg.), HdWW Bd. 5, 1980, S. 104 (106).

55 *Fritsch*, Marktversagen und Wirtschaftspolitik, 10. Aufl. 2018, S. 26.

56 *Gutenberg*, Grundlagen der Betriebswirtschaftslehre II, 17. Aufl. 1984, S. 185; *Fritsch*, Marktversagen und Wirtschaftspolitik, 10. Aufl. 2018, S. 26; a.A. *Ott*, Grundzüge der Preistheorie, 3. Aufl. 1997, S. 34, der dies als statisches Modell ansieht.

nen Transaktionskosten.[57] Zweitens liegt dem Modell die Annahme vollständiger Markttransparenz zugrunde.[58] Implizit setzt das Modell zudem Privatrecht[59] und das Gewinnstreben der Marktteilnehmerinnen voraus. Letzteres leitet sich aus dem Eigennutztheorem ab und geht als sog. erwerbswirtschaftliches Prinzip in das Modell der vollständigen Konkurrenz ein.[60] Der dynamische Markt gestaltet sich so als ein „wettbewerbliche[r] Prozess, der mit Konkurrenz um knappe Güter und ausgeprägten Anreizen zu Leistungssteigerungen verbunden ist".[61]

IV. Marktversagen als Rechtfertigung für staatliches Handeln

Aufgrund der Allokationseffizienz des Marktmechanismus soll dessen Wirkungsweise nicht gestört werden.[62] Insbesondere preispolitische Maßnahmen sind demnach als *Interventionen* rechtfertigungsbedürftig.[63] Staatliches Handeln soll nach dieser Auffassung nur im Falle von Marktversagen, das heißt, wenn der Markt nicht zur optimalen Ressourcenallokation führt,

---

57 Coase-Theorem; dazu *Lieth*, Ökonomische Analyse des Rechts, 2007, S. 43; *Mathis*, Effizienz statt Gerechtigkeit?, 4. Aufl. 2019, S. 75 f.; zur Unterscheidung von Informations-, Entscheidungs- und Kontrollkosten *Behrens*, Ökonomische Grundlagen, 1986, S. 107 ff. m.w.N.; weiter *Janson*, Ökonomische Theorie im Recht, 2004, S. 61 ff., 75 ff. Da in der Realität meist Transaktionskosten bestehen, muss die (Rechts-)Ökonomik hierauf reagieren. Dazu → § 4 A. IV.

58 *Ott*, Grundzüge der Preistheorie, 3. Aufl. 1997, S. 32 ff.

59 Zuordnung der Ressourcen auf spezifische Weise, konkret in Form von Eigentums- und Vertragsrecht. Dazu *Behrens*, Ökonomische Grundlagen, 1986, S. 116 ff., insb. S. 125; auch *Fritsch*, Marktversagen und Wirtschaftspolitik, 10. Aufl. 2018, S. 7 ff.; zur Bedeutung des Eigentums in der ökonomischen Theorie und seinen zentralen Funktionen *M. Müller*, AöR 147 (2022), 518 (545 ff., 547 ff.).

60 Als aus der Nutzenmaximierung abgeleitetes Ziel bei *Kirchgässner*, Homo Oeconomicus, 4. Aufl. 2013, S. 15. Zum erwerbswirtschaftlichen Prinzip und rationalem Verhalten als Merkmal der vollständigen Konkurrenz siehe *J. Schumann/Meyer/Ströbele*, Grundzüge der mikroökonomischen Theorie, 9. Aufl. 2011, S. 11; a.A. *Ott*, Grundzüge der Preistheorie, 3. Aufl. 1997, S. 33 f., demzufolge die Gewinnmaximierung keine Voraussetzung des vollkommenen Marktes darstellt.

61 *Fritsch*, Marktversagen und Wirtschaftspolitik, 10. Aufl. 2018, S. 7.

62 *Fritsch*, Marktversagen und Wirtschaftspolitik, 10. Aufl. 2018, S. 45. Besonders wirkmächtig ist das Marktprinzip zudem, weil es untrennbar mit dem Freiheitsprinzip verbunden wird. Diese Grundlagen werden vorliegend nicht vertieft, später (→ § 6 A. I.) angeschnitten.

63 Allg. *Fritsch*, Marktversagen und Wirtschaftspolitik, 10. Aufl. 2018, S. 1, 76, 83 ff.; im Kontext der Sozialen Marktwirtschaft *Blum*, in: Albers et al. (Hrsg.), HdWW Bd. 5, 1980, S. 153 (156). Für das Wohnen vgl. → § 4 B. I.

erwogen werden.[64] Auf diese Weise wird die marktwirtschaftliche Allokationseffizienz zu einem wirtschaftspolitischen Argument.

Für die Beurteilung, ob Marktversagen vorliegt, haben sich verschiedene Fallgruppen herausgebildet.[65] So ist Marktversagen im Falle von Marktmacht darauf zurückzuführen, dass die Anbieterinnen keine reinen Mengenanpasserinnen mehr sind, sondern Preispolitik betreiben können.[66] Defizite können sich auch aufgrund von Transaktionskosten ergeben: Keine Entscheidung ist kostenlos, sondern setzt stets einen gewissen Aufwand und Einsatz von Ressourcen voraus.[67] Transaktionskosten werden jedoch als Störfaktor angesehen, weil sie die Transaktionen verhindern können und somit Entscheidungen für eine effizientere Zuordnung ausbleiben.[68] Des Weiteren sind externe Effekte zu berücksichtigen: Entscheidungen wirken sich auch auf andere aus. Diese Auswirkungen können positiv oder negativ sein, werden aber nicht immer dem handelnden Subjekt zugeordnet.[69] Hierdurch werden das Selbstbestimmungsprinzip der Individuen verletzt,

---

64 In der ökonomischen Theorie ist Marktversagen daher eine „zentrale normative Grundlage für staatliches Handeln“, *Fritsch*, Marktversagen und Wirtschaftspolitik, 10. Aufl. 2018, S. 1. Hieran bestehende Kritik (Ubiquität des Marktversagens, Nirwana-Argument, Staatsversagen) sowie ergänzende Kriterien werden an dieser Stelle (noch) nicht thematisiert, siehe aber *Schuldt*, Mietpreisbremse, 2017, S. 94 ff., 97 f.

65 Einordnung und Kategorisierung sind nicht unumstritten. Siehe für verschiedene Modelle *Fritsch*, Marktversagen und Wirtschaftspolitik, 10. Aufl. 2018, S. 76, 83 ff.; daran angelehnt *Schuldt*, Mietpreisbremse, 2017, S. 88 ff.; anders *Behrens*, Ökonomische Grundlagen, 1986, S. 130 f.; und wiederum *A. Mayer*, Theorie und Politik des Wohnungsmarktes, 1998, S. 87 ff. Folgend werden zudem nur die für die rechtsökonomische Auseinandersetzung mit dem Wohnen relevanten Fallgruppen thematisiert.

66 *Schäfer/Ott*, Lehrbuch der ökonomischen Analyse des Zivilrechts, 6. Aufl. 2020, S. 86; *Hofacker*, Preisvorschriften Wohnraum, 2000, S. 72 ff., 95 ff.; *Schuldt*, Mietpreisbremse, 2017, S. 89, 100 f.

67 *Kleinewefers*, in: Dicke/Fleiner-Gerster (Hrsg.), FS Schürmann, 1987, S. 83 (97 Fn. 21); beispielhaft anhand eines Kaufvertrags *Janson*, Ökonomische Theorie im Recht, 2004, S. 59.

68 *Behrens*, Ökonomische Grundlagen, 1986, S. 156; *Kleinewefers*, in: Dicke/Fleiner-Gerster (Hrsg.), FS Schürmann, 1987, S. 83 (98). In einer Welt mit Transaktionskosten kommt dann gerade dem Recht eine große Bedeutung bei der Reduktion dieser Kosten zu, *Renner/Kindt*, JZ 78 (2023), 313 (315).

69 *Behrens*, Ökonomische Grundlagen, 1986, S. 85; *Kleinewefers*, in: Dicke/Fleiner-Gerster (Hrsg.), FS Schürmann, 1987, S. 83 (96 Fn. 20); *Janson*, Ökonomische Theorie im Recht, 2004, S. 58; *J. Schumann/Meyer/Ströbele*, Grundzüge der mikroökonomischen Theorie, 9. Aufl. 2011, S. 39; *Mankiw*, Grundzüge der Volkswirtschaftslehre, 7. Aufl. 2018, S. 324.

Knappheitsrelationen verzerrt und Ressourcen vergeudet.[70] Und schließlich können auch Informations- und Anpassungsmängel zu Defiziten und Funktionsstörungen, wie einer verringerten Anpassungsgeschwindigkeit, führen.[71]

Insbesondere diese Fragen und Kategorien des Marktversagens werden in der Rechtsökonomik aufgegriffen. Sie liegen den Bewertungen rechtlicher Regelungen maßgeblich zugrunde und bilden somit eine Brücke aus der Theorie in die Analyse und Politikberatung.

B. Neoklassische Argumentationslinien

Dass und wie sich die beschriebenen neoklassischen Annahmen in der Wohngesetzgebung typischerweise niederschlagen, wird im Folgenden in Auseinandersetzung mit rechtsökonomischen Analysen und anhand verschiedener Gesetzesmaterialien illustriert. Diese Konkretisierung des neoklassischen Paradigmas für den Bereich des Wohnens durch Identifikation wiederkehrender Argumentationslinien ermöglicht, ein Analyseschema für die weitere Untersuchung zu entwickeln. Dabei wird an dieser Stelle keine vollständige Auswertung angestrebt. Stattdessen soll die analytische Relevanz der neoklassischen Wissensstrukturen für die Gesetzgebung mithilfe ausgewählter Beispiele plausibilisiert werden, mithin verdeutlicht werden, dass und wie sich die Gesetzgebung das neoklassische Wissen zu eigen macht oder machen könnte. Da gesetzgeberische Annahmen nicht die ‚reine Theorie' wiedergeben, aber in einem Zusammenhang mit wirtschaftswissenschaftlicher Theoriebildung stehen, erlaubt der unterstützende Blick in die Entwicklungsgeschichte, die tatsächlich relevanten, neoklassisch fundierten Deutungsmuster herauszuarbeiten.[72]

---

70 *Behrens*, Ökonomische Grundlagen, 1986, S. 86; *J. Schumann/Meyer/Ströbele*, Grundzüge der mikroökonomischen Theorie, 9. Aufl. 2011, S. 39.

71 *Fritsch*, Marktversagen und Wirtschaftspolitik, 10. Aufl. 2018, S. 249 ff., 293 ff., 310 ff.; *A. Mayer*, Theorie und Politik des Wohnungsmarktes, 1998, S. 87 ff.

72 Zur Transformation im Zuge der Rezeption ökonomischen Wissens siehe bereits → § 2 A. IV.

I. Primat des Marktes

Gemäß der Vorstellung, dass „[i]n der sozialen Marktwirtschaft [...] die Wohnungsversorgung primär durch private Vertragsvereinbarung und Abstimmung der Einzelentscheidungen durch die Märkte erreicht“[73] wird, stellen rechtsökonomische Analysen den Marktmechanismus in den Mittelpunkt.[74] Demnach wird jeder *Eingriff* in den Preismechanismus als Fremdkörper angesehen, der als Steuerungsinstrument gerechtfertigt werden muss (1.).[75] In vielen Analysen werden mietpreisdämpfende Maßnahmen daher negativ bewertet: Durch die Mietpreisbegrenzungen wird die Nachfrage nicht zurückgedrängt, das Angebot aber reduziert und keine Anreize zur Angebotsausweitung geschaffen.[76] Stattdessen sollen möglicherweise entstehende soziale Härten durch staatliche Ausgleichszahlungen abgefedert werden (2.), der Staat sich aber insgesamt aus dem Wohnsektor heraushalten (3.).

1. Rechtfertigungsbedürftigkeit rechtlicher Regelungen

a) Preismechanismus und Marktversagen

Eine zentrale neoklassische Annahme ist, dass rechtliche Regeln rechtfertigungsbedürftig sind und in einem ersten Schritt Marktversagen voraussetzen.[77] Daher beschäftigen sich rechtsökonomische Analysen des Wohnungs-

73 *Busz*, Äquivalenz im Wohnraummietrecht, 2002, S. 29; zur Sozialen Marktwirtschaft → § 6.

74 *H. K. Schneider/Deichmann*, Der Weg zur sozialen Wohnungsmarktwirtschaft, 1984, S. 11 ff., 25; *Eekhoff*, Wohnungspolitik, 2. Aufl. 2002, S. 29; *Schuldt*, Mietpreisbremse, 2017, S. 86 ff., 94 ff.; für das Verständnis allgemein *Molinari*, Interventionen in den Mietwohnungsmarkt, 2021.

75 Vgl. *Busz*, Äquivalenz im Wohnraummietrecht, 2002, S. 29; die folgenden Annahmen werden bei *L. Winkler*, Regulierung von Bestandsbauten, 2023, S. 154 ff., gewissermaßen als Grundsatz der Wohnungspolitik vorausgesetzt.

76 *Hofacker*, Preisvorschriften Wohnraum, 2000, S. 117. Zum Verlust von Signal- und Zuteilungsfunktion der Mietpreise nach dem zweiten Weltkrieg *Kofner*, Wohnungsmarkt und Wohnungswirtschaft, 2010, S. 174; zusammenfassend zur „wichtige[n] Signalwirkung des Mietpreises für die Anbieter und Nachfrager“ *L. Winkler*, Regulierung von Bestandsbauten, 2023, S. 153, für einen Überblick zum Meinungsstand ebd., S. 162 ff. Zu den Anreizen unten, → § 4 B. III.

77 → § 4 A. III., IV.; *Schuldt*, Mietpreisbremse, 2017, S. 59 ff., 99 ff., untersucht vor diesem Hintergrund Bestands- und Neuvertragsmietenbegrenzungen. Hiervon zu unter-

wesens mit den verschiedenen Kategorien möglichen Marktversagens – mit dem Ergebnis, dass ein solches im Hinblick auf den Wohnungsmarkt grundsätzlich nicht vorliegt.[78] Insbesondere sprechen auch Preissteigerungen, die Ausdruck geringer Elastizität von sowohl Angebots- als auch Nachfrageseite sein können,[79] nicht gegen die Funktionsfähigkeit des Wohnungsmarktes, da ein lediglich zeitlich verzögerter Ausgleich von Angebot und Nachfrage stattfindet.[80] Vielmehr funktioniert der Preismechanismus auch – gerade – in diesen Situationen: Bei höherer Nachfrage steigende Preise drängen die Nachfrage zurück und bilden Anreize für die Schaffung von mehr Angebot.[81]

Doch auch für den ausnahmsweise angenommenen Fall eines Marktversagens – nach *Schuldt* können vermieter- oder mieterseitigen Informationsasymmetrien und mit Umzügen verbundene Transaktionskosten grundsätzlich ein Marktversagen ergeben, wenn Vertragsschlüsse, Umzüge und insgesamt „vorteilhafte Transaktionen" deshalb unterbleiben[82] – wird von staatlichen Interventionen abgeraten: Denn diese führen aus neoklassischer Sicht nicht zwingend zu Verbesserungen, häufig aber zu Verschlechterungen.[83] In diesem Sinne werden bestehende Probleme vielfach als Folgen einer falschen gesetzgeberischen Intervention in den Marktmechanismus angesehen.[84]

---

scheiden sind Fragen verfassungsrechtlicher Rechtfertigungsbedürftigkeit (ebd., S. 161 ff.).

78 *Hofacker*, Preisvorschriften Wohnraum, 2000, S. 95–106; *Schuldt*, Mietpreisbremse, 2017, S. 100–108, nimmt mögliches Marktversagen nur im Hinblick auf Informationshierarchien in Bestandsmietverhältnissen an – hält jedoch auch in diesem Fall rechtliche Interventionen nicht für zielführend (dazu sogleich); anders nuanciert *Busz*, Äquivalenz im Wohnraummietrecht, 2002, S. 45 ff., der ebenfalls einen Vorrang marktwirtschaftlicher Mechanismen vorsieht, deren unerwünschte Folgen staatlich auszugleichen seien, S. 68.

79 *Hofacker*, Preisvorschriften Wohnraum, 2000, S. 105 f., im Kontext von, bei ihm verneinter, Marktmacht.

80 Zusammenfassend *Busz*, Äquivalenz im Wohnraummietrecht, 2002, S. 94 f.

81 *Hofacker*, Preisvorschriften Wohnraum, 2000, S. 112 f.; *Busz*, Äquivalenz im Wohnraummietrecht, 2002, S. 85. Positiv gewendet von *Schuldt*, Mietpreisbremse, 2017, S. 103: Die „Lenkungsfunktion des Preises ist durch die Preisausschläge auf dem Mietwohnungsmarkt demnach nicht beeinträchtigt." Anders nur in Extremsituationen wie nach den Weltkriegen; vgl. dazu auch den praktischen Ansatz in der Wohngesetzgebung, → § 4 B. I. 1. b.

82 *Schuldt*, Mietpreisbremse, 2017, S. 105 (ff.).

83 *Schuldt*, Mietpreisbremse, 2017, S. 109 ff.: Der Vorteil für Bestandsmieterinnen ist klein, da Vermieterinnen im Interesse einer stabilen Mieterschaft sowieso vielfach auf Mieterhöhungen im Bestand verzichten. Für Wohnungssuchende hingegen führt eine Bestandsmietenbegrenzung zu verringertem Angebot, damit einhergehend zu höheren Mieten oder sonstigen Kosten. Daneben treten Kosten für den Staat.

84 Weitere Ausführungen bei *Busz*, Äquivalenz im Wohnraummietrecht, 2002, S. 43 ff.

Diese Interventionen steigern demnach das Vermieterrisiko, weshalb weniger Neubau stattfindet und höhere Anfangsmieten gesetzt werden, was wiederum zur Benachteiligung von „sozial Schwachen und Randgruppen" führt.[85] Anders formuliert: Staatliche Eingriffe verhindern, dass der Marktmechanismus selbst zu einem Ausgleich führt und sind daher unsozial. Eine – begrenzte – Ausnahme stellt der Umgang mit positiven und negativen externen Effekten dar.[86] Diese können staatliche Hilfen, die gewissermaßen als Initialzündung Modernisierungen antreiben,[87] sowie bauplanungs- und bauordnungsrechtliche Vorschriften[88] begründen. Insofern gilt, dass der Markt Problemlagen grundsätzlich besser löst, aber im Falle bedeutender externer Effekte „[b]egrenzte allokative Korrekturen des Marktprozesses [...] erforderlich werden" können, diese aber wiederum möglichst „marktkonform" erfolgen sollen, also indem sie „die Marktmechanismen nicht oder möglichst wenig stören."[89]

b) Maßnahmen vor dem Hintergrund von Mangellagen

In der historischen Entwicklung der Wohngesetzgebung schlagen sich die neoklassischen Grundsätze zur Rechtfertigungsbedürftigkeit rechtlicher Regelungen weniger in theoretischen Überlegungen zum Marktversagen nieder. Vielmehr geschieht dies implizit, indem staatliche Maßnahmen vor dem Hintergrund von Wohnungsnot begründet werden. Insofern weichen rechtsökonomische und gesetzgeberische Überlegungen voneinander ab, da Man-

---

85 *Busz*, Äquivalenz im Wohnraummietrecht, 2002, S. 45.

86 Einen positiven externen Effekt stellt beispielsweise ein renoviertes Haus dar, das das Straßenbild verschönert, *Schuldt*, Mietpreisbremse, 2017, S. 91 (Fn. 303). Negative Effekte ergeben sich in heruntergewirtschafteten Gegenden. Insgesamt werden also der Charakter des Wohnumfeldes, die infrastrukturelle Lage und weitere öffentliche Umgebungscharakteristika relevant. Hierzu *H. K. Schneider/Deichmann*, Der Weg zur sozialen Wohnungsmarktwirtschaft, 1984, S. 15; kritisch und mit Hinweis auf den beschränkten Planungswertausgleich *Brede/Dietrich/Kohaupt*, Politische Ökonomie des Bodens und Wohnungsfrage, 1976, zit. nach: Schipper/Vollmer (Hrsg.), Wohnungsforschung, 2020, S. 103 (121 ff.). Der Planungswertausgleich wurde im Zuge verschiedener Gesetzgebungsverfahren diskutiert, wie dem BBauGÄndG 1976 (→ § 3 Fn. 90), → § 5 B. I. 3.; § 10 B. I.

87 *H. K. Schneider/Deichmann*, Der Weg zur sozialen Wohnungsmarktwirtschaft, 1984, S. 15.

88 Bspw. Nutzungstrennung und Feuerschutzvorschriften, *Kofner*, Wohnungsmarkt und Wohnungswirtschaft, 2010, S. 111.

89 *H. K. Schneider/Deichmann*, Der Weg zur sozialen Wohnungsmarktwirtschaft, 1984, S. 15.

gellagen nach der neoklassischen Theorie nicht per se ein Marktversagen darstellen. Sie können zwar Ausdruck ungünstiger Entwicklungen sein, werden meist aber schlicht als Ausdruck eines Nachfrageüberhangs verstanden und hohe Mieten daher als Beweis eines funktionierenden Marktmechanismus begriffen.[90] Die Bewältigung von Mangellagen stellt gleichwohl einen eigenen, neoklassisch fundierten und relevanten Topos im Rahmen der gesetzgeberischen Markt-Argumentation dar. Denn hierin offenbart sich die gesetzgeberische Grundvorstellung, dass Interventionen nur Ausnahmen darstellen dürfen. Dies zeigt, dass sich die neoklassischen Annahmen nicht unmittelbar übersetzen, sondern ein argumentatives Eigenleben entwickeln.

Die gesetzgeberische Vorstellung, dass im Wohnungswesen grundsätzlich marktwirtschaftliche Kräfte herrschen sollen, war schon in der frühesten Entwicklungsphase der bundesrepublikanischen Wohngesetzgebung, die von einer starken Wohnraumregulierung geprägt war, präsent. Bereits mit dem Ersten Wohnungsbaugesetz von 1950 wurde die grundsätzliche (Wieder-)Herstellung des Marktmechanismus verfolgt: Einzelne Regelungen, wie die Abschaffung der Mietpreisbindung für frei finanzierten Wohnraum (§ 27 Abs. 2), sprechen ebenso für eine Marktorientierung wie die Vorgabe, dass die Förderung des Wohnungsbaus insbesondere durch die „Auflockerung der Wohnungszwangswirtschaft" erfolgen sollte (§ 2 lit. e)).[91] Auch zum Abbaugesetz von 1960 hieß es ausdrücklich, dass die zunächst vorherrschende Wohnraumbewirtschaftung nicht als Dauerzustand vorgesehen war.[92] Sie

90 Siehe soeben, → § 4 B. I. 1. a. Vgl. aber die Einschränkung mit Blick auf die Extremsituation nach dem Zweiten Weltkrieg bei *Schuldt*, Mietpreisbremse, 2017, S. 103. Dazu passend der Verweis auf die „spezielle[ ] deutsche[ ] Situation" nach dem Zweiten Weltkrieg, RegE 1. BMG, BT-Drs. 2/1110, 15.

91 Dazu RegE 1. WoBauG, BT-Drs. 1/567, 15, 16: „Es kann angenommen werden, daß auf diese Weise wertvolle Anregungen auf die Privatinitiative im Wohnungsbau ausgehen." Zur Entwicklung der Wohngesetzgebung → § 3 B. Dieser Gedanke wird hier nur angerissen und im Kapitel zum Wohngeld entfaltet, → § 7 C. Zum bewusst abwertenden Begriff der ‚Zwangswirtschaft' → § 6 A. II., B. V. 1.

92 Die Gesetzgebung ging insofern davon aus, dass „der *Mieterschutz in der starren Form*" des Mieterschutzgesetzes zur Wohnungszwangswirtschaft gehöre, also „*Wohnungsnotrecht* geblieben" sei, RegE AbbauG, BT-Drs. 3/1234, 54 (Herv. i.O.). Er müsse gelockert werden und an seine Stelle ein „elastisches System" treten. Nach *Kerner*, Wohnraumzwangswirtschaft, 1996, S. 554, wurde die Zuordnung zum Wohnungsnotrecht, das Zurückfahren des Mieterschutzes und dass dieser in solchem Umfang zur Disposition stand, zeitgenössisch kritisiert.

wurde mit einer besonderen Notsituation begründet.[93] Sobald aber kein Mangel mehr bestünde, der diesen Eingriff rechtfertigte, sollte die Wohnraumbewirtschaftung abgebaut werden und sich der Marktmechanismus entfalten.[94] Erneut sollten hierdurch Renditeanreize für private Bauunternehmerinnen gesetzt werden, damit diese den Wohnungsbau (noch) stärker vorantreiben, und sich so vermittelt ein Marktgleichgewicht einstellen.[95]

Auch nach der Bewältigung der größten Wohnungsnot behielten die Wohnraummangellagen ihren rechtfertigenden Charakter bei. So begründete die gesetzgeberische Annahme einer örtlich begrenzten und zeitlich befristeten Wohnungsmangellage auch die Maßnahmen nach dem Wohnraumkündigungsschutzgesetz, das 1971 als Reaktion auf steigende Mieten und Schwierigkeiten bei der Wohnungssuche erlassen wurde.[96] Bereits im ersten Satz der Regierungsbegründung wird auf den „in weiten Bereichen des Wohnungsmarkts" bestehenden „erhebliche[n] Nachfrageüberhang" verwiesen, der die Position der Mieterinnen schwäche.[97] Die erforderlichen Maßnahmen zur Lösung der Problemlage – zur Erhöhung des Angebots – wurden demnach bereits angegangen.[98] Bis zur Schließung der Angebotslücke sei es aber geboten, „den Mieter vor unerträglichen Folgen der derzeitigen Marktsituation und den durch sie ermöglichten Auswüchsen zu sichern."[99] Dass dieser Eingriff in den Marktmechanismus eine absolute Ausnahme darstellen sollte, bestätigt die Anrufung des Vermittlungsausschusses: „Nur erhebliche Stö-

93 RegE AbbauG, BT-Drs. 3/1234, 47. Die weit verbreitete Wahrnehmung von Wohnungsnot als temporäre Krise wird u.a. von *Madden/Marcuse*, In Defense of Housing, 2016, S. 4, als derzeit allgemein dominante Sicht ausgemacht.

94 Siehe hierfür das mehr oder weniger ausdrückliche Ziel des Abbaugesetzes, „wieder ein[en] funktionsfähige[n] Wohnungsmarkt" herzustellen, RegE AbbauG, BT-Drs. 3/1234, 50.

95 Dies als eigener Topos → § 4 B. III.

96 Siehe auch *Dudeck*, Die soziale Frage unserer Zeit, 2025, S. 68 ff. Das WKSchG ging neben dem MietRVerbG aus dem Gesetzentwurf über Maßnahmen zur Verbesserung des Mietrechts und der Begrenzung des Mietanstiegs, BT-Drs. 6/1549, hervor, → § 3 Fn. 82.

97 RegE MietRVerbG, BT-Drs. 6/1549, 6; *Dudeck*, Die soziale Frage unserer Zeit, 2025, S. 70 f., hebt dies als Hinweis auf eine strukturelle Ausrichtung hervor: Mit der Regelung gehe es nicht mehr um die Linderung individueller Härtefälle, sondern die Bewältigung von Ungleichgewichten zwischen den Vertragsparteien am Wohnungsmarkt.

98 RegE MietRVerbG, BT-Drs. 6/1549, 6. Noch expliziter wird die Gesetzgebung in dieser Hinsicht in den 1980ern: Das Gesetz zur Erhöhung des Angebots an Mietwohnungen wurde ebenfalls in Reaktion auf eine Mangelsituation erlassen und dabei die stärkere Geltung marktwirtschaftlicher Gesichtspunkte angestrebt, GesE CDU/CSU und FDP, MWoErhG, BT-Drs. 9/2079, 1.

99 RegE MietRVerbG, BT-Drs. 6/1549, 6.

rungen dieses Marktes, die in größerem Ausmaß zu sozialen und wirtschaftlichen Härten für die Mieter führen, können derartig schwere Eingriffe in das Eigentum und die Vertragsfreiheit […] rechtfertigen."[100] Daher sollten die besonderen Kündigungsvorschriften nicht nur zeitlich, sondern auch räumlich begrenzt gelten.[101] Auch wenn sich der Bundesrat hierbei nicht durchsetzen konnte,[102] lässt sich das Wohnraumkündigungsschutzgesetz zunächst als ein beschränkter Schutz aufgrund von Anpassungsmängeln verstehen: Grundsätzlich wird auf den Marktmechanismus zur Bewältigung der Notlage vertraut, bis dahin sollen soziale Folgen für Mieterinnen abgefedert werden.

Dies änderte sich jedoch bereits wenige Jahre später mit dem Zweiten Wohnraumkündigungsschutzgesetz, in dessen Zuge sich die gesetzgeberische Auffassung durchsetzte, Kündigungsschutz auch unabhängig von Krisenzeiten als gerechtfertigt anzusehen.[103] Begründet wurde dies unter anderem mit „regelmäßig nicht unbeträchtliche[n] Kosten und andere[n] meist erhebliche[n] Unzulänglichkeiten", die ein Wohnungswechsel für die Mieterinnen aufgrund der besonderen Bedeutung der Wohnung bedeute.[104] Auch wenn dauerhafter Kündigungsschutz somit nicht ausschließlich neoklassisch begründet wird, ist er zumindest auch als Maßnahme zur Reduzierung von Transaktionskosten und zur Verhinderung opportunisti-

---

100 Gründe für die Einberufung des Vermittlungsausschusses MietRVerbG, BT-Drs. 6/2564, 2. Vgl. weiter *Kiehle*, in: Andersen/Bogumil/Marschall/Woyke (Hrsg.), Handwörterbuch des politischen Systems der Bundesrepublik Deutschland, 8. Aufl. 2021, S. 1028 (1030 f.), zum Kompromiss der befristeten Sozialbindung vor diesem Hintergrund.

101 Gründe für die Einberufung des Vermittlungsausschusses MietRVerbG, BT-Drs. 6/2564, 2. Inwiefern die zeitliche Befristung und (nur vermeintlich) punktuelle örtliche Regelung mit der fast flächendeckenden Geltung und Schärfe des Kündigungsschutzes kontrastieren, hebt *Dudeck*, Die soziale Frage unserer Zeit, 2025, S. 69 f., hervor. Wiederum im Einklang mit den angedachten Begrenzungen steht die aktuelle Rechtslage zur Vergleichsmiete, wonach die Mietpreisbremse nur auf sog. angespannten Wohnungsmärkten angewendet wird, → § 8 C. I. 2.

102 Zum Gang des Gesetzgebungsverfahrens → § 3 Fn. 82.

103 RegE 2. WKSchG, BT-Drs. 7/2011, 7; *Dudeck*, Die soziale Frage unserer Zeit, 2025, S. 73 f.

104 RegE 2. WKSchG, BT-Drs. 7/2011, 1, 7. Die ebenfalls genutzte Formulierung von der „überragende[n] Bedeutung der Wohnung als Lebensmittelpunkt" greift das BVerfG in zahlreichen Entscheidungen auf, → § 7 C. IV. 2.; § 8 C. IV. 1. Neben die genannten Begründungen treten Erwägungen hinsichtlich der begrenzten staatlichen Mittel, da weniger Mieterhöhungen zu geringeren Wohngeldzahlungen führen, siehe RegE 2. WKSchG, BT-Drs. 7/2011, 2, 8.

schen Vermieterverhaltens begründbar.[105] Dennoch zeigt sich, dass keine rein neoklassische Lehre verfolgt wird, sondern soziale Aspekte das Marktprimat politisch unter Druck setzen.[106] An dieser Stelle offenbaren sich bereits Potenziale einer Betrachtung unter dem Blickwinkel der Sozialen Marktwirtschaft.[107]

2. Subjektförderung als marktneutrale Maßnahme

Die Anwendung des neoklassischen Paradigmas auf das Wohnen läuft auf Folgendes hinaus: Staatliche Maßnahmen sollen, wenn sie aus sozialen Gründen nicht vermieden werden können, allokationsneutral sein, das heißt nicht mittels Eingriffen in den Preismechanismus erfolgen.[108] Das Mittel der Wahl ist die Subjektförderung[109], insbesondere das Wohngeld, die gerade nicht als Eingriff in den Markt- bzw. Preismechanismus angesehen wird, sondern „[a]m marktkonformsten und zielgenauesten [...] die Mitwirkungsrechte der Marktteilnehmer" gewährleistet.[110] Demgegenüber soll Objektförderung, wie sozialer Wohnungsbau, nur für „sogenannte Problemgruppen" vorgehalten werden, die aufgrund eines befürchteten „Vermietungsrisiko[s]" trotz Subventionierung keinen Wohnraum finden.[111]

Dem Wohngeld kommt auch in der Gesetzgebung eine hohe Bedeutung zu, der sich in einem eigenen Kapitel gewidmet wird (→ § 7).

---

105 Vgl. oben, → § 4 B. I. 1. a., bei Fn. 82. Hebt man wie *Dudeck*, Die soziale Frage unserer Zeit, 2025, S. 74, m.V.a. Ausschussbericht, 2. WKSchG, BT-Drs. 7/2638, 1, hervor, dass die Kündigung kein Druckmittel für Mieterhöhungen mehr darstellen sollte, ergeben sich gesetzgeberische Züge, die in Richtung Sozialpartnerschaft deuten (→ § 6 B. III.).

106 Insofern haben rechtsökonomische Arbeiten noch Raum für Kritik, insb. für die Forderung, mietpreisbegrenzende Regelungen zu reduzieren, *Hofacker*, Preisvorschriften Wohnraum, 2000, S. 253; *Busz*, Äquivalenz im Wohnraummietrecht, 2002, S. 85 f.; *Schuldt*, Mietpreisbremse, 2017, S. 79 ff., 113.

107 → § 6.

108 *Hofacker*, Preisvorschriften Wohnraum, 2000, S. 87, 115 ff., 254.

109 → § 3 C.

110 *Busz*, Äquivalenz im Wohnraummietrecht, 2002, S. 95; *BMWi*, Soziale Wohnungspolitik, 2018, S. 11.

111 *H. K. Schneider/Deichmann*, Der Weg zur sozialen Wohnungsmarktwirtschaft, 1984, S. 23; ähnlich schon *H. K. Schneider/Kornemann*, Soziale Wohnungsmarktwirtschaft, 1977, S. 87, 100 f.; *Donner*, Wohnungspolitiken, 2000, S. 186.

3. Rückzug des Staates aus dem Wohnungswesen

Eine dritte Entwicklung, die sich sowohl theoretisch als auch historisch unter die Vorstellung eines primär marktwirtschaftlichen Organisationsrahmens fassen lässt, ist der schrittweise Rückzug des Staates als aktivem Akteur aus dem Wohnungswesen: Sind staatliche Eingriffe nur bei Marktversagen gerechtfertigt, soll sich der Staat grundsätzlich – insbesondere bei positiven Entwicklungen – aus dem marktwirtschaftlichen Prozess heraushalten. Es wird somit ein Gegensatz zwischen Versorgung durch Markt und Staat angenommen, der zugunsten des Marktes aufgelöst wird: Nicht der Staat, *sondern* der Markt soll für Wohnraum und dessen Zuteilung sorgen.[112] Daher ist ein Nebeneinander von privaten und staatlichen Akteurinnen beim Wohnungsbau und bei der Wohnraumbewirtschaftung allenfalls für Ausnahmesituationen vorgesehen. Diese Zurückhaltung drückt sich auf verschiedene Weisen aus.

Erstens lässt sich der bereits beschriebene Rückgang von Regulierung, insbesondere durch den Abbau der Wohnraumbewirtschaftung, unter diese Entwicklung fassen.[113] In diesem Fall treten Marktmechanismen an die Stelle von Vorgaben für Mietpreise, Kündigungen, Zweckentfremdung und Zuteilung. Zweitens lässt sich ein Rückgang des staatlichen sozialen Wohnungsbaus konstatieren.[114] Während der Wohnungsbau nach dem Zweiten Weltkrieg sowohl privat als auch staatlicherseits vorangetrieben wurde, vielfältige Instrumente der Objektförderung zum Einsatz kamen und der Staat über die Belegungsbindung Einfluss auf die geförderten Objekte behielt, gingen die Ausgaben ab den 1960er Jahren zurück.[115] In den 1980er Jahren wurden die Bauaktivitäten angesichts eines rechnerisch insgesamt ausgeglichenen Wohnungsmarktes noch weiter reduziert und Mietpreis-

---

112 Zur staatlichen Aufgabe, Rahmenbedingungen zu garantieren und – sofern erforderlich – insb. Anreize zu setzen → § 4 B. III.; § 6 B. I.

113 → § 3 B. II.; § 4 B. I. 1., 2.

114 *Dudeck*, Die soziale Frage unserer Zeit, 2025, S. 121 ff. Diese Entwicklung wird nicht weiter vertieft; siehe lediglich das Zusammenspiel von Subjekt- und Objektförderung bei der Entwicklung des Wohngelds, → § 7 A. I. 2.

115 *Egner*, APuZ 64:20/21 (2014), 13 (15); siehe auch *P. Lange*, Staatliche Wohnraumvorsorge, 2023, S. 146, die aber die Bedeutung des sozialen Wohnungsbaus noch in den 1960ern hervorhebt. Rechtsökonomisch wird Privatinvestorinnen eine wesentliche Rolle bei der Angebotsausweitung zugesprochen und die (soziale) Wohnungsbauförderung als Verzerrung des Gesamtwohnungsmarktes bewertet, weil sie zwar zu einer Erhöhung des Angebots, aber unterhalb der bei freier Finanzierung entstehenden Kosten führt, *Busz*, Äquivalenz im Wohnraummietrecht, 2002, S. 31.

und Belegungsbindung weiter gelockert.[116] Zum Ausgleich von sozialen Problemen wurde auf Subjektförderung gesetzt, die als allokationsneutral und somit marktfreundlich gilt.[117] Hierdurch reduzierten sich jedoch die Einwirkungsmöglichkeiten auf den Wohnungsbestand und auf die Miethöhe weiter.[118] Einen dritten Ausdruck findet der Rückzug des Staates in den Privatisierungen der 1990er und 2000er Jahre.[119] Dabei wurden nicht nur die formalen Eigentumstitel, sondern auch das Verteilungssystem geändert: Die Privatisierungen nach der Wende stellten den Übergang von einem staatlich-administrativen System zu marktwirtschaftlicher Koordination dar.[120] Parallel dazu wurde, viertens, die Wohngemeinnützigkeit abgeschafft.[121] Hiermit trat an die Stelle politischer Gemeinwohlziele eine Orientierung an marktwirtschaftlichen Profitinteressen. Das Interesse des Marktes verdrängte mögliche gesetzgeberische Festsetzungen. Eine Änderung dieser Ausrichtung deutet sich aber mit der Einführung einer neuen Wohngemeinnützigkeit im Jahr 2024 an, mit der auch eine gemeinnützige Wohnversorgung wieder aufgewertet wird.[122]

II. Wohnungswirtschaftliche Effizienz

1. Vermeidung von Fehlallokationen

Eine wichtige Grundlage des neoklassischen Ansatzes sind wohlfahrtsökonomische Effizienzüberlegungen, denen auch in rechtsökonomischen Analysen der Wohngesetzgebung eine hohe Bedeutung beigemessen wird.[123] Das Effizienzziel steht in enger Verbindung mit der Entscheidung für den Marktmechanismus, der nach den Überzeugungen in der Rechtsökonomie zur effizientesten Allokation der Ressourcen, hier: Wohneinheiten, führt.

---

116 Insb. § 16 Wohnungsbindungsgesetz i.d.F. v. 20.2.1980, BGBl. I S. 159; *A. Mayer*, Theorie und Politik des Wohnungsmarktes, 1998, S. 200 ff.; *Egner*, APuZ 64:20/21 (2014), 13 (16); *P. Lange*, Staatliche Wohnraumvorsorge, 2023, S. 151 ff.

117 → § 4 B. I. 2.; § 7.

118 *Egner*, APuZ 64:20/21 (2014), 13 (18).

119 → § 2 B. IV.

120 *Häußermann*, in: Häußermann/Neef (Hrsg.), Stadtentwicklung in Ostdeutschland, 1996, S. 5 (33).

121 → § 3 B. III.

122 Für eine mögliche ökonomische Einordnung → § 5 B. II. 4.

123 Bei *Hofacker*, Preisvorschriften Wohnraum, 2000, S. 253, trotz leichter Wertprägung ein „sehr gewichtiges Argument".

Ein ungestörter Marktmechanismus wirkt demnach Fehlallokationen entgegen, wohingegen Mieterschutz durch Mietpreisregulierung Fehlbelegungen fördert.[124] Zu niedrige Mieten und fehlende Kündigungsmöglichkeiten führen demnach dazu, dass Mieterinnen in zu großen Wohnungen bleiben und somit zu erstarrten Belegungsstrukturen und wohnungswirtschaftlichen Fehlbelegungen. In der Folge wird gefordert, Mietpreisbegrenzungen und Kündigungsschutz abzuschaffen. Stattdessen sollen sich Angebot (Wohnungen) und Nachfrage (Mieterinnen entsprechend ihrer Zahlungsfähigkeit) über den Preis vermittelt treffen. Das gilt im Übrigen auch für den sozialen Wohnungsbau: Da besorgt wird, dass Haushalte in den Sozialwohnungen bleiben, wenn sich ihre Einkommenssituation verbessert, wird auch der staatliche Rückzug in diesem Segment mit Effizienzerwägungen begründet.[125]

In der Gesetzgebung haben sich solche Effizienzüberlegungen unter anderen im Abbaugesetz von 1960 ausdrücklich niedergeschlagen. Demnach sollte die schrittweise Lockerung der Wohnraumbewirtschaftung auch eine „sich allmählich vollziehende bessere Zuordnung von Wohnung und Wohnungsinhaber“ ermöglichen.[126] Die verschiedenen Elemente der Wohnungszwangswirtschaft hatten demgegenüber zuvor „verhindert, daß eine natürliche Umschichtung stattfand.“[127] Insbesondere durch die erleichterten Kündigungsvoraussetzungen sollte die Allokationsleistung verbessert werden.[128]

---

124 *Busz*, Äquivalenz im Wohnraummietrecht, 2002, S. 57, 88; *Molinari*, Interventionen in den Mietwohnungsmarkt, 2021, S. 128. Insbesondere dürften verteilungspolitische Erwägungen nicht durch Regelungen zur Miethöhe verfolgt werden, um die preispolitische Effizienz nicht zu untergraben, so zusammengefasst bei *Hofacker*, Preisvorschriften Wohnraum, 2000, S. 254. Vgl. zu diesem Gedanken auch *Expertenkommission Wohnungspolitik,* Abschlussbericht, BT-Drs. 13/159, 3.

125 Vgl. *A. Mayer*, Theorie und Politik des Wohnungsmarktes, 1998, S. 201, mit Verweis auf das Wohnungsbindungsgesetz 1980; siehe auch *Expertenkommission Wohnungspolitik,* Abschlussbericht, BT-Drs. 13/159, 134.

126 RegE AbbauG, BT-Drs. 3/1234, 50.

127 RegE AbbauG, BT-Drs. 3/1234, 48.

128 RegE AbbauG, BT-Drs. 3/1234, 54. Zur Verhinderung unzumutbarer Härten war vorgesehen, die Vermieterinnen zum Ersatz von Transportkosten im Zuge des Umzugs zu verpflichten (§ 4 Abs. 5–7 Mieterschutzgesetz n.F.). Dies entspricht – ökonomisch gesprochen – einer Internalisierung externer Kosten bzw. die Berücksichtigung von Transaktionskosten auf einer Seite.

2. Trickle-Down durch Filtering-Prozesse

Auch wenn Fehlbelegungen ein konkretes, wiederkehrendes Thema in den rechtsökonomischen Analysen darstellen, sind insbesondere die dahinterstehenden Effizienzgedanken einer näheren Beschäftigung würdig. So wird die vorrangige Verwirklichung der Allokationseffizienz im Allgemeinen damit begründet, dass die erzielten Wohlstandssteigerungen sich am Ende für alle auszahlen, weil die Wohlstandsgewinne gewissermaßen von oben durchsickern.[129] Dieser Trickle-Down-Gedanke findet eine spezifische Ausprägung in den wohnpolitischen Konzepten des Filtering-Modells und der Theorie der Sickereffekte.[130] Diese gehen davon aus, dass der durch qualitativ hochwertigen Neubau gewonnene Zuwachs der Gesamtwohlfahrt in Form sinkender Mietpreise allen zugutekommt.[131]

Mit der Filtering-Theorie wird dies auf einen gehobenen qualitativen Standard der Wohneinheiten zurückgeführt und die Nutzungen einer Wohnung im zeitlichen Verlauf betrachtet:[132] Wohnungen entsprechen schrittweise nicht mehr den sich stetig erneuernden Wohnanforderungen und werden von ihren Nutzerinnen schließlich nicht mehr oder weniger nachgefragt. Diese Personengruppen wenden sich stattdessen dem Neubau zu. Ihre bisherigen Wohnungen gehen in einen anderen Teilmarkt des Wohnungsangebots über, wobei die abnehmende Nachfrage bei gleichbleibendem Angebot dazu führt, dass die Preise sinken und die Wohnungen somit

---

129 Vgl. → § 4 A. II.

130 Siehe zu den Theorien *Friedrichs*, Stadtsoziologie, 1995, S. 72 ff.; *Westphal*, Leviathan 6 (1978), 536 (539 ff.); *Kühne-Büning,* in: Kühne-Büning/Nordalm/Steveling (Hrsg.), Grundlagen der Wohnungs- und Immobilienwirtschaft, 4. Aufl. 2005, S. 177 (177 ff.); *Krätke*, Stadt – Raum – Ökonomie, 1995, S. 200 ff.; *Jenkis*, in: Jenkis (Hrsg.), Kompendium, 4. Aufl. 2001, S. 65 (98 f.); *Häußermann*, in: Allmendinger/Ludwig-Mayerhofer (Hrsg.), Soziologie des Sozialstaats, 2000, S. 167 (185 ff.); *Klus*, Europäische Stadt unter Privatisierungsdruck, 2013, S. 86 ff. Für eine Definition der Sickereffekte siehe die aktuelle Metastudie von *R. Braun*, Metastudie „Sickereffekte", empirica 2020, S. 1. Für eine kritische Würdigung siehe → § 5 B. II. 3.

131 Diese (Filtering-)Prozesse werden selbstverständlich ideal und gleichgewichtig konzipiert, also unter den Voraussetzungen vollkommener Markttransparenz, vollständiger Information, Mobilität, Homogenität der Güter und ausgeglichenem Angebot und Nachfrage, *Westphal*, Leviathan 6 (1978), 536 (540 f.); *Kühne-Büning*, in: Kühne-Büning/Nordalm/Steveling (Hrsg.), Grundlagen der Wohnungs- und Immobilienwirtschaft, 4. Aufl. 2005, S. 177 (179).

132 Siehe hierzu im Folgenden zunächst *Westphal*, Leviathan 6 (1978), 536 (541); anschließend *Kühne-Büning*, in: Kühne-Büning/Nordalm/Steveling (Hrsg.), Grundlagen der Wohnungs- und Immobilienwirtschaft, 4. Aufl. 2005, S. 177 (177 ff.); *A. Mayer*, Theorie und Politik des Wohnungsmarktes, 1998, S. 44 f.

auch für niedrigere Einkommensgruppen bezahlbar werden. Dies geht so weiter, bis die Wohnungen gar keinen Ansprüchen mehr genügen und aus dem Wohnungsmarkt ausscheiden.[133] Sickerprozesse hingegen fokussieren nicht die Wohnung, sondern die Umzugsketten.[134] Somit wird eine zeitpunktbezogene Betrachtung verschiedener Wohnungen vorgenommen. Es wird davon ausgegangen, dass durch den Neubau einer Wohnung ein Haushalt aus einer alten in die neue Wohnung zieht, die alte Wohnung also frei wird und wiederum ein Haushalt aus seiner alten Wohnung hier einzieht etc.[135]

Die Filtering-Theorie und die Theorie der Sickereffekte sind nicht nur deskriptive Theorien, mithilfe derer das Wohnungsmarktgeschehen beschrieben wird: Sie sind auch „Grundlage einer wohnungspolitischen Strategie."[136] Die Wohngesetzgebung verfolgt diesen Ansatz mehr oder weniger „stillschweigend".[137] Sichtbar wird dies beispielsweise in der Gestaltung der Wohnungsbauförderung seit den 1970er Jahren: Schließlich ist es eine politische Entscheidung, ob eine direkte Förderung von Wohnraum für untere Einkommensgruppen im sozialen Wohnungsbau erfolgt oder die Förderung oberer Einkommensgruppen, beispielsweise durch Eigentums-

---

133 Die Bezeichnung Filtering-Prozess rührt daher, dass die Wohnung die verschiedenen Teilmärkte von oben nach unten durchläuft. Daneben ist das „Filtering-Up" der Wohnungen durch Modernisierungen (*Jenkis*, in: Jenkis [Hrsg.], Kompendium, 4. Aufl. 2001, S. 65 [98]) sowie ein „Filtering-Up" der Haushalte (*Kühne-Büning*, in: Kühne-Büning/Nordalm/Steveling [Hrsg.], Grundlagen der Wohnungs- und Immobilienwirtschaft, 4. Aufl. 2005, S. 177 [179 f.]) zu beachten. Aufgrund der verschiedenen Wirkungsrichtungen unterscheidet *Sotelo*, Ökonomische Grundlagen der Wohnungspolitik, 2001, S. 44, – insofern missverständlich – den Filtering- und Sickerprozess.

134 *Kühne-Büning*, in: Kühne-Büning/Nordalm/Steveling (Hrsg.), Grundlagen der Wohnungs- und Immobilienwirtschaft, 4. Aufl. 2005, S. 177 (177, 184 ff.); *Jenkis*, in: Jenkis (Hrsg.), Kompendium, 4. Aufl. 2001, S. 65 (98). Zum Unterschied von Filtering- und Sickereffekt eingehend *R. Braun*, Metastudie „Sickereffekte", empirica 2020, S. 3 f.

135 Diese Betrachtungsweise hat wissenschaftlich-praktische Vorteile, weil keine Zeitreihe betrachtet werden muss; dies ist jedoch mit dem Nachteil verbunden, dass strukturelle Veränderungen der Angebots- und Nachfragesituation nicht sichtbar werden, *Kühne-Büning*, in: Kühne-Büning/Nordalm/Steveling (Hrsg.), Grundlagen der Wohnungs- und Immobilienwirtschaft, 4. Aufl. 2005, S. 177 (185).

136 *Kühne-Büning*, in: Kühne-Büning/Nordalm/Steveling (Hrsg.), Grundlagen der Wohnungs- und Immobilienwirtschaft, 4. Aufl. 2005, S. 177 (181); ähnlich *Friedrichs*, Stadtsoziologie, 1995, S. 72; zu den Folgerungen *A. Mayer*, Theorie und Politik des Wohnungsmarktes, 1998, S. 46.

137 *von Einem*, in: von Einem (Hrsg.), Wohnen, 2016, S. 277 (301); weiter *Heeg*, in: Eckardt/Meier (Hrsg.), Handbuch Wohnsoziologie, 2021, S. 97 (100).

förderung, in Verbindung mit einem Vertrauen auf den Filtering-Prozess stattfindet.[138]

III. Angebotsorientierte Policy und Profitanreize

Ein weiterer Baustein neoklassischer Argumentationen ist bereits angeklungen: Hohe Mieten werden mit der ökonomischen Theorie vor allem als Knappheitsanzeiger angesehen und entsprechend behandelt. Ihnen wird die Funktion zugewiesen, die Nachfrage zu drücken, bis ein Marktausgleich erreicht wird. Schon aus diesem Grund sollen hohe Mieten nicht gedämpft werden. Vielmehr sollen von ihnen Anreize ausgehen, neue Wohnungen zu bauen und somit über den Marktmechanismus selbst für Ausgleich gesorgt werden.[139]

Diese neoklassische Annahme ist in der Wohngesetzgebung der Bundesrepublik besonders präsent und offenkundig: Es lässt sich ein ausgeprägter gesetzgeberischer Ansatz nachzeichnen, wonach mithilfe von Renditeanreizen mehr Wohnungsangebot geschaffen werden soll. Das gilt bereits für das Erste Wohnungsbaugesetz von 1950, bei dem die Erweiterung des Wohnungsbestandes zum einen durch staatliche und steuerliche Finanzierung erfolgen sollte.[140] Zum anderen sollte die Wohnungswirtschaft an den Grundsätzen der Sozialen Marktwirtschaft ausgerichtet und so „wie-

---

138 Vgl. *Kühne-Büning*, in: Kühne-Büning/Nordalm/Steveling (Hrsg.), Grundlagen der Wohnungs- und Immobilienwirtschaft, 4. Aufl. 2005, S. 177 (181, 183 f.); *Jenkis*, in: Jenkis (Hrsg.), Kompendium, 4. Aufl. 2001, S. 65 (98); *Häußermann*, in: Allmendinger/Ludwig-Mayerhofer (Hrsg.), Soziologie des Sozialstaats, 2000, S. 167 (185); *R. Braun/Grade*, Beitrag Eigenheimbau, empirica 2016, S. 71 f.; *R. Braun*, Metastudie „Sickereffekte", empirica 2020, S. 44; *Busch/Spars/Wardzala/Wolfrath*, Umzugsketten Vertiefungsstudie, BBSR 2020, S. 19.

139 Trotz der Ausweitung des ökonomischen Anreizbegriffs sind hiermit finanzielle Anreize gemeint, vgl. zu Begriff und Kritik ökonomischer Anreize einführend *Wolff*, Anreize im Recht, 2021, S. 8 f. Hohe Mieten dienen insofern zur Gewährleistung einer hinreichenden Rendite, *Busz*, Äquivalenz im Wohnraummietrecht, 2002, S. 45, 85; die Anpassungsprozesse werden u.a. durch Mietpreisbegrenzungen behindert, die diese natürliche Anzeigefunktion aushebeln. Die Rendite-Argumentation kreist folglich insbesondere um die Aufhebung mietpreisrechtlicher Regelungen. Mit Kritik *Kühne-Büning*, in: Kühne-Büning/Nordalm/Steveling (Hrsg.), Grundlagen der Wohnungs- und Immobilienwirtschaft, 4. Aufl. 2005, S. 69 (75 f.).

140 Ein Absatz und eine Darstellung von Bedeutung und Ausmaß der öffentlichen Finanzierung finden sich bei *Kofner*, Wohnungsmarkt und Wohnungswirtschaft, 2010, S. 158; zur Art und Weise *G. Schulz*, in: Teuteberg (Hrsg.), Stadtwachstum, Industrialisierung, Sozialer Wandel, 1986, S. 135 (160 ff.).

der natürliche Anreize" für Neubau geschaffen werden.[141] Insofern sollten vom Abbau der Wohnraumbewirtschaftung „wertvolle Anregungen auf die Privatinitiative im Wohnungsbau ausgehen."[142] Diese gesetzgeberische Intention wurde 1960 im Zuge des Abbaugesetzes wiederholt: Erneut sollte der Abbau der „Zwangswirtschaft" als Anreiz für private Wohnungsbauunternehmen dienen. Durch die Lockerungen sollte „anlagesuchendes Privatkapital wieder stärker für den Wohnungsbau" interessiert werden.[143] Zu beachten ist dabei die Verschiebung des Koordinatensystems: Während zuvor die Instandhaltungskosten garantiert wurden, wurde nun die Gewährleistung angemessener Verzinsung als Anreiz angesehen.[144] Auch später, wie im Zuge des Wohnraumkündigungsschutzgesetzes von 1971, spielten Renditeanreize eine Rolle: Das als Ausgleich für den Kündigungsschutz eingeführte Vergleichsmietensystem sollte insbesondere „nicht investitionshemmend wirken", da die private Bautätigkeit weiterhin notwendig war, um Wohnbedarfe zu befriedigen, Privatinvestorinnen aber „äußerst empfindlich auf formelle und materielle Beschränkungen ihrer Rechtsposition" reagieren.[145]

Als letztes Beispiel soll schließlich das Gesetz zur Erhöhung des Angebots an Mietwohnungen von 1982 angeführt werden, das die damalige Problemlage explizit durch eine Stärkung marktwirtschaftlicher Gesichtspunkte lösen sollte. Konkret sollten Investitionshemmnisse unter anderem durch die Einführung von Zeit- und Staffelmietverträgen sowie erleichter-

---

141 RegE 1. WoBauG, BT-Drs. 1/567, 15; siehe bereits oben, → § 4 B. I. Weiter auch RegE AbbauG, BT-Drs. 3/1234, 47, wonach es Aufgabe dieses Ersten Wohnungsbaugesetzes war, „zur Förderung des Wohnungsbaues die Auflockerung der Wohnungszwangswirtschaft einzuleiten."

142 RegE 1. WoBauG, BT-Drs. 1/567, 16; siehe bereits BK *Adenauer*, Sten. Bericht der 5. Sitzung, 20.9.1949, BT-PlProt. 1/5, Regierungserklärung, 23D: Die Finanzierung durch den Bund und die gleichzeitige Lockerung von Zwangswirtschaft und Mietpreisbindung sollten „das Privatkapital für den Wohnungsbau [...] interessieren. [...] Wenn es nicht gelingt, das Privatkapital für den Wohnungsbau zu interessieren, ist eine Lösung des Wohnungsproblems unmöglich."

143 RegE AbbauG, BT-Drs. 3/1234, 50.

144 Vgl. RegE AbbauG, BT-Drs. 3/1234, 48. Siehe auch, für den Zeitraum ab 1990, *Donner*, Wohnungspolitiken, 2000, S. 177, zu Anreizen von mit anderen Investitionsmöglichkeiten vergleichbaren Renditen; kritisch im Zuge der Modernisierungsmieterhöhung *Kummer*, NZM 2024, 961 (967 ff.); zum Ziel der „Eigenwirtschaftlichkeit des Wohnungswesens" *Dudeck*, Die soziale Frage unserer Zeit, 2025, S. 44 ff.; RegE 1. BMG, BT-Drs. 2/1110, 15; → § 7 C. II. 1. b.

145 So zumindest die Einordnung durch *Börstinghaus*, WuM 2018, 610 (620).

ten Mieterhöhungsverfahren im Bestand abgebaut werden.[146] Dabei hieß es ausdrücklich, dass die Wohnung „als Mittelpunkt des persönlichen Lebens ein Wirtschaftsgut von besonderer sozialer Bedeutung“ darstelle, die Berücksichtigung marktwirtschaftlicher Aspekte jedoch „[a]uch bei voller Berücksichtigung der sozialen Bedeutung des Mietrechts [...] durchaus möglich“ sei.[147] Insbesondere müsse ein „ausgewogenes Mietrecht“ neben „der sozialen Bedeutung des Mietverhältnisses für die Mieter“ „auch die Interessen der Vermieter an der Wirtschaftlichkeit der Wohnungen [...] berücksichtigen.“[148] Soziale, mieterseitige Interessen wurden so einerseits als Gegensatz zu marktwirtschaftlichen Vermieterinteressen positioniert, andererseits aber deren Vereinbarkeit postuliert.

IV. Eigentumsförderung

Als letztes Charakteristikum neoklassischer Ansätze im Wohnungswesen lässt sich die Bedeutung der Eigentumsförderung ausmachen, die vielfach als besonderes Kennzeichen neoklassischer Stadtpolitik angesehen wird.[149] Auch für die bundesrepublikanische Gesetzgebung wird die Wohneigentumsförderung als „politisches Kernanliegen“[150] mit „seit den Anfängen große[m] Gewicht“[151] hervorgehoben. In rechtsökonomischen Analysen wird die Eigentumsförderung jedoch wenig thematisiert. Dies mag darin begründet liegen, dass sie nicht in das Schema von Allokations- und Preistheorie passt. Zudem werden mit der Eigentumsförderung weniger explizite ökonomische Modelle als vielmehr politische und kulturelle Bedeutungen verbunden.[152] Eine Ausnahme stellt der spezifisch ökonomische

146 GesE CDU/CSU und FDP, MWoErhG, BT-Drs. 9/2079, 1 f., 7 ff.

147 GesE CDU/CSU und FDP, MWoErhG, BT-Drs. 9/2079, 7.

148 GesE CDU/CSU und FDP, MWoErhG, BT-Drs. 9/2079, 1, m.V.a. BVerfGE 37, 132 <140 (ff.)> – *Vergleichsmiete I* [1974].

149 Anstelle vieler *Häußermann*, in: Allmendinger/Ludwig-Mayerhofer (Hrsg.), Soziologie des Sozialstaats, 2000, S. 167 (180 f.); *Aalbers/Christophers*, Housing, Theory and Society 31:4 (2014), 373 (383 ff.).

150 *Landmesser/Metzkow*, in: Holm (Hrsg.), Wohnen, 2021, S. 172 (179).

151 *Leutner*, Wohnungspolitik nach dem 2. Weltkrieg, 1990, S. 385.

152 Von einer „ideologische[n] Überhöhung des Eigenheimes“ im Kontext von Familienpolitik und Abwehr kommunistischer Bedrohungen schreiben *Jaedicke/Wollmann*, in: von Beyme/M. Schmidt (Hrsg.), Politik in der Bundesrepublik Deutschland, 1990, S. 203 (207); vgl. weiter zur wirkmächtigen Verbindung von Eigentumsrechten und Menschenrechten im Zuge der Privatisierung öffentlichen Wohnraums in Großbritannien unter *Thatcher* siehe *Whyte*, Morals, 2019, S. 3. Diese Bedeutun-

Hintergrund im Zuge von Effizienzüberlegungen dar, wonach Neubau von Wohneigentum die effektivsten Sickerprozesse auslöst.[153]

Für die hohe Bedeutung des Wohneigentums lassen sich verschiedene gesetzgeberische Anknüpfungspunkte identifizieren. Zunächst spiegelt sich die Bedeutung des Wohneigentums bereits in manchen Landesverfassungen wider.[154] Seitens der einfachen Gesetzgebung wurde die Förderung der Bildung von Wohneigentum mit dem Zweiten Wohnungsbaugesetz von 1956 priorisiert.[155] Dahinter stand der Gedanke, durch die Bildung von Einzeleigentum eine Verbindung von weiten Kreisen der Bevölkerung mit Grund und Boden herzustellen sowie Sparwille und Tatkraft in allen gesellschaftlichen Schichten anzuregen (§ 1 Abs. 2). Im Einklang hiermit wurden Wohnbeihilfen auch für Eigentümerinnen mit Kreditbelastung ausgezahlt;[156] auf ähnliche Weise wird das Wohneigentum bis heute mit dem Wohngeld und als Teil der sozialen Wohnungspolitik gefördert.[157] Ebenfalls erwähnenswert ist die Eigenheimzulage, die neben einer progressionsunabhängigen Ausweitung der Eigentumsförderung auf sogenannte Schwellenhaushalte insbesondere eine Kopplung von Eigentumsförderung mit familien- und vermögenspolitischen Zielsetzungen vorsah.[158] Und schließlich

---

gen werden im Zuge der Auseinandersetzung mit den Gedanken der Sozialen Marktwirtschaft relevant, → § 6 B. IV. Zur Bedeutung der wirtschaftlichen Ordnungsfunktion des Eigentums *M. Müller,* AöR 147 (2022), 518 (544 ff.).

153 Als Grundlage wohnpolitischer Strategien → § 4 Fn. 138; weiter → § 5 B. II. 3.

154 In vielen Landesverfassungen finden sich Artikel zum Wohnen und zur Wohnraumversorgung, teilweise unter Benennung konkreter Handlungsmöglichkeiten (vgl. *WD*, Sachstand: Recht auf Wohnen, WD 3 – 3000 – 120/19, S. 3). In den Verfassungen von Berlin und Brandenburg wird dabei explizit auch die Förderung von Wohneigentum genannt (Art. 28 Abs. 1 Verfassung von Berlin; Art. 47 Abs. 1 Verfassung des Landes Brandenburg), in der Landesverfassung NRW in Art. 29 Abs. 1, dass die „Verbindung weiter Volksschichten mit Grund und Boden [...] anzustreben" sei.

155 Vgl. → § 3 B. II., insb. Fn. 65; dies war nicht unumstritten, siehe weiter *Dudeck*, Die soziale Frage unserer Zeit, 2025, S. 53 f.

156 Vgl. u.a. das Gesetz über die Gewährung von Miet- und Lastenbeihilfen 1960, §§ 2, 12 Wohngeldgesetz 1965 oder heute § 1 Abs. 2 Alt. 2 WoGG i.d.F. v. 24.9.2008. Weiter dazu → § 7.

157 Siehe § 1 Abs. 1, Abs. 2 Nr. 2 WoFG 2001, wonach die Förderung der Bildung von selbst genutztem Wohneigentum unter die soziale Wohnraumförderung fällt. Sie richtet sich zwar bevorzugt an Familien und andere Haushalte mit zwei oder mehr Kindern sowie an Haushalte, bei denen aufgrund einer Behinderung oder aus anderen Gründen ein besonderer baulicher Bedarf besteht (§ 8 Nr. 1), letztendlich kann sie aber allen Eigentümerinnen unterhalb bestimmter Einkommensgrenzen zukommen.

158 RegE Eigenheimzulagengesetz, BT-Drs. 13/2235, 14.

lassen sich auch die Privatisierungen der 1990er und 2000er Jahre unter den Komplex der Eigentumsförderung fassen. So hieß es 1990 in Art. 22 Abs. 4 S. 4 und 5 Einigungsvertrag:

> *„Die Kommunen überführen ihren Wohnungsbestand unter Berücksichtigung sozialer Belange schrittweise in eine marktwirtschaftliche Wohnungswirtschaft. Dabei soll die Privatisierung auch zur Förderung der Bildung individuellen Wohneigentums beschleunigt durchgeführt werden."*[159]

C. Zusammenfassung

Es lassen sich verschiedene typische Ausprägungen neoklassischer Annahmen für die Wohngesetzgebung feststellen. Dabei bestehen durchaus Unterschiede zwischen den theoretischen Überlegungen der Neoklassik, den Forderungen rechtsökonomischer Analysen und dem tatsächlichen Ausdruck in der Wohngesetzgebung. Grundsätzlich lässt sich jedoch nachvollziehen, dass und wie sich neoklassische Annahmen in gesetzgeberische Argumentationslinien und politische Programme übersetzen (können) und so das Wohnen als Wirtschaftsgut konstituieren, regeln und fördern. Umgekehrt erscheint es möglich, von gesetzgeberischen Argumentationslinien auf das dahinterstehende Wissenssystem zu schließen.

Wesentlich für das neoklassische Wissenskonstrukt sind zunächst Argumentationen, die den Preismechanismus präferieren und dessen Effizienzleistungen hervorheben.[160] Die Zuteilung von Wohnungen und der Ausgleich von Angebot und Nachfrage sollen über den Markt funktionieren und von wohngesetzgeberischen Eingriffen abgesehen werden.[161] Hohe Mieten werden als Renditeanreize verstanden, die private Investitionen lenken sollen und nicht gesenkt werden brauchen.[162] Demgegenüber werden marktkonforme Maßnahmen wie die Subjektförderung präferiert und der Rückzug des Staates aus dem sozialen Wohnungsbau sowie im Zuge der Privatisierungen vorangetrieben.[163] Daneben tritt schließlich noch die Förderung privater Wohneigentumsbildung, die sich über die Jahrzehnte

159 → § 3 B. IV.
160 Siehe oben, → § 4 B. I., II.
161 Siehe oben, → § 4 B. I. 1., 2.
162 Siehe oben, → § 4 B. III.
163 Siehe oben, → § 4 B. I. 2., 3.

hinweg in der Gesetzgebung, teilweise verbunden mit weiteren Zielsetzungen, wiederfindet.[164]

Insgesamt hat sich gezeigt, dass und wie die Gesetzgebung das Wohnen auf vielfältige Weise einer neoklassischen Marktlogik unterstellt hat. Hieran richtet sich die Kritik verschiedener polit-ökonomischer Ansätze, die im Folgenden vorgestellt werden.

164 Siehe oben, → § 4 B. IV.

§ 5 Ansätze polit-ökonomischer Kritik: Die Wohnung als Sozialgut

Die neoklassische Sichtweise, die das Wohnen zuvorderst über die Wohnung und als Ware begreift und gesetzgeberische Maßnahmen anhand marktwirtschaftlicher Kriterien bewertet, ist nicht alternativlos. Daneben bestehen weitere, auch ökonomische Ansätze, die jedoch nicht zu einem (rechtsökonomischen) Modell verdichtet sind. Gleichwohl bieten auch diese Ansätze ökonomische Wissensstrukturen an, auf die die Gesetzgebung zurückgreifen kann.

Dem Erkenntnisziel des *Law and Political Economy*-Ansatzes folgend wird dabei vorliegend ein Vorgehen verfolgt, das es aufbauend auf einer Sensibilisierung für die in die Neoklassik eingeschriebenen Annahmen unternimmt, diese abstrakte Kritik durch Einsichten aus der Stadtforschung anzureichern und für das hiesige Untersuchungsziel fruchtbar zu machen (A.). In diesem Zuge rücken weitere Aspekte des Wohnens in den Fokus, wie Fragen nach den Verteilungswirkungen und sozialen Ausgrenzungsprozessen, die von marktlichen Ansätzen weniger beachtet werden.[1] Hierauf basieren wiederum typisierbare Argumentationslinien, die den Schlüssel zu den ihnen zugrunde liegenden Annahmen darstellen und für die folgend der Blick geschärft wird (B.).

Die in diesem Abschnitt verfolgten Ansätze, die Rechtskritik seitens *Law and Political Economy* sowie die Einsichten aus der Stadtforschung, überschneiden sich insofern, als dass sie die Ökonomie als politisch und rechtlich konstituiert begreifen. Hiermit verorten sie sich in einer spezifischen Tradition und werden vorliegend, im Kontrast zum neoklassischen Ansatz, als *polit-ökonomisch* bezeichnet. Damit soll jedoch nicht suggeriert werden, dass nicht auch neoklassische Ansätze immanent politisch sind und die Ökonomie politisch formen. Dass dies vom neoklassischen Ansatz verborgen wird, ist vielmehr Teil der Kritik. Seine vermeintliche Neutralität kann er nur aufgrund seiner hegemonialen Position beanspruchen.[2]

1 Vgl. für die Wohnungsmarktforschung *Knabe*, in: Kessl/Reutlinger (Hrsg.), Handbuch Sozialraum, 2. Aufl. 2019, S. 635 (646); *Holm*, APuZ 64:20/21 (2014), 24 (27).

2 → § 5 A. I.; *Hentschel*, WuM 2018, 737 (740). Der LPE-Ansatz legt selbst offen, dass die vorgebrachten Forderungen und Argumente der politischen Moral unterliegen (*Britton-Purdy/Grewal/Kapczynski/Rahman*, Yale L. J. 2020, 1784 [1832]). Ebenso wie also

A. Leerstellen und Kritik der Neoklassik

Die im Folgenden entfaltete *polit-ökonomische* Perspektive auf das Wohnen baut auf zwei Säulen auf. Zum einen werden die rechtswissenschaftlichen Impulse des *Law and Political Economy*-Ansatzes aufgegriffen (I.). Charakteristisch für diesen Ansatz ist, dass die den Rechtsentwicklungen zugrunde liegenden ökonomischen Annahmen hinterfragt werden und eine Neuausrichtung der rechtlichen Maßstäbe gefordert wird: Anstelle einer Fixierung auf Effizienz unter gleichzeitiger Annahme rechtlicher Neutralität rücken Fragen nach Gerechtigkeit und Macht(-verhältnissen) in den Fokus. Zum anderen werden Ansätze aus der Stadtforschung, die das Wohnen in der Politischen Ökonomie verankern, aufgegriffen (II.). Von diesen Ansätzen werden drei wesentliche Modalitäten des Wohnens ausgemacht und neue Paradigmen vorgeschlagen. Durch die Verbindung des rechtskritischen mit dem nachbarwissenschaftlichen Ansatz gelingt es anschließend, weitere Analyseschwerpunkte festzulegen (III.).

I. Law and Political Economy

Die ökonomische Analyse des Rechts hat sich über mehrere Jahrzehnte hinweg entwickelt und nimmt heute eine gefestigte Position in der Rechtswissenschaft ein.[3] Dabei hat sie nicht lediglich eine neue Analyseperspektive unter vielen geliefert, sondern neoklassischen Annahmen den Weg in das Recht geebnet. Neben der Würdigung verschiedener Vorteile konkreter ökonomischer Werkzeuge und Analysen hat dies auch Kritik hervorgerufen. Aufgrund der breiten Wirkung von *Law and Economics* in den USA sind vor allem dort in den letzten Jahren wieder vermehrt Arbeiten aufgekommen, die die Prämissen ökonomischer Analysen in Frage stellen und eine Neuausrichtung anstreben.

Viele dieser Arbeiten sammeln sich unter dem Stichwort von *Law and Political Economy* (LPE).[4] Nachdem sich LPE in nur kurzer Zeit aufgebaut und über verschiedene Medien und Universitäten hinweg organisiert hat,

---

bewusst neue Annahmen ins Spiel gebracht werden, wird die Reflexion bestehender Annahmen von jeglicher Analyse gefordert.

3 → § 4 A.

4 Bei LPE handelt es sich somit um ein junges wissenschaftliches Projekt. Ein eigenes Blog (https://lpeproject.org/) wurde 2017 gelaunched, im selben Jahr erschien das „LPE-Manifesto" (*Britton-Purdy/Kapczynski/Grewal*, Manifesto, LPE-Blog v. 11.6.2017)

ist auch in der deutschen Rechtswissenschaft die Frage aufgekommen, ob es sich hierbei um das „Next Big Thing“[5] der Rechtswissenschaft auf beiden Seiten des Atlantiks oder lediglich um alten Wein in neuen Schläuchen handelt. Beides ist richtig.[6] Zum einen lassen sich weit zurückreichende theoretische Linien und eine Vielzahl an Arbeiten und Gedanken ausmachen, auf denen LPE aufbaut.[7] Zum anderen reagiert der Ansatz auf aktuelle Phänomene und einen spezifischen Status quo der wissenschaftlichen Diskussion. Ein neues Branding verspricht hierbei auch ein neues Momentum. Das gilt zuvorderst für den US-amerikanischen Rechtsdiskurs und die dort wahrgenommenen Probleme – Auslöser für den LPE-Ansatz waren neben der Polykrise der Gegenwart[8] die vermögenspolitischen Analysen von *Piketty*[9] und die erste *Trump*-Administration.[10]

Die deutlich verschiedenen gesellschaftlichen und rechtswissenschaftlichen Gegebenheiten diesseits des Atlantiks werfen daher die Frage auf, inwiefern der Ansatz auch hier fruchtbar sein kann.[11] Gerade der Blick auf

---

und 2020 ein kollaborativer Text zum „Law-and-Political-Economy Framework“ (*Britton-Purdy/Grewal/Kapczynski/Rahman*, Yale L. J. 2020, 1784).

5 Kritisch *Renner/Kindt*, JZ 78 (2023), 313.

6 Vgl. *Beckers/Eller/Kjaer*, ELO 1 (2022), 749 (750 f.).

7 Das gilt für konkrete Vorarbeiten (*Grewal/Britton-Purdy*, Law and Contemporary Problems 77 [2014], 1; *Britton-Purdy*, Law and Contemporary Problems 77 [2014], 195) wie auch rechtskritische Traditionen insgesamt: *Critical Legal Studies*, *Critical Race Studies*, *Feminist Legal Studies* und *Legal Realism* haben allesamt ihre Spuren in LPE hinterlassen und werden als Traditionslinien benannt, *Britton-Purdy/Kapczynski/Grewal*, Boston Review v. 22.2.2021; für den *Legal Realism* siehe insb. *Britton-Purdy/Grewal/Kapczynski/Rahman,* Yale L. J. 2020, 1784 (1792). Wenig explizite Aufmerksamkeit erhalten hingegen die *Critical Class Studies* – beachtet im Hinblick auf das Wohnen bzw. die Vergesellschaftung von Wohnraum von *Röhner*, KJ 53 (2020), 16 (16), m.V.a. *Mutua*, Buffalo Law Review 2008, 859 (873 ff.).

8 U.a. Finanz-, Klima-, Demokratiekrise und soziale Spaltung, *Britton-Purdy/Grewal/Kapczynski/Rahman,* Yale L. J. 2020, 1784 (1786 ff.); *Harris/Varellas*, Journal of Law and Political Economy 2020, 1 (1, 2 ff.); *Renner/Kindt*, JZ 78 (2023), 313 (313).

9 *Piketty*, Das Kapital im 21. Jahrhundert, 2016; *Piketty*, Kapital und Ideologie, 2020. Für Bezugnahmen siehe *Britton-Purdy/Grewal/Kapczynski/Rahman*, Yale L. J. 2020, 1784 (1786 Fn. 1); *Grewal*, Harvard Law Review 2014, 626 (insb. 629); zur verhaltenen *Piketty*-Rezeption der deutschen Rechtswissenschaft *Croon-Gestefeld*, JZ 74 (2019), 340.

10 *Herzog*, JZ 78 (2023), 968 (968 ff.); *Renner/Kindt*, JZ 78 (2023), 972 (972 ff.).

11 Konstruktiv *Kampourakis*, Journal of Law and Political Economy 2021, 301; *Kampourakis*, LPE in Europe as Critique of Ordoliberalism, LPE-Blog v. 15.3.2021; *Kjaer*, Global Perspectives 2:1 (2021); *Herzog*, JZ 78 (2023), 968; *Meinel/Neumeier*, Der Staat 64 (2025), 79; skeptisch *Renner/Kindt*, JZ 78 (2023), 313; *Renner/Kindt*, JZ 78 (2023), 972 (972 [ff.], 974 f.).

das Wohnen beweist dabei das Potenzial für den deutschen Rechtsdiskurs, sofern die LPE-Perspektive von ihrem US-amerikanischen Entstehungskontext gelöst wird.[12] Dieses Potential wird im Folgenden nicht abstrakt begründet, sondern praktisch entfaltet.[13]

Hierfür müssen wiederum die Kernaussagen des LPE-Ansatzes rekapituliert und sich ihrem Ausgangspunkt zugewendet werden: Die herkömmlichen Mittel der ökonomischen Theorie des Rechts scheitern angesichts der multiplen Krisen der heutigen Zeit sowohl bei der Analyse als auch bei der Gestaltung des Rechts.[14] Das wird unter anderem auf die spezifischen (ökonomischen) Annahmen derjenigen zurückgeführt, die Recht setzen und untersuchen. In der Folge wird gefordert, die dem Recht zugrunde liegenden Annahmen und ihre Wirkungen aufzudecken und einzuordnen (1.).[15] Hierauf aufbauend werden die Kriterien, die herkömmlicherweise bei der rechtsökonomischen Analyse angelegt werden, kritisiert und schließlich ersetzt (2.).

1. Kritik am Status quo neoliberalen Rechtsdenkens

Law and Political Economy richtet sich gegen den Mainstream des US-amerikanischen Rechtsdenkens. Demnach haben sich in den letzten Jahrzehnten individualistische und neoliberale[16] Paradigmen durchgesetzt und das US-amerikanische Recht wie auch die Rechtswissenschaft verändert.[17] Der nun vorherrschende rechtliche und rechtswissenschaftliche Zustand wird als *20th Century Synthesis* bezeichnet.[18] Dieser Status quo zeichnet sich dadurch aus, dass die Ziele und Methoden von Recht und Rechtswissenschaften so definiert wurden, dass sie eine Markt-Überlegenheit bzw. die

12 Vgl. *Herzog*, JZ 78 (2023), 968 (972).

13 → § 5 B.; zu den Besonderheiten des Hintergrundes der Sozialen Marktwirtschaft → § 6.

14 *Britton-Purdy/Grewal/Kapczynski/Rahman*, Yale L. J. 2020, 1784; mit Blick auf den methodologischen Individualismus und Mikroansatz *Beckers/Eller/Kjaer*, ELO 1 (2022), 749 (749 f.); *Renner/Kindt*, JZ 78 (2023), 313 (313 ff.).

15 In diesem Sinne erfolgte bereits die typisierende Rekonstruktion neoklassischer Annahmen → § 4.

16 Die Kritik des Neoliberalismus ist eine der Herausforderungen, vor denen ein Transfer in den deutschen Kontext steht. Einige der ökonomischen Kritiken lassen sich jedoch spiegeln; weiter zudem → § 6 A.

17 Vgl. *Herzog*, JZ 78 (2023), 968 (968 f.).

18 Siehe hierzu und dem Folgenden ausführlich *Britton-Purdy/Grewal/Kapczynski/Rahman*, Yale L. J. 2020, 1784 (1794 ff.).

Unterordnung von Politik unter die Ökonomik fordern. Insbesondere folgt daraus auch eine Ausgestaltung von Öffentlichem Recht und Privatrecht als getrennte Sphären.[19] Dabei gilt das Privatrecht als ökonomisch und darin neutral, während ökonomische Fragen im Öffentlichen Recht ausgeklammert werden. Öffentlich-rechtliche Regelungen werden daher schnell als interventionistisch aufgefasst,[20] während das Privatrecht entpolitisiert wird und Verteilungsfragen in das Steuerrecht ausgelagert werden.[21]

Der Impuls von *Law and Political Economy* ist nun, der Rechtswissenschaft die Aufgabe zu stellen, diese Entwicklung zu reflektieren und die Rolle des Rechts hierbei zu beleuchten.[22] Ökonomische Entwicklungen und Institutionen, wie auch Märkte, sind demnach nicht natürlich, neutral oder selbstregulierend, sondern stets rechtlich konstituiert.[23] Da dem Recht bei der Ordnung und Gestaltung der Wirtschaft eine wesentliche Rolle zukommt, muss deren rechtliche Architektur beleuchtet werden.[24] Rechtliche Regelungen werden so nicht mehr vorrangig als *Interventionen* in das vorrangige gesellschaftliche Organisationsprinzip der Marktfreiheit verstanden, sondern als Faktor, der die Marktgesellschaft überhaupt ermöglicht.[25] Dies ist für den deutschen, ordoliberalen Kontext keine neue Erkenntnis.[26] Die Kritik an der Marktgesellschaft wird jedoch weitergedreht und deren soziale Leistung hinterfragt. Der Markt produziert demnach nicht nur Freiheit, sondern auch Ungleichheiten und somit einen politischen Konflikt, der neben ökonomischen Linien auch entlang geschlechtlicher und ras-

---

19 *Britton-Purdy/Grewal/Kapczynski/Rahman,* Yale L. J. 2020, 1784 (1806 ff.); *Britton-Purdy/Kapczynski/Grewal,* Manifesto, LPE-Blog v. 11.6.2017; für das deutsche Recht als Ausgangspunkt bei *Croon-Gestefeld,* Gemeininteressen im Privatrecht, 2022, S. 1, 32.

20 Siehe bspw. *Britton-Purdy,* Law and Contemporary Problems 77 (2014), 195, zur Entwicklung des *free speech law* für juristische Personen.

21 *Horst,* in: Buckel/Christensen/Fischer-Lescano (Hrsg.), Neue Theorien des Rechts, 2020, S. 301 (318); vgl. auch die entsprechende Kritik an *Piketty* durch *Grewal,* Harvard Law Review 2014, 626.

22 *Britton-Purdy/Grewal/Kapczynski/Rahman,* Yale L. J. 2020, 1784 (1792).

23 Vgl. *Britton-Purdy/Kapczynski/Grewal,* Manifesto, LPE-Blog v. 11.6.2017.

24 Mit einem solchen Ansatz auch *Deakin et al.,* Journal of Comparative Economics 2017, 188; populär *Pistor,* Der Code des Kapitals, 2020.

25 Das Verhältnis von Markt und Staat wird auf diese Weise umgekehrt betrachtet, *Horst,* in: Buckel/Christensen/Fischer-Lescano (Hrsg.), Neue Theorien des Rechts, 3. Aufl. 2020, S. 301 (314).

26 → § 6 A.; *Renner/Kindt,* JZ 78 (2023), 313 (317 ff.).

sialisierter Trennlinien verläuft.[27] Indem so das Spannungsverhältnis von marktwirtschaftlicher Ordnung und demokratischer Selbstbestimmung in den Blick gerät,[28] erweist sich auch die Bezeichnung als *Law and Political Economy* als nicht aus der Luft gegriffen: Den ökonomischen Analysen des Rechts wird ein historisch verortetes Konzept gegenüber gestellt, das die Beziehungen von Politik und Ökonomie ausgehend von dem Verständnis untersucht, dass die Ökonomie immer schon politisch ist.[29] Hiermit wendet sich der LPE-Ansatz von den neoklassischen Annahmen – die innerhalb der Ökonomie zwar umstritten, aber vorherrschend sind, und als Ausgangspunkt für die ökonomisch Analyse des Rechts dienen – ab.[30]

2. Reorientierungen: Macht, Verteilung und Demokratie

Da das Recht nach diesem Verständnis die Ökonomie konstituiert, wohnt ihm zugleich das Potenzial inne, sozioökonomische Krisen anzugehen und soziopolitische Veränderung zu erreichen.[31] Dies erfordert, erstens, nicht mehr nur größtmögliche ökonomische Effizienz anzustreben, sondern die Machtverhältnisse rechtlicher Beziehungen zu untersuchen. Zweitens gilt es, die verteilungspolitische Wirkung rechtlicher Regelungen zu beachten, anstatt deren vermeintliche Neutralität vorzuschieben. Und drittens soll die marktwirtschaftliche Entwicklung nicht als Naturgesetz, sondern als politische begriffen werden, um so demokratische Handlungsspielräume zu öffnen, statt zu schließen.[32]

Während die ökonomische Theorie die Bedeutung des Rechts vor allem darin sieht, Allokationseffizienz zu fördern und verteilungspolitische Zielsetzungen als sekundäre politische Aufgabe betrachtet, liegt ein wesent-

27 *Britton-Purdy/Kapczynski/Grewal,* Manifesto, LPE-Blog v. 11.6.2017; *Horst*, in: Buckel/Christensen/Fischer-Lescano (Hrsg.), Neue Theorien des Rechts, 3. Aufl. 2020, S. 301 (316).

28 *Britton-Purdy/Kapczynski/Grewal*, Manifesto, LPE-Blog v. 11.6.2017.

29 *Britton-Purdy/Grewal/Kapczynski/Rahman*, Yale L. J. 2020, 1784 (1792); *Herzog*, JZ 78 (2023), 968 (969).

30 *Horst*, in: Buckel/Christensen/Fischer-Lescano (Hrsg.), Neue Theorien des Rechts, 2020, S. 301 (313, 319).

31 Insofern verfolgt LPE einen offen politischen Anspruch, siehe *Britton-Purdy/Kapczynski/Grewal,* Manifesto, LPE-Blog v. 11.6.2017.

32 Hierzu und zum Folgenden erneut *Britton-Purdy/Grewal/Kapczynski/Rahman*, Yale L. J. 2020, 1784 (1818 ff., 1832 f.); kürzer *Renner/Kindt*, JZ 78 (2023), 313 (315); *Herzog*, JZ 78 (2023), 968 (969 f.).

licher Fokus von *Law and Political Economy* auf eben diesen Verteilungsfragen.[33] Dabei wird Verteilung gerade nicht nur als *ex-post* Umverteilung verstanden. Es werden vielmehr rechtliche Strukturen gefordert, die bereits *ex-ante* eine gerechte(re) Zuteilung bedeuten. Denn es mag zwar aus neoklassischer Sicht effizienter erscheinen, den Marktmechanismus ungehindert wirken zu lassen und das erwirtschaftete Vermögen anschließend (gegebenenfalls)[34] umzuverteilen. Doch sowohl das Effizienzdenken als auch das Trickle-Down-Prinzip werden kritisiert: Da sich die Effizienzkriterien primär an der Zahlungsbereitschaft der Beteiligten orientieren, sprechen effiziente Regelungen Ressourcen eher Vermögenden als einkommensschwächeren Bedürftigen zu.[35] Das Interesse der Bevorteilten an späterer Umverteilung ist jedoch gering, was sich auch in der historischen Entwicklung der Vermögensverteilung niederschlägt.[36] Auch wenn es zunächst nicht so scheint, sind verteilungspolitische Folgen dem Recht also immanent.[37] Daher sollen trotz dem Anschein vermeintlicher Neutralität rechtlicher Regelungen die strukturellen Gegebenheiten und historischen Kontinuitäten machtgeprägter Zusammenhänge nicht ausgeblendet werden.[38] Da die durch das Recht zugewiesenen Möglichkeiten (i.S.v. Rechtspositionen) in-

33 *Horst*, in: Buckel/Christensen/Fischer-Lescano (Hrsg.), Neue Theorien des Rechts, 2020, S. 301 (314), mit beispielhaftem Verweis auf *Pistor*, Der Code des Kapitals, 2020.

34 Vgl. zum hypothetischen Charakter der Umverteilung nach dem Kaldor-Hicks-Kriterium, → § 4 A. II.

35 *Britton-Purdy/Grewal/Kapczynski/Rahman*, Yale L. J. 2020, 1784 (1796 f.); *Liscow*, Univ. Chic. Law Rev. 2018, 1649 (1656): „rich get richer"-Prinzip. Siehe hierzu bereits → § 4 A. II.

36 Für die USA *Piketty/Saez/Zucman*, The Quarterly Journal of Economics 2018, 553. Von Bedeutung für die verteilungspolitische Bewertung sind dabei insb. die Effekte vor und nach Steuern sowie von Vermögen gegenüber Einkommen. Vgl. zudem die Kritik von *Pistor*, Der Code des Kapitals, 2020, S. 322, an Zweckrationalität, Effizienz und Trickle-Down im Hinblick auf Vermögenswerte an sich. Für Deutschland vgl. u.a. *Bundesregierung*, Sechster Armuts- und Reichtumsbericht, 2021, S. 44; *Grabka/Halbmeier*, Vermögensungleichheit, DIW Wochenbericht 40 (2019), 735 (735 ff.). Nachdem die Ungleichheit bis 2005 angestiegen ist, hat sich diese Entwicklung in den 2010er Jahren nicht fortgesetzt. Insb. die Vermögensungleichheit verbleibt jedoch auf einem im internationalen Vergleich hohen Niveau. Zu den abweichenden Referenztexten hierzulande, wie bspw. auch BVerfGE 138, 136 <252 f.> – *Erbschaftssteuer* [2014], m.V.a. BVerfGE 93, 121 <163 f.> – *Vermögenssteuer* [1995], siehe *Croon-Gestefeld*, JZ 74 (2019), 340 (345 f.).

37 Insofern zeigt sich, wie LPE an bestehende kritische Rechtstheorie anknüpft, hier anstelle vieler *Kennedy*, Legal Studies Forum 15 (1991), 327 (333).

38 Vgl. *Britton-Purdy/Grewal/Kapczynski/Rahman*, Yale L. J. 2020, 1784 (1823). Dies ist hierzulande insb. anschlussfähig an rechtswissenschaftliche Diskussionen um formale und materielle Gleichheit.

sofern zentral für ökonomische Handlungen sind, gerät vielmehr in den Blick, wie diese Regelungen historisch gewachsen sind und wie sich Machtstrukturen darin fortsetzen.[39]

Die Verteilungswirkung von Marktgesetzen zu thematisieren, bedeutet demnach eine Politisierung ökonomischer Fragen. Dies ändert auch den Blick auf Markt und Politik: Während Marktprozesse oft unausweichlich erscheinen, werden Entscheidungsmacht und Zwänge sowie Gewinnerinnen und Verliererinnen bislang vor allem in politischen Prozessen sichtbar. *Law and Political Economy* versteht sich insofern als ein Demokratisierungsprojekt, das das Marktgeschehen nicht auf den Preismechanismus reduziert, sondern selbst als politische Entscheidung und vor allem als Aushandlungsprozess versteht.[40]

Nach dem vorliegend vertretenen Verständnis des LPE-Ansatzes kann dieser somit zunächst als Aufforderung begriffen werden, die dem Recht, der Rechtsetzung und Rechtswissenschaft zugrunde liegenden ökonomischen Annahmen zu reflektieren. Dies liegt bereits in einem kritischen Blick auf die vorherrschenden Annahmen begründet, die den Marktmechanismus als effizient und neutral verabsolutieren.[41] Daraus folgt zudem, dass auch weitere Aspekte berücksichtigt werden sollen, wie die Verteilungswirkung rechtlicher Regelungen und ihre Einbettung in demokratische Strukturen und Machtverhältnisse.

II. Politische Ökonomie des Wohnens

Der so umschriebene LPE-Ansatz ist abstrakt und informiert vor allem die rechtliche Seite der polit-ökonomischen Kritik. Mangels bestehender Operationalisierung für das Wohnen, wie sie von den ökonomischen Ana-

---

39 Vgl. *Britton-Purdy/Grewal/Kapczynski/Rahman*, Yale L. J. 2020, 1784 (1819 f.); *Hale*, Political Science Quarterly 1923, 470; *Kennedy*, Legal Studies Forum 15 (1991), 327; deutlich kritisch zum Machtbegriff der „New Haven version of LPE" *Kjaer*, Global Perspectives 2:1 (2021), (7).

40 Vgl. *Kennedy*, Legal Studies Forum 15 (1991), 327 (328 ff.); *Lomfeld*, in: Lomfeld/Somma/Zumbansen (Hrsg.), Reshaping Markets, 2016, S. 347 (351); auch als Anspruch der Interpretativen Policy-Analyse, zusammenfassend *Münch*, Interpretative Policy Analyse, 2016, S. 140.

41 Diese Prämissenkritik ist im Charakter von LPE als Gegenbewegung zu Law and Economics grundlegend angelegt, vgl. *Grewal/Britton-Purdy*, Law and Contemporary Problems 77 (2014), 1 (6 ff.); weiter *Lomfeld*, in: Lomfeld/Somma/Zumbansen (Hrsg.), Reshaping Markets, 2016, S. 347 (351).

lysen des Rechts bekannt ist, wird die Perspektive folgend durch Einsichten der Stadtforschung ergänzt und konkretisiert.[42] Denn das Wohnen wird von Teilen der Stadtforschung bereits ausdrücklich unter der Bezeichnung ‚Politische Ökonomie des Wohnens' als Ausdruck des Eigentumssystems und der damit einhergehenden Ordnung verhandelt.[43] Dabei wird das Wohnen weder primär mathematisch noch als bloße wirtschaftliche Ware betrachtet, sondern in seiner Komplexität und gesellschaftlichen Relevanz anerkannt. Insbesondere die strukturellen Bedingungen und gesellschaftlichen Hintergründe der Wohnversorgung werden untersucht.[44]

Entscheidend ist also, dass das Wohnen von seiner Bedeutung als Sozialgut ausgehend begriffen wird. Dass es gleichzeitig als Wirtschaftsgut gehandelt wird, ist aus dieser Perspektive ein Widerspruch, der viele der heutigen Wohnprobleme erst hervorbringt.[45] Demnach haben die gegenläufigen ökonomischen und sozialen Effekte die Geschichte der Wohnentwicklung geprägt und wurden bislang nicht aufgelöst.[46] Ausgehend hiervon ergeben sich drei Schwerpunkte polit-ökonomischer Stadtforschung: Wohnen wird unter den Blickwinkeln der Kapitalzirkulation (1.), als soziales

42 Vgl. zur Möglichkeit nachbarwissenschaftlicher Perspektiven, die rechtliche Problembewältigung durch weitere Alternativen argumentativ zu unterstützen, *Hoffmann-Riem*, in: Schmidt-Aßmann/Hoffmann-Riem (Hrsg.), Methoden der Verwaltungsrechtswissenschaft, 2004, S. 9 (59 f.).

43 *Aalbers/Christophers*, Housing, Theory and Society 31:4 (2014), 373 (373); *Schwartz/Seabrooke*, in: Schwartz/Seabrooke (Hrsg.), The Politics of Housing Booms and Busts, 2009, S. 1 (1 ff.); *Madden/Marcuse*, In Defense of Housing, 2016, S. 4 (ff.). Zur Entwicklung dieses Ansatzes im Feld der Stadtsoziologie *Dangschadt/ O. Frey*, in: Kessel/Reutlinger/Maurer/O. Frey (Hrsg.), Handbuch Sozialraum, 2005, S. 143 (145 ff., 151 f.).

44 B. Schönig/Kadi/Schipper (Hrsg.), Wohnraum für Alle?!, 2017, S. 29.

45 *Holm*, Widersprüche 121:31 (2011), 9 (10 f.); *Marcuse/Madden*, In Defense of Housing, 2016, S. 4; *Schipper/Vollmer*, in: Schipper/Vollmer (Hrsg.), Wohnungsforschung, 2020, S. 9 (11); *B. Schönig/Vollmer*, in: B. Schönig/Vollmer (Hrsg.), Wohnungsfragen ohne Ende?!, 2020, S. 7 (9). Vgl. weiter die nochmalige Differenzierung nach Konsumgut, sozialem Recht und Wirtschaftsgut bei *Schwartz/Seabrooke*, in: Schwartz/Seabrooke (Hrsg.), The Politics of Housing Booms and Busts, 2009, S. 1 (7). Weiter auch *Klus*, Europäische Stadt unter Privatisierungsdruck, 2013, S. 81 (ff.); zu den Begriffen und Kompromissen *Jenkis*, in: Jenkis (Hrsg.), Kompendium, 4. Aufl. 2001, S. 65 (87 f.); dazu, dass insb. dem Mietrecht die Aufgabe zukomme, den Konflikt zu moderieren, *Eller*, in: Croon-Gestefeld et al. (Hrsg.), Das Private im Privatrecht, 2022, S. 75 (76). Auch neoklassischen Ansätzen ist dieser duale Charakter bekannt, wenngleich die Probleme nicht darin immanent verortet werden, aktuell *L. Winkler*, Regulierung von Bestandsbauten, 2023, S. 43 ff.

46 *Herrlein*, NJW 2017, 711 (714), m.V.a. *Gsell*, NZM 2017, 305, und *Herrlein*, NZM 2016, 1; *B. Schönig/Vollmer*, Informationen zur Raumentwicklung 2018, 8 (10, 12).

Verhältnis (2.) und Ideologie (3.) analysiert.[47] Aus den Analysen folgt auch für die Stadtforschung eine Orientierung an neuen Paradigmen (4.).

1. Zirkulation des Kapitals

Das Wohnen ist über die Wohnung in verschiedene wirtschaftliche und finanzielle Kreisläufe eingebunden.[48] Aufgrund der maßgeblichen Funktion von Immobilien, Wert aufzubewahren, zeigt sich insbesondere eine enge Verbindung von Wohnungswirtschaft und Kreditsystem.[49] Während Kredite klassischerweise der Finanzierung von Bau und Erwerb von Wohneinheiten dienten, kommt es im Zuge der Finanzialisierung jedoch zu einer „Umkehr der bisherigen Funktionsbeziehungen".[50] Der Zweck der Kreditaufnahme liegt nunmehr nicht in der Wohnungsproduktion. Stattdessen zielen kapitalmarktorientierte[51] Unternehmen auf Renditesteigerung.[52] Die Finanzströme orientieren sich also an den Renditeinteressen privater und institutioneller Anlegerinnen und sind mit den Schwankungen der globalen Finanzmärkte verknüpft.[53] Dies führt dazu, dass letztendlich „globale Prozesse der Kapitalzirkulation" mitentscheiden, was und wo gebaut wird.[54] Die beteiligten Unternehmen verfolgen dementsprechend andere Strategien: Nicht der Wohnungsbau oder bezahlbare Mieten, sondern die gewinnbringende Verwertung von Immobilien steht im Vordergrund.[55] Je nach

47 Teilweise wird hierbei ein marxistischer Kapitalbegriff angelegt. Dies ist für die vorliegende Arbeit nicht entscheidend und wird daher nicht vertieft. Stattdessen interessieren die mit der Verortung des Wohnens in der Politischen Ökonomie verbundenen Wertungen und Blickwinkel.

48 *Aalbers/Christophers*, Housing, Theory and Society 31:4 (2014), 373 (375 ff.); ausführlich *Belina*, in: B. Schönig/Kadi/Schipper (Hrsg.), Wohnraum für alle?!, 2017, S. 28 (31 ff.).

49 *Aalbers/Christophers*, Housing, Theory and Society 31:4 (2014), 373 (376); *Belina*, in: B. Schönig/Kadi/Schipper (Hrsg.), Wohnraum für alle?!, 2017, S. 28 (42 ff.).

50 *Holm*, Widersprüche 121:31 (2011), 9 (13); *Belina*, in: B. Schönig/Kadi/Schipper (Hrsg.), Wohnraum für alle?!, 2017, S. 28 (43); siehe bereits → § 3 B. IV.

51 Zum Begriff der Kapitalmarktorientierung im Immobilienkontext vgl. *Expertenkommission zum Volksentscheid*, Vergesellschaftung großer Wohnungsunternehmen – Abschlussbericht, Berlin 2023, S. 88 f. Rn. 327 ff.

52 *Holm*, Widersprüche 121:31 (2011), 9 (13).

53 *Belina*, in: B. Schönig/Kadi/Schipper (Hrsg.), Wohnraum für alle?!, 2017, S. 28 (42 ff.); *Vollmer*, Strategien gegen Gentrifizierung, 2018, S. 32.

54 *Belina*, in: B. Schönig/Kadi/Schipper (Hrsg.), Wohnraum für alle?!, 2017, S. 28 (31).

55 *Vollmer*, Strategien gegen Gentrifizierung, 2018, S. 32 f.; *Heeg*, in: Eckardt/Meier (Hrsg.), Handbuch Wohnsoziologie, 2021, S. 97 (98). Zwischenzeitlich wurden bei

Zeitpunkt und Lage drückt sich dies in verschiedenen Strategien wie der Umwandlung von Miet- in Eigentumswohnungen, der Erzeugung von spekulativem Leerstand, Weiterverkäufen, schlechter Instandhaltung oder Luxusmodernisierung aus.[56] Aus Mietersicht führt dies zu einer Entkopplung von Wohnwert und Preis.[57] Für sie wie auch für (selbstnutzende) Wohneigentümerinnen bedeutet die Kopplung von Wohnungs- und Finanzmarkt steigende Unsicherheit.[58]

2. Wohnen als soziales Verhältnis

Für das polit-ökonomische Verständnis ist zentral, das Wohnen nicht als bloße Ware, sondern als soziales Verhältnis zu verstehen.[59] Dies wird primär mit der dem (Wohn-)Eigentum inhärenten Rechtsmacht, andere von ihrer Nutzung auszuschließen, begründet.[60] Folglich ist das Verhältnis zwischen Vermieterin und Mieterin das prägende soziale Verhältnis für das Wohnen.[61] Insofern rücken soziale Ungleichheiten und ein fehlendes Mitspracherecht vieler Mieterinnen in den Fokus der Betrachtung, die unter dem Stichwort der *Entfremdung* diskutiert werden.[62] Schließlich tragen Mieterinnen durch ihre Mietzahlungen zwar oftmals erst zum Eigentum

---

Vonovia, dem größten deutschen Immobilienunternehmen, rechnerisch rund 40 % der Mieteinnahmen als Dividenden ausgeschüttet, *Unger*, Vonovia, 2. Aufl. 2022, S. 18 ff.; ähnlich *Gerrard/Zöllner/Peters*, Rendite mit der Miete, Finanzwende Recherche, 2023, S. 4, 21 ff., 53 ff.

56 *Unger*, Widerspruch 68 (2016), 91 (99 ff.); *Vollmer*, Strategien gegen Gentrifizierung, 2018, S. 33; *Unger*, Vonovia, 2. Aufl. 2022, S. 24 ff.

57 *Holm*, Widersprüche 121:31 (2011), 9 (11 f.); *Wiegand*, Emanzipation 3:2 (2013), 35 (43); *Belina*, in: B. Schönig/Kadi/Schipper (Hrsg.), Wohnraum für alle?!, 2017, S. 28 (41); *Sarbo/L. Wolf, in:* Holm (Hrsg.), Wohnen, 2021, S. 83 (87).

58 Gewissermaßen untergrabe Hypothekenhandel an Finanzmärkten die integrierende und stabilisierende Funktion von Wohneigentum, so *Aalbers*, International Journal of Urban and Regional Research 41:4 (2017), 542 (543); weiter zur mit Wohnen verbundenen Unsicherheit *Madden/Marcuse*, In Defense of Housing, 2016, S. 67 ff.

59 *Aalbers/Christophers*, Housing, Theory and Society 31:4 (2014), 373 (379).

60 *Aalbers/Christophers*, Housing, Theory and Society 31:4 (2014), 373 (384). Hier zeigt sich der vom LPE-Ansatz betonte Zusammenhang von politischer Ökonomie und Recht.

61 Dass dieser Zugriff zu kurz greife und zudem durch grobschlächtige, statische Rollenbilder geprägt sei, beschreibt *Eller*, in: Croon-Gestefeld et al. (Hrsg.), Das Private im Privatrecht, 2022, S. 75 (85 f.).

62 *Holm/Metzkow*, in: Holm (Hrsg.), Wohnen, 2021, S. 151 (153, 165 ff.); *Marcuse/Madden*, In Defense of Housing, 2016, S. 53 ff.

der Vermieterinnen bei, haben aber weder Mitspracherechte hinsichtlich der Gestaltung des Wohnraums noch ausgeprägte Kontrollmöglichkeiten. Stattdessen unterliegen sie fremden Auflagen und Unsicherheiten über den Verlust des Wohnraums.[63] Die mit dem Wohnen verbundenen sozialen Verhältnisse schreiben sich zudem grundlegend in die „physische Landschaft des Wohnens“[64] ein: Getrennte Wohngebiete, Wohnstandards und die Verteilung von Wohneigentum führen zu jeweils unterschiedlichen gesellschaftlichen Teilhabemöglichkeiten, wie längeren Pendelzeiten sowie schlechteren Umwelt-, Bildungs- und Sozialbedingungen.[65]

Neben diesen individuellen bzw. die Individualebene zumindest betreffenden Thematiken werden die sozialen Verhältnisse rund um das Wohnen auch auf einer Makroebene vielfach adressiert und vielfältig typisiert. Dabei haben sich eine wohlfahrtstypologische Systematisierung und die Unterscheidung in einheitliche und duale Systeme etabliert.[66] Aufbauend auf der allgemeinen Wohlfahrtssoziologie werden Wohnsysteme mit einem universellen Versorgungsverständnis (sozialdemokratisch), mit Marktorientierung und einem solidarischen Versorgungssystem für bestimmte Gruppen (korporatistisch) sowie mit grundlegender Marktdominanz und einem Fürsorgenetz (liberal) unterschieden.[67] Charakteristisch für sozialdemokratische Wohnregime ist die Förderung von verschiedenen Formen des Miet- und Gemeinschaftswohnens, die allen offen stehen. Im korporatistischen Regime werden sowohl der private als auch der öffentliche Wohnungssektor gefördert. Soziale Durchmischung wird dabei nicht

---

63 Bspw. können Mieterinnen energetische Sanierungen grds. weder einfordern noch mitgestalten oder ablehnen (Duldungspflicht, § 555 d Abs. 1 BGB). Lediglich in begrenzten Härtefällen kommt eine Ablehnung der Duldung (§ 555 d Abs. 1 BGB) oder der damit verbundenen Mieterhöhung (§ 559 Abs. 4 BGB) in Betracht. Den angestammten Wohnraum können Mieterinnen dagegen ohne eigenes Dazutun aufgrund von Eigenbedarfskündigungen verlieren (§ 373 Abs. 2 Nr. 2 BGB).

64 *Aalbers/Christophers*, Housing, Theory and Society 31:4 (2014), 373 (380): „physical landscape of housing“.

65 *Aalbers/Christophers*, Housing, Theory and Society 31:4 (2014), 373 (380); *Knabe*, in: Kessl/Reutlinger (Hrsg.), Handbuch Sozialraum, 2. Aufl. 2019, S. 635 (637).

66 Mangels Daten zu Deutschland wird die Kommodifizierungsskala von *Schwartz/Seabrooke*, in: Schwartz/Seabrooke (Hrsg.), The Politics of Housing Booms and Busts, 2009, S. 1 (8 f.), ausgespart. Ebenfalls erwähnenswert, obwohl sie in der vorliegenden Arbeit nicht weiter verfolgt wird, ist die Analysekategorie der Wohnklassen, siehe *Aalbers/Christophers*, Housing, Theory and Society 31:4 (2014), 373 (383); kritisch *Krätke*, in: Schipper/Vollmer (Hrsg.), Wohnungsforschung, 2020, S. 85 (93).

67 Siehe hierzu und zur folgenden Ausführung *Balchin*, Housing Policy in Europe, 1996, S. 11 ff.; basierend auf *Esping-Andersen*, The Three Worlds of Welfare Capitalism, 1990, S. 26 ff.

verfolgt und staatliche Maßnahmen werden als zwischenzeitliche Eingriffe verstanden, um Marktversagen auszugleichen. Liberale Wohlfahrtsregime zeichnen sich durch dominantes Eigentumswohnen und nur zurückhaltende staatliche Maßnahmen aus, die den Bevölkerungskreisen, die sich nicht selbst am Markt versorgen können, durch stigmatisierte Hilfen Wohnraum verschaffen.

Sowohl sozialdemokratische als auch korporatistische Modelle agieren vor dem Verständnis eines einheitlichen Wohnungsmarktes, der den öffentlichen und privaten Wohnungssektor umfasst.[68] Das duale System verfolgt hingegen die Abschirmung eines staatlich kontrollierten sozialen Wohnungssektors vom unregulierten privaten Wohnungsmarkt, um diesen vor der Konkurrenz zu schützen. Dies drängt die Marktteilnehmerinnen in Richtung Wohneigentumsbildung. Sozialwohnen wird als Sicherheitsnetz verstanden und der Zugang auf verhältnismäßig arme Personen beschränkt. So korrespondiert das duale System mit dem liberalen Wohnregime.

3. Wohnen und Ideologie

Auf das Wohnen wirken neben finanziellen und sozialen Aspekten auch ideologische Komponenten ein. So bestehen rund um das Wohnen „grundlegende Werte- und Überzeugungssysteme […], die die jeweilige vorherrschende Form der Organisation des Wohnens als universell und alternativlos erscheinen lassen und die damit verbundenen Machtverhältnisse stützen".[69] Bausteine des vorherrschenden Verständnisses sind die Zentralität des Privateigentums, das Primat des Marktes als Allokationsmechanismus und der Imperativ der Vermögensakkumulierung.[70] Die verschiedenen Elemente sind bereits aus der Darstellung der neoklassischen Annahmen bekannt (→ § 4).

68 Zu einheitlichen und dualen Wohnsystemen siehe insb. *Kemeny*, From Public Housing to the Social Market, 2002, Kap. 4 (Reconceptualising rental systems). Auch in der Sozialen Marktwirtschaft wird ein einheitlicher Wohnungsmarkt angenommen, wobei die Preise im privaten Sektor durch die Konkurrenz mit dem öffentlichen Wohnraum gedämpft werden sollen; *Balchin*, Housing Policy in Europe, 1996, S. 15; zur Möglichkeit des preisdämpfenden Effekts *Kühling*, NZM 2020, 521 (524); zur Sozialen Marktwirtschaft → § 6.

69 *Böhmer/Holm/Jabob*, in: Holm (Hrsg.), Wohnen, 2021, S. 123 (124).

70 *Aalbers/Christophers*, Housing, Theory and Society 31:4 (2014), 373 (383 f.).

Aus der dort als erwerbswirtschaftliches Prinzip bezeichneten Logik steigender Renditen folgt, dass Mietpreissenkungen die absolute Ausnahme darstellen und anstelle von Mietpreisgrenzen marktwirtschaftliche Mechanismen und Neubau präferiert werden. Die Bedeutung des Privateigentums spiegelt sich bereits in Redewendungen wie der von den *eigenen vier Wänden* wider.[71] Mit der Erhöhung der Wohneigentumsquote geht zudem ein Rückgang anderweitiger sozialer Sicherungen einher.[72] Auch das Marktprimat zeigt sich bereits diskursiv darin, wie gängig das Stichwort des *Wohnungsmarktes* ist. Die „gemeinsame Vorstellung" seiner Existenz stellt demnach den Ausgangspunkt klassischer Vorstellungen und Diskussionen dar.[73] Dabei werde der Wohnungsmarkt als „feststehende Konstante der gesellschaftlichen Entwicklung" und „scheinbar unveränderliche[ ] Rahmenbedingung" essentialisiert und naturalisiert.[74] In der Stadtforschung wird demgegenüber die Herausbildung der Vorstellung und Dominanz des Wohnungsmarktes als moderne Entwicklung analysiert und kritisiert.[75] Zentral ist dabei die Prämisse, dass die Wohnversorgung nicht allein über den Markt erklärt und geregelt werden muss: Denn beispielsweise bestehen nach einer marktwirtschaftlichen Erklärung Defizite nur dort, wo sich Bedürfnisse in Zahlungsfähigkeit ausdrücken. Obdachlosigkeit stellt daher im neoklassischen Modell keine Versorgungslücke dar, da es bereits an der zahlungskräftigen Nachfrage fehlt.[76] Umgekehrt bedeutet dies, dass die Nachfrage im ökonomischen Sinne nicht immer dem sozialen Bedarf entspricht.

4. Neue Paradigmen: Dekommodifizierung und Demokratisierung

Wie die ökonomische Analyse des Rechts ist auch die Stadtforschung neben einem deskriptiven durch einen explizit normativen Anteil gekennzeichnet. Aus den dargelegten Perspektiven folgen alternative Wertungskriterien, an

---

71 *Sarbo/L. Wolf, in:* Holm (Hrsg.), Wohnen, 2021, S. 83 (92).

72 *Aalbers/Christophers*, Housing, Theory and Society 31:4 (2014), 373 (385), m.w.N.

73 *Claus/Sommer*, in: Holm (Hrsg.), Wohnen, 2021, S. 97 (97 f.); vgl. weiter für die Interpretative Policy-Analyse *Münch*, Interpretative Policy Analyse, 2016, S. 140.

74 *Claus/Sommer*, in: Holm (Hrsg.), Wohnen, 2021, S. 97 (98).

75 *Claus/Sommer*, in: Holm (Hrsg.), Wohnen, 2021, S. 97 (99).

76 *Holm*, Widersprüche 121:31 (2011), 9 (14); *Sarbo/L. Wolf, in:* Holm (Hrsg.), Wohnen, 2021, S. 83 (94); grundlegend *Marcuse*, Socialist Review 18:1 (1988), 69 (74, 93); prägnant dazu *Madden/Marcuse*, In Defense of Housing, 2016, S. 10: „Housing crisis is not a result of the system breaking down but of the system working as it is intended."

denen die Wohngesetzgebung stattdessen ausgerichtet werden könnte. Vorgeschlagen wird erstens, das Wohnen stärker aus Marktlogiken herauszulösen, sprich zu dekommodifizieren.[77] Zweitens verfolgt auch die Stadtforschung einen Demokratisierungsimpuls.[78] Ähnlich wie vom LPE-Ansatz wird hierbei gefordert, die Wohnungspolitik abseits des Marktprimats wieder zu politisieren. Zudem wird der Blick auf die individuelle Ebene gerichtet und eine stärkere (Mit-)Entscheidungsbefugnis der Bewohnerinnen über ihre Wohnungen vorgeschlagen.[79]

III. Potenzial polit-ökonomischer Analysekategorien

Auf Grundlage der dargestellten Perspektiven des LPE-Ansatzes und mithilfe der Einsichten der Stadtforschung lassen sich Kritiken des neoklassischen Ansatzes begründen sowie auch weitere Analysekriterien, das heißt spezifische Erscheinungsformen polit-ökonomischer Annahmen in der Gesetzgebung, herausarbeiten.[80] Diese betreffen insbesondere den sozialen Charakter des Wohnens, seine strukturellen Besonderheiten sowie Fragen der Mitbestimmung. Aufbauend hierauf lassen sich verschiedene Topoi und Fragestellungen ausmachen, die für polit-ökonomische Perspektiven kennzeichnend sind.

Zwar wird hiermit kein eigener, vollständiger Gegenentwurf entwickelt.[81] Stattdessen nähert sich die polit-ökonomische Kritik ausgehend von den Problemen der Praxis dem Marktmodell an und kann eindrücklich zeigen, welche Folgen und Leerstellen eine primär am Wirtschaftsgut Wohnung orientierte Wohngesetzgebung hat und welche Alternativen bestehen. Insofern bieten auch diese Ansätze eigene Wissensstrukturen an, auf die die Gesetzgebung zurückgreifen kann.

---

77 *Holm*, Widersprüche 121:31 (2011), 9 (17); *Madden/Marcuse*, In Defense of Housing, 2016, S. 52, 201 ff.

78 Mit verschiedenen Aspekten *Madden/Marcuse*, In Defense of Housing, 2016, S. 207 f., 211 f., 213 f.

79 *Holm*, Widersprüche 121:31 (2011), 9 (18).

80 Vgl. erneut *Herzog*, JZ 78 (2023), 968 (972), zum Impetus von LPE, nicht nur nach dem „Stellenwert ökonomischer Argumentation" zu fragen, sondern diesen auch zu kontextualisieren und eine „nur-rechtsökonomische[ ] auf eine multidisziplinäre Perspektive" zu erweitern (bereits → § 1 Fn. 7).

81 Siehe zur entsprechenden Reaktion auf Kritik an der ökonomischen Theorie stellvertretend *Behrens*, Ökonomische Grundlagen, 1986, S. 337: Die „einzig akzeptable Prämissenkritik [kann] nur im Entwurf eines ähnlich komplexen, bestimmten und instruktiven Ordnungsentwurfs auf der Grundlage anderer Prämissen bestehen."

Die Gegenüberstellung verschiedener disziplinärer Ansätze ermöglicht, die jeweiligen Perspektivverengungen und Leerstellen offenzulegen und die Ansätze mithilfe der jeweils anderen zu kritisieren.[82] Die Wirkmächtigkeit neoklassischer Annahmen gerät damit ebenso in den Fokus wie die Frage nach der Berücksichtigung weiterer Perspektiven bei der normativen Rechtsfindung.[83] Dabei bringen die neuen Ansätze und Analysekategorien offenkundig eigene Annahmen und Wertungen mit sich. Das kann und soll nicht verschwiegen werden. Stattdessen ist es gerade im Sinne der vorliegenden Analyse, das Nebeneinander und die potenzielle Widersprüchlichkeit unterschiedlicher Wirklichkeitskonstruktionen zu untersuchen.

B. Polit-ökonomisches Wissen in der Wohngesetzgebung

Im Folgenden wird aufgezeigt, welche typisierten Argumentationslinien sich aus den dargestellten polit-ökonomischen Ansätzen ergeben (können). Auch wenn hierbei auf noch keine umfassende Operationalisierung zurückgegriffen werden kann, bieten sich auf Grundlage der obigen Darstellung die mit dem Wohnen verbundenen sozialen Fragen (I.), seine strukturellen Besonderheiten (II.) und der Problemkreis der Mitbestimmung (III.) als erste Anknüpfungspunkte an. Diese Dimensionen werden im Folgenden entfaltet und dort, wo es sich anbietet, dargestellt, inwiefern sich dies bereits in der Entwicklung der Wohngesetzgebung widerspiegelt. Obwohl dieser Niederschlag fragmentarischer als der der Neoklassik erscheint, lässt sich so auch für die Politische Ökonomie illustrieren, wie die Gesetzgebung Annahmen und Argumente aufgreift bzw. aufgreifen könnte und wie diese dabei übersetzt werden (könnten).

I. Soziale Fragen und Ungleichheit

Eine erster wesentlicher Fokus polit-ökonomischer Ansätze ist auf soziale Fragen gerichtet. Seitens des LPE-Ansatzes werden Fragen der Gerechtigkeit thematisiert; in der Stadtforschung wird der soziale Charakter des

---

82 *Münkler*, Expertokratie, 2020, S. 453 (ff.); → vor § 4.

83 Vgl. *Münkler*, Expertokratie, 2020, S. 422 f., 443 ff., 453 ff.; *Lomfeld*, in: Lomfeld/Somma/Zumbansen (Hrsg.), Reshaping Markets, 2016, S. 347 (352); *Horst*, in: Buckel/Christensen/Fischer-Lescano (Hrsg.), Neue Theorien des Rechts, 3. Aufl. 2020, S. 301 (319 f.).

Wohnens hervorgehoben und seine duale Natur betont. Inwiefern sein sozialer Charakter gegenüber der Behandlung als Wirtschaftsgut zur Geltung kommt, wird hier kritisch hinterfragt (1.). Weiterhin zeigt sich die soziale Bedeutung des Wohnens in der sozialen Überformung des Wohnungsmarktes (2.) und der Verteilung von Kosten (3.).

1. Die soziale Bedeutung des Wohnens

Die hohe Bedeutung des Wohnens als menschliches Grundbedürfnis wird nicht nur aus polit-ökonomischer Perspektive hervorgehoben. Vielmehr begründet sie nach einhelliger Ansicht eine „gesteigerte Dringlichkeit" der Verfügbarkeit von Wohnraum.[84] Nach der neoklassischen Theorie stellen solche Erwägungen jedoch externe, nicht-ökonomische Regelungsziele dar, die keiner ökonomischen Analyse zugänglich sind.[85] Die soziale Bedeutung des Wohnens kann Regulierung demnach nicht *ökonomisch* rechtfertigen und wird daher aus Analysen ausgeklammert.[86] Stattdessen stellt die Tatsache, dass Wohnen ein Grundbedürfnis ist, in dieser Perspektive vor allem ein Werturteil dar.[87] Indem nun in der Folge die Wohnung als Wirtschaftsgut zuvorderst ökonomischen Maßstäben unterzogen wird, dient Wohnungsbau nicht mehr nur der Befriedigung von Wohnbedürfnissen, sondern insbesondere auch der Erzielung von Renditen – über die Verteilung von Wohnraum entscheiden dann Preis und Einkommen.[88] In der Folge

---

84 *Kühne-Büning*, in: Kühne-Büning/Nordalm/Steveling (Hrsg.), Grundlagen der Wohnungs- und Immobilienwirtschaft, 4. Aufl. 2005, S. 7 (15); *Schuldt*, Mietpreisbremse, 2017, S. 49; zum dazugehörigen rechtsökonomischen Stichwort der eingeschränkten Konsumentensouveränität *Leonhardt*, Wohnungspolitik in der Sozialen Marktwirtschaft, 1996, S. 38 f.

85 *Schuldt*, Mietpreisbremse, 2017, S. 99.

86 So auch bei *Schuldt*, Mietpreisbremse, 2017, S. 99 ff., anders jedoch bei der später folgenden Prüfung der Verfassungsmäßigkeit. Zum Ausschließlichkeitsanspruch des ökonomischen Effizienzprinzips schon *Eidenmüller*, Effizienz als Rechtsprinzip, 4. Aufl. 2015, S. 8.

87 *Busz*, Äquivalenz im Wohnraummietrecht, 2002, S. 80; *Jenkis*, in: Jenkis (Hrsg.), Kompendium, 4. Aufl. 2001, S. 213 (213 ff.); *Schuldt*, Mietpreisbremse, 2017, S. 148 f. Auch ein Werturteil kann jedoch, bspw. im politischen Prozess, relevant werden. Zur Berücksichtigung im Sozialen Mietrecht → § 6 B. V. 2.; *L. Winkler*, Regulierung von Bestandsbauten, 2023, S. 172 ff.

88 Neben Konsumziele treten also sog. Renditeziele, *Just et al.*, Wirtschaftsfaktor Immobilien, 2017, S. 4; *Haerendel*, Kommunale Wohnungspolitik im Dritten Reich, 1999, S. 9; *Grüber*, Sozialer Wohnungsbau, 1981, S. 9, 14; weiter *Expertenkommission*

interessiert „nicht der Bedarf nach Wohnungen schlechthin, sondern nur die jeweils kaufkräftige Nachfrage nach ihnen".[89] Aufgrund dieser ökonomischen Verwertungsprozesse stellt der Wohnungsmarkt „menschenwürdige Wohnungen nur zu Preisen" bereit, „die die Zahlungsfähigkeit eines Teils der Haushalte übersteigen".[90]

Demgegenüber soll nach polit-ökonomischem Verständnis die Bezahlbarkeit von Wohnraum das eigentlich entscheidende Kriterium sein.[91] Da dies aktuell nicht erreicht wird, sondern sich stetig steigende Mieten und staatliche Zuschüsse auf hohem Niveau etabliert haben,[92] wird zunehmend in Frage gestellt, ob es sich hierbei noch um eine „gerechte Miete" handelt.[93] Kritisiert wird weiter, dass die Wohnungspolitik, obwohl sie teilweise im Kontext der Sozialpolitik angesiedelt wurde,[94] nie in Form einer staatlichen Versorgungsinfrastruktur, wie für die verwandten Themenbereiche Gesundheit, Alter und Bildung, geregelt wurde.[95] Stattdessen wird ein Trend zur „Wohnungs*markt*politik" ausgemacht, mithin eine „stärkere Ak-

---

zum Volksentscheid, Vergesellschaftung großer Wohnungsunternehmen – Abschlussbericht, Berlin 2023, S. 42 Rn. 134.

89 *M. Schneider*, in: Akademie für Raumforschung und Landesplanung (Hrsg.), Handwörterbuch der Raumforschung und Raumordnung, Bd. 3, 2. Aufl. 1970, Sp. 3821 (3822); *Haerendel*, Kommunale Wohnungspolitik im Dritten Reich, 1999, S. 9 Fn. 1; bereits → § 5 A. II. 3. Im Zuge der Finanzialisierung gerät der Gebrauchswert noch mehr aus dem Blick und wird durch finanzwirtschaftliche Indices ersetzt, *Heeg*, suburban 1 (2013), 75 (79). Siehe auch *Eller*, in: Croon-Gestefeld et al. (Hrsg.), Das Private im Privatrecht, 2022, S. 75 (85), wonach im Zuge der Finanzialisierung die Renditeerwartung zunehmend das personale Vertragsverhältnis überlagert.

90 *Kronauer/Siebel*, WSI-Mitteilungen 3/2022, 178; *Krätke*, in: Schipper/Vollmer (Hrsg.), Wohnungsforschung, 2020, S. 85 (89).

91 Gleichwohl kritisch zur Gewordenheit dieses Kriteriums und mit einem Vorschlag zur „Entnaturalisierung des Mythos' der Bezahlbarkeit" aus der Stadtforschung *Praum*, dérive 65 (2016), 37. Zu möglichen Anknüpfungspunkten und Ausgestaltungen von Mietpreisregeln *Blank*, in: Artz/Eisenschmid/H. Schmidt/Streyl (Hrsg.), FS Börstinghaus, 2020, S. 9.

92 → § 7 C. II. 2. c.; § 8 C. III. Dies entspricht eher dem sozial-marktwirtschaftlichen Ansatz, die Marktbewegungen zu akzeptieren und nur den sozialen Folgen abzuhelfen, vgl. *L. Winkler*, Regulierung von Bestandsbauten, 2023, S. 161.

93 *Gsell*, NZM 2017, 305 (306).

94 *Heinelt*, in: Egner/Georgakis/Heinelt/Bartholomäi (Hrsg.), Wohnungspolitik in Deutschland, 2004, S. 36.

95 *Häußermann*, in: Allmendinger/Ludwig-Mayerhofer (Hrsg.), Soziologie des Sozialstaats, 2000, S. 183; *B. Schönig/Vollmer*, Informationen zur Raumentwicklung 2018, 8 (12); mit einer historischen Einordnung der Ursprünge der Trennung und einer Begründung zur Zusammenfassung *Häring*, Interventionen im Wohnsektor, 1974, S. 31 ff.

zentuierung der Wohnung als Wirtschaftsgut" gegenüber der Wohnung als Sozialgut.[96]

Die Gesetzgebung greift solche sozialen Erwägungen zumeist auf einer sehr konkreten Ebene und weniger in Form einer Selbstkritik auf. Beispielsweise hob der Regierungsentwurf zum Ersten Bundesmietengesetz von 1955 den besonderen Charakter und die Unverzichtbarkeit des Wohnens hervor und verband hiermit, vor dem besonderen Hintergrund der Nachkriegszeit, eine Absage an eine marktwirtschaftliche Organisation des Wohnens zu diesem Zeitpunkt.[97] Hohe Relevanz entfaltete die „überragende[ ] Bedeutung der Wohnung als Lebensmittelpunkt des menschlichen Daseins" auch im Zweiten Wohnraumkündigungsschutzgesetz von 1974. Aufgrund dieser Bedeutung sei nämlich Kündigungsschutz unabhängig von einer (un)ausgeglichenen Lage am Wohnungsmarkt notwendig.[98] Hieran anknüpfend werden bis heute mietrechtliche Regelungen begründet, dabei aber in der Regel auch vermieterseitige Renditeinteressen geschützt und abgewogen.[99]

2. Soziale Überformung und Steuerung des Wohnungsmarktes

Nicht nur in der Abwägung und Ausgestaltung mietrechtlicher Regelungen spielen soziale Fragen eine Rolle. Sie spiegeln sich auch in den individuellen und strukturellen Beziehungen auf dem Wohnungsmarkt wider.[100] Insofern gilt der Wohnungsmarkt als sozial überformt und gesteuert.[101] Dies gilt insbesondere hinsichtlich der Situation einkommensschwacher oder diskriminierter Personengruppen (a.). Für sie stellt sich der Wohnungsmarkt

96 *Heinelt*, in: Egner/Georgakis/Heinelt/Bartholomäi (Hrsg.), Wohnungspolitik in Deutschland, 2004, S. 35 (38); *Heinelt/Egner*, in: M. Schmidt/Zohlnhöfer (Hrsg.), Regieren in der Bundesrepublik Deutschland, 2006, S. 203 (207); *Holm*, in: Böhm/Bräunling/Geene/Köckler (Hrsg.), Gesundheit als gesamtgesellschaftliche Aufgabe, 2020, S. 223 (229 ff.).

97 RegE 1. BMG, BT-Drs. 2/1110, 15.

98 RegE 2. WKSchG, BT-Drs. 7/2011, 7; → § 4 B. I. 1. a. Zur sozialpolitische Bedeutung und Regelungsbedürftigkeit des Mietpreises in diesem Kontext *Börstinghaus*, in: Derleder/Gauweiler/Merle/E. Schumann (Hrsg.), FS Bub, 2007, S. 283.

99 Weiter hierzu u.a. → § 6 B. V.; § 8 C. IV. 1.; zum bedeutenden Topos der Wirtschaftlichkeit des Hausbesitzes → § 3 B. II.; § 4 B. I.; § 7 C. II. 1. b.

100 Vgl. *D. Ipsen*, AfK 15 (1976), 262 (271).

101 *D. Ipsen*, AfK 15 (1976), 262 (271).

nicht mehr als bloßer Abgleich von Angebot und Nachfrage dar.[102] Und auch in strukturellen sozialen Phänomenen wie Segregation und Gentrifizierung offenbaren sich Machtasymmetrien (b.).

a) Einkommensschwache und diskriminierte Bevölkerungsgruppen

Ausgangspunkt verschiedener polit-ökonomischer Erwägungen ist, dass die soziale Stellung der Mieterinnen Einfluss auf die Miethöhe und die Verfügbarkeit von Wohnraum zu haben scheint.[103] So stehen diskriminierten und einkommensschwachen Mieterinnen oft nur qualitativ minderwertige, aber verhältnismäßig teure Wohnungen zur Verfügung.[104] In einkommensstarken Schichten ist die Eigentumsquote höher und die monatliche Belastung relativ geringer.[105] Besonders benachteiligt sind ausländische oder migrantisierte Mieterinnen, die häufiger in Großstädten und dort in Sozialwohnungen, seltener in Eigentumswohnungen oder im Eigenheim und mit eigenem Garten leben und im Durchschnitt höhere Mieten zahlen.[106] Diese unterschiedlichen Wohnsituationen lassen sich teilweise auf ökonomische

102 Vgl. *D. Ipsen*, AfK 15 (1976), 262 (270); für die neoklassische Perspektive hingegen *Hofacker*, Preisvorschriften Wohnraum, 2000, S. 132 ff., mit Ausführungen zum Einfluss persönlicher Merkmale als Vergleichskriterium.

103 *Honsell*, AcP 186 (1986), 115 (170), macht gar verschiedene Teilmärkte für bestimmte Mietergruppen aus, die „schwerer eine geeignete Wohnung" finden und daher höhere Mietpreise zahlen müssen (wobei neben der sozialen Stellung auch Mietdauer, Person der Vermieterin und weitere Aspekte eine Rolle spielen).

104 *Friedrichs*, Stadtsoziologie, 1995, S. 61; *Hinkelmann (*heute *Flatow)*, Ortsübliche Miete, 1999, S. 85; aktuellere Zahlen zur Wohnkostenbelastung nach dem Haushaltseinkommen liefert das Statistische Bundesamt, https://www.destatis.de/DE/Themen/Gesellschaft-Umwelt/Wohnen/Tabellen/tabelle-wo6-mieten-haushaltsnettoeinkommen.html.

105 *Kühne-Büning*, in: Kühne-Büning/Nordalm/Steveling (Hrsg.), Grundlagen der Wohnungs- und Immobilienwirtschaft, 4. Aufl. 2005, S. 132 (156, 158 f.); *Heeg*, in: Eckardt/Meier (Hrsg.), Handbuch Wohnsoziologie, 2021, S. 97 (98).

106 Siehe prägend, zu höheren Mieten bei ausländischen gegenüber deutschen Arbeiterinnen für die 1970er, *D. Ipsen*, Leviathan 6 (1978), 558 (insb. 569); aktueller *A. Müller*, Diskriminierung auf dem Wohnungsmarkt, ADS 2015, insb. S. 19 f., m.w.N.; mit einer rechtlichen Perspektive auf die Ausnahmen im Antidiskriminierungsrecht *Thüsing/Vianden*, Rechtsfreie Räume?, ADS 2019. Weiter *Kühne-Büning*, in: Kühne-Büning/Nordalm/Steveling (Hrsg.), Grundlagen der Wohnungs- und Immobilienwirtschaft, 4. Aufl. 2005, S. 132 (162 f.); *Häußermann/Siebel*, Stadtsoziologie, 2004, S. 175.

Mechanismen zurückführen.[107] Doch findet rassistische Diskriminierung „auch unter den besten [ökonomischen] Voraussetzungen statt".[108] Ein behauptetes gesteigertes „Vermieterrisiko"[109] kann insofern nur begrenzt tragen.

Die Beurteilung dieser Aspekte schlägt sich auch in wohnpolitischen Strategien nieder. Das Anliegen der Gesetzgebung ist zunächst, dass objektive Wohnwertmerkmale die Mietpreise beeinflussen sollen, wie auch die Merkmale der ortsüblichen Vergleichsmiete zeigen.[110] Neoklassische Perspektiven empfehlen, darüber hinaus bestehende Nachteile durch marktkonforme Instrumente auszugleichen, insbesondere mithilfe der Subjektförderung.[111] Polit-ökonomische Ansätze priorisieren hingegen den sozialen Wohnungsbau, inklusive langfristiger Bestände und dauerhafter Belegungsbindungen.[112] Eine nur vorübergehende Sozialbindung wird demgegenüber als eine Subventionierung privaten Eigentums mit lediglich „sozialer Zwischennutzung"[113] und insgesamt „antisozialen Effekten auf Kosten der Allgemeinheit" kritisiert.[114] Zudem werden mit dem Wegfallen von Wohnun-

---

107 Siehe *D. Ipsen*, Leviathan 6 (1978), 558 (569 ff.), zu den Faktoren des rendite- gegenüber bedarfsorientierten Bauens, der informellen Vermittlung sowie der Wohndauer. Dass daneben auch offene Diskriminierung wirken kann, ist nicht Teil der Untersuchung.

108 *A. Müller,* Diskriminierung auf dem Wohnungsmarkt, ADS 2015, S. 76, zu den Ursachen S. 77. Ökonomische Aspekte werden von *Müller* wiederum explizit ausgeschlossen. Testperson ist jeweils eine junge, ledige, kinderlose, finanziell abgesicherte Frau mit deutscher Staatsangehörigkeit (ebd., S. 62 ff.).

109 Siehe *Hofacker*, Preisvorschriften Wohnraum, 2000, S. 139 ff., zur Plausibilität „gruppenspezifischer Kosten- und Risikoerwartungen". Der faktischen Durchsetzbarkeit von Risikoaufschlägen kommt ihm zufolge eine Indizwirkung für ihre eigene sachliche Rechtfertigung zu (S. 140), weshalb die Aufpreise nicht untersagt werden dürften (S. 141). Vgl. zuvor schon *Eekhoff*, in: Issing (Hrsg.), Zukunftsprobleme der Sozialen Marktwirtschaft, 1981, S. 455 (458). Ebenfalls zur möglichen Allokationseffizienz dieser „Risikoaufschläge", jedoch mit der anschließenden Einordnung als gesellschaftspolitisch „inakzeptabel" *Nolte*, Nachfrage- und Angebotswirkungen des Wohngeldes, 1997, S. 7.

110 Siehe für das Wohnraumkündigungsschutzgesetz *D. Ipsen*, AfK 15 (1976), 262 (265); aktuell § 558 Abs. 2 BGB.

111 → § 4 B. I. 2.; im Zuge der Sozialen Marktwirtschaft → § 6 B. I. 1., 2.

112 *Die Unterzeichnenden*, suburban 6 (2018), 205 (213); *Jaedicke/Wollmann*, in: von Beyme/M. Schmidt (Hrsg.), Politik in der Bundesrepublik Deutschland, 1990, S. 203 (223).

113 *Donner*, Wohnungspolitiken, 2000, S. 200.

114 *Hamann/Kaltenborn*, in: Hamann/Kaltenborn (Hrsg.), Die Legende vom Sozialen Wohnungsbau, 2021, S. 16 (19); *Holm*, in: Hamann/Kaltenborn (Hrsg.), Die Legende vom Sozialen Wohnungsbau, 2021, S. 24 (62 f., 68 ff.).

gen mit Mietpreis- und Belegungsbindung ein Mengeneffekt und das liberale Versorgungsmodell verbunden: Je weniger Wohnungen zur Verfügung stehen, desto enger werde der Begünstigtenkreis gefasst.[115]

b) Segregation und Gentrifizierung

Die Höhe der Mietpreise wirkt sich nicht nur auf der Individualebene aus, sondern auch auf die Zusammensetzung der Wohnbevölkerung und die Struktur der Städte.[116] Hierdurch geraten die Phänomene der Segregation und Gentrifizierung in das Blickfeld stadtsoziologischer und polit-ökonomischer Analysen.

Mit dem Begriff der Segregation wird die räumliche Aufteilung der Wohnbevölkerung sowohl als sozialer Prozess als auch als verfestigte Struktur erfasst.[117] Segregation kann funktionell, demografisch, ethnisch, sozial oder anders geprägt sein und freiwillig oder unfreiwillig geschehen.[118] Während dabei medial häufig sogenannte migrantische Parallelgesellschaften thematisiert werden, beobachtet die empirische Forschung Segregation vor allem anhand sozioökonomischer Kriterien.[119] Einen wesentlichen Segregationsmechanismus stellen aktuell Gentrifizierungsprozesse dar.[120] Dabei werden im Zuge der Aufwertung von Stadtquartieren ärmere Menschen durch reichere aus ihrer Nachbarschaft verdrängt.[121] Dies wird zunehmend

---

115 *Die Unterzeichnenden*, suburban 6 (2018), 205 (212); → § 5 A. II. 2.

116 Vgl. auch *Gsell*, NZM 2017, 305 (308).

117 Zusammenfassend *Ramsauer*, Segregation, 2018, S. 250; *Bärenbrinker*, Urban Governance, 2012, S. 79. Weiter im Kontext des Milieuschutzes → § 10 A. I.

118 *Bärenbrinker*, Urban Governance, 2012, S. 49 f.

119 *Häußermann*, Leviathan 35 (2007), 458 (463 ff.); *A. Müller*, Diskriminierung auf dem Wohnungsmarkt, ADS 2015, S. 21 ff.; *Die Unterzeichnenden*, suburban 6 (2018), 205 (212); *Häußermann/Siebel*, Stadtsoziologie, 2004, S. 183 f.

120 *A. Müller*, Diskriminierung auf dem Wohnungsmarkt, ADS 2015, S. 25 f.; zur Gentrifizierung *Friedrichs*, Stadtsoziologie, 1995, S. 119 ff.; *Friedrichs*, in: Häußermann (Hrsg.), Großstadt, 1998, S. 57 (57 ff.); *Vollmer*, Strategien gegen Gentrifizierung, 2018, S. 9 ff.; zur Segregation durch Gentrifizierung *Riemann*, Gentrifizierung, 2016, S. 1 ff.

121 Anstelle vieler: *Eckardt*, in: Eckardt/Meier (Hrsg.), Handbuch Wohnsoziologie, 2021, S. 213 (225); *Gustorff*, Mietpreisbremse und Bestellerprinzip, 2021, S. 149 ff.

seitens der Gesetzgebung thematisiert[122] und Gegenstrategien wurden auch seitens des Bundesverfassungsgerichts legitimiert.[123]

3. Fragen der Gerechtigkeit: Nutzen und Kostentragung

Bereits bei der ökonomischen Analyse des Rechts wurde die Internalisierung externer Effekte als Ziel rechtlicher Regelungen angesprochen.[124] Polit-ökonomische Untersuchungen bekräftigen diesen Aspekt, wenngleich aus der für diesen Ansatz typischen Perspektive: Es wird gefragt, wie *gerecht* es ist, wenn Vermieterinnen nur wegen für sie günstiger wirtschaftlicher Entwicklungen Maximalmieten erzielen können,[125] und gefordert, dass solche Entwicklungen „von Privaten nicht kapitalisiert werden dürfen"[126]. Rechtliche Verweise auf solche Erwägungen finden sich unter anderem beim Planungswertausgleich, der in den 1970ern viel diskutiert wurde,[127] und angedeutet in der „Abrechnung leistungsloser Wertsteigerungen" bei der Frage nach der Entschädigung nach einer Vergesellschaftung.[128]

Besonders deutlich offenbaren sich entsprechende Annahmen und Argumente auch in der Diskussion um die Modernisierungsmieterhöhung: Nach § 559 Abs. 1 S. 1 BGB können Vermieterinnen nach energetischen Sanierungen die jährliche Miete um bis zu 8 % der Sanierungskosten erhöhen.[129] Diese Mietsteigerungen enden jedoch nicht mit der Amortisierung der Modernisierungskosten; auch darüber hinaus bleibt es bei der oft als

122 Weiter zur Zielsetzung i.R.d. Mietpreisbremse, die Verdrängung einkommensschwächerer Haushalte zu verhindern und eine sozial stabile, ausgewogene Bewohnerstruktur zu schützen → § 8 C. IV. 3. Die Zielsetzung einer durchmischten Stadt verfolgen ebenfalls das Wohnraumförderungsgesetz (§ 6 Nr. 4 WoFG), eine Ausnahmeregelung im Antidiskriminierungsrecht (§ 19 Abs. 3 AGG) und das Städtebaurecht an verschiedenen Stellen, vgl. *Riemann*, Gentrifizierung, 2016, S. 16; zum bestehenden rechtlichen Instrumentarium gegen Gentrifizierung auch *Gustorff*, Mietpreisbremse und Bestellerprinzip, 2021, S. 156 ff.

123 BVerfG, Beschl. v. 18.7.2019, 1 BvL 1/18 (Mietpreisbremse), Rn. 72.

124 → § 4 A. IV.

125 *Gsell*, NZM 2017, 305 (308); *Gütter*, Wohnungsnot und Bodenmarkt, 2019, S. 37.

126 *Gütter*, Wohnungsnot und Bodenmarkt, 2019, S. 37.

127 → § 4 B. I. (Fn. 86); weiter § 9 A. I. Kritisch *von Beyme*, in: Flagge (Hrsg.), Geschichte des Wohnens, Bd. 5, 1999, S. 81 (114), m.V.a. *Bundesregierung*, Städtebaubericht 1970, BT-Drs. 6/1497, 41.

128 *Expertenkommission zum Volksentscheid*, Vergesellschaftung großer Wohnungsunternehmen – Abschlussbericht, Berlin 2023, S. 68 f. Rn. 249 ff.

129 Kritische Anmerkungen zu § 559 BGB von *Rödl/von Restorff*, WuM 2020, 57 (58).

‚Umlage' bezeichneten Mieterhöhung. Dabei orientiert sich die ‚Umlage' jedoch nicht an einer tatsächlichen Wohnwertverbesserung oder Energiekostensenkung.[130] Insofern stehen aus Sicht der Mieterinnen eventuelle Vorteile und preisliche Nachteile in keinem unmittelbaren Verhältnis. Hinzu kommt, dass der ‚Umlagesatz' ursprünglich an die Hypothekenzinsen gebunden war.[131] Mittlerweile ist er aber hiervon entkoppelt und Modernisierungen haben sich in bestimmten Gebieten zu einer Ursache und einem Treiber von Gentrifizierungsprozessen entwickelt.[132]

II. Strukturelle Besonderheiten und rechtspolitische Folgerungen

Ein zweiter wichtiger Anspruch des LPE-Ansatzes ist, nach den gesellschaftlichen und historischen Zusammenhängen und Auswirkungen rechtlicher Regelungen zu fragen. Dies lässt sich mit dem Verständnis von Wohnen als sozialem Verhältnis aus der Stadtforschung insofern verbinden, als dass nach den strukturellen Besonderheiten des Wohnens gefragt wird (1.). Während die ökonomische Analyse trotz dieser Besonderheiten auf eine allgemeine „Marktlösung"[133] setzt, nehmen polit-ökonomische Kritiken ein systemisches Marktversagen im Wohnsektor an (2.). Auf dieser Annahme bauen wiederum eine grundlegende Kritik an den Sickereffekten (3.) und eigene Vorschläge, wie eine Stärkung des dritten Sektors (4.), auf.

1. Die Besonderheiten von Wohnung und Wohnungsmarkt

Unabhängig davon, ob Wohnen primär als Wirtschafts- oder als Sozialgut betrachtet wird, ist es gängig, die speziellen Eigenschaften von Wohnungen und dem Wohnungsmarkt zu betonen.[134] Demnach zeichnen sich Wohnun-

---

130 Vgl. *Gsell*, NZM 2017, 305 (311 Fn. 52).

131 *Gsell*, NZM 2017, 305 (311): 1978 waren das 11 %.

132 *Gsell*, NZM 2017, 305 (312, Fn. 60 m.w.N.).

133 *H. K. Schneider/Deichmann*, Der Weg zur sozialen Wohnungsmarktwirtschaft, 1984, S. 13 f.

134 Siehe zum Folgenden *Kühne-Büning*, in: Kühne-Büning/Nordalm/Steveling (Hrsg.), Grundlagen der Wohnungs- und Immobilienwirtschaft, 4. Aufl. 2005, S. 7 (7 ff.); *Kühne-Büning*, in: Kühne-Büning/Nordalm/Steveling (Hrsg.), Grundlagen der Wohnungs- und Immobilienwirtschaft, 4. Aufl. 2005, S. 69 (69 ff.); *Krätke*, Stadt – Raum – Ökonomie, 1995, S. 198 ff.; *Heuer/Nordalm*, in: Jenkis (Hrsg.), Kompendium, 4. Aufl. 2001, S. 23 (23 ff.); *Jenkis*, in: Jenkis (Hrsg.), Kompendium, 4. Aufl. 2001,

gen zunächst dadurch aus, dass es sich um außerordentlich langlebige Güter handelt. Sie können für über 100 Jahre und mehrfach genutzt werden. Auch die Produktion ist aufwendig, langwierig und von den beschränkten Kapazitäten der Bauwirtschaft abhängig. Die lange Produktions- und Nutzungsdauer der Wohnung sowie wiederkehrende Reinvestitionsbedarfe zur Instandhaltung, die Abhängigkeit von infrastrukturellen Inputs und hohen Anfangsinvestitionen führen zu einem verlangsamten Kapitalumschlag, langem Kalkulationszeitraum und erhöhtem Investitionsrisiko.[135] Zudem fallen die Zu- und Abgangszahlen im Vergleich zum Gesamtbestand relativ gering aus.[136] Daraus folgt, dass sich das Wohnungsangebot in einen kleinen Neuwohnungs- und einen relevanteren Bestandswohnungsmarkt gliedert, wobei das Gesamtangebot an Wohnungen begrenzt ist. Auch ist die Reaktionsfähigkeit auf Angebots- und Nachfrageveränderungen daher beschränkt:[137] Aufgrund der langen Produktionsdauer und Langlebigkeit können Angebotserweiterungen nur mittel- bis langfristig erfolgen; die Nachfrageseite ist wiederum dadurch begrenzt, dass das Wohnen als Grundbedürfnis nicht substituierbar ist und stets einen Minimalkonsum voraussetzt.[138]

Weitere Besonderheiten ergeben sich aus der Heterogenität sowie Standort- und Bodengebundenheit – kurz: Immobilität – der Wohnungen. Die Immobilität begründet regionale Teilmärkte, Siedlungsbildung und den Zusammenhang von Qualität und Nutzungswert von Wohnungen mit Faktoren wie Lage, Entfernung zum Arbeitsplatz und „Sozialprestige der

---

S. 65 (85 ff.); *A. Mayer*, Theorie und Politik des Wohnungsmarktes, 1998, S. 42 ff., 74 ff.; *Donner*, Wohnungspolitiken, 2000, S. 4; *Holm*, Widersprüche 121:31 (2011), 9 (14); *Schulze-Fielitz*, Sozialplanung im Städtebaurecht, 1979, S. 1; *Schuldt*, Mietpreisbremse, 2017, S. 49 ff.; *Molinari*, Interventionen in den Mietwohnungsmarkt, 2021, S. 115 ff.; *L. Winkler*, Regulierung von Bestandsbauten, 2023, S. 51 ff.

135 *Kühne-Büning*, in: Kühne-Büning/Nordalm/Steveling (Hrsg.), Grundlagen der Wohnungs- und Immobilienwirtschaft, 4. Aufl. 2005, S. 7 (13 ff.); *Heuer/Nordalm*, in: Jenkis (Hrsg.), Kompendium, 4. Aufl. 2001, S. 23 (25); *Leonhardt*, Wohnungspolitik in der Sozialen Marktwirtschaft, 1996, S. 42 f.

136 Selbst in Zeiten großer Aufbauleistungen nach 1945, als durchschnittlich 500.000–600.000 Wohnungen pro Jahr gebaut wurden, erhöhte dies den Gesamtwohnungsbestand jeweils nur um ca. 3 %, siehe *Knauer*, Tragbare Mieten, 1968, S. 24, m.w.N. für die Neubauzahlen.

137 Sog. geringe Elastizität, siehe bereits → § 4 B. I. 1.

138 *Busz*, Äquivalenz im Wohnraummietrecht, 2002, S. 85; *Leonhardt*, Wohnungspolitik in der Sozialen Marktwirtschaft, 1996, S. 39; *Schuldt*, Mietpreisbremse, 2017, S. 55.

Wohngegend".[139] Daneben prägen Erwartungen hinsichtlich Wohnfläche, Raumanzahl, Ausstattung, Gebäudetyp und Grundriss den Wohnwert. Sowohl die Suche als auch die Vergabe von Wohnraum sind also von subjektiven Präferenzen geprägt. Aufgrund der Bedeutung dieser objektiven und subjektiven Faktoren gilt die Wohnung als heterogenes bzw. komplexes Gut. Eigene Teilmärkte gibt es auch für die verschiedenen Rechtsformen, die der Wohnnutzung unterliegen. In dieser Hinsicht ist zu beachten, dass es sich bei Mietverträgen typischerweise um Langzeitverträge handelt, bei denen der Mietpreis für eine gewisse Dauer festgelegt wird.[140] Gleichzeitig ändern sich die Wohngewohnheiten und -ansprüche im Laufe der Zeit und teilweise spontan. Weil Wohnungen aber ungleichartig, begrenzt austauschbar und der Wohnkonsum „nicht oder nur bedingt teilbar"[141] sind, folgen aus einer Veränderung der Bedürfnisse oder (finanziellen) Möglichkeiten entweder Umzüge oder aber Über-/Unterbelegung. Auch die Entwicklungen von Einkommen, Beschäftigung und Demografie sowie benachbarter Politikbereiche haben daher einen Einfluss auf den Wohnungsmarkt. Entscheidend sind zudem verschiedene vorgelagerte Märkte, wie der Boden-, Bau- und Kapitalmarkt.[142]

Aus der Komplexität und Aufspaltung des Wohnungsmarktes folgen Transparenzdefizite auf Angebots- wie auch auf Nachfrageseite. Die hiermit verbundenen Informationskosten wirken auf den Preisbildungsprozess zurück. Zudem werden durch die Intransparenz die Investitionsrisiken weiter gesteigert. Zusammenfassend lassen sich für den Wohnungsmarkt somit die Gliederung in Teilmärkte, Intransparenz und geringe Elastizität hervorheben. Der Wohnungsmarkt gilt nach alldem als Paradebeispiel eines unvollkommenen Marktes.[143]

---

139 *Kühne-Büning*, in: Kühne-Büning/Nordalm/Steveling (Hrsg.), Grundlagen der Wohnungs- und Immobilienwirtschaft, 4. Aufl. 2005, S. 7 (9 ff.); ähnlich *Knauer*, Tragbare Mieten, 1968, S. 23; *Koch*, Mietpreispolitik, 2006, S. 13.

140 *Kühne-Büning*, in: Kühne-Büning/Nordalm/Steveling (Hrsg.), Grundlagen der Wohnungs- und Immobilienwirtschaft, 4. Aufl. 2005, S. 69 (77).

141 *Kühne-Büning*, in: Kühne-Büning/Nordalm/Steveling (Hrsg.), Grundlagen der Wohnungs- und Immobilienwirtschaft, 4. Aufl. 2005, S. 7 (10 f.); *Schuldt*, Mietpreisbremse, 2017, S. 52.

142 Vertieft zum Bodenmarkt im Zuge der Analyse der Grundsteuer → § 9 A. I.

143 Ähnlich u.a. *Klus*, Europäische Stadt unter Privatisierungsdruck, 2013, S. 83; *Schulze-Fielitz*, Sozialplanung im Städtebaurecht, 1979, S. 1 f.

2. Systemisches Marktversagen

Hinsichtlich der Beschreibung der Besonderheiten des Wohnungsmarktes decken sich die neoklassische und polit-ökonomische Perspektiven noch weitgehend.[144] Unterschiede werden jedoch in den jeweiligen Folgerungen deutlich. Während die Besonderheiten aus neoklassischer Sicht als Fragen des Marktversagens verhandelt und dieses schlussendlich meist verneint wird oder kaum Konsequenzen zeitigt, wird die Allokationsleistung des Marktes seitens polit-ökonomischer Ansätze grundlegend in Frage gestellt.

Aus neoklassischer Perspektive ist nicht bereits die Unvollkommenheit des Wohnungsmarktes eine ausreichende Bedingung für rechtliche Regelungen, sondern das Marktversagen.[145] Dabei bestehen aufgrund der geringen Elastizität zwar teilweise Zweifel an der regulierenden Funktion des Preises.[146] Vielfach wird jedoch eine lediglich verzögerte, mittel- bis langfristige Auflösung mittels des Marktmechanismus angenommen und Regulierung abgelehnt.[147] Es wird vielmehr umgekehrt betont, dass stabile politische Rahmenbedingungen und Renditeaussichten aufgrund der Besonderheiten des Wohnungsmarktes an Relevanz gewinnen und daher (noch) weniger in den Marktmechanismus eingegriffen werden sollte.[148] Bereits psychologische Effekte, beispielsweise durch das Aufzeigen der Regulierbarkeit, könnten Investorinnen demnach dazu veranlassen, von

---

144 Im Hinblick auf die mangelnde Transparenz mit einer abweichenden Feststellung *Sotelo*, Ökonomische Grundlagen der Wohnungspolitik, 2001, S. 16.

145 → § 4 A. IV.; ausdrücklich insb. *H. K. Schneider/Deichmann*, Der Weg zur sozialen Wohnungsmarktwirtschaft, 1984, S. 13 f.

146 *Riebel/Hubbert*, in: Hüpen/Werbeck (Hrsg.), Wirtschaftslehre zwischen Modell und Realität, 1998, S. 179 (182 f.).

147 *Lowinski*, Wohnungspolitik in der Sozialen Marktwirtschaft, 1964, S. 125 f.; *Fichtel*, Wohnungspolitik in der sozialen Marktwirtschaft, 1980, S. 55; *Leonhardt*, Wohnungspolitik in der Sozialen Marktwirtschaft, 1996, S. 45; *Busz*, Äquivalenz im Wohnraummietrecht, 2002, S. 85, 94 f.; *Eekhoff*, Wohnungspolitik, 2. Aufl. 2002, S. 7, 39; *Koch*, Mietpreispolitik, 2006, S. 46; *L. Winkler*, Regulierung von Bestandsbauten, 2023, S. 125 ff. (insb. S. 143, 145, 146 ff., 160 f.), mit der Einschränkung, dass Gleichgewichtszustände aufgrund der Besonderheiten meist nur kurzzeitig und vorübergehend erreicht werden (S. 154). Als technische Funktionsfähigkeit beschrieben bei *H. K. Schneider/Schuppener*, Soziale Absicherung der Wohnungsmarktwirtschaft durch Individualsubventionen, 1971, S. 9 f. Siehe bereits → § 4 B. I. 1.

148 *Busz*, Äquivalenz im Wohnraummietrecht, 2002, S. 86; *Eekhoff*, Wohnungspolitik, 2. Aufl. 2002, S. 39; *Hofacker*, Preisvorschriften Wohnraum, 2000, S. 117 f.; *Schuldt*, Mietpreisbremse, 2017, S. 58 f.; aus dem politischen Bereich vgl. *Expertenkommission Wohnungspolitik*, Abschlussbericht, BT-Drs. 13/159, 27 ff., 118.

Wohnungsneubau abzusehen.[149] Die allgemeine Unsicherheit führe zudem dazu, dass sich rechtliche Begrenzungen noch stärker auf das Angebot und die Mieten auswirken als bei vollkommenen Märkten, weil die Anbieterinnen Risikoprämien verlangen oder Nebenkosten erhöhen und Mieterinnen Wohnraum horten.[150] Wegen dieser Effekte sei auch die Wirkung von wohngesetzgeberischen Instrumenten schwieriger einzuschätzen. Dies sollten ökonomische Analysen berücksichtigen und sei ein weiterer Grund für eine verlässliche und stetige Wohnungspolitik.[151]

In der Stadtforschung hingegen werden aufgrund der Unvollkommenheit des Wohnungsmarktes zumindest „strukturelle Dysfunktionalitäten"[152] oder gar „systemische[s] Marktversagen"[153] angenommen. Steigende Mieten werden nicht primär als Knappheitsindikator verstanden,[154] sondern problematisiert: Während zwar die Renditen stiegen, sei die „adäquate Versorgung der Bevölkerung mit Wohnraum" nicht mehr gesichert.[155] Dies liege auch daran, dass die Möglichkeit an anderer Stelle zu sparen oder in ein anderes Teilsegment des Wohnungsmarktes auszuweichen, nicht immer gegeben oder jedenfalls stigmatisiert sei.[156] Aufgrund dieser sozialen Erwägungen und der hohen Komplexität des Wohnungsmarktes wird zudem abgelehnt, „ausschließlich wirtschaftswissenschaftliche Modelle von Angebot und Nachfrage anzuwenden."[157] Die ohnehin bestehenden Schwierigkeiten bei der simplifizierten Abbildung der marktwirtschaftlichen Funktionswei-

---

149 Zusammenfassend *Schuldt*, Mietpreisbremse, 2017, S. 80.

150 *Schuldt*, Mietpreisbremse, 2017, S. 80 f.

151 *Eekhoff*, Wohnungspolitik, 2. Aufl. 2002, S. 7 f.

152 *B. Schönig/Vollmer*, Informationen zur Raumentwicklung 2018, 8 (11).

153 *Holm*, Widersprüche 121:31 (2011), 9 (14).

154 So die neoklassische Perspektive, → § 4 B. I. 1.; steigende Mieten sind demnach nicht per se ein Problem, sondern Ausdruck funktionierender Marktverhältnisse.

155 *B. Schönig/Vollmer*, Informationen zur Raumentwicklung 2018, 8 (11).; siehe parallel *Expertenkommission zum Volksentscheid*, Vergesellschaftung großer Wohnungsunternehmen – Abschlussbericht, Berlin 2023, S. 42 Rn. 134, zum Problem, dass Entscheidungen in der Marktwirtschaft an Renditeaussichten und nicht an sozialen Belangen ausgerichtet werden. Zur Entkopplung von Gebrauchswert und Preis in diesem Zuge, bereits *D. Ipsen*, AfK 15 (1976), 262 (269, 274); *Kühne-Büning*, in: Kühne-Büning/Nordalm/Steveling (Hrsg.), Grundlagen der Wohnungs- und Immobilienwirtschaft, 4. Aufl. 2005, S. 177 (186 f.).

156 *B. Schönig/Vollmer*, Informationen zur Raumentwicklung 2018, 8 (11). Wenn im untersten Segment die Mieten steigen, wirkt sich dies wiederum auf staatliche Transferzahlungen und den Haushalt aus (→ § 7).

157 *Die Unterzeichnenden*, suburban 6 (2018), 205 (207); vgl. ähnlich *Eller*, in: Croon-Gestefeld et al. (Hrsg.), Das Private im Privatrecht, 2022, S. 75 (85).

se würden hierdurch nämlich noch gesteigert.[158] Die Analyse des Wohnens soll daher über das Marktmodell hinaus reichen und zwingend auch die gesellschaftlichen Strukturen und Bedingungen der Wohnraumversorgung beachten.[159]

Hinsichtlich der Frage, wie sich die Diskussion um die Unvollkommenheit des Wohnungsmarktes in die Wohngesetzgebung übersetzt bzw. übersetzen kann, lassen sich verschiedene Ebenen unterscheiden. Naheliegend ist die grundsätzliche Frage, ob die Besonderheiten von Wohnen, Wohnung und Wohnungsmarkt erwähnt und inwieweit sie anerkannt und zur Begründung der eigenen Wohnungspolitik herangezogen werden. Dies kann sich auf die grundlegende oder partielle Befürwortung oder Ablehnung insbesondere mietrechtlicher Regulierung auswirken. Ein Beispiel hierfür stellt die bereits erwähnte Einführung des Wohnraumkündigungsschutzes dar, bei der die Bedeutung der Wohnung als Mittelpunkt der menschlichen Existenz hervorgehoben wurde.[160] Soziale Fragen und die strukturellen Besonderheiten des Wohnens werden insofern miteinander verbunden. Eine weitere Folge zeitigt die polit-ökonomische Kritik am Vertrauen auf den (unvollkommenen) Wohnungsmarkt allgemeiner im Hinblick auf die auf dieser Vorstellung beruhenden Politikstrategien.

---

158 *Krätke*, Stadt – Raum – Ökonomie, 1995, S. 199, nimmt daher den Begriff des „funktions-*unfähige[n]*“ Wohnungsmarktes auf. Die Kritik an Modellen und Annahmen wird in ökonomischen Analysen freilich zurückgewiesen. Die Modelle dienten selbstverständlich der Vereinfachung, sollten aber weitere Verläufe prognostizieren, siehe bspw. *Hofacker*, Preisvorschriften Wohnraum, 2000, S. 88 f.; allg. *Mathis*, Effizienz statt Gerechtigkeit?, 4. Aufl. 2019, S. 45, 50 ff. (mit dem Vorschlag eines Methodenpluralismus); *Behrens*, Ökonomische Grundlagen, 1986, S. 50 f.; speziell zum *Homo Oeconomicus Lieth*, Ökonomische Analyse des Rechts, 2007, S. 60, 62 f., später für eine pragmatisch-enge Anwendung in besonderen Bereichen (S. 67).

159 *B. Schönig/Vollmer*, in: B. Schönig/Vollmer (Hrsg.), Wohnungsfragen ohne Ende?!, 2020, S. 7 (9).

160 → § 5 B. I. 1. Allgemein interpretiert *Schulze-Fielitz*, Sozialplanung im Städtebaurecht, 1979, S. 7, die Mieterschutzgesetze der 1970er Jahre und die Verstetigung des Wohngelds ab 1960 als „sozialpolitisches Lernergebnis“ der Nachkriegszeit, dass eine rein marktwirtschaftliche Wohnversorgung trotz positiver Konjunkturen auf Dauer nicht funktioniere. Gleichwohl ist diese Interpretation der Gesetzgebungsgeschichte nur eine von vielen: Rein neoklassische Ansätze betrachten diese Form der Regulierung weniger positiv und führen sie nicht auf Marktunvollkommenheiten zurück (→ § 4 B. I.); sozial-marktwirtschaftliche Ansätze hingegen können sie (teilweise) mit ihren Prämissen vereinbaren. Dabei werden die Kündigungsschutzregeln jedoch weniger als ‚Lehre‘ aus der Unvollkommenheit des Marktes verstanden, sondern als mit dem Marktmechanismus vor dem Ideal der Sozialen Marktwirtschaft konforme sozialpolitische Zielsetzung, dazu → § 6 B. V. 1.

3. Strategien rund um Sickereffekte

So wirkt sich die Kritik an den neoklassischen Modellen insbesondere auf die Bewertung der Filtering- und Sickerprozesse aus.[161] Nach dem ökonomischen Modell bewirkt Wohnungsneubau Umzugsketten. Dadurch, dass Haushalte in die frei werdenden Wohnungen aufrücken, profitieren am Ende alle. Als besonders wirksam gilt der Neubau von Eigenheimen, weshalb der Sickereffekt zur Begründung von Wohneigentumsförderung herangezogen wird.[162]

Bereits die Prämissen der beschriebenen Effekte werden jedoch in Frage gestellt. Denn die Sickerprozesse setzen unbeschränkte Mobilität, vollkommene Markttransparenz, einen homogenen Wohnungsbestand, eine gleichmäßige Abstufung der Einkommensgruppen und gleichmäßige Reallohnentwicklung, gleiche Wohnbedürfnisse, ausreichend Wohnraum und keine bei Neuvermietung steigenden Mieten voraus – kurz: „ziemlich Unrealistisches."[163] Stattdessen ist die Haushaltsmobilität aufgrund von Umzugskosten, Informationsdefiziten und sozialen Barrieren, wie Einkommensunterschieden und ortsbindenden Faktoren, beschränkt.[164] Entsprechend ist auch die Empirie[165] der Filtering- und Sickereffekte entgegen dem ökonomischen Modell als „äußerst fragwürdig"[166] einzuschätzen.

---

161 Siehe hierzu schon → § 4 B. II. 2.; Darstellung und Bedeutung der gegenüberstehenden Positionen in der wohnungspolitischen Debatte bei *BBSR*, Umzugsmobilität, 2020, S. 107.

162 Siehe hierzu schon → § 4 B. II. 2., IV.

163 *Häußermann*, in: Allmendinger/Ludwig-Mayerhofer (Hrsg.), Soziologie des Sozialstaats, 2000, S. 167 (186). Zu den Voraussetzungen auch *Krätke*, Stadt – Raum – Ökonomie, 1995, S. 204 f.; *Die Unterzeichnenden*, suburban 6 (2018), 205 (209); *Westphal*, Leviathan 6 (1978), 536 (541 ff.).

164 Vgl. *Kühne-Büning*, in: Kühne-Büning/Nordalm/Steveling (Hrsg.), Grundlagen der Wohnungs- und Immobilienwirtschaft, 4. Aufl. 2005, S. 177 (186); *Krätke*, Stadt – Raum – Ökonomie, 1995, S. 200 ff.; *Klus*, Europäische Stadt unter Privatisierungsdruck, 2013, S. 90; *Kühne-Büning*, in: Hüpen/Werbeck (Hrsg.), Wirtschaftslehre zwischen Modell und Realität, 2016, S. 217 (226).

165 Eine Darstellung von Studien aus den 1980er und 90ern findet sich bei *Friedrichs*, Stadtsoziologie, 1995, S. 73 ff.; für aktuellere Befunde siehe *R. Braun*, Metastudie „Sickereffekte", empirica 2020; *BBSR*, Umzugsmobilität, 2020.

166 *Häußermann*, in: Allmendinger/Ludwig-Mayerhofer (Hrsg.), Soziologie des Sozialstaats, 2000, S. 167 (186); ähnlich *Kühne-Büning*, in: Kühne-Büning/Nordalm/Steveling (Hrsg.), Grundlagen der Wohnungs- und Immobilienwirtschaft, 4. Aufl. 2005, S. 177 (184, 185 f.); optimistischer *R. Braun*, Metastudie „Sickereffekte", empirica 2020, S. 10 ff.; *Expertenkommission Wohnungspolitik*, Abschlussbericht, BT-Drs. 13/159, 37 (noch Ziffer 1305); kritisch wiederum *Expertenkommission zum*

So lassen sich in den unterschiedlichen Studien zu Sickereffekten zwar Umzugsketten feststellen.[167] Diese sind, insbesondere für den ersten Umzugshaushalt, meist auch mit Qualitätsverbesserungen verbunden. Die sozialen Effekte werden aber dadurch relativiert, dass die Wiedervermietungsmieten je nach Wohnart erhöht werden.[168] Zudem sind viele Umzugsketten zu kurz, um die unteren Segmente zu erreichen und auch dort für Entspannung zu sorgen. Das gilt umso mehr auf angespannten Wohnungsmärkten.[169] Denn der frühere Abbruch von Umzugsketten rührt daher, dass nicht durch jeden Neubau und Umzug eine Bestandswohnung frei wird, was durch überregionalen Zuzug verschärft wird. Lokale Folgebewegungen werden demgegenüber vor allem durch den Bau von Einfamilienhäusern sowie auch Genossenschafts-, Sozialwohnungen und Baugruppen ausgelöst.[170] Ob wohnpolitische Strategien, die auf Sickereffekte vertrauen und daher (hochpreisigen) Neubau anreizen, sinnvoll sind, hängt somit von den lokalen Gegebenheiten und den jeweiligen Zielsetzungen ab. In Zeiten angespannter Wohnungsmärkte profitieren einkommensschwache Haushalte vor allem von Neubau direkt im unteren Segment.[171] Weitere Restriktionen für die Neubaustrategien folgen zudem aus dem begrenzten

---

Volksentscheid, Vergesellschaftung großer Wohnungsunternehmen – Abschlussbericht, Berlin 2023, S. 48 Rn. 163.

167 Siehe zur folgenden vorsichtigen Zusammenfassung *Kühne-Büning*, in: Kühne-Büning/Nordalm/Steveling (Hrsg.), Grundlagen der Wohnungs- und Immobilienwirtschaft, 4. Aufl. 2005, S. 177 (185); *von Einem*, in: von Einem (Hrsg.), Wohnen, 2016, S. 277 (301 f.); *R. Braun*, Metastudie „Sickereffekte", empirica 2020, S. 15; *Löhr*, Soziale Wohnungspolitik, 2021, S. 26 f.; *BBSR*, Umzugsmobilität, 2020, S. 109 ff.

168 Dies ist nicht zu verwechseln mit Mietsteigerungen aufgrund von Verbesserungen des Wohnwerts beim Wohnungswechsel, sondern gilt absolut beim Freiwerden der Wohnungen. Zur Unterscheidung, aktuellen Zahlen und den als plausibel bewerteten Gründen für die Steigerungen siehe *R. Braun*, Metastudie „Sickereffekte", empirica 2020, S. 31 ff.; *BBSR*, Umzugsmobilität, 2020, S. 110; *Busch/Beyer*, in: Spars (Hrsg.), Wohnungsfrage 3.0, 2021, S. 75 (83 f.). Siehe auch die Auswertungen bei *Friedrichs*, Stadtsoziologie, 1995, S. 74 ff.; *Krätke*, Stadt – Raum – Ökonomie, 1995, S. 202 ff.; *Kühne-Büning*, in: Kühne-Büning/Nordalm/Steveling (Hrsg.), Grundlagen der Wohnungs- und Immobilienwirtschaft, 4. Aufl. 2005, S. 177 (177 ff.).

169 *R. Braun*, Metastudie „Sickereffekte", empirica 2020, S. 4, 38; *BBSR*, Umzugsmobilität, 2020, S. 109 f.; *Busch/Beyer*, in: Spars (Hrsg.), Wohnungsfrage 3.0, 2021, S. 75 (85 ff.).

170 *BBSR*, Umzugsmobilität, 2020, S. 110.

171 Teilweise uneindeutig in dieser Hinsicht *R. Braun*, Metastudie „Sickereffekte", empirica 2020, S. 24, 27; deutlicher *BBSR*, Umzugsmobilität, 2020, S. 111. Weiter zum Wohnungsdefizit, das „nahezu ausschließlich die Bereiche des sozialen und bezahlbaren Wohnens betrifft", *Pestel*, Bauen und Wohnen 2024, 2024, S. 26.

Bauland, Kapazitäten der Bauwirtschaft und umweltpolitischen Zielsetzungen wie dem Flächenschutz.[172] Damit Neubau über Umzugseffekte hinaus auch Auswirkungen auf die Miethöhe hat, ist zudem ein Überangebot erforderlich.[173] Eine entsprechend hohe Leerstandsquote ist jedoch zum einen politisch wie wohnungswirtschaftlich nicht gewollt, wie die Entwicklungen der 1990er Jahre zeigen.[174] Zum anderen zeigen die Erfahrungen hinsichtlich der Mietpreisentwicklung in Teilen Ostdeutschlands um 2010, dass auch erheblicher Leerstand keine Garantie für sinkende Mieten ist.[175]

Wenngleich die Empirie zu den Sickereffekten somit nicht eindeutig ist, sickern die Annahmen diskursiv in die wohnpolitischen Debatten ein. Dies geschieht nicht immer bewusst, vor allem nicht unter der Reflexion der ceteris paribus-Prämissen. Ausdruck findet dies in politischen Strategien, die die aktuellen Problemlagen auf Angebotsmangel zurückführen und (hochpreisigen) Neubau fördern.[176] Die Kritik an den Sickereffekten drückt sich dagegen darin aus, dass andere Ursachen, wie die Finanzialisierung, betont werden und das Neubaudogma infrage gestellt wird.[177]

4. Gemeinwohlorientierung jenseits von Markt und Staat

Eine Kritik marktwirtschaftlicher Wohngesetzgebung bedeutet nach den vorgestellten polit-ökonomischen Ansätzen nicht, die Aufgabe einfach dem Staat zu übertragen. Dies wäre zwar, gegebenenfalls, mit dem neuen Paradigma der Dekommodifizierung vereinbar, nicht in jedem Fall jedoch mit der Forderung nach umfassender Demokratisierung des Wohnens.[178] Insbesondere vor dem Hintergrund der Erfahrungen in der DDR und auch

172 *BBSR*, Umzugsmobilität, 2020, S. 111; *Expertenkommission zum Volksentscheid*, Vergesellschaftung großer Wohnungsunternehmen – Abschlussbericht, Berlin 2023, S. 48 Rn. 164.

173 *Expertenkommission zum Volksentscheid*, Vergesellschaftung großer Wohnungsunternehmen – Abschlussbericht, Berlin 2023, S. 48 Rn. 163.

174 Stichwort: Stadtumbau-Ost, → § 3 B. IV.

175 *Dascher*, Wirtschaftsdienst 7/2010, 487. Weiter → § 5 B. III. 1.

176 Siehe bereits → § 4 B. II. 2.

177 Vgl. *Expertenkommission zum Volksentscheid*, Vergesellschaftung großer Wohnungsunternehmen – Abschlussbericht, Berlin 2023, S. 48 Rn. 163, 70 Rn. 255; für eine nur beschränkte Rolle Privater und für sozialen Wohnungsbau argumentieren *Baldenius/Kohl/Schularick*, ifo 73:2 (2020), 34. Aus der Kritik an den Filtering- und Sickermodellen ist das Konzept des segmentierten Wohnungsmarktes entstanden, *Krätke*, Stadt – Raum – Ökonomie, 1995, S. 206 f.; → § 5 B. I. 1.

178 Vgl. *Vollmer*, Strategien gegen Gentrifizierung, 2018, S. 139 f.

bezüglich des sozialen Wohnungsbaus in der BRD wird stattdessen die Stärkung eines dritten kommunalen, genossenschaftlich und gemeinwirtschaftlich orientierten Sektors avisiert.[179] Diese Diskussionen wurden in jüngerer Zeit zum einen unter dem Stichwort einer Neuen Wohngemeinnützigkeit gebündelt und teilweise gesetzgeberisch umgesetzt:[180] Die „Förderung wohngemeinnütziger Zwecke" wurde mit dem Jahressteuergesetz 2024 in § 52 AO verankert. Das Konzept der Wohngemeinnützigkeit deutet auf eine explizit soziale Zielsetzung und auf Wohnraumbewirtschaftung abseits marktwirtschaftlicher Renditeziele. Inwiefern dies mit der vorgenommenen Änderung tatsächlich erreicht werden kann, wird sich erst noch erweisen.[181] In eine ähnliche Richtung weisen zum anderen die Forderungen der Initiative „Deutsche Wohnen & Co enteignen" in Berlin.[182] Das 2021 erfolgreiche Volksbegehren zielt auf eine Demokratisierung der Wohnversorgung durch Vergesellschaftung und Übertragung in gemeinwirtschaftliche Strukturen nach Art. 15 GG.[183]

III. Mitbestimmung: Demokratische Handlungsmacht

Ein dritter geteilter Fokus der vorliegend gebündelten polit-ökonomischen Ansätze liegt auf Fragen der Mitbestimmung. So wird durch den LPE-Ansatz ausdrücklich thematisiert, dass und wie das Marktprimat rechtliche Regelungen und so die Gestaltungsmacht gesellschaftlicher Akteurinnen von vornherein beschränkt. Auch aus der Stadtforschung ist dieser Mechanismus bekannt, wobei weitere ideologische Prägungen, insbesondere die

179 Vgl. *Holm*, Widersprüche 121:31 (2011), 9 (18); siehe auch *Neitzel*, KJ 57 (2024), 334, zu sog. Wohnraum-Commons.

180 Einführend *Tietzsch*, WuM 2023, 6; vgl. *SPD/Bündnis 90/Die Grünen/FDP*, Mehr Fortschritt wagen, Koalitionsvertrag 2021–2025, S. 88, mit der Hoffnung, hiermit „eine neue Dynamik in den Bau und die dauerhafte Sozialbindung bezahlbaren Wohnraum" zu erreichen.

181 Zurückhaltend *Sammet*, Bezahlbare Miete statt Rendite, VerfBlog v 10.6.2024.

182 Siehe Amtliche Mitteilung über einen Beschluss zur Erarbeitung eines Gesetzentwurfs durch den Senat zur Vergesellschaftung der Wohnungsbestände großer Wohnungsunternehmen am 26. September 2021, https://www.berlin.de/wahlen/abstimmungen/deutsche-wohnen-und-co-enteignen/amtliche-mitteilungen_broschuere_ve.pdf.

183 Vgl. insofern auch die Gewichtung des Ziels, Mieterinnen „im Verhältnis zum neuen Gemeineigentümer gemeinschaftliche Mitbestimmungsrechte einzuräumen", *Expertenkommission zum Volksentscheid*, Vergesellschaftung großer Wohnungsunternehmen – Abschlussbericht, Berlin 2023, S. 53 Rn. 184.

Fokussierung auf das Eigentum, betont werden. Hierbei interessiert zum einen die mit dem Eigentum verbundene Möglichkeit, andere von der Nutzung auszuschließen, mithin die Frage gesellschaftlicher Machtpositionen. Zum anderen werden die Motive für die hohe Bedeutung der Eigentumsförderung im Wohnbereich ergründet. Dabei besteht dadurch, dass die Eigentumsförderung häufig mit anderen Themen- und Regelungskomplexen vermischt wird, die Gefahr, dass Wirk- und Verantwortungszusammenhänge verwischen. Eine Abschichtung und Offenlegung führt demgegenüber zu einem Rückgewinn an Klarheit und in der Folge Gestaltungsoptionen. Somit lassen sich unter dem Stichwort der Mitbestimmung solche ökonomischen Annahmen kritisch fassen, die eine Zurückhaltung der Gesetzgebung begründen (1.) oder bestimmte wohnpolitische Aspekte aufgrund externer Argumente aufwerten (2.).

1. Markt-Staat-Polarisierung

Ein Kernanliegen des neoklassischen Ansatzes ist, den Marktmechanismus vor politischen Eingriffen abzuschirmen.[184] Dieses vornehmlich abwehrende Verständnis spiegelt sich im Verfassungsrecht, wenn dort die Eigentumsfreiheit als wesentlichem Baustein einer marktwirtschaftlichen Ordnung aus einer abwehrrechtlichen Perspektive betrachtet wird.[185] Aus polit-ökonomischer Perspektive verkennen solche Verständnisse jedoch die gesellschaftliche Struktur des Eigentums.[186] Dies wird teilweise dadurch gemildert, dass Abwägungsfragen individueller und gesellschaftlicher Interessen in die Figur der Sozialbindung des Eigentums übersetzt werden.[187] Mehr noch als im Verfassungsrecht stellt sich aber im Hinblick auf vermeintliche Markterfordernisse die Frage nach dem Ausgangspunkt der Abwägung und Betrachtung. Da die Marktmiete bzw. ihre gesetzlichen Variationen, wie die ortsübliche Vergleichsmiete, zunehmend als nicht mehr gerecht empfunden werden, liegt ein Perspektivwechsel nahe: Anstelle der Marktmiete könnte

184 → § 4 A. IV., B. I. 1.; § 5 A. I.

185 Auch wenn politische Beschränkungen selbstverständlich nicht allein aus dem Marktgedanken, sondern auch aus verfassungsrechtlichen Vorgaben folgen, werden im Zuge der anstehenden Analyse die ökonomischen Begründungen fokussiert.

186 Vgl. für die Verfassungsrechtswissenschaft u.a. *M. Müller,* AöR 147 (2022), 518 (551).

187 Vgl. *M. Müller,* AöR 147 (2022), 518 (552 ff., 558 ff., 563); so vorgenommen im Kontext der Mietpreisbremse, dazu → § 8 C. V.

beispielsweise die Einschätzung eines demokratisch legitimierten Gesetzgebers beachtlich sein.[188]

Die Kritik der Markt-Staat-Polarisierung geht jedoch hierüber hinaus und lenkt die Aufmerksamkeit auf die fehlende Transparenz des Wohnungsmarktes und ihre weitere Abnahme durch die Finanzialisierung. Da Transparenz und überschaubare Strukturen und Sachverhalte die Voraussetzung für zielgerichtete, effektive Regelungen sind, folgt aus den in hohem Maße intransparenten Strukturen am Wohnungsmarkt, insbesondere hinsichtlich der Eigentumsverhältnisse und ihrer Veränderungen, die Möglichkeit eines demokratischen Defizits, das durch die Dynamiken der Finanzialisierung noch verschärft wird: Immobilien werden in immer komplexeren Unternehmensmodellen geführt und zunehmend von ausländischen Immobilieneigentümerinnen erworben.[189] Dies erschwert die Nachverfolgung der Eigentumsverhältnisse und verhindert deren Kontrolle sowie auf individueller Vertragsebene die Ansprechbarkeit.

Wesentlich beeinträchtigt wurden kommunale Handlungsmöglichkeiten zudem durch die Privatisierung von Wohnungsbeständen in den 1990er und 2000er Jahren. Die Kommunen wurden hierdurch auf lange Sicht finanziell eingeschränkt.[190] Gleichzeitig haben sie das wesentliche Werkzeug verloren, um durch einen Anteil nicht-gewinnorientierter Mieten dämpfend auf den lokalen Wohnungsmarkt zu wirken[191] oder gezielt an spezielle Mietergruppen zu vermieten[192]. Insofern sind auch die Mietpreisentwicklungen in Ostdeutschland in den 2000er Jahren beachtenswert. Anders als modell-ökonomisch anzunehmen, sanken die Mieten trotz erheblichem Leerstand, das heißt trotz Angebotsüberhang, nicht.[193] Die Ursachen hierfür sind freilich komplex, werden jedoch auch auf den Rückgang des kom-

---

188 Bereits → § 5 B. I. 1.; siehe insb. *Gsell*, NZM 2017, 305 (308), zu diesem Gedanken in Verbindung mit dem Vorschlag einer prozentual am Haushaltseinkommen orientierten Miete.

189 Dies wird durch die Einschaltung sog. Briefkastenfirmen noch weiter verkompliziert. Für viele Berliner Mieterinnen lässt sich bspw. nicht mehr ohne Weiteres feststellen, wer die eigene Eigentümerin ist, vgl. die Recherche vom Tagesspiegel: *Awan et al.*, Das verdeckte Imperium, Tagesspiegel Interaktiv v. 31.5.2019. Weiter für eine Analyse und Kritik komplexer Firmengeflechte bspw. *Pistor*, Der Code des Kapitals, 2020, S. 85–128.

190 *Heeg/Rosol*, Prokla 37 (2007), 491; *Klus*, Europäische Stadt unter Privatisierungsdruck, 2013, S. 32 ff.; *Vollmer*, Strategien gegen Gentrifizierung, 2018, S. 33 ff.

191 So die Annahme des sozial-marktwirtschaftlichen Versorgungssystems, → § 5 A. II. 2.

192 Zum Wandel von Objekt- zu Subjektförderung siehe → § 7 A. II.

193 *Dascher*, Wirtschaftsdienst 7/2010, 487.

munalen Bestands und die parallele Erhöhung der Wohneigentumsquote zurückgeführt.[194] Letztere wirkte sich in einer „Politik für hohe Mieten" aus, nach der Mietsenkungen in den kommunalen Beständen und ihre Auswirkungen auch auf private Wohnungsangebote unerwünscht sind.[195] Dies spiegelt die polit-ökonomische Einsicht, dass Wohneigentum und soziale Mietenpolitik in einem engen Verhältnis stehen.[196]

2. Die Bedeutung des Wohneigentums

Denn nicht nur im Hinblick auf kommunale Wahlergebnisse, auch darüber hinaus kann auf Wohneigentum und dessen privatwirtschaftlicher Nutzung politische Macht beruhen. So hängt die Akzeptanz politischer Entscheidungen von der wirtschaftlichen Versorgungslage und diese wiederum teilweise von den Entscheidungen einzelner Unternehmen ab.[197] Aus Wohneigentum folgen insofern Entscheidungsmacht über konkreten Wohnraum und Einflussmöglichkeiten auf die Entwicklungen des Wohnungsmarktes.[198] Dass die Eigentumsförderung in ökonomischen Analysen als besonders systemkonformes Instrument präferiert wird, stößt unter anderem vor diesem Hintergrund auf polit-ökonomische Kritik.

Dabei wird hervorgehoben, dass und wie die Wohngesetzgebung über die Eigentumsförderung mit weiteren Themenbereichen verkoppelt und von anderen[199] entkoppelt wird. Insbesondere liegen der Wohneigentums-

---

194 *Dascher*, Wirtschaftsdienst 7/2010, 487 (489 ff.), für eine Zusammenfassung bestehender Ansätze (488).

195 *Dascher*, Wirtschaftsdienst 7/2010, 487 (490 f.).

196 → § 5 A. II. 3., insb. bei Fn. 72.

197 *Expertenkommission zum Volksentscheid*, Vergesellschaftung großer Wohnungsunternehmen – Abschlussbericht, Berlin 2023, S. 42 Rn. 135. Dies drückt sich bspw. im Bemühen der Berliner Politik um den Verzicht auf Mieterhöhungen durch die großen Wohnungskonzerne aus, → § 6 B. III.

198 Vgl. *Zinn*, Soziale Marktwirtschaft, 1992, S. 24.

199 Dass Städtebaupolitik und Wohnungspolitik nicht als ein politisches Handlungsfeld verstanden werden, liegt nach *von Beyme*, in: Flagge (Hrsg.), Geschichte des Wohnens, Bd. 5, 1999, S. 81 (120), an der Priorisierung der Vermögensbildung durch Wohneigentum. Diese Trennung wird in der vorliegenden Arbeit nicht nachvollzogen, vgl. zur Instrumentenauswahl → § 3 C. Dazu, wie über Spezialregime im Mietrecht – wie die Gebiete mit angespannten Wohnungslagen – wiederum eine Verbindung zwischen Mietrecht und Städtebaurecht hergestellt wird, siehe *Weigelt*, Wachsende Stadt, 2016, S. 349; *Eller*, in: Croon-Gestefeld et al. (Hrsg.), Das Private im Privatrecht, 2022, S. 75 (87).

förderung sozialpolitische Erwägungen zugrunde, die mit weiterer Bedeutung aufgeladen werden: Vermögensbildung, Familienförderung, Alterssicherung, gesellschaftlicher Zusammenhalt und politische Stabilität.[200] Während die Fragen politischer Stabilität insbesondere im Zuge der „Entproletarisierung" als Anliegen der Sozialen Marktwirtschaft thematisiert werden,[201] werden Vermögensbildung und Alterssicherung durch Wohneigentum im Zusammenhang mit dem Trend der gesellschaftlichen Responsibilisierung betrachtet.[202] Dieser Trend beschreibt die Abnahme staatlicher Sicherungsmechanismen und Zunahme individueller Verantwortung für die eigene Absicherung. Einen frühen Ausdruck hat die Responsibilisierung in Großbritannien im sog. *Right-to-Buy* gefunden.[203] Und auch in der deutschen Wohngesetzgebung wird die Wohneigentumsbildung mit der eigenständigen Altersvorsorge verbunden, wie die Einführung des Wohn-Riesters und die steigende Anzahl an Eigentumswohnungen nach der Finanzkrise 2008 beweisen.[204]

Die Eigentumsförderung ist zudem stark mit der von 1996–2006 geltenden Eigenheimzulage verbunden. An der Eigenheimzulage entzündete sich ein ganzes Feuerwerk an Kritik, das von ökonomischen Aspekten, wie der mangelnden Ziel- bzw. Treffsicherheit, hohen Kosten und potenziellen Mitnahmeeffekten,[205] bis zu grundlegender Kritik an steuerlicher Eigentumsförderung reichte. Denn der Bau von Eigenheimen gilt seit langer Zeit als besonders kosten-[206] und flächenintensiv[207], wird als politisch,

---

200 *Heinelt*, in: Egner/Georgakis/Heinelt/Bartholomäi (Hrsg.), Wohnungspolitik in Deutschland, 2004, S. 35 (39); vgl. beispielhaft die Schlussfolgerungen von *R. Braun*, Metastudie „Sickereffekte", empirica 2020, S. 41 ff.; *Leonhardt*, Wohnungspolitik in der Sozialen Marktwirtschaft, 1996, S. 32, 92 ff.; *Häring*, Interventionen im Wohnsektor, 1974, Vorwort, nimmt die Wohneigentumspolitik aufgrund ihrer „spezifische[n] ideologische[n] Funktion [...] und Doppelgestalt" gar von seiner Untersuchung aus.

201 Daher hierzu → § 6 B. IV.

202 Zur Responsibilisierung *Heeg*, suburban 1 (2013), 75 (79 ff.); *Heeg*, in: B. Schönig/Kadi/Schipper (Hrsg.), Wohnraum für alle?!, 2017, S. 47 (48 ff., insb. 52).

203 *Heeg*, suburban 1 (2013), 75 (83).

204 *Heeg*, suburban 1 (2013), 75 (85).

205 Vgl. den Gesetzentwurf zur Abschaffung der Eigenheimzulage, BT-Drs. 16/108, 3. Zu den hohen Kosten schon → § 3 B. IV. (insb. Fn. 125).

206 *Knauer*, Tragbare Mieten, 1968, S. 151.

207 Maßgeblich heute daher auch eine Kritik vor ökologischen und klimapolitischen Gesichtspunkten. Vgl. zur Entwicklung der Wohnfläche und den Folgen für die Umwelt u.a. die Informationen des Umweltbundesamt, https://www.umweltbundesamt.de/daten/private-haushalte-konsum/wohnen/wohnflaeche.

weltanschaulich und religiös motiviert kritisiert und vor dem Hintergrund einer zielorientierten Wohnungspolitik als fragwürdig bezeichnet.[208] Auch heutzutage wird diskutiert, ob die Förderung des Wohneigentums aufgrund der geänderten Lebens- und Arbeitswelt noch zeitgemäß ist.[209] Thematisiert werden einerseits die Folgen der Zersiedelung und Erhöhung des Pendelverkehrs,[210] andererseits aber auch die mit der Eigentumsbildung verbundenen Fragen sozialer Ungleichheit: Während die Eigenheimförderung Geringverdienerinnen eher nicht erreicht, tragen sie über die Steuern die Begünstigungen für die höheren Schichten mit.[211] Hinzu kommt, dass der Sickereffekt, der sich von dem Ausstieg besser situierter Haushalte aus dem Mietwohnungsmarkt versprochen wird, umstritten ist.[212]

C. Zusammenfassung

Die Darstellung verschiedener Ansätze und Ansatzpunkte polit-ökonomischer Kritiken verdeutlicht, dass die neoklassische Perspektive eine von vielen ist und nicht alle mit dem Wohnen verbundenen Phänomene erklären kann.[213] Dabei richtet sich die Kritik sowohl an die neoklassischen Grundlagen als solche, als auch darauf, wie sich die Gesetzgebung diese als Annahmen zu eigen macht und in wohnpolitische Argumente und Strategien übersetzt. Eine vorrangig marktwirtschaftliche Regelung des Wohnens bedeutet demnach eine Vorentscheidung, die aus polit-ökonomischer Perspektive insbesondere im Hinblick auf die Berücksichtigung sozialer Fragen, die strukturellen Besonderheiten von Wohnen und Wohnungsmarkt sowie Aspekte der Mitbestimmung kritikwürdig ist. Diese polit-ökonomischen Kritiken bieten kein umfassendes alternatives Konzept an und schlagen sich, so viel kann nach der vorstehenden Untersuchung festgehalten

208 *Knauer*, Tragbare Mieten, 1968, S. 152; *Schulze-Fielitz*, Sozialplanung im Städtebaurecht, 1979, S. 12 f.

209 *Landmesser/Metzkow*, in: Holm (Hrsg.), Wohnen, 2021, S. 172 (181).

210 *Egner*, APuZ 64:20/21 (2014), 13 (14).

211 *Egner*, APuZ 64:20/21 (2014), 13 (14); *Jaedicke/Wollmann*, in: von Beyme/M. Schmidt (Hrsg.), Politik in der Bundesrepublik Deutschland, 1990, S. 203 (207 f.); *Häußermann*, in: Allmendinger/Ludwig-Mayerhofer (Hrsg.), Soziologie des Sozialstaats, 2000, S. 167 (187 f.), auch zu Vererbungseffekten. Dazu, wie Banken Vermieterinnen ersetzen und Kriterien der Kreditwürdigkeit noch relevanter werden, *Heeg*, in: B. Schönig/Kadi/Schipper (Hrsg.), Wohnraum für alle?!, 2017, S. 47 (52 f.).

212 Bereits → § 5 B. II. 3.

213 Vehement *Hentschel*, WuM 2018, 737.

werden, eher fragmentarisch in den historischen Gesetzesmaterialien nieder. Gleichwohl kann auf Grundlage des Gesagten der Blick für diejenigen Argumentationslinien geschärft werden, die auf zugrunde liegende polit-ökonomische Annahmen hindeuten und als Anknüpfungspunkte in der anstehenden Analyse genutzt werden können. Noch nicht behandelt ist hingegen die Frage, inwiefern sich die verschiedenen Perspektiven verbinden lassen und ob dies für den deutschen Kontext unter dem Dach der Sozialen Marktwirtschaft bereits geschieht.

§ 6 Die Bedeutung der Sozialen Marktwirtschaft

Das dritte ökonomische Deutungsangebot, auf das vorliegend zurückgegriffen wird, betrifft Wissensstrukturen der Sozialen Marktwirtschaft. Indem die hiermit verbundenen Argumente und politischen Strategien abgeschichtet werden und typisiert dargestellt wird, wie sie in die Wohngesetzgebung eingehen, kann die bisherige Gegenüberstellung neoklassischer und polit-ökonomischer Annahmen aufgebrochen und ergänzt werden.

Denn werden lediglich die neoklassischen und polit-ökonomischen Belange einander gegenübergestellt, besteht die Gefahr, Abstufungen und Nuancen auszublenden. Das gilt umso mehr aufgrund der Übertragung des *Law and Political Economy*-Ansatzes aus den USA, der dort vor dem Hintergrund einer spezifischen gesellschaftlichen und wissenschaftlichen Situation erarbeitet wurde.[1] Die hieraus erwachsenden Herausforderungen und notwendigen Modifikationen werden seit Beginn der europäischen Rezeption thematisiert.[2] Dabei werden einerseits bestehende europäische Beiträge und Anknüpfungspunkte hervorgehoben: Demnach kann *Law and Political Economy* als Beitrag zu einer andauernden „transnational conversation" verstanden werden.[3] Andererseits muss die europäische Diskussion von den US-amerikanischen Ursprüngen abweichen, da das US-amerikanische *Law and Economics*-Denkgebäude, gegen das sich die Kritik von *Law and Political Economy* maßgeblich richtet, in Europa nicht vergleichbar vorherrschend ist.[4] Stattdessen wird teilweise eine Kritik des Ordoliberalismus vorgenommen.[5] Diesen Gedanken kann auch eine *Law and Political*

---

1 → § 5 A.I. Vgl. *Herzog*, JZ 78 (2023), 968 (968 ff.); ähnlich bereits im Zuge der Rezeption der Institutionenökonomik *Lepsius*, Die Verwaltung 32 (1999), 429 (432 ff.).

2 *Kjaer*, in: Kjaer (Hrsg.), Law of Political Economy, 2020, S. 1; *Kampourakis*, Journal of Law and Political Economy 2021, 301; *Kampourakis*, LPE in Europe as Critique of Ordoliberalism, LPE-Blog v. 15.3.2021.

3 *Kampourakis*, Journal of Law and Political Economy 2021, 301 (302).

4 *Kampourakis*, LPE in Europe as Critique of Ordoliberalism, LPE-Blog v. 15.3.2021.

5 *Kampourakis*, LPE in Europe as Critique of Ordoliberalism, LPE-Blog v. 15.3.2021; vertiefend *Kjaer*, in: Kjaer (Hrsg.), Law of Political Economy, 2020, S. 1 (4 ff.). Zum europäischen Ordoliberalismus weiter *Plehwe*, in: Mirowski/Plehwe (Hrsg.), Mont Pèlerin, 2009, S. 1 (1 ff.); zu den Unterschieden zwischen Neoliberalismus und Ordoliberalismus bereits *Grewal/Britton-Purdy*, Law and Contemporary Problems 77 (2014), 1 (8); zurückhaltend hinsichtlich des ordoliberalen Einflusses auf die Europäische Integration *Hien/Joerges*, Leviathan 45 (2017), 459 (459); für eine Zusammenfassung

Economy-Adaption für die deutsche Rechtswissenschaft aufgreifen und vertiefen.[6] Schließlich entspringt das Konzept des Ordoliberalismus der sog. Freiburger Schule und die Soziale Marktwirtschaft Deutschlands gilt als paradigmatischer Politikansatz dieses Konzepts.[7] Da mit der Sozialen Marktwirtschaft eine Verbindung sozialer und marktwirtschaftlicher Fragen impliziert wird, die teilweise als „dritte wirtschaftspolitische Form"[8] beschrieben wird, ist sie für die vorliegende Untersuchung von besonderem Interesse.

Das folgende Kapitel zeigt, dass die ‚Soziale Marktwirtschaft' als Analysehorizont die Untersuchung bereichert, die bisherigen Kategorien aber nicht ersetzt.[9] Die Integration dieses Analysehorizonts gelingt jedoch nicht ohne Herausforderung. Dies gilt zum einen, da diese Wissensstrukturen noch einmal auf einer neuen Ebene ansetzen: Es geht um eine spezifische ideengeschichtliche Episode, die allerdings das Nachdenken und Wissen über wirtschaftspolitische Zusammenhänge bis heute strukturiert. Zum anderen birgt die Berücksichtigung Herausforderungen, da die Soziale Marktwirtschaft zwar einen viel referenzierten Bezugspunkt darstellt, gar ein „Markenzeichen deutscher Politik"[10] ist, hiermit jedoch keine analytische Klarheit einhergeht.[11] Es handelt sich vielmehr um einen schillernden[12], insbesondere politischen[13] Begriff, der häufig vorausgesetzt, selten definiert

des Diskussionsstandes und mit einer aktuellen Analyse *Küsters*, Ordoliberal Language, 2023, S. 7 f. und passim.

6 Vgl. auch den Ansatz von *Meinel/Neumeier*, Der Staat 64 (2025), 79 (86 ff.)

7 Im LPE-Kontext *Herzog*, JZ 78 (2023), 968 (970); *Beckers/Eller/Kjaer*, ELO 1 (2022), 749 (751); fragend *Wengeler*, in: Busse/Hermanns/Teubert (Hrsg.), Begriffsgeschichte und Diskursgeschichte, 1994, S. 107.

8 *Müller-Armack*, Wirtschaftslenkung und Marktwirtschaft, 1947, S. 88; ähnlich zuvor schon *Röpke*, Die Lehre von der Wirtschaft, 1937, S. 187 ff.

9 Kritik an der Verwendung der ‚Sozialen Marktwirtschaft' zur Beschreibung real existierender sozial-ökonomischer Strukturen findet sich bspw. bei *Biebricher/Ptak*, Soziale Marktwirtschaft und Ordoliberalismus, 2020, S. 181. Vorliegend soll jedoch gerade keine Realität beschrieben werden, sondern untersucht werden, wie sich sozial-marktwirtschaftliche Grundgedanken in der Wohngesetzgebung niederschlagen.

10 Kritisch *Zweynert*, Wirtschaftsdienst 5/2008, 334; positiv *Nörr*, Die Republik der Wirtschaft, Teil 1, 1999, S. 57; „bundesrepublikanischer Selbstverständnisbegriff", *Wengeler*, in: Böke/Liedtke/Wengeler (Hrsg.), Politische Leitvokabeln, 1996, S. 379.

11 Siehe parallel für den Ordoliberalismus als eine Grundlage der Sozialen Marktwirtschaft *Küsters*, Ordoliberal Language, 2023, S. 9: „Despite this apparent consensus about the importance of ordoliberalism for German thought, there has been little consensus on what ordoliberalism really is."

12 *Hien/Joerges*, Leviathan 45 (2017), 459 (483).

13 *Nonhoff*, Politischer Diskurs und Hegemonie, 2006, S. 84.

und vielgestaltig eingesetzt wird. Gleichzeitig entstammt er einer spezifischen historischen Situation und kann als diskursiv-hegemoniales Projekt analysiert werden.[14] Insofern bergen die verschiedenen mit der Sozialen Marktwirtschaft verbundenen Erzählungen und Zuschreibungen die Gefahr, dem einen oder anderen Narrativ zu verfallen.[15]

Da auch die vorliegende Verwendung der Sozialen Marktwirtschaft eine bestimmte Auswahl und Verknüpfung vornimmt,[16] muss zunächst der hiesige Zugriff offengelegt und daraus analytische Grundelemente hergeleitet werden (A.). Anschließend können verschiedene Ansatzpunkte für die Verwendung der Sozialen Marktwirtschaft als Analysekategorie im Recht des Wohnungswesens aufgezeigt (B.) und deren Potenzial für die Untersuchung bewertet werden (C.). In ökonomischer Hinsicht lassen sich dabei wenige Abweichungen von den bereits ausgemachten neoklassischen Annahmen feststellen. Die Soziale Marktwirtschaft liefert aber neue Begründungen und hebt einzelne Themen, wie das Wohneigentum, besonders hervor. Zudem ergänzt die Soziale Marktwirtschaft die bisherigen Wissensstrukturen als wohnpolitische Erzählung und argumentativen Bezugspunkt. Insofern zeigt sich, dass nur wenn man die Soziale Marktwirtschaft in ihrer Entwicklung, ihrer diskursiven Funktion und ihrem ökonomischen Vorverständnis versteht, die gesetzgeberischen Annahmen verständlich werden.

A. Theorie, Konzept und Mythos

Die Soziale Marktwirtschaft existiert nicht. Es handelt sich vielmehr um einen mit vielen Zuschreibungen versehenen „Containerbegriff"[17], auf den im Sinne eines Gründungsmythos und mittels eines Kanons an Bezugspunkten verwiesen wird. Eine Annäherung an die Soziale Marktwirtschaft

14 Für entsprechende Ansätze → § 6 A. III. 3., B. V. Insbesondere an dieser Stelle zeigen sich Anknüpfungspunkte für stärker erzähltheoretisch orientierte Arbeiten (→ § 2 Fn. 49) sowie diskurskritische Policy-Analysen, *Hajer*, in: Fischer/Forester (Hrsg.), The Argumentative Turn in Policy Analysis and Planning, 1993, S. 43 (45), passim; *Münch*, Interpretative Policy Analyse, 2016, S. 60.

15 Vgl. weiter hierfür, auch mit Bedeutung für die Auseinandersetzung mit der Sozialen Marktwirtschaft (als ein Gründungsmythos einer ganzen Gesellschaft?), *Koschorke*, Wahrheit und Erfindung, 2012, S. 16 ff., 20 f., 24.

16 Vgl. zu den Mechanismen „[j]eder Vergegenwärtigung des Gewesenen" als Erzählung *Jarausch/Sabrow*, in: Jarausch/Sabrow (Hrsg.), Historische Meistererzählung, 2002, S. 9 (17).

17 *Biebricher/Ptak*, Soziale Marktwirtschaft und Ordoliberalismus, 2020, S. 16.

kann daher aus verschiedenen Blickwinkeln erfolgen. Im Folgenden wird sich der Sozialen Marktwirtschaft zunächst als Konzept und Leitbild genährt (I.).[18] Die Soziale Marktwirtschaft wird dabei als wirtschafts- und gesellschaftspolitische Konzeption verstanden, mit der sowohl auf die theoretisch-ideellen Grundlagen des Ordoliberalismus als auch auf eine politische Implementierungsstrategie verwiesen wird.[19] Entscheidend für den Erfolg der Sozialen Marktwirtschaft ist aber ihre Verbindung mit dem wirtschaftlichen Aufschwung der Nachkriegszeit (II.).[20] Die oder eine Soziale Marktwirtschaft wurde nach 1945 als wirtschaftspolitisches Programm verfolgt – oder zumindest wirtschaftliche Entwicklungen hiermit beschrieben.[21] Damit gewinnt der Begriff eine über das rein Ökonomische hinausgehende diskursive Bedeutung. Weder die ökonomische noch die diskursive Funktion lassen sich dabei als eine evolutionär-lineare Entwicklung begreifen. Vielmehr unterteilt sich die Geschichte der Sozialen Marktwirtschaft in Phasen und Konjunkturen, die wiederum von den jeweiligen Zugriffen sowie der gesamtgesellschaftlichen und politischen Gemengelage abhängen. Wenngleich die verschiedenen Zugriffe und Widersprüche nicht verwischt werden sollen, wird abschließend der Weg zu einer pragmatischen Handhabung als Analysekategorie geebnet, indem verschiedene sozial-marktwirtschaftliche Grundelemente herausgestellt werden (III.).

I. Annäherung an die Soziale Marktwirtschaft

Für die Soziale Marktwirtschaft werden in der Regel zwei Gründungslinien ausgemacht. Zum einen bot der in Freiburg vorangetriebene Ordoliberalismus in der wirtschaftspolitischen (Neu-)Orientierung der Nachkriegszeit

---

18 Die folgend verwendete Unterscheidung von Konzept, Leitbild und Programm baut auf den jeweiligen Definitionen bei *Blum*, in: Albers et al. (Hrsg.), HdWW Bd. 5, 1980, S. 155, auf. Der Begriff des Konzepts steht demnach für den Versuch eines „geschlossenen und in sich widerspruchsfreien Zusammenhang[s]“, der des Leitbilds für die Formulierung längerfristiger Grundsätze und das Programm formuliert ein Angebot bestimmter Lösungswege. Zum Leitbild abweichend *J. Braun*, Leitbilder, 2015, S. 23 ff.

19 Vgl. *Biebricher/Ptak*, Soziale Marktwirtschaft und Ordoliberalismus, 2020, S. 17 f.

20 Bspw. *Lampert*, APuZ 17 (1988), 3 (7 f.); einordnend *Zinn*, Soziale Marktwirtschaft, 1992, S. 61 ff.; *Wengeler*, in: Stötzel/Wengeler (Hrsg.), Kontroverse Begriffe, 1995, S. 35 (63 ff.); *Biebricher/Ptak*, Soziale Marktwirtschaft und Ordoliberalismus, 2020, S. 19.

21 Vgl. den umfassenden Nachweis durch *Fuhrmann*, Entstehung der „Sozialen Marktwirtschaft“, 2017.

einen seit den 1930er Jahren ausgearbeiteten wissenschaftlichen Hintergrund an, auf den sich nach 1945 gestützt werden konnte.[22] Zum anderen wird daneben, und teilweise mit dem Ordoliberalismus verbunden,[23] auf eine auf *Alfred Müller-Armack*[24] zurückgehende begriffliche und konzeptionelle Entwicklung verwiesen.[25] Beide Ansätze eint, dass sie sich sowohl vom bisherigen liberalen Marktsystem abgrenzten als auch plan- oder lenkungswirtschaftliche Ansätze vehement ablehnten. Stattdessen verbanden sie die Marktwirtschaft und die soziale Frage – zumindest begrifflich.

1. Der theoretische Hintergrund des Ordoliberalismus

Die ordoliberalen Vordenker einte die zeitgenössisch populäre Kritik am alt-liberalistischen *Laissez-faire*.[26] Wirtschaftliche und gesellschaftliche Probleme, wie die Entwurzelung, Vermassung und Ausbeutung der Menschen sowie vermachtete Wirtschaftsstrukturen, wurden auf einen ungezügelten Liberalismus zurückgeführt.[27] Gleichzeitig und insbesondere erfolgte

---

22 *Abelshauser*, Deutsche Wirtschaftsgeschichte seit 1945, 2004, S. 94 ff., 99 f.; *Lachmann*, Volkswirtschaftslehre 2, 2004, S. 32 ff. Bei der sog. Freiburger Schule handelte es sich um einen Kreis protestantischer Wirtschafts- und Gesellschaftswissenschaftler (vgl. insofern auch die Bezeichnung des Ordoliberalismus als „protestantische Wirtschafts- und Sozialethik" bei *Hien/Joerges*, Leviathan 45 [2017], 459 [466]; ähnlich *Lachmann*, Volkswirtschaftslehre 2, 2004, S. 32; weiter auch *Küsters*, Ordoliberal Language, 2023, S. 31 ff., 87). Genannt werden regelmäßig *Walter Eucken, Leonard Miksch, Franz Böhm, Hans Großmann-Dörth* sowie *Alexander Rüstow* und *Wilhelm Röpke*, siehe *Lampert*, APuZ 17 (1988), 3 (4); *Meißner/Markl*, APuZ 17 (1988), 27 (28); *Schlecht*, Grundlagen und Perspektiven der sozialen Marktwirtschaft, 1990, S. 12; *Zinn*, Soziale Marktwirtschaft, 1992, S. 31; *Wengeler*, in: Böke/Liedtke/Wengeler (Hrsg.), Politische Leitvokabeln, 1996, S. 379 (396).

23 Aktuell *Küsters*, Ordoliberal Language, 2023, S. 135 ff.

24 Zur politischen Biografie *Müller-Armacks*, einschließlich seiner Rolle im Nationalsozialismus, siehe (nicht unumstritten) *Großbölting*, Alfred Müller-Armack, 2023.

25 *Nörr*, Die Republik der Wirtschaft, Teil I, 1999, S. 58; *Lampert*, Soziale Marktwirtschaft, APuZ 17 (1988), 3 (6); *Wengeler*, in: Böke/Liedtke/Wengeler (Hrsg.), Politische Leitvokabeln, 1996, S. 379 (396); *Andersen*, in: Andersen/Bogumil/Marschall/Woyke (Hrsg.), Handwörterbuch des politischen Systems der Bundesrepublik Deutschland, 8. Aufl. 2021, S. 1014 (1016). Gegen die Personifizierung *Biebricher/Ptak*, Soziale Marktwirtschaft und Ordoliberalismus, 2020, S. 104.

26 *Zinn*, Soziale Marktwirtschaft, 1992, S. 32; ausführlich zu den verschiedenen Hintergründen *Küsters*, Ordoliberal Language, 2023, S. 36 ff.

27 *Lampert*, APuZ 17 (1988), 3 (4); vgl. *Röpke*, Die Lehre von der Wirtschaft, 1937, S. 190, 192 f.; *Röpke*, Die Gesellschaftskrisis der Gegenwart, 4. Aufl. 1942, S. 23 f., 27 ff.; milder *Eucken*, Grundsätze der Wirtschaftspolitik, 4. Aufl. 1962, S. 34 ff.; siehe zudem

eine scharfe Abgrenzung von autoritären staatlichen Verwaltungsstrukturen.[28] Dies wurde zum einen mit modell-ökonomischen Annahmen zur Überlegenheit marktwirtschaftlicher Organisation begründet.[29] Zum anderen wurde aufgrund der Interdependenz von Wirtschafts- und Staatsordnung und vor dem Hintergrund eines freiheitlichen Menschenbildes auf das Zusammenspiel von gewaltenteilender Demokratie und Wettbewerb hingewiesen.[30] Die „Wettbewerbsordnung“ als Synonym für Marktwirtschaft[31] wurde in diesem Zuge mit Freiheit verbunden, die Wirtschaftspolitik insgesamt auf die Rolle von Ordnungspolitik verwiesen.[32]

Der Ordnungspolitik kam dabei eine hohe Bedeutung zu: Indem die Wettbewerbswirtschaft ordnungspolitisch gerahmt wurde, sollte ihrer Selbstzerstörung und Konjunkturkrisen vorgebeugt werden.[33] Staat und Rechtsordnung sollten die Markt- und Wettbewerbsfunktionen insbesondere auch gegen wirtschaftliche Macht sichern.[34] In der Folge waren nicht

---

Whyte, Morals, 2019, S. 8 f., der zufolge die gesellschaftliche und moralische Kritik grundlegend für den neuen (neoliberalen) Ansatz war.

28 *Zinn*, Soziale Marktwirtschaft, 1992, S. 32, 36.

29 Vgl. *Rüstow*, in: Boese (Hrsg.), Deutschland und die Weltkrise, 1932, S. 62 (62 f.); *Rüstow*, in: Forster (Hrsg.), Christentum und Liberalismus, 1960, S. 149 (171 f.); *Andersen*, in: Andersen/Bogumil/Marschall/Woyke (Hrsg.), Handwörterbuch des politischen Systems der Bundesrepublik Deutschland, 8. Aufl. 2021, S. 1014 (1015).

30 *Lampert*, APuZ 17 (1988), 3 (4 f.); *Andersen*, in: Andersen/Bogumil/Marschall/Woyke (Hrsg.), Handwörterbuch des politischen Systems der Bundesrepublik Deutschland, 8. Aufl. 2021, S. 1014 (1015); bzw. umgekehrt *Röpke*, Die Gesellschaftskrisis der Gegenwart, 4. Aufl. 1942, S. 284, mit einer eindrücklichen Zeichnung der Übel des „Kollektivismus“. *Miksch*, Gedanken zur Wirtschaftsordnung, Sonderdr. 1948, S. 8 f., wiederum verweist auf die rüstungspolitischen Grundlagen bisheriger planwirtschaftlicher Systeme.

31 Bzw. bereits „soziale Marktwirtschaft“ bei *Miksch*, Gedanken zur Wirtschaftsordnung, Sonderdr. 1948, S. 23, wobei dieser eine gewisse Beliebigkeit suggeriert, indem er anfügt, „oder wie immer man den angestrebten Zustand nennen will“. Zur Bedeutung der Marktform vollständiger Konkurrenz (→ § 4 A. III.) im ordoliberalen Denken und zu für seine Analyse relevanten Unterschieden zu neoklassischen Konzepten *Küsters*, Ordoliberal Language, 2023, S. 67 ff.

32 *Eucken*, Grundsätze der Wirtschaftspolitik, 4. Aufl. 1962, S. 156, 151 ff.; ähnlich auch schon *Röpke*, Die Lehre von der Wirtschaft, 1937, S. 187; *Röpke*, Die Gesellschaftskrisis der Gegenwart, 4. Aufl. 1942, S. 290: „Wirtschaftsverfassung freier Menschen“; *Rüstow*, in: Forster (Hrsg.), Christentum und Liberalismus, 1960, S. 149 (170).

33 Dazu *Zinn*, Soziale Marktwirtschaft, 1992, S. 32 f., 36; *Schlecht*, Grundlagen und Perspektiven der sozialen Marktwirtschaft, 1990, S. 13 ff.; *Müller-Armack*, in: Beckerath et al. (Hrsg.), HdSW Bd. 9, 1956, S. 390 (391).

34 *Nörr*, Die Republik der Wirtschaft, Teil I, 1999, S. 62; ähnlich *Zinn*, Soziale Marktwirtschaft, 1992, S. 37; *Eucken*, Grundsätze der Wirtschaftspolitik, 4. Aufl. 1962, S. 54 f., 188 ff. Hierbei spielt das Recht eine wichtige Rolle, da es die Wirtschafts-

nur Interventionen „entgegen den Marktgesetzen" untersagt, sondern auch Maßnahmen zugunsten der Marktgesetze gefordert.[35] Dieses ordoliberale Verständnis stellt einen wesentlichen Unterschied zu (anderen) neoliberalen Ansätzen dar.[36]

2. Die Formulierung als Leitbild

Auch die Prägung durch *Müller-Armack* beruht, wie das Konzept des Ordoliberalismus, auf einer Abgrenzung von sowohl *Laissez-faire*-Kapitalismus als auch zentralisierter Planwirtschaft, bei ihm: Wirtschaftslenkung und liberale Marktwirtschaft.[37] Gegen die Wirtschaftslenkung spricht demnach insbesondere ihr unfreiheitlicher Charakter,[38] gegen die liberale Marktwirtschaft, dass sie die sozialen Probleme und gesellschaftlichen

---

ordnung mittels seiner privatrechtlichen Instrumente und Institutionen begründet, prägend *Wiethölter*, in: Görlitz (Hrsg.), Handlexikon zur Rechtswissenschaft, 1972, S. 531 (534 f.), zum politischen Charakter (537); *Hien/Joerges*, Leviathan 45 (2017), 459 (460 f.); *Küsters*, Ordoliberal Language, 2023, S. 52.

35 *Rüstow*, in: Boese (Hrsg.), Deutschland und die Weltkrise, 1932, S. 62 (64 f.); *Abelshauser*, Deutsche Wirtschaftsgeschichte seit 1945, 2004, S. 95. Vgl. weiter *Behrens*, Ökonomische Grundlagen, 1986, S. 131 ff., für eine rechtsökonomische Darstellung der widerstreitenden neo- und ordoliberalen Ansätze.

36 Der Ordoliberalismus teilt zwar die Ausrichtung am Marktmechanismus, wie sich in Aussagen zeigt, wie: Es gelte, eine „befriedigende Lösung zu finden, ohne damit die innere Struktur des marktwirtschaftlichen Konkurrenzsystems und die Funktionsfähigkeit unseres Wirtschaftssystems anzutasten", *Röpke*, Die Gesellschaftskrisis der Gegenwart, 4. Aufl. 1942, S. 286; → siehe weiter unten, § 6 A. III. 1. Und auch als wirtschaftspolitisches Update im 20. Jahrhundert und aufgrund personeller Verbindungen zeigt sich eine große Nähe zum Neoliberalismus (vgl. Selbstaussagen wie von *Rüstow*, in: Hunold [Hrsg.], Wirtschaft ohne Wunder, 1953, S. 97 [101, 102]; *Rüstow*, in: Forster [Hrsg.], Christentum und Liberalismus, 1960, S. 149 [151 ff.]; auch *Müller-Armack*, Die Soziale Marktwirtschaft nach einem Jahrzehnt ihrer Erprobung [1959], zit. nach: Müller-Armack [Hrsg.], Wirtschaftsordnung und Wirtschaftspolitik, 1966, S. 251 [252, 253 f.]. Siehe weiter *Ptak*, in: Mirowski/Plehwe [Hrsg.], Mont Pèlerin, 2009, S. 98 [99]; *Biebricher/Ptak*, Soziale Marktwirtschaft und Ordoliberalismus, 2020, S. 20 f.; *Andersen*, in: Andersen/Bogumil/Marschall/Woyke [Hrsg.], Handwörterbuch des politischen Systems der Bundesrepublik Deutschland, 8. Aufl. 2021, S. 1014 [1015]). Es handelt sich jedoch um einen holistischeren Ansatz.

37 Insb. die Abgrenzung zur Wirtschaftslenkung nimmt in seiner programmatischen Schrift von 1947 viel Raum ein, vgl. *Müller-Armack*, Wirtschaftslenkung und Marktwirtschaft, 1947; *Müller-Armack*, in: Beckerath et al. (Hrsg.), HdSW Bd. 9, 1956, S. 390; *Zinn*, Soziale Marktwirtschaft, 1992, S. 45.

38 *Müller-Armack*, Wirtschaftslenkung und Marktwirtschaft, 1947, S. 63, 64 f.; als „von christlichen Vorstellungen" geprägte Begründung hervorgehoben durch *An. Müller-*

Strukturen nicht ausreichend beachtet.[39] Dennoch teilte *Müller-Armack* die Überzeugung, dass der Wettbewerb die überlegene Wirtschaftsform ist. Indem er den marktwirtschaftlichen Gedanken breit in der Kulturgeschichte verortete,[40] konnte er vom Liberalismus gelöst und verwendet werden.[41] In diesem Zuge verband *Müller-Armack* die bis dahin als einander widersprechend verstandenen sozialen und marktwirtschaftlichen Interessen.[42] Dies galt zum einen inhaltlich: Er wollte zeigen, „daß sich sehr wohl im Rahmen einer Marktwirtschaft eine aktive und konstruktive Wirtschaftspolitik führen läßt."[43] Insofern sei es der „*Sinn* der sozialen Marktwirtschaft [...], das Prinzip der Freiheit auf dem Markte mit dem des sozialen Ausgleichs zu verbinden."[44] Zum anderen war *Müller-Armack* als Ökonom und Soziologe bewusst, dass die Durchsetzung der Marktwirtschaft nur bei einer Versöhnung der Bevölkerung mit diesem Prinzip möglich war.[45] Die Soziale Marktwirtschaft sollte daher als *irenische Formel* „ideologische Gegensätze zwischen den politischen Lagern" zusammenführen.[46]

Armack, in: Grosser/Th. Lange/An. Müller-Armack/Neuss (Hrsg.), Soziale Marktwirtschaft, 1988, S. 1 (11 f.).

39 *Müller-Armack*, Wirtschaftslenkung und Marktwirtschaft, 1947, S. 83, 85; *Müller-Armack*, in: Beckerath et al. (Hrsg.), HdSW Bd. 9, 1956, S. 390; *Zinn*, Soziale Marktwirtschaft, 1992, S. 45.

40 *Müller-Armack*, Wirtschaftslenkung und Marktwirtschaft, 1947, S. 70; ebenso *Miksch*, Gedanken zur Wirtschaftsordnung, Sonderdr. 1948, S. 17 f.; *Müller-Armack*, Stil und Ordnung der Sozialen Marktwirtschaft (1952), zit. nach: Müller-Armack (Hrsg.), Wirtschaftsordnung und Wirtschaftspolitik, 1966, S. 231 (238); *Zinn*, Soziale Marktwirtschaft, 1992, S. 49.

41 *Müller-Armack*, in: Beckerath et al. (Hrsg.), HdSW Bd. 9, 1956, S. 390; *Müller-Armack*, Wirtschaftslenkung und Marktwirtschaft, 1947, S. 87 f.

42 *Müller-Armack*, Wirtschaftslenkung und Marktwirtschaft, 1947, S. 59; *Meißner/Markl*, APuZ 17 (1988), 27 (28); *Zinn*, Soziale Marktwirtschaft, 1992, S. 44.

43 *Müller-Armack*, Wirtschaftslenkung und Marktwirtschaft, 1947, S. 6.

44 *Müller-Armack*, in: Beckerath et al. (Hrsg.), HdSW Bd. 9, 1956, S. 390, Herv. i.O. Ob diese Verbindung gelingt oder es sich um einen „Formelkompromiss" (mit derselben Frage *Joerges*, KJ 43 [2010], 394 [396]) handelt, wird an dieser Stelle nicht vertieft.

45 *Zweynert*, Wirtschaftsdienst 5/2008, 334 (335).

46 *Zweynert*, Wirtschaftsdienst 5/2008, 334 (335). Hervorzuheben insofern *Müller-Armack*, Soziale Irenik (1950), zit. nach: Müller-Armack (Hrsg.), Religion und Wirtschaft, 1959, S. 559 (insb. 577). Zur Versöhnung des von protestantischen Werten geprägten Ordoliberalismus und der katholischen Soziallehre auch *Rüstow*, in: Forster (Hrsg.), Christentum und Liberalismus, 1960, S. 149; weiter *Wengeler*, in: Böke/Liedtke/Wengeler (Hrsg.), Politische Leitvokabeln, 1996, S. 379 (388); *Nörr*, Die Republik der Wirtschaft, Teil I, 1999, S. 63; *Hien/Joerges*, Leviathan 45 (2017), 459 (468); *Biebricher/Ptak*, Soziale Marktwirtschaft und Ordoliberalismus, 2020, S. 12. Die von

Dabei veränderte *Müller-Armack* den „Theorietypus" weg von einem theoretischen System hin zu einer politischen „Richtungsangabe".[47] Hiermit rückt der offene und dynamische Leitbildcharakter des Begriffes in den Blick, der auf ein Programm für die Zukunft orientiert.[48]

II. Entfaltung der Sozialen Marktwirtschaft

Während die Schöpfung als Leitbild auf *Müller-Armack* zurückgeführt wird, wird die Durchsetzung als wirtschaftspolitisches Programm mit *Ludwig Erhard* verbunden.[49] Da sich – nicht sonderlich verwunderlich – Differenzen zwischen theoretischer Konzeption und wirtschaftspolitischer Realisierung feststellen lassen,[50] beginnen die Konturen des Begriffs spätestens hiermit aufzuweichen. Zwar führte *Erhard*, zunächst ein Vertreter der *freien* Marktwirtschaft, die Wirtschaftspolitik der Adenauer-Ära ausdrücklich „im

Miksch, Gedanken zur Wirtschaftsordnung, Sonderdr. 1948, S. 23, suggerierte Beliebigkeit der Begrifflichkeiten gilt daher nicht, → § 6 Fn. 31.

47 *Zinn*, Soziale Marktwirtschaft, 1992, S. 43.

48 *An. Müller-Armack*, in: Grosser/Th. Lange/An. Müller-Armack/Neuss (Hrsg.), Soziale Marktwirtschaft, 1988, S. 1 (17); *Lampert*, APuZ 17 (1988), 3 (6); *Andersen*, in: Andersen/Bogumil/Marschall/Woyke (Hrsg.), Handwörterbuch des politischen Systems der Bundesrepublik Deutschland, 8. Aufl. 2021, S. 1014 (1016).

49 *Müller-Armack*, Einführung, in: Müller-Armack (Hrsg.), Genealogie der Sozialen Marktwirtschaft, 1974, S. 7 (9 f.); *Nörr*, Die Republik der Wirtschaft, Teil I, 1999, S. 58; *Wengeler*, in: Böke/Liedtke/Wengeler (Hrsg.), Politische Leitvokabeln, 1996, S. 379 (396); *Koch*, Mietpreispolitik, 2006, S. 25; *Andersen*, in: Andersen/Bogumil/Marschall/Woyke (Hrsg.), Handwörterbuch des politischen Systems der Bundesrepublik Deutschland, 8. Aufl. 2021, S. 1014 (1016). Aufgrund der Breitenwirkung für die Volkswirtschaftslehre hervorzuheben: *Bofinger*, Grundzüge der Volkswirtschaftslehre, 5. Aufl. 2020, S. 180.

50 *Lowinski*, Wohnungspolitik in der Sozialen Marktwirtschaft, 1964, S. 14; *Müller-Armack*, Stil und Ordnung der Sozialen Marktwirtschaft (1952), zit. nach: Müller-Armack (Hrsg.), Wirtschaftsordnung und Wirtschaftspolitik, 1966, S. 231 (232); *Grosser*, in: Grosser/Th. Lange/An. Müller-Armack/Neuss (Hrsg.), Soziale Marktwirtschaft, 1988, S. 35 (35 ff.); *An. Müller-Armack*, in: Grosser/Th. Lange/An. Müller-Armack/Neuss (Hrsg.), Soziale Marktwirtschaft, 1988, S. 1; *Schlecht*, Grundlagen und Perspektiven der sozialen Marktwirtschaft, 1990, S. 16 (ff.); *Biebricher/Ptak*, Soziale Marktwirtschaft und Ordoliberalismus, 2020, S. 78; *Andersen*, in: Andersen/Bogumil/Marschall/Woyke (Hrsg.), Handwörterbuch des politischen Systems der Bundesrepublik Deutschland, 8. Aufl. 2021, S. 1014 (1017). Instruktiv auch *Kaufhold/Heitzer*, Der Staat 60 (2021), 353, die mittels eines empirischen Abgleichs mit der wirtschaftspolitischen Realität Preisregulierung nicht mehr als Fremdkörper, sondern als geradezu typisch für die Soziale Marktwirtschaft analysieren.

Zeichen der sozialen Marktwirtschaft“[51].[52] Doch ranken sich hierum einander widersprechende Erzählungen. Die Entfaltung der Sozialen Marktwirtschaft wird daher im Folgenden auch als diskursives Projekt beschrieben – ein Aspekt, der sich in der Analyse der Wohngesetzgebung an verschiedenen Stellen widerspiegelt.[53]

So ist vor dem Hintergrund heutiger Normalität hervorzuheben, dass mit der Sozialen Marktwirtschaft ein neues Leitbild und politisches Programm zunächst gegen den gesellschaftlichen und politischen Zeitgeist vorangetrieben wurden.[54] Dass sie sich durchgesetzt hat, war kein historischer Zufall.[55] Gleichzeitig stand dahinter kein von Anfang bis Ende durchexerzierter Plan; es ist vielmehr das Ergebnis intensiver gesellschaftlicher Auseinandersetzungen.[56]

Wie schon die theoretische und konzeptionelle Annäherung zeigt, entstand die Soziale Marktwirtschaft als „Antwort auf spezifische Probleme einer bestimmten Zeit“[57]: Nach Ende des Zweiten Weltkriegs war die Situation in Deutschland geprägt von Kriegszerstörung und Kriegswirtschaft; vorherige Erfahrungen umfassten die Inflation und Wirtschaftskrise in der Weimarer Zeit sowie Mangel und Schwarzmarkt während des Nationalsozialismus.[58] In dem daran anschließenden Zeitraum der Nachkriegszeit

---

51 *Müller-Armack*, in: Beckerath et al. (Hrsg.), HdSW Bd. 9, 1956, S. 390 (391); ähnlich *Müller-Armack*, Stil und Ordnung der Sozialen Marktwirtschaft (1952), zit. nach: Müller-Armack (Hrsg.), Wirtschaftsordnung und Wirtschaftspolitik, 1966, S. 231 (232). Vgl. insb. auch die Erzählung durch *Erhard* selbst, *Erhard*, Wohlstand für alle, 1. Aufl. 1957, S. 21 ff.

52 *Müller-Armack*, in: Beckerath et al. (Hrsg.), HdSW Bd. 9, 1956, S. 390; *Abelshauser*, Deutsche Wirtschaftsgeschichte seit 1945, 2004, S. 162; differenziert *Reichel*, A&K Sonderheft 2 (1998), 83 (87); kritisch einordnend *Zinn*, Soziale Marktwirtschaft, 1992, S. 48 f.; *Wengeler*, in: Busse/Hermanns/Teubert (Hrsg.), Begriffsgeschichte und Diskursgeschichte, 1994, S. 107 (109 f.); *Fuhrmann*, Entstehung der „Sozialen Marktwirtschaft“, 2017, S. 121 ff.

53 → § 7 C. II.; § 8 C. IV. 2.

54 Positiv *An. Müller-Armack*, in: Grosser/Th. Lange/An. Müller-Armack/Neuss (Hrsg.), Soziale Marktwirtschaft, 1988, S. 1 (6); allgemein *Nonhoff*, Politischer Diskurs und Hegemonie, 2006; *Nörr*, Die Republik der Wirtschaft, Teil 1, 1999, S. 63; *Fuhrmann*, Entstehung der „Sozialen Marktwirtschaft“, 2017, S. 10, 33.

55 Zu den Vorarbeiten bereits *Abelshauser*, Deutsche Wirtschaftsgeschichte seit 1945, 2004, S. 94 ff., 99 f.; → § 6 A. I. 1.

56 Dies betont auch *Fuhrmann*, Entstehung der „Sozialen Marktwirtschaft“, 2017, S. 308.

57 *Borchardt*, in: Issing (Hrsg.), Zukunftsprobleme der Sozialen Marktwirtschaft, 1981, S. 33 (35); *Biebricher/Ptak*, Soziale Marktwirtschaft und Ordoliberalismus, 2020, S. 125.

58 *Blum*, in: Albers et al. (Hrsg.), HdWW Bd. 5, 1980, S. 153 (154).

herrschte in der Bevölkerung eine „antikapitalistische Grundstimmung" vor.[59] Ein Großteil der deutschen Bevölkerung und Politikerinnen wollte dem vorherrschenden Elend durch Wirtschaftslenkung begegnen und die Demokratisierung der Wirtschaft vorantreiben.[60] Dass sich die Soziale Marktwirtschaft demgegenüber durchsetzen konnte, ist der schrittweisen Diskreditierung sozialistischer Konzeptionen, der „semantischen Qualität des Begriffs"[61] und der narrativen Verbindung mit dem Wirtschaftswunder geschuldet.[62]

Vorangetrieben wurde diese Entwicklung im politischen Bereich[63] ab 1947 durch Teile der Unions-Parteien und die FDP, die die Marktwirtschaft als Antonym zur ‚Planwirtschaft' in der politischen Auseinandersetzung positionierten.[64] Es blieb jedoch nicht bei einer bloßen Gegenüberstellung, sondern die ‚Planwirtschaft' und verwandte Bezeichnungen wurden gezielt stigmatisiert.[65] Beispielsweise wurde die auch im Wohn-Kontext relevante

59 *Fuhrmann*, Entstehung der „Sozialen Marktwirtschaft", 2017, S. 85; weiter u.a. *Blum*, in: Albers et al. (Hrsg.), HdWW Bd. 5, 1980, S. 153 (154); *An. Müller-Armack*, in: Grosser/Th. Lange/An. Müller-Armack/Neuss (Hrsg.), Soziale Marktwirtschaft, 1988, S. 1 (4 f.); *Wengeler*, in: Busse/Hermanns/Teubert (Hrsg.), Begriffsgeschichte und Diskursgeschichte, 1994, S. 107 (109); *Lachmann*, Volkswirtschaftslehre 2, 2004, S. 35; *Abelshauser*, Deutsche Wirtschaftsgeschichte seit 1945, 2004, S. 91 ff.

60 *Blum*, Soziale Marktwirtschaft, 1969, S. 5, 10, 13 ff.; *Müller-Armack*, in: Müller-Armack (Hrsg.), Genealogie der Sozialen Marktwirtschaft, 1974, S. 7 (8); *Blum*, in: Albers et al. (Hrsg.), HdWW Bd. 5, 1980, S. 153 (154); *Wengeler*, in: Stötzel/Wengeler (Hrsg.), Kontroverse Begriffe, 1995, S. 35 (36); *Fuhrmann*, Entstehung der „Sozialen Marktwirtschaft", 2017, S. 83 ff.

61 *Zinn*, Soziale Marktwirtschaft, 1992, S. 9.

62 *Biebricher/Ptak*, Soziale Marktwirtschaft und Ordoliberalismus, 2020, S. 12.

63 Zu den daneben agierenden „multilayer networks" und ihren auf die gesellschaftliche Akzeptanz gerichteten Strategien *Ptak*, in: Mirowski/Plehwe (Hrsg.), Mont Pèlerin, 2009, S. 98 (122).

64 *Wengeler*, in: Böke/Liedtke/Wengeler (Hrsg.), Politische Leitvokabeln, 1996, S. 379 (388, 391, 396). Auch in der CDU musste sich das Leitbild jedoch erst durchsetzen. Dies geschah maßgeblich mit den Düsseldorfer Grundsätzen von 1949, die die Soziale Marktwirtschaft im ersten Bundestagswahlkampf an die Öffentlichkeit brachten (*Müller-Armack*, in: Beckerath et al. [Hrsg.], HdSW Bd. 9, 1956, S. 390; *Zinn*, Soziale Marktwirtschaft, 1992, S. 13, 45). Die SPD folgte 1959 mit dem Godesberger Programm, jedoch ohne explizite Nennung der mit CDU/CSU und FDP verbundenen Begrifflichkeit, *Schlecht*, Grundlagen und Perspektiven der sozialen Marktwirtschaft, 1990, S. 20; *Wengeler*, in: Stötzel/Wengeler (Hrsg.), Kontroverse Begriffe, 1995, S. 35 (49 ff.).

65 *Wengeler*, in: Busse/Hermanns/Teubert (Hrsg.), Begriffsgeschichte und Diskursgeschichte, 1994, S. 107 (109 ff.); *Wengeler*, in: Stötzel/Wengeler (Hrsg.), Kontroverse Begriffe, 1995, S. 35 (40); *Wengeler*, in: Böke/Liedtke/Wengeler (Hrsg.), Politische Leitvokabeln, 1996, S. 379 (389).

Begrifflichkeit der ‚Zwangswirtschaft' als eindeutige Negativvokabel mit Referenz auf den Nationalsozialismus und das Sowjetsystem ins Feld geführt.[66] Doch die Gegenüberstellung von „Plan vs. Markt" als „‚schlecht' und ‚gut'" reichte in der Nachkriegszeit nicht aus.[67] Dies lag nicht nur im diskursiven Bereich begründet, sondern auch an wirtschaftspolitischen Entwicklungen, wie massiven Preissteigerungen nach der Währungsreform und Preisfreigabe, die zu einem Sommer voller Proteste und einem Generalstreik am 12. November 1948 führten.[68] Erst parallel hierzu setzte sich schrittweise das Sprechen über eine Soziale Marktwirtschaft durch.

Einen Durchbruch erlebte der Begriff mit der teilweise taktischen Verwendung durch die CDU im Wahlkampf 1949.[69] Ausschlaggebend für den nachhaltigen Erfolg des Begriffs war jedoch erst die nun folgende Ausgestaltung und Konkretisierung des Programms und, dass der wirtschaftliche Aufschwung der Nachkriegszeit mit dem neuen wirtschaftspolitischen Ansatz verbunden wurde.[70] Ob Aufschwung und Konzept tatsächlich so eng miteinander zusammenhingen, ist umstritten.[71] Dennoch wurde die Soziale

66 *Wengeler*, in: Stötzel/Wengeler (Hrsg.), Kontroverse Begriffe, 1995, S. 35 (40); weiter → § 6 B. V.

67 *Wengeler*, in: Böke/Liedtke/Wengeler (Hrsg.), Politische Leitvokabeln, 1996, S. 379 (388).

68 Eingehend *Fuhrmann*, Entstehung der „Sozialen Marktwirtschaft", 2017, S. 151 f., 165 ff., 231 ff. (für nicht-diskursive Elemente) und S. 259 ff. (mit der Diskursanalyse). Das Leitsätzegesetz wurde als „Ermächtigungsgesetz", *Erhard* statt als „Wirtschaftsdirektor" als „Wirtschaftsdiktator" bezeichnet. Dazu auch *Nörr*, Die Republik der Wirtschaft, Teil 1, 1999, S. 52. *Erhard*, Wohlstand für alle, 1957, S. 24, beschreibt das Halbjahr selbst als eines der „dramatischsten in der deutschen Wirtschaftsgeschichte."

69 *Wengeler*, in: Stötzel/Wengeler (Hrsg.), Kontroverse Begriffe, 1995, S. 35 (45 ff.); *Fuhrmann*, Entstehung der „Sozialen Marktwirtschaft", 2017, S. 304 f.; → § 6 Fn. 64.

70 *Wengeler*, in: Busse/Hermanns/Teubert (Hrsg.), Begriffsgeschichte und Diskursgeschichte, 1994, S. 107 (111, 114 f.); *Wengeler*, in: Stötzel/Wengeler (Hrsg.), Kontroverse Begriffe, 1995, S. 35 (35, 47); *Wengeler*, in: Böke/Liedtke/Wengeler (Hrsg.), Politische Leitvokabeln, 1996, S. 379 (397); *Zinn*, Soziale Marktwirtschaft, 1992, S. 13; *Ptak*, in: Mirowski/Plehwe (Hrsg.), Mont Pèlerin, 2009, S. 98 (122); *Biebricher/Ptak*, Soziale Marktwirtschaft und Ordoliberalismus, 2020, S. 12, 18 f., 106. Zu den Beiträgen, die eine Kampagne des Vereins Die Waage und die Aktionsgemeinschaft Soziale Marktwirtschaft leisteten *Ptak*, Ossietzky 5 (2002), 235; *Speth*, Die politischen Strategien der Initiative Neue Soziale Marktwirtschaft, 2004, S. 13 ff.; *Fuhrmann*, Entstehung der „Sozialen Marktwirtschaft", 2017, S. 323.

71 *Wengeler*, in: Stötzel/Wengeler (Hrsg.), Kontroverse Begriffe, 1995, S. 35 (35 Fn. 2); mit verschiedenen Aspekten *Abelshauser*, Deutsche Wirtschaftsgeschichte seit 1945, 2004, S. 48 ff., 68 ff., 127, 158 ff.; *Zinn*, Soziale Marktwirtschaft, 1992, S. 73 ff.; weiter zur Historisierung der Sozialen Marktwirtschaft auch *Fuhrmann*, Entstehung der „Sozialen Marktwirtschaft", 2017, S. 155 ff., 319 ff.

Marktwirtschaft zum „Fahnenwort“ und „Wahlkampfschlager“ der CDU[72] sowie wirtschaftspolitischen Gründungsmythos der BRD.[73] Der Terminus diente „als positive[r] Identifikationsbegriff in der parteipolitischen Auseinandersetzung“[74] und wurde auch später wiederholt als Fahnenwort verwendet, um die eigenen wirtschaftspolitischen Vorstellungen voranzubringen.[75] Dabei werden durchaus unterschiedliche Schwerpunkt gesetzt und verschiedene wirtschaftspolitische Stile unter dem Stichwort subsumiert.[76]

Insbesondere expandierte das Modell der Sozialen Marktwirtschaft nach 1989/1990 auch in die neuen Bundesländer und wurde als gemeinsame

72 *Wengeler*, in: Stötzel/Wengeler (Hrsg.), Kontroverse Begriffe, 1995, S. 35 (42).

73 *Ptak*, Ossietzky 5 (2002), 235; *Speth*, Die politischen Strategien der Initiative Neue Soziale Marktwirtschaft, 2004, S. 15.

74 *Biebricher/Ptak*, Soziale Marktwirtschaft und Ordoliberalismus, 2020, S. 18.

75 Bspw. *Wengeler*, in: Stötzel/Wengeler (Hrsg.), Kontroverse Begriffe, 1995, S. 35 (72 ff.); *Ptak*, Ossietzky 5 (2002), 235 (236); zur Initiative Neue Soziale Marktwirtschaft (INSM) als Wiederaufgreifen der Erfolge der „Waage“ *Speth*, Die politischen Strategien der Initiative Neue Soziale Marktwirtschaft, 2004, S. 13 ff.

76 Abgesehen von der Rentenreform Mitte der 1950er, die eine explizite Abkehr von einer rein ordoliberalen Konzeption darstellt, dominierte zunächst der Ordnungsgedanke, *Schlecht*, Grundlagen und Perspektiven der sozialen Marktwirtschaft, 1990, S. 18; *Abelshauser*, Deutsche Wirtschaftsgeschichte seit 1945, 2004, S. 163, 196 ff.; *Küsters*, Ordoliberal Language, 2023, S. 137 f. In den 1960ern sollte eine gesellschaftspolitische Erweiterung, mehr Sozialpolitik und Arbeitnehmermitbestimmung eine zweite Phase einleiten, vgl. *Müller-Armack*, Die zweite Phase der Sozialen Marktwirtschaft (1960), zit. nach: Müller-Armack (Hrsg.), Wirtschaftsordnung und Wirtschaftspolitik, 1966, S. 267; *Blum*, in: Albers et al. (Hrsg.), HdWW Bd. 5, 1980, S. 153 (159 f.); *Nörr*, Die Republik der Wirtschaft, Teil I, 1999, S. 65 ff.; *Lampert*, APuZ 17 (1988), 3 (9); *Rösner*, Sozialpartnerschaft und Mitbestimmung, 1988, zit. nach: Bundeszentrale für politische Bildung (Hrsg.), Soziale Marktwirtschaft, 1989, S. 99; *Rödl*, Integration 28 (2005), 150 (153); zur Kontinuität korporatistischer Strukturen *Abelshauser*, Deutsche Wirtschaftsgeschichte seit 1945, 2004, S. 171, 173 f. Mit der sozial-liberalen Koalition folgte ein Wechsel zu einer stärkeren, aber finanziell begrenzten, antizyklischen Konjunkturpolitik, *Lampert*, APuZ 17 (1988), 3 (10); *Zinn*, Soziale Marktwirtschaft, 1992, S. 82 ff.; *Nörr*, Die Republik der Wirtschaft, Teil 1, 1999, S. 67 ff.; zum Verhältnis Sozialer Marktwirtschaft und Konjunkturpolitik *Schlecht*, in: Issing (Hrsg.), Zukunftsprobleme der Sozialen Marktwirtschaft, 1981, S. 9 (20 f.). Die liberal-konservative Regierung wandte sich ab 1982 wiederum stärker dem Ordnungsgedanken zu, *Schlecht*, Grundlagen und Perspektiven der sozialen Marktwirtschaft, 1990, S. 28 ff.; *Zinn*, Soziale Marktwirtschaft, 1992, S. 93 f. Den Regierungswechsel als „weniger ‚Wende‘ als Kontinuität“ beschreibt hingegen *Thurn*, Welcher Sozialstaat?, 2013, S. 296 (ff.), unter Bezugnahme auf die schon zuvor erfolgten wohlfahrtsstaatlichen Kürzungen und im Vergleich zum marktradikalen Vorgehen *Thatchers* und *Reagans*.

Wirtschaftsordnung in Art. 1 Abs. 3 WWSUVtr festgeschrieben.[77] Auch für die Europäische Union wurde die Soziale Marktwirtschaft in Art. 3 Abs. 3 EUV als wirtschaftspolitischer Grundgedanke festgesetzt und damit verschiedene wirtschaftspolitische Zielsetzungen verbunden.[78] Dies bedeutete eine weitere Normalisierung, aber keinen Schlusspunkt der Entwicklung. Prominent wiederaufgegriffen wurde das Konzept zum einen durch die „Initiative Neue Soziale Marktwirtschaft" (INSM), die – finanziert durch die Arbeitgeberverbände der Metall- und Elektroindustrie und wissenschaftlich begleitet durch das arbeitgebernahe Institut der deutschen Wirtschaft – wirtschaftsliberale Reformen, wie Deregulierung und Privatisierungen, verfolgt.[79] Durch die Bezugnahme auf ein positiv konnotiertes Konzept sollten diese Reformen leichter durchsetzbar sein; es wurde also an das strategisch-narrative Element der Sozialen Marktwirtschaft angeknüpft.[80] Zum anderen findet sich die Soziale Marktwirtschaft heutzutage in den Diskussionen um ein Update als ökologisch-soziale Marktwirtschaft.[81] Klimapolitische Zielsetzungen sollen im Einklang mit diesem Leitbild erreicht und dieses gleichzeitig aktualisiert werden. Dass all diese Entwicklungen unter dem Gedanken der Sozialen Marktwirtschaft gefasst werden, zeigt einmal mehr, wie umstritten der Begriff ist und wie hoch seine Relevanz als politischer Bezugspunkt.[82]

III. Grundelemente der Sozialen Marktwirtschaft

Während diskurstheoretische Forschungsansätze daher teilweise jeden theoretischen oder zumindest fixierten Gehalt der Sozialen Marktwirt-

77 *Andersen*, in: Andersen/Bogumil/Marschall/Woyke (Hrsg.), Handwörterbuch des politischen Systems der Bundesrepublik Deutschland, 8. Aufl. 2021, S. 1014 (1021); auch *Fuhrmann*, Entstehung der „Sozialen Marktwirtschaft", 2017, S. 328.

78 Kritisch *Rödl*, Integration 28 (2005), 150.

79 Siehe die Selbstvorstellung der INSM: https://www.insm.de/insm/ueber-die-insm/faq.

80 *Ptak*, Ossietzky 5 (2002), 235 (236); *Speth*, Die politischen Strategien der Initiative Neue Soziale Marktwirtschaft, 2004, S. 13 ff.

81 *BMWK*, Wohlstand und Klimaschutz, https://www.bmwk.de/Redaktion/DE/Dossier/soziale-marktwirtschaft.html.

82 Als „Botschaft für die Politik und für die Bevölkerung", *Speth*, Die politischen Strategien der Initiative Neue Soziale Marktwirtschaft, 2004, S. 15; *Wengeler*, in: Böke/Liedtke/Wengeler (Hrsg.), Politische Leitvokabeln, 1996, S. 379 (379), sieht einen Wandel vom programmatischen Charakter aus der Gründungszeit hin zur Verwendung als Zustandsbeschreibung.

schaft bezweifeln,[83] können doch einige Grundelemente ausgemacht werden, die die an diesen Abschnitt anschließende Operationalisierung (→ B.) anleiten und begründen. Dabei werden die Selbstaussagen[84] der verschiedenen Zugriffe verbunden und ihnen entsprechend zunächst die grundlegende Entscheidung für eine marktwirtschaftliche Wettbewerbsordnung (1.) und die Ausgestaltung sozialer Belange (2.) vertieft; anschließend werden die nicht-ökonomischen, diskursiven Elemente (3.) zusammengefasst.

1. Wettbewerbsordnung und Marktmechanismus

Der Sozialen Marktwirtschaft liegt die wirtschaftspolitische Entscheidung für den Marktmechanismus zugrunde.[85] Das marktwirtschaftliche System wird jedoch den ordoliberalen Grundsätzen entsprechend nicht sich selbst überlassen: Es wird durch eine Wirtschafts- und Wettbewerbsordnung gerahmt.[86] Diese wird durch Vertragsfreiheit, Leistungswettbewerb, Privateigentum an den Produktionsmitteln, freie Preisbildung, Gewerbefreiheit, Berufsfreiheit, Freizügigkeit, Konsumfreiheit, Wettbewerbsfreiheit und ins-

---

83 *Speth*, Die politischen Strategien der Initiative Neue Soziale Marktwirtschaft, 2004, S. 15; ebenfalls kritisch bzgl. der Fixierung einer „eigentlichen Bedeutung" *Nonhoff*, Politischer Diskurs und Hegemonie, 2006, S. 78 ff.

84 Vgl. für die ordoliberalen Grundsätze der Wirtschaftspolitik *Eucken*, Grundsätze der Wirtschaftspolitik, 4. Aufl. 1962, S. 160 ff.; dazu *Zinn*, Soziale Marktwirtschaft, 1992, S. 37 ff.; *Lachmann*, Volkswirtschaftslehre 2, 2004, S. 41 ff. Für die Merkmale als wirtschaftspolitisches Programm entsprechend der rechtlichen Normierungen vgl. die erwähnten Art. 1 Abs. 3 WWSUVtr und Art. 3 Abs. 3 EUV. Für eine pragmatisch-analytische Verwendung sowohl als Ziel als auch als Instrument siehe statt vieler: *Fichtel*, Wohnungspolitik in der sozialen Marktwirtschaft, 1980, S. 51.

85 *Eucken*, Grundsätze der Wirtschaftspolitik, 4. Aufl. 1962, S. 160, 154 f.; *Zinn*, Soziale Marktwirtschaft, 1992, S. 15; vgl. weiter *Röpke*, Die Lehre von der Wirtschaft, 1937, S. 117 ff., 187 ff. Dass die marktwirtschaftliche Ordnung aufgrund ihrer Allokationseffizienz „Wohlstand für alle" (vgl. die programmatische Schrift von *Erhard*, Wohlstand für alle, 1957) schaffe, wird als erste soziale Komponente des Systems beschrieben, *Lampert*, APuZ 17 (1988), 3 (6); *Zinn*, Soziale Marktwirtschaft, 1992, S. 16; *Zweynert*, Wirtschaftsdienst 5/2008, 334. Dazu weiter → § 6 A. III. 2. Zur Beschreibung und Diskussion dieses *Trickle Down*-Arguments bereits → § 4 B. II.; § 5 B. II. 3.

86 *Schlecht*, in: Issing (Hrsg.), Zukunftsprobleme der Sozialen Marktwirtschaft, 1981, S. 9 (10); *Lampert*, APuZ 17 (1988), 3 (6).

besondere Monopolkontrolle[87] rechtlich gestaltet und gesichert.[88] Zumal mit dem Marktmechanismus selbst bereits soziale Wirkungen verbunden werden, werden sozial- und wirtschaftspolitische Maßnahmen anhand des Kriteriums der Markt- bzw. Systemkonformität bewertet.[89] Entscheidend ist „ihre Verträglichkeit mit dem Funktionieren einer marktwirtschaftlichen Produktion und der ihr entsprechenden Einkommensbildung"[90]. Als marktkonform gelten somit Maßnahmen, „die den sozialen Zweck sichern, ohne störend in die Marktapparatur einzugreifen."[91] Preisfestlegungen sind folglich unerwünscht; stattdessen sollen sozialpolitische Hilfen „den Charakter von Subventionen haben, die an bedürftige Schichten gezahlt werden."[92] An dieser Stelle zeigt sich eine Nähe zum bereits beschriebenen neoklassischen Wissen, das ebenfalls anhand des Preismechanismus marktkonformes und -inkonformes Handeln unterscheidet.[93] Und obwohl der ordoliberale Ansatz den Gedanken der Wettbewerbsordnung als (rechtlich) gesicherter Rahmenordnung teilweise zu einer Wirtschafts*verfassung* ver-

---

87 An dieser Stelle weicht der ordoliberale am stärksten vom neoliberalen Gedanken ab, weshalb eine Übertragung des angloamerikanischen LPE-Ansatzes an dieser Stelle weniger Sinn ergibt: *Renner/Kindt*, JZ 78 (2023), 313 (317).

88 Die Bausteine finden sich so oder in ähnlicher Form bereits in den Düsseldorfer Leitsätzen der CDU und haben sich im Einigungsvertrag und im EUV niedergeschlagen, *Lampert*, APuZ 17 (1988), 3 (6).

89 *Müller-Armack*, in: Beckerath et al. (Hrsg.), HdSW Bd. 9, 1956, S. 390 (391). Mit Ausführungen zum Unterschied zwischen den Begrifflichkeiten *Lowinski*, Wohnungspolitik in der Sozialen Marktwirtschaft, 1964, S. 127 f.; *Fichtel*, Wohnungspolitik in der sozialen Marktwirtschaft, 1980, S. 51 ff.; *Lachmann*, Volkswirtschaftslehre 2, 2004, S. 48 f.; *Koch*, Mietpreispolitik, 2006, S. 28 ff. Dabei läuft es darauf hinaus, dass bei der Systemkonformität marktinkonforme Maßnahmen nicht per se ausgeschlossen sind, marktkonformes Handeln „bei gleichem Zielerreichungsgrad" jedoch vorzugswürdig sei, *Fichtel*, Wohnungspolitik in der sozialen Marktwirtschaft, 1980, S. 53 f.

90 *Müller-Armack*, in: Beckerath et al. (Hrsg.), HdSW Bd. 9, 1956, S. 390 (391); basierend auf *Röpke*, Die Lehre von der Wirtschaft, 1937, S. 191; *Röpke*, Die Gesellschaftskrisis der Gegenwart, 4. Aufl. 1942, S. 297 ff.; so jedenfalls *Zinn*, Soziale Marktwirtschaft, 1992, S. 33.

91 *Müller-Armack*, Wirtschaftslenkung und Marktwirtschaft, 1947, S. 93 f., 109; *Müller-Armack*, in: Beckerath et al. (Hrsg.), HdSW Bd. 9, 1956, S. 390 (391); *Müller-Armack*, Die Soziale Marktwirtschaft nach einem Jahrzehnt ihrer Erprobung (1959), zit. nach: Müller-Armack (Hrsg.), Wirtschaftsordnung und Wirtschaftspolitik, 1966, S. 251 (254); vgl. auch *Röpke*, Die Gesellschaftskrisis der Gegenwart, 4. Aufl. 1942, S. 298.

92 *Th. Lange*, in: Grosser/Th. Lange/An. Müller-Armack/Neuss (Hrsg.), Soziale Marktwirtschaft, 1988, S. 137 (139).

93 → § 4 B. I.; *Biebricher/Ptak*, Soziale Marktwirtschaft und Ordoliberalismus, 2020, S. 54 ff.

dichtet,[94] handelt es sich beim Konformitätskriterium um einen ökonomischen Maßstab.[95]

2. Soziale Dimensionen

Das Wettbewerbsprinzip als „tragendes Gerüst" wird von vornherein als „bewußt gesteuerte, und zwar *sozial* gesteuerte Marktwirtschaft" verstanden.[96] Dies erfordert nicht viel: Als sozial gesteuert gilt die Marktwirtschaft bereits dadurch, dass sie Konsumentenwünsche erfüllt und dadurch „eine soziale Leistung" erbringt.[97] Daneben rechtfertigt die wettbewerbliche Produktivitätssteigerung die Entscheidung für den Wettbewerb.[98] Dieser Gedanke liegt auch der (Neo-)Klassik zugrunde.[99] Im Zuge der Sozialen Marktwirtschaft werden jedoch die Allokationseffizienz zum moralischen

---

94 Vgl. u.a. *Thurn*, Welcher Sozialstaat?, 2013, S. 303 ff.; *Nörr*, Die Republik der Wirtschaft, Teil I, 1999, S. 84 ff., 94 ff.; *M. Müller*, AöR 147 (2022), 518 (558 ff., zum Diskussionsstand insb. Fn. 255). Nach *Hien/Joerges*, Leviathan 45 (2017), 459 (464), zeigt sich an dieser Stelle die Schwäche des ordoliberalen Denkens im Öffentlichen Recht.

95 Für Aussagen des BVerfG zur wirtschaftspolitischen Neutralität des Grundgesetzes BVerfGE 4, 7 <17 f.> – *Investitionshilfe* [1954]; BVerfGE 50, 290 <338> – *Mitbestimmung* [1979].

96 *Müller-Armack*, Wirtschaftslenkung und Marktwirtschaft, 1947, S. 88, Herv. d. Verf. Nach *An. Müller-Armack*, in: Grosser/Th. Lange/An. Müller-Armack/Neuss (Hrsg.), Soziale Marktwirtschaft, 1988, S. 1 (12), begründet die Gleichrangigkeit von Markt- und Sozialprinzip die Schreibweise der Sozialen Marktwirtschaft mit großem „S".

97 *Müller-Armack*, in: Beckerath et al. (Hrsg.), HdSW Bd. 9, 1956, S. 390 (391); zuvor ähnlich *Müller-Armack*, Wirtschaftslenkung und Marktwirtschaft, 1947, S. 71, 108; *Miksch*, Gedanken zur Wirtschaftsordnung, Sonderdr. 1948, S. 10 f.

98 *Müller-Armack*, in: Beckerath et al. (Hrsg.), HdSW Bd. 9, 1956, S. 390 (391); *Eucken*, Grundsätze der Wirtschaftspolitik, 4. Aufl. 1962, S. 179 f.; *Müller-Armack*, Die Soziale Marktwirtschaft nach einem Jahrzehnt ihrer Erprobung (1959), zit. nach Müller-Armack (Hrsg.), Wirtschaftsordnung und Wirtschaftspolitik, 1966, S. 251 (253); *Borchardt*, in: Issing (Hrsg.), Zukunftsprobleme der Sozialen Marktwirtschaft, 1981, S. 33 (37); *Th. Lange*, in: Grosser/Th. Lange/An. Müller-Armack/Neuss (Hrsg.), Soziale Marktwirtschaft, 1988, S. 137. Nicht zuletzt konnte schließlich der real erfahrene wirtschaftspolitische Aufschwung, also die Zeiten des ‚Wirtschaftswunders', die Popularität der Sozialen Marktwirtschaft steigern, *Zinn*, Soziale Marktwirtschaft, 1992, S. 78; → s.o., § 6 A. II. 1.

99 → § 4 A. III.; *Schlecht*, Grundlagen und Perspektiven der sozialen Marktwirtschaft, 1990, S. 3, 11 f.

Gebot und marktwirtschaftliche Prinzipien zum Ziel sozialer Steuerung erhoben.[100]

Das Marktsystem ist gemäß dem sozial-marktwirtschaftlichen Verständnis also schon an sich sozial. Es kann zudem durch sozialpolitische Ausgestaltung ergänzt werden. Dazu dient zum einen die „institutionelle Sicherung des Wettbewerbs“ durch Monopol- und Kartellkontrolle, die „den Wettbewerb zu größter Wirksamkeit im Interesse des Verbrauchers“ führt.[101] Zum anderen kommt eine „staatliche Einkommensumleitung, […] in Form von Fürsorgeleistungen, Renten- und Lastenausgleichszahlungen, Wohnungsbauzuschüssen, Subventionen usw.“, mithin marktkonforme Umverteilung, in Betracht.[102] Hierbei wird jedoch eine grundsätzliche Subsidiarität staatlicher und gesellschaftlicher Hilfestellung gegenüber der Eigeninitiative und Gruppenverantwortung angenommen.[103] Dieser Gedanke steht in Verbindung mit korporatistischen Ansätzen und entspricht dem sozial-marktwirtschaftliche Gedanken insofern,[104] als dass hierdurch „die alte Polarisierung zwischen Arbeit und Kapital“[105] aufgehoben und stattdessen harmonische Wirtschaftsbeziehungen zwischen partnerschaftlich handelnden Arbeitgeberinnen und Arbeitnehmerinnen etabliert werden sollen.[106]

Im Zusammenspiel führen das Subsidiaritätsprinzip und das Kriterium der Marktkonformität zu wirtschaftspolitischer Zurückhaltung und einem

100 *Blum*, in: Albers et al. (Hrsg.), HdWW Bd. 5, 1980, S. 153 (156); *Schlecht*, Grundlagen und Perspektiven der sozialen Marktwirtschaft, 1990, S. 37.

101 *Müller-Armack*, in: Beckerath et al. (Hrsg.), HdSW Bd. 9, 1956, S. 390 (391).

102 *Müller-Armack*, in: Beckerath et al. (Hrsg.), HdSW Bd. 9, 1956, S. 390 (391); *Schlecht*, in: Issing (Hrsg.), Zukunftsprobleme der Sozialen Marktwirtschaft, 1981, S. 9 (10).

103 *An. Müller-Armack*, in: Grosser/Th. Lange/An. Müller-Armack/Neuss (Hrsg.), Soziale Marktwirtschaft, 1988, S. 1 (14); zur protestantischen Verankerung des „Befähigungskern[s]“ des Subsidiaritätsprinzips *Hien/Joerges*, Leviathan 45 (2017), 459 (467).

104 Vgl. zur Gründung von Gewerkschaften als „wirtschaftsordnungskonform“ *Schlecht*, in: Issing (Hrsg.), Zukunftsprobleme der Sozialen Marktwirtschaft, 1981, S. 9 (23).

105 *Schlecht*, in: Issing (Hrsg.), Zukunftsprobleme der Sozialen Marktwirtschaft, 1981, S. 9 (23). Nach *Miksch*, Gedanken zur Wirtschaftsordnung, Sonderdr. 1948, S. 15, war die Machtkonstellation bereits durch die Einführung der Koalitionsfreiheit aufgelöst und stattdessen gesamtwirtschaftliche Machtstellungen wie durch Monopole zum Problem geworden.

106 *Schlecht*, Grundlagen und Perspektiven der sozialen Marktwirtschaft, 1990, S. 18 f.; *Wengeler*, in: Böke/Liedtke/Wengeler (Hrsg.), Politische Leitvokabeln, 1996, S. 379 (416); *An. Müller-Armack*, in: Grosser/Th. Lange/An. Müller-Armack/Neuss (Hrsg.), Soziale Marktwirtschaft, 1988, S. 1 (15).

Rückzug des Staates.[107] Wenn doch – zeitlich begrenzt – sozialpolitische Maßnahmen eingesetzt werden, sollen sie neben der Marktkonformität auch einem weiteren Kerngedanken der Marktwirtschaft entsprechen: die Eigentumsbildung vorantreiben.[108] In dieser Hinsicht baut die Soziale Marktwirtschaft auf den ordoliberalen Gedanken einer „Vitalpolitik" mit dem Ziel der „Entproletarisierung", u.a. durch Förderung des Kleinbauerntums auf,[109] die sich in der Vorstellung einer Gesellschaft der Eigentumsbürger niederschlägt.[110]

3. Die Soziale Marktwirtschaft als Fahnenwort

Neben den inhaltlichen Deutungen der Sozialen Marktwirtschaft sind auch diejenigen Ansätze zu beachten, die sie vornehmlich als instrumentell eingesetztes Fahnenwort[111] begreifen, das der Durchsetzung damit verbundener politischer bzw. marktwirtschaftlicher Ideen diente und teilweise noch immer dient. Diese mit der Sozialen Marktwirtschaft verbundenen Setzungen und narrativen Strategien sollen auch vorliegend nicht unterschätzt werden. Sie stellen daher ein weiteres Grundelement dar, wobei – die obigen Ausführungen zusammenfassend – verschiedene Ausprägungen beschrieben werden können.[112]

So wird die Soziale Marktwirtschaft eng mit der Einführung eines marktwirtschaftlichen Systems nach 1945 und dem Wirtschaftsaufschwung der Nachkriegszeit verbunden. Hierbei wurde sie als Neuanfang positioniert und durch die Polarisierung mit Gegenbegriffen und deren Abwertung

107 *Wegner*, in: Engelhardt/Thiemeyer (Hrsg.), FS Jenkis, 1987, S. 169. Dies drückte sich auch im *Erhard*'schen Verständnis der Sozialen Marktwirtschaft aus: *Erhard* wollte soziale Zielsetzungen vor allem über den Markt und Ordnungspolitik und weniger durch Umverteilung und Selbstverwaltungsstrukturen erreichen, *Abelshauser*, Deutsche Wirtschaftsgeschichte seit 1945, 2004, S. 191; für *Erhard* selbst zu diesem Thema, vgl. bspw. *Erhard*, Wohlstand für alle, 1957, S. 256 ff. Zur Einordnung als ordoliberalem Grundgedanken *Blum*, Soziale Marktwirtschaft, 1969, S. 52.

108 *Abelshauser*, Deutsche Wirtschaftsgeschichte seit 1945, 2004, S. 191 f.; Privateigentum als „eigentliche Basis der materiellen Sicherheit" nach *Blum*, Soziale Marktwirtschaft, 1969, S. 53.

109 *Röpke*, Die Gesellschaftskrisis der Gegenwart, 4. Aufl. 1942, S. 357 ff.; *Rüstow*, in: Hunold (Hrsg.), Wirtschaft ohne Wunder, 1953, S. 97 (103 ff.). Hierzu → § 6 B. IV.

110 *Habermann*, ORDO 2004, 99 (114); weiter zur Bedeutung des Privateigentums für die ordoliberale Theorie *M. Müller*, AöR 147 (2022), 518 (545 f.).

111 → § 6 Fn. 75.

112 → § 6 A. II.

als plausible Lösung dargestellt. Die Verbindung des marktwirtschaftlichen mit dem sozialen Gedanken diente folglich der Legitimierung der Entscheidung für das marktwirtschaftliche System.[113] Der Begriff sollte als Etikett positive Assoziationen wecken und wirtschaftsliberale Maßnahmen ermöglichen. Mittlerweile hat sich die Soziale Marktwirtschaft in diesem Sinne als „Fixpunkt im deutschen Kollektivgedächtnis"[114] verselbstständigt. Dabei kommt ihr gerade deshalb, weil sie nicht endgültig definiert ist, bis heute eine hohe Strahlkraft zu.[115] In diesem Sinne bemühen sich Politikerinnen weiterhin, ihre Konzepte unter diesem Begriff zu fassen.[116] Die Soziale Marktwirtschaft bleibt somit inhaltlich umkämpft. Zwar lassen sich verschiedene Grundelemente festmachen, doch kann der Begriff mit verschiedenen Bedeutungen gefüllt werden und die einzelnen Elemente unterschiedlich gewichtet werden. Welche Formen dies für das Wohnen annimmt, ist Gegenstand der folgenden Plausibilisierung und Untersuchung.

B. Soziale Marktwirtschaft und Wohngesetzgebung

Aufbauend auf den vorstehenden Ausführungen werden im Folgenden Argumentationslinien herausgearbeitet, die als typisch für die Soziale Marktwirtschaft gelten und somit als Vehikel für Annahmen der Sozialen Marktwirtschaft im Wohnungswesen dienen können.[117] Hierfür werden neben

---

113 *Ptak*, Ossietzky 5 (2002), 235 (237): Soziale Marktwirtschaft als „flexible Konzeption zur Rechtfertigung der Marktwirtschaft".

114 *Hien/Joerges*, Leviathan 45 (2017), 459 (483).

115 Vgl. *Hien/Joerges*, Leviathan 45 (2017), 459 (483).

116 *Zinn*, Soziale Marktwirtschaft, 1992, S. 49; *Ptak*, Ossietzky 5 (2002), 235 (236); → § 6 A. II.

117 Wie bisher geht es bei der nachfolgenden Operationalisierung nicht darum, die Wohngesetzgebung als umgesetzte Soziale Wohnungsmarktwirtschaft darzustellen, sondern darum, die mögliche Transformation von sozial-marktwirtschaftlichem Wissen in der Wohngesetzgebung aufzuzeigen. Entsprechend nimmt *Fichtel*, Wohnungspolitik in der sozialen Marktwirtschaft, 1980, einen Abgleich „zwischen praktischer Wohnungspolitik und dem Leitbild der Sozialen Marktwirtschaft" (S. 1) mit dem Ergebnis einer „weitgehende[n] Übereinstimmung zwischen der Wertbasis der Wohnungspolitik und den Normen und Wertvorstellungen der Sozialen Marktwirtschaft" (S. 241) vor. Vgl. auch *Leonhardt*, Wohnungspolitik in der Sozialen Marktwirtschaft, 1996, S. 269, mit dem Fazit, dass insgesamt eine „Konformität mit dem System der Sozialen Marktwirtschaft bescheinigt werden [kann], wenn auch einzelne Abweichungen bei bestimmten wohnungspolitischen Instrumenten zu verzeichnen sind." Für die Zeit der 1980er skeptischer *Brüggemann*, in: Engelhardt/Thiemeyer (Hrsg.), FS Jenkis, 1987, S. 201 (201 f.).

frühen wohnpolitischen Ausführungen *Müller-Armacks*[118] erneut eine Auswahl aus dem Schrifttum[119] und historische Gesetzgebungsmaterialien berücksichtigt. Den Ausgangspunkt der Überlegungen bildet der Gedanke der Wettbewerbsordnung, der zwar den Kern ordoliberalen Denkens trifft, für die Wohngesetzgebung jedoch wenig Wirkung entfaltet (I.). Damit verbunden ist das Kriterium der Marktkonformität, das in der Gesetzgebung stärker aufgegriffen, aber nicht vollkommen umgesetzt wird (II.). An dieser Stelle offenbaren sich insbesondere auch die Grenzen des sozialmarktwirtschaftlichen Ansatzes für die vorliegende Untersuchung, da sich keine durchschlagenden kategorialen Unterschiede zu den neoklassischen Analysen feststellen lassen. Hinsichtlich der wiederum genuin sozial-marktwirtschaftlichen Zielsetzung einer vermittelnden Sozialpartnerschaft zeigen sich hingegen erneut wenig gesetzgeberische Anknüpfungspunkte (III.). Deutlicher Niederschlag, zumindest argumentativ, lässt sich aber bei der Beschäftigung mit dem Wohneigentum[120] (IV.) und insgesamt hinsichtlich der diskursiven Ausprägung der Sozialen Marktwirtschaft feststellen: Denn die propagierte Synthese marktwirtschaftlicher und sozialer Elemente[121] spielt auch für die Wohngesetzgebung eine wesentliche Rolle (V.).

I. Der Ordo-Gedanke eines stabilen wirtschaftlichen Rahmens

Die Wettbewerbsordnung als Kern der Sozialen Marktwirtschaft wird nicht zuletzt durch die „psychologische Komponente"[122] der Konstanz

---

118 *Müller-Armack*, Wirtschaftslenkung und Marktwirtschaft, 1947, S. 110 ff.; *Müller-Armack*, in: Beckerath et al. (Hrsg.), HdSW Bd. 9, 1956, S. 390 (391).

119 *Lowinski*, Wohnungspolitik in der Sozialen Marktwirtschaft, 1964; *H. K. Schneider/Kornemann*, Soziale Wohnungsmarktwirtschaft, 1977; *Fichtel*, Wohnungspolitik in der sozialen Marktwirtschaft, 1980; *Eekhoff*, in: Issing (Hrsg.), Zukunftsprobleme der Sozialen Marktwirtschaft, 1981, S. 455–479; *H. K. Schneider/Deichmann*, Der Weg zur sozialen Wohnungsmarktwirtschaft, 1984; *Leonhardt*, Wohnungspolitik in der Sozialen Marktwirtschaft, 1996; *Koch*, Mietpreispolitik, 2006, S. 21 ff.

120 Bei *H. K. Schneider/Kornemann*, Soziale Wohnungsmarktwirtschaft, 1977, S. 2 f., 87, eines von vier Steuerungselementen der Sozialen Wohnungsmarktwirtschaft.

121 Als explizite Zielsetzung für den Wohnungssektor bei *Leonhardt*, Wohnungspolitik in der Sozialen Marktwirtschaft, 1996, S. 26.

122 *Biebricher/Ptak*, Soziale Marktwirtschaft und Ordoliberalismus, 2020, S. 57; *Schuldt*, Mietpreisbremse, 2017, S. 58, verbindet die hohen Investitionskosten mit der besonderen Relevanz des Vertrauens in „stabile politische Rahmenbedingungen"; → § 5 B. III. 2.

der Wirtschaftspolitik gesichert.[123] Dementsprechend finden sich auch für das Wohnungswesen Forderungen nach gesetzgeberischer Zurückhaltung. Die Besonderheiten der Wohnung und des Wohnungsmarkts[124] erzeugen demnach nicht per se einen Handlungsbedarf.[125] Stattdessen wird „der wohnungspolitische Interventionismus", der „den Bedarf an weiteren interventionistischen Maßnahmen" mit sich bringt, zur Ursache der Probleme erklärt.[126] Wohnpolitische Probleme sind demnach keine Folge von Markt-, sondern von Politikversagen.[127] Daher kann die Wohnsituation bereits dadurch verbessert werden, dass der Staat nur noch „allgemeine Regeln" vorgibt, marktwidrige Interventionen abbaut, „mit einem Minimalprogramm Entscheidungen" koordiniert, „für Notfälle" vorsorgt und „sozialen Randgruppen" hilft.[128]

Aus polit-ökonomischer Perspektive sind solche Argumentationen bekannter Ausdruck der Rechtfertigungsbedürftigkeit staatlichen Handelns und insbesondere des Rückzugs des Staates aus dem Wohnsektor.[129] Die gesetzgeberische Zurückhaltung wird für die Soziale Marktwirtschaft durch den Wunsch nach einer Wirtschaftsverfassung verstärkt. In der vorliegenden Untersuchung wird dies insofern relevant, als dass auf Festlegungen der Verfassung verwiesen wird – die eigene Wohngesetzgebung hierdurch also konstitutionalisiert wird.[130]

II. Konformitätsmerkmale einer Sozialen Wohnungsmarktwirtschaft

Des Weiteren korrespondiert die Forderung nach politischer Zurückhaltung mit Anforderungen an staatliche Maßnahmen. Aus der Entscheidung für den Marktmechanismus folgt, dass vor allem dessen Rahmenbedingun-

123 *Eucken*, Grundsätze der Wirtschaftspolitik, 4. Aufl. 1962, S. 174 ff.

124 → § 5 B. II. 1.

125 *Eekhoff*, in: Issing (Hrsg.), Zukunftsprobleme der Sozialen Marktwirtschaft, 1981, S. 455 (458). Hier, wie auch an anderen Stellen, lassen sich kaum Unterschiede zwischen neoklassischen und sozial-marktwirtschaftlichen Analysen feststellen.

126 *Eekhoff*, in: Issing (Hrsg.), Zukunftsprobleme der Sozialen Marktwirtschaft, 1981, S. 455 (460); vgl. bereits → § 5 B. II. 2.

127 *Eekhoff*, in: Issing (Hrsg.), Zukunftsprobleme der Sozialen Marktwirtschaft, 1981, S. 455 (460).

128 *Eekhoff*, in: Issing (Hrsg.), Zukunftsprobleme der Sozialen Marktwirtschaft, 1981, S. 455 (460 f., 476).

129 → § 4 B. I. 3.; § 5 B. III.

130 Eine Abwägung, die insbesondere im Zuge der Mietpreisbremse relevant wird, → § 8 C. V.

gen gesichert und soziale Ziele so verwirklicht werden sollen, dass sie ihn nicht beeinträchtigen.[131] Die Marktkonformität fungiert somit als wesentliches Kriterium zur Bewertung trotz wirtschaftspolitischer Zurückhaltung erforderlicher Maßnahmen. Dabei diente der Bereich des Wohnungswesens *Müller-Armack* als Beispiel zur Illustration des Kriteriums: „Marktinkonform ist ein Mietstop, der den Gesamtwohnungsmarkt ohne Rücksicht auf die Leistungsfähigkeit der Mieter erfaßt, marktkonform ist ein System von Mietbeihilfen für bedürftige Schichten."[132] Diese Programmatik schlug sich in der wirtschaftspolitischen Realität nach 1945 in der Mietpreisfreigabe (1.) und der Einführung eines Beihilfesystems (2.) nieder.[133]

1. Wohnungsmarkt und Mietpreisfreigabe

Die Wohnungspolitik stand nach 1945 vor einem Trümmerhaufen.[134] Vor diesem Hintergrund wurde in der Bundesrepublik zunächst an Wohnraumbewirtschaftung und Mietpreisbindung festgehalten.[135] Doch bereits 1947 wurde die Forderung nach einer „Wiedereinführung marktwirtschaftlicher Grundsätze"[136] im Wohnungswesen und später nach einer „qualitativ neue[n] Wohnungspolitik" und „ordnungspolitische[r] Rückbesinnung auf

131 *H. K. Schneider/Deichmann*, Der Weg zur sozialen Wohnungsmarktwirtschaft, 1984, S. 11; *Leonhardt*, Wohnungspolitik in der Sozialen Marktwirtschaft, 1996, S. 3.

132 *Müller-Armack*, in: Beckerath et al. (Hrsg.), HdSW Bd. 9, 1956, S. 390 (391).

133 Ausführlich im Kapitel zum Wohngeld, → § 7 C. II. Hiermit sind zudem drei der vier Steuerungselemente einer Sozialen Wohnungsmarktwirtschaft, wie bei *H. K. Schneider/Kornemann*, Soziale Wohnungsmarktwirtschaft, 1977, S. 2 f., 87, behandelt.

134 Statt vieler: *Frerich/M. Frey*, Handbuch der Geschichte der Sozialpolitik Bd. 3, 2. Aufl. 1996, S. 1 f., 128; zur Schadensbilanz auch *von Beyme*, in: Flagge (Hrsg.), Geschichte des Wohnens, Bd. 5, 1999, S. 81 (90).

135 Die Wohnungspolitik der jungen Bundesrepublik wurde bereits behandelt, → § 3 B. II. Für den hiesigen Kontext ist die sozial-marktwirtschaftlich orientierte Wiedergabe bei *Koch*, Mietpreispolitik, 2006, S. 50 ff., hervorzuheben. Dabei stellte die sog. ‚Wohnungszwangswirtschaft' nur aufgrund der sozialen Sprengkraft noch lange einen ordnungspolitischen Fremdkörper im System der Sozialen Marktwirtschaft dar, *G. Schulz*, in: Teuteberg (Hrsg.), Stadtwachstum, Industrialisierung, Sozialer Wandel, 1986, S. 135 (158); vgl. auch in BVerfGE 157, 223 <271> – *Berliner Mietendeckel* [2021].

136 *Müller-Armack*, Wirtschaftslenkung und Marktwirtschaft, 1947, S. 115. Dies gilt im Vergleich zur vorherrschenden Wohnraumbewirtschaftung, die angesichts eines großen Wohnraummangels galt.

die Leistungsfähigkeit des Marktes"[137] erhoben. Konkret erforderte dies, „durch eine Erhöhung der Mieten" für die Wirtschaftlichkeit des Hausbesitzes zu sorgen.[138] Weiterhin sollte sich die Mietpreisbildung an den Knappheitsgraden und Baukosten orientieren – sprich marktwirtschaftlich verlaufen.[139] Jegliche Formen von „sozialpolitisch motivierten Eingriffe[n]" durch Vergleichsmieten wurden hingegen aufgrund der zwangsläufigen „Verknappung des privaten Angebots" abgelehnt.[140] Als weiteres „Kernstück der Maßnahmen zur Wiederherstellung der Wohnungsmarktwirtschaft" wurden „der vollständige Abbau des Kündigungsschutzes für Mietverhältnisse" und staatlicher Preiskontrollen bezeichnet.[141] „Eingriffe" sollten nur in Notsituationen erfolgen.[142]

Die Wohngesetzgebung in der Bundesrepublik entwickelte sich maßgeblich nach diesen Vorzeichen. Es fand eine schrittweise Erhöhung und Freigabe der Mieten statt, mit der Anreize für private Investitionen gesetzt werden sollten.[143] Insbesondere das Abbaugesetz[144] trieb diese Entwicklung ab 1960 voran. Mit diesem Gesetz wurde die vorherige ‚Wohnungszwangswirtschaft' schrittweise gelockert und die Wohnungswirtschaft neu geordnet.[145]

---

137 *Eekhoff*, in: Issing (Hrsg.), Zukunftsprobleme der Sozialen Marktwirtschaft, 1981, S. 455 (476).

138 *Müller-Armack*, Wirtschaftslenkung und Marktwirtschaft, 1947, S. 115 f. Hervorzuheben ist, dass zumindest *Müller-Armack*, ebd., S. 118, es dennoch als im Rahmen des marktwirtschaftlich Möglichen ansah, die Mietpreisbildung nicht komplett sich selbst zu überlassen. Im Zuge des Wiederaufbaus schlug er vor, bei der Anhebung des Mietniveaus zur Finanzierung von Instandsetzung und Neubau Teile des Mehrertrags bei unbeschädigten Häusern an den Staat abzuführen, anstatt sie den Eigentümerinnen zukommen zu lassen. Dieser Gedanke konnte sich jedoch nicht durchsetzen.

139 *Müller-Armack*, Wirtschaftslenkung und Marktwirtschaft, 1947, S. 118; *Koch*, Mietpreispolitik, 2006, S. 47.

140 *Eekhoff*, in: Issing (Hrsg.), Zukunftsprobleme der Sozialen Marktwirtschaft, 1981, S. 455 (478).

141 *H. K. Schneider/Kornemann*, Soziale Wohnungsmarktwirtschaft, 1977, S. 132; *Eekhoff*, in: Issing (Hrsg.), Zukunftsprobleme der Sozialen Marktwirtschaft, 1981, S. 455 (466 ff.), analysiert den Kündigungsschutz nach dem Wohnraumkündigungsschutzgesetz als Eingriff in das Marktprinzip, dessen sozialstaatliche Rechtfertigung weder für alle Mieter geeignet noch insgesamt erforderlich und angemessen sei.

142 *Eekhoff*, in: Issing (Hrsg.), Zukunftsprobleme der Sozialen Marktwirtschaft, 1981, S. 455 (462).

143 RegE 1. WoBauG, BT-Drs. 1/567, 15; siehe bereits → § 4 B. I.

144 → § 3 Fn. 67. Hervorgehoben auch durch u.a. *Fichtel*, Wohnungspolitik in der sozialen Marktwirtschaft, 1980, S. 65.

145 *Fichtel*, Wohnungspolitik in der sozialen Marktwirtschaft, 1980, S. 65, 154 f.; *H. K. Schneider/Kornemann*, Soziale Wohnungsmarktwirtschaft, 1977, S. 19; zu den Zielen

Für einen Großteil der Wohnungen wurde „ein Markt institutionalisiert", der durch ein neues Mietrecht und Wohnbeihilfen sozial abgesichert werden sollte.[146] Insofern stellte der Gesetzentwurf ab:

> *„[...] auf eine Synthese der verschiedenen wirtschaftlichen Interessen und der sozialen Belange, auf eine sinnvolle und behutsame Einfügung der Wohnungszwangswirtschaft, deren Abbau überfällig ist, in unsere so erfolgreiche Marktwirtschaft und auf eine Fortentwicklung des überalterten Mietrechts in das soziale Miet- und Wohnungsrecht der Zukunft."*[147]

Durch die Überführung in „unsere so erfolgreiche Marktwirtschaft" sollten also auch im Wohnungswesen wirtschaftliche und soziale Belange verbunden werden. Mit dem Abbaugesetz wurde eine weitgehend dem Ideal der Sozialen Marktwirtschaft entsprechende Umsetzung angestrebt: Mietpreisfreigabe, weitgehende Möglichkeiten zur Mieterhöhung im Bestand, Abbau des Kündigungsschutzes und Absicherung lediglich über eine Sozialklausel für Härtefälle.[148]

Die Härtefallklausel genügte mangels gesetzlichem Schutz der Miethöhe jedoch nicht der mietenpolitischen Realität. Auf eine steigende Zahl an Änderungskündigungen folgte daher die Wiedereinführung des Kündigungsschutzes mit dem Wohnraumkündigungsschutzgesetz und – ganz im Sinne des Ausgleichsgedankens des Sozialen Mietrechts[149] – die Möglichkeit zur Mieterhöhung im Bestand mithilfe des Vergleichsmietensystems.[150] Diese Entwicklung wurde mit dem Zweiten Wohnraumkündigungsschutzgesetz (mehr Kündigungsschutz, aber Änderung der Vergleichsmietenberechnung) und im Gesetz zur Erhöhung des Angebots an Mietwohnungen (Einführung einer Kappungsgrenze, aber weitergehende Marktorientierung der Vergleichsmiete) fortgesetzt.[151] Während die Reform des Kündigungs-

---

und ihnen zugrunde liegenden Erwägungen auch *Dudeck*, Die soziale Frage unserer Zeit, 2025, S. 54 ff.

146 *Fichtel*, Wohnungspolitik in der sozialen Marktwirtschaft, 1980, S. 155, zum Umgang mit dem gebundenen Wohnraum ebd., S. 178 ff.

147 BM *Lücke*, Sten. Bericht der 90. Sitzung, 12.11.1959, BT-PlProt. 3/90, AbbauG, 4888D.

148 Eine solche Klausel korrespondiert mit der sozial-marktwirtschaftlichen Zielsetzung, Eingriffe nur für Notfälle vorzusehen, → s.o., § 6 Fn. 142.

149 Hierzu → § 6 B. V. 2.

150 *Sonnenschein*, Wohnraummiete, 1995, S. 9. Weiter → § 3 B. III.; § 6 B. V. 2.; § 8 A. I.

151 Siehe im Detail → § 3 B. II., III.

schutzes teilweise als „Rückkehr zur Wohnungszwangswirtschaft“[152] angesehen wird, blieben die sozial-marktwirtschaftlichen „Grundmuster“[153] in der Ordnung bestehen. Denn die jeweiligen Abwägungen erfolgten nicht neutral, sondern stets unter marktwirtschaftlichen Vorzeichen.[154] So erlaubt das Vergleichsmietensystem beispielsweise, durch einseitige Vertragsanpassung die Mieten im Bestand zu erhöhen und hält durch diese Marktorientierung finanzielle Anreize für Private bereit. Die sozialen Zwecksetzungen werden dem vermieterseitigen Rendite- und hierüber vermittelten Marktinteressen also gegenübergestellt, lediglich durch nachträgliche marktkonforme Umverteilung verfolgt oder – wie die ortsübliche Vergleichsmieten – selbst schrittweise dem Marktmechanismus angenähert.

2. Subjektförderung als ideales Instrument

Die Gegenüberstellung von sozialen und marktwirtschaftlichen Interessen und das gegenseitige Abwägen suggeriert also eine Offenheit, die dem sozial-marktwirtschaftlichen Ansatz nur in Teilen zugestanden werden kann. Denn tatsächlich ist stets eine Vorentscheidung für den Marktmechanismus getroffen.[155] Soziale Zielsetzungen werden vorrangig bereits über den funktionierenden (Wohnungs-)Markt erreicht.[156] Sie werden insofern Renditeprinzipien zugeordnet und es wird davon ausgegangen, über mehr Angebot sinkende oder stabile Mieten zu schaffen und somit Mieterschutz zu betreiben.[157] Die staatlichen Maßnahmen setzen dann dort an, wo „die un-

152 *H. K. Schneider/Kornemann*, Soziale Wohnungsmarktwirtschaft, 1977, S. 19, ähnlich S. 86.

153 *Fichtel*, Wohnungspolitik in der sozialen Marktwirtschaft, 1980, S. 155.

154 *Busz*, Äquivalenz im Wohnraummietrecht, 2002, S. 29.

155 „Die Rangfolge-Aussage lautete: ‚Wachstum soll gegenüber dem Ziel der gerechten Verteilung Priorität haben.‘“, *Borchardt*, in: Issing (Hrsg.), Zukunftsprobleme der Sozialen Marktwirtschaft, 1981, S. 33 (35, 37), der dies als soziale Position beschreibt.

156 *Leonhardt*, Wohnungspolitik in der Sozialen Marktwirtschaft, 1996, S. 27; *H. K. Schneider/Deichmann*, Der Weg zur sozialen Wohnungsmarktwirtschaft, 1984, S. 11 ff. Kritisch *Kerner*, Wohnraumzwangswirtschaft, 1996, S. 557; deskriptiv *Koch*, Mietpreispolitik, 2006, S. 22 ff.

157 Dass der Sickereffekt sozial und empirisch fragwürdig ist, wurde bereits ausgeführt, → § 5 B. II. 3. Auch weitere Fördermaßnahmen, insbesondere im Rahmen der Eigentumsförderung, benachteiligen einkommensschwache Haushalte systematisch. Siehe allgemein zu direkten und indirekten staatlichen Vergünstigungen *von Beyme*, in: Flagge (Hrsg.), Geschichte des Wohnens, Bd. 5, 1999, S. 81 (120), m.w.N.; *Jaedicke/Wollmann*, in: von Beyme/M. Schmidt (Hrsg.), Politik in der Bundesrepublik

beeinflußte Marktentwicklung zu gesellschaftlich nicht wünschenswerten Friktionen führt"[158] und die Einzelnen nicht in der Lage sind, sich selbst abzusichern.[159] Der Marktmechanismus soll also vorrangig wirken und der Staat Lücken ausgleichen.

Wie das oben genannte Zitat[160] von *Müller-Armack* zeigt, erfolgt dies primär durch das Wohngeld, das als „Idealfall eines marktgerechten Eingriffes" zur sozialpolitischen Umverteilung im System der Sozialen Marktwirtschaft präferiert wird.[161] Begründet wird dies mit der Klarheit und Zielgenauigkeit der durch die Stärkung der Kaufkraft erreichten Verlagerung der Kaufkraftrichtung.[162] Die „bewußt veränderte Nachfragestruktur" soll Signale zur entsprechenden Produktion senden, die Preisbildung jedoch nicht stören.[163] Statt „direkten Preisinterventionen" wird also eine „indirekte[ ] Umgestaltung der Einkommens- und Besitzverhältnisse" angestrebt,[164] die den Marktmechanismus unterstützt, indem sie die Marktfähigkeit der Empfängerinnen herstellt.[165] Das Wohngeld als Form sozialer Umvertei-

---

Deutschland, 1990, S. 203 (221), mit der Feststellung, dass auch vom sozialen Wohnungsbau vorrangig mittlere Einkommen profitieren, während Einkommensschwache Zugangsschwierigkeiten haben.

158 *Busz*, Äquivalenz im Wohnraummietrecht, 2002, S. 68.

159 *Leonhardt*, Wohnungspolitik in der Sozialen Marktwirtschaft, 1996, S. 31. Insofern sind sie Ausdruck des Subsidiaritätsgrundsatzes, vgl. *H. K. Schneider/Deichmann*, Der Weg zur sozialen Wohnungsmarktwirtschaft, 1984, S. 21.

160 → § 6 Fn. 132.

161 *Müller-Armack*, Wirtschaftslenkung und Marktwirtschaft, 1947, S. 109; vgl. weiter *Lowinski*, Wohnungspolitik in der Sozialen Marktwirtschaft, 1964, S. 132 ff.; *H. K. Schneider/Deichmann*, Der Weg zur sozialen Wohnungsmarktwirtschaft, 1984, S. 73 ff.; *Leonhardt*, Wohnungspolitik in der Sozialen Marktwirtschaft, 1996, S. 151 ff.

162 *Müller-Armack*, Wirtschaftslenkung und Marktwirtschaft, 1947, S. 109; Systemkonformität aufgrund der Treffsicherheit (keine Fehlsubventionierung) bei *Busz*, Äquivalenz im Wohnraummietrecht, 2002, S. 32.

163 *Müller-Armack*, Wirtschaftslenkung und Marktwirtschaft, 1947, S. 119; *Th. Lange*, in: Grosser/Th. Lange/An. Müller-Armack/Neuss (Hrsg.), Soziale Marktwirtschaft, 1988, S. 137 (170).

164 *Müller-Armack*, Wirtschaftslenkung und Marktwirtschaft, 1947, S. 110; vermieden wird auch eine Marktspaltung, *Busz*, Äquivalenz im Wohnraummietrecht, 2002, S. 69.

165 *Leonhardt*, Wohnungspolitik in der Sozialen Marktwirtschaft, 1996, S. 31. Siehe auch *Eekhoff*, Wohnungspolitik, 2. Aufl. 2002, S. 38 f., demzufolge Mieten in der Sozialen Marktwirtschaft nur eine – und zwar marktwirtschaftliche – Funktion hätten: effiziente Steuerung von Angebot und Nachfrage. Der soziale Charakter der Marktwirtschaft müsse dieses System mit speziellen Instrumenten (wie Wohngeld) ergänzen.

lung,[166] bleibt also einem marktwirtschaftlichen Ansatz der Umverteilung verhaftet.[167] Im Gegensatz dazu wird die Objektförderung des sozialen Wohnungsbaus kritisch betrachtet. Insbesondere durch die Verbindung mit Belegungsrechten und Mietpreisbindungen stellt sie eine Verletzung des Kriteriums der Marktkonformität dar.[168] Sozialer Wohnungsbau wird daher nur in Notfällen[169] und „für eng begrenzte Randgruppen“[170] bzw. „sogenannte Problemgruppen“[171] als notwendig erachtet. Wenngleich diese sozial-marktwirtschaftlichen Gedanken nicht unmittelbar übersetzt wurden, schlagen sie sich doch in der Entwicklungstendenz des Wohnungswesens nieder.[172]

III. Sozialpartnerschaft im Wohnungswesen

Neben den expliziten sozialen Zielsetzungen (in) der Marktwirtschaft, wird mit der Sozialen Marktwirtschaft die Ausprägung korporatistischer

166 So schließlich die Idee von *Müller-Armack*, in: Beckerath et al. (Hrsg.), HdSW Bd. 9, 1956, S. 390 (391); *Leonhardt*, Wohnungspolitik in der Sozialen Marktwirtschaft, 1996, S. 151.

167 Zur allokationsneutralen Umverteilung bereits → § 4 B. I. 2.; § 6 A. III. 1., 2. Genau diese Form der Sozialpolitik wird jedoch vom polit-ökonomischen Ansatz bereits im Grundsatz kritisiert und ein anderer Umverteilungsmechanismus gefordert, → § 5 A. I. 2.

168 *Th. Lange*, in: Grosser/Th. Lange/An. Müller-Armack/Neuss (Hrsg.), Soziale Marktwirtschaft, 1988, S. 137 (170); weiter *H. K. Schneider/Deichmann*, Der Weg zur sozialen Wohnungsmarktwirtschaft, 1984, S. 21 ff., 65 ff., mit den Forderungen Baustopp, Liberalisierung und Privatisierung. Abwägend und schließlich ablehnend *Leonhardt*, Wohnungspolitik in der Sozialen Marktwirtschaft, 1996, S. 117 ff.; offener, jedoch ebenfalls begrenzend, *Fichtel*, Wohnungspolitik in der sozialen Marktwirtschaft, 1980, S. 96 ff., 187 ff., 236 ff.

169 Als Notfall gilt bspw. die Zeit nach dem Zweiten Weltkrieg, *Fichtel*, Wohnungspolitik in der sozialen Marktwirtschaft, 1980, S. 237 ff. In diesen Situationen ist die Objektförderung als Mittel zum Abbau des Defizits effektiver und daher obwohl marktinkonform dennoch systemkonform.

170 *Eekhoff*, in: Issing (Hrsg.), Zukunftsprobleme der Sozialen Marktwirtschaft, 1981, S. 455 (470).

171 *H. K. Schneider/Deichmann*, Der Weg zur sozialen Wohnungsmarktwirtschaft, 1984, S. 23, 25.

172 Vgl. weiter → § 7 A. II. Mit dem weiterführenden Hinweis, dass der soziale Wohnungsbau der Nachkriegszeit nicht der Bezahlbarkeit des Wohnraums (dies als polit-ökonomisches Ziel → § 5 B. I. 1.), sondern primär der Marktentlastung durch Angebotsausweitung, mithin einer marktwirtschaftlichen Zielsetzung, diente, *Praum*, dérive 65 (2016), 37 (40), m.w.N.

Strukturen und hiermit die Auflösung auf individueller oder Klassenebene verorteter Konflikte verbunden.[173] Dies schlägt eine Brücke zu den polit-ökonomischen Betrachtungsschwerpunkten struktureller Fragen und Möglichkeiten der Mitbestimmung.[174] Und tatsächlich war das Ziel einer „neue[n] soziale[n] Partnerschaft" zwischen Mieterinnen und Hauseigentümerinnen der Wohngesetzgebung im Zuge der Weichenstellung Richtung Soziale Marktwirtschaft nicht fremd.[175] Unter anderem mit dem Zweiten Mietrechtsänderungsgesetz[176] von 1964 sollte erreicht werden, dass sich die Mietvertragsparteien „nicht als Gegner gegenüberstehen", sondern sich „durch den Mietvertrag als Partner verbunden fühlen".[177] Ähnlich lesen sich Begründungen zum Ersten und Zweiten Wohnraumkündigungsschutzgesetz, in denen die Auswirkungen angespannter Wohnungsmärkte als Bedrohung für die partnerschaftliche Beziehung zwischen Vermieterin und Mieterin angesehen wurden.[178] Es bleibt jedoch bei Zielsetzungen, die sich nicht in klare Instrumente oder Beziehungen übersetzen.[179] Über eine Lesart des Mietvertrags als partnerschaftlich hinaus lassen sich im Wohnsektor kaum entsprechende Strukturen feststellen:[180] Es gibt keine allgemeine Interessenvertretung der Mieterinnen, die mit ebenfalls organisierten Vermieterinnen eine Tarifmiete[181] oder Nutzungsrechte aushandelt. Korporatistische Ansätze zeigen sich vor allem in interessenpolitischen Zusammenschlüssen, wie dem Eigentümerverband Haus & Grund, dem Spitzenverband der Wohnungswirtschaft (GDW) und verschiedenen Mie-

---

173 → § 6 A. III. 2.

174 → § 5 B. II., III.; vgl. zur „Demokratisierung der Mitbestimmung" und zu kollektiven Instrumenten vor dem Hintergrund des Sozialstaatsprinzips *Paschke*, Dauerschuldverhältnis Wohnraummiete, 1991, S. 491 f., 493 f., m.w.N.

175 BM *Lücke*, Sten. Bericht der 82. Sitzung, 27.6.1963, BT-PlProt. 4/82, Wohnbeihilfegesetz, 4010D, 4011A.

176 Zweites Gesetz zur Änderung mietrechtlicher Vorschriften v. 14.7.1964, BGBl. I S. 457.

177 Ausschussbericht *Hauser*, 2. MRÄndG, zu BT-Drs. 4/2195, 2. Dazu und weiter *Wolter*, Mietrechtlicher Bestandsschutz, 1984, S. 230 ff. – Vgl. zu dieser Dissertation und der teilweisen Nähe zu den Arbeiten von *Roquette* (→ § 3 Fn. 41) die kritische Anmerkung von *Herrlein*, KJ 48 (2015), 17 (35 Fn. 127).

178 RegE MietRVerbG, BT-Drs. 6/1549, 7; Ausschussbericht, 2. WKSchG, BT-Drs. 7/2638, 1.

179 *Dudeck*, Die soziale Frage unserer Zeit, 2025, S. 211 ff.

180 Ebenso *Eller*, in: Croon-Gestefeld et al. (Hrsg.), Das Private im Privatrecht, 2022, S. 75 (93 [ff.]), mit Hinweis auf die Musterfeststellungsklage und Referenden; ausführlich *Paschke*, Dauerschuldverhältnis Wohnraummiete, 1991, Kap. 3 (S. 470–531).

181 *Blank*, in: Artz/Eisenschmid/H. Schmidt/Streyl (Hrsg.), FS Börstinghaus, 2020, S. 9 (11).

tervereinigungen[182]. Eine institutionelle Neuerung stellen in dieser Hinsicht die Mieterräte der landeseigenen Wohnungsgesellschaften in Berlin dar, die nach dem Mietenvolksentscheid von 2015 eingeführt wurden.[183] Ebenfalls in Berlin wurde der Versuch eines „Bündnis für Wohnungsneubau und bezahlbares Wohnen"[184] unternommen, das bereits nach einem Jahr als gescheitert beurteilt wurde und zu einem Verbändebündnis umgestaltet werden soll.[185]

Statt Sozialpartnerschaft und Kooperation steht im Wohnungswesen das Subsidiaritätsprinzip im Vordergrund.[186] Dieses ist insofern mit dem Gedanken des Korporatismus verwandt, als dass Einzel- und Gruppenverantwortung gegenüber staatlichen Aktivitäten bevorzugt wird.[187] In der Folge werden je nach Verständnis des Subsidiaritätsprinzips Genossenschaften als Selbsthilfe eingeordnet und die Förderung von Wohneigentum sowie der Vorrang des Wohngelds gegenüber den Kosten der Unterkunft als Sozialhilfe begründet.[188] Im Ergebnis wird somit der Aspekt der Eigeninitiative und Verantwortung gegenüber dem kollektiven und demokratischen Element der Sozialpartnerschaft betont.

IV. Entproletarisierung durch Wohneigentum

Während sich bei den bisher erörterten Elementen durchaus Differenzen zwischen Forderung und Umsetzung feststellen lassen, wurde die Eigentumsförderung weitgehend konform mit der Sozialen Marktwirtschaft um-

182 U.a. der Deutsche Mieterbund: https://www.mieterbund.de; neuer die Mietergewerkschaft: https://mietergewerkschaft.de/.

183 *SenSBW*, Mieterräte, https://stadtentwicklung.berlin.de/wohnen/wohnraumversorgung/anstalt_themen_mieterraete.shtml.

184 *SenSBW*, Bündnis für Wohnungsneubau und bezahlbares Wohnen, https://www.berlin.de/sen/bauen/neubau/buendnisse/.

185 Vgl. als Chronik *Roelcke*, Nach Mieterhöhungen – Adler Group tritt aus Berliner Wohnungsbündnis aus, Tagesspiegel v. 15.8.2023; *Peter*, Vonovia bricht Bündnis-Zusage, Taz v. 17.8.2023; *rbb*, Vonovia will Mieten in Berlin um bis zu 15 Prozent erhöhen, Beitrag v. 16.7.2024; *Roelcke*, Wegen falsch begründeter Mieterhöhungen – Berliner Senat wirft Vonovia aus dem Wohnungsbündnis, Tagesspiegel v. 11.4.2025.

186 Zu verschiedenen Interpretationen des Subsidiaritätsprinzips *Wegner*, in: Engelhardt/Thiemeyer (Hrsg.), FS Jenkis, 1987, S. 169 (169 ff.). Weiter *Lowinski*, Wohnungspolitik in der Sozialen Marktwirtschaft, 1964, S. 110 ff.; *Leonhardt*, Wohnungspolitik in der Sozialen Marktwirtschaft, 1996, S. 28 ff.

187 *Blum*, in: Albers et al. (Hrsg.), HdWW Bd. 5, 1980, S. 153 (155); → § 6 A. III. 2.

188 *Wegner*, in: Engelhardt/Thiemeyer (Hrsg.), FS Jenkis, 1987, S. 169.

gesetzt.[189] Sie gilt aufgrund ihres Beitrags „zu persönlicher Sicherheit und Unabhängigkeit und damit individueller Freiheit“ als Ausdruck des Subsidiaritätsprinzips und als systemkonform.[190] Hinsichtlich der Bedeutung der Eigentumsförderung weicht der Gedanke der Sozialen Marktwirtschaft nicht von den neoklassischen Ansätzen ab.[191] Gleichwohl ergänzt die ordoliberale Tradition diesen Aspekt, indem sie eine theoretische Grundlage liefert und insofern über die bisherigen Erkenntnisse hinausgeht.

Die ordoliberale Gesellschaftskritik bezog sich unter anderem auf die „Proletarisierung“ einschließlich der damit einhergehenden „Vermassung“ und Krisenanfälligkeit.[192] Der demgegenüber anzustrebende Gesellschaftszustand gründet darauf, dass

> *„eine möglichst große Zahl von Menschen ein auf Eigentum und selbstbestimmten Arbeitsbereich gegründetes Leben führen [soll], ein Leben, das ihnen innere und möglichst viel äußere Selbstständigkeit gibt und es ihnen erst dadurch ermöglicht, wirklich frei zu sein und auch die Wirtschaftsfreiheit als etwas Selbstverständliches zu empfinden.“*[193]

Damit verbunden war eine wirtschaftspolitische Dezentralisierung und Verbäuerlichung, in deren Zuge die Wohneigentumspolitik als ein Mittel der „Entproletarisierung“ verstanden wurde.[194] Der dahinterstehende Gedanke – wiederum im Sinne des Subsidiaritätsprinzips – ist, dass mit dem eigenen Stück Grund und Boden für konjunkturelle Abschwünge und das Alter privat vorgesorgt wird.[195] Daneben erfüllt diese Bindung eine ideologische Funktion, indem durch eine „subjektive Verstrickung in die Me-

189 Früh schon *Fichtel*, Wohnungspolitik in der sozialen Marktwirtschaft, 1980, S. 241 f.

190 *Fichtel*, Wohnungspolitik in der sozialen Marktwirtschaft, 1980, S. 59, 122. Weiter zur dem Wohneigentum zugeschriebenen Freiheitsfunktion *Leonhardt*, Wohnungspolitik in der Sozialen Marktwirtschaft, 1996, S. 32, 92 ff.

191 → § 4 B. IV.

192 S.o., → § 6 A. I. 1.; *Röpke*, Die Gesellschaftskrisis der Gegenwart, 4. Aufl. 1942, S. 351 ff., 357 ff. Zur Bedeutung des Eigentums in der ordoliberalen Theorie weiter *Blum*, Soziale Marktwirtschaft, 1969, S. 70 ff., der auch auf die Verbindung von Eigentum und Familienpolitik eingeht.

193 *Röpke*, Die Gesellschaftskrisis der Gegenwart, 4. Aufl. 1942, S. 287, weiter S. 291.

194 *Biebricher/Ptak*, Soziale Marktwirtschaft und Ordoliberalismus, 2020, S. 64.

195 *Leonhardt*, Wohnungspolitik in der Sozialen Marktwirtschaft, 1996, S. 32; *Fichtel*, Wohnungspolitik in der sozialen Marktwirtschaft, 1980, S. 59. Die Eigentumsförderung zielt(e) mithin auf die „Unabhängigkeit der sozialen Einheit Familie von kollektiven Sicherungsinstitutionen“, *Häußermann*, in: Allmendinger/Ludwig-Mayerhofer (Hrsg.), Soziologie des Sozialstaats, 2000, S. 167 (182); lesbar als Responsibilisierung (→ § 5 B. III. 1.).

chanismen der Marktwirtschaft" eine „unbewusst-freiwillige[ ] Einordnung in die kapitalistische Wirtschafts- und Sozialordnung"[196] oder gar „zügige Verbreitung marktfreundlicher Gesinnung"[197] erreicht werden sollte.[198] Eine wichtige Rolle spielt dabei auch die Verbindung zwischen Wohneigentums- und Familienpolitik. Dies spiegelt insbesondere das Zweite Wohnungsbaugesetz von 1956 mit seiner Bezeichnung als „Wohnungsbau- und Familienheimgesetz" wider.[199] Gerade die Förderung von Familienheimen wurde angesichts der „Vermassungstendenzen" im Zuge von Automatisierung und Technisierung und vor dem Hintergrund des Kalten Krieges als politisch wichtig erachtet.[200] Neben die allgemeine Priorität der Eigentumsbildung (§ 1 Abs. 2 2. WoBauG) trat daher eine gesetzliche Rangfolge, die den Bau von Familienheimen vor Eigentumswohnungen und dies wiederum vor anderem Neubau vorsah (§ 26 Abs. 1 2. WoBauG).[201] Die Wohneigentumspolitik wurde somit als zentrales Feld ausgemacht, auf dem marktwirtschaftliche und soziale Widersprüche materiell und immateriell aufzuweichen sind. Auf die beschriebenen ökonomischen und ideologischen Zielsetzungen und Kritiken hin kann auch die Wohngesetzgebung untersucht werden.

V. Soziale Marktwirtschaft als Leitbegriff im Wohnungssektor

Eine besondere Bedeutung hat die Soziale Marktwirtschaft aufgrund ihrer diskursiven Dimension. Dieser Bedeutung wird insbesondere für die An-

196 *Biebricher/Ptak*, Soziale Marktwirtschaft und Ordoliberalismus, 2020, S. 65.

197 *Biebricher/Ptak*, Soziale Marktwirtschaft und Ordoliberalismus, 2020, S. 64.

198 Diese Effekte begrüßend *Fichtel*, Wohnungspolitik in der sozialen Marktwirtschaft, 1980, S. 123; vgl. weiter *Lowinski*, Wohnungspolitik in der Sozialen Marktwirtschaft, 1964, S. 120.

199 *Knauer*, Tragbare Mieten, 1968, S. 153 f.; *Fichtel*, Wohnungspolitik in der sozialen Marktwirtschaft, 1980, S. 76 ff.

200 *Lücke*, Eigentum schaffen – Eigentum erhalten, BBauBl 1963, 110; *Wandersleb*, in: Fischer-Dieskau (Hrsg.), FS Knoblauch, 1959, S. 7 (14); *Knauer*, Tragbare Mieten, 1968, S. 153.

201 *Knauer*, Tragbare Mieten, 1968, S. 154, m.V.a. BT-Drs. 2/2270, 14. Gleichwohl wurde schon frühzeitig eine Mittelschichtsorientierung kritisiert, wenn der Staat mit der Wohneigentumsbildung ein „Luxusbedürfnis [...] fördert, bevor das Grundbedürfnis Wohnen allgemein befriedigt ist", *Th. Lange*, in: Grosser/Th. Lange/An. Müller-Armack/Neuss (Hrsg.), Soziale Marktwirtschaft, 1988, S. 137 (140); *Schulze-Fielitz*, Sozialplanung im Städtebaurecht, 1979, S. 8. Weiter zum Zweiten Wohnungsbaugesetz → § 7 B. I. 2., C. I., II.

fänge[202] der bundesrepublikanischen Wohnungspolitik (1.) und im Begriff des „Sozialen Mietrechts“ (2.) nachgegangen. Selbstverständlich kann dabei nicht eindeutig zwischen der ökonomisch-konzeptionellen einerseits und der diskursiv-strategischen Verwendung andererseits unterschieden werden; der Begriff lebt schließlich vom Zusammenwirken beider Facetten.[203]

1. Soziale Marktwirtschaft als gesetzgeberischer Bezugspunkt

Während die Wohnsituation in der Nachkriegszeit zunächst in allen Teilen Deutschlands zur Folge hatte, dass die Wohnraumbewirtschaftung fortgesetzt und der soziale Wohnungsbau vorangetrieben wurde,[204] entwickelte sich die Wohnungspolitik vor dem Hintergrund des Kalten Kriegs bald zur Systemfrage: Die allgemeine wirtschaftliche Lage und jeweiligen Leitbilder der beiden deutschen Regierungen wirkten sich auf die wohnungspolitischen Programme aus.[205] So galt in der DDR ein streng planwirtschaftliches und mieterschützendes System;[206] die Wohnungspolitik wurde aus dem sozialistischen Charakter des Staates abgeleitet und sollte umgekehrt dieses System legitimieren.[207] Auch in der BRD wurden Wohnraumbe-

---

202 Neben der Nachkriegszeit muss in der Untersuchung auch der Nachwendezeit – der Überleitung des ostdeutschen Wohnungswesens in das bundesrepublikanische Regelungsregime – besonderes Augenmerk zukommen. Nicht verschwiegen werden kann dabei, dass die Umstrukturierung des Wohnungssektors nach marktwirtschaftlichen Prinzipien zunächst zu einer erheblichen Wohnunsicherheit führte, *Zerche/W. Schönig*, in: Zerche/Krieger (Hrsg.), Vom sozialistischen Versorgungsstaat zum Sozialstaat Bundesrepublik, 1994, S. 210 (214 f.).

203 *Zweynert*, Wirtschaftsdienst 5/2008, 334. Insbesondere an dieser Stelle fruchten Gedanken der Interpretativen Policy-Analyse (→ § 1 Fn. 8; § 2 Fn. 7), die die Funktionsweisen von Diskursen, Narrativen und Framings betreffen.

204 Überblicksartig *Schollmeier*, Wohnraum als Verfassungsfrage, 2020, S. 58 ff., 64 f.; → § 3 B. II.; § 6 B. II. 1.

205 *von Beyme*, in: Flagge (Hrsg.), Geschichte des Wohnens, Bd. 5, 1999, S. 81 (101); vgl. *B. Schönig/Vollmer*, Informationen zur Raumentwicklung 2018, 8 (14); → § 3 B. II.

206 Das Mieterschutzgesetz von 1923 (→ § 3 Fn. 41) galt bis 1975 und wurde dann durch Vorschriften des Zivilgesetzbuchs der DDR ersetzt; auch die PreisstoppVO (→ § 3 Fn. 44) galt weiter und die Mieten betrugen in der Folge im Schnitt 3 % des Haushaltseinkommens, vgl. *Hinkelmann* (heute *Flatow*), Ortsübliche Miete, 1999, S. 78.

207 *Penig*, Komplexer Wohnungsbau, 1973, S. 12; *Frerich/M. Frey*, Handbuch der Geschichte der Sozialpolitik Bd. 2, 2. Aufl. 1996, S. 455; *C. Hannemann*, Die Platte, 3. Aufl. 2005, S. 11; *Häußermann*, in: Häußermann/Neef (Hrsg.), Stadtentwicklung

wirtschaftung und Mietpreisbindung zunächst fortgeführt.[208] Bereits mit dem Ersten Wohnungsbaugesetz von 1950 wurden jedoch die Weichen ausdrücklich in Richtung einer Sozialen Wohnungsmarktwirtschaft gestellt.[209] Diese Politik wurde mit dem Ersten Bundesmietengesetz und dem Zweiten Wohnungsbaugesetz weitergeführt.[210] Mit dem Abbaugesetz erreichte sie schließlich einen vorläufigen Höhepunkt: Dieses formulierte den „Abbau der Wohnungszwangswirtschaft" bereits im Gesetzestitel als Ziel und wollte das Wohnungswesen explizit im Sinne einer Sozialen Wohnungsmarktwirtschaft ordnen.[211]

Indem sowohl die Begrifflichkeit der Sozialen Marktwirtschaft als auch die Wohnungszwangswirtschaft wiederholt genannt werden, spiegeln sich die gesamtwirtschaftlichen und -gesellschaftlichen Begriffssysteme in der Diskussion um das Wohnungswesen wider.[212] Die Ausrichtung an marktwirtschaftlichen Prinzipien vollzog die Wohngesetzgebung dabei erst nachträglich. Dies ist der besonderen Situation im Wohnsektor geschuldet: Die Marktwirtschaft sollte erst eingeführt werden, wenn ein Marktgleichgewicht bestand, was jedoch aufgrund der Kriegszerstörung eine gehörige Aufbauleistung voraussetzte.[213] Doch auch die besondere Bedeutung des Wohnraums und langjährige Erfahrung mit Wohnraumbewirtschaftung und strengem Mieterschutz dürften zu einer politischen Zurückhaltung geführt haben.[214] Es war schlicht nicht selbstverständlich, im Wohnungssektor den Markt regieren zu lassen. Die Verbindung des marktwirtschaftlichen mit dem sozialen Gedanken war vor diesem Hintergrund gerade für diesen Bereich von hoher Bedeutung für die Neuordnung. Eine strategische Verwendung des Begriffs der Sozialen Marktwirtschaft liegt daher nahe, weshalb eine vertiefte Spurensuche vielversprechend ist.

---

in Ostdeutschland, 1996, S. 5 (18); *Schollmeier*, Wohnraum als Verfassungsfrage, 2020, S. 66.

208 → § 3 B. II.; § 6 B. II.

209 Vgl. RegE 1. WoBauG, BT-Drs. 1/567, 15.

210 RegE 1. BMG, BT-Drs. 2/1110, 17, 18, 24, 39.

211 RegE AbbauG, BT-Drs. 2/1234, 47 ff., insb. 49.

212 Dass es sich bei der Zwangswirtschaft um einen bewusst eingesetzten, pejorisierenden Begriff handelt, wurde bereits oben ausgeführt, → § 6 A. II.

213 RegE AbbauG, BT-Drs. 2/1234, 49.

214 → § 6 Fn. 135.

2. Soziales Mietrecht als Ausprägung der Sozialen Marktwirtschaft

Eine wichtige Rolle in der diskursiven Entfaltung der Sozialen Marktwirtschaft im Wohnungswesen spielt der Begriff des „Sozialen Mietrechts".[215] Entstanden in den 1920er Jahren als Erfordernis, auch nach Ende der Wohnraumbewirtschaftung nicht zu freiem Marktwirken zurückzukehren,[216] beschreibt das Soziale Mietrecht mittlerweile recht allgemein politische Entwicklungen im Mietrecht und dient gleichzeitig ihrer Einordnung.

Der Begriff legt nahe, dass mit der Einführung eines Sozialen Mietrechts soziale Zielsetzungen in das Mietrecht integriert wurden. Doch schon zuvor, seit dem Ersten Weltkrieg[217] und während der Weimarer Zeit[218], fanden sich Mieterschutzgedanken in Gesetzgebungsakten wieder. Und in die bundesrepublikanische Gesetzgebung zogen soziale Zielsetzungen bereits mit dem Ersten Bundesmietengesetz explizit ein.[219] Die Gesetzgebung wählte jedoch erst mit dem Abbaugesetz von 1960 das Soziale Mietrecht als Selbstbeschreibung des eigenen Ansatzes: So weist die Regierungsbegründung des Abbaugesetzes das Soziale Mietrecht ausdrücklich als nächstes Stadium des Mietrechts aus.[220] Die starren Vorschriften des bisherigen Mieterschutzes sollten schrittweise abgebaut und durch ein „elastisches System" an Vorschriften im BGB ersetzt werden.[221] In der konkreten Umsetzung

---

215 Eine Analyse des Rechtsdiskurses zum Sozialen Mietrecht unternimmt *F. Brachthäuser*, Das Soziale Mietrecht, Diss. FU Berlin, i.A., der d. Verf. für den Austausch diesbezüglich dankt.

216 Vgl. auch im RegE AbbauG, BT-Drs. 3/1234, 46; BVerfGE 157, 223 <269 f.> – *Berliner Mietendeckel* [2021]; *Hügemann*, Mietpreisrecht, 1998, S. 305 f.; zu den rechtswissenschaftlichen Diskussionen um das Mietvertragsrecht der späten 1920er Jahre *Dudeck*, Die soziale Frage unserer Zeit, 2025, S. 27 ff.

217 Gemeint sind die Mieterschutzverordnungen und die Preußische Höchstmietenverordnung, → § 3 B. I.

218 Insbesondere das Mieterschutzgesetz wird als „Wegbereiter für das soziale Mietrecht" angesehen, da es Einfluss auf das „allgemeine Rechtsempfinden weiter Kreise der Bevölkerung" ausübte und „damit den Boden für die dauerhafte Verankerung mietrechtlichen Bestandsschutzes im deutschen Privatrecht" bereitete, *J.-U. Petersen*, Mieterschutzgesetz 1923, 1991, S. 21, 205.

219 Mit diesem Gesetz wurde dem Mieterschutz dieser soziale Schutzzweck zugewiesen und das Mietpreisrecht unabhängig von Wohnraummangellagen „zum Bestandteil der sozialen Rechtsordnung", *Hügemann*, Mietpreisrecht, 1998, S. 305, 313.

220 RegE AbbauG, BT-Drs. 3/1234, 45 ff., insb. 54 f. Konsequent bezeichnet das BVerfG das Abbaugesetz als „[w]ichtigste[n] Schritt zum sozialen Mietrecht in der heute geltenden Form", BVerfGE 157, 223 <272> – *Berliner Mietendeckel* [2021].

221 RegE AbbauG, BT-Drs. 3/1234, 54. Für die Übergangszeit war ein marktkonform umgestalteter Mieterschutz vorgesehen (ebd.). Dass im BGB erstmals explizite Vor-

bedeutete dies, wie oben bereits dargestellt, dass der Kündigungsschutz weitgehend zurückgenommen, lediglich verlängerte Kündigungsfristen vorgesehen wurden und zum Ausgleich eine Sozialklausel eingeführt wurde.[222] Zwar wurde die gesetzgeberische Entscheidung, den Kündigungsschutz abzuschaffen, mit dem Ersten und Zweiten Wohnraumkündigungsschutzgesetz revidiert. Doch auch diese Regelungen wurden unter den Begriff des Sozialen Mietrechts subsumiert.[223] Das Soziale Mietrecht hat sich somit inhaltlich weiterentwickelt, die Bezeichnung ist jedoch geblieben; das Soziale Mietrecht erscheint somit als ein politisch ausfüllbarer Begriff.

Aus der ausdrücklichen Einführung des Sozialen Mietrechts mit dem Abbaugesetz folgt, dass sich der Begriff nicht in der (Wieder-)Einführung von Mieterschutz erschöpft, sondern diesen qualitativ verändert: Das Soziale Mietrecht funktioniert nur in der (Sozialen) Marktwirtschaft. Dabei stellte es einerseits gar die Voraussetzung für die Wiedereinsetzung der „freie[n] Preisbildung [...] in ihre natürlichen Funktionen" dar.[224] Andererseits wird das Soziale Mietrecht durch ebenjene Grundentscheidung für eine Wohnungsmarktwirtschaft inhaltlich begrenzt. Denn indem das Soziale Mietrecht in ein marktwirtschaftliches Wohnungswesen eingebettet wird, stellt dessen Funktionsfähigkeit die Grenze jeder erforderlichen Abwägung dar: Der Mieterschutz darf das marktwirtschaftliche Gewinnprinzip nicht ausschalten, da er sich sonst als Anreiz zur Desinvestition in sein Gegenteil

---

schriften zu einem „Wohnraummietrecht" eingefügt wurden, stellte dieses Rechtsgebiet auf neue Beine. Vollendet wurde dies im Zuge der Mietrechtsreformen 2001.

222 Siehe oben, → § 6 B. II. 1.; BVerfGE 157, 223 <273> – *Berliner Mietendeckel* [2021]; *Dudeck*, Die soziale Frage unserer Zeit, 2025, S. 59 f.

223 Bspw. RegE 2. WKSchG, BT-Drs. 7/2011, 7. Zur ökonomischen Rechtfertigung der Bestandsmietenregulierung als Soziales Mietrecht, „da der Mieter schon aufgrund seiner spezifischen Investitionen in sein Wohnumfeld vor unvorhersehbaren Mieterhöhungen geschützt werden muss", *Kühling*, NZM 2020, 521 (523); weiter zum Meinungsstand *L. Winkler*, Regulierung von Bestandsbauten, 2023, S. 172 ff. Für durch Bestandsschutz erreichte Vertragsparität „als Kernbestandteil der Sozialen Wohnungsmarktwirtschaft", siehe *Paschke*, Dauerschuldverhältnis Wohnraummiete, 1991, S. 334, bereits ab S. 331 ff.

224 RegE AbbauG, BT-Drs. 3/1234, 54; BVerfGE 157, 223 <273> – *Berliner Mietendeckel* [2021].

verkehrt.[225] Maßgebliches Kriterium zur Vereinbarkeit von Sozialem Mietrecht und Sozialer Marktwirtschaft ist somit der Marktmechanismus.[226]

Wie bei der Sozialen Marktwirtschaft zeigt sich somit auch hinsichtlich der Figur des Sozialen Mietrechts eine besondere Verschränkung marktwirtschaftlicher und sozialer Elemente. Dabei erweist sich neben einer inhaltlichen Komponente erneut die strategische Bedeutung dieser Verbindung.[227] Auch das Soziale Mietrecht soll den Eindruck vermitteln, das „Mietrecht habe seine normativen Grundkonflikte angemessen aufgelöst und das spannungsreiche Verhältnis von Mieter und Vermieter befriedet".[228] Es nimmt insofern eine Stabilisierungsfunktion ein und dient als positiver gesetzgeberischer Bezugspunkt. Dies drückt sich auch in der Rechtsprechung des Bundesverfassungsgerichts aus, das sich insbesondere mit seiner Entscheidung zum Mietendeckel an der retrospektiven Entfaltung des Begriffs beteiligt und hierbei maßgeblich zur Normalisierung und weniger zur Schärfung des Konzepts beigetragen hat.[229] Insgesamt teilen Soziales Mietrecht und Soziale Marktwirtschaft somit nicht nur die historische Ge-

225 *Fichtel*, Wohnungspolitik in der sozialen Marktwirtschaft, 1980, S. 220, wonach es insb. wichtig sei, „daß die Wirtschaftlichkeit des Wohnbesitzes erhalten bleibt." Siehe zu diesem Topos bereits → § 4 B. IV.; weiter → § 7 C. II. 1. b.

226 Zur Auflösung des wohnungswirtschaftlichen Dilemmas in der Sozialen Marktwirtschaft *Dudeck*, Die soziale Frage unserer Zeit, 2025, S. 105: „Mietwohnungen werden aufgrund ihrer existenziellen Bedeutung für den Mieter zunächst von anderen Wirtschaftsgütern abgegrenzt, um anschließend festzustellen, dass ein gewisses, nicht näher bestimmtes Maß an Rentabilität dennoch notwendig ist, um die Funktionsfähigkeit eines privaten Wohnungsmarktes zu erhalten. Anders formuliert: es ist politisch eigentlich unerwünscht, Mietpreise aus Angebot und Nachfrage zu bilden, auf einem marktwirtschaftlichen Wohnungsmarkt aber alternativlos." Demgegenüber wird als Anspruch an ein klein geschriebenes soziales Mietrecht formuliert, dass dieses „auch unter Bedingungen des extremen Verwertungsdrucks den Mieterschutz" gewährleistet, *Holm*, APuZ 64:20/21 (2014), 24 (27).

227 → § 6 A. III. 3. Beachtenswert ist insofern die Plenaräußerung von BM *Lücke*, Sten. Bericht der 90. Sitzung, 12.11.1959, BT-PlProt. 3/90, AbbauG, 4883D: „Ebenso wie wir in der Wirtschaft von einer ‚sozialen Marktwirtschaft' sprechen, ebenso kann der Abbau der Wohnungszwangswirtschaft nur in einem neuen ‚sozialen Mietrecht' ausmünden."

228 *Eller*, in: Croon-Gestefeld et al. (Hrsg.), Das Private im Privatrecht, 2022, S. 75 (81).

229 BVerfGE 157, 223 <268 ff.> – *Berliner Mietendeckel* [2021], mit einer ausführlichen historischen Herleitung des bürgerlich-rechtlichen Kompetenztitels für das Soziale Mietrecht. Im Beschluss zur Mietpreisbremse wird der Begriff nur in der Wiedergabe des Vortrags der Beschwerdeführerin verwendet, nicht in den Entscheidungsgründen, BVerfG, Beschl. v. 18.7.2019, 1 BvL 1/18 u.a. (Mietpreisbremse), Rn. 21. Wieder *Eller*, in: Croon-Gestefeld et al. (Hrsg.), Das Private im Privatrecht, 2022, S. 75 (81, 91 f.).

meinsamkeit, Hand in Hand im Wohnungswesen eingeführt worden zu sein und gegenseitiger Maßstab und Bezugspunkt zu sein. Beide zeichnen sich ebenfalls durch eine konzeptionelle Vagheit und diskursive Funktion aus.

C. Zusammenfassung

Die Soziale Marktwirtschaft ist als Theorie, Leitbild, Konzept sowie Mythos vielschichtig. Auch die mit ihr verbundenen Argumentationslinien und zugrunde liegenden Annahmen sind vielfältig. Obwohl diese sich häufig mit den bereits herausgearbeiteten neoklassischen Annahmen überschneiden, ist eine Beschäftigung mit sozial-marktwirtschaftlichen Gedanken aufgrund der diesen inhärenten Wertungen für die hiesige Untersuchung unabdingbar. Diese Bewertung gilt auch und gerade angesichts der mit der Sozialen Marktwirtschaft verbundenen sozialpolitischen Erwartungen und ihrer Bezeichnung als „dritte wirtschaftspolitische Form"[230]. Denn die polit-ökonomische Kritik an der nur nachträglichen Umverteilung, der Entpolitisierung des Wirtschaftsgeschehens durch Betonung des Marktprinzips und Unterordnung des sozialen Gedankens muss auch gegenüber dem Gedanken der Sozialen Marktwirtschaft gelten.[231] Gleichzeitig wird das sozial-marktwirtschaftliche Denkgebäude von anderen Kernbegrifflichkeiten getragen und ergänzt insbesondere gesellschaftspolitische Begründungen.[232] Insofern entfaltet ihr spezifischer historischer Kontext auch im Wohnungswesen eine eigene Wirkung. Daher gilt, dass sich die Annahmen der Wohngesetzgebung nur durchdringen lassen, wenn man die Soziale Marktwirtschaft in ihrer Entwicklung, ihrer diskursiven Funktion und ihrem ökonomischen Vorverständnis versteht. Insofern müssen bei der Offenlegung ökonomischer Wissensstrukturen die Gedanken und Entwicklungen der Sozialen Marktwirtschaft berücksichtigt und nach argumentativen Niederschlägen gesucht werden.[233] Die Soziale Marktwirtschaft entfaltet somit insbesondere aufgrund ihrer narrativen Funktion und als

---

230 Siehe oben → § 6 Fn. 8.

231 → § 5.

232 Häufig werden die Vorteile dabei nur anders nuanciert oder bezeichnet. Anstelle der Allokationseffizienz wird bspw. die soziale Leistung des Marktmechanismus hervorgehoben → § 6 B. III. 1., 2.

233 Das gilt namentlich für das Wohneigentum → § 6 B. IV.

politischer Bezugspunkt Wirkung.[234] Leitend für die Untersuchung ist daher die Rekonstruktion der mit der *Nennung* der Sozialen Marktwirtschaft verbundenen Annahmen, Konzepte und Ziele. Gleiches gilt aufgrund der engen Verbindung auch für das Stichwort des Sozialen Mietrechts. Der Gedanke der Sozialen Marktwirtschaft verlangt in diesem Sinne eine Sensibilität als diskursiv geprägte, ergänzende Wissensstruktur und wird teilweise in die bestehenden Analysekategorien integriert.

234 → § 6 B. V.

Zweiter Teil: Analyse der Wohngesetzgebung

Nachdem im ersten Teil verschiedene ökonomische Wissensstrukturen vorgestellt wurden, wird die entwickelte Methodik nun auf ihr Potenzial und ihre Grenzen getestet, indem sie auf vier wohngesetzgeberische Instrumente angewendet wird. Dazu werden ausgewählte Gesetzesmaterialien zum Wohngeld, zur Mietpreisbremse, zur Grundsteuer und zu Milieuschutzsatzungen daraufhin untersucht, inwiefern sich die verschiedenen ökonomischen Wissensstrukturen darin ausdrücken. Die Darstellung folgt dabei einem einheitlichen Schema. Der Schwerpunkt liegt jeweils auf der „hermeneutische[n] Detailarbeit"[1] mit den Gesetzesmaterialien (C.). Aus ihnen werden die verschiedenen ökonomischen Argumentationsmuster und die ihnen zugrunde liegenden Wissensstrukturen – kurz: Annahmen – rekonstruiert und verortet. Zuvor werden das jeweilige Instrument kurz vorgestellt und in seinen Kontext eingeordnet (A.) sowie die untersuchten Materialien eingeführt (B.).

Die Wohngesetzgebung wurde über die Jahrzehnte hinweg von diversen Regierungskoalitionen bearbeitet. Zudem sind die verschiedenen wohnpolitischen Säulen von unterschiedlichen Logiken geprägt. Daraus folgt, dass nicht stets alle Wissensstrukturen wirksam werden und dass die Annahmen auch im Widerspruch zueinanderstehen können. Dies und die jeweils wirksamen ökonomischen Annahmen aufzudecken, wird durch die Gegenüberstellung der Instrumente und einen Fokus auf unterschiedliche Zeiträume erleichtert. Gleichzeitig lassen sich mithilfe eines solchen Vorgehens Kontinuitäten und Gemeinsamkeiten feststellen.

Die Analyse der verschiedenen Instrumente folgt einer groben Chronologie: Eine grundlegende ökonomische Bedeutung kam zunächst dem Wohngeld zu, das der Etablierung eines Wohnungsmarktes in der Bundesrepublik diente und hierbei auf Deutungsmustern der Sozialen Marktwirtschaft gründete (§ 7). In das in diesem Zuge etablierte Marktsystem fügen sich mietpreisrechtliche Regelungen, wie seit 2015 die Mietpreisbremse,

1 *Waldhoff/Rennert*, in: Grimm/König (Hrsg.), Lektüre und Geltung, 2020, S. 83 (108); → § 2 C.

ein (§ 8). Quer hierzu stehen die Grundsteuer (§ 9) und Milieuschutzsatzungen (§ 10). Während die Grundsteuer insbesondere auch steuerrechtlichen Erwägungen folgt, die die klassischen ökonomischen Annahmen teilweise überdecken, schlagen sich im für das Milieuschutzrecht bestimmenden Erhaltungszweck polit-ökonomische Annahmen dominant nieder.

§ 7 Wohngeld

Die Gestalt des heutigen Wohnungswesens ist ökonomisch fundiert, rechtlich verfasst und geht auf verschiedene gesetzgeberische Weichenstellungen zurück. Richtungsweisend für die Gestalt des bundesrepublikanischen Wohnregimes war die Phase des Wiederaufbaus nach 1945.[1] In dieser Zeit hat sich das heute noch vorherrschende Grundverständnis eines zumindest theoretisch funktionsfähigen Wohnungsmarktes durchgesetzt. Anders als in vorherigen Zeiten setzten sich marktwirtschaftliche Deutungsmuster dabei nachhaltig durch, indem soziale Zielsetzungen in das Marktmodell integriert wurden. Eine wesentliche Bedeutung kam hierbei – materiell wie diskursiv – dem Wohngeld zu.

Sowohl das Modell des Wohnungsmarktes als auch das Wohngeld haben sich mit der Zeit weiterentwickelt und normalisiert. Die grundlegenden ökonomischen Mechanismen bleiben aber von hoher Relevanz. Bis heute wird die Bezahlbarkeit des Wohnens unter anderem über die finanzielle Unterstützung der Mieterinnen und selbstnutzenden Wohnungseigentümerinnen, also die Subjektförderung, erreicht und hierfür pro Jahr rund 20 Mrd. Euro aufgewendet.[2] Angesichts solcher Summen lohnt es sich, die ökonomischen Wissensgrundlagen dieser Gesetzgebung neu zu befragen (C.). Bevor dies geschieht, wird das Wohngeld im Gefüge der direkten Förderung eingeordnet (A.) und seine Entwicklungsgeschichte nachgezeichnet (B.).

---

1 → § 3 B. II.

2 *P. Lange*, Staatliche Wohnraumvorsorge, 2023, S. 398, 437 ff.; *Bundesregierung*, Vierter Bericht über die Wohnungs- und Immobilienwirtschaft in Deutschland 2020 v. 2.7.2021, BT-Drs. 19/31570, 19, 127; aktuell gibt die Bundesregierung Gesamtausgaben von 20,374 Mrd. Euro für Wohngeld und KdU nach dem SGB II an, Antwort der PSt *Kaiser* v. 3.5.2024 auf die Frage Nr. 132 der Abg. *Lay* (Linke), BT-Drs. 20/11250, 93 f. Von ähnlichen Summen ging zuvor bereits eine 2024 veröffentlichte Studie aus, *Pestel*, Bauen und Wohnen 2024, 2024, S. 1, 17, 31.

A. Einordnung: Wohngeld als Instrument der Subjektförderung

Mit der Subjektförderung werden einzelne Haushalte bei der Bezahlung ihrer Mieten und Lasten unterstützt. Ihr liegt allgemein das Problem zugrunde, dass es Haushalte gibt, die wirtschaftlich nicht in der Lage sind, mehr als einen bestimmten Betrag pro Monat für ihre Wohnversorgung auszugeben. Wird nun eine marktwirtschaftliche Wohnversorgung vorausgesetzt,[3] bei der der Preis durch den Abgleich von Angebot und Nachfrage ermittelt wird, führt dies dem Modell nach dazu, dass der Marktpreis zu hoch liegt und sich diese Haushalte nicht mit Wohnraum versorgen können.[4] Gleichzeitig wird mangels zahlungskräftiger Nachfrage nicht ausreichend Wohnraum zur Verfügung gestellt, was die Situation verschärft. Auch wenn eine Vielzahl an Lösungsmöglichkeiten besteht, erscheinen viele von ihnen aus marktwirtschaftlicher Sicht nicht attraktiv. Die Einführung einer Preisobergrenze beispielsweise würde den Modellannahmen nach dazu führen, dass das Angebot kurzfristig zurückgeht, weil alternative Nutzungen bevorzugt werden, und langfristig das Angebot ganz schwindet, beispielsweise durch Abriss und Verfall.[5] Die Objektförderung hingegen, also die finanzielle Förderung und administrative Verteilung mietenreduzierter Wohnungen, wird als starke staatliche Intervention kritisiert.[6] Demgegenüber werde mittels eines Wohnkostenzuschusses gewährleistet, dass erstens ausreichend Angebot zur Verfügung steht und zweitens – durch eine Stärkung ihrer Wohnkaufkraft[7] – alle Haushalte mit Wohnraum versorgt werden.[8]

---

3 So bei der Subjekt- bzw. Individualförderung, *H. K. Schneider/Schuppener*, Soziale Absicherung der Wohnungsmarktwirtschaft durch Individualsubventionen, 1971, S. 45. Der Wohnungsmarkt ergibt sich auch in der folgenden Analyse als Voraussetzung für das Wohngeld, dazu → § 7 C. II.

4 Zur insofern bestehenden sozialen Blindheit des Marktmechanismus bei *H. K. Schneider/Kornemann*, Soziale Wohnungsmarktwirtschaft, 1977, S. 3.

5 Zur historischen Parallele zur ökonomischen Begründung des Wohngelds siehe unten → § 7 C. II.; *Schuldt*, Mietpreisbremse, 2017, S. 61 f.

6 *H. K. Schneider/Schuppener*, Soziale Absicherung der Wohnungsmarktwirtschaft durch Individualsubventionen, 1971, S. 13 f.

7 *Nolte*, Nachfrage- und Angebotswirkungen des Wohngeldes, 1997, S. 1; *H. K. Schneider/Schuppener*, Soziale Absicherung der Wohnungsmarktwirtschaft durch Individualsubventionen, 1971, S. 13; *Felberg*, Wohngeld, 1972, S. 3, 15; *Henger/Niehues*, Sozialer Fortschritt 2019, 791 (793).

8 Grundlegend zur Funktionsweise auch *Nolte*, Nachfrage- und Angebotswirkungen des Wohngeldes, 1997, S. 41 ff.

Die Kosten und Mittel der so charakterisierten Subjektförderung teilen sich auf die Instrumente Wohngeld und Kosten der Unterkunft (KdU) nach den Sozialgesetzbüchern II und XII auf. Das Verhältnis beider Instrumente wird folgend in einem ersten Schritt beschrieben (I.). Anschließend wird die Entwicklungstendenz von Subjekt- zu Objektförderung nachgezeichnet (II.). Beide Annäherungen spiegeln die bis heute umstrittene Einordnung des Wohngelds als sozial- versus wohnungspolitisches Instrument wider, wobei die Schaffung des SGB I im Jahr 1975 den Höhepunkt der Debatte darstellte.[9] Für die vorliegende Arbeit muss dies jedoch nicht entschieden werden, da mit dem Begriff der Wohngesetzgebung ein weites, vom Wohnen her gedachtes Begriffsverständnis gewählt wurde, das das Wohngeld in jedem Fall umfasst. Deutlich wird gleichwohl, dass die Wohngesetzgebung nicht an eindeutigen, herkömmlichen Grenzen politischer Themenbereiche Halt macht.[10]

I. Wohngeld als staatlicher Wohnkostenzuschuss

Nach § 7 SGB I haben diejenigen Personen Anspruch auf einen Zuschuss zur Miete oder vergleichbaren Aufwendungen, die für eine angemessene Wohnung Aufwendungen erbringen müssen, die ihnen nicht zugemutet werden können. Wohnbeihilfen gehören somit zu den sozialen Rechten (§ 2 SGB I), die unter anderem der „Verwirklichung sozialer Gerechtigkeit und sozialer Sicherung" dienen (§ 1 SGB I).[11] Nach der Einweisungsvorschrift des § 26 SGB I ergeben sich die weiteren Regelungen aus dem Wohngeld-

---

9 Sozialgesetzbuch I, Gesetz v. 11.12.1975, BGBl. I S. 3015. Die Integration des Wohngelds in das allgemeine System der Sozialleistungen stellte eine sozialpolitische Normalisierung des Wohngelds dar, gleichzeitig ist das Wohngeldgesetz bis zum heutigen Tag nicht im Sozialgesetzbuch aufgegangen. Dies war auch eine wesentliche Forderung aus dem Bundesrat, siehe insb. Stellungnahme BR, Anlage 2 RegE SGB I, BT-Drs. 7/868. Hierzu im Rahmen der Entstehungsgeschichte des § 7 SGB *Gutzler*, in: Lilge/Gutzler, SGB I-Komm., 5. Aufl. 2019, § 7 Rn. 1–3; *Palsherm*, in: jurisPK-SGB I, 4. Aufl. 2024, § 7 Rn. 2.

10 Vgl. daher bspw. die Formulierung der „wohnbezogenen Sozialpolitik" bei *Cischinsky/Krapp*, WSI-Mitteilungen 2/2020, 100.

11 *P. Lange*, Staatliche Wohnraumvorsorge, 2023, S. 438; Wohngeld als Konkretisierung des Sozialstaatsprinzips bei *Gutzler*, in: Lilge/Gutzler, SGB I-Komm., 5. Aufl. 2019, § 7 Rn. 5; *Palsherm*, in: jurisPK-SGB I, 4. Aufl. 2024, § 7 Rn. 8. Der ausdrücklich soziale Charakter und Zweck des Wohngelds finden sich auch in den Gesetzesmaterialien wieder und dienen als Ausgangspunkt der Analyse (dazu → § 7 C. I.).

gesetz.[12] Das Wohngeldgesetz ist in acht Teile gegliedert und regelt neben dem Zweck und der Wohngeldberechtigung die Berechnung und Höhe des Wohngelds, das Nichtbestehen des Wohngeldanspruchs, die Bewilligung, Zahlung und Änderung, die Kostentragung und den Datenausgleich sowie die Wohngeldstatistik. Danach stellt das Wohngeld einen aufgrund verschiedener Parameter (Wohnfläche, Haushaltsgröße, Miete) berechneten und durch regionale Höchstbeträge gestaffelten Zuschuss für einkommensschwache Haushalte oberhalb der Grundsicherungsgrenze dar. Die Haushalte erhalten somit unter Berücksichtigung ihrer „persönlichen, sozialen und wirtschaftlichen Verhältnisse“[13] die Kosten für angemessenes und familiengerechtes Wohnen steuerfrei bezuschusst (§ 1 Abs. 1 WoGG).[14] Neben dem Wohngeldgesetz regeln die Wohngeldverordnung und die Wohngeld-Verwaltungsvorschrift weitere Werte und das Verwaltungsverfahren, das jedoch in Länderhand liegt.[15]

Die Kosten der Unterkunft decken demgegenüber seit den Hartz-IV-Reformen als Teil der Grundsicherung für Arbeitssuchende (dann nach § 22 Abs. 1 SGB II) oder für Sozialhilfeempfängerinnen (dann § 35 SGB XII) die zum soziokulturellen Existenzminimum gehörenden Bedarfe für Unterkunft und Heizung. Im Umkehrschluss verdeutlicht dies, dass sich das Wohngeld gerade nicht an Grundsicherungshaushalte, sondern an einkommensschwache Haushalte oberhalb des Grundsicherungsniveaus richtet. Anders als beim Wohngeld, das einen nach einer gesetzlichen Formel pauschalierten Zuschuss vorsieht, werden mit den KdU die Wohnkosten als solche berücksichtigt, soweit sie angemessen sind.[16] Weitere Unterschiede ergeben sich im Hinblick auf die Verwaltungszuständigkeiten und -verfah-

---

12 Wohngeldgesetz (WoGG) v. 24.9.2008, BGBl. I S. 1856, zuletzt geändert durch Art. 50 des Gesetzes v. 5.12.2024, BGBl. I Nr. 387; vgl. *Schollmeier*, Wohnraum als Verfassungsfrage, 2020, S. 457.

13 *Kühne-Büning*, in: Kühne-Büning/Nordalm/Steveling (Hrsg.), Grundlagen der Wohnungs- und Immobilienwirtschaft, 4. Aufl. 2005, S. 259 (268).

14 Zum Zuschusscharakter *Gutzler*, in: Lilge/Gutzler, SGB I-Komm., 5. Aufl. 2019, § 7 Rn. 14. Wesentlich sind demnach der verbleibende Eigenanteil und dass es sich um eine nicht zurückzuzahlende Leistung handelt, *Palsherm*, in: jurisPK-SGB I, 4. Aufl. 2024, § 7 Rn. 28 f.

15 Wohngeldverordnung (WoGV) i.d.F. v. 19.10.2001, BGBl. I S. 2722, zuletzt geändert durch Art. 2 der VO v. 21.10.2024, BGBl. I Nr. 314; Wohngeld-Verwaltungsvorschrift (WoGVwV) v. 28.6.2017, BAnz AT 10.7.2017 B5.

16 *Bundesregierung*, Vierter Bericht über die Wohnungs- und Immobilienwirtschaft in Deutschland und Wohngeld- und Mietenbericht 2020 v. 2.7.2021, BT-Drs. 19/31570, 131; *Cischinsky/Krapp*, WSI-Mitteilungen 2/2020, 100 (102 f.); *Löcher*, in: Löcher (Hrsg.), Grundsicherung, 2012, S. 227 (228).

ren, die Kostentragung und das Verhältnis zu anderen Leistungssystemen, wie dem Kindergeld.[17]

Auch wenn mittlerweile ein Großteil der Subjektförderung als KdU Arbeitssuchenden und Sozialhilfeempfängerinnen zufließt, ist das Wohngeld gegenüber den KdU vorrangig.[18] Denn diejenigen Haushalte, die ihren allgemeinen Lebensbedarf grundsätzlich durch eigene Einkünfte abdecken können, sollen nicht in das mit vielfältigen Pflichten einhergehende Sozialleistungssystem *abrutschen*.[19] Das Wohngeld soll zudem Arbeitsanreize setzen, eine grundsätzlich freie Wohnungswahl gewährleisten und ist mit weniger staatlichem Kontroll- und Verwaltungsaufwand verbunden.[20] Diese und weitere instrumentelle Unterschiede und damit zusammenhängende Problematiken werden an dieser Stelle nicht weiter vertieft.[21] Deutlich wird gleichwohl, dass das Wohngeld trotz seines finanziellen Rückstands gegenüber den KdU zumindest wohngesetzgeberisch kein „Nischendasein"[22] fristet.

---

17 *Cischinsky/Krapp*, WSI-Mitteilungen 2/2020, 100 (100, 101); *Henger/Niehues*, Sozialer Fortschritt 2019, 791 (796 ff.).

18 So ist das Wohngeld als „erforderliche Hilfe […] von Trägern anderer Sozialleistungen" zu verstehen, mit denen die Hilfebedürftigkeit nach § 9 Abs. 1 SGB II bzw. § 2 Abs. 1 SGB XII abgewendet werden kann (auch: Nachranggrundsatz). Umgekehrt schließen Transferleistungen nach dem SGB den Wohngeldanspruch gem. § 7 Abs. 1 WoGG aus. Die hierzu bestehende Literatur wird nicht vertieft behandelt, da die Fragen über das vorliegende Thema hinausweisen, vgl. aber *P. Lange*, Staatliche Wohnraumvorsorge, 2023, S. 439 f., m.w.N.

19 *Henger/Niehues*, Sozialer Fortschritt 2019, 791 (792); *Henger/Niehues*, IW-Kurzbericht 32/2019, 1: „Netz vor dem Netz". Gesellschaftliche Stigmata bzw. die sozial-psychologischen Auswirkungen von Sozialleistungen spielten im Übrigen bereits 1965 bei der Umbenennung der Wohnbeihilfe in Wohngeld eine Rolle, dazu Ausschussbericht *Berger-Heise*, WoGG 1965, zu BT-Drs. 4/3018, 3; siehe auch *P. Lange*, Entwicklung Wohnraumvorsorge, ZUR 2022, 67 (71 Fn. 63). Doch auch zuvor lassen sich entsprechende Sorgen feststellen: In diesem Sinne wohl schon die Betonung im 1. BMG, dass es sich bei den Wohnbeihilfen nicht um Leistungen der öffentlichen Fürsorge handele (§ 15 Abs. 2 1. BMG); zum „Arme-Leute-Geruch", der Mietbeihilfen anhaften kann, *Hauffe* (SPD), Sten. Bericht der 90. Sitzung, 12.11.1959, BT-PlProt. 3/90, AbbauG, 4897D.

20 *Henger/Niehues*, Sozialer Fortschritt 2019, 791 (798 f.).

21 Bspw. die Frage der Heizkosten (dazu aber → § 7 B. II. 2. b.) oder der Umgang mit sog. Wechselhaushalten, *Henger/Niehues*, Sozialer Fortschritt 2019, 791; *Cischinsky/Krapp*, WSI-Mitteilungen 2/2020, 100 (104 ff.); *Brecht-Heitzmann/Pannenberg*, NZS 2022, 521 (525).

22 So aber *Henger/Niehues*, IW-Kurzbericht 32/2019, 1.

II. Wohngeld im System der öffentlichen Förderung

Das Wohngeld konkurriert nicht nur mit dem Kosten der Unterkunft, sondern auch mit der anderen Säule der direkten Förderung: der Objektförderung. Die Objektförderung setzt anders als die Subjektförderung nicht am geförderten Individuum, sondern am Objekt, marktwirtschaftlich gesprochen: der Angebotsseite, an.[23] Mit der Objektförderung werden insbesondere die Angebotsausweitung und eine mittlerweile beschränkte Bestandspolitik durch Belegungsrechte und Mietpreisbindungen verfolgt.[24]

Die Objektförderung war in der Nachkriegszeit ein wichtiges Mittel beim Wiederaufbau und wurde in dieser Zeit durch das Erste und Zweite Wohnungsbaugesetz geprägt.[25] Mit der Zeit gingen ihr finanzieller Rahmen, ihre politische Bedeutung und zeitlich versetzt auch die Belegungsbindungen zurück.[26] Sie entwickelte sich zu einer „selektiven Angebotspolitik für bestimmte soziale Gruppen"[27] und wird heutzutage vor allem mit dem sozialen Wohnungsbau verbunden.[28] Dies legt nahe, dass die Objektförderung vor allem als Mittel gegen quantitative Wohnungsnot angesehen und diese nur als temporäres Problem verstanden wird: Mit dem Auslaufen der Problemlage laufen auch die Bindungen aus.[29] Die Subjektförderung hat hingegen seit ihrer Einführung (nicht nur finanziell) an Bedeutung gewonnen und somit die Objektförderung gewissermaßen abgelöst.[30] Der Be-

---

23 Anstelle vieler *Molinari*, Tradition staatlicher Interventionen in den Mietwohnungsmarkt, 2021, S. 122.

24 §§ 26, 28 WoFG; früh *Felberg*, Wohngeld, 1972, S. 11.

25 Siehe bereits → § 3 B. II. Eine Übersicht mit den für die Entwicklung der direkten Wohnungsbauförderung maßgeblichen Gesetzen findet sich bei *Leutner*, Wohnungspolitik nach dem 2. Weltkrieg, 1990, S. 307 f.; *A. Mayer*, Theorie und Politik des Wohnungsmarktes, 1998, S. 226 f.; *Schollmeier*, Wohnraum als Verfassungsfrage, 2020, S. 363 ff.

26 → § 3 B. II., III.

27 *Leutner*, Wohnungspolitik nach dem 2. Weltkrieg, 1990, S. 304.

28 → § 3 Fn. 153. Vgl. die Systematisierung bei *Egner*, APuZ 64:20/21 (2014), 13 (13 ff.); zu den damit einhergehenden Auflagen *A. Mayer*, Theorie und Politik des Wohnungsmarktes, 1998, S. 231; zur Funktion *Kofner*, Wohnungsmarkt und Wohnungswirtschaft, 2010, S. 124.

29 Prägnant *Weißmüller*, Wie der soziale Wohnungsbau vor die Hunde ging, SZ v. 17.12.2021: „Statt einen wachsenden Bestand an bezahlbaren Wohnungen zu errichten, den gemeinnützige Wohnungsbaugesellschaften verwalten und kontinuierlich ausbauen konnten, verdammte die öffentliche Hand sich selbst dazu, den Sisyphus in der Wohnungsfrage zu spielen."

30 *Jenkis*, in: Jenkis (Hrsg.), Kompendium, 4. Aufl. 2001, S. 65 (93); vgl. auch *Kofner*, Wohnungsmarkt und Wohnungswirtschaft, 2010, S. 125; *Knabe*, in: Kessl/Reutlinger

deutungswandel der direkten Förderung drückt sich insbesondere im Wohnungsbaureformgesetz von 2001 aus.[31] Das darin enthaltene Wohnraumförderungsgesetz löste das Zweite Wohnungsbaugesetz ab. Hierbei ersetzte die soziale Wohnraumförderung (§ 1 Abs. 1 WoFG) den sozialen Wohnungsbau begrifflich. Zugleich erfolgte eine Verengung des Begünstigtenkreises von den breiten Schichten der Bevölkerung (2. WoBauG) auf Haushalte, die sich nicht am Markt versorgen können und auf Unterstützung angewiesen sind (§ 1 Abs. 2 WoFG).[32] Dies entspricht einem liberalen Wohlfahrtsmodell.[33]

Die maßgeblichen Vor- und Nachteile von Subjekt- und Objektförderung werden seit Jahrzehnten diskutiert. Die Objektförderung wird insbesondere aufgrund der mit ihr verbundenen Segregationseffekte kritisiert.[34] Politökonomische Ansätze bemängeln daneben, dass die Belegungsbindungen lediglich eine Form „sozialer Zwischennutzung" darstellen.[35] Aus neoklassischer Sicht richtet sich die Kritik hingegen vor allem gegen mit der Objektförderung verbundene Fehlbelegung, Fehlförderung und Mietpreisverzerrung.[36] Insbesondere wird die Objektförderung aufgrund der mit ihr verbundenen Auflagen und Auswirkungen auf die übrigen Mietpreise als marktinkonform bezeichnet.[37] Die Subjektförderung gilt demgegenüber als besonders treffsicher und flexibel und daher als Musterinstrument für so-

---

(Hrsg.), Handbuch Sozialraum, 2. Aufl. 2019, S. 635 (647); siehe die (auch grafische) Darstellung bei *Pestel*, Bauen und Wohnen 2024, 2024, S. 1, 19, 31.

31 *Gluns*, in: Freise/Zimmer (Hrsg.), Zivilgesellschaft und Wohlfahrtsstaat im Wandel, 2019, S. 257 (272); *Gebhardt*, in: Herlitz/Saxinger (Hrsg.), Hdb. soz. Wohnungsbau und MietR, 2019, Kap. 3 Rn. 37: „Paradigmenwechsel".

32 *Knabe*, in: Kessl/Reutlinger (Hrsg.), Handbuch Sozialraum, 2. Aufl. 2019, S. 635 (647); *Heinelt*, in: Egner/Georgakis/Heinelt/Bartholomäi (Hrsg.), Wohnungspolitik in Deutschland, 2004, S. 35 (40).

33 → § 5 A. II. 2.

34 *Egner*, APuZ 64:20/21 (2014), 13 (15); *BMWi*, Soziale Wohnungspolitik, 2018, S. 10.

35 Siehe bereits→ § 5 B. I. 2. a., Fn. 114; *Donner*, Wohnungspolitiken, 2000, S. 200; *Holm*, in: Hamann/Kaltenborn (Hrsg.), Die Legende vom Sozialen Wohnungsbau, 2021, S. 24 (62 f., 68 ff.); *Hamann/Kaltenborn*, in: Hamann/Kaltenborn (Hrsg.), Die Legende vom Sozialen Wohnungsbau, 2021, S. 16 (19).

36 *Egner*, APuZ 64:20/21 (2014), 13 (14); *Jenkis*, in: Jenkis (Hrsg.), Kompendium, 4. Aufl. 2001, S. 65 (92); *Leutner*, Wohnungspolitik nach dem 2. Weltkrieg, 1990, S. 314, 323; *Gebhardt*, in: Herlitz/Saxinger (Hrsg.), Hdb. soz. Wohnungsbau und MietR, 2019, Kap. 3 Rn. 10; *Molinari*, Tradition staatlicher Interventionen in den Mietwohnungsmarkt, 2021, S. 124.

37 *Felberg*, Wohngeld, 1972, S. 14; *Molinari*, Interventionen in den Mietwohnungsmarkt, 2021, S. 124.

ziale Sicherung im marktwirtschaftlichen System.[38] Zudem besteht im Vergleich zum sozialen Wohnungsbau eine verringerte Gefahr der Ghettoisierung.[39] Insbesondere das Wohngeld verliert jedoch dadurch an Wirkkraft, dass eine hohe Anzahl der Leistungsberechtigten keinen Antrag stellt.[40] Gleichwohl fließen bereits bei der derzeitigen Ausschöpfung große Summen, wenngleich indirekt, an die Vermieterinnen – ohne einen Ausgleich wie über Belegungsrechte – und stabilisieren dadurch hohe Mieten.[41]

B. Materialienkorpus: Gesetzgeberische Meilensteine des Wohngelds

Mit dem Wohngeld wird folgend somit ein gesetzgeberisch konsentiertes, (polit-)ökonomisch jedoch nicht unumstrittenes Instrument auf die zugrunde liegenden ökonomischen Annahmen untersucht. Diese Analyse steht vor der Herausforderung, dass die gesetzgeberischen Annahmen eines Instruments rekonstruiert werden sollen, das auf eine lange und reichhaltige Entwicklungsgeschichte – mit fast jährlichen Reformen – zurückblickt. Eine Analyse jeglicher das Wohngeldgesetz und seine Vorgänger betreffenden Gesetzesänderungen würde den Rahmen dieser Arbeit zweifellos überschreiten. Stattdessen ist eine Vorauswahl erforderlich.[42] Daher werden folgend die Entwicklungsgeschichte des Wohngelds nachvollzogen, in drei gesetzgeberische Phasen aufgeteilt und die jeweils wesentlichen Reformen

38 *Jenkis*, in: Jenkis (Hrsg.), Kompendium, 4. Aufl. 2001, S. 65 (94); *Kühne-Büning*, in: Kühne-Büning/Nordalm/Steveling (Hrsg.), Grundlagen der Wohnungs- und Immobilienwirtschaft, 4. Aufl. 2005, S. 259 (277): „ein im Rahmen der sozialen Marktwirtschaft systemkonformes Instrument"; *Gebhardt*, in: Herlitz/Saxinger (Hrsg.), Hdb. soz. Wohnungsbau und MietR, 2019, Kap. 3 Rn. 11.

39 *Jenkis*, in: Jenkis (Hrsg.), Kompendium, 4. Aufl. 2001, S. 65 (94).

40 *Jenkis*, in: Jenkis (Hrsg.), Kompendium, 4. Aufl. 2001, S. 65 (94); *Leutner*, Wohnungspolitik nach dem 2. Weltkrieg, 1990, S. 354. Aktueller *Bruckmeier/Wiemers*, Comparative Economic Studies 60 (2018), 583 (594), wonach die Zahl der Nicht-Inanspruchnahme mit rund 86,6 % beachtlich ist.

41 *Jenkis*, in: Jenkis (Hrsg.), Kompendium, 4. Aufl. 2001, S. 65 (94); *Landmesser/Metzkow*, in: Holm (Hrsg.), Wohnen, 2021, S. 172 (178); *Gebhardt*, in: Herlitz/Saxinger (Hrsg.), Hdb. soz. Wohnungsbau und MietR, 2019, Kap. 3 Rn. 11; *Molinari*, Tradition staatlicher Interventionen in den Mietwohnungsmarkt, 2021, S. 125; aus feministischer Perspektive aktuell *Schollmeier/Lange/Röhner*, DJB-Z 1/2024, 1 (6).

42 Allgemein zur Materialauswahl siehe → § 2 C. Folgend findet sich eine Darstellung aller relevanten und ausgewerteten Materialien. Für eine ausgewählte Übersicht der Materialien, die sich in der Analyse niederschlagen, siehe das Verzeichnis am Ende der Arbeit.

vorgestellt. Die hierbei identifizierten Gesetzesmaterialien liegen der anschließenden Untersuchung zugrunde.

Das Wohngeld wurde 1965 unter dieser Bezeichnung durch das Wohngeldgesetz eingeführt. Dies mag dazu verleiten, den Startpunkt einer Analyse in diesem Jahr zu verorten. Dabei würde jedoch übersehen, dass mit dem Wohngeldgesetz lediglich die Vereinheitlichung und Umbenennung des zuvor bestehenden Instruments der Wohnbeihilfen erfolgte.[43] Daher markiert das Jahr 1965 nicht den Beginn der Wohngeldentwicklung, sondern den Endpunkt einer fast zehn Jahre andauernden Einführungsphase (I.).[44] In der hieran anschließenden Phase der Normalisierung erfolgten vor allem Detailänderungen (II.). Zuletzt, seit 2019, wird das Wohngeld wieder stärker diskutiert und weitreichenderen Reformen unterworfen (III.). Auch diese knüpfen aber in weiten Teilen an das bestehende System an und werden über Regierungswechsel hinaus verfolgt. Zu bemerken ist schließlich noch, dass die höchstrichterliche und Verfassungsrechtsprechung sich anders als bei den anderen Instrumenten der vorliegenden Untersuchung kaum auf die Gesetzgebung zum Wohngeld ausgewirkt hat.[45]

I. Einführungsphase

Bereits vor der Einführung des Wohngelds unter dieser Bezeichnung existierten in der Bundesrepublik verschiedene Formen der Wohnbeihilfen. Diese wurden im Juli 1954 erstmals in einem Gesetzentwurf für ein Zweites Wohnungsbaugesetz erwähnt. Das erste Gesetz aber, das Wohnbeihilfen vorsah, war das Erste Bundesmietengesetz von 1955. Die verschiedenen

43 *L. Zimmermann,* in: L. Zimmermann (Hrsg.), WoGG-HK, 2014, Einleitung Rn. 4.

44 *Walter*, Wohnrecht, 1965, S. 29.

45 Hervorzuheben insofern BVerfG, Beschluss v. 14.11.1969 – 1 BvL 4/69, zu § 29 WoGG. Die Norm regelte den Ausschluss von Sozialhilfe- und Kriegsfürsorgeempfängerinnen. Sie wurde bereits im Gesetzgebungsverfahren im mitberatenden Ausschuss für Kommunalpolitik und Sozialhilfe aufgrund der (eigentlichen) Subsidiarität dieser Leistungen und der dadurch entstehenden Benachteiligung der Sozialhilfe- und Kriegsfürsorgeempfängerinnen kritisiert und ihre ersatzlose Streichung gefordert, vgl. Ausschussbericht *Berger-Heise*, WoGG 1965, zu BT-Drs. 4/3018, 1 f., 5. Der Beschluss des BVerfG ist vor allem für das Verhältnis von Sozialhilfe und Wohngeld bedeutsam und wurde daher u.a. im Zuge der Einführung des SGB I 1975 diskutiert. Diese Entwicklungen werden vorliegend jedoch nicht gesondert berücksichtigt, da sich die gesetzgeberischen Debatten vorwiegend um sozialrechtliche Fragestellungen bzw. das System der sozialen Sicherungen und weniger um die Rolle des Wohngelds als Instrument der Wohngesetzgebung drehten.

gesetzlichen Kontexte verweisen auf die noch umstrittene Funktion der Wohnbeihilfen: Während sie im Ersten Bundesmietengesetz auf den Ausgleich von Mieterhöhungen zielten (1.), dienten sie im Zweiten Wohnungsbaugesetz der Förderung des Wohnungsbaus (2.).

Nachdem die Beihilfen in diesen Gesetzen zunächst befristet waren, wurden sie mit dem Abbaugesetz von 1960 normalisiert, als Instrument der Sozialen Marktwirtschaft etabliert und schließlich 1963 in einem eigenständigem Gesetz teilweise zusammengeführt (4.). Den Schlusspunkt der Einführung markiert schließlich das Wohngeldgesetz von 1965 (5.), das auch den Begriff des Wohngeldes an die Stelle der Wohnbeihilfen setzte.

1. Erstes Bundesmietengesetz (1955)

Mit dem Ersten Bundesmietengesetz wurden in der Bundesrepublik erstmals an Mieterinnen gezahlte Zuschüsse gesetzlich geregelt.[46] Eigentlicher inhaltlicher Schwerpunkt des Ersten Bundesmietengesetzes war aber die Lockerung der Mietpreisbindungen, um den Altbaubesitz wirtschaftlich verträglicher zu gestalten.[47] Die im Zuge der Mietpreislockerungen erwarteten Mieterhöhungen und dadurch entstehende Härten sollten durch die Mietbeihilfen gemildert werden (§ 15 Abs. 1 S. 1 1. BMG).[48]

Das Gesetz geht auf einen Gesetzentwurf der Bundesregierung zurück,[49] der im Bundesrat umfänglich kritisiert wurde[50] und nach einer Gegenäußerung der Bundesregierung schließlich im Bundestag einging.[51] Vom

46 → § 3 Fn. 62. Mit Hinweis auf im Nationalsozialismus gezahlte „Mietbeihilfen“ *Heinelt/Egner*, in: M. Schmidt/Zohlnhöfer (Hrsg.), Regieren in der Bundesrepublik Deutschland, 2006, S. 203 (214).

47 *Hinkelmann (heute Flatow)*, Ortsübliche Miete, 1999, S. 56 f., m.V.a. die Gesetzesmaterialien; → § 7 C. II. 1. b.

48 *L. Zimmermann*, in: L. Zimmermann (Hrsg.), WoGG-HK, 2014, Einleitung Rn. 1.

49 RegE 1. BMG, BR-Drs. 290/54, vom Bundeskabinett am 15.9.1954 beschlossen, Eingang beim Bundesrat am 24.9.1954. Der Gesetzentwurf der SPD-Fraktion zum 2. WoBauG, BT-Drs. 2/722, datiert zwar auf den 13.7.1954, das 2. WoBauG wurde jedoch erst deutlich nach dem 1. BMG erlassen.

50 Stellungnahme BR, Anlage B zum RegE 1. BMG, BT-Drs. 2/1110, 135 ff.; Ausschussempfehlungen, 1. BMG, BR-Drs. 290/1/54; Sten. Bericht der 129. Sitzung, 19.10.1954, BR-PlProt. 54/129, 1. BMG, 260–266.

51 Gegenäußerung BReg, Anlage C zum RegE 1. BMG, BT-Drs. 2/1110, 140 ff.; RegE 1. BMG, BT-Drs. 2/1110 v. 5.1.1955.

Bundestag wurde der Gesetzentwurf nach Diskussionen in Ausschuss[52] und Plenum[53] in geänderter Form verabschiedet. Durch den Bundesrat wurde schließlich der Vermittlungsausschuss einberufen[54] und das Gesetz abermals verändert angenommen. Diskutiert wurden unter anderem die Vorschriften zur Mietbeihilfe: Umstritten waren deren Übergangscharakter und Finanzierung, unstrittig hingegen, *dass* Mietbeihilfen gewährt werden sollten.[55]

2. Zweites Wohnungsbaugesetz (1956)

Im Jahr 1956 wurde mit dem Zweiten Wohnungsbaugesetz[56] eine weitere Wohnbeihilfe eingeführt. Anders als die Beihilfen nach dem Ersten Bundesmietengesetz war sie jedoch nicht als Ausgleichsmaßnahme, sondern als öffentliche Wohnraumförderung konzipiert.[57] Dabei wurden die obersten Landesbehörden ermächtigt (§ 46 Abs. 1 Ziff. c) 2. WoBauG), zur Gewähr-

---

52 Ausschussbericht, 1. BMG, BT-Drs. 2/1421; Ausschussbericht *Hauffe*, 1. BMG, zu BT-Drs. 2/1421. Die Regelungen zur Beihilfe wechselten im Verlaufe der Ausschussberatungen ihre Nummerierung und wurden von einem Paragrafen (ursprünglich § 11) auf drei Paragrafen (§§ 15–17) ausgeweitet. Wie im endgültigen Gesetz (dort § 16 Abs. 3) war die nähere Ausgestaltung hinsichtlich Personenkreis, Bezugsvoraussetzungen und Höhe weitgehend den Ländern überlassen (§ 11 Abs. 1 S. 2).

53 Sten. Bericht der 67. Sitzung, 18.2.1955, BT-PlProt. 2/67, 1. BMG, 3427 ff.; Sten. Bericht der 86. Sitzung, 14.6.1955, BT-PlProt. 2/86, 1. BMG, 4685 ff.; Sten. Bericht der 98. Sitzung, 14.7.1955, BT-PlProt. 2/98, 1. BMG, 5484 ff.

54 Sten. Bericht der 143. Sitzung, 24.6.1955, BR-PlProt. 55/143, 1. BMG, 177–181; Einberufung des Vermittlungsausschusses, 1. BMG, BT-Drs. 2/1496; Berichterstattung im Bundestag durch *Seidl* (CDU/CSU), Sten. Bericht der 98. Sitzung, 14.7.1955, BT-PlProt. 2/98, 5485C; im Bundesrat Sten. Bericht der 145. Sitzung, 22.7.1955, BR-PlProt. 55/145, 1. BMG, 222–223.

55 Einberufung des Vermittlungsausschusses, 1. BMG, BT-Drs. 2/1496, 3. Im Vermittlungsausschuss erhielt der § 15 Abs. 1 S. 1 1. BMG eine zeitliche Begrenzung auf drei Jahre, was den Übergangscharakter der Vorschrift betonen sollte. Bezüglich der Finanzierung der Beihilfeleistungen wurde mit § 17 Abs. 3 ein Kompromiss erreicht. Siehe hierzu Mündlicher Bericht des Vermittlungsausschusses, 1. BMG, BT-Drs. 2/1579, 3.

56 → § 3 Fn. 64.

57 *L. Zimmermann,* in: L. Zimmermann (Hrsg.), WoGG-HK, 2014, Einleitung Rn. 2; *P. Lange*, Staatliche Wohnraumvorsorge, 2023, S. 438. Das 2. WoBauG verfolgte auch insgesamt ein anderes Ziel als das 1. BMG, es steht für eine Schwerpunktverlagerung hin zum Eigenheimbau bzw. zur Wohneigentumsbildung (*Frerich/M. Frey*, Handbuch der Geschichte der Sozialpolitik Bd. 3, 2. Aufl. 1996, S. 130).

leistung tragbarer Mieten öffentliche Mittel auch als Subjektförderung, in Form der Miet- und Lastenbeihilfe, einzusetzen (§§ 72–74 2. WoBauG).[58]

Das Zweite Wohnungsbaugesetz ist die Synthese von drei verschiedenen Gesetzentwürfen.[59] Ein erster Gesetzentwurf stammt von der CDU/CSU-Fraktion und war auf die Förderung von Familienheimen und Eigentumsförderung ausgerichtet.[60] In diesem Gesetzentwurf war kein System staatlicher Beihilfen für Mieterinnen vorgesehen. Ein halbes Jahr später und während der laufenden parlamentarischen Behandlung folgte ein daran anknüpfender Gesetzentwurf der Bundesregierung, der ebenfalls einen Fokus auf die Eigentumsförderung und den Bau von Familienheimen legte und sich auf Objektförderung und indirekte Förderung beschränkte.[61] In engem zeitlichen Zusammenhang legte auch die SPD-Fraktion einen Gesetzentwurf vor und setzte dabei einen anderen Schwerpunkt, indem vor allem der soziale Wohnungsbau gestärkt werden sollte.[62] Als Ausgangspunkt diente dabei die Nachfrageseite, genauer: die Wohnbedürfnisse und Leistungsfähigkeit der verschiedenen Bevölkerungsgruppen (§ 1 Abs. 1).[63] Insbesondere enthielt der Gesetzentwurf der SPD-Fraktion in § 19 eine Regelung zu Mietbeihilfen: Soweit die Richtsatzmieten von Bevölkerungskreisen mit

---

58 Mit Aussagen zur zulässigen Miete (§ 72, Durchschnittsmiete aufgrund einer Wirtschaftlichkeitsberechnung nach Genehmigung der Bewilligungsstelle), zur Gewährung von Miet- und Lastenbeihilfen (§ 73) sowie zur Kostentragung durch die Länder (§ 74). Systematisch sind die §§ 72–74 im Fünften Abschnitt zu Mieten und Belastungen für öffentlich geförderte Wohnungen angesiedelt, gelten also nur für diese Finanzierungsform.

59 Die weitere Vorgeschichte und erste Novelle des Wohnungsbaugesetzes referiert u.a. Ausschussbericht *Brönner*, 2. WoBauG, zu BT-Drs. 2/2270, 1.

60 GesE CDU/CSU, 2. WoBauG, BT-Drs. 2/5, für eine kurze Zusammenfassung Ausschussbericht *Brönner*, 2. WoBauG, zu BT-Drs. 2/2270, 2. Der zugehörigen Plenardebatte kommt aufgrund des fehlenden Bezugs zu Wohnbeihilfen keine Bedeutung zu.

61 RegE 2. WoBauG, BT-Drs. 2/601; mit einer Darstellung des wesentlichen Inhalts Ausschussbericht *Brönner*, 2. WoBauG, zu BT-Drs. 2/2270, 2 f. Mangels Befassung mit Wohnbeihilfen werden auch die hierzu gehörigen Materialien vorliegend vernachlässigt.

62 GesE SPD, 2. WoBauG, BT-Drs. 2/722. Dazu *Jacobi* (SPD), Sten. Bericht der 48. Sitzung, 14.10.1954, BT-PlProt. 2/48, 2. WoBauG, 2375B, mit der kurzen Erwähnung, dass der Wohnungsbau nach dem Gesetzentwurf vor allem auf die unteren Einkommensschichten abzielte und „[i]m übrigen […] für Wohnungsbewerber mit besonders niedrigem Einkommen Mietbeihilfen vor[sieht]".

63 Eine Zusammenfassung liefert erneut der Ausschussbericht *Brönner*, 2. WoBauG, zu BT-Drs. 2/2270, 3 f. Auch dieser Entwurf sah die Förderung von Familienheimen und Eigentum (§ 1 Abs. 3 u. 4) vor. Die Eigentumsbildung sollte jedoch im Rahmen des Bedarfs gefördert und nicht zusätzlich angereizt werden.

besonders niedrigem Einkommen nicht aufgebracht werden könnten, sollten diese Mieterinnen Beihilfen erhalten.[64] In der Ausschussphase wurden die drei Gesetzentwürfe zusammengeführt.[65] Nach dem Gesetzesbeschluss im Bundestag[66] wurde das Gesetz dem Bundesrat zugeleitet, der den Vermittlungsausschuss einberief.[67] Die Änderungen im Vermittlungsausschuss betrafen auch die Wohnbeihilfevorschriften, die zentrale Regelung in § 73 Abs. 1 und 2 2. WoBauG blieb jedoch unverändert.[68]

3. Abbaugesetz (1960)

Schon vier Jahre später wurde im Zuge des Abbaugesetzes ein eigenes Gesetz über die Gewährung von Miet- und Lastenbeihilfen eingeführt.[69] Während mit dem Abbaugesetz insgesamt der Abbau der öffentlichen Wohnraumbewirtschaftung geregelt wurde, sah das Gesetz über die Gewährung von Miet- und Lastenbeihilfen Regelungen für die Zeiträume vor (§§ 3–13) und nach (§§ 1–2) der Mietpreisfreigabe vor. Zudem wurden die §§ 73, 74 2. WoBauG harmonisiert und die Kostenaufbringung neu geregelt. Der größte Teil des Gesetzes betraf die Regelung der Wohnbeihilfen *vor* der Mietpreisfreigabe; es handelte sich mithin um eine Übergangsregelung (vgl. § 2). Demnach war die Berechtigung für Wohnbeihilfen stets an Mieterhöhungen im Zuge des Abbaus von Mietpreisvorgaben geknüpft. Für die Zeit nach der Wohnraumbewirtschaftung war ein eigenes Bundesgesetz über Wohnbeihilfen vorgesehen, das zugleich die Voraussetzung für den endgül-

64 GesE SPD, 2. WoBauG, BT-Drs. 2/722, 7.

65 Schriftl. Bericht, 2. WoBauG, BT-Drs. 2/2270; Ausschussbericht *Brönner*, 2. WoBauG, zu BT-Drs. 2/2270. Der Ausschussbericht ist aufgrund der Zusammenführung für die Analyse von hoher Relevanz. An der Ausschussfassung wurden in zweiter Lesung (Sten. Bericht der 142. Sitzung, 3.5.1956, BT-PlProt. 2/142, 2. WoBauG, 7379 ff.) weitere Änderungen vorgenommen, siehe Zusammenstellung 2. WoBauG, BT-Drs. 2/2353. Diese Phase ist im Hinblick auf die Mietbeihilfen weniger erheblich.

66 Sten. Bericht der 143. Sitzung, 4.5.1956, BT-PlProt. 2/143, 2. WoBauG, 7573 ff.

67 Sten. Bericht der 159. Sitzung, 18.5.1956, BR-PlProt. 159/56, 2. WoBauG, 172–183. Die Einberufung sollte eigentlich durch eine „ständige Fühlung“ mit Vertretern der Ministerien und des Bundesrates vermieden werden, Ausschussbericht *Brönner*, 2. WoBauG, zu BT-Drs. 2/2270, 4.

68 Mündlicher Bericht Vermittlungsausschuss, 2. WoBauG, BT-Drs. 2/2445; Sten. Bericht der 149. Sitzung, 8.6.1956, BT-PlProt. 2/149, 2. WoBauG, 7896 ff.; Sten. Bericht der 160. Sitzung, 15.6.1956, BR-PlProt. 160/56, 2. WoBauG, 191 f.

69 → § 3 Fn. 67, 71.

tigen ‚Abbau' darstellte.[70] Trotz ihres Übergangscharakters stellen die Regelungen zur Wohnbeihilfe im Abbaugesetz einen wesentlichen Meilenstein für das Wohngeld dar, mit dem der Grundstein für eine Dauerregelung gelegt wurde.

Das Gesetzgebungsverfahren zum Abbaugesetz wurde durch die Bundesregierung initiiert.[71] Nach der ersten Lesung im Bundestag[72] wurde der Gesetzentwurf dem Ausschuss für Wohnungswesen, Bau- und Bodenrecht zugewiesen.[73] Nach zweiter und dritter Lesung[74] wurde das Abbaugesetz schließlich vom Bundestag mit den Stimmen der CDU/CSU und DP sowie der oppositionellen FDP gegen die Stimmen der SPD beschlossen.[75] Auch der Bundesrat stimmte dem Gesetz anschließend zu.[76]

4. Wohnbeihilfegesetz (1963)

Mit dem Gesetz über Wohnbeihilfen[77] wurde 1963 das im Abbaugesetz erwartete eigenständige Wohnbeihilfegesetz geschaffen. Das Wohnbeihilfegesetz umfasste 58 Paragrafen in fünf Teilen. Damit wurde mit dem Gesetz nicht nur eine Vereinheitlichung, sondern auch Verfeinerung und systematische Neustrukturierung vorgenommen. Insbesondere standen zu Beginn

70 Auch die mit dem AbbauG geänderten Regelungen in § 15 Abs. 1 2. BMG und § 54 Abs. 1 MSchG bestimmten jeweils, dass die Mietpreise für preisgebundenen Wohnraum nicht vor Inkrafttreten des Gesetzes über die Gewährung von Miet- und Lastenbeihilfen freigegeben werden sollten bzw. das Mieterschutzgesetz nicht vorher außer Kraft treten sollte. Vgl. auch *P. Lange*, ZUR 2022, 67 (71).

71 RegE AbbauG, BR-Drs. 188/59; Stellungnahme BR, AbbauG, BR-Drs. 188/59(B); Sten. Bericht der 207. Sitzung, 26.6.1959, BR-PlProt. 207/59, AbbauG, 102–108. Für den Bundestag: RegE AbbauG, BT-Drs. 3/1234, mit der Stellungnahme des Bundesrates als Anlage 2.

72 Sten. Bericht der 90. Sitzung, 12.11.1959, BT-PlProt. 3/90, AbbauG, 1880B–4922D.

73 Erster Schriftlicher Ausschussbericht, AbbauG, BT-Drs. 3/1850; erster Ausschussbericht *Mick*, AbbauG, zu BT-Drs. 3/1850. Am Gesetzentwurf wurden eine Reihe von – auch wesentlichen – Änderungen vorgenommen, jedoch, wie der Ausschussbericht betont, „[o]hne die Gesamtkonzeption aufzugeben", ebd., 88.

74 Sten. Bericht der 117. Sitzung, 24.5.1960, BT-PlProt. 3/117, AbbauG, 6697B–6778B. In die Untersuchung finden lediglich die Abschnitte der Plenardebatte Eingang, die das Beihilfesystem zum Gegenstand haben.

75 Sten. Bericht der 117. Sitzung, 24.5.1960, BT-PlProt. 3/117, AbbauG, 6776D ff.

76 Sten. Bericht der 220. Sitzung, 10.6.1960, BR-PlProt. 220/60, AbbauG, 403–406; Beschluss BR, Abbaugesetz, BR-Drs. 140/60(B); entgegen den Empfehlungen der Ausschüsse, Abbaugesetz, BR-Drs. 140/1/60.

77 Gesetz über Wohnbeihilfen v. 29.7.1963, BGBl. I S. 508.

des Gesetzes nun eine Reihe von Begriffsbestimmungen (§§ 1–7). Inhaltlich fand jedoch kein grundlegender Wandel statt.[78]

Ausgangspunkt des Gesetzgebungsverfahrens waren wiederum zwei Gesetzentwürfe: einer der Regierungsfraktionen, der andere von der Bundesregierung.[79] Die Gesetzentwürfe entsprechen sich in weiten Teilen. Die feststellbaren Differenzen sind nicht durchschlagend, das Wohnbeihilfegesetz greift im Ergebnis Formulierungen beider Entwürfe auf. Beide Gesetzentwürfe wurden nach der ersten Lesung des Bundestagsentwurfs in der Ausschussphase nach intensiver Beratung zusammengeführt.[80] Nach dem Gesetzesbeschluss im Bundestag[81] stimmte auch der Bundesrat dem Gesetz zu.[82]

---

78 Wohnbeihilfen können weiterhin als Miet- oder Lastenbeihilfen ergehen (§ 1 Abs. 2) und sind von gewissen Einkommensgrenzen (§ 8, zur Einkommensermittlung auch §§ 15 ff.), Wohnkostenbelastungen (§§ 9 ff.) und der ordnungsgemäßen Beantragung (§§ 30 ff.) abhängig. Versagungsgründe und Ausschlussgründe finden sich ebenfalls im Gesetz (§§ 24 ff.).

79 GesE CDU/CSU und FDP, Wohnbeihilfegesetz, BT-Drs. 4/971 v. 13.2.1963; RegE Wohnbeihilfegesetz, BR-Drs. 111/63 v. 15.3.1963; dazu die Materialien aus dem ersten Durchgang: Empfehlungen der Ausschüsse, Wohnbeihilfegesetz, BR-Drs. 111/1/63; Stellungnahme des Bundesrates, Wohnbeihilfegesetz, BR-Drs. 111/63[B]; Sten. Bericht der 256. Sitzung, 5.4.1963, BR-PlProt. 256/63, Wohnbeihilfegesetz, 75–78.

80 Sten. Bericht der 63. Sitzung, 8.3.1963, BT-PlProt. 4/63, Wohnbeihilfegesetz, 2913D–2928C. In dieser Debatte wird ein von der SPD-Fraktion vorgelegter, die Wohnbeihilfen betreffender Gesetzentwurf (BT-Drs. 4/900) mitbehandelt. Dieser war jedoch lediglich auf eine Verlängerung der Fristen der Mietfreigabe ausgelegt und ist vor dem Hintergrund der vorliegenden Analyse nicht relevant. Weiter zur Ausschussberatung – zwölf Sitzungen mit Unterstützung von Verbänden und Sachverständigen: Ausschussbericht *Berger-Heise*, Wohnbeihilfegesetz, zu BT-Drs. 4/1335. Der Aufbau und wesentliche Normen des Gesetzes entsprechen noch im Wesentlichen dem Bundestagsentwurf (insb. § 1 Abs. 1 ist unverändert). Auch lassen sich große Ähnlichkeiten zwischen Gesetzesbegründung und Ausschussbericht feststellen, weshalb jedenfalls an den Stellen, an denen Ähnlichkeiten vorliegen, die Gesetzesbegründung nicht an Aussagekraft einbüßt. Für die Ausschussphase siehe auch Schriftlicher Bericht des Ausschusses, Wohnbeihilfegesetz, BT-Drs. 4/1335.

81 Sten. Bericht der 82. Sitzung, 27.6.1963, BT-PlProt. 4/82, Wohnbeihilfegesetz, 3993C–4012D. Bei Stimmenthaltung der Opposition, hervorgehoben durch den Abg. *Czaja* (CDU/CSU), ebd., 3998B, der hierin eine grundsätzliche Zustimmung zur Grundkonzeption erkennt.

82 Beschluss BR, Wohnbeihilfegesetz, BR-Drs. 306/63(B); Sten. Bericht der 260. Sitzung, 12.7.1963, BR-PlProt. 260/63, Wohnbeihilfegesetz, 147 f.; gegen einen Antrag des Landes Niedersachsen.

5. Wohngeldgesetz (1965)

Mit dem Gesetz zur Änderung des Gesetzes über Wohnbeihilfen und der darauf beruhenden Neubekanntmachung als Wohngeldgesetz endet die Einführungsphase im Jahr 1965.[83] Mit dieser Reform wurden die Begrifflichkeiten geändert, die Zweckbestimmung neu formuliert sowie die Rechtslage bundesweit vereinheitlicht und konzentriert.[84] Gleichzeitig behielt das Gesetz die Struktur des Wohnbeihilfegesetzes im Wesentlichen bei.

Das Wohngeldgesetz von 1965 basiert auf zwei jeweils kurzen Gesetzentwürfen der Fraktionen SPD[85] und CDU/CDU[86], die nach erster Lesung in der Ausschussphase zu einem umfänglichen Reformgesetz verbunden wurden, das über die ursprünglichen Entwürfe hinausging.[87] Anschließend

---

83 Gesetz zur Änderung des Gesetzes über Wohnbeihilfen v. 23.3.1965, BGBl. I S. 140; Neubekanntmachung der Neufassung des Wohngeldgesetzes v. 1.4.1965, BGBl. I S. 177, 178; im Folgenden als Wohngeldgesetz 1965 bzw. WoGG 1965 bezeichnet.

84 Augenscheinlich ist zunächst die Umbenennung von Wohnbeihilfen bzw. Miet- und Lastenbeihilfen in Wohngeld; daneben erfolgten auch Änderungen von „Mietbeihilfe" zu „Mietzuschuß", „Lastenbeihilfe" zu „Lastenzuschuß" und Beihilfeberechtigter" zu „Antragsberechtigter" u.s.w. (Art. I Nr. 1–9). Siehe weiter *L. Zimmermann,* in: L. Zimmermann (Hrsg.), WoGG-HK, 2014, Einleitung Rn. 3 f. Übersichtlich zusammengefasst werden die Änderungen im Ausschussbericht *Berger-Heise,* WoGG 1965, zu BT-Drs. 4/3018, 2 f.

85 GesE SPD, WoGG 1965, BT-Drs. 4/2646. Vorgeschlagen wurden Änderungen bei der tragbaren Miete, der Wohnfläche, Mietobergrenzen. Eine Begründung war dem Gesetzentwurf nicht beigefügt.

86 GesE CDU/CSU, WoGG 1965, BT-Drs. 4/2717. Dieser Gesetzentwurf fokussierte sich auf kleine Änderungen bei der Ermächtigung für Rechtsverordnungen sowie zur Erstattung. Auch dieser Gesetzentwurf enthielt keine Begründung.

87 Sten. Bericht der 145. Sitzung, 11.11.1964, BT-PlProt. 4/145, WoGG 1965, 7181B–7204C. Der Gesetzentwurf wurde mit verschiedenen Gesetzesentwürfen der SPD-Fraktion (BT-Drs. 4/2646), der CDU/CSU-Fraktion (BT-Drs. 4/2717 und 4/2718) sowie einem Antrag der FDP-Fraktion (BT-Drs. 4/2720) gemeinsam behandelt. In der Debatte wurden die verschiedenen Anträge vorgestellt und einzelne Änderungen der Regelungen debattiert. Die Änderungen des Wohnbeihilferechts nahmen dabei wenig Raum ein und betrafen weniger die Grundausrichtung als Einzelfragen, wie die Höhe der Mietbelastung. Weiter Schriftlicher Ausschussbericht, WoGG 1965, BT-Drs. 4/3018; Ausschussbericht *Berger-Heise,* WoGG 1965, zu BT-Drs. 4/3018, 2. Mit den Ausschussberatungen erhielt das Gesetz seine eigentliche Form, weshalb diese Phase erneut von besonderer Relevanz für die Analyse ist.

wurde das Gesetz vom Bundestag beschlossen[88] und erhielt die Zustimmung des Bundesrates.[89]

II. Normalisierungsphase

In der Zwischenzeit hat sich das Wohngeld etabliert. Auch über gesellschaftliche Veränderungen und Umbrüche sowie Regierungswechsel hinweg wurde am Wohngeld festgehalten. Dabei wurde das Wohngeldgesetz zwar unzählige Male verändert und häufig das Wohnkostenniveau angepasst.[90] Der grundlegende Charakter des Wohngelds hat sich jedoch wenig geändert. Und auch die gesetzgeberischen Debatten waren ab dem Ende der Einführungsphase vielfach nur auf punktuelle Änderungen bezogen, technischer und weniger programmatisch. Daher können und müssen für die hier so bezeichnete Normalisierungsphase nur wenige ausgewählte Reformen betrachtet werden. Insofern soll mit der vorliegenden Auswahl ein Überblick über die verschiedenen Zeitpunkte und markante Gesetzgebungsprojekte erreicht werden.

1. Zweites Wohngeldgesetz (1970)

Vor dem Hintergrund steigender Mieten, einer wachsenden Anzahl an Wohngeldempfängerinnen und der Erfahrungen mit dem Wohngeldgesetz erfolgte 1970 die erste wesentliche Reform.[91] Mit dem Zweiten Wohngeldgesetz[92] wurden viele der einzelnen Vorschriften und teilweise auch die

---

88 Sten. Bericht der 163. Sitzung, 12.2.1965, BT-PlProt. 4/163, WoGG 1965, 8002C–8033A. Neben dem Gesetz wurde zudem ein Entschließungsantrag verabschiedet, wonach die Bundesregierung jährliche Wohngeldberichte vorzulegen hat. Mit diesem Schritt kann von einer Etablierung des Wohngeldsystem ausgegangen werden (deutlich so *Fichtel*, Wohnungspolitik in der sozialen Marktwirtschaft, 1980, S. 81).

89 Beschluss, WoGG 1965, BR-Drs. 74/65(B); Sten. Bericht der 279. Sitzung, 5.3.1065, BR-PlProt. 279/65, WoGG 1965, 39 f.

90 *L. Zimmermann*, in: L. Zimmermann (Hrsg.), WoGG-HK, 2014, Einleitung Rn. 5. Zur Illustration der teils eng getakteten Novellierungen vgl. die Bekanntmachung der Neufassung des Wohngeldgesetzes v. 2.1.2001, BGBl. I S. 2, zu deren Beginn sich eine Übersicht der 19 berücksichtigten Gesetzesänderungen seit der vorherigen Neubekanntmachung im Jahr 1993 findet.

91 Vgl. RegE 2. WoGG, BT-Drs. 6/1116, 29; *Frerich/M. Frey*, Handbuch der Geschichte der Sozialpolitik Bd. 3, 2. Aufl. 1996, S. 133.

92 → § 3 Fn. 89.

Systematik des Wohngeldgesetzes verändert, der Aufbau des Gesetzes wurde jedoch grundsätzlich beibehalten. Insbesondere erhielt § 1 Abs. 1 WoGG seinen bis 1999 geltenden Wortlaut. Initiiert wurde das Gesetzgebungsverfahren zum einen durch die Bundesregierung[93] und zum anderen durch einen Gesetzentwurf aus der Mitte des Bundestages[94]. In der Ausschussphase wurde der Regierungsentwurf leicht abgeändert und der Bundestagsentwurf abgelehnt.[95] Nach einstimmigem Gesetzesbeschluss im Bundestag[96] wurde das Gesetz dem Bundesrat zugeleitet, der ebenfalls zustimmte.[97]

2. Wohngeldsondergesetz (1991)

Der Einigungsvertrag von 1990 sah vor, das ostdeutsche Wohnungswesen in das bundesrepublikanische Vergleichsmietensystem zu überführen.[98] Die hierbei durch Mieterhöhungen entstehenden Probleme sollten durch das Wohngeld aufgefangen werden.[99] Ursprünglich sollte schon ab 1991 das bundesrepublikanische Wohngeldrecht wirken, de facto griffen jedoch bis zum Jahresende 1996 ein Wohngeldsondergesetz[100] und bis Ende 2004

---

93 RegE 2. WoGG, BT-Drs. 6/1116; Sten. Bericht der 354. Sitzung, 26.6.1970, BR-PlProt. 70/354, 2. WoGG, 152, 169 ff.; Stellungnahme BR und Gegenäußerung BReg, Anlage B und C zum RegE 2. WoGG, BT-Drs. 6/1116, 37–39, 40.

94 GesE SPD und FDP, 2. WoGG, BT-Drs. 6/2.

95 Ausschussbericht, 2. WoGG, BT-Drs. 6/1310. Zu den Plenardebatten Sten. Bericht der 64. Sitzung, 16.9.1970, BT-PlProt. 6/64, 2. WoGG, 3596 ff.; Sten. Bericht der 75. Sitzung, 4.11.1970, BT-PlProt. 6/75, 2. WoGG, 4169 ff.

96 Sten. Bericht der 75. Sitzung, 4.11.1970, BT-PlProt. 6/75, 2. WoGG, 4185B.

97 Sten. Bericht der 359. Sitzung, 4.12.1970, BR-PlProt. 71/359, 2. WoGG, 271–274.

98 Siehe die Erläuterungen zu den Anlagen zum Einigungsvertrag, Unterrichtung durch die Bundesregierung, BT-Drs. 11/7817, 174. Aufgrund des abweichenden Einkommens-, Preis- und Mietenniveaus in den neuen Bundesländern wurde diese Überführung schrittweise vorbereitet und vollzogen. Verwirklicht wurde das Ziel mit dem Mietenüberleitungsgesetz (→ § 3 Fn. 120). Doch bereits die Anlage I Kapitel XIV Abschnitt 2 Einigungsvertrag enthielt in den Nr. 7 und 8 Regelungen betreffend das Miethöherecht und das Wohngeld. Siehe zur schrittweisen Anpassung auch den Rückblick im RegE MÜG, BT-Drs. 13/783, 1 f.

99 Erläuterungen zu den Anlagen zum Einigungsvertrag, Unterrichtung durch die Bundesregierung, BT-Drs. 11/7817, 174.

100 Gesetz über die Einführung eines Wohngeldsondergesetzes für das in Artikel 3 des Einigungsvertrages genannte Gebiet, die Änderung des Wohngeldgesetzes und anderer wohngeldrechtlicher Vorschriften sowie über die Änderung des Ersten Buches Sozialgesetzbuch v. 20.6.1991, BGBl. I S. 1250. Wie der Titel zeigt, enthielt das Gesetz nicht nur das Wohngeldsondergesetz (Art. 1), sondern auch Änderungen weiterer Gesetze (Art. 2–6). Die Darstellung des Inhalts beschränkt sich jedoch

Übergangsregelungen.[101] Das Wohngeldsondergesetz war dem Wohngeldgesetz nachempfunden, enthielt aber eine Reihe von Vereinfachungen.[102]

Die Gesetzesinitiative für das Wohngeldsondergesetz entstammt formal dem Ausschuss für Raumordnung, Bauwesen und Städtebau im Bundestag,[103] der den wohngeldrechtlichen (zustimmungsbedürftigen) Teil (Art. 5 und 6) aus dem Haushaltsbegleitgesetz 1991[104] ausgliederte.[105] Es wurde anschließend nach zweiter und dritter Lesung vom Bundestag verabschiedet[106] und erhielt die Zustimmung des Bundesrates[107].

3. Gesetz zur Änderung des Wohngeldrechts und anderer Gesetze (1999)

Die nächste größere Reform des Wohngelds erfolgte im Zuge der verschiedenen wohn- und sozialrechtlichen Reformen der rot-grünen Bundesregierung zur Jahrtausendwende. Mit dem Gesetz zur Änderung des Wohngeldgesetzes und anderer Gesetze wurden drei Reformen des Wohngeldgesetzes mit jeweils unterschiedlichen Zeitpunkten für das Inkrafttreten normiert.[108] Die umfangreichste Änderung erfolgte mit Art. 5 zum 1.1.2002, wobei erstmals seit dem Zweiten Wohngeldgesetz der § 1 Abs. 1 WoGG geändert wurde. Daneben wurden eine mathematische Formel zur Berechnung des Wohngelds eingeführt (§ 2 Abs. 1), Wohnraum neu definiert (§ 4 a) und Mitbewohnerinnen berücksichtigt (§ 7 Abs. 3 n.F.).

---

auf das Wohngeldsondergesetz. Aus der Literatur *Driehaus*, Wohngeldsondergesetz, 1991; *Zerche/W. Schönig*, in: Zerche/Krieger (Hrsg.), Vom sozialistischen Versorgungsstaat zum Sozialstaat Bundesrepublik, 1994, S. 210 (216 ff.).

101 *L. Zimmermann*, in: L. Zimmermann (Hrsg.), WoGG-HK, 2014, Einleitung Rn. 6.

102 Vgl. auch Ausschussbericht und -empfehlung, Wohngeldsondergesetz, BT-Drs. 12/495, 28.

103 Ausschussbericht und -empfehlung, Wohngeldsondergesetz, BT-Drs. 12/495.

104 GesE CDU/CSU und FDP, Haushaltsbegleitgesetz 1991, BT-Drs. 12/221; RegE Haushaltsbegleitgesetz 1991, BT-Drs. 12/401. Diese Gesetzentwürfe sahen noch vor, lediglich das Wohngeldgesetz zu ändern. Die Entscheidung für ein Wohngeldsondergesetz entstammt somit auch den Ausschüssen.

105 Dies geht u.a. auf eine Forderung des Bundesrates zurück, siehe hierfür Stellungnahme BR, Anlage 2 zum RegE Haushaltsbegleitgesetz 1991, BT-Drs. 12/401, 7. Dem schloss sich die Bundesregierung an, Gegenäußerung BReg, Haushaltsbegleitgesetz 1991, BT-Drs. 12/461, 2.

106 Sten. Bericht der 25. Sitzung, 14.5.1991, BT-PlProt. 12/25, Wohngeldsondergesetz, 1708D–1715B.

107 Sten. Bericht der 630. Sitzung, 17.5.1991, BR-PlProt. 91/630, Wohngeldsondergesetz, 179.

108 Gesetz v. 22.12.1999, BGBl. I S. 2671, im Folgenden Wohngeldnovellierungsgesetz (WoGNovG).

Das Wohngeldnovellierungsgesetz wurde als zustimmungsbedürftiger Teil des Haushaltssanierungsgesetzes 1999 (HSanG)[109] auf Initiative des Haushaltsausschusses aus dem Gesetzgebungsverfahren ausgegliedert.[110] Die Wohngeldnovelle wurde noch in zweiter und dritter Lesung mit dem HSanG zusammen verhandelt und schließlich als eigenständiges Gesetz beschlossen.[111] Nach Zuleitung an den Bundesrat rief dieser unter Berufung auf verlagerte Finanzierungslasten und die Nichtberücksichtigung der diesbezüglich im ersten Durchgang vorgetragenen Kritik den Vermittlungsausschuss an.[112] Im Vermittlungsausschuss wurde die Novelle in drei Gesetze aufgeteilt und anschließend beschlossen.[113]

4. Wohngeldnovelle (2008)

Im Jahr 2008 erfolgte schließlich eine „konstitutive Neufassung des Wohngeldgesetzes".[114] Diese Wohngeldnovelle von 2008[115] markiert einen vorläu-

---

109 Für den ursprünglichen Gesetzentwurf des HSanG siehe GesE SPD und B90/Gr, HSanG, BT-Drs. 14/1523; dort für das Wohngeld Art. 13–15 und 33. Die für die Analyse hervorzuhebenden Formulierungen der §§ 1 Abs. 1, 2 Abs. 1 sind abgesehen von Fragen der alten bzw. neuen Rechtschreibung bereits im Gesetzentwurf zum HSanG in ihrer gesetzlichen Fassung enthalten. Zu beachten ist, dass eine parallele Einbringung im Bundesrat durch die Bundesregierung erfolgte, RegE HSanG, BR-Drs. 473/99. Mit vielfältigen Änderungsvorschlägen siehe Stellungnahme BR, vorliegend als Unterrichtung durch die Bundesregierung, Stellungnahme des Bundesrates und Gegenäußerung der Bundesregierung, HSanG, BT-Drs 14/1680.

110 Beschlussempfehlung Haushaltsausschuss, HSanG, BT-Drs. 14/2016, 3 f. Dazu auch Bericht Haushaltsausschuss, HSanG, BT-Drs. 14/2036; Sten. Bericht der 54., 55. und 56. Sitzung, 14.9.–16.9.1999, BT-PlProt. 14/54, 14/55 und 14/56, wobei die Wohngeldreformen schwerpunktmäßig am 15.9.1999 behandelt wurden.

111 Sten. Bericht der 55. Sitzung, 15.9.1999, BT-PlProt. 14/55, HSanG, 6334C f., 6279 ff. Zwei Änderungsanträge der PDS-Fraktion, BT-Drs. 14/2075 und 14/2076, wurden abgelehnt.

112 Unterrichtung durch den Bundesrat, Anrufung Vermittlungsausschuss, WoGNovG, BT-Drs. 14/2327; Empfehlung Finanzausschuss, WoGNovG, BR-Drs. 635/1/99; Beschluss zur Anrufung des Vermittlungsausschusses, WoGNovG, BR-Drs. 635/99(B).

113 Beschlussempfehlung des Vermittlungsausschusses, WoGNovG, BT-Drs. 14/2379. Annahme im Bundestag: Sten. Bericht der 79. Sitzung, 16.12.1999, BT-PlProt. 12/79, WoGNovG, 7290D; Zustimmung des Bundesrates: Sten. Bericht der 746. Sitzung, 17.12.1999, BR-PlProt. 746/99, WoGNovG, 478 ff., 484C; Beschluss BR, WoGNovG, BR-Drs. 727/99(B).

114 RegE Wohngeldnovelle 2008, BT-Drs. 16/6543, 84.

115 Gesetz zur Neuregelung des Wohngeldrechtes und zur Änderung des Sozialgesetzbuches v. 24.9.2008, BGBl. I S. 1856.

figen Schlusspunkt ereignisreicher Jahre in der Wohn- und Sozialgesetzgebung zu Beginn des 21. Jahrhunderts.[116] Mit der Wohngeldnovelle wurde das Wohngeldgesetz neu gegliedert und die Paragrafenfolge und -benennung geändert. Die mit dem Gesetz verfolgte Fortentwicklung durch Streichung, Systematisierung, Straffung und Vereinfachung[117] spiegelt sich in § 1 Abs. 1 n.F., der nunmehr knapp feststellt: „Das Wohngeld dient der wirtschaftlichen Sicherung angemessenen und familiengerechten Wohnens." Während insbesondere die Berechnungsgrößen unverändert blieben (§ 4), wurden die bisherige Formulierung der „Familienmitglieder" durch „Haushaltsmitglieder" ersetzt[118] und Heizkosten berücksichtigt (§§ 11 Abs. 1 S. 1 Nr. 2, 12 Abs. 6).

Die Wohngeldnovelle wurde von der Bundesregierung zunächst im Bundesrat eingebracht.[119] Im Bundestag wurde der Gesetzentwurf nach der ersten Lesung[120] vom Ausschuss für Verkehr, Bau und Stadtentwicklung behandelt.[121] Nach zweiter und dritter Lesung wurde die Wohngeldnovelle vom Bundestag beschlossen.[122] Der Bundesrat hingegen verwehrte dem Gesetz unter Verweis auf die Heizkostenkomponente und die Kostenteilung zwischen Bund und Ländern die Zustimmung und rief den Vermittlungs-

116 Hierunter fallen die Hartz-IV-Reform (inklusive der KdU), das Wohnungsbaureformgesetz mit dem Wohnraumförderungsgesetz, das Mietrechtsreformgesetz (das die Verankerung des Wohnraummietrechts im BGB bewirkte), die Föderalismusreform 2006 und die verschiedenen Privatisierungen; siehe zur Entwicklung → § 3 B. IV. Daneben lassen sich auch bezüglich des Wohngeldgesetzes nach der Novelle von 1999, die bereits drei zu verschiedenen Zeitpunkten in Kraft tretende Reformgesetze umfasste, sieben weitere Reformen bis 2008 feststellen.

117 RegE Wohngeldnovelle 2008, BT-Drs. 16/6543, 84.

118 Vgl. die Voraussetzungen und Definitionen in § 5 Abs. 1 S. 2, Abs. 2, 3 und 4. Hervorzuheben ist in diesem Zuge die Antragsberechtigung, die seitdem nicht mehr automatisch beim Haushaltsvorstand liegt, sondern durch die Haushaltsmitglieder bestimmt wird (§ 3 Abs. 3); → § 7 C. IV. 2.

119 RegE Wohngeldnovelle 2008, BR-Drs. 559/07; Sten. Bericht der 836. Sitzung, 21.9.2007, BR-PlProt. 836/07, Wohngeldnovelle 2008, 295; Stellungnahme BR, Wohngeldnovelle 2008, BR-Drs. 559/07(B); siehe auch als Anlage 3 zum RegE Wohngeldnovelle 2008, BT-Drs. 16/6543, 115 ff.; als Anlage 4 auch die Gegenäußerung BReg, ebd., 123 ff.

120 Die Reden wurden allesamt zu Protokoll gegeben, siehe Sten. Bericht der 118. Sitzung, 11.10.2007, BT-PlProt. 16/118, Wohngeldnovelle 2008, 12344 ff.

121 Maßgeblich hier die Zweite Beschlussempfehlung und zweiter Ausschussbericht, Wohngeldnovelle 2008, BT-Drs. 16/8918.

122 Sten. Bericht der 158. Sitzung, 25.4.2008, BT-PlProt. 16/158, Wohngeldnovelle 2008, 16692 ff.

ausschuss an.[123] Nach erfolgreicher Vermittlung wurde die Wohngeldnovelle schließlich durch den Bundestag mit Zustimmung des Bundesrates beschlossen.[124]

III. Neuere Entwicklungen

Bei der Untersuchung der aktuellen Entwicklungen verengt sich der Untersuchungsfokus wieder. Es werden die drei letzten größeren Wohngeldreformen analysiert. Dabei gewinnen neben der Dynamisierung der Wohngeldberechnung (1.) nunmehr auch die Heizkosten an Bedeutung.[125] Denn bei der Einführung des Wohngelds waren Heizkosten ausdrücklich nicht umfasst.[126] Dies stellte lange Zeit einen wesentlichen Unterschied zu den Kosten der Unterkunft dar.[127] Doch schon für die Heizperioden 2000/2001[128] und 2008/2009[129] wurden die Heizkosten beim Wohngeld berücksichtigt und mit der Wohngeldnovelle 2008 ein Heizkostenzuschuss eingeführt.[130] Dieser Heizkostenzuschuss wurde, nachdem er bereits 2011 wieder gestrichen worden war,[131] mit dem Wohngeld-CO_2-Bepreisungsentlastungsgesetz (2) als sog. CO_2-Komponente erneut eingeführt und mit dem Wohngeld-Plus-Gesetz (3) als dauerhafte Heizkostenkomponente berücksichtigt.[132] Die Frage der Heizkosten hat sich somit in jüngerer Ver-

---

123 Anrufung des Vermittlungsausschusses, Wohngeldnovelle 2008, BR-Drs. 284/08(B).

124 Beschlussempfehlung Vermittlungsausschuss, Wohngeldnovelle 2008, BT-Drs. 16/9627. Die Änderungen betrafen bzgl. des WoGG im Wesentlichen den Titel des Gesetzes und die Kostentragung, Beschlussfassung Sten. Bericht der 173. Sitzung, 27.6.2008, BT-PlProt. 16/173, Wohngeldnovelle 2008, 18482D; Sten. Bericht der 846. Sitzung, 4.7.2008, BR-PlProt. 846/08, Wohngeldnovelle 2008, 191 ff., 195A.

125 Als Problematik bereits → § 7 A. I., in der Untersuchung → § 7 C. II. 2. b.; auch *Hinrichs*, NZM 2021, 456.

126 Siehe zunächst §§ 2 Abs. 2, 3 Abs. 2 und 7 Abs. 1 S. 2 Nr. 2 1. BMG und § 11 Abs. 2 Nr. 1, 2 des Wohngeldgesetzes von 1965; schließlich auch § 5 Abs. 2 Nr. 1, 2 des 2. WoGG.

127 → § 7 A. I.; *Hinrichs*, NZM 2021, 456.

128 Gesetz zur Gewährung eines einmaligen Heizkostenzuschusses v. 20.12.2000, BGBl. I S 1846.

129 Erstes Gesetz zur Änderung des Wohngeldgesetzes v. 22.12.2008, BGBl. I S. 2963.

130 Siehe soeben→ § 7 B. II. 4., noch ohne Fokus auf die Heizkosten.

131 Art. 22 des Haushaltsbegleitgesetzes 2011 (BGBl. I 2010 S. 1885).

132 Vgl. zudem die zwischenzeitliche Kompensation durch eine höhere Wohngeldleistung mit der Wohngeldreform 2016, Gesetz zur Reform des Wohngeldrechts und zur Änderung des Wohnraumförderungsgesetzes (WoGRefG) v. 2.10.2015, BGBl. I S. 1610.

gangenheit von gestiegener Bedeutung erwiesen, wobei sich insbesondere gesetzgeberische Annahmen rund um die konkrete Ausgestaltung in der Analyse niederschlagen.

1. Wohngeldstärkungsgesetz (2019)

Das Wohngeldstärkungsgesetz[133] regelt die dynamische Fortschreibung der dem Wohngeld zugrunde liegenden Berechnungsgrößen per Rechtsverordnung (Dynamisierung). Zudem wurde das Wohngeldniveau insgesamt angehoben (Anlage 1–3 des Gesetzes). Der Gesetzentwurf der Bundesregierung wurde zunächst im Bundesrat und kurz darauf auch im Bundestag eingebracht.[134] Im Bundesrat wurde insbesondere die Kostentragung thematisiert und zudem eine Klimakomponente angeregt.[135] Im Bundestag wurden die Gesetzentwürfe in der Ausschussphase zusammengeführt und mit wenigen Änderungen angenommen.[136] Auch der Bundesrat stimmte dem Gesetzentwurf anschließend zu.[137]

---

133 Gesetz zur Stärkung des Wohngeldes (WoGStärkG) v. 30.11.2019, BGBl. I S. 1877. Dieses Gesetz wurde noch von der von 2017 bis 2021 regierenden großen Koalition aus CDU/CSU und SPD getragen und sollte deren Vereinbarungen im Koalitionsvertrag sowie Bund-Länder-Vereinbarungen vom Wohngipfel 2018 umsetzen, vgl. RegE WoGStärkG, BT-Drs. 19/10816, 2, 73.

134 RegE WoGStärkG, BR-Drs. 235/19; RegE WoGStärkG, BT-Drs. 19/10816.

135 Empfehlungen der Ausschüsse, WoGStärkG, BR-Drs. 235/1/19; Plenarantrag der Länder Schleswig-Holstein und Niedersachsen, WoGStärkG, BR-Drs. 235/2/19; Sten. Bericht der 979. Sitzung, 28.6.2019, BR-PlProt. 979/19, WoGStärkG, 301; Beschluss BR, WoGStärkG, BR-Drs. 235/19(B). Unterrichtung über die Stellungnahme des Bundesrates und die Gegenäußerung der Bundesregierung, WoGStärkG, BT-Drs. 19/11696. Parallel dazu befasste sich der Bundestag in erster Lesung mit dem Gesetzentwurf, Sten. Bericht der 108. Sitzung, 28.6.2019, BT-PlProt. 19/108, WoGStärkG, 13457D–13472D.

136 Beschlussempfehlung und Ausschussbericht, WoGStärkG, BT-Drs. 19/14135; Sten. Bericht der 119. Sitzung, 18.10.2019, BT-PlProt. 19/119, WoGStärkG, 14733D–14747C. Mitberatene Anträge wurden abgelehnt (ein Entschließungsantrag Fraktion B90/Gr sowie Anträge der Fraktionen Die Linke und FDP) bzw. zur Kenntnis genommen (Wohngeld- und Mietenbericht 2018).

137 Sten. Bericht der 982. Sitzung, 8.11.2019, BR-PlProt. 982/19, WoGStärkG, 525; Beschluss des Bundesrates, WoGStärkG, BR-Drs. 511/19(B).

2. Wohngeld-CO_2-Bepreisungsentlastungsgesetz (2020)

Die im Gesetzgebungsverfahren zum Wohngeldstärkungsgesetz wiederholt geforderte Klimakomponente wurde kurz darauf als „CO_2-Komponente“ mit dem Wohngeld-CO_2-Bepreisungsentlastungsgesetz eingeführt.[138] Praktisch handelt es sich hierbei um die Wiederauflage der Heizkostenentlastungen von 2008.[139] Die Bezeichnung als ‚CO_2-Komponente‘ ergibt sich nur aus dem Kontext: Mit dem Klimaschutzprogramm 2030 hatte die Bundesregierung unter anderem eine CO_2-Bepreisung im Verkehrs- und Wärmesektor beschlossen, die mit dem Klimaschutz- und dem Brennstoffemissionshandelsgesetz umgesetzt wurde.[140] Hiermit wurden Emissionsmengen bestimmter Brennstoffe festgelegt und ein Handelssystem implementiert. Um durch die Bepreisung entstehende Belastungen für Wohngeldempfängerinnen zu verringern, wurde eine nach Haushaltsgröße gestaffelte Heizkostenpauschale eingeführt (§ 12 Abs. 6 WoGG n.F.). Diese Pauschale wird auf die für das Wohngeld maßgebliche Miete oder Belastung hinzugerechnet, so dass die Summe die Grundlage für die Höhe des Wohngelds darstellt (§ 11 Abs. 1 S. 1 WoGG n.F.).[141]

Am 3.1.2020 brachte die Bundesregierung den Gesetzentwurf zum Wohngeld-CO_2-Bepreisungsentlastungsgesetz im Bundesrat ein.[142] Nach dem ersten Durchgang[143] wurden der Gesetzentwurf, die Stellungnahme des Bundesrates und die Gegenäußerung der Bundesregierung dem Bun-

138 Gesetz zur Entlastung bei den Heizkosten im Wohngeld im Kontext der CO_2-Bepreisung (WoGCO_2BeprEntlG) v. 15.5.2020, BGBl. I S. 1015.

139 Vgl. RegE WoGCO_2BeprEntlG, BT-Drs. 19/17588, 11, wonach das „Konzept [...] unmittelbar an die Heizkostenkomponente der Jahre 2009 und 2010 an[knüpft]“.

140 Gesetz zur Einführung eines Bundes-Klimaschutzgesetzes und zur Änderung weiterer Vorschriften v. 12.12.2019, BGBl. I S. 2513; Gesetz über einen nationalen Zertifikatehandel für Brennstoffemissionen (Brennstoffemissionshandelsgesetz – BEHG) v. 12.12.2019, BGBl. I S. 2728. Siehe für die Formulierung, dass „das Gesetz zum Klimaschutzprogramm gehöre“ und weitere Kontextualisierung die Stellungnahme der CDU/CSU-Fraktion, in: Ausschussbericht und -empfehlung, WoGCO_2BeprEntlG, BT-Drs. 19/18755, 7.

141 Vgl. die Beschreibung im RegE WoGCO_2BeprEntlG, BT-Drs. 19/17588, 11.

142 RegE WoGCO_2BeprEntlG, BR-Drs. 6/20.

143 Die Empfehlungen der Ausschüsse, WoGCO_2BeprEntlG, BR-Drs. 6/1/20, beziehen sich ebenso wie die Stellungnahme des Bundesrates, WoGCO_2BeprEntlG, BR-Drs. 6/20(B), größtenteils auf die themenfremden Änderungen im Zuge des WoG-CO_2BeprEntlG, weshalb diesen Dokumenten keine vertiefte Beachtung geschenkt wird. Zur CO_2-Komponente wird lediglich angemerkt, dass auch die durch Energiepreissteigerungen entstehenden Mehrkosten bei der dynamischen Anpassung des Wohngeld berücksichtigt werden sollten. Wortmeldungen lagen zu dem TOP im

destag zugeleitet, der den Vorgang nach erster Lesung an den Ausschuss für Bau, Wohnen, Stadtentwicklung und Kommunen überwies.[144] Nach zweiter und dritter Lesung wurde der Gesetzentwurf schließlich in Ausschussfassung angenommen und erhielt die Zustimmung des Bundesrates.[145]

3. Wohngeld-Plus-Gesetz (2022)

Das aktuellste der Untersuchung zugrunde liegende Gesetz ist das Wohngeld-Plus-Gesetz von 2022.[146] Dieses Gesetz reagierte erneut auf gestiegene Energiekosten und sah die (Wieder-)Einführung einer dauerhaften Heizkostenkomponente sowie einer Klimakomponente vor.[147] Zudem wurden mit dem Gesetz verschiedenste Parameter des Wohngelds reformiert, das Wohngeld erhöht und der Kreis der Anspruchsberechtigten ausgeweitet.[148]

Übrigen nicht vor, vgl. Sten. Bericht der 985. Sitzung, 14.2.2020, BR-PlProt. 985/20, $WoGCO_2BeprEntlG$, 31.

144 RegE $WoGCO_2BeprEntlG$, BT-Drs. 19/17588; Sten. Bericht der 152. Sitzung, 12.3.2020, BT-PlProt. 19/152, $WoGCO_2BeprEntlG$, 18980B–18981C (Überweisung ohne Debatte); Ausschussbericht und -empfehlung, $WoGCO_2BeprEntlG$, BT-Drs. 19/18755. Auch die Änderungsvorschläge des Ausschusses bezogen sich auf andere Aspekte des Gesetzentwurfs.

145 Sten. Bericht der 156. Sitzung, 23.4.2020, BT-PlProt. 19/156, $WoGCO_2BeprEntlG$, 19354B–19361D; Sten. Bericht der 989. Sitzung, 15.5.2020, BR-PlProt. 989/20, $WoGCO_2BeprEntlG$, 121; Beschluss des Bundesrates, $WoGCO_2BeprEntlG$, BR-Drs. 199/20(B).

146 Gesetz zur Erhöhung des Wohngeldes und zur Änderung anderer Vorschriften (Wohngeld-Plus-Gesetz) v. 5.12.2022, BGBl. I S. 2160.

147 Zuvor schon das Gesetz zur Gewährung eines einmaligen Heizkostenzuschusses aufgrund stark gestiegener Energiekosten v. 29.4.2022 (Heizkostenzuschussgesetz – HeizkZuschG), BGBl. I S. 698; dazu *Brecht-Heitzmann/Pannenberg*, NZS 2022, 521. Zudem wurde mit dem Wohngeld-Plus-Gesetz ein generelles Vorhaben der Ampel-Koalition umgesetzt (*SPD/Bündnis 90/Die Grünen/FDP*, Koalitionsvertrag 2021–2025, S. 71: „Wir werden das Wohngeld stärken, eine Klimakomponente einführen und kurzfristig einen einmalig erhöhten Heizkostenzuschuss zahlen."). Das Gesetz ist Teil der Entlastungspakete im Zuge der Inflation, *Bundesregierung*, Mehr Wohngeld für zwei Millionen Haushalte, https://www.bundesregierung.de/breg-de/aktuelles/wohngeldreform-2130068; GesE SPD, B90/Gr und FDP, Wohngeld-Plus-Gesetz, BT-Drs. 20/3936, 1.

148 *Deutscher Bundestag Parlamentsnachrichten,* Bundesregierung legt Wohngeld-Plus-Gesetz vor, https://www.bundestag.de/presse/hib/kurzmeldungen-915048; *Bundesregierung*, Mehr Wohngeld für zwei Millionen Haushalte, https://www.bundesregierung.de/breg-de/aktuelles/wohngeldreform-2130068. Die SPD-Fraktion spricht in ihrer Stellungnahme im Ausschuss gar von der „größte[n] Wohngeldreform in

Die wesentlichen Änderungen finden sich in Art. 1 des Gesetzes.[149] Im Zuge der Entlastung bei den Heizkosten wird nunmehr zwischen einer dauerhaften Heizkostenkomponente und der Entlastung aufgrund der CO_2-Bepreisung differenziert (§ 12 Abs. 6 WoGG).[150] Diese Gesamtentlastung bei den Heizkosten wird dadurch gewährleistet, dass die Kosten auf die für das Wohngeld maßgebliche Miete oder Belastung hinzugerechnet werden (§ 11 Abs. 1 S. 1 WoGG). Daneben wurde eine Klimakomponente eingeführt (§ 12 Abs. 7 WoGG), mit der weitere Pauschalbeträge zu dem zuvor ermittelten Bemessungswert addiert werden. Die Klimakomponente soll anders als die CO_2-Komponente nicht die konkrete CO_2-Bepreisung ausgleichen, sondern einem aufgrund von energetischen Sanierungen steigenden Mietpreisniveau Rechnung tragen.

Der Gesetzentwurf für das Wohngeld-Plus-Gesetz wurde Ende September 2022 noch unter dem Titel „Entwurf eines Gesetzes zur Erhöhung des Wohngeldes“ durch die Bundesregierung im Bundesrat eingebracht.[151] Kurz darauf brachten die Regierungsfraktionen einen wortgleichen Gesetzentwurf im Bundestag ein, der dort in erster Lesung behandelt und an den Ausschuss für Wohnen, Stadtentwicklung, Bauwesen und Kommunen überwiesen wurde.[152] Die vom Bundesrat beschlossene Stellungnahme wurde kurz darauf zusammen mit der Gegenäußerung der Bundesregierung dem Bundestag zugeleitet.[153] Nach der ersten Lesung[154] wurden beide Ge-

---

der Geschichte der Bundesrepublik“, SPD-Fraktion, in: Beschlussempfehlung und Ausschussbericht, Wohngeld-Plus-Gesetz, BT-Drs. 20/4356, 12.

149 Die in den Art. 2–4 erfolgten Änderungen in anderen Gesetzen werden im Folgenden nicht weiter beachtet. Die durch Art. 5 erfolgte Änderung der Wohngeldverordnung bedeutet lediglich eine Neuzuordnung der Mietenstufen für die Gemeinden. Art. 6 regelt das Inkrafttreten zum 1.1.2023.

150 GesE SPD, B90/Gr und FDP, Wohngeld-Plus-Gesetz, BT-Drs. 20/3936, 2, 64.

151 RegE Wohngeld-Plus-Gesetz, BR-Drs. 483/22; Empfehlungen der Ausschüsse, Wohngeld-Plus-Gesetz, BR-Drs. 483/1/22; Plenarantrag des Landes Hamburg, Wohngeld-Plus-Gesetz, BR-Drs. 483/2/22; Plenarantrag des Landes NRW, Wohngeld-Plus-Gesetz, BR-Drs. 483/3/22; Sten. Bericht der 1026. Sitzung, 28.10.2022, BR-PlProt. 1026/22, Wohngeld-Plus-Gesetz, 427–431; Beschluss des Bundesrates im 1. Durchgang, Wohngeld-Plus-Gesetz, BR-Drs. 483/22(B).

152 GesE SPD, B90/Gr und FDP, Wohngeld-Plus-Gesetz, BT-Drs. 20/3936; Sten. Bericht der 60. Sitzung, 13.10.2022, BT-PlProt. 20/60, Wohngeld-Plus-Gesetz, 6674C–6690B.

153 Stellungnahme BR und Gegenäußerung BReg, Anlage 3 und 4 RegE Wohngeld-Plus-Gesetz, BT-Drs. 20/4230.

154 Sten. Bericht der 65. Sitzung, 9.11.2022, BT-PlProt. 20/65, Wohngeld-Plus-Gesetz, 7366C–7366D.

setzentwürfe schließlich im Ausschuss zusammengeführt[155] und in dieser Fassung vom Bundestag nach zweiter und dritter Lesung[156] beschlossen.[157] Anschließend stimmte auch der Bundesrat dem Wohngeld- Plus-Gesetz zu.[158]

Mit dem Wohngeld-Plus-Gesetz endet die Darstellung der für die Rekonstruktion maßgeblichen Gesetzesmaterialien. Zusammenfassend lässt sich festhalten, dass sich die Diskussion im Laufe der Zeit auf punktuelle Änderungen am etablierten Wohngeldgesetz verschoben hat. Die grundlegende Funktionsweise des Wohngelds hat dabei keine nennenswerten Änderungen erfahren. Daher legt die Analyse einen Schwerpunkt auf die Gesetzgebung der Einführungsphase, in der noch jeder Gesetzgebungsakt von intensiven ökonomischen Debatten begleitet wurde.

---

155 Ausschussbericht und -empfehlung, Wohngeld-Plus-Gesetz, BT-Drs. 20/4356. Die hierbei vorgenommenen Ausschussänderungen in Bezug auf das Wohngeldgesetz betrafen u.a. den Titel, redaktionelle Änderungen, die Ausweitung des Bewilligungszeitraums sowie die vorläufige Zahlung des Wohngeldes und Bagatellgrenzen.

156 Sten. Bericht der 66. Sitzung, 10.11.2022, BT-PlProt. 20/66, Wohngeld-Plus-Gesetz, 7534A–7550B. Es wurde zudem eine Vielzahl an Entschließungs- und sonstigen Anträgen mitbehandelt, u.a. das sog. Kohlendioxidkostenaufteilungsgesetz (CO_2Kost-AufG) v. 5.12.2022, BGBl. I S. 2154. Berücksichtigt werden in der Analyse lediglich die direkt mit dem Wohngeld-Plus-Gesetz verbundenen (wenngleich abgelehnten) Entschließungsanträge der Linksfraktion, BT-Drs. 20/4367, und der CDU/CSU-Fraktion, BT-Drs. 20/4366.

157 Die Beschlussfassung erfolgte im Ausschuss wie in der abschließenden Plenarsitzung mit den Stimmen der Fraktionen SPD, Bündnis 90/Die Grünen, FDP und AfD, gegen die Stimmen der CDU/CSU-Fraktion und bei Enthaltung der Linksfraktion. Die CDU/CSU-Fraktion betonte jedoch in ihrer Ausschussstellungnahme, dass sie das Ziel der Wohngeldreform „ganz ausdrücklich" unterstütze und für eine Ausweitung des Kreises der Berechtigten, eine dauerhafte Heizkosten- sowie eine Klimakomponente sei, CDU/CSU-Fraktion, in: Ausschussbericht und -empfehlung, Wohngeld-Plus-Gesetz, BT-Drs. 20/4356, 12. Allerdings sah sie die konkrete Umsetzung als zu kurzfristig und insb. die Einkommensberechnung als zu kompliziert an. Die Linksfraktion knüpfte ihre Zustimmung zur Reform laut *Lay* (Linke), Sten. Bericht der 66. Sitzung, 10.11.2022, BT-PlProt. 20/66, Wohngeld-Plus-Gesetz, 7541A, an die Änderung der „unsachgerechte[n] Herabstufung" bei den Mietenstufen, vgl. auch den Änderungsantrag der Linksfraktion, Wohngeld-Plus-Gesetz, BT-Drs. 20/4365. Da folglich in wesentlichen Punkten kein Dissens besteht, wird in der Analyse von weitgehend geteilten Annahmen ausgegangen.

158 Empfehlungen der Ausschüsse, Wohngeld-Plus-Gesetz, BR-Drs. 581/1/22; Sten. Bericht der 1028. Sitzung, 25.11.2022, BR-PlProt. 1028/22, Wohngeld-Plus-Gesetz, 472–477; Gesetzesbeschluss des Bundesrates, Wohngeld-Plus-Gesetz, BR-Drs. 581/22(B). Ein kritischer Entschließungsantrag aus dem Ausschuss für Städtebau, Wohnungswesen und Raumordnung fand im Plenum keine Mehrheit.

C. Analyse: Einführung und Durchsetzung der Wohnungsmarktwirtschaft

Seit den ersten Erwähnungen wird in den Gesetzesmaterialien zum Wohngeld insbesondere dessen soziale Funktion herausgestellt (I.). In diesem Sinne stellt das Wohngeld das zentrale soziale Element der Wohnungsmarktwirtschaft dar, die hierdurch zur Sozialen Wohnungsmarktwirtschaft wird (II.). Die im Zuge der Einführung marktwirtschaftlicher Grundsätze – eines Wohnungsmarktes – erfolgenden Mietpreissteigerungen sollten dort, wo sie Härten bedeuteten, ausgeglichen werden. Hierbei lassen sich zwei verschiedene Dimensionen ausmachen: Zum einen wurde die Soziale Marktwirtschaft als politisches Programm etabliert, das sich auf den heute etablierten Topos der Wirtschaftlichkeit des Hausbesitzes einerseits und die Beihilfen als für freie Mietpreisvereinbarungen zwingende soziale Absicherung andererseits stützte. Zum anderen kam dem Wohngeld hierbei eine diskursiv-legitimierende Funktion zu: Die Durchsetzung marktwirtschaftlicher Mechanismen war nur als Soziale, nicht als freie Marktwirtschaft möglich.[159]

Die gesetzgeberische Entscheidung, das Wohngeld einzuführen, stellt somit eine wesentliche Weichenstellung hin zur Etablierung des Marktparadigmas im Wohnsektor dar und folgt sozial-marktwirtschaftlichem Wissensmustern. Und obwohl sich der Wohnungsmarkt und das Wohngeld mittlerweile normalisiert haben, wirken die gesetzgeberischen Annahmen der Einführungsphase in der weiteren Entwicklung des Wohngelds fort und werden zu Zeiten gesellschaftlicher Umbrüche sowie Krisen aktiviert und aktualisiert. Verstärkt und ergänzt wird dieser marktwirtschaftliche Zugriff durch die individualistische Ausrichtung des Wohngeld, die neoklassischen Wissensstrukturen entspricht (III.).

Eine weitere Dimension ökonomischen Wissens im Zuge der Debatten zum Wohngeld stellt die Thematisierung eigentums- und familienpolitischer Vorstellungen dar (IV.).[160] Auch diesbezüglich schlägt sich der Entstehungszusammenhang des Wohngelds als Instrument der Sozialen Marktwirtschaft in den gesetzgeberischen Annahmen nieder, wobei sich die familienpolitischen Vorstellungen, die im Wohngeld transportiert werden, über die Jahrzehnte hinweg durchaus ändern.

---

159 Vgl. die Ausführungen zur Sozialen Marktwirtschaft, → § 6 B. V.

160 Hierbei handelt es sich um einen gesellschaftspolitisch geprägten Aspekt ökonomischen Wissens, → § 4 B. IV.; § 5 B. III. 2.; § 6 B. IV.

I. Gesetzgeberische Annahmen I: Soziale Ziele des Wohngeldes

Die Gesetzgebung verfolgt mit dem Wohngeld ausdrücklich eine soziale Zielsetzung. Dies zeigt sich nicht zuletzt darin, dass das Wohnen als existenzielles Bedürfnis anerkannt und dessen (wirtschaftliche) Sicherung als ausdrücklicher Zweck des Wohngelds gesetzt wird (1.). In der Entwicklung der gesetzlichen Zweckbestimmung offenbart sich dabei auch ein Funktionswandel: anfänglich die Abfederung von im Zuge der Mietpreisfreigabe im Einzelfall entstehenden Härten – später die dauerhafte wirtschaftliche Sicherung angemessenen und familiengerechten Wohnens. Eine zweite Facette der sozialen Einordnung des Wohngelds zeigt sich in programmatischen Aussprüchen über den Charakter des Wohngelds (2.): Es wird als Bestandteil des Sozialstaats, der Sozialpolitik und des Sozialen Mietrechts eingeordnet.

1. Wohnen als existenzielles Bedürfnis

Den ökonomischen Bedeutungszuschreibungen entsprechend wird der besondere Charakter des Wohnens an verschiedenen Stellen der Wohngeldgesetzgebung hervorgehoben: Wohnungen seien keine „Konsumgüter im üblichen Sinne“;[161] der Staat müsse „liefern“, „[w]enn es um so etwas Existenzielles wie das eigene Zuhause geht“.[162] Der existenzielle Charakter wird heutzutage auch mit „systemrelevant“ umschrieben und das Wohngeld als „elementar, um das Wohnen abzusichern“, bezeichnet.[163] Besonders prominent sind diese Äußerungen in den Plenardebatten. Dies lässt sich auf den Charakter der Plenardebatte als Schaufenster zur Öffentlichkeit zurückführen.[164] Hier müssen nicht die technischen Details diskutiert werden. Adres-

---

161 BM *Lücke*, Sten. Bericht der 82. Sitzung, 27.6.1963, BT-PlProt. 4/82, Wohnbeihilfegesetz, 4010D, 4011A. Zuvor schon BM *Lücke*, Sten. Bericht der 117. Sitzung, 24.5.1960, Sten. Bericht der 117. Sitzung, 24.5.1960, BT-PlProt. 3/117, AbbauG, 6765D f.: „Demgemäß wollen wir auch im Mietrecht unterschieden haben zwischen der Vermietung von Eseln oder Kraftwagen und der Vermietung von Wohnungen.“

162 *Schaefer* (HB), Sten. Bericht der 1026. Sitzung, 28.10.2022, BR-PlProt. 1026/22, Wohngeld-Plus-Gesetz, 428.

163 Fraktion B90/Gr, in: Ausschussbericht und -empfehlung, WoGCO_2BeprEntlG, BT-Drs. 19/18755, 9; *Kühn* (Tübingen, B90/Gr), Sten. Bericht der 156. Sitzung, 23.4.2020, BT-PlProt. 19/156, WoGCO_2BeprEntlG, 19359B.

164 → § 2 Fn. 110.

satinnen sind die Bürgerinnen, denen insbesondere die sozialen Aspekte der eigenen politischen Agenda vermittelt werden sollen.[165]

In den schriftlichen Dokumenten wird der existenzielle Charakter des Wohnens weniger eigenständig hervorgehoben. Vor allem wird er erwähnt, wenn er der generellen und zügigen Preisfreigabe im Wohnungssektor entgegensteht. Demnach könne „[a]uf die Wohnung [...] ebenso wenig wie auf das tägliche Brot" verzichtet werden, weshalb

> *„Wege zu finden [sind], die sowohl der Sorge für diese sozial schwachen Schichten als auch der Notwendigkeit der Wiederherstellung der Selbsterhaltungsfähigkeit des Wohnungsbestandes und damit zugleich der verstärkten Interessennahme der privaten Initiative und der volkswirtschaftlichen Sparleistung für den Wohnungsbau Rechnung tragen."*[166]

Dem Wohngeld wird somit die Aufgabe zugewiesen, dem existenziellen Charakter des Wohnens durch die Sorge für sozial schwache Schichten gerecht zu werden. Gleichzeitig soll langfristig eine marktwirtschaftliche Ordnung herbeigeführt werden und auf dem Weg dorthin die Mieten zunächst teilweise freigegeben werden. In diese Richtung deutet auch die erste gesetzliche Zweckbestimmung, die die Wohnbeihilfen zur „Milderung von Härten [...] infolge der Mieterhöhungen [...] für einkommensschwache Mieter" vorsah (§ 15 Abs. 1 1. BMG). Die Formulierung im Gesetzentwurf (dort § 11 Abs. 1 S. 1) war noch nüchterner formuliert und fokussierte zwar ebenfalls die sich aus den Mieterhöhungen ergebenden Härten, sprach jedoch von „sozial schwachen Personen" anstelle von „einkommensschwachen Mietern" und hob größere Familien hervor.[167]

Die soziale Ausgleichsfunktion aus dem Ersten Bundesmietengesetz wurde in der Folge weiterentwickelt und der Familienbezug wieder aufgegriffen. Mit dem Abbaugesetz von 1960 sollte „jeder Familie wirtschaftlich

---

165 Zu Politikerinnen als Nutzenmaximierern nach der Public-Choice-Theorie *Englerth/Towfigh*, in: Towfigh/N. Petersen (Hrsg.), Ökonomische Methoden im Recht, 3. Aufl. 2023, S. 149 (152, Rn. 333).

166 RegE 1. BMG, BT-Drs. 2/1110, 15. Zum zweiten Aspekt dieses Zitats siehe später → § 7 C. III. 1. a.

167 RegE 1. BMG, BT-Drs. 2/1110, 5: „Zur Milderung von Härten, die sich infolge von Mieterhöhungen nach den §§ 5, 6 und 10 dieses Gesetzes für sozial schwache Personen, insbesondere für größere Familien ergeben, können Beihilfen gewährt werden, soweit die Mieterhöhung nicht nach fürsorgerechtlichen Vorschriften berücksichtigt wird."

ein Mindestmaß an Wohnraum" gesichert werden.[168] Dass ein solches Mindestmaß gesichert wird, korrespondiert mit dem existenziellen Charakter des Wohnens.[169] In der Folge wurde bei der Neuformulierung der Zwecksetzung daran festgehalten, zusätzlich jedoch die sozialpolitische Funktion durch das Wiederaufgreifen des Passus „zur Vermeidung sozialer Härten" hervorgehoben (§ 1 Abs. 1 Wohnbeihilfegesetz). Schon mit dem 2. WoGG wurde diese Formulierung wiederum angepasst und statt eines Mindestmaßes nun das (angemessene und familiengerechte) Wohnen an sich gesichert.[170]

2. Wohngeld im Sozialstaat

Die wirtschaftliche Sicherung des existenziellen Wohnbedürfnisses ordnet die Gesetzgebung dem Sozialstaatsprinzip aus Art. 20 Abs. 1 GG zu. Entsprechend werden beispielsweise die Miet- und Lastenbeihilfen im Regierungsentwurf für das Abbaugesetz als „sozialpolitisches Instrument des sozialen Rechtsstaates" charakterisiert.[171] Auch in jüngeren Debatten wird

168 § 1 Abs. 1 S. 1 des Gesetzes über die Gewährung von Miet- und Lastenbeihilfen (AbbauG). Abweichend noch die Formulierung im RegE AbbauG, BT-Drs. 3/1234, 24, die eine unverschuldete wirtschaftliche Notlage zur Voraussetzung machte. Die Zweckbestimmung galt, wie sich aus ihrer systematischen Stellung ergibt, für die Zeit *nach* der vollständigen Mietpreisfreigabe und bot eine Richtschnur für das noch zu schaffende Wohngeldgesetz. Insofern änderte sich der Charakter der Wohnbeihilfen, die nunmehr als dauerhaftes Instrument in einer marktwirtschaftlich organisierten Wohnungswirtschaft angesehen wurden, weiter → § 7 C. II. 2. a.

169 Demgegenüber zeichnet sich das Wohngeld im Gegensatz zu den KdU nach *BBSR*, Wohngeldreform 2016, 2016, 4, dadurch aus, dass es als „originär wohnungsmarktpolitisches Instrument" gerade „nicht darauf abzielt, das Existenzminimum sicherzustellen, sondern die Mietzahlungsfähigkeit zu gewährleisten bzw. die Belastung eines selbst genutzten Eigentums zu tragen." Weiter kritisch zum *ratio approach* (der rein prozentual anteiligen Messung der Wohnkosten am Haushaltseinkommen) und der Naturalisierung der Annahme, dass hierüber Auskunft über die Bezahlbarkeit von Wohnraum gegeben werden kann, *Praum*, dérive 65 (2016), 37 (40).

170 § 1 S. 1 2. WoGG, mithin die am längsten geltende Fassung des § 1 WoGG. Die angesprochene Formulierung wurde bei den späteren Reformen beibehalten, vgl. etwa die Formulierungen im Wohngeldsondergesetz für die neuen Bundesländer, nach Art. 5 des WoGNOvG 1999 und dem Wohngeldgesetz 2008.

171 RegE AbbauG, BT-Drs. 3/1234, 76. Zuvor auch (ebd., 15): „Es entspricht dem Wesen des sozialen Rechtsstaates, daß auch nach der Überführung des Wohnungswesens in die Marktwirtschaft bei der Bildung freier Marktmieten soziale Härten ausgeschlossen bleiben müssen." Siehe in der zugehörigen Debatte auch die Bezeich-

das Wohngeld als „Leistung unseres Sozialstaates“[172] hervorgehoben. Insgesamt nimmt das Stichwort Sozialstaat jedoch weniger Raum ein, als bei der Fülle der Materialien und einem dezidiert sozialen Instrument erwartet werden könnte. Dies lässt sich – zumindest für die Einführungsphase – mit dem gesellschaftlichen Diskurs erklären: So wünschten schließlich die ordoliberalen Vertreter der Sozialen Marktwirtschaft ausdrücklich keinen umfassenden Sozialstaat.[173] Tatsächlich aber hat sich das Wohngeld zu einem eben solchen umfassenden sozialstaatlichen Instrument weiterentwickelt.[174]

Häufiger wird das Wohngeld als Instrument der Sozialpolitik eingeordnet. Im Unterschied zum Sozialstaatsbegriff wird hiermit kein Ziel bzw. Wert, sondern ein politisches Programm beschrieben. Eine erste deutliche Einordnung in diesem Sinne geschieht 1963, als das Miet- und Lastenbeihilfegesetz den „bedeutendsten sozialpolitischen Gesetzen“[175] zugeordnet und als „Schritt in die Freiheit“[176] bezeichnet wird. Mit dem Zweiten Wohngeldgesetz wird nur sieben Jahre später zur bisherigen Entwicklung resümiert, dass sich „[a]us zunächst nur punktuellen und regionalen Maßnahmen [...] ein Instrument entwickelt [hat], das aus unserer Wohnungs- und Sozialpolitik nicht mehr wegzudenken ist.“[177] Die Zuordnung zur Sozialpolitik kulminiert schließlich 1975 in der Diskussion, ob das Wohngeld aufgrund der sozialpolitischen und rechtlichen Gemeinsamkeiten mit anderen Leis-

---

nung als „soziale Großtat“ durch *Even* (CDU/CSU), Sten. Bericht der 117. Sitzung, 24.5.1960, BT-PlProt. 3/117, AbbauG, 6760B.

172 *Storjohann* (CDU/CSU), Sten. Bericht der 118. Sitzung, 11.10.2007, BT-PlProt. 16/118, Wohngeldnovelle 2008, 12344B.

173 *Biebricher/Ptak*, Soziale Marktwirtschaft und Ordoliberalismus, 2020, S. 130. Andersherum sollte „ein gut funktionierender Markt die soziale Frage obsolet werden“ lassen.

174 Siehe zur Ausbildung eines umfassenderen sozialstaatlichen Charakters → § 7 C. II. 2. a.

175 BM *Lücke*, Sten. Bericht der 63. Sitzung, 8.3.1963, BT-PlProt. 4/63, Wohnbeihilfegesetz, 2921A.

176 BM *Lücke*, Sten. Bericht der 82. Sitzung, 27.6.1963, BT-PlProt. 4/82, Wohnbeihilfegesetz, 4011A. Anders später der RegE SGB I, BT-Drs. 7/868, 24, der das Wohngeld bei den Sozialleistungen einordnet, die als solche „weniger die Förderung der Persönlichkeitsentfaltung oder den Schutz gegen bestimmte Risiken [bezwecken] als vielmehr die Minderung bestimmter, ausschließlich wirtschaftlicher Belastungen, die unter sozialstaatlichen Gesichtspunkten des Ausgleichs bedürfen.“

177 *Lauritzen* (SPD), Sten. Bericht der 64. Sitzung, 16.9.1970, BT-PlProt. 6/64, 2. WoGG, 3596C.

tungen im Sozialgesetzbuch aufgenommen werden sollte.[178] Und auch in den aktuellen Wohngelddebatten wird die „entscheidende sozialpolitische Funktion“[179] des Wohngelds und dessen Charakter als „bewährtes Instrument unserer sozialen Wohnungspolitik“[180] betont. Insbesondere wird die Dynamisierung des Wohngelds hier eingeordnet: „Eine regelmäßige Fortschreibung des Wohngeldes stellt sicher, dass seine Leistungsfähigkeit als sozialpolitisches Instrument der Wohnungspolitik erhalten bleibt.“[181]

Die Funktion des Wohngelds im Sozialstaat zeigt sich drittens darin, dass es als „wesentlicher Bestandteil des sozialen Mietrechts“[182] verstanden wird. Systematisch findet die Zuordnung zudem Ausdruck in der Umbenennung des Abbaugesetzes von „Gesetz [...] über ein soziales Mietrecht“ in „Gesetz [...] über ein soziales Wohn- und Mietrecht“. Diese Änderung wird damit begründet, dass mit dem Gesetz auch Lastenbeihilfen gewährt werden.[183] Dem im Abbaugesetz enthaltenen Gesetz über die Gewährung von Miet- und Lastenbeihilfen wird somit maßgeblicher sozialer Charakter zugesprochen. Funktional bildet das Wohngeld dabei den finanziellen Unterbau zum im Sozialen Mietrecht anerkannten Recht auf Wohnung: Das Wohngeld sichert den Besitz finanziell, das Soziale Mietrecht rechtlich ab.[184] Wenn das Soziale Mietrecht als diskursiver Begriff verstanden wird,

---

178 Dafür die Gegenäußerung BReg, Anlage 3 RegE SGB I, BT-Drs. 7/868, 44; ähnlich *Gansel* (SPD), Sten. Bericht der 181. Sitzung, 19.6.1975, BT-PlProt. 7/181, SGB I, 12699B.

179 *Nissen* (SPD), Sten. Bericht der 108. Sitzung, 28.6.2019, BT-PlProt. 19/108, WoGStärkG, 13460C; *Nissen* (SPD), Sten. Bericht der 119. Sitzung, 18.10.2019, BT-PlProt. 19/119, WoGStärkG, 14737B.

180 PStS *Roth*, Sten. Bericht der 118. Sitzung, 11.10.2007, BT-PlProt. 16/118, Wohngeldnovelle 2008, 12348A.

181 RegE WoGStärkG, BT-Drs. 19/10816, 2, 72. Andernfalls würden die „wohnungs- und sozialpolitischen Ziele des Wohngeldes“ nicht mehr erreicht werden.

182 Unterrichtung durch den Bundesrat, SGB I, BT-Drs. 7/3883, 1. Ähnlich *Czaja* (CDU/CSU), Sten. Bericht der 82. Sitzung, 27.6.1963, BT-PlProt. 4/82, Wohnbeihilfegesetz, 3998D; *Hesberg* (CDU/CSU), Sten. Bericht der 82. Sitzung, 27.6.1963, BT-PlProt. 4/82, Wohnbeihilfegesetz, 4012B.

183 Ausschussbericht *Mick*, AbbauG, zu BT-Drs. 3/1850, 3; Ausschussbericht, AbbauG, BT-Drs. 3/1850, 55; auch BM *Lücke* (CDU/CSU), Sten. Bericht der 117. Sitzung, 24.5.1960, BT-PlProt. 3/117, AbbauG, 6765D, 6766A; *Mick* (CDU/CSU), ebd., 6699B, C. Zuvor schon im Kontext des 1. BMG ähnlich BM *Preusker*, Sten. Bericht der 67. Sitzung, 18.2.1955, BT-PlProt. 2/67, 1. BMG, 3433D.

184 Siehe zunächst *Mick* (CDU/CSU), Sten. Bericht der 90. Sitzung, 12.11.1959, BT-PlProt. 3/90, AbbauG, 4906B; Widerspruch zur angenommenen sozialen Rechtsstellung bei *Jahn* (Marburg, SPD), Sten. Bericht der 117. Sitzung, 24.5.1960, BT-PlProt. 3/117, AbbauG, 6750. Die SPD-Fraktion führt diese Argumentationslinie

kommt dem Wohngeld als wichtigem Bestandteil auch insofern Bedeutung zu.[185]

II. Gesetzgeberische Annahmen II: Wohngeld in der Sozialen Marktwirtschaft

Der enge Zusammenhang von Wohngeld und Mietpreisfreigabe deutet bereits an, dass die Gesetzgebung das Wohngeld in einer marktwirtschaftlich organisierten Wohnversorgung verortet. Der marktwirtschaftliche Kern, der Preismechanismus,[186] wird in den Wohngelddebatten jedoch nicht explizit angesprochen. Stattdessen wird die Entscheidung für den Markt implizit vorausgesetzt und das Wohngeld als dessen soziale Kehrseite verstanden. Insofern entfalten die Wissensstrukturen der Sozialen Marktwirtschaft in der Wohngeldanalyse eine erhebliche Bedeutung.[187]

Dies gilt vor allem für die Einführungsphase. Hier lässt sich die Soziale Marktwirtschaft als inhaltlich wie diskursiv leitendes Motiv der Gesetzgebung ausmachen (1.). Die Gesetzgebung ist durch die Verwendung eindeutiger Begrifflichkeiten und ein starkes Abgrenzungsbedürfnis von der ‚Zwangswirtschaft' geprägt. Insofern kann das Wohngeld in dieser

---

später fort, indem sie kritisiert, dass die Beihilfen die Wohnung zwar wirtschaftlich, aber nicht insgesamt sichern könnten (*Berger-Heise* [SPD], Sten. Bericht der 63. Sitzung, 8.3.1963, BT-PlProt. 4/63, Wohnbeihilfegesetz, 2925A; ähnlich *Berger-Heise* [SPD], Sten. Bericht der. 82. Sitzung, 27.6.1963, BT-PlProt. 4/82, Wohnbeihilfegesetz, 3997C). Auf dem Gedanken fußt die Wiedereinführung des Kündigungsschutzes in den 1970ern (→ § 3 B. III., § 8 A. I.; vgl. auch *Paschke*, Dauerschuldverhältnis Wohnraummiete, 1991, S. 535). Für das Wohngeld klarstellend im Zuge des 2. WoGG (mit Etablierung des Instruments also): „Das Wohngeld dient der wirtschaftlichen Sicherung der Wohnung so, wie das soziale Mietrecht den Besitz einer Wohnung rechtlich sichern soll", RegE 2. WoGG, BT-Drs. 6/1116, 29; fast wortgleich Ausschussbericht, 2. WoGG, BT-Drs. 6/1310, 2. Weiter *Felberg*, Wohngeld, 1972, S. 2.

185 Zu dieser Funktion des Sozialen Mietrechts → § 6 B. V. 2.

186 Vgl. → § 4 B. I.; *H. K. Schneider/Deichmann*, Der Weg zur sozialen Wohnungsmarktwirtschaft, 1984, S. 25.

187 Zur Sozialen Marktwirtschaft als politischer Strategie sowie zur Operationalisierung → § 6 A. II., III. 3., B. II., V. Zum Zusammenhang von Wohngeld und Sozialer Marktwirtschaft im Schrifttum siehe *Felberg*, Wohngeld, 1972, S. 52 (ff.): das Wohngeld als „Verwirklichung der Leitidee von der ‚Sozialen Marktwirtschaft'" und die „Eingliederung des Wohnungssektors in die Marktwirtschaft" als „Existenzberechtigung" des Wohngelds; *Kühne-Büning*, in: Kühne-Büning/Nordalm/Steveling (Hrsg.), Grundlagen der Wohnungs- und Immobilienwirtschaft, 4. Aufl. 2005, S. 259 (277): Das Wohngeld gilt als Musterinstrument für soziale Sicherung im marktwirtschaftlichen System bzw. systemkonform (bereits → § 7 Fn. 38).

Phase als Teil einer (diskursiven) Strategie betrachtet werden: Es dient der Legitimation und Durchsetzung marktwirtschaftlicher Funktionen im Wohnungswesen. Die Argumente drücken sich zudem in verschiedenen festen Topoi aus, die die Wohngesetzgebung bis heute prägen und sich in späteren Diskussionen ähnlich wiederfinden. Daraus folgt, dass die Soziale Marktwirtschaft einen durchaus konstanten gesetzgeberischen Bezugsrahmen darstellt (2.). Die Bezüge nehmen zwar ab, als das Wohngeld seinen Charakter als Übergangslösung abstreift. Doch verliert es dadurch weder seine materielle noch seine diskursive sozial-marktwirtschaftliche Bedeutung – es muss schlicht niemand mehr von Marktmechanismus und Wohngeld überzeugt werden. Vielmehr hat sich der das Wohngeld kennzeichnende Modus sozialer Sicherung derart etabliert, dass er in Zeiten gesellschaftlicher Umbrüche, wie der Wende, und in Krisenzeiten, wie rund um die Klimakrise und die Inflation, leicht reaktiviert und verwendet werden kann.

1. Wohngeld zur Legitimierung der Marktwirtschaft

In den Gesetzesmaterialien zum Wohngeld lassen sich verschiedene positive Bezüge zur Sozialen Marktwirtschaft ausmachen. Der Begriff und Gedanke der Sozialen Marktwirtschaft wird dabei nicht erklärt, sondern recht offen verwendet. So wird eine positive Identifikation mit den gesetzgeberischen Zielen ermöglicht und insbesondere über den sozialen Aspekt des Wohngelds die Marktwirtschaft auf dem Wohnungssektor insgesamt vermittelbar. Dass das Stichwort Soziale Marktwirtschaft verwendet wird, kann mithin als „diskursive Strategie zur Um- und Durchsetzung marktwirtschaftlicher Reformpolitik“[188] verstanden werden. Auch für den Wohnsektor gilt, dass die Einführung marktwirtschaftlicher Grundsätze überhaupt erst „durch die Hervorhebung der sozialen Dimension einer funktionsfähigen Wettbewerbswirtschaft“ möglich wurde.[189] Die starke Betonung und vielfache Verwendung des Stichworts insbesondere in den Plenarreden spiegelt zudem den Zugriff auf die Soziale Marktwirtschaft als pragmatisches Konzept, um die Bevölkerung zu überzeugen.[190]

188 Vgl. *Biebricher/Ptak*, Soziale Marktwirtschaft und Ordoliberalismus, 2020, S. 23.

189 Allg. *Biebricher/Ptak*, Soziale Marktwirtschaft und Ordoliberalismus, 2020, S. 106.

190 *Biebricher/Ptak*, Soziale Marktwirtschaft und Ordoliberalismus, 2020, S. 109, m.w.N. Die Durchsetzung von Wohngeld und Sozialer Marktwirtschaft ist somit nichts, was einfach geschah, sondern gemacht wurde. Vgl. parallel für das Europäische

Die Gedanken der Sozialen Marktwirtschaft gehen maßgeblich mit dem Abbaugesetz von 1960 in die Wohngeldgesetzgebung ein. Wenngleich schon zuvor sozial-marktwirtschaftliche Zielsetzungen erkennbar waren – beispielsweise sollten mit dem Zweiten Wohnungsbaugesetz „die Grundsätze der sozialen Marktwirtschaft stärker zur Geltung kommen“[191] –, sticht die Soziale Marktwirtschaft als leitender Orientierungspunkt der endgültigen Preisfreigabe und Anhebung der Mieten bei gleichzeitigem Ausschluss erwarteter sozialer Härten hervor:

> *„Dem Wesen des sozialen Rechtsstaates und der sozialen Marktwirtschaft entspricht es, in allen Sektoren der Wirtschaft, also auch in der Wohnungswirtschaft, dem freien Spiel der Kräfte Raum zu geben, gleichzeitig aber, soweit es um die Deckung eines lebensnotwendigen Bedarfs geht, sozial nicht tragbare Härten auszuschließen, die sich im Rahmen des marktwirtschaftlichen Geschehens ergeben können. […] Der erste Abschnitt des Artikels VIII sieht deshalb vor, daß diese Grundsätze einer künftigen gesetzlichen Regelung der Miet- und Lastenbeihilfen nach Überführung des Wohnungswesens in die soziale Marktwirtschaft zugrundegelegt werden sollen.“*[192]

Neben dem sozialen Rechtsstaat wird ausdrücklich die Soziale Marktwirtschaft als politische Leitvorstellung im Regierungsentwurf offenbart. Deren Wesen entsprechend sollen sich die marktwirtschaftlichen Kräfte entfalten. Antizipiert wird dabei jedoch, dass sich „im Rahmen des marktwirtschaftlichen Geschehens“ auch soziale Härten ergeben können.[193] Es werden also Verteilungsprobleme durch den Preismechanismus vorhergesehen und dennoch die Entscheidung für das Marktsystem und das Wohngeld als Ausgleichsmechanismus getroffen. So werden die Beihilfen zum wichtigen Baustein einer Sozialen Marktwirtschaft.[194]

Wettbewerbsrecht auf Basis einer qualitativen und linguistischen Untersuchung, *Küsters*, Ordoliberal Language, 2023.

191 RegE 2. WoBauG, BT-Drs. 2/601, 17, 20. Zuvor schon in der ersten Lesung zum GesE der CDU/CSU-Fraktion der Zwischenruf von *Lücke* (CDU/CSU), Sten. Bericht der 9. Sitzung, 14.1.1954, BT-PlProt. 2/9, 2. WoBauG, 254A: „Wir nennen unsere Marktwirtschaft soziale Marktwirtschaft!“

192 RegE AbbauG, BT-Drs. 3/1234, 75.

193 Ebenso bereits RegE AbbauG, BT-Drs. 3/1234, 54 f.

194 Vgl. insb. *Will* (FDP), Sten. Bericht der 117. Sitzung, 24.5.1960, BT-PlProt. 3/117, AbbauG, 6775D; auch *Hesberg* (CDU/CSU), Sten. Bericht der 90. Sitzung, 12.11.1959, BT-PlProt. 3/90, AbbauG, 4893A.

Die Erwähnung der Sozialen Marktwirtschaft in einem Zug mit dem sozialen Rechtsstaat mag zunächst verwundern. Schließlich wird hiermit eine Vergleichbarkeit – zumindest als politische Leitmotive – impliziert. Nur beim sozialen Rechtsstaat handelt es sich jedoch um ein Verfassungsprinzip. Gleichwohl entspricht es dem ordoliberalen Wunsch, die Soziale Marktwirtschaft als Wirtschaftsverfassung zu konstitutionalisieren.[195] Unter diesem Vorzeichen kann auch die Verankerung der tragenden Grundsätze des Wohnbeihilfesystems im Abbaugesetz mit normativer Wirkung für die künftige gesetzliche Regelung betrachtet werden.[196] Auch wenn diese Grundsätze aufgrund ihrer einfach-gesetzlichen Festlegung für die Legislative nicht zwingend waren, scheint hier der Anspruch durch, einen stabilen wirtschaftspolitischen Rahmen zu schaffen.

Vor diesem Hintergrund werden folgend die verschiedenen Bestandteile der gesetzgeberischen Argumentation der Einführungsphase und ihre jeweilige Bedeutung beleuchtet. Wesentlich ist dabei in diskursiver Hinsicht der proklamierte Abbau der Zwangswirtschaft als Ausgangspunkt der gesetzgeberischen Konzeption (a.), der insbesondere mit der Wirtschaftlichkeit des Hausbesitzes begründet wird (b.). Aufgrund der dabei erwarteten Mietpreissteigerungen gelten die Beihilfen als zwingendes Junktim (c.).

a) Der Abbau der „Zwangswirtschaft" als Kontext und Bezugspunkt

Die Soziale Marktwirtschaft als gesetzgeberisches Leitbild ist eingebettet in den Kontext der Überführung des Wohnungswesens in ein marktwirtschaftliches System.[197] Diese Entwicklung stellt den gedanklichen Rahmen der Einführung des Wohngelds dar und drückt sich in allen Gesetzen der Einführungsphase aus. Erstmalig gesetzlich vorgesehen sind Wohnbeihilfen im Ersten Bundesmietengesetz, dessen vorrangiges Ziel die Lockerung der Mietpreisbindung ist.[198] Auch für das Zweite Wohnungsbaugesetz sah der Regierungsentwurf vor, dass „auch im Wohnungsbau die Grundsätze

195 → § 6 B. I.; *Biebricher/Ptak*, Soziale Marktwirtschaft und Ordoliberalismus, 2020, S. 50 f.

196 So der Ansatz des Ausschusses, vgl. Ausschussbericht *Mick*, AbbauG, zu BT-Drs. 3/1850, 10; Ausschussbericht, AbbauG, BT-Drs. 3/1850, 51; *Mick* (CDU/CSU), Sten. Bericht der 90. Sitzung, 12.11.1959, BT-PlProt. 3/90, AbbauG, 4908C. Siehe auch die Kritik am Regierungsentwurf in der Stellungnahme BR, AbbauG, BR-Drs. 188/59(B), 47 f.

197 Siehe hierzu → § 3 B. II.; § 6 B. II. 1.

198 → § 3 B. II.; § 7 B. I. 1.

der sozialen Marktwirtschaft stärker zur Geltung kommen [müssen] und das Privatkapital mehr als bisher für den Wohnungsbau interessiert werden [muss].“[199] Besonders eindrücklich wird die Entwicklung jedoch im Abbaugesetz beschrieben. Die Miet- und Lastenbeihilfen werden in der Regierungsbegründung in eine Erzählung des Übergangs von der ‚Wohnungszwangswirtschaft‘ zur Sozialen Marktwirtschaft eingebettet.[200] Dabei werden zunächst das „Wesen und Werden der Wohnungszwangswirtschaft“ und die Notwendigkeit ihres Abbaus beschrieben. Anschließend wird der Zeitpunkt begründet und die Art und Weise des Abbaus beschrieben: Auflockerung der Wohnraumbewirtschaftung und allmählicher Abbau der Wohnungsbehörden, Mietpreisanhebung und Preisfreigabe sowie Abbau des Mieterschutzes und Übergang zum Sozialen Mietrecht.[201] Bereits die erzählerische Form, vor allem aber die verwendeten Begrifflichkeiten verweisen auf die diskursive Ausrichtung der Darstellung. Schließlich handelt es sich bei der ‚Zwangswirtschaft‘ um einen in der Nachkriegszeit gezielt eingesetzten abwertenden Begriff für planwirtschaftliche oder gelenkte Wirtschaftssysteme.[202] Dem werden ausdrücklich die positiven Begriffe der Sozialen Marktwirtschaft und des Sozialen Mietrechts entgegengestellt. Diese Ausrichtung findet zu diesem Zeitpunkt bereits breite gesetzgeberische Zustimmung.[203]

---

199 RegE 2. WoBauG, BT-Drs. 2/601, 17.

200 RegE AbbauG, BT-Drs. 3/1234, 46–55. Neben der Regierungsbegründung existiert eine Denkschrift des Bundesministers *Lücke*, auf die er auch in seiner Plenarrede zur Einbringung des Gesetzentwurfs aufmerksam macht und die er dem Bundestag ebenfalls zugeleitet hatte, siehe BM *Lücke*, Sten. Bericht der 90. Sitzung, 12.11.1959, BT-PlProt. 3/90, AbbauG, 4880B, C.

201 So auch die Überschriften der jeweiligen Abschnitte. Siehe zu letzterem Aspekt auch bei der Mietpreisbremse → § 8 C. IV. 2.

202 → § 6 A. II. 2., V. 1. Vgl. die Wiedergabe durch BVerfGE 157, 223 <272 f.> – *Berliner Mietendeckel* [2021]; demgegenüber die Rezeption durch die *Expertenkommission zum Volksentscheid*, Vergesellschaftung großer Wohnungsunternehmen – Abschlussbericht, Berlin 2023, S. 49 Rn. 166, als „öffentliche Wohnungsbewirtschaftung“ (m.V.a. RegE Abbaugesetz, BT-Drs. 3/1234, 46).

203 Ausschussbericht *Mick*, AbbauG, zu BT-Drs. 3/1850, 1. Die CDU/CSU-Fraktion ist grundsätzlich zufrieden; so betont *Hesberg* (CDU/CSU), Sten. Bericht der 90. Sitzung, 12.11.1959, BT-PlProt. 3/90, AbbauG, 4889C, dass die Gesetzesvorlage „geeignet ist, eine möglichst reibungslose Überleitung in die Marktwirtschaft zu gewährleisten“. Auch die SPD-Fraktion richtet sich nicht gegen den Abbau der ‚Wohnungszwangswirtschaft‘ an sich, *Hauffe* (SPD), Sten. Bericht der 90. Sitzung, 12.11.1959, BT-PlProt. 3/90, AbbauG, 4894B; im Jahr 1963 wiederholt durch *Jacobi* (SPD), Sten. Bericht der 63. Sitzung, 8.3.1963, BT-PlProt. 4/63, Wohnbeihilfegesetz, 2914B. Ebenfalls zufrieden ist die FDP-Fraktion, *Will* (FDP), Sten. Bericht

b) Wirtschaftlichkeit des Hausbesitzes

Den Beihilfen wurde im Zuge der Überführung in ein marktwirtschaftliches System eine Ausgleichsfunktion zugewiesen: Sie sollten, wie es zum Ersten Bundesmietengesetz hieß, die mit dem Gesetz hauptsächlich verfolgten Mieterhöhungen zum Zwecke der „Wiederherstellung der Wirtschaftlichkeit des Hausbesitzes" sozial ausgleichen.[204] Die Beihilfen können also nicht ohne die Mieterhöhungen gedacht werden, die wiederum die Wirtschaftlichkeit des Hausbesitzes sicherstellen sollten.

Die Wirtschaftlichkeit des Hausbesitzes hat sich von hier aus zu einem bedeutenden Topos der bundesrepublikanischen Wohngesetzgebung entwickelt.[205] Sie wird von Beginn an als Voraussetzung für Privatinitiative angesehen, ohne die ein Wohnungswesen nicht funktionieren kann.[206] Somit zeigt sich eine neoklassischen Deutungsmustern entsprechende Argumentation, die die Initiative Privater im Wohnungssektor durch Anreize vorsieht.[207] Noch deutlicher wird diese Annahme, wenn als die

> *„wirksamste Lösung der wohnungswirtschaftlichen Problematik [...] selbstverständlich ebenso wie auf allen übrigen Gebieten der Wirtschaft die Herbeiführung des Ausgleichs von Angebot und Nachfrage durch den Markt, das heißt die Eingliederung auch dieses Bereichs der Volkswirtschaft in ein marktwirtschaftlich organisiertes Gesamtsystem"*,[208]

---

der 90. Sitzung, 12.11.1959, BT-PlProt. 3/90, AbbauG, 4898C; später deutlich auch *Hammersen* (FDP), Sten. Bericht der 63. Sitzung, 8.3.1963, BT-PlProt. 4/63, Wohnbeihilfegesetz, 2923B, die meint, dass sich die „möglichst baldige Einführung marktwirtschaftlicher Prinzipien auch auf dem zugegebenermaßen gesondert gelagerten Wohnungsmarkt aus vielerlei Gründen heilsam auswirken wird."

204 RegE 1. BMG, BT-Drs. 2/1110, 17: „[...] der noch dringlicher gewordenen Wiederherstellung der Wirtschaftlichkeit des Hausbesitzes [soll] durch eine wohl abgewogene Ermächtigung zur Erhöhung der Mieten unter gleichzeitiger Berücksichtigung sozialer Härten durch Sicherstellung von Beihilfen" der Weg bereitet werden.

205 Vgl. aus der Verfassungsrechtsprechung nur BVerfGE 37, 132 <142> – *Vergleichsmiete I* [1974]; aktuell BVerfG, Beschl. v. 18.7.2019, 1 BvL 1/18 (Mietpreisbremse), Rn. 83, 87, 97, 99.

206 RegE 1. BMG, BT-Drs. 2/1110, 15; die „Notwendigkeit der Rentabilität auch des Hausbesitzes" betonend BM *Preusker*, Sten. Bericht der 67. Sitzung, 18.2.1955, BT-PlProt. 2/67, 1. BMG, 3427C, D.

207 → § 4 B. III.

208 RegE 1. BMG, BT-Drs. 2/1110, 15.

beschrieben wird und somit auf die Allokationseffizienz des Marktmechanismus verwiesen wird.[209]

Auch im Zweiten Wohnungsbaugesetz wird die Wirtschaftlichkeit des Hausbesitzes an vielen Stellen erwähnt. Zum einen wird hiermit die Entwicklung vom Richtsatz- zum Kostenmietsystem (§ 73 Abs. 1 2. WoBauG) begründet: weil durch das Richtsatzmietsystem der „Weg zur Wirtschaftlichkeit im Wohnungsbau erschwert“[210] werde. Die Tragbarkeit der (höheren) Kostenmieten sollte daran anschließend über die Beihilfen gem. § 47 Abs. 1 c) 2. WoBauG erreicht werden. Insofern findet eine Abwägung zwischen den den Eigentümerinnen zuzubilligenden Erträgen, deren Festsetzung sich an den Lasten zuzüglich einer Verzinsung des Eigenkapitals orientiert, und der Notlage von Teilen der Bevölkerung, die staatliche Unterstützung erhalten, statt. Mit der gesetzlichen Lösung wurden Aspekte aller drei Gesetzentwürfe[211] aufgegriffen, aber mit der Konstruktion der tragbaren Miete aus Gründen der Wirtschaftlichkeit ein Ansatz gewählt, der sich einer marktwirtschaftlichen, angebotsseitig orientierten Zielsetzung annähert. Zudem zeigt sich bereits an dieser frühen Stelle, dass die Wirtschaftlichkeit bzw. der Marktpreis von Beginn an die Bezahlbarkeitsschwelle für einen Anteil der Haushalte überschritt und der Gesetzgebung dies bewusst war.

Dass dennoch die Wirtschaftlichkeit und nicht die Bezahlbarkeit als Ausgangspunkt gewählt wurde, liegt nach den ökonomischen Argumenten aus dem Abbaugesetz daran, dass von niedrigen Altbaumieten ausgehende negative Anreize und folglich Fehlallokationen befürchtet wurden: Mieter könnten in zu großen Wohnungen bleiben.[212] Zudem sollten Mieterträge die Existenzgrundlage der Vermieter sichern, während niedrige Mieten das in Immobilien angelegte Volksvermögen gefährdeten. Des Weiteren

209 BM *Preusker*, Sten. Bericht der 67. Sitzung, 18.2.1955, BT-PlProt. 2/67, 1. BMG, 3427C, D. Zu beachten ist die Kritik der Opposition, dass im Gesetzentwurf nicht sichergestellt sei, dass die Mieterhöhungen der nötigen Instandsetzung dienten, *Jabobi* (SPD), Sten. Bericht der 67. Sitzung, 18.2.1955, BT-PlProt. 2/67, 1. BMG, 3435D, 3436A.

210 Ausschussbericht *Brönner*, 2. WoBauG, zu BT-Drs. 2/2270, 13.

211 Vgl. zur Besonderheit des Gesetzgebungsverfahrens → § 8 B. I. 2.

212 Hierzu RegE AbbauG, BT-Drs. 3/1234, 47 ff.; vorgebracht auch von BM *Lücke*, Sten. Bericht der 90. Sitzung, 12.11.1959, BT-PlProt. 3/90, AbbauG, 4881D f. Umgekehrt werden in der Stadtforschung heutzutage zu hohe Neumieten als Hindernis für Umzüge und somit als Grund für Fehlallokationen angesehen. Ob zu hohe oder zu niedrige Mieten als Problem verstanden werden, erweist sich so als Frage der Perspektive.

wurden die niedrigeren Altbaumieten als im Verhältnis zu den höheren Neubaumieten ungerecht bezeichnet. In einem letzten Argument kam der Regierungsentwurf schließlich wieder auf die negativen Anreize für den Neubau zurück, die von „künstlich niedrig“[213] gehaltenen Mieten ausgingen und die auch die durch Hypotheken gesicherte Kreditaufnahme hinderten. Die Verbindung von Wohnungs- und Kapitalmarkt diente hier als Argument für höhere Mieten.

Insofern lässt sich die Wirtschaftlichkeit des Hausbesitzes im Kontext des Wohngelds als Chiffre für Mieterhöhungen verstehen. In diesem Sinne wurde auch die allgemeine Berechtigung für eine Mietbeihilfe gem. § 3 Abs. 1 des Gesetzes über die Gewährung von Miet- und Lastenbeihilfen (1960) daran geknüpft, dass die Mieten im Zuge der Mietpreisfreigabe *erhöht* wurden. Es sollten mithin nicht hohe Mieten an sich abgefedert werden, sondern die mit dem Abbaugesetz gewollten und erreichten Mieterhöhungen. Umgekehrt rechtfertigten die Beihilfen also die (neben der Wirtschaftlichkeit auch anders begründeten) Erhöhungen der Mieten im Zuge des Abbaus der Zwangswirtschaft.[214]

c) Beihilfen als zwingendes Junktim

Vor dem beschrieben Hintergrund ist die Verbindung von Mieterhöhungen und Beihilfen zwingend.[215] Dies drückt sich auch in den gesetzlichen Regelungen aus: Mit § 15 2. BMG und § 54 MSchG wurde der Abbau von Zwangswirtschaft und Mieterschutz mit dem zu schaffenden Bundesgesetz zur Gewährung von Miet- und Lastenbeihilfen verknüpft. In einer ähnlichen Weise wurde dieser Zusammenhang auch durch die Änderung des § 2 des Miet- und Lastenbeihilfegesetzes von 1960 klargestellt: Die Mietpreise

213 RegE AbbauG, BT-Drs. 3/1234, 48.

214 Zugespitzt die oppositionelle Kritik: „Wir beantragen deshalb, dem Gesetz eine wahre, echte und zuverlässige Überschrift zu geben, die Sie nachher ändern können, wenn das soziale Mietrecht eingeführt ist. Die Überschrift soll lauten: ‚Gesetz über Mieterhöhungen, Miet- und Lastenbeihilfen und über den Abbau der Wohnungszwangswirtschaft'“, *Brecht* (SPD), Sten. Bericht der 117. Sitzung, 24.5.1960, BT-PlProt. 3/117, AbbauG, 6764A, B.

215 Bereits Ausschussbericht *Hauffe*, 1. BMG, zu BT-Drs. 2/1421, 4, wonach die Mietbeihilfen eine vom Ausschuss einmütig angenommene Voraussetzung für die vorgesehenen Möglichkeiten zur Mietpreisanhebung und (begrenzt) freien Mietpreisvereinbarung darstellen. Ebenso BM *Preusker*, Sten. Bericht der 67. Sitzung, 18.2.1955, BT-PlProt. 2/67, 1. BMG, 3434C; in der Literatur *Felberg*, Wohngeld, 1972, S. 10.

werden erst freigegeben, wenn „das angekündigte endgültige Gesetz über die Miet- und Lastenbeihilfen in Kraft getreten ist."[216] Dies entspricht dem von Regierung und Ausschussmehrheit geteilten Verständnis der Regelungen als ein „unteilbares Ganzes"[217], eben als Soziale Marktwirtschaft. Zudem verhinderte dieses Junktim eine – vom Bundesrat befürchtete – zeitliche Lücke zwischen Mietpreisfreigabe und Beihilferegelungen.[218] Die Beihilfen erfüllen somit zum einen eine tatsächlich soziale Funktion.[219] Zum anderen wird über das Junktim auch eine gesellschaftliche Vermittlung der marktwirtschaftlichen Entwicklung vorgenommen. Offensichtlich wird dies im Abbaugesetz, wonach die *sofortige* Freigabe der Mieten, also eine marktwirtschaftliche Preisbildung, als wirtschafts- und sozialpolitisch nicht möglich angesehen wird.[220] Stattdessen wurden stufenweise Anpassungen vorgenommen, die „volkswirtschaftlich tragbar" erschienen.[221] Mit den Beihilfen sollten also übergangsweise Härten im Einzelfall vermieden,[222] gleichzeitig aber auch eine langfristige Perspektive formuliert werden.[223]

Dies ist beachtlich, weil noch wenige Jahre zuvor, insbesondere im Zuge des Ersten Bundesmietengesetzes, diskutiert wurde, ob die Beihilfen nur Übergangs- oder Langzeitcharakter haben sollten. Dabei brachte die Bundesregierung vor, dass es eigentlich keiner dauerhaften Wohnbeihilfen bedürfe, sondern „Aufgabe der Lohn- und Sozialpolitik" sei, „Änderungen im Preisgefüge, welche die Lebenshaltungskosten beeinflussen, auszuglei-

216 Ausschussbericht, AbbauG, BT-Drs. 3/1850, 51; Ausschussbericht *Mick*, AbbauG, zu BT-Drs. 3/1850, 2, 5; BM *Lücke*, Sten. Bericht der 117. Sitzung, 24.5.1960, BT-PlProt. 3/117, AbbauG, 6766A (ff.).

217 Ausschussbericht *Mick*, AbbauG, zu BT-Drs. 3/1850, 2.

218 Ausschussbericht *Mick*, AbbauG, zu BT-Drs. 3/1850, 2; das Junktim begrüßend im Plenum *Mick* (CDU/CSU), Sten. Bericht der 117. Sitzung, 24.5.1960, BT-PlProt. 3/117, AbbauG, 6697D; *Czaja* (CDU/CSU), ebd., 6716C.

219 Weiter zur sozialen Bedeutung des Junktims in Plenarreden BM *Lücke*, Sten. Bericht der 90. Sitzung, 12.11.1959, BT-PlProt. 3/90, AbbauG, 4884B, C; *Hesberg* (CDU/CSU), ebd., 4892D. Für die Opposition: „Der Vorschlag, Mietbeihilfen zu geben, ist von grundlegender Bedeutung", *Brecht* (SPD), Sten. Bericht der 117. Sitzung, 24.5.1960, BT-PlProt. 3/117, AbbauG, 6757D. Eindrücklich ist auch die Bezeichnung des gesetzlichen Junktims als „moralische[s] Junktim, das mit der Schaffung eines sozialen Miet- und Wohnrechts angekündigt worden ist", *Jacobi* (SPD), Sten. Bericht der 63. Sitzung, 8.3.1963, BT-PlProt. 4/63, Wohnbeihilfegesetz, 2915B.

220 RegE AbbauG, BT-Drs. 3/1234, 51; ähnlich bei *Felberg*, Wohngeld, 1972, S. 9. Siehe bereits oben für das 1. BMG, → § 7 C. I. 1.

221 RegE AbbauG, BT-Drs. 3/1234, 51, 53.

222 RegE AbbauG, BT-Drs. 3/1234, 53.

223 Dazu der Erste Abschnitt: Miet- und Lastenbeihilfen *nach* der Mietpreisfreigabe.

chen."[224] Insofern sollte der Übergangscharakter der Beihilfen damals noch nur bis zur Absicherung der Bevölkerung durch die Renten- und Sozialreformen gelten und das Erste Bundesmietengesetz abgestimmt auf eine Steuerreform in Kraft treten.[225] Ursprünglich war demnach also kein dauerhaftes Wohngeld vorgesehen, sondern ausreichend hohe Löhne, damit sich Mieterinnen selbst mit Wohnraum versorgen können.[226] Die Entscheidung darüber, wie „das Problem der Tragbarkeit der Miete auf Dauer befriedigend gelöst" werden sollte, wurde demgegenüber im Ausschuss in die Zukunft verschoben.[227] Mit dem Abbaugesetz war diese Frage dann geklärt. Das mag auch daran liegen, dass für die Zeit nach der Mietpreisfreigabe insgesamt keine uferlosen Mieterhöhungen mehr befürchtet wurden, da sich durch Angebotsausweitung ein sozial vertretbarer Marktpreis bilden sollte und mit dem öffentlichen sowie gemeinnützigen Wohnungsbestand ein großer mietpreisbremsender Sektor vorhanden sein würde.[228] Insofern geht die Gesetzgebung vom Funktionieren des Preismechanismus aus und agiert zudem vor dem Hintergrund eines einheitlichen Wohnsektors.[229]

2. Soziale Marktwirtschaft als konstanter Denkrahmen

Auch wenn die Erzählung der Sozialen Marktwirtschaft im Laufe der Zeit weniger präsent wird, bedeutet dies nicht, dass das Wohngeld nicht konstant als Instrument der Sozialen Marktwirtschaft verstanden wird. Vielmehr stellt das Wohngeld aufgrund seiner Funktionsweise stetig das

224 Gegenäußerung der Bundesregierung, als Anlage C zum RegE 1. BMG, BT-Drs. 2/1110, 143; für den Übergangscharakter dementsprechend auch RegE 1. BMG, BT-Drs. 2/1110, 26.

225 RegE 1. BMG, BT-Drs. 2/1110, 33, 54 (zu § 34).

226 Siehe hierzu auch die Forderungen im Bereich der Lohnpolitik → § 7 C. II. 2. c. Grob in diese Richtung – das Wohngeld als Zwischenlösung –, jedoch als radikale Marktlösung anders akzentuiert, findet sich auch heute noch die Forderung, auf Dauer ein System einzuführen, „das günstigen Wohnraum aus sich heraus zur Verfügung stellt", FDP-Fraktion, in: Ausschussbericht und -empfehlung, Wohngeld-Plus-Gesetz, BT-Drs. 20/4356, 13; *Föst* (FDP), Sten. Bericht der 60. Sitzung, 13.10.2022, BT-PlProt. 20/60, Wohngeld-Plus-Gesetz, 6680D, 6681A.

227 Ausschussbericht *Hauffe*, 1. BMG, zu BT-Drs. 2/1421, 12.

228 RegE AbbauG, BT-Drs. 3/1234, 53. Siehe auch die Rede von *Schachtschabel* (SPD), Sten. Bericht der 64. Sitzung, 16.9.1970, BT-PlProt. 6/64, 2. WoGG, 3609B–D: Steigende Mieten seien als „das typische Anbieterverhalten in Zeiten der Hochkonjunktur" anzusehen und gleichzeitig Folge eines Angebotsmangels, der ausgeglichen werden müsse – wovon die Verbesserung des Wohngeldes einen Baustein darstellt.

229 → § 5 A. II. 2.

oder jedenfalls eines der sozialen Elemente einer marktwirtschaftlichen Wohnungswirtschaft dar und prägt als solches auch das Verständnis der Gesetzgebung. Das drückt sich dadurch aus, dass die Gedanken der Einführungsphase später wieder aufgegriffen und parallelisiert werden (b.). Abgesehen hiervon müssen die Gedanken der Sozialen Marktwirtschaft aber nicht mehr legitimierend angeführt werden. Das marktwirtschaftliche Wohnsystem und das Wohngeld können für sich bestehen. Dies zeigt sich in der zunehmenden Normalisierung und Ausweitung des Wohngelds (a.) und in seinem Bestehen trotz verschiedenen Kritiken (c.).

a) Schrittweise Normalisierung des „Netz vor dem Netz"

Bei Einführung des Wohngelds diente es dem Ausgleich von Notlagen im Zuge der Liberalisierung des Wohnungsmarktes. Diese Notlage wurde mittlerweile normalisiert.[230] Bereits seit dem Abbaugesetz sollten mit dem Wohngeld nicht mehr nur die Mietpreissteigerungen einer Übergangsphase abgefedert werden. Der ursprüngliche Gedanke wurde sogar umgekehrt. Nun hieß es, dass der Gesetzentwurf Mietbeihilfen „auch schon für die Übergangszeit" vorsehe.[231] Zudem wurden Wohnbeihilfen als selbstverständliche Ergänzung des Sozialen Mietrechts verstanden.[232] Mit der Einführung des Wohngelds fand insofern eine Vorfestlegung auf einen bestimmten politischen Rahmen statt. In diesem Sinne hieß es gut 20 Jahre später im Zuge der Wiedervereinigung ganz selbstverständlich: „Mieten und Wohngeld gehören zusammen."[233]

---

230 *von Beyme*, in: Flagge (Hrsg.), Geschichte des Wohnens, Bd. 5, 1999, S. 81 (110). Vgl. für die frühe Forderung, dass der Wohnungsbau stark fortgesetzt werden müsse, „damit sich nicht die staatliche Subvention in Form z.B. des Wohngeldes für breite Kreise der Bevölkerung als Dauerlösung ergibt", *Knauer*, Tragbare Mieten, 1968, S. 25. Von Beginn an spiegelt also bereits die Existenz des Wohngelds – zumal seines individualisierenden Charakters – ein liberales Versorgungsverständnis wider. Die Verengung des Bevölkerungskreises hat dies verstärkt. Ähnlich die Einschränkung bei anderen Instrumenten auf „Gebiete mit Problemlagen oder unausgeglichenen Wohnungsmärkten", *Heinelt*, in: Egner/Georgakis/Heinelt/Bartholomäi (Hrsg.), Wohnungspolitik in Deutschland, 2004, S. 35 (38).

231 RegE AbbauG, BT-Drs. 3/1234, 53.

232 RegE AbbauG, BT-Drs. 3/1234, 54 f.; RegE 2. WoGG, BT-Drs. 6/1116, 29; fast wortgleich Ausschussbericht, 2. WoGG, BT-Drs. 6/1310, 2.

233 BM *Adam-Schwaetzer*, Sten. Bericht der 25. Sitzung, 14.5.1991, BT-PlProt. 12/25, Wohngeldsondergesetz, 1714A.

Im Zuge seiner Normalisierung wurde das Wohngeld immer weniger an sich debattiert und vor allem ausgeweitet. Neben dem besprochenen Funktionswandel, nicht nur Mietpreissteigerungen, sondern generell hohe Mieten abzufedern,[234] wurde es von Altbau auf Neubau[235] und von preisgebundenen auf ungebundene Wohnungen[236] ausgeweitet. In jüngerer Zeit wurden zudem die Einkommensgrenzen erhöht[237] und die Heizkosten einbezogen[238]. Während die legitimierende Bezugnahme auf die Soziale Marktwirtschaft also immer weiter abnahm, stieg gleichzeitig die praktische Bedeutung des Wohngelds.

Dazu kommt in der jüngeren Zeit das Ziel der „Erhaltung und Schaffung stabiler Bewohnerstrukturen in den Wohnquartieren" und die Vermeidung „eine[r] unerwünschte[n] Spaltung des Wohnungsmarktes".[239] Insofern wird der Aspekt der Marktfähigkeit mit den polit-ökonomischen Themen der Segregation und Gentrifizierung verbunden. Dies ist eine neue Entwicklung, der sich die Analyse noch an anderer Stelle widmen wird.[240]

b) Aktualisierung durch Parallelen: Staatliche Zuschüsse als Absicherungsmodus in Krisenzeiten

Mit dem Ende der Einführungsphase nehmen die programmatischen Äußerungen zum Wohngeld und seinem spezifischen Charakter, soziale Härten im Zuge von Preissteigerungen auf dem Weg zur Sozialen Marktwirtschaft auszugleichen, also ab. Sie werden jedoch zu verschiedenen Zeitpunkten wieder aufgegriffen. So lässt sich zum einen bezüglich der Situation nach der Wende eine Parallele feststellen. Denn auch im Zuge der Eingliederung des ostdeutschen Wohnungswesens in den bundesrepu-

---

234 Deutlich auch *Lauritzen* (SPD), Sten. Bericht der 64. Sitzung, 16.9.1970, BT-PlProt. 6/64, 2. WoGG, 3597A, der als „Hauptfunktion des Wohngeldes [beschreibt], die Miete oder die Belastung für die Wohnung im Sinne unserer sozialpolitischen Vorstellungen tragbar zu machen. Dabei ist es dann gleichgültig, ob die Wohnkosten auf Grund der Marktsituation, der Kostenentwicklung, durch unvermeidbare administrative Maßnahmen oder etwa durch Einkommensminderung die Grenze des im Einzelfall Zumutbaren überschritten haben."

235 Mit dem 2. WoBauG.

236 GesE CDU/CSU und FDP, Wohnbeihilfegesetz, BT-Drs. 4/971, 13.

237 RegE WoGStärkG, BT-Drs. 19/10816, 1.

238 Spätestens mit dem WoGCO_2BeprEntlG.

239 RegE WoGCO_2BeprEntlG, BT-Drs. 19/17588, 12 f.

240 → § 7 C. III. 2.

blikanischen Wohnungsmarkt sollten „die Mieten zügig wenigstens auf kostendeckende Beträge“[241] erhöht und ein „realistisches Marktniveau“[242] erreicht werden. Dem Wohngeld kam hierbei eine ähnliche Funktion wie bei der Mietpreisfreigabe in der Nachkriegszeit zu.[243] Anders als in der Einführungsphase in Westdeutschland wurde jedoch seitens der Opposition kritisiert, dass Mietpreise unabhängig von der Wohnqualität überhaupt steigen können.[244]

Zum anderen gilt die Beobachtung für das Thema der (steigenden) Heizkosten und bei der Einführung der CO_2-Komponente. So wird die Wohngeldgesetzgebung in der jüngeren Vergangenheit insgesamt durch energie- und klimapolitische Themen geprägt. Das Wohngeld wird hierbei durch andere Politikbereiche und für wohn-ferne Ziele instrumentalisiert, indem diese anderweitig definierten Ziele nun über das Wohngeld verfolgt werden.[245] Hierfür wird der Zuschussmodus des Wohngelds genutzt und weiterentwickelt.

Das Einfallstor für die energie- und klimapolitschen Ziele stellten zunächst die individuellen Heizkosten dar. Nachdem das Wohngeld ausgangs explizit nur Mieten und Lasten bezuschusste, wurden ab der Jahrtausendwende schrittweise auch die Heizkosten einbezogen.[246] Dies wurde anfänglich ausführlich und parallel zur Argumentation bei der Einführung des Wohngelds begründet. So lautete § 1 des Gesetzes zur Gewährung eines einmaligen Heizkostenzuschusses: „Zur Milderung von Härten, die durch den Anstieg der Energiepreise entstanden sind oder entstehen werden, wird für die Heizperiode 2000/2001 ein einmaliger Heizkostenzuschuss (Zuschuss) nach Maßgabe dieses Gesetzes gewährt.“ Und auch später be-

---

241 *Kansy* (CDU/CSU), Sten. Bericht der 25. Sitzung, 14.5.1991, BT-PlProt. 12/25, Wohngeldsondergesetz, 1708D.

242 *Hitschler* (FDP), Sten. Bericht der 25. Sitzung, 14.5.1991, BT-PlProt. 12/25, Wohngeldsondergesetz, 1712A.

243 Ausschussbericht und -empfehlung, Wohngeldsondergesetz, BT-Drs. 12/495, 1, 24. Vgl. weiter *Hitschler* (FDP), Sten. Bericht der 25. Sitzung, 14.5.1991, BT-PlProt. 12/25, Wohngeldsondergesetz, 1712A; *Kansy* (CDU/CSU), ebd., 1708D, 1709A–B; BM *Adam-Schwaetzer*, ebd., 1713D; *Scheffler* (SPD), ebd., 1710B, 1711D, mit expliziter Beschreibung als „ein Stück sozialer Komponente der Marktwirtschaft“.

244 *Seifert* (PDS/Linke Liste), Sten. Bericht der 25. Sitzung, 14.5.1991, BT-PlProt. 12/25, Wohngeldsondergesetz, 1713B.

245 Entsprechend nimmt im RegE $WoGCO_2BeprEntlG$, BT-Drs. 19/17588, 10, die Beschreibung des klimapolitischen Kontextes in der Gesetzesbegründung einen großen Raum ein; ähnlich Ausschussbericht und -empfehlung, $WoGCO_2BeprEntlG$, BT-Drs. 19/18755.

246 → § 7 B. III.

gründete die Vermeidung sozialer Härten in ähnlichem Duktus die Anhebung von Wohngeldhöchstbeträgen, Tabellenwerten sowie die gestaffelte Einbeziehung von Heizkosten.[247] Dabei zielten die Regelungen jedoch nicht lediglich auf die Heizkosten an und für sich, stattdessen wurden noch weitere, hier klimapolitische Ziele verfolgt.[248] Besonders deutlich wird dies mit Blick auf die CO_2-Komponente, die das Konzept des Wohngelds als staatliche Zuschusslösung bei steigenden Preisen spiegelt:[249] Seit 2020 sollen die Einnahmen aus der CO_2-Bepreisung mittels Wohngeld an die Bürgerinnen zurückgegeben werden.[250] Insofern ist auch die CO_2-Komponente Konsequenz einer marktwirtschaftlichen Lösung an anderer Stelle – CO_2-Bepreisung –, die sich über den Umweg der Miete auf das Wohngeld auswirkt. Dem Gesamtkonzept CO_2-Preis liegt die Wahl des Preismechanismus zur optimalen Verteilung von CO_2-Ressourcen zugrunde: Der Staat nimmt mittels einer entgeltlichen Ausgabe von Emissionszertifikaten Einfluss auf die Kosten von entsprechenden Produkten und Dienstleitungen, was im Einklang mit dem Marktmechanismus zu verändertem Angebot und Nachfrage und im Ergebnis zu anderer Verteilung führt. Potenzielle Härten werden im Nachhinein, durch eine Ausgleichszahlung (CO_2-Komponente im Wohngeld), ausgeglichen.[251]

---

247 Zweiter Ausschussbericht und -empfehlung, Wohngeldnovelle 2008, BT-Drs. 16/8918, 1; vgl. weiter *Bartol* (SPD), Sten. Bericht der 118. Sitzung, 11.10.2007, BT-PlProt. 16/118, Wohngeldnovelle 2008, 12345D. Auch später RegE $WoGCO_2$BeprEntlG, BT-Drs. 19/17588, 1, 10, 12; Ausschussbericht und -empfehlung, $WoGCO_2$BeprEntlG, BT-Drs. 19/18755, 1; *Nissen* (SPD), Sten. Bericht der 156. Sitzung, 23.4.2020, BT-PlProt. 19/156, $WoGCO_2$BeprEntlG, 19356D; *Weisgerber* (CDU/CSU), ebd., 19360A; *Möring* (CDU/CSU), ebd., 19354C, D; sowie *Bundesregierung*, Klimaschutzprogramm 2030, S. 29: „Zur Vermeidung sozialer Härten bei steigenden Heizkosten werden wir die Wohngeldbezieher durch eine Erhöhung des Wohngeldes um 10 Prozent unterstützen."

248 So sollte die nur teilweise Unterstützung mit der Wohngeldnovelle 2008 als Anreiz zum Energiesparen und für die energetische Sanierung von Wohnraum dienen, zweiter Ausschussbericht und -empfehlung, Wohngeldnovelle 2008, BT-Drs. 16/8918, 1; *Bartol* (SPD), Sten. Bericht der 118. Sitzung, 11.10.2007, BT-PlProt. 16/118, Wohngeldnovelle 2008, 12346A. Problematisch ist insofern das Mieter-Vermieter-Dilemma, vgl. unten → § 7 C. III. 2.

249 Angedeutet bei *Hinrichs*, NZM 2021, 456 (457).

250 RegE $WoGCO_2$BeprEntlG, BT-Drs. 19/17588, 1, 10.

251 Nicht durchsetzen als gesetzgeberische Annahme konnte sich die Sorge der AfD-Fraktion, dass mit der CO_2-Bepreisung und der Wohngeldkomponente das Vertrauen in die Marktwirtschaft beschädigt würde, AfD-Fraktion, in: Ausschussbericht und -empfehlung, $WoGCO_2$BeprEntlG, BT-Drs. 19/18755, 8. Dies zeigt jedoch zumindest den auch hier angenommenen Zusammenhang. Vgl. an anderer Stelle: „In

Dieser gesetzgeberische Zugriff, soziale Härten durch Zuschüsse und im Nachhinein auszugleichen, erscheint mittlerweile selbstverständlich. Gerade die Weichenstellungen beim Wohngeld zeigen jedoch, dass dies eine gesetzgeberische Entscheidung war und ist. Dabei bestätigt das Zuschusssystem den (sozial-)marktwirtschaftlichen Grundgedanken, da Wohngeld und CO_2-Komponente jeweils ohne die Mietpreisfreigabe bzw. ohne die CO_2-Bepreisung nicht bestehen würden. Die schrittweise, zunächst befristete Einführung der neuen Funktionen stellt in diesem Zuge eine weitere Parallele zur Entwicklung des Wohngelds in den 1950ern und 1960ern dar. Eine neue, strukturelle[252] Ebene erreichen diese Regelungen mittlerweile mit der Klimakomponente, die nicht mehr die individuellen Heizkosten(steigerungen), sondern allgemeine Mietkostensteigerungen aufgrund von Modernisierungsmieterhöhungen ausgleichen soll. Insofern bestätigte sich mit dem Wohngeld-Plus-Gesetz zuletzt eine Art Automatismus darin, dass „eine dauerhafte Heizkostenkomponente eingeführt" wurde, um die „erheblichen Mehrbelastungen durch die seit 2021/2022 stark steigenden Heizkosten" zu berücksichtigen.[253] Sowohl Klimaschutz als auch Heizkosten werden dabei nicht isoliert, sondern entsprechend dem sozialpolitischen Charakter des Wohngelds diskutiert. Es wird versucht, „Klimaschutz und soziale Gerechtigkeit miteinander zu verbinden."[254] Und – zumindest

---

der Frage des Wohngeldes stecken die globalen Konzepte unseres Wirtschaftens. Es geht hier auch um die fundamentale Frage: Wollen wir mehr staatliche Planwirtschaft oder mehr soziale Marktwirtschaft?", *Hemmelgarn* (AfD), Sten. Bericht der 119. Sitzung, 18.10.2019, BT-PlProt. 19/119, WoGStärkG, 14735D. Zur Notwendigkeit der Wohngeldentwicklung in Bezug auf Heizkosten *Hinrichs*, NZM 2021, 456 (457).

252 Es ist jedenfalls konsequent die Rede von einer „strukturelle[n] Erhöhung der Wohnkosten", GesE SPD, B90/Gr und FDP, Wohngeld-Plus-Gesetz, BT-Drs. 20/3936, 63 f., bzw. „strukturellen Mieterhöhungen" und einer Erfassung als „strukturelle Marktentwicklung", ebd., 64 f..

253 GesE SPD, B90/Gr und FDP, Wohngeld-Plus-Gesetz, BT-Drs. 20/3936, 2; zustimmend *Karawanskij* (TH), Sten. Bericht der 1026. Sitzung, 28.10.2022, BR-PlProt. 1026/22, Wohngeld-Plus-Gesetz, 429.

254 Fraktion B90/Gr, in: Ausschussbericht und -empfehlung, $WoGCO_2BeprEntlG$, BT-Drs. 19/18755, 9; ähnlich CDU/CSU-Fraktion, ebd., 8; *Weisgerber* (CDU/CSU), Sten. Bericht der 156. Sitzung, 23.4.2020, BT-PlProt. 19/156, $WoGCO_2BeprEntlG$, 19360A; bzgl. des Wohngeld-Plus-Gesetzes BM *Geywitz*, Sten. Bericht der 60. Sitzung, 13.10.2022, BT-PlProt. 20/60, Wohngeld-Plus-Gesetz, 6675B; *Steinmüller* (B90/Gr), Sten. Bericht der 66. Sitzung, 24.9.2022, BT-PlProt. 20/66, Wohngeld-Plus-Gesetz, 7537B.

seitens der Opposition – wird der Schutzzweck des Wohngelds über die Wohnung an sich hinaus auf ein „warmes Zuhause“[255] erstreckt.

c) Wohngeld trotz Kritik

Das Wohngeld behält also über die Zeit hinweg seinen grundlegenden Charakter als sozial-marktwirtschaftliches Instrument bei und stützt die marktwirtschaftliche Organisation des Wohnens, indem der soziale Ausgleich abseits des Preismechanismus stattfindet.[256] Es dient insofern ausdrücklich der Behandlung von marktwirtschaftlichen Symptomen, nämlich hohen Mieten.[257] Dieser Mechanismus wird über die Zeit hinweg zwar immer wieder kritisiert: Bemängelt wird insbesondere, dass sich die Situation in Ballungsräumen durch das Wohngeld nicht wesentlich ändere[258] und gleichzeitig zugunsten der Objektförderung vorgebracht, dass sie strukturell der Verringerung der Wohnungsnot und der Erreichung eines Marktgleich-

255 *Lay* (Linke), Sten. Bericht der 156. Sitzung, 23.4.2020, BT-PlProt. 19/156, WoG-CO_2BeprEntlG, 19358C.

256 Das in der Literatur häufig anzutreffende Stichwort der Marktkonformität findet sich in den gesetzgeberischen Debatten jedoch kaum, nur *Hesberg* (CDU/CSU), Sten. Bericht der 142. Sitzung, 3.5.1956, BT-PlProt. 2/142, 2. WoBauG, 7398A. Dafür in der Literatur: *Müller-Armack*, in: Beckerath et al. (Hrsg.), HdSW Bd. 9, 1956, S. 390 (391); *Lowinski*, Wohnungspolitik in der Sozialen Marktwirtschaft, 1964, S. 127 ff.; *H. K. Schneider/Deichmann*, Der Weg zur sozialen Wohnungsmarktwirtschaft, 1984, S. 15, 23; *Busz*, Äquivalenz im Wohnraummietrecht, 2002, S. 95; *Felberg*, Wohngeld, 1972, S. 20, 54, mit dem expliziten Argument, dass die Subjektförderung erst „ex post“ nach dem Preisbildungsprozess ansetze; → § 4 B. I. 2.; § 6 B. II. 2.

257 Eindeutig zum Wohngeld als Symptombekämpfung *Hubertz* (SPD), Sten. Bericht der 60. Sitzung, 13.10.2022, BT-PlProt. 20/60, Wohngeld-Plus-Gesetz, 6682D, für die regierende SPD-Fraktion; ebenfalls affirmativ *Föst* (FDP), Sten. Bericht der 108. Sitzung, 28.6.2019, BT-PlProt. 19/108, WoGStärkG, 13467D, demzufolge das Wohngeld die Wohnungsnot nur bis zur Erreichung eines Marktgleichgewichts lindern solle.

258 *Jacobi* (SPD), Sten. Bericht der 117. Sitzung, 24.5.1960, BT-PlProt. 3/117, AbbauG, 6727B; weiter *Die Unterzeichnenden*, suburban 6 (2018), 205 (213).

gewichts[259] oder jedenfalls dem Bau oder der Sanierung von Wohnungen dienen würde.[260] Gleichwohl wird am Wohngeld festgehalten.

Auch eine Kritik an den hohen Summen, die für die staatlichen Zuschüsse aufgewendet werden, konnte sich bisher nicht durchsetzen. Zwar wird seit langer Zeit gefordert, dass „der Organismus der Gesamtwirtschaft auf weite Sicht imstande sein [muss], derartige Mieterhöhungen aufzufangen und für den einzelnen tragbar zu machen, anstelle die Kosten dem öffentlichen Haushalt zu übertragen."[261] Spiegelbildlich wird kritisiert, dass das Wohngeld das Grundproblem nicht löse, dass Menschen sich die Mieten nicht von ihren Löhnen leisten können.[262] Dieses Problem ist aber im Wohngeld angelegt, das schließlich anders als Sozial- oder Arbeitslosenhilfe ein eigenes Einkommen voraussetzt und aufstockt. Die Forderung nach finanziellen Lösungen abseits des Wohngelds wurde also mit der Etablierung des Wohngelds als Dauerlösung bereits in der Einführungsphase überholt.

Dennoch zieht sich eine grundsätzliche Kritik bis heute durch. Schon 1960 wurde das Wohngeld zugespitzt als „Subventionierungsverfahren" der „Gewinne in der Wohnungswirtschaft" bezeichnet, da nicht mehr nur Kostenmieten gewährleistet würden.[263] Es widersprach damit sogar der ur-

259 Vgl. RegE AbbauG, BT-Drs. 3/1234, 50. Entsprechend das Dafürhalten der SPD-Fraktion, weiter auch auf die Objektförderung zu setzen, *Berger-Heise* (SPD), Sten. Bericht der 82. Sitzung, 27.6.1963, BT-PlProt. 4/82, Wohnbeihilfegesetz, 3994D, 3997D, 3998B. Schließlich mit derselben Schlagrichtung auch *Vogel* (CDU/CSU), Sten. Bericht der 119. Sitzung, 18.10.2019, BT-PlProt. 19/119, WoGStärkG, 14746B, für die regierende CDU/CSU-Fraktion. Nicht in dieses Schema passt die Wohnbeihilfe gem. dem 2. WoBauG, die als öffentliche Wohnraumförderung konzipiert war.

260 *Nickholz* (SPD), Sten. Bericht der 66. Sitzung, 10.11.2022, BT-PlProt. 20/66, Wohngeld-Plus-Gesetz, 7535C. Vgl. beispielhaft für eine entsprechende Parallele zur Mietpreisbremse (→ § 8 C. II. 1.) *Lay* (Linke), Sten. Bericht der 119. Sitzung, 18.10.2019, BT-PlProt. 19/119, WoGStärkG, 14740B: „Das Wohngeld schafft keine einzige neue Wohnung. Das ist doch Ihr Argument, das Sie immer gegen den Mietendeckel anführen. Das muss an dieser Stelle eben auch gelten."

261 Gegenäußerung BReg, Anlage C RegE 1. BMG, BT-Drs. 2/1110, 144.

262 *Bartol* (SPD), Sten. Bericht der 158. Sitzung, 25.4.2008, BT-PlProt. 16/158, Wohngeldnovelle 2008, 16699B, verbunden mit der Forderung nach Mindestlöhnen. Mit dem Blick auf (korporatistischen) Arbeitskampf der Gewerkschaften schon *Mick* (CDU/CSU), Sten. Bericht der 145. Sitzung, 11.11.1964, BT-PlProt. 4/145, WoGG 1965, 7192A, mit Beifall bei der SPD. Andererseits in der Literatur *Felberg*, Wohngeld, 1972, S. 23, mit der Bezeichnung der Individualsubvention als „Zweite[r] Einkommensverteilung".

263 *Brecht* (SPD), Sten. Bericht der 117. Sitzung, 24.5.1960, BT-PlProt. 3/117, AbbauG, 6757C, D. Dies wird sekundiert durch Kritik in der Literatur, dass durch „direkte Unterstützung von Haushalten [...] Mietpreissteigerungen eher vorangetrieben werden", *Krapp*, APuZ 72:51/52 (2022), 10 (15); oder dass die Wohngesetzgebung

sprünglichen Zielsetzung im Abbaugesetz, dass mit dem Wohngeld eigentlich nur der Wohnraum für die Mieter gesichert und keine „Mietpreisgarantie für den Vermieter“[264] geschaffen werden sollte. Schon 1963 wurde in dieser Hinsicht kritisiert, dass die Mietbeihilfen „eine öffentliche Leistung an den Hausbesitzer auf dem Umwege über die Mieter“ darstellen.[265] Diese Kritik wird auch aktuell vorgetragen: Das Wohngeld sei „letztendlich eine Finanzierung der privaten Rendite der Vermieter“.[266] Keine der Kritiken hat jedoch zu grundlegenden Veränderungen des Wohngelds geführt. Daher müssen sie genannt, können aber nicht für die Gesetzgebung verallgemeinert werden.

„unabhängig von der Eingriffslogik vor allem auf die Ausstattung von Marktakteur:innen mit Geld“ setze, „um soziale Effekte zu erzielen“, *Landmesser/Metzkow*, in: Holm (Hrsg.), Wohnen, 2021, S. 172 (180); aktuell *Pestel*, Bauen und Wohnen 2024, 2024, S. 31; *Bleißmann*, Teure Sozialwohnungen: Staat zahlt zu viel, ZDF Heute v. 16.1.2024. Zugespitzt wird diese Kritik im Zuge der Diskussionen um das Berliner Immobilienbündnis (→ § 6 B. III.): auf Kritiken an einer Mieterhöhung antwortete der Immobilienkonzern Vonovia, dass diese doch nicht problematisch sei, da „die zuständige Sozialbehörde die neue Miete vollständig übernimmt“, *Erik Peter*, Vonovia bricht Bündnis-Zusage, Taz v. 17.8.2023.

264 Retrospektiv RegE 2. WoGG, BT-Drs. 6/1116, 30.

265 *Berger-Heise* (SPD), Sten. Bericht der 82. Sitzung, 27.6.1963, BT-PlProt. 4/82, Wohnbeihilfegesetz, 3998B. Umgekehrt daher *Expertenkommission zum Volksentscheid*, Vergesellschaftung großer Wohnungsunternehmen – Abschlussbericht, Berlin 2023, S. 47 Rn. 157: Entlastung der Haushalte durch geringere Subjektförderung infolge der Vergesellschaftung. Kritisch zur Frage, ob dies ein verfassungsrechtlich legitimes Ziel darstellt, die Sondervoten, ebd., S. 116 f.

266 Linksfraktion, in: Ausschussbericht und -empfehlung, WoGStärkG, BT-Drs. 19/14135, 14; *Lay* (Linke), Sten. Bericht der 119. Sitzung, 18.10.2019, BT-PlProt. 19/119, WoGStärkG, 14740A. In eine ähnliche Richtung gehen die Kritiken von Fraktion B90/Gr, in: Ausschussbericht und -empfehlung, Wohngeld-Plus-Gesetz, BT-Drs. 20/4356, 13; *Verlinden* (B90/Gr), Sten. Bericht der 60. Sitzung, 13.10.2022, BT-PlProt. 20/60, Wohngeld-Plus-Gesetz, 6677C, D; *Schröder* (B90/Gr), Sten. Bericht der 66. Sitzung, 10.11.2022, BT-PlProt. 20/66, Wohngeld-Plus-Gesetz, S. 7543D. Ähnlich sowie mit der Forderung nach mietrechtlicher Regulierung Linksfraktion, in: Ausschussbericht und -empfehlung, Wohngeld-Plus-Gesetz, BT-Drs. 20/4356, 13 f.; *Lay* (Linke), Sten. Bericht der 66. Sitzung, 10.11.2022, BT-PlProt. 20/66, Wohngeld-Plus-Gesetz, 7541A. Weiter *Egner*, APuZ 64:20/21 (2014), 13 (15); ähnlich *Schuldt*, Mietpreisbremse, 2017, S. 187 f.

3. Zusammenfassung: Wohngeld zur Absicherung des Wohnungsmarktes

Das Stichwort und politische Programm der Sozialen Marktwirtschaft spielte bei der Einführung des Wohngelds bzw. der Wohnbeihilfen eine herausragende Rolle. Das Wohngeld kann daher nicht ohne den marktwirtschaftlichen Kontext betrachtet werden – und macht die *Soziale* Wohnungsmarktwirtschaft als soziales Element überhaupt erst aus. Die ursprüngliche Idee, Kostensteigerungen auszugleichen, wurde später in anderen Kontexten wiederholt. Insgesamt änderte sich die funktionelle Ausrichtung des Wohngelds aber: Aus einem Instrument der Überführung in ein sozial-marktwirtschaftliches System wurde im Laufe der Zeit ein klassisches Instrument in der Sozialen Marktwirtschaft.[267] Während die *Soziale* Marktwirtschaft und das Wohngeld somit zunächst legitimierend angeführt wurden und als strategisches Narrativ zur Durchsetzung der Wohnungs*markt*wirtschaft dienten, hat sich das Wohngeld schrittweise normalisiert und die Bezugnahme abgenommen. Mit der Stabilisierung dieses Systems ging auch eine funktionale Neuausrichtung des Wohngelds einher. Gleichzeitig deuten die Verankerung als dauerhaftes Instrument sowie die verschiedenen Ausweitungen auf eine sozialstaatliche Normalisierung staatlicher Unterstützungsleistungen hin. Eine solche Ausgestaltung ist jedoch der Kritik des *Law and Political Economy*-Ansatzes ausgesetzt, der nach rechtlichen Strukturen fragt, die keine nachträgliche Umverteilung erfordern.[268] Trotz der sozialen Ausrichtung des Wohngelds ist daher im Sinne der polit-ökonomischen Kritik festzuhalten, dass auch mit der Sozialen Marktwirtschaft im Wohnungswesen die marktwirtschaftliche Basis als unabdingbar erachtet wird.[269]

---

267 *Gutzler*, in: Lilge/Gutzler, SGB I-Komm., 5. Aufl. 2019, § 7 Rn. 6: „Das Wohngeld ist die notwendige sozialrechtliche Ergänzung einer marktwirtschaftlich orientierten Wohnungsbaupolitik und bildet mit dieser zusammen die Alternative zur Wohnungszwangswirtschaft."

268 → § 5 A. I.

269 In diesem Sinne auch *Felberg*, Wohngeld, 1972, S. 17: „Sämtliche Formen der Individualsubvention haben nur in einer der Tendenz nach freien Wohnungswirtschaft einen Sinn."

III. Gesetzgeberische Annahmen III: Individualistische Ausrichtung des Wohngeldes

In der Neoklassik werden alle Betrachtungen auf die Individualebene zurückgeführt.[270] Das spiegelt das Wohngeld, das von einer individualistischen Ausrichtung geprägt ist. Ausdruck findet dies insbesondere in verschiedenen Schlagworten (1.). Ein komplexes, strukturelles Verständnis scheint lediglich an einzelnen Stellen durch, beispielsweise wenn in jüngeren Debatten Gentrifizierungstendenzen erwähnt werden (2.).

1. Individualprinzip und Zielgenauigkeit

Die Gesetzgebung geht davon aus, dass das Wohngeld durch das sogenannte Individualprinzip geprägt ist.[271] Die Bedeutung dieses Prinzips wird in den Gesetzesmaterialien vorausgesetzt und nicht weiter erläutert. Eine erste Annäherung auf Grundlage der Materialien legt aufgrund der Nennung im Gegensatz zur Objektförderung nahe, dass sich dahinter die Förderung von Individuen, also Menschen, entgegengesetzt zum Objekt der Wohnung, verbirgt.[272] Dies kann dadurch weiter konkretisiert werden, dass dabei die „einzelnen wirklich Leistungsschwachen“ adressiert werden.[273] Dazu lässt sich festhalten, dass das Wohngeld eine individuelle, auf das *einzelne* Individuum ausgerichtete Hilfe bei der Bezahlung des Mietpreises darstellt. Dies wird durch die Wirkung des Wohngelds im Einzelfall verstärkt: Anfangs wurde erwartet, dass Mieterhöhungen nur im Einzelfall ein Problem

---

270 → § 4 A. I., II.

271 RegE 2. WoGG, BT-Drs. 6/1116, 29; Ausschussbericht, 2. WoGG, BT-Drs. 6/1310, 2. Dazu *Felberg*, Wohngeld, 1972, S. 60 ff.

272 *Czaja* (CDU/CSU), Sten. Bericht der 82. Sitzung, 27.6.1963, BT-PlProt. 4/82, Wohnbeihilfegesetz, 4000C; *Hesberg* (CDU/CSU), ebd., 4011B.

273 *Hesberg* (CDU/CSU), Sten. Bericht der 82. Sitzung, 27.6.1963, BT-PlProt. 4/82, Wohnbeihilfegesetz, 4011B. Diese Bedeutung schwingt auch mit im Charakter des Wohngelds als „flexibles, schnelles und individuell wirksames Mittel der sozialen Wohnungspolitik“ bei *Möring* (CDU/CSU), Sten. Bericht der 156. Sitzung, 23.4.2020, BT-PlProt. 19/156, WoGCO_2BeprEntlG, 19354C; ähnlich *Möring* (CDU/CSU), Sten. Bericht der 108. Sitzung, 28.6.2019, BT-PlProt. 19/108, WoGStärkG, 13470B. Als „elastische[s] Instrument“ bei *Hesberg* (CDU/CSU), Sten. Bericht der 63. Sitzung, 8.3.1963, BT-PlProt. 4/63, Wohnbeihilfegesetz, 2919A, verbunden mit dem Stichwort der „Eigenverantwortung“ (ebd., 2920A).

darstellen würden.[274] Daher sollten mit dem Wohngeld nur „im Einzelfall notwendige soziale Korrekturen“[275] ermöglicht werden.

Auch wenn das Wohngeld sich mittlerweile normalisiert hat, wird es noch immer als besonders treffsicher[276] und zielgenau[277] verstanden. Mit seinem Wirkmechanismus korrespondiert weiterhin ein entsprechender Bedarf der Wohngeldempfängerinnen. Somit haben sich zwar die Begrifflichkeiten geändert, das Prinzip ist jedoch das gleiche geblieben: Während zunächst die Tragbarkeit der Miete ein entscheidendes Kriterium war (§ 73 Abs. 1 2. WoBauG), wurde diese durch die sogenannte Mietzahlungsfähigkeit[278] abgelöst, die mit der Zahlungsfähigkeit einen Kernbegriff der Neoklassik enthält.

Die Tragbarkeit bzw. Mietzahlungsfähigkeit werden mithilfe verschiedener Kriterien und Rechenoperationen ermittelt (Miethöhe, Wohnfläche, Haushaltsgröße, Wohnkostenbelastung, Einkommenshöhe, regionales Mietniveau, feste Obergrenzen und teilweise auch Ausstattung der Woh-

274 BM *Preusker*, Sten. Bericht der 67. Sitzung, 18.2.1955, BT-PlProt. 2/67, 1. BMG, 3434B. Diese Einzelfälle sollten jedoch nicht verallgemeinert werden, BM *Lücke*, Sten. Bericht der 145. Sitzung, 11.11.1964, BT-PlProt. 4/145, WoGG 1965, 7187C.

275 BM *Lücke*, Sten. Bericht der 90. Sitzung, 12.11.1959, BT-PlProt. 3/90, AbbauG, 4884A.

276 RegE WoGStärkG, BT-Drs. 19/10816, 1, 67; Ausschussbericht und -empfehlung, WoGStärkG, BT-Drs. 19/14135, 1; GesE SPD, B90/Gr und FDP, Wohngeld-Plus-Gesetz, BT-Drs. 20/3936, 1, 63; *Föst* (FDP), Sten. Bericht der 108. Sitzung, 28.6.2019, BT-PlProt. 19/108, WoGStärkG, 13467D; *Vogel* (CDU/CSU), Sten. Bericht der 119. Sitzung, 18.10.2019, BT-PlProt. 19/119, WoGStärkG, 14746B; siehe insb. auch *Nolte*, Nachfrage- und Angebotswirkungen des Wohngeldes, 1997, S. 19 f.

277 SPD-Fraktion, in: Ausschussbericht und -empfehlung, Wohngeld-Plus-Gesetz, BT-Drs. 20/4356, 12; *Föst* (FDP), Sten. Bericht der 60. Sitzung, 13.10.2022, BT-PlProt. 20/60, Wohngeld-Plus-Gesetz, 6680B; *Nickholz* (SPD), ebd., 6687C; zuvor schon *Föst* (FDP), Sten. Bericht der 119. Sitzung, 18.10.2019, BT-PlProt. 19/119, WoGStärkG, 14738C. Wohngeld als „zielgerichtetes Instrument“ (*Zeulner* [CDU/CSU], Sten. Bericht der 108. Sitzung, 28.6.2019, BT-PlProt. 19/108, WoGStärkG, 13472B); „zielgerichtet“ bzw. das Wohngeld als „eine der zielgenauesten staatlichen Unterstützungsleistungen überhaupt“ auch bei BM *Geywitz*, Sten. Bericht der 60. Sitzung, 13.10.2022, BT-PlProt. 20/60, Wohngeld-Plus-Gesetz, 6674D, 6675B; „zielgerecht“ (*Nickholz* [SPD], Sten. Bericht der 66. Sitzung, 10.11.2022, BT-PlProt. 20/66, Wohngeld-Plus-Gesetz, 7534D).

278 *Bundesregierung*, Vierter Bericht über die Wohnungs- und Immobilienwirtschaft in Deutschland und Wohngeld- und Mietenbericht 2020 v. 2.7.2021, BT-Drs. 19/31570, 98; sowie die vorherigen Berichte. Siehe auch *Löcher*, in: Löcher (Hrsg.), Grundsicherung, 2012, S. 228; zur Nähe von Mietzahlungsfähigkeit und wohnungsmarktpolitischem Charakter des Wohngelds siehe *BBSR*, Wohngeldreform 2016, 2016, 4.

nung)[279] und drücken eine gesetzgeberische Wertung aus.[280] Zwischenzeitlich wurden diese Voraussetzungen auch als „Sicherungsmaßnahmen"[281] stilisiert. Dabei ist über die verschiedenen Wohngeldgesetze hinweg stets vorgesehen, dass Mieterinnen einen gewissen Eigenanteil tragen. Dies wird unter dem sozial-marktwirtschaftlichen Stichwort der Eigenverantwortung als zumutbar erachtet.[282] Zudem entspreche es „der für die Bundesrepublik gültigen, angestrebten Wirtschafts- und Gesellschaftsordnung", dass Bürger grundsätzlich selbst für ihre eigene und für die wohnliche Unterbringung ihrer Angehörigen verantwortlich sind.[283] Gleichzeitig spiegelt der Eigenanteil die gesetzgeberische Einordnung, dass es sich beim Wohngeld gerade nicht um eine Fürsorgeleistung handelt.[284]

Einen systemischen Bruch mit dieser auf den Einzelfall und das Individuum zielgenau ausgerichteten Konzeption stellte das Wohngeldsondergesetz dar. Es sah pauschale Wohngeldansprüche und formlosere Antragsverfahren vor. Hintergrund war jedoch die „einmalige, auf andere Weise nicht zu meisternde Situation" nach der Wende, wonach angesichts „sprunghaft gestiegener Wohnkosten" das „dringend benötigte Wohngeld in vereinfachtem Verfahren frühestmöglich zu bewilligen und auszuzahlen" war.[285] Das starke soziale Interesse bei der Überführung in die bundesrepublikanische Marktwirtschaft ließ es „sachgerechter" erscheinen, ausnahmsweise „nicht in dem Ausmaß zielgenau und sozialadäquat" vorzugehen wie normalerweise und „Millionen von Haushalten eine unzumutbar lange Zeit auf eine bisher als besonders treffsicher anerkannte Sozialleistung warten zu lassen."[286] Vor diesem Hintergrund bestätigt die Ausnahme die Regel.

279 Diese Differenzierung bspw. in § 8 Abs. 1 WoGG in der Fassung v. 24.9.2008.

280 *Paschke*, Dauerschuldverhältnis Wohnraummiete, 1991, S. 537.

281 GesE CDU/CSU und FDP, Wohnbeihilfegesetz, BT-Drs. 4/971, 13; Ausschussbericht *Berger-Heise*, Wohnbeihilfegsetz, zu BT-Drs. 4/1335, 2.

282 RegE AbbauG, BT-Drs 3/1234, 76; → § 6 B. III.

283 *Hesberg* (CDU/CSU), Sten. Bericht der 63. Sitzung, 8.3.1963, BT-PlProt. 4/63, Wohnbeihilfegesetz, 2919A, „Eigenverantwortung" als Stichwort (ebd., 2920A). Entsprechend auch in der Literatur die Prinzipien von Solidarität und Subsidiarität, bspw. *Felberg*, Wohngeld, 1972, S. 56 ff.; *H. K. Schneider/Schuppener*, Soziale Absicherung der Wohnungsmarktwirtschaft durch Individualsubventionen, 1971, S. 5 ff.; *H. K. Schneider/Kornemann*, Soziale Wohnungsmarktwirtschaft, 1977, S. 121; *H. K. Schneider/Deichmann*, Der Weg zur sozialen Wohnungsmarktwirtschaft, 1984, S. 21.

284 Schon RegE AbbauG, BT-Drs 3/1234, 76, 77. Damit soll verhindert werden, dass Personen „*lediglich* infolge der Mieterhöhung fürsorgerechtlich hilfsbedürftig" werden, indem sie statt Fürsorgeleistungen Mietbeihilfen erhalten (Herv. i.O.).

285 Ausschussbericht und -empfehlung, Wohngeldsondergesetz, BT-Drs. 12/495, 25.

286 Ausschussbericht und -empfehlung, Wohngeldsondergesetz, BT-Drs. 12/495, 25.

2. Zaghafte strukturelle Entwicklungstrends

Substanziell werden die Grenzen des individuellen Zugriffs der Wohngeldkonzeption lediglich in jüngerer Zeit und mit dem Aufkommen der Konzepte der Segregation und Gentrifizierung berührt. Auch mittels Wohngeldzahlungen soll nun die „Erhaltung und Schaffung stabiler Bewohnerstrukturen“ erreicht und die „wohnungspolitisch unerwünschte Spaltung des Wohnungsmarktes“[287] vermieden bzw. „eine Abwärtsspirale einzelner Stadtteile“[288] verhindert werden. Dennoch bleibt die Zielgenauigkeit des Instruments sein maßgeblicher Ausgangspunkt: Das Wohngeld soll den konkret unterstützten Mieterinnen ermöglichen, ihre Wohnung zu behalten und nicht in andere, günstigere Viertel umziehen zu müssen.[289] Dem sind die Argumentation und Wortwahl im Zuge der Einführung der CO_2-Komponente sehr ähnlich:

„Die Einführung einer CO_2-Komponente im Wohngeld kommt gezielt einkommensschwachen Haushalten zugute, indem diese bei den Heizkosten entlastet werden. Durch Wohngeld sind die begünstigten Haushalte nicht nur auf ein ganz besonders mietgünstiges und deshalb enges Wohnungsmarktsegment beschränkt. Dies unterstützt die Erhaltung und Schaffung stabiler Bewohnerstrukturen in den Wohnquartieren und vermeidet eine unerwünschte Spaltung des Wohnungsmarktes.“[290]

Dieser durchaus positiv gemeinten Selbsteinschätzung steht jedoch die Kritik gegenüber, dass das Instrument „das Mieter-Vermieter-Dilemma

287 RegE WoGStärkG, BT-Drs. 19/10816, 67, 73. Wiederholt im GesE SPD, B90/Gr und FDP, Wohngeld-Plus-Gesetz, BT-Drs. 20/3936, 63, 68. Ebenfalls zur Verdrängung aus angestammten Vierteln und an den Stadtrand *Föst* (FDP), Sten. Bericht der 108. Sitzung, 28.6.2019, BT-PlProt. 19/108, WoGStärkG, 13467D.

288 *Bartol* (SPD), Sten. Bericht der 158 Sitzung, 25.4.2008, BT-PlProt. 16/158, Wohngeldnovelle 2008, 16698C, D.

289 Nur vereinzelt wird der treibende Gedanke des Wohngelds sogar umdefiniert: „Wir wollen sozial gemischte Kieze. Das Wohngeld wurde eingeführt, um zu ermöglichen, dass sich Menschen mit niedrigem Einkommen auf dem freien Wohnungsmarkt eine Wohnung leisten können und da wohnen, wo sie es wollen. Das ist die Idee des Wohngeldes, und die gilt noch immer, auch wenn wir jetzt zu Recht viel über Entlastungen und die Folgen von Putins Angriffskrieg diskutiert haben, die zu steigenden Energiepreisen und anderen Preisexplosionen führen. Also, beim Wohngeld geht es darum, dass wir sozial gemischte Kieze erhalten.“, *Steinmüller* (B90/Gr), Sten. Bericht der 60. Sitzung, 13.10.2022, BT-PlProt. 20/60, Wohngeld-Plus-Gesetz, 6684C.

290 RegE $WoGCO_2BeprEntlG$, BT-Drs. 19/17588, 12 f.

nicht auflöse."[291] Das Dilemma besteht demnach darin, dass die Vermieterin klimaschützende Investitionen tätigen müsste, diese aber zuvorderst den Mieterinnen nutzten. Dies behindert im Sinne ökonomischer Rationalität die Investitionen. Obwohl also das Kernargument des Dilemmas auf ökonomischen Nutzen und Anreize abzielt, scheint in der gesetzgeberischen Fassung des Problems ein Verständnis für soziale Strukturen und deren Komplexität durch.

IV. Gesetzgeberische Annahmen IV: Wohngeld im Bedeutungszusammenhang mit Eigentum und Familie

Ökonomisches Wissen existiert nicht unabhängig von anderen gesellschaftspolitischen Vorstellungen, sondern ist eng mit ihnen verbunden.[292] Dies zeigt sich auch mit Blick auf das Wohngeld: Als „ein wesentliches Stück unserer Gesellschafts-, Familien- und Sozialpolitik"[293] werden hierüber auch verschiedene weitere Vorstellungen und Wertungen der Gesetzgebung transportiert. Insbesondere die klassischen Themen der Eigentumsbildung (1.) und verschiedene, sich wandelnde Familienvorstellungen (2.) schlagen sich in den Materialien nieder.[294]

291 FDP-Fraktion, in: Ausschussbericht und -empfehlung, WoGCO$_2$BeprEntlG, BT-Drs. 19/18755, 8.

292 Vgl. → § 4 B. IV.; § 5 B. III. 2.; § 6 B. IV.

293 *Dittrich* (CDU/CSU), Sten. Bericht der 163. Sitzung, 12.2.1965, BT-PlProt. 4/163, WoGG 1965, 8026D. Der „gesellschaftspolitische Gesetzeszweck", jedem Bürger angemessenen Wohnraum zu sichern, wird auch betont im RegE 2. WoGG, BT-Drs. 6/1116, 29; Ausschussbericht, 2. WoGG, BT-Drs. 6/1310, 2.

294 Zu energie- und klimapolitischen Fragen siehe oben → § 7 C. II. 2. b. Es werden selbstverständlich auch weitere Themen am Rande erwähnt. Diese entfalten jedoch für die Analyse keine Relevanz, weil sie nicht breit geteilt werden oder nur vereinzelt vorkommen. Hierunter fällt die wiederholte Verbindung des Wohngelds mit Fragen von Flucht und Migration bzw. solchen des Aufenthaltsrechts durch die AfD-Fraktion, bspw. AfD-Fraktion, in: Ausschussbericht und -empfehlung, WoGStärkG, BT-Drs. 19/14135, 14; *Hemmelgarn* (AfD), Sten. Bericht der 108. Sitzung, 28.6.2019, BT-PlProt. 19/108, WoGStärkG, 13459B, D, 13460A; *Hemmelgarn* (AfD), Sten. Bericht der 119. Sitzung, 18.10.2019, BT-PlProt. 19/119, WoGStärkG, 14736A; *Beckamp* (AfD), Sten. Bericht der 60. Sitzung, 13.10.2022, BT-PlProt. 20/60, Wohngeld-Plus-Gesetz, 6679D, jeweils mit Widerspruch.

I. Der Lastenzuschuss als Ausdruck sozial-marktwirtschaftlicher Eigentumspolitik

Die Ausgestaltung des Wohngelds als Miet- und auch *Lasten*zuschuss zeigt den offensichtlichen Bezug zum Wohneigentum bereits im Instrument selbst auf: Mit dem Lastenzuschuss erhalten Eigentümerinnen Zuschüsse zu ihren Kosten für den Kapitaldienst oder die Bewirtschaftung des von ihnen genutzten Wohnraums (§ 10 Abs. 1 WoGG). Diese Ausrichtung galt jedoch nicht von Beginn an: Mit dem Ersten Bundesmietengesetz wurden noch lediglich Härten infolge von Mieterhöhungen ausgeglichen. Doch schon mit dem Zweiten Wohnungsbaugesetz wurden auch Lastenbeihilfen in das Beihilfesystem integriert. Explizites Ziel des Gesetzes war, „weite Kreise des Volkes durch Bildung von Einzeleigentum, besonders in der Form von Familienheimen, mit dem Grund und Boden zu verbinden" (§ 1 Abs. 2 2. WoBauG).[295] Diese gesetzliche Zielsetzung entspricht der ordoliberalen Tradition, die Wohneigentumsbildung „als vorbeugendes Mittel zur ‚Entproletarisierung'", zur Krisenabsicherung und als ideologisch bedeutsam verstand.[296]

Mit dem Abbaugesetz verlor die Lastenbeihilfe zunächst etwas an Bedeutung: Sie war gem. § 10 Abs. 1 des Gesetzes über die Gewährung von Miet- und Lastenbeihilfen nur noch bei Schicksalsschlägen (Tod oder Arbeitsunfähigkeit) vorgesehen. Selbst dies wurde im Zuge des Gesetzgebungsverfahrens seitens des Bundesrats kritisiert: Aufgrund des fehlenden Zusammenhangs von Liberalisierung und Lastenbeihilfe wurde die gänzliche Streichung der Lastenbeihilfe und Umbenennung des Gesetzes in „Gesetz über die Gewährung von Mietbeihilfen" vorgeschlagen.[297] Demgegenüber

---

295 Anders noch im RegE 2. WoBauG, BT-Drs. 2/601, 19, der „in dem Bestreben, den Wohnungsbau in organisch fortschreitender Entwicklung der Marktwirtschaft einzugliedern, die Initiative und Eigenverantwortung der Bauherren stärken und ein System von wirksamen Anreizen für eine Stärkung des Sparwillens der eigenheimsuchenden Kreise schaffen" wollte. Weiter heißt es dort: „Am Anfang der Verwurzelung weiter Kreise unseres Volkes mit dem heimatlichen Boden sollte nach Auffassung der Bundesregierung nicht staatlicher Zwang stehen, sondern vielmehr der Wille des einzelnen zum eigenen Heim für seine Familie und seine darauf gerichtete Sparleistung."

296 Hierzu bereits im Kontext der Sozialen Marktwirtschaft → § 6 B. IV.; insb. *Biebricher/Ptak*, Soziale Marktwirtschaft und Ordoliberalismus, 2020, S. 64 f. Zum Kontext des Kalten Kriegs später ausdrücklich BM *Lücke*, BBauBl 1963, 110. Siehe ebenfalls sogleich im Zuge der familienpolitischen Erwägungen → § 7 C. IV. 2.

297 Stellungnahme BR, AbbauG, BR-Drs. 188/59(B), 36, 46.

verwies die Bundesregierung auf die „staatspolitischen Gründe“, aufgrund derer die Erhaltung des Eigentums ein „besonders wichtiges Anliegen der Bundesregierung“ sei.[298] Über Lastenbeihilfen sollte wie bei Mietwohnungen der Besitz wirtschaftlich gesichert werden, zumal das Eigentum „oft unter großen Opfern“ geschaffen wurde.[299] Nur konsequent wurden die Wohnbeihilfen bereits mit dem Wohngeldgesetz 1965 wieder insofern vereinheitlicht, als dass auch beim Lastenzuschuss nicht mehr verlangt wurde, „daß sich das Familieneinkommen durch Tod, durch Beschränkung der Erwerbsfähigkeit oder durch unverschuldete Arbeitslosigkeit wesentlich verringert hat.“[300] Mit dieser Angleichung wurde die Wohneigentumsförderung – bei begrenzten Wohnflächen pro Person – stabilisiert.

2. Verhandlung von Familienvorstellungen im Wohngeld

Die Eigentumsförderung ist eng mit familienpolitischen Motiven verbunden, was sich insbesondere in den Debatten zum Wohngeld widerspiegelt.[301] Ganz ausdrücklich wird dies in einer Plenaräußerung des damaligen Bundesbauministers *Lücke*, der die Verbindung der Familien mit Grund und Boden als Lösung dafür ansieht, „sie krisenfest und immun gegen das zerstörerische Gift der kommunistischen Unheilslehre zu machen.“[302] Es lässt sich folglich nicht nur das Eigentum, sondern auch speziell das Wohneigentum der Familie im ideologischen Wettbewerb des Kalten Krieges verorten.[303]

Doch auch abgesehen hiervon sind familienpolitische Vorstellungen in den Wohngelddebatten und -gesetzen präsent. Die Bezugnahme auf die Familie erfüllt dabei verschiedene Funktionen: Zum einen bedeutet sie schlicht eine Orientierung an der gesellschaftlichen Realität, wonach besonders viele Familien Wohngeld empfangen. Zum anderen werden in der

298 Gegenäußerung BReg, Anlage 3 RegE AbbauG, BT-Drs. 3/1234, 110.

299 RegE AbbauG, BT-Drs 3/1234, 77.

300 Ausschussbericht *Berger-Heise*, WoGG 1965, zu BT-Drs. 4/3018, 2.

301 Vgl. bspw. die Funktion des Familienlastenausgleichs, *Gutzler*, in: Lilge/Gutzler, SGB I-Komm., 5. Aufl. 2019, § 7 Rn. 6; *Palsherm*, in: jurisPK-SGB I, 4. Aufl. 2024, § 7 Rn. 8.

302 BM *Lücke*, Sten. Bericht der 90. Sitzung, 12.11.1959, BT-PlProt. 3/90, AbbauG, 4884C.

303 Ausdrücklich auch: Dass sich Familien ihre Wohnräume nicht mehr leisten können, „kann sich die Bundesrepublik in ihrer politischen Lage zwischen Ost und West überhaupt nicht leisten“, BM *Lücke*, Sten. Bericht der 90. Sitzung, 12.11.1959, BT-PlProt. 3/90, AbbauG, 4884B.

Gesetzgebung veränderte gesellschaftliche Vorstellungen nachvollzogen. Durch den Bezug zu gesellschaftlichen Realitäten und Veränderungen wird das Wohngeld legitimiert.

Besonders prominent ist das „Familienprinzip“[304] in den gesetzgeberischen Zweckbestimmungen, die über lange Zeit hinweg nicht ohne einen expliziten Bezug auskommen.[305] Hervorgehoben werden in diesem Sinne die „große familien- und gesellschaftspolitische Bedeutung“[306] des Wohngelds und die wichtige Zielsetzung des familiengerechten Wohnens.[307] Des Weiteren werden Familien wiederholt unter den weiteren Empfängergruppen hervorgehoben[308] und etwa die Reduzierung der Tragbarkeitssätze explizit vor dem Hintergrund der Belastungen für ganz große Familien und kleinere Familien mit mittleren Einkommen begründet.[309] Der besondere Unterstützungsbedarf kinderreicher Familien wurde dabei unter anderem mit der negativen Haltung von Vermietern ihnen gegenüber be-

---

304 *Felberg*, Wohngeld, 1972, S. 62 ff.

305 § 1 Abs. 1 S. 1 Gesetz über die Gewährung von Miet- und Lastenbeihilfen: „Um jeder Familie wirtschaftlich ein Mindestmaß an Wohnraum zu sichern […]“; § 1 S. 1 2. WoGG: „Zur wirtschaftlichen Sicherung angemessenen und familiengerechten Wohnens […]“; zur Zweckänderung auch *Frerich/M. Frey*, Handbuch der Geschichte der Sozialpolitik Bd. 3, 2. Aufl. 1996, S. 136. Aktuell lautet § 1 WoGG knapp: „Das Wohngeld dient der wirtschaftlichen Sicherung angemessenen und familiengerechten Wohnens.“

306 BM *Lücke*, Sten. Bericht der 163. Sitzung, 12.2.1965, BT-PlProt. 4/163, WoGG 1965, 8032C.

307 Bspw. *Hesberg* (CDU/CSU), Sten. Bericht der 63. Sitzung, 8.3.1963, BT-PlProt. 4/63, Wohnbeihilfegesetz, 2919C; *Berger-Heise* (SPD), Sten. Bericht der 82. Sitzung, 27.6.1963, BT-PlProt. 4/82, Wohnbeihilfegesetz, 3996D; BM *Lücke*, ebd., 4010D; *Hesberg* (CDU/CSU), ebd., 4011D, 4012B.

308 BM *Lücke*, Sten. Bericht der 163. Sitzung, 12.2.1965, BT-PlProt. 4/163, WoGG 1965, 8032C; Ausschussbericht, 2. WoGG, BT-Drs. 6/1310, 2; RegE 2. WoGG, BT-Drs. 6/1116, 29, wobei auch Rentner und Pensionäre erwähnt werden; ähnlich RegE WoGCO_2BeprEntlG, BT-Drs. 19/17588, 13, ebenfalls mit Erwähnung der Rentnerhaushalte; zusätzlich noch Alleinerziehende betont u.a. *Bernhardt* (MV), Sten. Bericht der 1028. Sitzung, 25.11.2022, BR-PlProt. 1028/22, Wohngeld-Plus-Gesetz, 474 f.; BM *Geywitz*, Sten. Bericht der 60. Sitzung, 13.10.2022, BT-PlProt. 20/60, Wohngeld-Plus-Gesetz, 6675B, C; *Schröder* (B90/Gr), Sten. Bericht der 66. Sitzung, 24.9.2022, BT-PlProt. 20/66, Wohngeld-Plus-Gesetz, 7543B; Fraktion B90/Gr, in: Ausschussbericht und -empfehlung, Wohngeld-Plus-Gesetz, BT-Drs. 20/4356, 12; *Lauritzen* (SPD), Sten. Bericht der 64. Sitzung, 16.9.1970, BT-PlProt. 6/64, 2. WoGG, 3596B.

309 Ausschussbericht *Berger-Heise*, WoGG 1965, zu BT-Drs. 4/3018, 3.

gründet.[310] Da dies nicht dazu führen sollte, dass den Familien wie in Zeiten der Wohnraumbewirtschaftung Wohnungen zugewiesen würden, sollten die Vermieterinnen mithilfe des Wohngelds gewissermaßen finanziell überzeugt werden: Indem die Familien mithilfe der Mietbeihilfen in die Lage versetzt wurden, größere Wohnungen zu bezahlen, sollten die Hausbesitzer diese Familien „freiwillig aufnehmen".[311] Durch diese Befähigung zur Marktteilnahme trotz Diskriminierung wird implizit das Marktprimat gestützt.[312]

Obwohl sich die Hervorhebung des familiengerechten Wohnens bis heute in der gesetzlichen Zweckbestimmung findet, lässt sich doch ein ‚familienpolitisches Update' in verschiedenen Wohngeldnormen und -debatten feststellen.[313] Der bisher maßgebliche Bezugsrahmen der „Familienmitglieder" (§ 4 WoGG a.F.) wurde 2008 durch den der „Haushaltsmitglieder" (dazu nun Teil 2, Kap. 2, insb. § 5 WoGG n.F.) ersetzt.[314] Haushaltsmitglied werden Personen dabei über die Zuordnung des Wohnraums als „Mittelpunkt ihrer Lebensbeziehungen" (§ 5 Abs. 1 S. 1 WoGG n.F.). Dies umfasst nicht nur Familienmitglieder, sondern auch solche Personen, die mit einem anderen Haushaltsmitglied so zusammenleben, „dass nach verständiger Würdigung der wechselseitige Wille anzunehmen ist, Verantwortung füreinander zu tragen und füreinander einzustehen" (§ 5 Abs. 1 S. 2 Nr. 3 WoGG n.F.).[315] Mit der Änderung „soll zum einen den geänderten Lebensverhältnissen in der Gesellschaft Rechnung getragen und unter anderem auch für eheähnliche und gleichgeschlechtliche Lebensgemeinschaften eine

310 BM *Lücke*, Sten. Bericht der 90. Sitzung, 12.11.1959, BT-PlProt. 3/90, AbbauG, 4884C; zum Kontext *Häring*, Interventionen im Wohnsektor, 1974, S. 189 ff.

311 BM *Lücke*, Sten. Bericht der 117. Sitzung, 24.5.1960, BT-PlProt. 3/117, AbbauG, 6724D.

312 Ähnlich das Ziel im RegE 2. WoGG, BT-Drs. 6/1116, 29; Ausschussbericht, 2. WoGG, BT-Drs. 6/1310, 2: Jede Familie und alle Bürgerinnen sollen „eine angemessene Wohnung frei wählen" können.

313 Siehe für die Formulierung der „Aktualisierung diverser Bereiche und Begrifflichkeiten an eine veränderte gesellschaftspolitische Realität" *Bartol* (SPD), Sten. Bericht der 118. Sitzung, 11.10.2007, BT-PlProt. 16/118, Wohngeldnovelle 2008, 12345B.

314 Zusammengefasst als „Fortentwicklung des wohngeldrechtlichen Haushaltsbegriffs, in den alle Mitglieder einer Wohn- und Wirtschaftsgemeinschaft nach dem Mittelpunkt ihrer Lebensbeziehungen einbezogen werden", RegE Wohngeldnovelle 2008, BT-Drs. 16/6543, 84. Zur aktuellen Rechtslage *Hinrichs*, ZMR 2020, 919.

315 Vgl. auch die weiteren Voraussetzungen und Definitionen in § 5 Abs. 1 S. 2 a.E., Abs. 2, 3 und 4. Eingefügt nach dem Zweiten Ausschussbericht und -empfehlung, Wohngeldnovelle 2008, BT-Drs. 16/8918, 8.

gemeinsame Wohngeldberechnung durchgeführt werden."[316] Gleichzeitig steigt hiermit die Bedeutung der aus dem Miet- und Verfassungsrecht bekannten Formulierung der Wohnung als Lebensmittelpunkt:[317] Während sie bisher als Brücke fungierte, um vorübergehend abwesende Familienmitglieder als Teil des Familienhaushalts zu begreifen, ist sie nun für alle Haushaltsmitglieder konstitutiver Ausgangspunkt der Haushaltsgemeinschaft. Da jede Person begrifflich nur einen Lebensmittelpunkt haben kann, soll so die Zuordnung zu einem Haushalt vereinfacht werden.[318] Somit weist die Formulierung im Wohngeldbereich eine von der herkömmlichen Verwendung abweichende Funktion auf, da es nicht um eine erhöhte Schutzbedürftigkeit, sondern ein Zuordnungskriterium geht.

Ebenfalls Ausdruck der Modernisierung des Familienverständnisses ist die Neubestimmung der Wohngeldberechtigung, wenn mehrere Familien- bzw. Haushaltsmitglieder als Wohngeldberechtigte in Betracht kommen: Während zuvor der „Haushaltsvorstand" antragsberechtigt war und hiermit das Familienmitglied gemeint war, „das im Zeitpunkt der Antragsstellung den größten Teil der Unterhaltskosten für die zum Haushalt rechnenden Familienmitglieder trägt" (§ 3 Abs. 5 a.F.), wurde 2008 bestimmt, dass die betreffende Person durch die Berechtigten bestimmt wird (§ 3 Abs. 3 n.F.). Diese Änderung wird unter der Überschrift der „Gleichstellungspolitische[n] Relevanzprüfung" verhandelt, wenngleich ausweislich der Regierungsbegründung selbstverständlich „bei unvoreingenommener Betrachtungsweise Frauen und Männer in gleicher Weise" Haushaltsvorstand sein können.[319] Die weiteren Ausführungen lassen jedoch schließen, dass die Streichung nicht lediglich der klarstellenden Vermeidung von Missverständnissen,[320] sondern auch der Anpassung an gesellschaftspolitische Vorstellungen und Realitäten diente.[321] Insgesamt lässt sich somit ein

---

316 RegE Wohngeldnovelle 2008, BT-Drs. 16/6543, 90.

317 Zur erstmaligen Erwähnung der Formulierung von der „Wohnung als Mittelpunkt der menschlichen Existenz" und zur Entwicklung als gefestigtem Terminus zwischen Berlin und Karlsruhe siehe → § 8 C. IV. 1. Der RegE Wohngeldnovelle 2008, BT-Drs. 16/6543, 90, verweist auf die Verwendung in bspw. § 5 Abs. 1 BAföG, § 27 WoFG und § 9 Abs. 2 S. 6 EStG.

318 RegE Wohngeldnovelle 2008, BT-Drs. 16/6543, 90.

319 RegE Wohngeldnovelle 2008, BT-Drs. 16/6543, 86.

320 So RegE Wohngeldnovelle 2008, BT-Drs. 16/6543, 86.

321 RegE Wohngeldnovelle 2008, BT-Drs. 16/6543, 88 f.: „Die Festlegung des gesellschaftlich überholten, gleichstellungspolitisch missverständlichen und verwaltungspraktisch entbehrlichen Haushaltsvorstandes als antragstellende Person entfällt damit." Für die Orientierung an den Wohnwirklichkeiten im Zuge der Diskus-

modernisiertes Haushaltsverständnis im Wohngeldgesetz feststellen, von dem nicht mehr primär die Familie als traditionell patriarchal organisierte Einheit, sondern neue Formen des verantwortungsvollen, gemeinschaftlich bestimmten Zusammenlebens erfasst werden. Diese Neuerungen können als Anpassung der gesetzlichen Grundlagen an die Realität verstanden werden und machen im Sinne dieser Analyse deutlich, dass Wohngesetzgebung nicht isoliert von gesellschaftlichen Verständnissen von Familie und Zusammenleben passiert. Inwiefern sie aber tatsächlich von gesellschaftspolitischen und nicht finanziellen Erwägungen vorangetrieben wurden, lässt sich nicht feststellen.[322]

D. Zusammenfassung: Die Bedeutung des Wohngelds für die Soziale Marktwirtschaft

Das Wohngeld ist ein für die bundesrepublikanische Wohngesetzgebung paradigmatisches und richtungsweisendes Instrument. Es wurde insbesondere im Zuge seiner Einführung diskutiert und mit Bedeutung aufgeladen. Dabei erfolgte eine offensive affirmative Bezugnahme auf die Gedanken der Sozialen Marktwirtschaft unter gleichzeitiger Abwertung der bisherigen Konzeption als ‚Zwangswirtschaft'.[323] Die Beihilfen stellten dabei ein zwingendes sozialpolitisches Junktim für die Mietpreissteigerungen im Zuge der Preisfreigabe dar, die hiermit materiell wie diskursiv erkauft wurden.[324] Einerseits wird mit dem Wohngeld also die Soziale Marktwirtschaft als politisches Programm verfolgt; andererseits diente und dient das Wohngeld auch andersherum der Legitimierung und Durchsetzung der Marktwirtschaft.

---

sion über die Kriterien der Familien-, Verantwortungs- und Einstehensgemeinschaft, vgl. zweiter Ausschussbericht und -empfehlung, Wohngeldnovelle 2008, BT-Drs. 16/8918, 48, m.V.a. BVerwG, Urteil v. 21.05.1980 – 8 C 38/79 – (zur Behandlung einer eheähnlichen Gemeinschaft im Wohngeldrecht; die Behandlung wie eine Ehe bedarf gem. dem 2. Leitsatz einer gesetzlichen Regelung), und BVerfG, Urteil v. 17.11.1992 – 1 BvL 8/87 (mit dem Kriterium der Verantwortungs- und Einstehensgemeinschaft in Leitsatz 3). So sind ausweislich des Ausschussberichts beispielsweise Studierenden-WGs „nicht von einer hinreichend belastbaren Solidaritätsverpflichtung getragen". Siehe auch *Storjohann* (CDU/CSU), Sten. Bericht der 158. Sitzung, 25.4.2008, BT-PlProt. 16/158, Wohngeldnovelle 2008, 16695C, D.

322 Die Anpassung ist auch aus fiskalischer Sicht sinnvoll, da nicht verheiratete Paare somit als Wirtschafts- und Verantwortungsgemeinschaft erfasst werden und Wohngeldansprüche entfallen (können).

323 → § 7 C. II. 1.

324 → § 7 C. II. 1.

Diese ab Ende der 1950er vorgenommene Weichenstellung, nach der das Wohngeld ein wichtiger Baustein sozialer Absicherung in der Wohnungsmarktwirtschaft darstellt, erscheint heutzutage selbstverständlich. Mittlerweile ist die staatliche Absicherung bei hohen Mieten wohnungswirtschaftliche Normalität.[325] Dabei ist der große gesetzgeberische Konsens über die hohe Bedeutung des Wohngelds sicherlich auch auf dessen distributiven Charakter zurückzuführen.[326] Dies führt dazu, dass das Wohngeld wenig grundlegend diskutiert wird. Eine Ausnahme hiervon, die wiederum den sozial-marktwirtschaftlichen Charakter des Wohngelds aktualisiert, stellt die nachgeholte Einführung des Wohngelds in den neuen Bundesländern ab 1991 dar. In diesem Zuge wurde die ursprüngliche ökonomische Intention wiederholt, Mietpreissteigerungen im Zuge der Einführung der Wohnungsmarktwirtschaft aufzufangen. Indem zu diesem Zeitpunkt sowie auch später bei der Einführung von Energie- und Klimakomponenten ähnliche Modi und Begründungsmuster gewählt werden, wird deutlich, wie normalisiert die Kombination marktwirtschaftlicher Zuteilung und sozialer Zuschüsse mittlerweile ist.

Dadurch, dass das Wohngeld vor allem unter dem Stichwort der Sozialen Marktwirtschaft verhandelt wird und dabei deren soziale Seite repräsentiert, erfahren die neoklassischen Stichworte des Marktprimats, der ökonomischen Effizienz und Renditeanreize kaum ausdrückliche Erwähnung. Sie sind jedoch allesamt zentral für das gesetzgeberische Verständnis. Denn den Grund für die Einführung des Wohngelds waren schließlich die Mietpreisfreigaben der 1950er und 1960er Jahre, mithin eine marktwirtschaftliche Weichenstellung. Der hierbei zentrale Topos der Wirtschaftlichkeit des Hausbesitzes greift das gesetzgeberische Verständnis marktwirtschaftlicher Renditen auf.[327] Eine erstaunlich geringe Rolle spielen demgegenüber Argumentationen, die die Marktkonformität des Wohngelds betonen. Während dieses Stichwort im Schrifttum eine präsente Begründung darstellt, scheint ihr seitens der Gesetzgebung keine programmatische oder diskursive Bedeutung zuzukommen.

---

325 → § 7 C. II. 2.; „nicht mehr wegzudenkende Bedeutung für die Sicherung der wirtschaftlichen Leistungsfähigkeit des Mieters", *Paschke*, Dauerschuldverhältnis Wohnraummiete, 1991, S. 537.

326 Vgl. *Heinelt*, in: Egner/Georgakis/Heinelt/Bartholomäi (Hrsg.), Wohnungspolitik in Deutschland, 2004, S. 35 (43 ff.); *Heinelt/Egner*, in: M. Schmidt/Zohlnhöfer (Hrsg.), Regieren in der Bundesrepublik Deutschland, 2006, S. 203 (214); *Häring*, Interventionen im Wohnsektor, 1974, S. 34.

327 → § 7 C. II. 1. b.

Auch polit-ökonomische Erwägungen nehmen in den Gesetzesmaterialien wenig Raum ein. Am prominentesten ist erneut die existenzielle Bedeutung des Wohnens sowie seine daraus abgeleitete sozialstaatliche und sozialpolitische Bedeutung.[328] Diese soziale Funktion begründet jedoch vor allem die soziale Komponente der marktwirtschaftlichen Systementscheidung. Als solche ist sie zwar grundlegend für das Wohngeld; aus polit-ökonomischer Perspektive stellt das Wohngeld jedoch gerade nicht den optimalen Mechanismus zur Verfolgung sozialer Ziele dar. Dies spiegelt sich teilweise in Kritiken der Oppositionsfraktionen, hat aber nichts an der Relevanz des Wohngelds geändert.[329] Vielmehr wurde das Wohngeld zuletzt ausgeweitet, für weitere politische Ziele instrumentalisiert[330] und gesellschaftspolitisch aktualisiert.[331]

Das Wohngeld basiert nach alledem primär auf auf den Markt bezogenem ökonomischem Wissen und diente der Durchsetzung eines Wohnungsmarktes nach 1945. Indem es dieses Marktsystem stützt und gleichzeitig ausdrücklich soziale Ziele verfolgt, drückt sich in ihm ein dialektisches Verhältnis von sozialen Zielen und marktwirtschaftlichen Mechanismen aus, das die bundesrepublikanische Wohngesetzgebung somit insgesamt prägt. In dieses System miteinander verwobener sozialer und marktwirtschaftlicher Elemente, bei denen die Entscheidung für den Marktmechanismus jedoch stets die grundlegendere ist, fügen sich nachfolgende gesetzgeberische Regelungen, wie die Mietpreisbremse, ein.

---

328 → § 7 C. I. 1., 2.
329 → § 7 C. II. 2. c.
330 → § 7 C. II. 2. a.
331 → § 7 C. IV. 2.

§ 8 Mietpreisbremse

In das mithilfe des Wohngelds etablierte Wohnungsmarktsystem[1] fügen sich weitere sozialpolitisch motivierte Regelungen, unter anderem im Mietrecht und insbesondere im Miethöherecht, ein.[2] Das Miethöherecht blickt ebenfalls auf eine lange Entwicklungsgeschichte mit höchst unterschiedlichen Konjunkturen zurück.[3] Zeiten starker rechtlicher Bindungen wechselten sich mit Lockerungen und der Wiedereinführung rechtlicher Regelungen ab, wobei sich insgesamt ein Trend zur Liberalisierung und zuletzt zur Re-Regulierung abzeichnet. Die 2015 beschlossene Mietpreisbremse stellt in diesem mietrechtlichen Regime den neuesten Baustein dar und verdeutlicht somit den Stand der Entwicklung.

In der an eine Einordnung (A.) und Darstellung der untersuchten Materialien (B.) anschließenden Untersuchung (C.) zeigt sich, dass der Mietpreisbremse insgesamt ein neoklassisches Deutungsmuster zugrunde liegt. Soziale Erwägungen werden in diese ökonomischen Wissensstrukturen eingefügt und gehen somit nachträglich bzw. als Gegengewicht zu den primären marktwirtschaftlichen Erwägungen in das Regulierungsmodell ein: Sie werden mithin von vornherein nur innerhalb des gedanklichen Rahmens des Wohnungsmarktes abgewogen. Insofern ist der Preismechanismus als „das schlechthin konstituierende Element einer marktwirtschaftlichen Wirtschaftsordnung“[4] auch im Mietrecht mittlerweile zentral und als solcher normalisiert. Es erscheint demnach nicht als erstrebenswert, dass der Preismechanismus nun durch die Miethöhe begrenzende Regelungen direkt betroffen ist.[5] Dass mit der Mietpreisbremse dennoch ein Instrument, das auf sozialpolitischen Zielen basiert, eingeführt wird, öffnet erneut den gedanklichen Raum für Wissensstrukturen der Sozialen Marktwirtschaft, die auf einen Ausgleich sozialer und marktwirtschaftlicher Ziele

1 → § 7.

2 *P. Lange*, Staatliche Wohnraumvorsorge, 2023, S. 399 ff.; weiter → § 8 C. IV.

3 → § 3 B.

4 *Blankenagel/Schröder/Spoerr*, NZM 2015, 1 (10). Es handelt sich hierbei um ein im Auftrag des Eigentümerverbandes Haus & Grund erstelltes Sachverständigengutachten. Allgemein zu regulatorischem Unbehagen und der empirischen Realität *Kaufhold/Heitzer*, Der Staat 60 (2021), 353. Für eine erste Zusammenstellung der rechtswissenschaftlichen Diskussion siehe *Schuldt*, Mietpreisbremse, 2017, S. 23 Fn. 9.

5 Vgl. → § 4 A. III., B. I.

innerhalb eines Marktrahmens ausgerichtet sind.[6] Das Verhältnis sozialer und marktwirtschaftlicher Ziele wird dabei insbesondere über die verfassungsrechtliche Figur der Sozialbindung des Eigentums[7] sowie den Topos des Sozialen Mietrechts[8] verhandelt.

A. Einordnung: Die Mietpreisbremse im Mietpreisrecht

Das Mietpreisrecht ist seit jeher einer der umstrittensten Bausteine des wohngesetzgeberischen Instrumentariums und gleichzeitig ein typischer Bestandteil des Mietrechts.[9] Erste obligatorische Mietpreisregelungen wurden in Deutschland als Kriegsnotrecht im Ersten Weltkrieg eingeführt. Nachdem sie in der Weimarer Zeit erst konsolidiert, in verschiedenen privat- und öffentlich-rechtlichen Konstruktionen fortgeführt und schließlich gelockert worden waren, wurde die freie Mietpreisvereinbarung im Nationalsozialismus beschränkt. Nach 1945 wurde hieran zunächst festgehalten und der Wohnraummangel bewirtschaftet. Nachdem die Mietpreisbegrenzungen in den 1950er und 1960er Jahren schrittweise gelockert worden waren und die Mieten begannen, rasant zu steigen, wurde 1971 das sogenannte Vergleichsmietensystem eingeführt (I.). Hiernach sind in Bestandsmietverhältnissen (nur) begrenzte Mieterhöhungen möglich. Mit der Mietpreisbremse wird seit 2015 nun auch (wieder) die Miethöhe bei der Wiedervermietung von Wohnungen geregelt (II.).[10] Insofern unterscheidet

6 Vgl. → § 6.

7 An dieser und anderen Stellen zeigt sich, wie fruchtbar die unterstützende Auseinandersetzung mit der Verfassungsrechtsprechung ist. Im vorliegenden Kapitel insb. BVerfG, Beschl. v. 18.7.2019 – 1 BvL 1/18 u.a. (Mietpreisbremse). Gleichzeitig wirkt sich der Kontext der Aushandlung ökonomischer Widersprüche – hier über das Verfassungsrecht – auf die entsprechenden Diskussionen aus.

8 → § 6 B. V. 2.; § 8 C. IV. 2.

9 Für einen Überblick über die aktuelle Rechtslage im Bereich der Miethöheregulierung siehe *Nispel*, Mietpreisregulierung und Verfassungsrecht, 2023, S. 38 ff.; siehe zudem die Darstellung in § 3 B.

10 Die Begrifflichkeit der Wiedervermietungsmiete entstammt den Gesetzesmaterialien und wird in Abgrenzung zum Begriff der Neuvertragsmiete bei *Schuldt*, Mietpreisbremse, 2017, S. 25 ff., verwendet, da gewisse Neuvermietungen nach § 556 f BGB explizit von der Mietpreisbremse ausgenommen sind und somit nur die *Wieder*vermietung von Wohnungen erfasst wird.

sie sich vom bisherigen Vergleichsmietensystem, greift in ihrer Ausgestaltung aber einige seiner Bausteine auf.[11]

I. Die Bedeutung des Vergleichsmietensystems

Seit den 1970er Jahren ist das Mietpreisrecht durch das Vergleichsmietensystem geprägt.[12] Die Vergleichsmiete geht somit auf eine Zeit zurück, in der das Wohnraummietrecht weitgehend liberalisiert war und die Anzahl der Kündigungen wie auch die Mietpreise stark anstiegen.[13] Unter diesen Vorzeichen brachte die damalige Bundesregierung einen Gesetzentwurf in den Bundestag ein, der die Möglichkeit zur Änderungskündigung darauf beschränkte, dass

> *„ein Mietzins angestrebt wird, der eine marktgerechte Verzinsung des Eigenkapitals sicherstellen, eine Steigerung von Kapital und Bewirtschaftungskosten, die der Vermieter nicht zu vertreten hat, ausgleichen oder die durch Maßnahmen zur Erhaltung oder Verbesserung der vermieteten Räume oder des Gebäudes […] entstandenen Kosten decken soll“*[14].

Diese Formulierung wurde im Rechtsausschuss des Bundestages als „unbestimmt und mehrdeutig“ kritisiert und stattdessen eine Orientierung an der ortsüblichen Vergleichsmiete vorgeschlagen, „d. h. das Erhöhungsverlangen soll nur gerechtfertigt sein, wenn der angestrebte Mietzins die üblichen Entgelte für vergleichbaren Wohnraum nicht übersteigt“.[15] Dabei sollte die Vergleichsmiete anders als im Reichsmietengesetz von 1922 anhand der Marktverhältnisse und nicht mehr anhand einer sogenannten Friedensmie-

11 *Schuldt*, Mietpreisbremse, 2017, S. 22 („Paradigmenwechsel“), S. 23 („neue Dimension“); *Kühling*, NZM 2020, 521 (524): „markante[r] Wendepunkt“. Das bedeutet jedoch nicht, dass es keine Vorläufer gab, *Artz*, in: MüKo-BGB, 9. Aufl. 2023, § 556 d Rn. 1; *Börstinghaus*, in: Schmidt-Futterer, Mietrecht-Großkomm., 16. Aufl. 2024, § 556 d BGB Rn. 2; *Derleder*, WuM 2013, 383 (385 f.); kritisch *Blankenagel/Schröder/Spoerr*, NZM 2015, 1 (7 f.). Auch in der Analyse wird daher vielfach auf Vorläufer und Regelungskontexte Bezug genommen, → § 8 C.

12 *Dudeck*, Die soziale Frage unserer Zeit, 2025, S. 68 f.

13 → § 3 B. III.

14 Art. 2 § 1 Abs. 2 Nr. 3 i.d.F. des RegE MietRVerbG, BT-Drs. 6/1549. Beschrieben als eine Art Kostenmiete von *Blank*, in: Artz/Eisenschmid/H. Schmidt/Streyl (Hrsg.), FS Börstinghaus, 2020, S. 9 (12).

15 Ausschussbericht, MietRVerbG, BT-Drs. 6/2421, 4.

te bestimmt werden.[16] Zudem sollten anders als noch im Regierungsentwurf Kündigungsschutz und Vergleichsmietensystem nicht mehr nur in „Gebiete[n] besonderen Wohnungsbedarfs"[17] gelten, sondern überall.[18] Diese Konzeption setzte sich auch in den Verhandlungen im Vermittlungsausschuss grundsätzlich durch.[19] Lediglich das ebenfalls verhandelte Zweckentfremdungsverbot wurde auf „Gemeinden, in denen die Versorgung mit ausreichendem Wohnraum zu angemessenen Bedingungen besonders gefährdet ist", räumlich begrenzt.[20]

Sowohl der Ausschluss der Änderungskündigung in Verbindung mit dem Vergleichsmietensystem als auch das Zweckentfremdungsverbot waren verfassungsrechtlich umstritten, wurden jedoch vom Bundesverfassungsgericht für verfassungsgemäß erklärt.[21] Schon nach kurzer Zeit wurde das zunächst befristete Wohnraumkündigungsschutzgesetz durch das Zweite Wohnraumkündigungsschutzgesetz als Dauerrecht in das neue Miethöhegesetz überführt.[22] Der Kündigungsschutz wurde verstetigt (§ 1 Abs. 1 MHG) und erste Änderungen beim Vergleichsmietenverfahren (§§ 2 ff. MHG) vorgenommen.[23] Weitere Änderungen erfolgten Anfang der 1980er Jahre: Mit dem Gesetz zur Erhöhung des Angebots an Mietwohnungen

16 Vgl. § 2 Abs. 4 S. 3 RMG; *Hügemann*, Mietpreisrecht, 1998, S. 328; *Herrlein*, NZM 2016, 1 (5).

17 RegE, MietRVerbG, BT-Drs. 6/1549, 2, 8. Zur Begründung wurde ausgeführt: „Dieser Schutz des Mieters erscheint für Gebiete mit einem erheblichen Fehlbestand an Mietwohnraum als unzureichend. In diesen Gebieten scheidet die bei ausgeglichenen Marktverhältnissen vorhandene Angebotskonkurrenz als Regulativ aus. [...] Bei einem stärkeren Nachfrageüberhang geht der Vermieter mit der Kündigung regelmäßig kein Risiko ein, da er mit einer alsbaldigen anderweitigen Vermietung rechnen darf. Der Mieter ist demnach nicht gleichstarker Partner [...]. Solche Verhältnisse verlangen nach einem verstärkten Schutz für den Mieter" (ebd., 7).

18 Ausschussbericht, MietRVerbG, BT-Drs. 6/2421, 3; *Sonnenschein*, Wohnraummiete, 1995, S. 9.

19 Vgl. zum Gesetzgebungsverfahren → § 3 B. II.; Fn. 82.

20 Art. 6 § 1 Abs. 1 MietRVerbG. Die entsprechende Norm wurde durch den Vermittlungsausschuss hinzugefügt. Zu den Gründen siehe Einberufung des Vermittlungsausschusses, MietRVerbG, BT-Drs. 6/2564, 4; weiter BVerfGE 38, 348 <361 f.> – *Zweckentfremdung von Wohnraum* [1975].

21 Zum Wohnraumkündigungsschutzgesetz BVerfGE 37, 132 <134 ff.> – *Vergleichsmiete I* [1974]; BVerfGE 49, 244 – *Vergleichsmiete II* [1978]. Zum Mietrechtsverbesserungsgesetz BVerfGE 38, 348 – *Zweckentfremdung von Wohnraum* [1975]. Weiter *Derleder*, WuM 2013, 383 (387 f.); *Schuldt*, Mietpreisbremse, 2017, S. 161 ff.; *Heusch*, NZM 2020, 357 (359 ff.).

22 → § 3 Fn. 85, 86.

23 Auch die Verstetigung war verfassungsgemäß, BVerfGE 53, 352 – *Vergleichsmiete III* [1980].

wurde eine Kappungsgrenze für Mietsteigerungen von 30 % innerhalb von drei Jahren eingeführt (§ 2 Abs. 1 S. 1 Nr. 3 MHG n.F.) und der Maßstab der Vergleichsmiete verkleinert.[24] Während zuvor eine Orientierung an den üblichen Entgelten stattgefunden hatte, die in der Gemeinde für nicht preisgebundenen vergleichbaren Wohnraum gezahlt wurden,[25] wurden nun nur noch die üblichen Entgelte, die in den letzten drei Jahren vereinbart oder geändert wurden, berücksichtigt.[26]

Mit dem Gesetz zur Erhöhung des Angebots an Mietwohnungen war das Vergleichsmietensystem endgültig anerkannt und in seinen wesentlichen Parametern konsolidiert. In der Folge beschränkten sich mietpreisrechtliche Reformen darauf, diese Parameter anzupassen: Sowohl die Kappungsgrenze als auch der Bemessungszeitraum der Vergleichsmiete wurden mehrfach verändert und ausdifferenziert.[27] Im Jahr 2001 wanderten die Vorschriften ins BGB. Der Anspruch auf Zustimmung zur Mieterhöhung bis zur ortsüblichen Vergleichsmiete in Bestandsmietverhältnissen findet

---

24 Auch die Kappungsgrenze wurde vor dem BVerfG verhandelt und für verfassungsgemäß erachtet. Hervorzuheben ist im Kontext der vorliegenden Untersuchung die Reflexion der gesetzgeberischen Motivlage durch das BVerfG: Dass nämlich die Änderungen erfolgten, „[u]m rechtliche Hindernisse für Mieterhöhungsverlangen abzubauen, eine verstärkte Berücksichtigung marktwirtschaftlicher Gesichtspunkte als Anreiz für Investitionen im Mietwohnungsbau zu schaffen, den Mieter aber auch vor abrupten Mietzinssteigerungen zu bewahren", BVerfGE 71, 230 <232> – *Kappungsgrenze* [1985], m.V.a. RegE, MWoErhG, BT-Drs. 9/2079, 1, 7. Weiter erneut *Derleder*, WuM 2013, 383 (388 f.); *Schuldt*, Mietpreisbremse, 2017, S. 166 ff.; *Heusch*, NZM 2020, 357 (359 ff.).

25 § 2 Abs. 1 Nr. 2 MHG 1974.

26 § 2 Abs. 1 S. 1 Nr. 2 MHG n.F. Zur Bedeutung des Vergleichszeitraums → § 8 C. III. 1. b.

27 Mit dem Vierten Mietrechtsänderungsgesetz wurde die Kappungsgrenze teilweise auf 20 % herabgesetzt und der Vergleichszeitraum auf vier Jahre erhöht. Mit der Mietrechtsreform 2001 wurde die Kappungsgrenze von 20 % allgemeingültig und entfristet; mit dem Mietrechtsänderungsgesetz 2013 erneut ausdifferenziert. Seitdem gilt in Gebieten, in denen die ausreichende Versorgung der Bevölkerung mit Mietwohnungen zu angemessenen Bedingungen besonders gefährdet ist, eine Kappungsgrenze von 15 %. 2019 wurde der Bemessungszeitraum der Vergleichsmiete mit dem Gesetz zur Verlängerung des Betrachtungszeitraums für die ortsübliche Vergleichsmiete v. 21.12.2019, BGBl. 2019 I S. 2911, schließlich von vier auf sechs Jahre verlängert. Eine Besonderheit stellen in den letzten 30 Jahren die Regelungen des Mietüberleitungsgesetzes dar, welche für die neuen Bundesländer Mieterhöhungsansprüche abweichend vom MHG vorsahen und bestimmte Wohnmerkmale als Voraussetzung festlegten. Der Wohnwert erhielt in dem Gesetz erstmals ausdrücklich rechtfertigende Bedeutung (vgl. § 12 Abs. 1 MHG). Es zeigt sich, dass durch das Vergleichsmietensystem nicht nur ein Markt abgebildet, sondern durch die Festlegung wertbildender Faktoren auch gesteuert wird, *Hinkelmann* (heute *Flatow*), Ortsübliche Miete, 1999, S. 81.

sich seitdem in § 558 Abs. 1 S. 1, die Bestimmung der Vergleichsmiete in § 558 Abs. 2 und die Kappungsgrenze in § 558 Abs. 3 BGB.[28]

Mit der Zeit lassen sich somit stabile Merkmale des Vergleichsmietensystems ausmachen. Kennzeichnend, wenngleich Konjunkturen unterworfen, ist auch ein Trend zur räumlichen Begrenzung mietpreisrechtlicher Regelungen, insbesondere im Kontext der Kappungsgrenze. Des Weiteren wird stets ein Interessenausgleich angestrebt, der sich in einer Dynamisierung des Vergleichsmietenbegriffs ausdrückt. Und schließlich haben sich die verschiedenen Regelungen verfassungsrechtlich bewährt und normalisiert.

II. Regelungsregime der Mietpreisbremse

Vor dem Hintergrund wieder steigender Mietpreise wurden Mietpreisbegrenzungen in den 2010er Jahren politisch wie rechtswissenschaftlich erneut stärker diskutiert.[29] Nachdem in der 17. Legislaturperiode (2009–2013) noch verschiedene Anträge in Bundestag und Bundesrat gescheitert waren, wurde die Begrenzung von Wiedervermietungsmieten 2013 ein zentrales Wahlkampfthema und die Einführung einer Mietpreisbremse im Koalitionsvertrag festgeschrieben.[30] Mit dem Mietrechtsnovellierungsgesetz wurde 2015 schließlich ein neues Unterkapitel in das Wohnraummietrecht des BGB eingefügt, das „Vereinbarungen über die Miethöhe bei Mietbeginn in Gebieten mit angespannten Wohnungsmärkten" normiert.

Zentrale Regelung ist der neue § 556 d BGB zur zulässigen Miethöhe bei Mietbeginn. § 556 d Abs. 1 bestimmt, dass die vereinbarte Miete – sofern der Wohnraum in einem Gebiet mit angespannten Wohnungsmarkt liegt – die ortsübliche Vergleichsmiete um nicht mehr als 10 % übersteigen darf. Für die Ermittlung der ortsüblichen Vergleichsmiete wird auf § 558 Abs. 2 BGB verwiesen. Mit § 556 d Abs. 2 werden die Bundesländer ermächtigt, per Verordnung und zeitlich befristet Gebiete mit angespannten Wohnungsmärkten zu bestimmen.[31] Ein angespannter Wohnungsmarkt

28 Auch die Bezeichnung als ortsübliche Vergleichsmiete schlug sich 2001 erstmals im Gesetz nieder, *Börstinghaus/Clar*, NZM 2014, 889 (889 f.); *Artz*, in: MüKo-BGB, 9. Aufl. 2023, § 558 Rn. 7.

29 *Artz*, in: MüKo-BGB, 9. Aufl. 2023, § 556d Rn. 1.

30 Siehe hierzu *A. Frank*, Mietpreisbremse, 2016, S. 1 f.; *Schuldt*, Mietpreisbremse, 2017, S. 21 (Fn. 3, 4 und 5), m.w.N.

31 Mit dem MietNovG war eine einmalige und befristete Ausweisung vorgesehen, RegE MietNovG, BT-Drs. 18/3121, 28; vgl. zur Entwicklung → § 8 B. II., III. Dass die ausgewiesenen Gebiete auch lediglich Gemeindeteile sein können, führt bei *Schuldt*,

liegt demnach vor, wenn die ausreichende Versorgung der Bevölkerung mit Mietwohnungen zu angemessenen Bedingungen gefährdet ist (§ 556 d Abs. 2 S. 2). Wann dies insbesondere der Fall sein kann, wird durch Regelbeispiele illustriert.

In §§ 556 e, f BGB finden sich Ausnahmen von der Regelung des § 556 d Abs. 1. So darf für den Fall, dass die sogenannte Vormiete[32] höher als die nun zulässige Höchstmiete war, dennoch diese Vormiete vereinbart werden (§ 556 e Abs. 1). Bei der Ermittlung der Höchstmiete werden zudem Modernisierungsmaßnahmen berücksichtigt (§ 556 e Abs. 2). Von der Mietpreisbremse ganz ausgenommen sind Neubauten sowie Erstvermietungen nach umfassenden Modernisierungen (§ 556 f).

§ 556 g normiert schließlich die Rechtsfolgen: Mietverträge mit unzulässigen Mietvereinbarungen sind teilunwirksam; die Rückabwicklung erfolgt gem. §§ 812 ff. BGB (Abs. 1). Die Rückforderung setzt jedoch eine begründete Rüge seitens der Mieterin voraus (Abs. 2, 4). Hiermit korrespondiert eine Auskunftspflicht seitens der Vermieterin (Abs. 3, 4).

Die Mietpreisbremse war und ist Gegenstand vielfältiger rechtswissenschaftlicher Debatten und war insbesondere Gegenstand einer ökonomischen Analyse des Rechts.[33] Nachdem die Verfassungsmäßigkeit der Mietpreisbremse zunächst teilweise bezweifelt worden war,[34] erklärte das Bundesverfassungsgericht sie 2019 für verfassungsgemäß.[35]

B. Materialienkorpus: Einführung und Entwicklung der Mietpreisbremse

Die beschriebenen Regelungen der Mietpreisbremse wurden 2015 mit dem Mietrechtsnovellierungsgesetz eingeführt (I.). Als im Rahmen des Vergleichsmietensystems vergleichsweise junges Gesetz wurde das MietNovG bisher nur geringfügig geändert und steht im Zentrum der Analyse. Nichtsdestotrotz dienen auch die Reformgesetze zum Abgleich der Erkenntnisse

---

Mietpreisbremse, 2017, S. 218, 228, zu der Einschätzung, die Regelung sei teilweise verfassungswidrig. Anders BVerfG, Beschl. v. 18.7.2019, 1 BvL 1/18 u.a. (Mietpreisbremse), Rn. 82.

32 Weiter dazu → § 8 C. III. 2.

33 *Schuldt*, Mietpreisbremse, 2017. Insofern eignet sie sich für eine schwerpunktmäßige Rekonstruktion neoklassischer Annahmen.

34 Vgl. anstelle vieler *Schultz*, ZRP 2014, 37; *Blankenagel/Schröder/Spoerr*, NZM 2015, 1.

35 BVerfG, Beschl. v. 18.7.2019 – 1 BvL 1/18 u.a. (Mietpreisbremse). Für einen Überblick siehe *Grabarse*, NJ 2019, 505; zur EGMR-Rechtsprechung siehe *Börstinghaus*, in: Schmidt-Futterer, Mietrecht-Großkomm., 16. Aufl. 2024, § 556 d BGB Rn. 17.

und zeigen gesetzgeberische Konfliktpunkte und Entwicklungen auf (II., III.). Die untersuchten Gesetzgebungsverfahren zur Mietpreisbremse stammen aus dem kurzen Zeitraum von gut fünf Jahren und aus einer gesetzgeberischen Hand, der Großen Koalition von 2013 bis 2021. Die wesentlichen Dokumente, die in der Analyse herangezogen werden, werden im Folgenden kurz vorgestellt.[36]

I. Mietrechtsnovellierungsgesetz (2015)

Das Mietrechtsnovellierungsgesetz[37] beinhaltete bereits ausweislich seines amtlichen Titels nicht nur die Mietpreisbremse, sondern auch eine Reform des Bestellerprinzips bei der Wohnungsvermittlung. Der Analyse liegen jedoch ausdrücklich nur die Regelungen zur Mietpreisbremse zugrunde (Art. 1 und 2).[38] Neben der Einführung der Mietpreisbremse an sich in den §§ 556 d ff. BGB finden sich weitere Änderungen an den §§ 557 a, b und § 549 BGB.[39]

Ausgangspunkt des Gesetzgebungsverfahrens zum Mietrechtsnovellierungsgesetz war der Eingang des Regierungsentwurfs beim Bundesrat am 6.10.2014.[40] Dessen Stellungnahme und Änderungsvorschläge[41] wurden dem Bundestag am 10.11.2014 zugeleitet,[42] die Gegenäußerung der Bundes-

36 Zur Methodik und zur Materialienauswahl → § 2 C.

37 → § 3 Fn. 140.

38 Die Einführung des Bestellerprinzips findet sich in Art. 3, Art. 4 regelt das Inkrafttreten. Normiert wurde, dass die Maklerkosten von derjenigen Partei zu tragen sind, die die Maklerin beauftragt.

39 Während §§ 557 a und b BGB die Geltung der Mietpreisbremse für Staffel- und Indexmietverträge vorgeben (Anwendung bei Staffelmieten auf jede Staffel, bei Indexmieten nur auf die Ausgangsmiete), regelt § 549 BGB Ausnahmen von den Regelungen über die Mieterhöhung, den Kündigungsschutz und Vorschriften über die Bildung von Wohneigentum für bestimmte Wohnformen (sog. Sondermietverhältnisse).

40 RegE MietNovG, BR-Drs. 447/14. Bereits ein halbes Jahr zuvor lag der Referentenentwurf vor. Die lange Verfahrensdauer wurde u.a. durch die Fraktion B90/Gr kritisiert, vgl. bspw. Ausschussbericht und Beschlussempfehlung, MietNovG, BT-Drs. 18/4220, 5. Ergänzend wird die Plenardebatte vom 20.2.2014 in der Analyse berücksichtigt, die in einem engen Zusammenhang mit der Einführung der Mietpreisbremse steht, Sten. Bericht der 17. Sitzung, 20.2.2014, BT-PlProt. 18/17, MPB, S. 1237D ff.

41 Empfehlungen der Ausschüsse, MietNovG, BR-Drs. 447/1/14; Sten. Bericht der 927. Sitzung, 7.11.2014, BR-PlProt. 927/14, MietNovG, 354B ff.; Stellungnahme BR, MietNovG, BR-Drs. 447/14 (B).

42 RegE MietNovG, BT-Drs. 18/3121.

regierung folgte am 19.11.2014.[43] Bereits zuvor, am 13.11.2014, erfolgte die erste Lesung, und der Gesetzentwurf wurde an die Ausschüsse überwiesen.[44] Nach einer öffentlichen Anhörung am 3.12.2014 erfolgte am 4.3.2015 die Beschlussfassung im Ausschuss: Änderungsanträge wurden abgelehnt und die unveränderte Annahme empfohlen.[45] Nach zweiter und dritter Lesung wurde der Gesetzentwurf im Plenum des Bundestages unverändert[46] angenommen.[47] Kurz darauf beschloss auch der Bundesrat, keinen Einspruch zu erheben.[48] Nach Verkündung am 21.4.2015 trat das Mietrechtsnovellierungsgesetz am 1.6.2015 in Kraft.

II. Mietrechtsanpassungsgesetz (2018)

Mit dem Mietrechtsanpassungsgesetz[49] wurde die Mietpreisbremse erstmals und bereits vor der Evaluation des Gesetzes reformiert. Vermieterinnen wurden verpflichtet, im Anwendungsbereich der Mietpreisbremse potenziellen Mieterinnen vor der Vertragserklärung Auskunft über die für die Ermittlung der höchstzulässigen Miete erforderlichen Tatsachen zu geben, sofern sie sich auf eine Ausnahme berufen (§ 556 g Abs. 1a S. 1). Ohne diese Auskunft können sich Vermieterinnen nunmehr nicht auf höhere Mieten aufgrund von (ggf. umfassender) Modernisierung oder Neubau berufen (§ 556 g Abs. 1a S. 2). Für den Fall, dass die Auskunft nachgeholt wird, ist eine Sperrfrist von zwei Jahren vorgesehen (§ 556 g Abs. 1a S. 3);

43 Gegenäußerung BReg, MietNovG, BT-Drs. 18/3250.

44 Sten. Bericht der 66. Sitzung, 13.11.2014, BT-PlProt. 18/66, MietNovG, 6191C ff. Mitberaten wurde ein Antrag der Linksfraktion, Mieterhöhungsstopp jetzt, BT-Drs. 18/505.

45 Ausschussbericht und Beschlussempfehlung, MietNovG, BT-Drs. 18/4220. Ablehnung der Änderungsanträge der Linksfraktion, BT-Drs. 18/4223, und Fraktion B90/Gr, BT-Drs. 18/4224 und 18/4225.

46 Kritisch, insb. angesichts der konstruktiven Kritik in der Sachverständigenanhörung, zu der er selbst geladen war, *Artz*, NJW 2015, 1573 (1575 f.).

47 Sten. Bericht der 91. Sitzung, 5.3.2015, BT-PlProt. 18/91, MietNovG, 8594B ff. Mitverhandelt: Fraktion B90/Gr, Entschließungsantrag MietNovG, BT-Drs. 18/4226; Linksfraktion, Mietenanstieg stoppen, soziale Wohnungswirtschaft entwickeln und dauerhaft sichern, BT-Drs. 18/504.

48 Empfehlungen der Ausschüsse, MietNovG, BR-Drs. 79/1/15; Sten. Bericht der 932. Sitzung, 27.3.2015, BR-PlProt. 932/15, MietNovG, 111D ff.; Beschluss MietNovG, BR-Drs. 79/15(B).

49 Gesetz zur Ergänzung der Regelungen über die zulässige Miethöhe bei Mietbeginn und zur Anpassung der Regelungen über die Modernisierung der Mietsache (Mietrechtsanpassungsgesetz, MietAnpG) v. 2.12.2018, BGBl. I S. 2648.

wurden lediglich Formerfordernisse nicht eingehalten, können sich die Vermieterinnen ab formgerechter Nachholung auf die Ausnahmen berufen (§ 556 g Abs. 1a S. 4). Daneben wurde die Rügeobliegenheit vereinfacht, sodass sich die Rüge nur bei erteilter Auskunft qualifiziert hierauf beziehen muss (§ 556 g Abs. 2 S. 2 n.F.). Es blieb aber bei einer Kopplung von Rüge und Rückforderungszeitpunkt (keine Änderung des § 556 g Abs. 2 S. 1). Des Weiteren wurde im Bereich der Mietpreisbremse auch das Mietmodernisierungsrecht angepasst. Unter anderem wurde die Modernisierungsmieterhöhung nach § 559 BGB für die Gebiete mit angespannter Marktlage auf 8 % angepasst und eine spezielle Kappungsgrenze eingeführt (§ 559 Abs. 3a n.F.).[50]

Das Gesetzgebungsverfahren zum Mietrechtsanpassungsgesetz verlief mit rund drei Monaten schneller als das zum Mietrechtsnovellierungsgesetz. Ein Gesetzentwurf der Bundesregierung ging am 7.9.2018 im Bundesrat[51] und am 1.10.2018 auch im Bundestag[52] ein. Am 19.10.2018 fanden der erste Durchgang im Bundesrat[53] und die erste Lesung im Bundestag[54] statt. Die Stellungnahme des Bundesrats und die Gegenäußerung der Bundesregierung gingen dem Bundestag am 1.11.2018 zu.[55] In der Ausschussphase wurden die Gesetzentwürfe zusammengeführt und einige Änderungen vorgenommen.[56] Bereits am folgenden Tag, dem 29.11.2018, fanden die zweite und dritte Lesung im Bundestag statt.[57] Der Gesetzentwurf wurde in Ausschussfassung angenommen und weitere Änderungsanträge, teils in namentlicher Abstimmung, abgelehnt.[58] Der Bundesrat erhob in seiner

---

50 Diese Thematik wird im Folgenden nicht vertieft, vgl. → § 8 Fn. 112.

51 RegE MietAnpG, BR-Drs. 431/18; Ausschussempfehlungen, MietAnpG, BR-Drs. 431/1/18.

52 RegE MietAnpG, BT-Drs. 19/4672.

53 Sten. Bericht der 971. Sitzung, 19.10.2018, MietAnpG, BR-PlProt. 971/18, 377 ff.; Empfehlungen der Ausschüsse, MietAnpG, BR-Drs. 431/1/18; Stellungnahme BR, MietAnpG, BR-Drs. 431/18(B).

54 Sten. Bericht der 59. Sitzung, 19.10.2018, MietAnpG, BT-PlProt. 19/59, 6585A ff.

55 Stellungnahme BR und Gegenäußerung BReg, MietAnpG, BT-Drs. 19/5415.

56 Ausschussbericht und Beschlussempfehlung, MietAnpG, BT-Drs. 19/6153. Abgelehnt wurden wiederum Änderungsanträge der Linksfraktion, BT-Drs. 19/6157 und BT-Drs. 19/6158, und der Fraktion B90/Gr, BT-Drs. 19/6159, BT-Drs. 19/6160 und BT-Drs. 19/6161.

57 Sten. Bericht der 68. Sitzung, 29.11.2018, BT-PlProt. 19/68, MietAnpG, 7819D ff. und 7837A ff.

58 Anträge der Linksfraktion, Mieterhöhungsstopp jetzt, BT-Drs. 19/4829, und Mietenanstieg stoppen, Mieterinnen und Mieter schützen, Verdrängung verhindern, BT-

Sitzung am 14.12.2018 keinen Einspruch,[59] sodass das Gesetz nach Verkündung am 18.12.2018 am 1.1.2019 in Kraft trat.

III. Gesetz zur Verlängerung und Verbesserung der Regelungen über die zulässige Miethöhe bei Mietbeginn (2020)

Im Anschluss an die kurz darauf veröffentlichte Evaluation[60] durch das Deutsche Institut für Wirtschaftsforschung (DIW) im Auftrag des Bundesjustizministeriums erging das Gesetz zur Verlängerung und Verbesserung der Regelungen über die zulässige Miethöhe bei Mietbeginn[61]. Mit diesem Mietpreisbremsenreformgesetz wurde zum einen die Festlegung von Gebieten mit angespannten Wohnungsmärkten nicht mehr auf *insgesamt* fünf Jahre, sondern auf *jeweils* fünf Jahre beschränkt (§ 556 d Abs. 2 S. 1 n.F.) und die Mietpreisbremse bis Ende 2025 verlängert (§ 556 d Abs. 2 S. 4 n.F.). Eine weitere Verlängerung wurde von der Ampel-Koalition vereinbart, jedoch erst durch die folgende Große Koalition umgesetzt.[62] Zum anderen wurde die grundsätzliche Verbindung von Rügeobliegenheit und Rückforderung aufgehoben (§ 556 g Abs. 2 S. 1 n.F.), so dass Mieterinnen nun Anspruch auf Rückzahlung der gesamten seit Mietbeginn zu viel gezahlten Miete haben. Die umfassende Rückzahlungspflicht ex tunc ist nunmehr lediglich ausgeschlossen, wenn die Mieterin den Verstoß mehr als 30 Monate nach Beginn des Mietverhältnisses oder nach Beendigung des Mietverhältnisses rügt (§ 556 g Abs. 2 S. 3).

Der Gesetzentwurf zum Mietpreisbremsenreformgesetz wurde am 18.10.2019 durch die Bundesregierung im Bundesrat eingebracht. Dort wurde nach Verhandlungen in den Ausschüssen am 29.11.2020 beschlossen,

---

Drs. 19/4885; Antrag Fraktion B90/Gr, Mietrecht jetzt wirksam reformieren – Bezahlbares Wohnen sichern, BT-Drs. 19/2976.

59 Sten. Bericht der 973. Sitzung, 14.12.2018, BR-PlProt. 973/18, MietAnpG, 489 ff.; Beschluss BR, MietAnpG, BR-Drs. 611/18(B).

60 *Michelsen/Mense*, Evaluierung der Mietpreisbremse, 2018, kurz: DIW-Studie.

61 Gesetz v. 19.3.2020, BGBl. I S. 540. Mangels amtlicher Abkürzung wird das Gesetz im Folgenden als Mietpreisbremsenreformgesetz, kurz: MPBRefG, bezeichnet. Zu dieser Reform *Fleindl*, in: Artz/Eisenschmid/H. Schmidt/Streyl (Hrsg.), FS Börstinghaus, 2020, S. 119; nachgezeichnet auch von *Schindler*, NZM 2020, 347.

62 *SPD/Bündnis 90/Die Grünen/FDP*, Koalitionsvertrag 2021–2025, S. 91; *CDU/CSU/SPD*, Koalitionsvertrag 21. Legislaturperiode, Rn. 779; Gesetz zur Änderung der Regelungen über die zulässige Miethöhe bei Mietbeginn und zur Änderung anderer Gesetze v. 17.7.2025, BGBl. I Nr. 163.

keine Einwendungen zu erheben.[63] Im Anschluss wurde der Gesetzentwurf am 11.12.2019 dem Bundestag zugeleitet und dort am 18.12.2019 in erster Lesung beraten und an die Ausschüsse verwiesen.[64] In der Ausschussphase wurde der Entwurf leicht verändert,[65] am 14.2.2020 in zweiter und dritter Lesung beraten und in Ausschussfassung angenommen.[66] Der Bundesrat erhob erneut keinen Einspruch[67] und das Gesetz trat nach Verkündung am 19.3.2020 am 1.4.2020 in Kraft.

C. Analyse: Soziale Ziele im marktwirtschaftlichen Rahmen

Mit der Mietpreisbremse wurde ein neues Element in ein bestehendes mietpreisrechtliches Regime eingefügt. Dabei werden bestehende Wissenselemente aufgegriffen und weiterentwickelt. Zentral ist hierbei zunächst das marktwirtschaftliche Problemverständnis, auf dem die Mietpreisbremse basiert: Während es einen grundsätzlich funktionierenden Wohnungsmarkt gibt, kommt es in bestimmten Gebieten aufgrund eines Nachfrageüberhangs und Angebotsmangels zu Engpässen (I.). Da dies die Wurzel des Problems darstellt, kann die Mietpreisbremse nur das Symptom hoher Mieten angehen. Die eigentliche Problemlösung muss abseits der Mietpreisbremse durch Neubau erfolgen (II.). Die Mietpreisbremse soll daher Neubauinvestitionen nicht behindern und ist, obgleich sie einen Markteingriff darstellt, möglichst marktkonform ausgestaltet (III.).

Soziale Erwägungen gehen bei der Normierung der Mietpreisbremse nur aufbauend auf diesem normalisierten Marktgedanken in das Modell ein. Insofern schlägt die soziale Bedeutung des Wohnens zwar durch (IV.). Sie führt aber lediglich dazu, dass die marktwirtschaftlichen und sozialen Interessen in einen angemessenen, nachträglich vorgenommenen Ausgleich gebracht werden (IV.). Die Mietpreisbremse stellt sich in der Folge als typi-

---

63 Empfehlungen der Ausschüsse, MPBRefG, BR-Drs. 519/1/19; Sten. Bericht der 983. Sitzung, 29.11.2019, BR-PlProt. 983/20, MPBRefG, 597; Stellungnahme BR, MPBRefG, BR-Drs. 519/19(B).

64 RegE MPBRefG, BT-Drs. 19/15824; Sten. Bericht der 136. Sitzung, 18.12.2019, BT-PlProt. 19/136, MPBRefG, 16988A ff.

65 Beschlussempfehlung und Ausschussbericht, MPBRefG, BT-Drs. 19/17156.

66 Sten. Bericht der 147. Sitzung, 14.2.2020, BT-PlProt. 19/147, MPBRefG, 18359A ff., 18376C ff. Mitberaten wurden Anträge der Fraktion B90/Gr, Robuste Mietpreisbremse einführen, BT-Drs. 19/15122, und Linksfraktion, Bezahlbares Wohnen garantieren – Mieten deckeln, sozialen Wohnungsbau retten, BT-Drs. 19/13502.

67 Sten. Bericht der 986. Sitzung, 13.3.2020, BR-PlProt. 986/20, MPBRefG, 63; Beschluss BR, MPBRefG, BR-Drs. 78/20(B).

sches Instrument des Sozialen Mietrechts in der Sozialen Marktwirtschaft dar. Dieser Eindruck wird dadurch verstärkt, dass die Abwägung wesentlich über die Figur der Sozialbindung des Eigentums erfolgt (V.). Dieser verfassungsrechtliche Terminus überlagert dabei zuweilen die ökonomischen Wissenselemente und führt dazu, dass die Gesetzgebung hinsichtlich ihrer eigenen sozialpolitischen Spielräume zurückhaltender argumentiert als mit Blick auf die einschlägige Verfassungsrechtsprechung erforderlich.

Abgerundet wird das ökonomische Wissenskonstrukt, das der Mietpreisbremse zugrunde liegt, dadurch, dass weitere polit-ökonomische Annahmen, wie strukturelle Erwägungen zur Komplexität von Wohnen und Wohnungsmarkt, nur fragmentarisch Niederschlag in den Materialien finden (VI.). Stattdessen folgt die Mietpreisbremse dem für neoklassisches Denken typischen individuellen Zugriff und vermag aufgrund dieser Logiken verschiedene Aspekte der öffentlichen Diskussion nur unzureichend zu erfassen.

I. Gesetzgeberische Annahmen I: Marktbasierte Problembeschreibung

Ein bestimmender Faktor für jede gesetzgeberische Regelung ist die sie begründende Problemkonstruktion.[68] In dieser Hinsicht basiert die Gesetzgebung zur Mietpreisbremse maßgeblich auf neoklassischem Wissen. Denn Ausgangspunkt ihrer Überlegungen sind die Entwicklungen auf dem Wohnungsmarkt, die als teilweise problematisch aufgefasst und primär über den Marktmechanismus begründet werden (1.). Demnach führt ein räumlich zugespitzter Nachfrageüberhang in „Gebieten mit angespanntem Wohnungsmarkt" zu steigenden Preisen (2.). Dort gilt es gegenzusteuern, da die steigenden Preise eine effiziente Allokation der vorhandenen Wohnungen verhindern (3.).

68 Dass gesetzgeberische Problemwahrnehmungen (und auch ihr Framing) entscheidend für politischen Strategien sind, ist ein Kerngedanke der ebenfalls auf Deutungsmuster fokussierten Interpretativen Policy-Analyse, vgl. nur *Hajer*, in: Fischer/Forester (Hrsg.), The Argumentative Turn in Policy Analysis and Planning, 1993, S. 43; *Münch*, Interpretative Policy-Analyse, 2016, S. 9 ff., 140 (mit Darstellung der Kritik).

1. Wohnungsknappheit und Nachfrageüberhang in prosperierenden Städten

Den Anstoß für die Einführung der Mietpreisbremse gab ein starker[69], d.h. überdurchschnittlicher[70], Anstieg der Mieten bei Wiedervermietungen von Bestandswohnungen in prosperierenden Städten.[71] Diese Wiedervermietungsmieten lagen demnach teilweise „in erheblichem Maß über der ortsüblichen Vergleichsmiete".[72] Der starke Mietanstieg wird folglich über die ortsübliche Vergleichsmiete in ein Verhältnis gesetzt; die Vergleichsmiete wird als zielführender und legitimer Referenzpunkt angesehen.[73] Dabei werden die steigenden Mieten auch deshalb problematisiert, weil sie mittlerweile nicht mehr nur für einkommensschwächere Haushalte, sondern auch für Durchschnittsverdiener zu Schwierigkeiten bei der Wohnungssuche führen.[74]

Für die steigenden Mieten werden „vielfältige Ursachen" gesehen, die jedoch in der Breite nicht weiter ausgeführt werden.[75] Dynamiken der Fi-

69 RegE MietNovG, BT-Drs. 18/3121, 1.

70 RegE MietNovG, BT-Drs. 18/3121, 11. In der rechtswissenschaftlichen Literatur ist hingegen teilweise von „vermeintliche[n] Mietsteigerungen" die Rede, siehe *Blankenagel/Schröder/Spoerr*, NZM 2015, 1 (2).

71 In RegE MietNovG, BT-Drs. 18/3121, 1, 11, konkretisiert als prosperierende Ballungszentren, attraktive Mittelstädte und Hochschulstandorte; bei *Kühling*, NZM 2020, 521 (522): „Schwarmstädte". In den Reformen der Mietpreisbremse wird weitgehend die gleiche Problemlage festgestellt, siehe bspw. das weiter bestehende Problem eines durch die „anhaltend hohe Nachfrage nach Mietwohnungen in Ballungszentren" bedingten Mietanstiegs in RegE MietAnpG, BT-Drs. 19/4672, 1, 11. Vgl. zur Problematisierung als politischer Bewertung für das MietNovG *Gustorff*, Mietpreisbremse und Bestellerprinzip, 2021, S. 186.

72 RegE MietNovG, BT-Drs. 18/3121, 1, 11.

73 Weiter zur ortsüblichen Vergleichsmiete als Referenz für angemessene Mieten → § 8 C. III. 1.

74 RegE MietNovG, BT-Drs. 18/3121, 1, 11. Siehe auch die gesonderte Erwähnung von Normalverdienern durch BM *Maas*, Sten. Bericht der 91. Sitzung, 5.3.2015, BT-PlProt. 18/91, MietNovG, 8601A. Dazu, dass die politische Aufmerksamkeit gerade deshalb zunehme, weil „die Wohnungsfrage in der ‚Mitte der Gesellschaft' angekommen" sei, *Knabe*, in: Kessl/Reutlinger (Hrsg.), Handbuch Sozialraum, 2. Aufl. 2019, S. 635 (649); zu gestiegener gesellschaftlicher Aufmerksamkeit auch für die Wohnungsnöte Einkommensschwacher *B. Schönig*, Blätter 2/2013, 17 (19). Diese Erklärung zieht sich durch die Geschichte der Wohnungspolitik, vgl. bereits *Engels*, Zur Wohnungsfrage (1872/1873), zitiert nach MEW 18, 1976, S. 209 (213 f.); *Madden/Marcuse*, In Defense of Housing, 2016, S. 10.

75 RegE MietNovG, BT-Drs. 18/3121, 1: „Diese Entwicklung auf angespannten Wohnungsmärkten hat vielfältige Ursachen." Mit einer Kritik an der „bloß schlagwortarti-

nanzialisierung werden vor allem seitens der Opposition angebracht.[76] Und obwohl auch der zuständige Bundesminister dieses Problemfeld in einer Rede im Plenum des Bundesrates anspricht,[77] steht im Vordergrund der gesetzgeberischen Problemdiagnose *eine* verbindende Erklärung: die „Verknappung des Angebots“[78]. Die zunehmende Attraktivität des städtischen Lebensraums führe zu Zuzug bzw. weniger Wegzug.[79] Die Folge dieser

gen Benennung“ und einer anschließenden Untersuchung der Phänomene *Gustorff*, Mietpreisbremse und Bestellerprinzip, 2021, S. 38 und passim.

76 Hervorzuheben ist zum einen die ergänzende Problemdiagnose seitens der Fraktion Bündnis 90/Die Grünen, wonach sich die Dynamik am Wohnungsmarkt durch die Niedrigzinsphase, die damit verbundene Anlage in sog. Betongold und das Streben nach hohen Renditen verschärft habe (*Kühn* [Tübingen, B90/Gr], Sten. Bericht der 17. Sitzung, 20.2.2014, BT-PlProt. 18/17, MPB, 1242D). Diese Rendite wird jedoch gesetzgeberisch in der Mehrheit eher als Anreiz (→ § 8 C. II.) statt als Ursache angesehen. Vgl. weiter dazu, wie sich Dividenden in Mieten niederschlagen und damit verbundenen verteilungspolitischen Problemen *Kreiß*, Starke Mieterhöhungen in deutschen Städten, Cash Online v. 28.7.2023. Beachtenswert sind zum anderen die weiteren Ursachen, die die Linksfraktion anführt: die Verbindung zur Bau- und Bodenwirtschaft über steigende Grundstückspreise und Baukosten, die höheren Anforderungen an das Wohnen heutzutage, die Marktmacht einzelner Unternehmen und der „zunehmende Einfluss großer, oft internationaler Finanzinvestoren“ (Antrag Linksfraktion, Mietanstieg stoppen, BT-Drs. 18/504, 1, 5).

77 BM *Maas*, Sten. Bericht der 927. Sitzung, 7.11.2014, BR-PlProt. 927/14, MietNovG, 357D. Diese Aussage hat als Plenaräußerung jedoch im Hinblick auf die Annahmebildung des Gesetzgebers bereits wenig Gewicht. Da sie zudem nicht weiter aufgegriffen wird, ist diese Erwähnung insgesamt von geringer Relevanz. Historisch lässt sich zudem feststellen, dass eine gewisse Finanzialisierung im Kontext des Vergleichsmietensystems durchaus erwünscht war. Vgl. BK *Schmidt*, Regierungserklärung v. 24.11.1980, BT-PlProt. 9/5, 35B: „Um den Wohnungsbau zu beleben, wird die Bundesregierung die Rahmenbedingungen für den frei finanzierten Wohnungsbau verbessern, beispielsweise durch Vereinfachung des Vergleichsmietenverfahrens und Zulassung von Staffelmieten, um die Investitionsbereitschaft privater Anleger, insbesondere der Lebensversicherer, zu verstärken.“ Anders *Expertenkommission zum Volksentscheid*, Vergesellschaftung großer Wohnungsunternehmen – Abschlussbericht, Berlin 2023, S. 70 Rn. 255.

78 RegE MietNovG, BT-Drs. 18/3121, 11. Zur Bedeutung dieser Argumentation aus politökonomischer Perspektive → § 5 B. II. 3.

79 RegE MietNovG, BT-Drs. 18/3121, 11, mit Hinweisen auf einzelne Elemente der Attraktivität, bspw. auf den wohneigentumspolitischen Aspekt, wonach das „‚Haus im Grünen‘ […] an Anziehungskraft verloren“ habe und daher der Nachfragedruck in den Städten rühre (ebd.). Dies wird in der Plenardebatte im Bundestag weiter ausgeführt: Ursachen für Zuzug in Ballungsräume sind demnach bessere Infrastruktur, bessere medizinische Versorgung, Kinderbetreuung und Bildung, *Hakverdi* (SPD), Sten. Bericht der 91. Sitzung, 5.3.2015, BT-PlProt. 18/91, MietNovG, 8608A. Weiter *Gustorff*, Mietpreisbremse und Bestellerprinzip, 2021, S. 101 ff.

grundsätzlich positiven Entwicklung seien Wohnungsengpässe, das heißt zu wenige Wohnungen, die von zu vielen Mietsuchenden nachgefragt werden.[80] Die „lange Jahre rückläufige Neubautätigkeit" könne die steigende Nachfrage trotz Anstieg seit 2009 nicht decken.[81] Daher heißt es dem neoklassischen Grundmodell entsprechend: „Bei dieser Marktlage können erhebliche Mietsteigerungen durchgesetzt werden."[82]

Steigende Mieten werden seitens der gesetzgebenden Mehrheit somit vor allem als Knappheitsindikator verstanden. Zugleich werden in diesem modellhaften Verständnis Preissteigerungen naturalisiert und ihre Durchsetzung entpersonalisiert. In den Plenardebatten hingegen werden Handlungen einzelner Vermieterinnen kritisiert: So sei Schutz vor „überzogenen Mieten" geboten, wenn Eigentümer ihre „Eigentumsrechte quasi *missbrauchen* und die angespannte Marktlage ausnutzen, um Mietpreisforderungen zu stellen, die weit über das ortsübliche Normalmaß hinausgehen".[83] Die Mietpreisentwicklung in attraktiven Ballungszentren wird auch als „exzessiv" bezeichnet und Mieterhöhungen, „ohne dass der Eigentümer diese Erhöhung rechtfertigen kann", werden kritisiert.[84] Solche Äußerungen dürften wohl auf den besonderen Charakter des Plenums als „Ort der Parteilichkeit und Differenz" zurückgeführt werden können.[85] Insgesamt zeigt sich, dass

80 RegE MietNovG, BT-Drs. 18/3121, 11.

81 RegE MietNovG, BT-Drs. 18/3121, 11. In der Plenardebatte wird dieser fehlende Neubau als Versäumnis von sowohl Markt als auch Politik bezeichnet: „Auf diese Entwicklung haben sowohl die Politik als auch der freie Markt nicht reagiert. Dies ist ein Fall von Marktversagen. Es wurden nicht genug Wohnungen angeboten; denn es wurden nicht genug Wohnungen gebaut. Die Mietpreise stiegen an", *Hakverdi* (SPD), Sten. Bericht der 91. Sitzung, 5.3.2015, BT-PlProt. 18/91, MietNovG, 8607D. Beschrieben wird also keine ökonomische Kategorie des Marktversagens; der Begriff wird politisch genutzt. Siehe zudem weiter zur Frage, wie schnell Neubau sich ausgleichend auf den Preismechanismus auswirken kann→ § 5 B. II. 1.; § 7 C. II.

82 RegE MietNovG, BT-Drs. 18/3121, 11; weiter BM *Maas*, Sten. Bericht der 66. Sitzung, 13.11.2014, BT-PlProt. 18/66, MietNovG, 6192B, dass sich der Wohnungsmarkt eben zyklisch entwickle und die Preise von Angebot und Nachfrage abhingen.

83 *Jörrißen* (CDU/CSU), Sten. Bericht der 66. Sitzung, 13.11.2014, BT-PlProt. 18/66, MietNovG, 6205C (Herv. d. Verf.). Vgl. auch BVerfGE 37, 132 <142> – *Vergleichsmiete I* [1974]: die Ausnutzung von Mangellagen genieße aufgrund der sozialen Bedeutung des Wohnens keinen verfassungsrechtlichen Schutz; → § 8 C. V. Zur strukturellen Ausrichtung der Mietpreisbremse, die somit keine persönlichen Vorwürfe verteile, *Gustorff*, Mietpreisbremse und Bestellerprinzip, 2021, S. 308 f.

84 *Winkelmeier-Becker* (CDU/CSU), Sten. Bericht der 91. Sitzung, 5.3.2015, BT-PlProt. 18/91, MietNovG, 8602D.

85 *Wischmeyer*, Zwecke im Recht, 2015, S. 391; *Wischmeyer*, JZ 70 (2015), 957 (965); → § 2 C.

die Gesetzgebung in steigenden oder hohen Mieten kein generelles Problem erkennt.[86] Problematisch erscheint allein, wenn Vermieter aufgrund der angespannten Marktlage weit über der Vergleichsmiete liegende Mieten verlangen.[87]

2. Räumliche Begrenzung auf angespannte Wohnungsmärkte

Aus gesetzgeberischer Sicht besteht nur auf angespannten Wohnungsmärkten Handlungsbedarf.[88] Da der Mietpreisbremse insofern die Annahme zugrunde liegt, nur in begrenzten Gebieten problematische Entwicklungen vorzufinden,[89] entfaltet sie ihre Wirkung auch lediglich in Gebieten mit an-

---

86 Die Annahmen im RegE werden insofern von neoklassischen Wissensstrukturen unterstützt, siehe nur *Hofacker*, Preisvorschriften Wohnraum, 2000, S. 161 f.: Das Ausnutzen einer Mangellage stelle kein Problem dar, sondern sei „für das Funktionieren eines Marktes unerläßlich". Denn indem die Anbieterinnen entsprechend dem erwerbswirtschaftlichen Prinzip die aus der Knappheit entstehenden Gewinnchancen nutzten, werde überhaupt erst erreicht, dass die Nachfrage bei gleichzeitiger Anpassung der Angebotsstruktur zurückgedrängt wird. Diese überteuerten Preise dürften jedoch nicht für außerhalb dieses Gebiets maßgeblich sein.

87 RegE MietNovG, BT-Drs. 18/3121, 16. Kritisch zum begrenzten Nutzen der Mietpreisbremse für Geringverdienerhaushalte und zur Mittelschichtsorientierung der Mietpreisbremse *Holm*, APuZ 64:20/21 (2014), 24 (29).

88 RegE MietNovG, BT-Drs. 18/3121, 17: „*Sobald* ein angespannter Wohnungsmarkt entstanden ist, muss, wie die gegenwärtige Situation zeigt, zügig reagiert werden, um den Preisanstieg bei Wiedervermietung zu dämpfen und so die negativen sozialen Auswirkungen dieser Entwicklung zu begrenzen." (Herv. d. Verf.) Es können jedoch bereits negative Auswirkungen eingetreten sein, wenn erst reagiert wird, wenn ein angespannter Wohnungsmarkt entstanden ist. An dieser Stelle besteht eine Parallele zum Konzept und der Verhinderung von Gentrifizierung. Gegenmaßnahmen setzen erst ein, wenn Gentrifizierung erkannt wurde, was voraussetzt, dass die ersten Haushalte – meist die schutzlosesten – bereits verdrängt wurden.

89 Vgl. aus den Plenardebatten *Weisgerber* (CDU/CSU), Sten. Bericht der 91. Sitzung, 5.3.2015, BT-PlProt. 18/91, MietNovG, 8606C: „Die Wohnungsmärkte in Deutschland funktionieren in weiten Teilen, in manchen aber eben auch nicht." Nur in einigen Teilen seien durch Zuzug angespannte Lagen entstanden und das Marktgleichgewicht aus den Fugen geraten. Eine andere Nuancierung nimmt die SPD-Fraktion beim MPBRefG vor. Sie bedauert die lediglich dämpfende und nicht deckelnde Wirkung der Mietpreisbremse und führt diese auf die nicht flächendeckende Regelung zurück, SPD-Fraktion, Beschlussempfehlung und Ausschussbericht, MPBRefG, BT-Drs. 19/17156, 5. Für eine bundesweite Geltung auch der Änderungsantrag der Linksfraktion, MietNovG, BT-Drs. 18/4223. Für das Bestellerprinzip wird die Begrenzung bzw. Zuspitzung der Problemlage besonders explizit gemacht. Diesbezüglich heißt es, dass „*[i]nsbesondere* auf angespannten Wohnungsmärkten […]" bzw. „*[g]erade*

gespannten Wohnungsmärkten (§ 556 d Abs. 1). Die regionale Begrenzung des Problems des Nachfrageüberhangs ermöglicht es, die Wohnproblematik nicht als grundlegend im Dualismus von Wirtschafts- und Sozialgut angelegt, sondern als „regionale Wohnungsknappheit“[90] zu verhandeln. Die regional unterschiedliche Wohnungsmarktlage verlangt dann „passgenaue, regionale Antworten“.[91]

Mit der Beschränkung auf Gebiete mit angespannten Wohnungsmärkten wird an einen bekannten Topos des Vergleichsmietensystems angeknüpft. Dabei liegt zunächst eine eigentums- bzw. verfassungsrechtliche Begründung nahe.[92] Und auch das BVerfG argumentiert im Beschluss zur Mietpreisbremse, dass bei Wahrung der gesetzgeberischen Ziele der Mietpreisregulierung gleichzeitig das Eigentum der Vermieter durch den begrenzten Anwendungsbereich geschont werde.[93] Das Konzept der angespannten Marktlage unterstütze beim Anliegen, einen angemessenen Ausgleich zwischen den Interessen der Vermieterinnen und Mieterinnen herzustellen, indem „die mit der Miethöhenregulierung verbundene Durchsetzung der Interessen von Mietern oder Wohnungssuchenden auf ein den Gesetzeszielen entsprechendes Maß“ begrenzt werde.[94] Denn durch die Beschränkung komme die Regelung nur dort zur Anwendung, wo die Mieter und Wohnungssuchenden eines besonderen Schutzes bedürfen.[95]

Daneben liegen der Begrenzung auch neoklassisch-marktwirtschaftliche Annahmen zugrunde, wie sich insbesondere in der Entwicklung des Begriffs der angespannten Wohnungsmärkte als Abweichung von der marktwirtschaftlichen Normalsituation zeigt. So liegt nach der Konzeption der

---

in angespannten Mietwohnungsmärkten [...]“ Mietobjekte über Makler angeboten und die Kosten den Mietern aufgelegt würden, RegE MietNovG, BT-Drs. 18/3121, 15 (Herv. d. Verf.).

90 RegE MietNovG, BT-Drs. 18/3121, 11.

91 *Weisgerber* (CDU/CSU), Sten. Bericht der 17. Sitzung, 20.2.2014, BT-PlProt. 18/17, MPB, 1251C. Statt eines „deutschlandweiten Einheitswohnmarkt[es]“ (*Heil* [SPD], ebd., 1257B) brauche es „zielgenaue“ Antworten (PStS *Pronold*, ebd. 1244A).

92 In diesem Sinne Gegenäußerung BReg, MietNovG, BT-Drs. 18/3250, 1; *Luczak* (CDU/CSU), Sten. Bericht der 91. Sitzung, 5.3.2015, BT-PlProt. 18/91, MietNovG, 8597D; zum Eingriff in das Eigentum siehe auch *Winkelmeier-Becker* (CDU/CSU), ebd., 8603A.

93 BVerfG, Beschl. v. 18.7.2019, 1 BvL 1/18 u.a. (Mietpreisbremse), Rn. 80 f.; *Eller*, in: Croon-Gestefeld et al. (Hrsg.), Das Private im Privatrecht, 2022, S. 75 (87), spricht ebenfalls von einer „besondere[n] Zielgenauigkeit“, verbindet dies aber mit dem Gedanken der gestärkten politischen Durchsetzbarkeit.

94 BVerfG, Beschl. v. 18.7.2019, 1 BvL 1/18 u.a. (Mietpreisbremse), Rn. 81.

95 BVerfG, Beschl. v. 18.7.2019, 1 BvL 1/18 u.a. (Mietpreisbremse), Rn. 81.

Mietpreisbremse ein angespannter Wohnungsmarkt vor, „wenn die ausreichende Versorgung der Bevölkerung mit Mietwohnungen in einer Gemeinde oder einem Teil der Gemeinde zu angemessenen Bedingungen besonders gefährdet ist“ (§ 556 d Abs. 2 S. 2 BGB). Dieser Tatbestand ist den bestehenden Regelungen in § 558 Abs. 3 S. 2 (Kappungsgrenze) und § 577 a Abs. 2 (Umwandlungsverbot) nachgebildet.[96] Daher verweist die Gesetzgebung auch auf die Verfassungsrechtsprechung zur vergleichbaren Regelung zur Zweckentfremdung in Art. 6 MietRVerbG.[97] Nach den diesbezüglichen Feststellungen des BVerfG zielte die Regelung dadurch, dass das Instrument des Genehmigungsvorbehalts nur „in *besonders* gefährdeten Gebieten“ eingesetzt werden sollte, „nicht auf einen wünschbaren Idealzustand, sondern auf die Sicherstellung des *Normalen*“.[98] Diese Normalsituation zeichne sich durch ein „annäherndes Gleichgewicht von Angebot und Nachfrage, nicht aber ein – kurzfristig vielleicht erstrebenswertes – preisdrückendes Überangebot“ aus.[99] Zudem bedeuteten angemessene Mieten in diesem Kontext

> *„nicht außergewöhnlich niedrige Mieten, sondern Mieten, die, für Wohnungen der entsprechenden Art, von einem durchschnittlich verdienenden Arbeitnehmerhaushalt allgemein, d.h. auch außerhalb der besonders ge-*

---

96 RegE MietNovG, BT-Drs. 18/3121, 28; *Blank*, WuM 2014, 641 (646); *Blankenagel/Schröder/Spoerr*, NZM 2015, 1 (3); weiter *Börstinghaus*, NJW 2015, 1553 (1553); *A. Frank*, Mietpreisbremse, 2016, S. 125 ff. Mittlerweile wurde der Kriterienkatalog auch für § 201 a BauGB (i.d.F. v. 14.6.2021) übernommen.

97 RegE MietNovG, BT-Drs. 18/3121, 28. Wesentlich deutlicher in dieser Hinsicht BVerfG, Beschl. v. 18.7.2019, 1 BvL 1/18 u.a. (Mietpreisbremse), Rn. 81, wonach „[d]as Verständnis eines angespannten Wohnungsmarktes [...] von der Rechtsprechung entwickelt“ wurde. Der Verweis auf Art. 6 MietRVerbG und die korrespondierende Verfassungsrechtsprechung führt in Teilen des Schrifttums dazu, die Übertragbarkeit auf den Kontext der Mietpreisbremse zu bezweifeln. So entstammten die Tatbestandsmerkmale „aus dem Sinnzusammenhang des Schutzes von Bestandsmietverhältnissen“ und ließen „sich auf das neue Paradigma der Eigentumsbeschränkung zum Schutz von Wohnungssuchenden nicht übertragen“, *Blankenagel/Schröder/Spoerr*, NZM 2015, 1 (21). Geschützt werde nun nicht mehr nur der Bestand des bisherigen Wohnraums, sondern die Möglichkeit der Mieter in ihrem bisherigen Viertel zu wohnen. Dazu, ob es sich bei diesem Schutz vor Gentrifizierung um ein legitimes gesetzgeberisches Ziel handelt, → § 8 C. IV. 3.

98 Hergeleitet über Wortlaut und Intention des Gesetzgebers durch BVerfGE 38, 348 <360> – *Zweckentfremdung von Wohnraum* [1975], (Herv. d. Verf). Dies aufgreifend *Börstinghaus*, in: Schmidt-Futterer, Mietrecht-Großkomm., 16. Aufl. 2024, § 556 d BGB Rn. 33; *Schuldt*, Mietpreisbremse, 2017, S. 238 ff.

99 BVerfGE 38, 348 <360> – *Zweckentfremdung von Wohnraum* [1975]; siehe hierzu und zum Folgenden auch *Börstinghaus*, in: Schmidt-Futterer, Mietrecht-Großkomm., 16. Aufl. 2024, § 556 d BGB Rn. 33 ff.

> *fährdeten Gebiete, tatsächlich aufgebracht werden, und zwar einschließlich der vom Staat gewährten finanziellen Hilfen*"[100].

Das Gericht preist bei der Bestimmung der Normalsituation also bereits staatliche Unterstützungsleistungen und Ausgleichsmaßnahmen ein und normalisiert diese. Gleichwohl ist das Konzept Ausdruck eines marktwirtschaftlichen Politikansatzes: Denn der Verweis auf eine solche Normalsituation sei „bei grundsätzlich marktwirtschaftlich orientierter Wirtschaftspolitik des Gesetzgebers" unerlässlich, wenn durch die Regelung diese Politik nicht umgekehrt, sondern mittel- und langfristig dadurch gestützt werden solle, „daß die Funktionsfähigkeit des Marktes wieder hergestellt und gefördert wird."[101]

Auch für den Kontext der Mietpreisbremse bedeutet dies, dass durch die Begrenzung auf bestimmte Gebiete ein marktwirtschaftlicher Normalzustand in den anderen Gebieten angenommen wird. Durch die Orientierung an der ortsüblichen Vergleichsmiete wird jedoch ein spezifischer Maßstab zur Bestimmung des Normalen gewählt.[102] Die Mietpreisbremse knüpft somit zwar an das bestehende Konzept an, entwickelt es jedoch durch zusätzliche marktorientierte Indikatoren, mit denen die angespannten Marktlagen seit dem MietNovG ausgefüllt werden, weiter: die Regelbeispiele in § 556 d Abs. 2 S. 3 Nr. 1–4 BGB und ein höheres Begründungserfordernis[103] ergänzen die Definition.[104] Die Indikatoren setzen entweder an

---

100 BVerfGE 38, 348 <360> – *Zweckentfremdung von Wohnraum* [1975]; *Börstinghaus*, in: Schmidt-Futterer, Mietrecht-Großkomm., 16. Aufl. 2024, § 556 d BGB Rn. 35, m.w.N.; *Lehmann-Richter*, WuM 2015, 204 (207), m.V.a. die Verfassungsrechtsprechung; weiter *L. Winkler*, Regulierung von Bestandsbauten, 2023, S. 307.

101 BVerfGE 38, 348 <360 f.> – *Zweckentfremdung von Wohnraum* [1975], m.V.a. BVerfGE 8, 274 <311, 313 f.> – *Preisgesetz* [1958], zu den Gesetzen aus der Preisfreigabe (→ § 6 B. II.; § 7 C. II.). Ein weiterer Ausdruck der Orientierung an einer Normalsituation sei das Vergleichsmietensystem und speziell die ortsübliche Vergleichsmiete, die auf eine „normale Marktsituation und einen Marktpreis Bezug" nehme, BVerfGE 38, 348 <362> – *Zweckentfremdung von Wohnraum* [1975].

102 → § 8 C. I. 1.

103 *Herlitz*, in: Herlitz/Saxinger (Hrsg.), Hdb. soz. Wohnungsbau und MietR, 2019, Kap. 4 Rn. 218.

104 Die Neuerungen werden teilweise darauf zurückgeführt, dass der Verordnungsgeber von den bisherigen Verordnungsermächtigungen „geradezu inflationär Gebrauch" gemacht habe, *Artz*, in: MüKo-BGB, 9. Aufl. 2023, § 556 d Rn. 12. Weiter wird aus den Ergänzungen teilweise eine strengere Rechtslage abgeleitet, die notwendig sei, da die Mietpreisbremse „stärker in die Grundrechte des Vermieters" eingreife, *Blank*, WuM 2014, 641 (647); ähnlich *Börstinghaus*, NJW 2015, 1553 (1553). Dafür, dass die Konkretisierung wenig hilfreich sei, *Emmerich*, in: Staudinger, BGB-

einer Unterversorgung durch Bevölkerungswachstum (Nr. 3), also auf der Nachfrageseite, oder geringem Leerstand (Nr. 4), also auf Angebotsseite, an. Alternativ werden Rückschlüsse aus den Preissignalen gezogen: entweder aus der Mietpreisentwicklung (Nr. 1) oder hinsichtlich der Mietbelastung (Nr. 2).[105]

Historisch wie auch im regulatorischen Detail verorten die angespannten Marktlagen die Mietpreisbremse somit in einem marktwirtschaftlichen Setting. Nur für die ausgewiesenen Gebiete wird eine Notlage gesehen, die einer rechtlichen Reaktion bedarf. Es besteht kein Problem mit dem Wohnungsmarkt als solchem, sondern nur mit einzelnen Marktlagen.[106] Der Wohnungsmarkt in den anderen Gebieten wird als Normalsituation angesehen und soll ohne Mietpreisregulierung funktionieren. Auch den Merkmalen und Indikatoren für angespannte Marktlagen selbst liegen marktwirtschaftliche Gedanken zugrunde. Diese entwickelten sich im Wechselspiel zwischen Gesetzgebung und Bundesverfassungsgericht, die ihre Aussagen gegenseitig aufgegriffen haben.

Komm., 2024, § 556 d Rn. 33 ff.; *Herlitz*, in: Herlitz/Saxinger (Hrsg.), Hdb. soz. Wohnungsbau und MietR, 2019, Kap. 4 Rn. 225 ff. Dennoch wurden die Regelbeispiele auch für die Definition der angespannten Marktlagen im BauGB übernommen, vgl. § 201 a S. 3, 4 BauGB i.d.F. v. 14.6.2021.

105 RegE MietNovG, BT-Drs. 18/3121, 29; BM *Maas*, Sten. Bericht der 66. Sitzung, 13.11.2014, BT-PlProt. 18/66, MietNovG, 6192D: „Ein Wohnungsmarkt gilt dort als angespannt, wo die Mieten hoch sind, wo sie besonders stark steigen, wo die Wohnbevölkerung bei stagnierendem Wohnraum wächst und wo geringer Leerstand bei großer Nachfrage besteht." Zur Entfaltung der Tatbestandsmerkmale *Blank*, WuM 2014, 641 (644 ff.); *Lehmann-Richter*, WuM 2015, 204 (208 f.); *Börstinghaus*, in: Schmidt-Futterer, Mietrecht-Großkomm., 16. Aufl. 2024, § 556 d BGB Fn. 33 ff.; ausführlich *L. Winkler*, Regulierung von Bestandsbauten, 2023, S. 305 ff.

106 Deutlich wird diese Ansicht auch in der gesetzgeberischen Auseinandersetzung mit den bestehenden Wuchervorschriften: In diesem Kontext wird als Aufgabe der Mietpreisbremse genannt, den sozial unerwünschten Auswirkungen problematischer Marktlagen zu begegnen, RegE MietNovG, BT-Drs. 18/3121, 14. Hinter dem vordergründigen sozialen Motiv zeigt sich auch in dieser Formulierung, dass lediglich in bestimmten Markt*lagen* ein Problem gesehen wird. In diese Richtung geht auch die Plenarrede von *Magwas* (CDU/CSU), Sten. Bericht der 17. Sitzung, 20.2.2014, BT-PlProt. 18/17, MPB, 1255C, die die Probleme eindämmen möchte, „ohne dabei die Grundlagen eines intakten Wohnungsmarktes außer Acht zu lassen." Siehe in derselben Debatte die Bezeichnung des Wohnungsmarktes als Erfolgsmodell, *Jörrißen* (CDU/CSU), ebd., 1247A.

3. Eingeschränkte Effizienz: Fehlbelegung bei angespannten Marktlagen

Nach einem neoklassischen Verständnis sind steigende Preise respektive steigende Mieten kein Problem an sich, sondern ein normaler marktwirtschaftlicher Ablauf. Dass die steigenden Mieten durch die Gesetzgebung zum Problem erklärt werden, bedarf daher weiterer Erklärung. Ein Grund hierfür sind die Auswirkungen auf die Situation der Mieterinnen.[107] Die angespannte Marktlage ist aber auch aus neoklassischer Perspektive insofern problematisch, als dass sie eine effiziente Verteilung der vorhandenen Ressourcen (Wohnungen) verhindert. Demnach bewirken der auf angespannten Großstadtmärkten gesunkene Leerstand und die geringe Bautätigkeit bei konstant hoher oder steigender Nachfrage, dass Haushalte dazu tendieren, in ihren Wohnungen zu bleiben, anstatt umzuziehen.[108] Auf angespannten Wohnungsmärkten kann der Marktmechanismus aufgrund solcher Beharrungstendenzen nicht mehr allokationseffizient wirken. Die andersherum gelagerte stadtsoziologische Erklärung für Fehlallokationen – die Aussicht auf hohe Mieten führt dazu, dass Mieterinnen nicht umziehen – wird hingegen nicht aufgegriffen.

II. Gesetzgeberische Annahmen II: Neoklassische Problemlösung abseits der Mietpreisbremse

Der Mietpreisbremse liegt somit ein neoklassisch fundiertes Problemverständnis zugrunde: Die Mieten steigen in bestimmten Regionen aufgrund eines Nachfrageüberhangs und dadurch kommt es zu ineffizienten Fehlbelegungen. Auch wenn also steigende Mieten das Problem sind, gegen das sich die Gesetzgebung mit der Mietpreisbremse unmittelbar richtet, werden sie gleichzeitig nur als Symptom des *eigentlichen* Problems, nämlich einem Marktungleichgewicht, angesehen.[109] Dieses Marktungleichgewicht

---

107 Zum Mieterschutz als Zielsetzung der Mietpreisbremse siehe → § 8 C. IV.

108 RegE MietNovG, BT-Drs. 18/3121, 23; die Fluktuationsquote sinkt. Thematisiert wird dies auch in der Evaluation von *Michelsen/Mense*, Evaluierung der Mietpreisbremse, 2018, S. 5, 35 ff., die der Reform 2020 zugrunde liegt. *Oestmann*, in: HKK-BGB, 2013, S. 531 Rn. 89, kritisiert das „dauerhafte Wohnen in einer bestimmten Mietwohnung" hingegen sogar als „unausgesprochene[s] gesetzgeberische[s] Leitbild", das „eine zweckmäßigere Verteilung des vorhandenen Wohnraums [...] stark behindert und zumindest gesetzlich nicht gewollt ist."

109 In diese Richtung bereits *Luczak* (CDU/CSU), Sten. Bericht der 17. Sitzung, 20.2.2014, BT-PlProt. 18/17, MPB, 1241A; *Luczak* (CDU/CSU), Sten. Bericht der 66.

soll mittel- bis langfristig über eine Ausweitung des Angebots durch Neubau ausgeglichen werden (1.).[110] In diesem Sinne fordert § 556 d Abs. 2 S. 7 BGB a.E., dass die Verordnungsbegründung über die Bestimmung angespannter Wohnungsmarktlagen diejenigen Maßnahmen enthält, die die Landesregierungen ergreifen, um Abhilfe zu schaffen. Die Mietpreisbremse selbst ist demnach keine Abhilfe, sondern diese ist an anderer Stelle zu besorgen. Auch die Befristung der Verordnungen über angespannte Wohnungsmärkte deutet in diese Richtung: Die Mietpreisbremse ist ein nur für eine Zwischenzeit vorgesehenes Instrument, das ermöglichen soll, dass der Markt mithilfe weiterer Maßnahmen zu einem Ausgleich findet.

Für diesen Ausgleich sollen insbesondere Neubauinvestitionen Privater sorgen (2.). Diese Investitionen sollen ökonomisch angereizt werden. Hierfür dienen die verschiedenen Ausnahmen von der Mietpreisbegrenzung des § 556 d Abs. 1 BGB.[111] Von der Mietpreisbremse sind demnach die Mieten

---

Sitzung, 13.11.2014, BT-PlProt. 18/66, MietNovG, 6196A; *Weisgerber* (CDU/CSU), ebd., 6204D; *Jörrißen* (CDU/CSU), ebd., 6205C.

110 Die Ausweitung des Angebots könne erst „mittel- und langfristig [...] dazu beitragen, regionale Wohnungsknappheit zu beseitigen", RegE MietNovG, BT-Drs. 18/3121, 11. Durch diese Aussage wird einerseits die geringe Elastizität des Wohnungsmarktes aufgegriffen, andererseits spiegelt sich darin das neoklassische Vertrauen auf die Selbstheilungskräfte des Marktmechanismus. Siehe kritisch → § 5 B. II. 3. Als weiterer Hinweis auf eine alternative Problemlösung – durch Eigentumsförderung – *Luczak* (CDU/CSU), Sten. Bericht der 66. Sitzung, 13.11.2014, BT-PlProt. 18/66, MietNovG, 6197A: „Wir reden immer von Mieten. Wenn man die Grunderwerbssteuer so stark erhöht, erschwert das natürlich auch die Eigentumsbildung. Es sollte doch eigentlich unser politisches Ziel sein, gerade jungen Familien zu ermöglichen, zu einem kleinen Eigenheim zu kommen. Wer nämlich im Eigenheim wohnt, braucht hinterher keine Miete mehr zu zahlen." Zur polit-ökonomischen Einordnung → § 5 B. III. Bereits aus den Reihen der Koalition wird erwidert, dass die Grunderwerbssteuererhöhungen durch die jeweiligen Länder und aufgrund des hohen finanziellen Drucks erfolgten, *Groß* (SPD), ebd., 6204A.

111 Diese gesetzgeberische Argumentation wird auch vom Bundesverfassungsgericht aufgegriffen, das sich diese in den Entscheidungsgründen zu eigen macht: „Die mit der Mietobergrenze verfolgten Ziele machen es notwendig, Neubauten ab einem bestimmten Stichtag von deren Geltung auszunehmen. Der Wohnungsmangel auf angespannten Mietmärkten lässt sich dauerhaft nur durch Schaffen zusätzlichen Wohnraums bekämpfen. Eine Regulierung der zulässigen Miethöhe macht Vermietungen aber wirtschaftlich unattraktiver, was zu einer Verringerung der Neubautätigkeit führen kann. Dem wirkt es entgegen, Neubauten, die ab einem bestimmten Stichtag erstmals genutzt worden sind, von der Miethöhenregulierung bei Mietbeginn auszunehmen", BVerfG, Beschl. v. 18.7.2019, 1 BvL 1/18 u.a. (Mietpreisbremse), Rn. 106 – ohne Bezugnahme auf den Gesetzestext oder die -materialien. Ebenso *L. Winkler*, Regulierung von Bestandsbauten, 2023, S. 464.

für Neubau sowie für die Erstvermietung nach umfassender Modernisierung ausgenommen (§ 556 f).[112] Neben diese Ausnahmen tritt die Legalisierung von über der Höchstmiete aus § 556 d Abs. 1 liegenden Mieten gem. § 556 e Abs. 1. Die verschiedenen Ausnahmen wirken unmittelbar auf das jeweilige Mietobjekt und ermöglichen mittelbar sich weiterhin dynamisch entwickelnde und langfristig steigende Mieten, da sie in die Vergleichsmietenberechnung einfließen.[113] Dem gesetzgeberischen Problemlösungsverständnis entspricht also der Wirkmechanismus der Mietpreisbremse, den Mietanstieg lediglich zu *dämpfen*.[114]

1. Bekämpfung der Ursachen statt nur der Symptome

Von vornherein wird seitens der Gesetzgebung klargestellt, dass die Mietpreisbremse „keinen zusätzlichen Wohnraum“ schaffe.[115] Sie sei stattdessen erforderlich, „um zeitnah die negativen Auswirkungen angespannter Wohnungsmärkte zu begrenzen.“[116] Insofern wird mit der Mietpreisbremse Schadensbegrenzung betrieben, indem die Bezahlbarkeit des Wohnens gesichert und überzogene Mieten adressiert werden sollen.[117] Die Mieterhöhungen werden als Symptom verstanden, die Mietpreisbremse als Behandlung des Symptoms. Der eigentliche Missstand – ein angespannter Wohnungsmarkt – wird durch die Mietpreisbremse jedoch nicht aufgelöst. Die Lücke zwischen Angebot und Nachfrage kann (und soll) die Mietpreisbremse nicht schließen.[118] Zur Behandlung der Ursache brauche es

---

112 Da unter § 555 b nicht nur nachhaltige Modernisierungen fallen, die Umlage nicht mit der Amortisierung endet (vgl. § 559 BGB) und aus den Modernisierungen nicht immer Wohnwertsteigerungen, jedoch Immobilienwertsteigerungen folgen, ergeben sich an dieser Stelle Wertungswidersprüche und Zielkonflikte. Obwohl sich insofern ein Potenzial zur polit-ökonomischen Untersuchung zeigt, weist der Komplex der Modernisierungen insgesamt über die vorliegende Untersuchung hinaus und wird nicht vertieft.

113 → § 8 C. III. 1. b.

114 Vgl. bereits den amtlichen Titel des Gesetzes, → § 8 B. I. Zum Missverständnis über Ziel und Mittel bei der Mietpreisbremse *Gustorff*, Mietpreisbremse und Bestellerprinzip, 2021, S. 307 f.

115 RegE MietNovG, BT-Drs. 18/3121, 2, 15.

116 RegE MietNovG, BT-Drs. 18/3121, 2.

117 *Magwas* (CDU/CSU), Sten. Bericht der 91. Sitzung, 5.3.2015, BT-PlProt. 18/91, MietNovG, 8608C.

118 In diesem Sinne betont die CDU/CSU-Fraktion bei den Reformdebatten, dass die Mietpreisbremse kein Allheilmittel sei, sondern eine Übergangslösung. Entschei-

stattdessen Neubau.[119] In der Konsequenz wird Neubau als eigentlicher Mieterschutz deklariert.[120]

Dass diese Debatte im Zuge des Gesetzgebungsverfahrens zum MietNovG überhaupt geführt wird, obwohl dessen Zielrichtung eben nicht die Behandlung der Ursachen, sondern der Symptome ist, verdeutlicht die Zurückhaltung der Gesetzgebung angesichts ihres marktwirtschaftlichen Denkrahmens, liegt aber auch an den begleitenden wissenschaftlichen Beiträgen. Denn auch im rechtswissenschaftlichen Schrifttum wird die Problemlösung primär in der Angebotserweiterung gesehen: „Mietsteigerun-

---

dend sei vielmehr, „dass ein größeres Angebot an Wohnraum zur Verfügung gestellt werde, indem mehr und kostengünstiger gebaut werde", CDU/CSU-Fraktion, Beschlussempfehlung und Ausschussbericht, MPBRefG, BT-Drs. 19/17156, 4. Die Fraktionen der FDP und AfD hingegen fordern aufgrund dieses Aspekts wiederholt die Abschaffung der Mietpreisbremse. Stattdessen brauche es „marktwirtschaftliche Maßnahmen" (Fraktion der AfD, Ausschussbericht und Beschlussempfehlung, MietAnpG, BT-Drs. 19/6153, 19) bzw. Neubau und Steuererleichterungen (Fraktion der FDP, ebd., 19; Fraktion der FDP, Beschlussempfehlung und Ausschussbericht, MPBRefG, BT-Drs. 19/17156, 5).

119 Ausschussbericht und Beschlussempfehlung, MietNovG, BT-Drs. 18/4220, 4. *Weisgerber* (CDU/CSU), Sten. Bericht der 91. Sitzung, 5.3.2015, BT-PlProt. 18/91, MietNovG, 8607B: „Wir müssen auch die Ursachen und nicht nur die Symptome bekämpfen"; ähnlich *Winkelmeier-Becker* (CDU/CSU), ebd., 8603A. Bereits zuvor: „Am Ende wird sich die Situation auf den angespannten Mietmärkten nur dann entspannen, wenn es dort mehr neue Wohnungen gibt", *Winkelmeier-Becker* (CDU/CSU), Sten. Bericht der 66. Sitzung, 13.11.2014, BT-PlProt. 18/66, MietNovG, 6200B. Siehe auch *Magwas* (CDU/CSU), Sten. Bericht der 91. Sitzung, 5.3.2015, BT-PlProt. 18/91, MietNovG, 8608C: „denn die Lösung des Kernproblems heißt: bauen, bauen, bauen"; *Luczak* (CDU/CSU), Sten. Bericht der 66. Sitzung, 13.11.2014, BT-PlProt. 18/66, MietNovG, 6196A; *Weisgerber* (CDU/CSU), ebd., 6204D; *Jörrißen* (CDU/CSU), ebd., 6205C. Ähnlich schon beim Mietrechtsverbesserungsgesetz: „Dieser Entwicklung kann letztlich befriedigend nur durch Schließen der Angebotslücke auf dem Wohnraummarkt abgeholfen werden", RegE MietRVerbG, BT-Drs. 6/1549, 6.

120 *Weisgerber* (CDU/CSU), Sten. Bericht der 17. Sitzung, 20.2.2014, BT-PlProt. 18/17, MPB, 1252A: „Der beste Mieterschutz ist immer noch der Bau neuer Wohnungen"; *Luczak* (CDU/CSU), Sten. Bericht der 91. Sitzung, 5.3.2015, BT-PlProt. 18/91, MietNovG, 8597B: „Das beste Mittel gegen steigende Mieten ist immer noch der Bau von neuen Wohnungen"; wortgleich bereits *Luczak* (CDU/CSU), Sten. Bericht der 17. Sitzung, 20.2.2014, BT-PlProt. 18/17, MPB, 1241A. Anders nuanciert wiederum *Winkelmeier-Becker* (CDU/CSU), Sten. Bericht der 91. Sitzung, 5.3.2015, BT-PlProt. 18/91, MietNovG, 8603A, die die Wahlmöglichkeit der Mieterinnen und Mieter bei breitem Wohnungsangebot betont. In der rechtswissenschaftlichen Literatur siehe hierzu anstelle vieler *Schuldt*, Mietpreisbremse, 2017, S. 267, der ebenfalls ein ausreichendes Angebot an Wohnungen als den besten Mieterschutz ansieht und vor diesem Hintergrund – als Anreiz – die Abschaffung der Mietpreisbremse vorschlägt. Prägend *Honsell*, AcP 186 (1986), 115 (117, 132, 182).

gen aufgrund angespannter Wohnungsmärkte kann man nur kurzfristig mit Preisregulierungen bekämpfen, auf Dauer helfen nur wohnungsmarktpolitische Maßnahmen […].“[121] Zudem kann über die argumentative Trennung von schneller Symptombehandlung und langfristiger Ursachenlösung der Wirkungsbereich der Mietpreisbremse verkleinert werden: durch räumliche und zeitliche Beschränkungen sowie die Kopplung mit weiteren Maßnahmen.[122] Dem zugrunde liegt die bereits erwähnte Annahme, dass Neubau der eigentlichen Problemlösung diene und der Staat hierbei „auf private Investitionen angewiesen“[123] sei. Die Privaten „investieren aber nur, wenn es sich für sie wirtschaftlich lohnt.“[124] Es brauche daher „Rahmenbedingungen, die Eigentümer nicht von Investitionen abhalten“.[125] Insofern könne die Mietpreisbremse „auf einem überwiegend privatwirtschaftlich organisierten Mietwohnungsmarkt“ nur ein Baustein der Wohngesetzgebung sein.[126] Damit wird der Ausnahmecharakter eines solchen Markteingriffs einmal mehr deutlich.

---

121 *Börstinghaus*, in: Schmidt-Futterer, Mietrecht-Großkomm., 16. Aufl. 2024, § 556 d BGB Rn. 45, ähnlich bereits Rn. 15. Mit einer historischen Parallele *Blankenagel/Schröder/Spoerr*, NZM 2015, 1 (6), wonach in Zeiten „großer Wohnungsnot die Frage sowohl eines effektiven (vorübergehenden) Schutzes der Mieter wie auch die der Behebung der Wohnungsnot durch intensive Bautätigkeit auf der Tagesordnung standen.“ Für die Mietpreisbremse streite demgegenüber ihre schnelle Wirkung, BVerfG, Beschl. v. 18.7.2019, 1 BvL 1/18 u.a. (Mietpreisbremse), Rn. 67; *P. Lange*, DVBl 2015, 1551 (1555).

122 *Magwas* (CDU/CSU), Sten. Bericht der 91. Sitzung, 5.3.2015, BT-PlProt. 18/91, MietNovG, 8608C; *Luczak* (CDU/CSU), ebd., 8597B.

123 *Luczak* (CDU/CSU), Sten. Bericht der 17. Sitzung, 20.2.2014, BT-PlProt. 18/17, MPB, 1241B. Vgl. insofern die Entwicklungslinie, insb. zum 1. BMG, → § 4 B. III. Siehe zudem in der Plenardebatte zum Antrag der Linksfraktion: *Weisgerber* (CDU/CSU), ebd., 1252A, die hervorhebt, dass auch die Mitwirkung der vielen privaten Vermieterinnen und Vermieter in Deutschland notwendig sei. Zur Notwendigkeit der Beteiligung des privaten Kapitals später erneut *Luczak* (CDU/CSU), Sten. Bericht der 91. Sitzung, 5.3.2015, BT-PlProt. 18/91, MietNovG, 8597D.

124 *Weisgerber* (CDU/CSU), Sten. Bericht der 17. Sitzung, 20.2.2014, BT-PlProt. 18/17, MPB, 1252A.

125 *Luczak* (CDU/CSU), Sten. Bericht der 17. Sitzung, 20.2.2014, BT-PlProt. 18/17, MPB, 1241D. Anders akzentuiert, aber ähnlich *Rohde* (SPD), ebd., 1249B. In der ersten Lesung des MietNovG später erneut *Luczak* (CDU/CSU), Sten. Bericht der 66. Sitzung, 13.11.2014, BT-PlProt. 18/66, MietNovG, 6196A.

126 RegE MietNovG, BT-Drs. 18/3121, 15.

2. Anreize für Neubau statt einer Investitionsbremse

Aus gesetzgeberischer Sicht stellt also Neubau die Lösung der Problemlage auf dem Wohnungsmarkt dar. Hierfür seien wiederum private Investitionen erforderlich. Diese Investitionen stehen jedoch in Konkurrenz zu anderen Anlageoptionen.[127] Daher brauche es Anreize, damit in den Wohnungsbau investiert werde.[128] Denn umgekehrt führten fehlende Anreize zu weniger Investitionen, weniger Neubau, weniger Angebot und somit zu weiter steigenden Mieten – „so sind die Zusammenhänge in der Marktwirtschaft."[129]

In der Folge stellen die Ausnahmen für Neubau und Modernisierung einen Schwerpunkt der parlamentarischen Debatte dar. Während die Opposition diese Ausnahmen kritisiert und zumindest begrenzen möchte, werden sie mit der parlamentarischen Mehrheit beschlossen.[130] Die Gesetzgebung geht davon aus, mit den Ausnahmen sicherzustellen, dass „[d]er Anreiz für Investitionen in den Wohnungsneubau [...] nicht beeinträchtigt"[131] bzw. dass „der Wohnungsneubau durch die neu geschaffene Dämpfung der Mieten bei Mietbeginn nicht behindert"[132] werde. In dieselbe Richtung zielt auch die Stellungnahme des federführenden Ausschusses im Bundestag: Demnach seien „Fehlanreize gegenüber potenziellen Inves-

127 *Luczak* (CDU/CSU), Sten. Bericht der 17. Sitzung, 20.2.2014, BT-PlProt. 18/17, MPB, 1241C. Besonders virulent wird diese Thematik aufgrund der Entwicklungen auf den Finanzmärkten seit 2022. Die Zinssteigerungen führen dazu, dass die Kreditfinanzierung weniger attraktiv wird und der Neubau durch private Wohnungsunternehmen von einem bereits sehr geringen Niveau einbricht.

128 Vgl. *Bartol* (SPD), Sten. Bericht der 91. Sitzung, 5.3.2015, BT-PlProt. 18/91, MietNovG, 8595A; ähnlich *Winkelmeier-Becker* (CDU/CSU), ebd., 8603A, B; *Weisgerber* (CDU/CSU), ebd., 8607A.

129 *Luczak* (CDU/CSU), Sten. Bericht der 17. Sitzung, 20.2.2014, BT-PlProt. 18/17, MPB, 1241C.

130 Vgl. aus dem Schrifttum *Börstinghaus*, in: Schmidt-Futterer, Mietrecht-Großkomm., 16. Aufl. 2024, § 556 f BGB Rn. 3: Die Regelungen des § 556 f BGB seien Ausdruck der gesetzgeberischen Vorbehalte, dass mit der Mietpreisbremse die „Ursachen des Mietanstiegs eher verstärkt würden, weil die Neubautätigkeit eingeschränkt werde"; *Emmerich*, in: Staudinger, BGB-Komm., 2024, § 556 f Rn. 2, m.V.a. RegE MietNovG, BT-Drs. 18/3121, 21 f., 31 f.; *Fleindl*, in: BeckOGK BGB v. 1.1.2025, § 556 f Rn. 2; *Schuldt*, Mietpreisbremse, 2017, S. 267. Die Analyse beschränkt sich im Folgenden auf die Debatte um § 556 f und spart die verschiedenen Modernisierungsvorschriften aus, zur Begründung vgl. bereits → § 8 Fn. 112.

131 RegE MietNovG, BT-Drs. 18/3121, 21; mit einer positiven Wertung der Mietpreisbremse – trotz Markteingriff sei diese kein „Investitionskiller" – *A. Frank*, Mietpreisbremse, 2016, S. 35.

132 RegE MietNovG, BT-Drs. 18/3121, 31.

toren", wie bspw. dadurch, auch für Neubau höchst zulässige Mieten festzulegen, zu vermeiden.[133] Umgekehrt sei die Ausnahme des Neubaus „ein richtiges Signal".[134]

Diese Diskussion über Anreize verläuft in großen Teilen abstrakt. Der Kern des Anreizgedankens – Gewinnmöglichkeiten durch die freie Mietpreisvereinbarung über die zulässige Höchstmiete gem. § 556 d Abs. 1 BGB hinaus – wird kaum explizit benannt. Das Wissen über diese marktwirtschaftlichen Funktionsweisen wird somit vorausgesetzt. Wenn die Anreizfunktion doch genauer beschrieben wird, wird zunächst die dadurch erreichte Planungs- und Investitionssicherheit benannt.[135] Gleichwohl geht der Anreizgedanke darüber hinaus: Die Gesetzgebung beabsichtigt nicht die bloße *Absehbarkeit* von Rahmenbedingungen. Die Investitionen sollen nicht nur planbar sein, sondern auch *nicht abgebremst* werden.[136] Dies wiederum setze voraus, dass die Refinanzierung gewährleistet werde.[137] Aus den gesetzgeberischen Debatten ergibt sich darüber hinaus, dass auch Renditen erwirtschaftet werden können sollen. Es wird insofern von einer

---

133 Ausschussbericht und Beschlussempfehlung, MietNovG, BT-Drs. 18/4220, 5. Dazu, dass mit der Thematik der Gentrifizierung der Begriff des Investors den des Vermieters ersetze, *Dudeck*, Die soziale Frage unserer Zeit, 2025, S. 104 f.

134 Ausschussbericht und Beschlussempfehlung, MietNovG, BT-Drs. 18/4220, 5.

135 RegE MietNovG, BT-Drs. 18/3121, 31; *Luczak* (CDU/CSU), Sten. Bericht der 66. Sitzung, 13.11.2014, BT-PlProt. 18/66, MietNovG, 6196A. Günstig für Planungs- und Investitionssicherheit seien auch die Befristung (Ausschussbericht und Beschlussempfehlung, MietNovG, BT-Drs. 18/4220, S. 4; in der Plenardebatte *Luczak* [CDU/CSU], Sten. Bericht der 66. Sitzung, 13.11.2014, BT-PlProt. 18/66, MietNovG, 6196B; *Luczak* [CDU/CSU], Sten. Bericht der 91. Sitzung, 5.3.2015, BT-PlProt. 18/91, MietNovG, 8597D) und die Indikatoren für angespannte Wohnungsmarktlagen (Ausschussbericht und Beschlussempfehlung, MietNovG, BT-Drs. 18/4220, 4). Auch *Dudeck*, Die soziale Frage unserer Zeit, 2025, S. 4 f., bezeichnet die Planungs- und Investitionssicherheit als uneindeutige Formel.

136 Die Investitionen sollen durch die Investitionssicherheit „am Laufen" gehalten werden, BM *Maas*, Sten. Bericht der 927. Sitzung, 7.11.2014, MietNovG, 358B. Entsprechend heißt es: „Die Mietpreisbremse darf keine Investitionsbremse werden", *Luczak* (CDU/CSU), Sten. Bericht der 66. Sitzung, 13.11.2014, BT-PlProt. 18/66, MietNovG, 6196A; fast wortgleich *Luczak* (CDU/CSU), Sten. Bericht der 91. Sitzung, 5.3.2015, BT-PlProt. 18/91, MietNovG, 8597C; ähnlich *Weisgerber* (CDU/CSU), ebd., 8606B. Bereits zum Antrag der Linksfraktion *Heil* (SPD), Sten. Bericht der 17. Sitzung, 20.2.2014, BT-PlProt. 18/17, MPB, 1257B.

137 Siehe BM *Maas*, Sten. Bericht der 66. Sitzung, 13.11.2014, BT-PlProt. 18/66, MietNovG, 6192D: „Wir wollen niemanden, der in den Wohnungsbau investieren will, mit der Mietpreisbremse zum Nachdenken veranlassen, was die Amortisation angeht, was möglicherweise zur Folge hat, dass diese Investition nicht durchgeführt wird".

parlamentarischen Mehrheit übereinstimmend festgehalten, dass Neubau die Möglichkeit voraussetze, „einen Überschuss zu erwirtschaften".[138] Die Evaluation der Mietpreisbremse zeige im Einklang hiermit,

> *„dass sich der Mietanstieg in den von der Mietpreisbremse ausgenommenen Wohnungen […] durch die Mietpreisbremse beschleunigt hat. Damit stellen die Regelungen der Mietpreisbremse einen belegbaren Investitionsanreiz für den Wohnungsneubau sowie für grundlegende Sanierungs- und Modernisierungsarbeiten dar.*"[139]

Steigende Mieten sind demnach ein Investitionsanreiz, da sie steigende Renditen bedeuten und somit Neubau anreizen.[140] Dass Investoren „mit Verkauf oder Vermietung Geld verdienen", sei daher „nichts Verwerfliches", sondern komme der Gesellschaft in Form eines ausgeglichenen Wohnungsmarktes zugute.[141] Mieter sollen somit zwar „vor unverhältnismäßig hohen Mieten" geschützt werden, jedoch „ohne dass dabei der Neubau von

---

138 BM *Maas*, Sten. Bericht der 91. Sitzung, 5.3.2015, BT-PlProt. 18/91, MietNovG, 8600C. Diese Ansicht wird vom Koalitionspartner geteilt: „Wer eigenes Geld in den Wohnungsneubau oder die Sanierung des alten Bestandes investieren soll, der hat ein legitimes Interesse daran, dass dieses Geld irgendwann eine Rendite abwirft", *Winkelmeier-Becker* (CDU/CSU), ebd., 8603C, D. Ebenfalls in diese Richtung *Luczak* (CDU/CSU), ebd., 8597C: „Für all diejenigen, die Geld in die Hand nehmen wollen, die in neue Wohnungen investieren wollen, ist es ganz wichtig, dass sich das hinterher auch wirtschaftlich trägt, dass sich der Wohnungsneubau rentiert."

139 RegE MPBRefG, BT-Drs. 19/15824, 9.

140 Die Empirie hinter diesem Verknappungsargument ist jedoch nicht unumstritten. Es wird eingewendet, dass durch unbegrenzte Mietsteigerungen bei Neuvermietungen Anreize gegen Modernisierungen sowie für Kündigungen gesetzt werden, *Die Unterzeichnenden*, suburban 6 (2018), 205 (210); *Gerrard/Zöllner/Peters*, Rendite mit der Miete, Finanzwende Recherche, 2023. Zudem sei das Geschäftsmodell großer Immobilienkonzerne auf Mietsteigerungen und nicht auf Wohnungsneubau ausgerichtet (ebd.; auch *Expertenkommission zum Volksentscheid*, Vergesellschaftung großer Wohnungsunternehmen – Abschlussbericht, Berlin 2023, S. 90 f. Rn. 339 ff.).

141 *Jörrißen* (CDU/CSU), Sten. Bericht der 17. Sitzung, 20.2.2014, BT-PlProt. 18/17, MPB, 1247C. Dieser Gedanke wird vom Koalitionspartner – wenngleich unterschiedlich akzentuiert – geteilt: „Die Vermieter wollen und sollen ordentlich Geld verdienen – keine Frage –, aber man muss auch Maß halten und darf die Not anderer Menschen nicht schamlos ausnutzen, wie es vor allem in einigen Großstädten geschieht. Geld verdienen ist völlig in Ordnung, aber nicht mit Wuchermieten. Gegen Wuchermieten kann man etwas tun, indem man die Mietpreisbremse zieht, und das machen wir jetzt in der Großen Koalition", *Wiese* (SPD), ebd., 1253B.

Wohnungen verhindert" wird.[142] Dass nach Ansicht der Opposition nicht fehlender Neubau an sich das Problem sei, sondern *was* gebaut wird – „Lofthouses und Townhouses"[143] –, schlägt sich in den gesetzgeberischen Annahmen ebenso wenig nieder wie eine Position, die die Befristung der Ausnahmeregelung fordert.[144]

Die mieterschützende Wirkung der Mietpreisbremse wird durch die Gesetzgebung selbst also vorrangig als Investitionshemmnis mit einer negativen Auswirkung auf den Wohnungsbau und damit verbundene Selbstheilungskräfte des Wohnungsmarktes begriffen.[145] Bei einer solchen gesetzgeberischen Perspektive steht mithin das „Problem einer möglichst reibungslosen Kapitalverwertung", nicht hingegen „das strukturelle soziale und ökonomische Beziehungsgeflecht zwischen Mieter und Vermieter", im Zentrum.[146]

142 Beschlussempfehlung und Bericht, Antrag Mietanstieg stoppen, BT-Drs. 18/4219, 4. Für die parlamentarische Debatte siehe bspw. die Rede von *Rohde* (SPD), Sten. Bericht der 17. Sitzung, 20.2.2014, BT-PlProt. 18/17, MPB, 12450A, demzufolge durch die konkrete Ausgestaltung der Mietpreisbremse der Mietanstieg gebremst, aber potenzielle Investoren nicht abgeschreckt werden. Nicht nur als nicht abschreckend, sondern als Förderung von Investoren bezeichnet durch die Fraktion B90/Gr, Ausschussbericht und Beschlussempfehlung, MietNovG, BT-Drs. 18/4220, 5.

143 *Lay* (Linke), Sten. Bericht der 66. Sitzung, 13.11.2014, BT-PlProt. 18/66, MietNovG, 6194B. Dies ist in einem Zusammenhang zu sehen mit der Infragestellung des Sickereffekts in einigen Ausschüssen im Bundesrat. Demnach sei fraglich, ob Luxusneubau gesamtgesellschaftlich lohnenswert sei: Dass „durch teure Neubauten mehr Bestandswohnungen frei werden, weil Besserverdiener umziehen, ist eine Hoffnung, die sich nicht bewahrheiten muss", Empfehlungen der Ausschüsse, MietNovG, BR-Drs. 447/1/14, 8 f. – nicht übernommen in der Stellungnahme BR, MietNovG, BR-Drs. 447/14(B).

144 Vgl. Empfehlungen der Ausschüsse, MietNovG, BR-Drs. 447/1/14, 7 ff. (bereits nicht übernommen in der Stellungnahme BR, MietNovG, BR-Drs. 447/14[B]). Kritisch zur dauerhaften Ausnahme von Neubau, da Investitionssicherheit nicht erfordere, dauerhaft größtmögliche Rendite zu garantieren, während man dies anderen versage, *Gsell*, NZM 2017, 305 (310).

145 Vgl. *Hemming*, WuM 2015, 463 (463), auch mit Kritik an der Praxistauglichkeit des reinen Marktmodells (464).

146 *Hemming*, WuM 2015, 463 (463).

III. Gesetzgeberische Annahmen III: Die Mietpreisbremse als Markteingriff

Der beschriebenen Problemkonstruktion entsprechend strebt die Gesetzgebung zwar eine marktwirtschaftliche Problemlösung an. Für die Zwischenzeit soll jedoch mit der Mietpreisbremse schnelle Abhilfe geschaffen werden.[147] Die Mietpreisbremse steht im Widerspruch zum Marktmechanismus, der die freie Vereinbarung von Preisen voraussetzt und hierüber die Steuerung von Angebot und Nachfrage vornimmt. Das wird auch von der Gesetzgebung bereits implizit anerkannt, wenn die nach § 556 d BGB höchstzulässige Miete der Vereinbarung der sogenannten Marktmiete gegenübergestellt wird.[148]

Obwohl die Mietpreisbremse dennoch gesetzgeberisch weiterverfolgt wird, ist sie als unerwünschter Markteingriff einer gesetzgeberischen Selbstkritik ausgesetzt. Dies wirkt sich auf ihre Ausgestaltung aus. So wird an der Zahlungsfähigkeit als grundlegendem Verteilungskriterium festgehalten.[149] Zudem soll die Mietpreisbremse lediglich Preisspitzen abschneiden. Das wird dadurch erreicht, dass die ortsübliche Vergleichsmiete im Zentrum des Regelungskonzeptes steht (1.). Hierdurch und durch den 10 %-

147 Ausführlich → § 8 C. IV.

148 RegE MietNovG, BT-Drs. 18/3121, 23. Die Marktmiete ist – wenngleich durch das Gesetz nicht ausdrücklich als Ziel verfolgt – als Referenz gesetzt. Entsprechend heißt es in den Plenardebatten auch: Um die Mieten zu dämpfen, müsse in den Markt eingegriffen werden, *Rohde* (SPD), Sten. Bericht der 91. Sitzung, 5.3.2015, BT-PlProt. 18/91, MietNovG, 8605D; aus dem Schrifttum zum marktkompensatorischen Charakter der Mietpreisbremse *Gustorff*, Mietpreisbremse und Bestellerprinzip, 2021, S. 188 ff., insb. S. 191. Zur Begründung wird an dieser Stelle die Sozialbindung des Eigentums angeführt → § 8 C. V. Auch durch die Opposition bemerkt, *Kühn* (Tübingen, B90/Gr), Sten. Bericht der 17. Sitzung, 20.2.2014, BT-PlProt. 18/17, MPB, 1242D.

149 Dies ergibt ein Umkehrschluss aus der Kritik hieran für den Fall überhitzter Märkte (*Kühn* [Tübingen, B90/Gr], Sten. Bericht der 17. Sitzung, 20.2.2014, BT-PlProt. 18/17, MPB, 1243A). Vgl. auch Aussagen wie, dass durch die Mietpreisbremse „auch weniger leistungsfähige Mietinteressenten eine Chance [haben], eine für sie noch bezahlbare Wohnung zu finden", RegE MietNovG, BT-Drs. 18/3121, 16. Die Alternative zur Mietpreisbegrenzung sei schließlich, dass „von vornherein nur noch zahlungskräftige Mieterhaushalte in den Bewerberkreis gelangen" (ebd.). Auch im Schrifttum wird kritisiert, dass durch die regulierte Miete und den dadurch vergrößerten Kreis potenzieller Bewerberinnen die Nachfrage weiter ansteige und auf Seiten der Vermieterinnen ergänzende Kriterien, wie die Bonität, in der Auswahl berücksichtigt werden, *Blankenagel/Schröder/Spoerr*, NZM 2015, 1 (17); *Schuldt*, Mietpreisbremse, 2017, S. 212; diese Erwägungen aufgreifend BVerfG, Beschl. v. 18.7.2019, 1 BvL 1/18 u.a. (Mietpreisbremse), Rn. 62, m.w.N.

igen Aufschlag wird sichergestellt, dass weiterhin Mietsteigerungen und bei niedrigen Altmieten auch Mietsprünge möglich sind. Insbesondere werden auch Vormieten, die höher als die nach § 556 d Abs. 1 BGB zulässige Miete sind, legalisiert (2.) und der Markteingriff von vornherein befristet (3.).

1. Milderung und Dynamisierung durch die ortsübliche Vergleichsmiete

Im Zuge der Mietpreisbremse erhält die ortsübliche Vergleichsmiete eine neue und gesteigerte Relevanz.[150] Obschon sie bereits zuvor ein zentraler Begriff und Maßstab des Mietrechts war, wird sie nun insgesamt zum maßgeblichen Bezugspunkt für die Bestimmung der höchstzulässigen Mieten.[151] Hiermit trifft die Gesetzgebung auch eine Aussage über diejenige Miethöhe, die sie bei angespannten Wohnungsmarktlagen noch für legitim erachtet.[152]

Bei der (ortsüblichen) Vergleichsmiete handelt es sich um eine über die Jahrzehnte gewachsene Konstruktion, die die gegenseitige Prägung rechtlicher und ökonomischer Konzepte illustriert (a.). Mit der Vergleichsmiete als Referenz der Mietpreisbremse sollen die Wiedervermietungsmieten unmittelbar gedämpft und über die Rückwirkung der vereinbarten Mieten auf die Vergleichsmiete auch der Mietanstieg an sich mittelbar abgebremst werden.[153] Hiermit wird der Anspruch des Gesetzestitels, den Mietanstieg (lediglich) zu dämpfen, auch normtechnisch umgesetzt. Mit ihrer konkreten Ausgestaltung wird insbesondere eine marktorientierte anstelle einer an Kosten oder Zahlungsfähigkeit orientierten Ausgestaltung ausgewählt (b.).[154]

---

150 So auch RegE MietNovG, BT-Drs. 18/3121, 22; Empfehlungen der Ausschüsse, MietNovG, BR-Drs. 447/1/14, 13; Stellungnahme BR, MietNovG, BR-Drs. 447/14(B), 6; *A. Frank*, Mietpreisbremse, 2016, S. 21.

151 RegE MietNovG, BT-Drs. 18/3121, 28; BM *Maas*, Sten. Bericht der 66. Sitzung, 13.11.2014, BT-PlProt. 18/66, MietNovG, 6193B.

152 Siehe in diesem Sinne BVerfGE 53, 352 <356> – *Vergleichsmiete III* [1980]: „Das übliche Entgelt für vergleichbare Wohnungen gibt den Maßstab für die Grenze, bis zu der Mieterhöhungen als angemessen angesehen werden sollen."

153 RegE MietNovG, BT-Drs. 18/3121, 21 (zur mittelbar dämpfenden Wirkung); *Weisgerber* (CDU/CSU), Sten. Bericht der 66. Sitzung, 13.11.2014, BT-PlProt. 18/66, MietNovG, 6204B, C.

154 Vgl. *Kaufhold/Heitzer*, Der Staat 60 (2021), 353 (375); *Blankenagel/Schröder/Spoerr*, NZM 2015, 1 (11); *Blank*, in: Artz/Eisenschmid/H. Schmidt/Streyl (Hrsg.), FS Börstinghaus, 2020, S. 9 (14 ff.).

a) Konstituierung der Vergleichsmiete

Die Vergleichsmiete ist „kein empirischer Wert […], sondern ein theoretisches Konstrukt“[155], das auf eine lange Entwicklung zurückblickt.[156] Aufgrund ihrer regulatorischen Wirkung gilt sie als eine „besondere Form der gesetzlich begrenzten Miete“[157], die sich zwischen Markt- und Durchschnittsmiete bewegt.[158] Trotz ihrer Orientierung an der Marktmiete, weicht sie hiervon gezielt ab.[159] Gleichwohl handelt es sich auch nicht um eine tatsächlich gezahlte Durchschnittsmiete, da sie durch verschiedene gesetzlich vorgegebene Vergleichskriterien konstruiert wird.[160] Als solche ist die Vergleichsmiete weder darauf beschränkt, eine irgendwie modifizierte Durchschnittsmiete noch eine konkret angemessene Miete wiederzugeben.[161] Stattdessen dient sie als ein empirisch begründeter, aber normativer, am „angestrebten Normalzustand orientierte[r] Maßstab für

155 *Emmerich*, in: Staudinger, BGB-Komm., 2024, § 556 d Rn. 17; *Weber*, JZ 73 (2018), 1022: „Kunstprodukt“; *Flatow*, WuM 2015, 191 (193), spricht von einer rechtlich wie tatsächlich unscharfen Rechtsfigur; *Fleindl*, in: BeckOGK BGB v. 1.1.2025, § 556 d Rn. 55, wie viele andere von einem unbestimmten Rechtsbegriff.

156 *Hinkelmann (*heute *Flatow)*, Ortsübliche Miete, 1999; → § 8 A. I.

157 BVerfGE 49, 244 <248> – *Vergleichsmiete II* [1978].

158 *Börstinghaus*, NJW 1997, 977 (978).

159 *Weber*, JZ 73 (2018), 1022; *Kaufhold/Heitzer*, Der Staat 60 (2021), 353 (374 f.); *Fleindl*, in: BeckOGK BGB v. 1.1.2025, § 556 d Rn. 56; *Börstinghaus*, in: Schmidt-Futterer, 16. Aufl. 2024, § 558 BGB Rn. 42 ff.; *Artz*, in: MüKo-BGB, 9. Aufl. 2023, § 558 Rn. 7.

160 Vgl. BVerfG, Beschl. v. 18.7.2019, 1 BvL 1/18 u.a. (Mietpreisbremse), Rn. 84: „am Markt orientierte, durch gesetzliche[ ] Bestimmungen angepasste Durchschnittsmiete“; anders noch BVerfGE 53, 352 <358> – *Vergleichsmiete III* [1980]: „ein objektiver Maßstab, der einen repräsentativen Querschnitt der üblichen Entgelte darstellen soll“. Heute scheint die Bezeichnung als „marktorientierte modifizierte Durchschnittsmiete“ gängig, Artz, in: MüKo-BGB, 9. Aufl. 2023, § 558 Rn. 7; *Herlitz*, in: Herlitz/Saxinger (Hrsg.), Hdb. soz. Wohnungsbau und MietR, 2019, Kap. 4 Rn. 342; *Börstinghaus*, in: Schmidt-Futterer, Mietrecht-Großkomm., 16. Aufl. 2024, § 558 BGB Rn. 44, § 556 d BGB Rn. 67 ff.; (ähnlich) *Fleindl*, in: BeckOGK BGB v. 1.1.2025, § 556 d Rn. 56; *Clar/Börstingshaus*, NZM 2014, 889 (891); *Blank*, in: Artz/Eisenschmid/H. Schmidt/Streyl (Hrsg.), FS Börstinghaus, 2020, S. 9 (14); *Gustorff*, Mietpreisbremse und Bestellerprinzip, 2021, S. 297. Zur Art und Weise der Ermittlung mit Verweis auf die Rechtsprechung des BGH zum 1. BMG sowie auch auf die „Begründung und die Verhandlung über den Entwurf eines Zweiten Gesetzes über den Kündigungsschutz für Mietrecht über Wohnraum“, mithin ein zu diesem Zeitpunkt laufendes Gesetzgebungsverfahren, bereits BVerfGE 37, 132 <146> – *Vergleichsmiete I* [1974].

161 Hervorgehoben durch *Artz*, in: MüKo-BGB, 9. Aufl. 2023, § 558 Rn. 7.

die höchstzulässige Miete"[162] – wobei die Normalsituation eben die Marktmiete darstellt.[163] Dies zeigt sich zudem darin, dass bei der Ermittlung der Vergleichsmiete nur die Mietvereinbarungen solcher Wohnungen herangezogen werden, deren Miete frei vereinbar ist (§ 558 Abs. 2 S. 2 BGB).[164]

Die Ortsüblichkeit der Vergleichsmiete, das heißt ihre örtliche, tatsächliche und gewöhnliche Vergleichbarkeit, meint keine allgemeine Obergrenze, sondern umfasst mehrere verschiedene Spannen.[165] Diese regionale und segmentierte Differenzierung ist selbst ein normatives Element, nämlich Ausdruck der Orientierung am regionalen (Teil-)Wohnungsmarkt. Hierüber soll zum einen die Wirtschaftlichkeit der Regelung indiziert sein.[166] Zum anderen drückt sich im regionalen Bezug die gesetzgeberische Erwägung aus, „daß für Wohnungen mit vergleichbarem Wohnwert gleich hohe Mieten gezahlt werden sollen."[167] Die Belegenheit in derselben Gemeinde ist insofern eine erste Information über einen vergleichbaren Wohnwert.[168] Weitere Kriterien, aus denen sich die Vergleichbarkeit der Wohnungen und folglich Mieten ergeben soll,[169] sind die in § 558 Abs. 2 S. 1 BGB

---

162 BVerfG, Beschl. v. 18.7.2019, 1 BvL 1/18 u.a. (Mietpreisbremse), Rn. 82, m.V.a. BVerfGE 38, 348 <360 f.> – *Zweckentfremdung von Wohnraum* [1975], wonach auch die Vergleichsmietenregelung aus § 3 WKSchG „auf eine normale Marktsituation und einen Marktpreis Bezug" nimmt; ähnlich *Blank*, in: Artz/Eisenschmid/H. Schmidt/Streyl (Hrsg.), FS Börstinghaus, 2020, S. 9 (14); *Artz*, in: MüKo-BGB, 9. Aufl. 2023, § 558 Rn. 7; *Börstinghaus/Clar*, NZM 2014, 889 (891); zum Verhältnis empirischer und normativer Komponenten *A. Frank*, Mietpreisbremse, 2016, S. 146 ff. Weiter zur Marktorientierung sogleich → § 8 C. III. 1. b.

163 Kritisch dazu, dass der Vergleichsmiete die Vorstellung einer gerechten Marktmiete zugrunde liegt, *Blank*, in: Artz/Eisenschmid/H. Schmidt/Streyl (Hrsg.), FS Börstinghaus, 2020, S. 9 (14).

164 Anstelle vieler *Artz*, in: MüKo-BGB, 9. Aufl. 2023, § 558 Rn. 33 ff.; *Börstinghaus*, in: Schmidt-Futterer, Mietrecht-Großkomm., 16. Aufl. 2024, § 558 BGB Rn. 110 ff.; *A. Frank*, Mietpreisbremse, 2016, S. 154 ff.; affirmativ, als logische Bedingung der Vergleichsmiete im Kontext eines Sozialen Mietrechts in der Sozialen Marktwirtschaft, *Fichtel*, Wohnungspolitik in der sozialen Marktwirtschaft, 1980, S. 226.

165 Vgl. *Artz*, in: MüKo-BGB, 9. Aufl. 2023, § 558 Rn. 8; *Börstinghaus*, in: Schmidt-Futterer, Mietrecht-Großkomm., 16. Aufl. 2024, § 558 BGB Rn. 128 ff.

166 BVerfG, Beschl. v. 18.7.2019, 1 BvL 1/18 u.a. (Mietpreisbremse), Rn. 96 f., m.w.N.; hierzu auch *Tietzsch/Raabe*, WuM 2017, 688 (688 f.); *Gustorff*, Mietpreisbremse und Bestellerprinzip, 2021, S. 327 ff. Weiter zur Wirtschaftlichkeit im Kontext der Vergleichsmiete sogleich → § 8 C. III. 1. b.

167 BVerfGE 53, 352 <356> – *Vergleichsmiete III* [1980], m.V.a. BVerfGE 49, 244 <248> – *Vergleichsmiete II* [1978]. Hervorgehoben von *Sonnenschein*, NJW 1993, 161 (164).

168 Vgl. BVerfGE 49, 244 <248> – *Vergleichsmiete II* [1978].

169 Aus der expliziten gesetzgeberischen Festlegung wurde seinerzeit vom BVerfG geschlossen, dass wenn Wohnungen in diesen Merkmalen vergleichbar sind – was

genannten Wohnwertmerkmale: Art, Größe, Ausstattung, Beschaffenheit und Lage der Wohnung.[170] Indem diese Wohnwertmerkmale die Basis des Vergleichsmietensystems bilden, wird deutlich, dass die Vergleichsmiete den Wohnungsmarkt nicht rein deskriptiv abbildet.[171] Stattdessen werden ausgewählte Elemente als preisbildend zugelassen, die Vergleichsmiete also rechtlich überformt.[172]

---

keine Übereinstimmung bei allen Kriterien voraussetze –, die gleiche Miete gezahlt werden solle, BVerfGE 49, 244 <248 f.> – *Vergleichsmiete II* [1978], m.V.a. den Gesetzestext; BVerfGE 53, 352 <356 f.> – *Vergleichsmiete III* [1980]. Zum Verhältnis von Wohnwert und Miete im Zuge der Debatte um die Mietpreisbremse vgl. Ausschussbericht und Beschlussempfehlung, MietNovG, BT-Drs. 18/4220, 5; Änderungsantrag Linksfraktion, MietNovG, BT-Drs. 18/4223, 4; Antrag Linksfraktion, Mieterhöhungsstopp jetzt, BT-Drs. 18/505, 1; *Lay* (Linke), Sten. Bericht der 66. Sitzung, 13.11.2014, BT-PlProt. 18/66, MietNovG, 6195A. Siehe auch *Müller* (BE), Sten. Bericht der 932. Sitzung, 27.3.2015, MietNovG, BR-PlProt. 932/15, 112B, C; und *Bartol* (SPD), Sten. Bericht der 91. Sitzung, 5.3.2015, BT-PlProt. 18/91, MietNovG, 8594D.

170 Siehe als Vorgängernorm § 3 Abs. 1 S. 1 WKSchG a.E.; dazu BVerfGE 37, 132 <144> – *Vergleichsmiete I* [1974]. An den Wohnwertmerkmalen entzünden sich verschiedene Kritiken, bspw., dass sie starr und nicht aktuell sind (*Blankenagel/Schröder/Spoerr*, NZM 2015, 1 [13]) oder dass sie Nachhaltigkeitsaspekte und externe Effekte nicht hinreichend berücksichtigen (Empfehlungen der Ausschüsse, MietNovG, BR-Drs. 447/1/14, 13). Kritisiert wird zudem ihr mangelnder Erklärungswert für Mietunterschiede (*D. Ipsen*, AfK 15 [1976], 262 [270]; *Hinkelmann* [heute *Flatow*], Ortsübliche Miete, 1999, S. 84; *Sonnenschein*, Wohnraummiete, 1995, S. 63, 64; aktueller *Blankenagel/Schröder/Spoerr*, NZM 2015, 1 [14], m.V.a. den Berliner Mietspiegel von 2013). Kritisch zu Bedeutung und Maßgeblichkeit ausschließlich der aufgeführten Wohnwertmerkmale *Schüller*, in: BeckOK BGB, 73. Aufl. 2025, § 556 d Rn. 24, 38; *Börstinghaus*, in: Schmidt-Futterer, Mietrecht-Großkomm., 16. Aufl. 2024, § 558 BGB Rn. 49, 96 f.

171 Auch wenn dies nicht die primäre Funktion der Wohnwertmerkmale ist, so ist doch eine zugrunde liegende gesetzgeberische Intention, dass sich Wohnwertunterschiede „aus Gründen der Gerechtigkeit" auch in Mietunterschieden widerspiegeln sollen, vgl. RegE MÜG, BT-Drs. 13/783, 12 (zu § 12 MHG); dazu, dass hiermit nicht nur Marktfaktoren gespiegelt, sondern, indem eigene Faktoren normativ gesetzt werden, der Markt auch gesteuert wird, siehe bereits → § 8 Fn. 27; *Hinkelmann* (heute *Flatow*), Ortsübliche Miete, 1999, S. 81.

172 *Flatow*, WuM 2015, 191 (192), m.V.a. RegE MÜG, BT-Drs. 13/783, 12.

b) Marktorientierung der Vergleichsmiete

Die Marktorientierung der Vergleichsmiete ist ein wiederkehrender Diskussionspunkt,[173] der auch im Kontext der Mietpreisbremse gesetzgeberisch diskutiert und in der Verfassungsrechtsprechung reflektiert wird. Bereits bei der Einführung des Vergleichsmietensystems sollte die Einführung einer Mietenbegrenzung durch ihre Marktorientierung gemildert und somit ein Kompromiss zwischen Vermieter- und Mieterinteressen hergestellt werden:

> *„Um eine nicht gerechtfertigte Ausnutzung der sich aus der Mangellage ergebenden Möglichkeiten auszuschließen, ist für das Erhöhungsverlangen eine Obergrenze vorzusehen. […] Die hier gewählte Lösung stellt es daher auf eine ortsübliche Vergleichsmiete ab, d. h. das Erhöhungsverlangen soll nur gerechtfertigt sein, wenn der angestrebte Mietzins die üblichen Entgelte für vergleichbaren Wohnraum nicht übersteigt. Damit bleibt dem Vermieter ein angemessener marktorientierter Ertrag der Vermietung garantiert, während andererseits der Mieter vor überhöhten Forderungen, die nur aufgrund der Mangellage durchsetzbar wären, geschützt ist.“*[174]

Diese Argumentation wird bei der Einführung der Mietpreisbremse wieder aufgegriffen. So soll zwar verhindert werden, dass Vermieter „besondere Erträge […] realisieren, die sich aus der spezifischen Situation eines angespannten Wohnungsmarktes ergeben.“[175] Sie sollen aber nicht daran gehindert werden, ihr „Eigentum weiterhin mit einem angemessenen Ertrag zu bewirtschaften.“[176] Dabei werde durch die „Möglichkeit, die Miete bei Neuvermietung bis auf 10 Prozent über der Vergleichsmiete anzuheben, […] sichergestellt, dass die Vermietung grundsätzlich rentabel bleibt.“[177]

---

173 *Honsell*, AcP 186 (1986), 115 (172), kommt aufgrund der hier vor- und nachstehend genannten Erwägungen zu dem Schluss: „Die Marktorientierung ist eine Illusion“; aktuell diskutiert bei *Gustorff*, Mietpreisbremse und Bestellerprinzip, 2021, S. 297 ff.

174 Ausschussbericht, MietRVerbG, BT-Drs. 6/2421, 4; später RegE 2. WKSchG, BT-Drs. 7/2011, 8. Siehe auch *Sonnenschein*, Wohnraummiete, 1995, S. 9; *Leonhardt*, Wohnungspolitik in der Sozialen Marktwirtschaft, 1996, S. 111; knapper *Derleder*, WuM 2013, 383 (386); *Kummer*, NZM 2024, 961 (967 f.); weiter BVerfGE 49, 244 <248> – *Vergleichsmiete II* [1978].

175 RegE MietNovG, BT-Drs. 18/3121, 18.

176 RegE MietNovG, BT-Drs. 18/3121, 18.

177 RegE MietNovG, BT-Drs. 18/3121, 19. Nach *A. Frank*, Mietpreisbremse, 2016, S. 26 f., seien daher Ausnahmen wie für Neubau und Vormiete verfassungsrechtlich nicht geboten. Positiv zu den Ausnahmen, denen aber nur eine geringe Ausgleichswirkung

Insofern wird an die Wirtschaftlichkeit des Hausbesitzes als einem wesentlichen Topos der bundesrepublikanischen Wohnungswirtschaft nach 1945 angeknüpft.[178] Demnach ist über die Marktorientierung der Vergleichsmiete indiziert, dass die Wirtschaftlichkeit des Hausbesitzes gesichert ist.[179] Hieraus ergibt sich die Konformität der Vergleichsmiete als Soziales Mietrecht mit der Sozialen Marktwirtschaft bzw. ihr Charakter als „noch am ehesten mit marktwirtschaftlichen Grundsätzen vereinbar".[180]

Auch wenn also das Kriterium der Wirtschaftlichkeit der vorrangige Anknüpfungspunkt ist, soll aus der Vergleichsmiete umgekehrt auch die gesetzgeberische Aussage folgen, dass die höchst zulässige Miete nach § 556 d als zumutbar erachtet wird.[181] So hat zumindest das Bundesverfassungsgericht eine grundsätzliche Bezahlbarkeit der Vergleichsmiete darüber rekonstruiert, dass sie aus den vereinbarten Mieten für vergleichbare Woh-

---

zugesprochen wird, hingegen *L. Winkler*, Regulierung von Bestandsbauten, 2023, S. 462 ff.

178 Vgl. *Weber*, JZ 73 (2018), 1022; *Sonnenschein*, Wohnraummiete, 1995, S. 8, m.V.a. den RegE 1. BMG, BT-Drs. 1/1110, 15: „Privatinitiative und privates Sparkapital seien für den Wohnungsbau nicht zu mobilisieren, wenn keine Gewähr bestehe, daß das in Wohnungen angelegte Kapital einschließlich der bei allen Anlagen üblicherweise erzielbaren Zinsen aus den Wohnungserträgen gesichert werden könne." Weiter zur Wirtschaftlichkeit des Hausbesitzes insb. im Kontext des Wohngeldes, → § 8 C. II. 1. b.; Fragen der Bezahlbarkeit spielen demgegenüber keine primäre Rolle, → § 5 B. I. 1.

179 Dass die Wirtschaftlichkeit als indiziert gilt (bzw. gelten muss), ist ein für die Soziale Wohnungsmarktwirtschaft typischer Ansatz, weil dadurch die Regulierung zugleich sowohl begründet als auch begrenzt wird, *Fichtel*, Wohnungspolitik in der sozialen Marktwirtschaft, 1980, S. 224 (ff.), insb. auch S. 228 f.; → § 6 B. V. 2. Mit der gleichen Argumentation bestätigte das BVerfG die Verfassungsmäßigkeit der Vergleichsmietenregelung, BVerfGE 37, 132 <142> – *Vergleichsmiete I* [1974]. Die Wirtschaftlichkeit der Vermietung hängt freilich von einer Vielzahl von Faktoren ab (zu verschiedenen Kostenfaktoren siehe *Derleder*, WuM 2013, 383 [390]). Ein unmittelbarer Zusammenhang besteht weder zur Markt- noch zur Vergleichsmiete, *Blankenagel/Schröder/Spoerr*, NZM 2015, 1 (20). Gleichwohl folgen Gesetzgebung und Verfassungsrechtsprechung dieser Vermutung von Beginn an, siehe RegE 2. WKSchG, BT-Drs. 7/2011, 1, 7 f.; eindeutig BVerfGE 37, 132 <142> – *Vergleichsmiete I* [1974]; BVerfG, Beschl. v. 18.7.2019, 1 BvL 1/18 u.a. (Mietpreisbremse), Rn. 83, 96 f., 101, mit Bezugnahme auf die Verfassungsrechtsprechung und m.w.N. Weiter *Paschke*, Dauerschuldverhältnis Wohnraummiete, 1991, S. 358.

180 *Honsell*, AcP 186 (1986), 115 (167). Erneut zeigt sich, dass das Ergebnis der Abwägung als Kern des Sozialen Mietrechts stets vorweggenommen ist: das Gewinnprinzip wird nicht beseitigt. Vgl. *Fichtel*, Wohnungspolitik in der sozialen Marktwirtschaft, 1980, S. 220, 222, 226; → § 6 B. V. 2.

181 *Lehmann-Richter*, WuM 2015, 204 (207); umfassend, kritisch, zur Praxis der Mietspiegel *Börstinghaus*, NZM 2024, 345.

nungen ermittelt wird, die nur bei einer entsprechenden Wirtschaftskraft der Mieter durchgesetzt werden können.[182]

Wie und in welchem Umfang die Wirtschaftlichkeit des Hausbesitzes gesichert wird, folgt den Konjunkturen der Vergleichsmiete. Insbesondere die Länge des Vergleichszeitraums transportiert gesetzgeberische Wertungen. So umschrieb die Vergleichsmiete bei ihrer Einführung mit dem Wohnraumkündigungsschutzgesetz noch „die üblichen Entgelte, die in der Gemeinde oder in vergleichbaren Gemeinden für die Vermietung von Räumen vergleichbarer Art, Größe, Ausstattung, Beschaffenheit und Lage gezahlt werden".[183] Während somit anfangs noch (niedrige) Altmieten in die Berechnung einflossen, änderte sich dies mit dem Gesetz zur Erhöhung des Angebots an Mietwohnungen, das nur noch die Entgelte berücksichtigte, die „in den letzten drei Jahren vereinbart oder […] geändert worden sind".[184] Hiermit wurde explizit eine „stärker marktorientierte Anpassung der Mieten" verfolgt.[185] Gesetzgeberisches Ziel war, durch den kürzeren Vergleichszeitraum „die älteren niedrigen Bestandsmieten auszuklammern und damit das Mietniveau zu erhöhen"[186] und so der Marktmiete anzunähern.[187]

182 BVerfG, Beschl. v. 18.7.2019, 1 BvL 1/18 u.a. (Mietpreisbremse), Rn. 98. Vgl. demgegenüber die Aussagen, dass solche als angemessen verstandenen Mieten auch einer erst durch staatliche Subjektsubventionen gestützten Zahlungsfähigkeit entsprechen können, → § 8 C. I. 2.

183 § 3 Abs. 1 S. 1 WKSchG. Mit nur geringfügigen und für den hiesigen Kontext nicht relevanten Änderungen überführt in § 2 Abs. 1 Nr. 2 MHG mit dem 2. WKSchG.

184 § 2 Abs. 1 S. 1 Nr. 2 MHG i.d.F. v. 1.1.1983.

185 GesE CDU/CSU und FDP, MWoErhG, BT-Drs. 9/2079, 8, 15 f. Aufgegriffen von BVerfGE 71, 230 <248> – *Kappungsgrenze* [1985]. Für die rechtswissenschaftliche Literatur anstelle vieler *Derleder*, WuM 2013, 383 (388), m.V.a. die Gesetzesmaterialien und die Entscheidung des BVerfG.

186 *Sonnenschein*, Wohnraummiete, 1995, S. 63, m.V.a. GesE CDU/CSU und FDP, MWoErhG, BT-Drs. 9/2079, 15 f.

187 *Hinkelmann (*heute *Flatow)*, Ortsübliche Miete, 1999, S. 74; sehr kritisch *Blank*, in: Artz/Eisenschmid/H. Schmidt/Streyl (Hrsg.), FS Börstinghaus, 2020, S. 9 (18). Für die Berücksichtigung von Altmieten, da diese ebenfalls marktrelevant und Ausdruck des als üblich und gerecht Empfundenen seien und die Vergleichsmiete nicht nur durch die „Gerechtigkeitsvorstellungen der stärker renditeorientierten Vermieter" geformt werde, *Gsell*, NZM 2017, 305 (310); abwägend *Fichtel*, Wohnungspolitik in der sozialen Marktwirtschaft, 1980, S. 226 ff.; kritisch *Blankenagel/Schröder/Spoerr*, NZM 2015, 1 (13); *Schuldt*, Mietpreisbremse, 2017, S. 59 f.; gegen eine zu gewichtige Wertung des genauen Vergleichszeitraums *Derleder*, KJ 48 (2015), 5 (8); *Derleder*, WuM 2013, 383 (391).

Die geringere oder stärkere Marktorientierung der Vergleichsmiete durch unterschiedlich lange Vergleichszeiträume wurde auch im Zuge des MietAnpG diskutiert. Der Bundesrat forderte eine Anhebung von vier auf acht Jahre, da ansonsten die starken Mietsteigerungen der vergangenen vier Jahre den Mietanstieg nur noch beschleunigten.[188] Die Berücksichtigung auch weiter zurück liegender Vereinbarungen führe demgegenüber „dazu, dass kurzfristige Änderungen der Marktverhältnisse geringere Effekte auf die Höhe der ortsüblichen Vergleichsmiete haben".[189] Die Wirtschaftlichkeit des Hausbesitzes bleibe dennoch gewahrt, zumal auch „der achtjährige Bezugszeitraum weniger weit [geht] als der Rechtszustand, der erstmals durch das erste Wohnraumkündigungsschutzgesetz [...] mit Einführung des Begriffs der ortsüblichen Vergleichsmiete geschaffen wurde und bis 1982 fortbestand."[190] Auch die Bundesregierung hielt die Erweiterung – auf sechs Jahre – für denkbar.[191] Dies wurde jedoch nicht im Rahmen der Reform der Mietpreisbremse weiter verfolgt,[192] sondern parallel umgesetzt.[193]

Vor allem in der die Mietpreisbremse begleitenden wissenschaftlichen Diskussion wurde demgegenüber der Verlust der Marktorientierung durch die Mietpreisbremse diskutiert, da durch die Begrenzung der Wiedervermietungsmieten nun auch diese gebremsten Mieten in die Bestimmung der Vergleichsmiete einfließen. Aufgrund dieser verstärkten selbstreflexiven Gestaltung hieß es teilweise, dass „der einzige verbleibende Marktbezug aus dem Vergleichsmietensystem herausgenommen" werde.[194] Demgegenüber

---

188 Stellungnahme BR, MietAnpG, BR-Drs. 431/18(B), 2 f.

189 Stellungnahme BR, MietAnpG, BR-Drs. 431/18(B), 3.

190 Stellungnahme BR, MietAnpG, BR-Drs. 431/18(B), 3.

191 Gegenäußerung BReg, MietAnpG, BT-Drs. 19/5415, 7.

192 Zur Kritik der Fraktion B90/Gr, in: Ausschussbericht und Beschlussempfehlung, MietAnpG, BT-Drs. 19/6153, 19.

193 → § 8 Fn. 27. Zu den Auswirkungen auf die Mietpreisbremse u.a. *Fleindl*, in: Artz/Eisenschmid/H. Schmidt/Streyl (Hrsg.), FS Börstinghaus, 2020, S. 119.

194 *Warnecke*, Protokoll der 34. Sitzung v. 3.12.2014 (ÖA), Ausschuss für Recht und Verbraucherschutz, Protokoll-Nr. 18/34, 26; ähnlich *Börstinghaus*, ebd., 37, der die Akzeptanz des Vergleichsmietensystems für Bestandsmieten darin begründet sieht, dass bei Wiedervermietungen die Marktmiete vereinbart werden konnte. Mit deutlichen Worten – durch dieses „in sich geschlossene, zirkuläre System" werde der Marktbezug „nun amputiert" – *Blankenagel/Schröder/Spoerr*, NZM 2015, 1 (20 f.), die zudem darauf verweisen, dass der Bundestag einen ähnlichen Vorschlag durch den Bundesrat noch in der 12. Legislaturperiode – d.h. 1992 – unter Verweis auf den gravierenden Markteingriff abgelehnt hatte (RegE 4. MRÄndG, BT-Drs. 12/3254, 11, 42; präziser wohl: dass der Bundestag den Vorschlag des Bundesrates nicht aufgegriffen hatte, jedoch den Vergleichszeitraum gegenüber dem Regierungsentwurf veränderte).

nimmt die Gesetzgebung an, dass die Vergleichsmiete weiterhin praktikabel und die Vermietung wirtschaftlich bleibe.[195] Dies werde unter anderem durch die von der Mietpreisbremse ausgenommenen Neuvermietungen, die Möglichkeit zum zehnprozentigen Aufschlag und die mögliche konsequentere Ausnutzung der Mieterhöhungen im Bestand erreicht.[196] Diese Annahme greift auch das Bundesverfassungsgericht auf, wenn es bilanziert, dass die Rückwirkungen keine unmittelbaren, sondern nur zeitlich verzögerte Auswirkungen hätten.[197] Zwar entferne sich die Vergleichsmiete im Anwendungsbereich der Mietpreisbremse weiter von der Marktmiete als in anderen Gebieten.[198] Dies werde aber durch die verschiedenen Ausnahmen, die regionale Beschränkung und zeitliche Befristung wieder abgemildert.[199] Im Ergebnis fehle es somit auch im Geltungsbereich der Mietpreisbremse der Vergleichsmietenregelung „nicht an einem hinreichenden Bezug zur Marktmiete“[200] und die Vermutung der Wirtschaftlichkeit bestehe weiterhin.[201]

2. Bestandsschutz der Vormiete

Der Markteingriff, den die Mietpreisbremse bedeutet, wird durch die Ausnahmen für Neubau und Modernisierungen abgemildert. Daneben sind auch bereits vereinbarte Mieten von der Mietpreisbremse ausgenommen. Dies wird in zeitlicher Hinsicht durch die Einführungsvorschriften in Art. 2 MietNovG klargestellt. Und auch nach Geltungsbeginn wird die Höhe der Vormiete bei Wiedervermietung gewährleistet (§ 556 e Abs. 1 BGB).[202] Begründet wird dies damit, dass die Mietpreisbremse bezwecke,

195 RegE MietNovG, BT-Drs. 18/3121, 18.

196 RegE MietNovG, BT-Drs. 18/3121, 18, 21, 22. Mit Hinweis darauf, dass auch preisrechtswidrig überhöhte Mieten in die Ermittlung der ortsüblichen Vergleichsmiete einfließen, *Börstinghaus*, NZM 2024, 345 (359 f.).

197 BVerfG, Beschl. v. 18.7.2019, 1 BvL 1/18 u.a. (Mietpreisbremse), Rn. 85, 86 m.V.a. die Gesetzesmaterialien.

198 BVerfG, Beschl. v. 18.7.2019, 1 BvL 1/18 u.a. (Mietpreisbremse), Rn. 84, m.w.N.

199 BVerfG, Beschl. v. 18.7.2019, 1 BvL 1/18 u.a. (Mietpreisbremse), Rn. 85, 87.

200 BVerfG, Beschl. v. 18.7.2019, 1 BvL 1/18 u.a. (Mietpreisbremse), Rn. 97. So auch *P. Lange*, DVBl 2015, 1551 (1556); weiter *A. Frank*, Mietpreisbremse, 2016, S. 28: „Es handelt sich eben um einen regulierten Markt.“

201 BVerfG, Beschl. v. 18.7.2019, 1 BvL 1/18 u.a. (Mietpreisbremse), Rn. 87.

202 RegE MietNovG, BT-Drs. 18/3121, 29: „Bestandsschutz zugunsten des Vermieters“. Kritisch *Artz*, MDR 2015, 549 (550 f.); *Blank*, WuM 2014, 641 (648 ff.); *Börstinghaus*, NJW 2015, 1553 (1556 f.); *A. Frank*, Mietpreisbremse, 2016, S. 51 ff.; *Emmerich*, in:

unangemessene Preissprünge bei Wiedervermietungen zu unterbinden – nicht aber die Absenkung bereits vereinbarter Mietpreise.[203] Zudem könne die Planungs- und Investitionssicherheit der Vermieter betroffen sein, wenn Neubauwohnungen knapp vor dem Stichtag vermietet wurden, die Mieter aber bereits nach wenigen Monaten ausziehen. In diesen Fällen solle der Vermieter daher weiter die über die höchst zulässige Miete des § 556 d BGB hinausgehende Vormiete verlangen können.[204] Vermieter sollten „nicht *gezwungen* [sein], eine frei gewordene Wohnung unterhalb der bisherigen Miete anzubieten."[205] Faktisch erfasst die Regelung jedoch nicht nur diese Stichtagsfälle, sondern legalisiert alle hohen Vormieten. Auch die Gesetzgebung sieht das Anschlussproblem vorsorglich überhöhter Mieten, schätzt die Gefahren jedoch als gering ein, da diese als Schein- oder Umgehungsgeschäfte unwirksam seien oder auf „unterschiedlichsten, auch legitimen Gründen" beruhten.[206] Dagegen wird neben rechtsdogmatischen Bedenken gegen die Vorschrift vor allem eingewendet, dass es keinen sachlichen, das heißt ökonomischen, Grund für den sogenannten Bestandsschutz der Vormiete gibt. Die Vorschrift wird vielmehr als „Investorenschutz" verstanden und gefragt, ob hierfür „in einer marktwirtschaftlichen Ordnung, zumal

---

Staudinger, BGB-Komm., 2024, § 556 e Rn. 3, 7; ausführlich zur Thematik in der Praxis auch *Flatow*, WuM 2015, 191 (195 ff.). Diese Regelungen stellen demnach anders als die anderen neu eingefügten Regelungen einen Fremdkörper im Vergleichsmietensystem dar. Aus verfassungsrechtlicher Perspektive zu einem versöhnlichen Ergebnis kommt *P. Lange*, DVBl 2015, 1551 (1558); einen Verstoß gegen Art. 3 Abs. 1 GG erkennt *Gustorff*, Mietpreisbremse und Bestellerprinzip, 2021, S. 347 ff.

203 RegE MietNovG, BT-Drs. 18/3121, 30; dies aufgreifend kritisch *Artz*, in: MüKo-BGB, 9. Aufl. 2023, § 556 e Rn. 11, aufgrund des wegen des Äquivalenzprinzips und der Relativität der Schuldverhältnisse fehlenden Bezugspunkts für einen Bestandsschutz bei Neuverträgen; *Häublein*, ZfPW 2020, 1 (8).

204 RegE MietNovG, BT-Drs. 18/3121, 30. Vertieft wird dieser Gedanke bei *Schuldt*, Mietpreisbremse, 2017, S. 230: Demnach begründen die wirtschaftlichen Besonderheiten der Wohnung die Regelung. Denn mit der Verlässlichkeit der Vormiete werden andere Unsicherheiten (hohes Investitionsvolumen, geringe Kapitalumschlagsgeschwindigkeit, lange Kalkulationszeiträume, geringe Transparenz, Abhängigkeit von externen Faktoren) ausgeglichen. Erneut kritisch *Artz*, in: MüKo-BGB, 9. Aufl. 2023, § 556 e Rn. 11: Ein Bestandsschutz sei bei einem Vermieter, der seine Investitionen aufgrund weit über der Vergleichsmiete liegender Mieteinnahmen kalkuliert habe, „weder angezeigt noch geboten"; weiter *Gustorff*, Mietpreisbremse und Bestellerprinzip, 2021, S. 350 f.

205 RegE MietNovG, BT-Drs. 18/3121, 2 (Herv. d. Verf.).

206 RegE MietNovG, BT-Drs. 18/3121, 30, wobei diese möglichen legitimen Gründe nicht ausgeführt werden. Aus dem Zusammenhang mit § 556 e Abs. 2 lässt sich schließen, dass Modernisierungen nicht damit gemeint sind, da diese dort eine eigene Regelung erfahren haben.

im Mietrecht, überhaupt Raum ist".[207] Schließlich könnten sich „sowohl die Marktverhältnisse als auch die gesetzlichen Rahmenbedingungen" jederzeit ändern.[208]

3. Befristung und Ausnahmen: Die Mietpreisbremse als vorübergehende Intervention

Ein weiterer Ausdruck des beschriebenen marktwirtschaftlichen Grundverständnisses ist die Befristung der Mietpreisbremse (§ 556 d Abs. 2 S. 1, 4 BGB), die in einem engen Zusammenhang mit der angenommenen Problemlösung durch Angebotsausweitung steht. Der Befristung liegt die neoklassische Annahme zugrunde, dass die angespannte Wohnungsmarktlage nur vorübergehend sei – bis der Marktmechanismus mittelfristig zu einem Ausgleich geführt habe.[209] Ziel der Mietpreisbremse sei insofern lediglich „die Abwehr sozialpolitischer Nachteile, die eintreten können, *während wohnungsmarktfördernde Maßnahmen noch keine ausreichende Wirkung entfalten können.*"[210] Die nur befristete Feststellung der Gebiete mit angespanntem Wohnungsmarkt wird daher von der Verpflichtung begleitet, einen Maßnahmenplan zu erarbeiten. Hierin sollen die Maßnahmen genannt werden, die der primären Problemlösung dienen und lediglich einer gewissen Zeit bedürfen, um ihre Wirkung zu entfalten.[211] Nur bis sie dies tun bzw. während sie dies noch nicht tun, sollen durch die Mietpreisbremse sozialpolitische Nachteile abgewehrt werden. Ziel bleibt die

---

207 *Emmerich*, in: Staudinger, BGB-Komm., 2024, § 556 e Rn. 3; ähnlich *Artz*, in: MüKo-BGB, 9. Aufl. 2023, § 556 e Rn. 11 (siehe bereits → § 8 Fn. 204). Auch nach dem BVerfG sind die gesetzgeberischen ‚Bestandsschutzerwägungen' als Differenzierungsmerkmal zwar möglich, aber nicht zwingend, BVerfG, Beschl. v. 18.7.2019, 1 BvL 1/18 u.a. (Mietpreisbremse), Rn. 103. Dafür, dass die Ausnahmen aufgrund der Orientierung an der ortsüblichen Vergleichsmiete insgesamt verfassungsrechtlich nicht geboten seien, *A. Frank*, Mietpreisbremse, 2016, S. 26 f.; bereits → § 8 Fn. 177.

208 *Artz*, in: MüKo-BGB, 9. Aufl. 2023, § 556 e Rn. 11.

209 Vgl. RegE MietNovG, BT-Drs. 18/3121, 16.

210 RegE MietNovG, BT-Drs. 18/3121, 16 (Herv. d. Verf.). Zur sozialpolitischen Motivation sogleich → § 8 C. IV. Siehe auch BVerfG, Beschl. v. 18.7.2019, 1 BvL 1/18 u.a. (Mietpreisbremse), Rn. 111 (unter Verweis u.a. auf RegE MietNovG, BT-Drs. 18/3121, 16): Die Geltungsdauer der Landesrechtsverordnungen stehe im Zusammenhang damit, dass die Mietpreisbremse nur vorübergehend wirken solle, „*solange andere* wohnungsmarktfördernde Maßnahmen noch keine ausreichende Wirkung entfalten" (Herv. d. Verf.).

211 RegE MietNovG, BT-Drs. 18/3121, 29; → § 8 C. II.

marktwirtschaftliche Organisation mit nur zwischenzeitlicher staatlicher Intervention.[212]

An dieser Konzeption hält die Gesetzgebung, auch nachdem sie die Mietpreisbremse im Jahr 2020 verlängert und die mehrmalige Festlegung von Geltungsgebieten ermöglicht hat, grundsätzlich fest.[213] Demnach habe sich die grundlegende Problemlage zwar nicht geändert, die Mietpreisbremse aber dort, wo sie Geltung entfalten konnte, „den Mietanstieg jedenfalls moderat verlangsamt".[214] Daher werde sie als eine flankierende Maßnahme bis zu einer spürbaren Entspannung der regionalen Wohnungsmärkte verlängert:

> *„Bis zu einer spürbaren Entspannung der regionalen Wohnungsmärkte ist eine Verlängerung der Regelungen der Mietpreisbremse weiterhin ein geeignetes Mittel zur Flankierung von Maßnahmen zur Schaffung zusätzlichen Wohnraums."*[215]

Da es somit beim Charakter der Mietpreisbremse als lediglich Symptome linderndes, aber nicht problemlösendes Instrument bleibt, erscheint eine unbefristete Weitergeltung jedoch nicht „vermittelbar".[216] Insbesondere greift die Gesetzgebung hierbei Warnungen aus der Evaluation der Mietpreisbremse auf, die aufbauend auf neoklassischen Wissensstrukturen negative Auswirkungen weiterer Eingriffe in die Preisbildung für den Wohnungsmarkt befürchten.[217] Die Gesetzgebung versteht sich also durch die marktwirtschaftlichen Prozesse in der Regulierung begrenzt.[218] Die Miet-

---

212 In diesem Sinne wird auch im Plenum betont, dass die Befristung sicherstelle, dass nur Zeit gewonnen werde, „den Wohnungsmarkt zu entspannen", BM *Maas*, Sten. Bericht der 927. Sitzung, 7.11.2014, MietNovG, 358A. Der Wohnungsmarkt verlaufe nunmal zyklisch und „[e]s ist nicht auszuschließen, dass sich die Lage in einigen Jahren wieder beruhigt", *Jörrißen* (CDU/CSU), Sten. Bericht der 66. Sitzung, 13.11.2014, BT-PlProt. 18/66, MietNovG, 6205D. Demgegenüber sei die Mietpreisbremse ein massiver Eingriff in das marktwirtschaftliche System (ebd.).

213 Siehe *Fleindl*, in: Artz/Eisenschmid/H. Schmidt/Streyl (Hrsg.), FS Börstinghaus, 2020, S. 119 (125 f.), zur Frage der Verlängerung vs. erneuten Festsetzung.

214 RegE MPBRefG, BT-Drs. 19/15824, 1 (mit Bezug auf die DIW-Studie), 9.

215 RegE MPBRefG, BT-Drs. 19/15824, 11.

216 RegE MPBRefG, BT-Drs. 19/15824, 10.

217 RegE MPBRefG, BT-Drs. 19/15824, 11, mit Bezug auf die DIW-Studie; *Michelsen/Mense*, Evaluierung der Mietpreisbremse, 2018, wohl insb. S. 46 f. zu möglichen negativen Effekten der Entfristung.

218 Siehe hierzu → § 5 B. III. 1. Die Überführung befristeter Regelungen in Dauerrecht ist jedoch nicht neu, sondern nahezu kennzeichnend für das Miethöherecht, wie für den hiesigen Kontext das Vergleichsmietensystem selbst zeigt, das als befristete Regelung eingeführt und bereits kurz darauf zu Dauerrecht wurde.

preisbremse wird als Markteingriff verstanden, der eigentlich zu vermeiden ist. Dementsprechend wird die zeitliche Geltungsdauer beschränkt und auf andere marktwirtschaftliche Problemlösungsmechanismen verwiesen.

Teilweise werden hinsichtlich dieser Fragen auch verfassungsrechtliche Wissensstrukturen referenziert. So wird seitens der CDU/CSU-Fraktion angeführt, dass das BVerfG in seinem Beschluss zur Mietpreisbremse „deutlich gemacht [habe], dass es sich nur um ein befristetes, vorübergehendes Instrument handeln könne."[219] Diese Einschätzung wird jedoch nicht in der Breite als gesetzgeberische Annahme geteilt. Die gesetzgeberische Selbstbeschränkung bleibt somit primär ökonomischer und nicht verfassungsrechtlicher Natur.[220]

IV. Gesetzgeberische Annahmen IV: Sozialer Ausgleich mit der Mietpreisbremse

Auch wenn das gesetzgeberische Grundverständnis zur Mietpreisbremse, wie deutlich wurde, marktwirtschaftlich-neoklassischen Wissensstrukturen folgt, so ist doch eine wesentliche Zielsetzung, sozialpolitische Härten zu mindern.[221] Diese Zielsetzung wiederum beruht auf der grundlegenden

219 CDU/CSU-Fraktion, Beschlussempfehlung und Ausschussbericht, MPBRefG, BT-Drs. 19/17156 4, m.V.a. BVerfG, Beschl. v. 18.7.2019, 1 BvL 1/18 u.a. (Mietpreisbremse). Diese Ansicht wird auch von Teilen der Literatur vertreten, wobei hervorgehoben wird, dass in einer Marktwirtschaft Preisgrenzen „immer nur als Ausnahme für den Fall des Marktversagens denkbar" seien, *Börstinghaus*, in: Schmidt-Futterer, Mietrecht-Großkomm., 16. Aufl. 2024, § 556 d BGB Rn. 16. Ähnliche Bedenken wurden im Übrigen auch zur Entfristung des Vergleichsmietensystems geäußert und vom Bundesverfassungsgericht nicht übernommen, BVerfGE 53, 352 <357 f.> – *Vergleichsmiete III* [1980].

220 Im Übrigen wird die Befristung im Mietpreisbremsen-Beschluss zwar an einigen Stellen angeführt – jedoch nicht als verfassungsrechtlich erforderliche Beschränkung. Sie wird insbesondere als Faktor benannt, der den Marktbezug der Vergleichsmiete sichert und die Unzumutbarkeit der Regelung ausschließt (BVerfG, Beschl. v. 18.7.2019, 1 BvL 1/18 u.a. [Mietpreisbremse], Rn. 97, 101). Hieraus ergibt sich jedoch nicht der Umkehrschluss, dass die Regelung ohne Befristung unzumutbar wäre. Zur zeitlichen Begrenzung als Beurteilungskriterium im Rahmen der Verhältnismäßigkeitsprüfung ebenfalls mit der hier vertretenen Schlussfolgerung, dass es keine strenge Verknüpfung von Frist und Verfassungsmäßigkeit gebe, *Fleindl*, in: Artz/Eisenschmid/H. Schmidt/Streyl (Hrsg.), FS Börstinghaus, 2020, S. 119 (120 f.).

221 Vgl. RegE MietNovG, BT-Drs. 18/3121, 15, dass die Mietpreisbremse „in erster Linie sozialpolitische Zwecke verfolgt". Siehe auch *Börstinghaus*, in: Schmidt-Futterer, Mietrecht-Großkomm., 16. Aufl. 2024, § 556 d BGB Rn. 3; *Schüller*, in: BeckOK

Annahme, dass das Wohnen als existenzielles Bedürfnis eines besonderen Schutzes bedarf (1.). Dieser Schutz wird innerhalb eines marktwirtschaftlichen Rahmens verfolgt, indem das Wohnen als Wirtschaftsgut gefasst wird. Die soziale Bedeutung wird verfassungsrechtlich in das Merkmal der Sozialbindung des Eigentums übersetzt und hierüber auf einen Ausgleich widerstreitender Interessen hingewirkt.[222] Ein solcher Ausgleich kommt in dieser Form in neoklassischen Analysen nicht vor,[223] ist jedoch typisch für den bundesrepublikanischen Kontext eines Sozialen Mietrechts (2.).[224] Dabei bleibt es zwar bei einem marktwirtschaftlichen Lösungsansatz und der angebotsseitigen Orientierung an Vermieterrenditen. Gleichzeitig können auch preisregulierende Maßnahmen als systemkonform anzusehen sein, solange sie dem Marktgedanken unterstellt bleiben.[225] Die Gedanken der Sozialen Marktwirtschaft werden hierbei von einem rein ökonomischen zu einem diskursiven Paradigma, in dem sich die Gesetzgebung verortet, um an die damit verbundene Erfolgsgeschichte anzuknüpfen und sie fortzuschreiben.

Eine wesentliche Neuerung stellt dabei dar, dass das Mietpreisrecht nicht mehr nur auf die konkreten, individuellen Mieterinnen ausgerichtet ist, die vor zu hohen Mieten geschützt werden sollen und denen der Umzug oder Zuzug in bestimmte Stadtquartiere ermöglicht werden oder bleiben soll. Vielmehr greift die Gesetzgebung mit der Zielsetzung, Gentrifizierung zu verhindern, ein stadtsoziologisch viel beachtetes, sozial-strukturelles Phänomen auf und verleiht ihm Bedeutung (3.).

1. Soziale Fragen im Wohndualismus

Die sozialpolitische Zielsetzung der Mietpreisbremse entspringt drei gesetzgeberischen Annahmen über die besondere soziale Form des Wohnens: Die Wohnung befriedigt als Lebensmittelpunkt ein existenzielles Bedürfnis. Sie ist dabei aber nicht nur als Sozial-, sondern aufgrund der marktwirtschaft-

---

BGB, 63. Aufl. 2025, § 556 d Rn. 3; *Gustorff*, Mietpreisbremse und Bestellerprinzip, 2021, S. 186 ff., 303 ff. Dabei sollen die negativen sozialen Auswirkungen aber lediglich begrenzt, nicht jedoch verhindert oder beseitigt werden, vgl. bspw. RegE MietNovG, BT-Drs. 18/3121, 17; parallel zum Mietanstieg → § 8 C. I. 1.

222 → § 8 V.

223 → § 4 B.

224 → § 6 B. V. 2.

225 Vgl. die Erklärungsansätze bei *Kaufhold/Heitzer*, Der Staat 60 (2021), 353; *Derleder*, WuM 2013, 383 (392 f.).

lichen Systementscheidung insbesondere als Wirtschaftsgut zu betrachten. Dennoch rechtfertigt der existenzielle Charakter aufgrund der Sozialbindung des Eigentums grundsätzlich gesetzgeberische Regelungen.[226]

Der besondere existenzielle Charakter des Wohnens ist eine zentrale Prämisse stadtsoziologischer Ansätze.[227] Dieses Wissen affirmierend wird auch im Gesetzentwurf zum Mietrechtsnovellierungsgesetz betont, dass die „angemessene Versorgung mit Wohnraum [...] ein existenzielles Bedürfnis" befriedige.[228] In den Plenardebatten wird die Wohnung zudem als Lebensmittelpunkt bezeichnet und ihre soziale Bedeutung hierüber begründet.[229] Mit dieser Bezeichnung wird an eine lange gesetzgeberische und verfassungsrechtliche Tradition angeknüpft. Bereits in der ersten in die amtliche Sammlung aufgenommenen Entscheidung zum Mietrecht betonte das Bundesverfassungsgericht die Bedeutung der „Wohnung als Mittelpunkt der menschlichen Existenz".[230] Diese Formulierung griff die Gesetzgebung im Zweiten Wohnraumkündigungsschutzgesetz auf.[231] Mittlerweile ist sie ein gefestigter Terminus in Berlin und Karlsruhe.[232]

Auch wenn das Wohnen als existenzielles Bedürfnis verstanden wird, wird die Wohnung gesetzgeberisch „auf einem überwiegend privatwirtschaftlich organisierten Mietwohnungsmarkt" verortet und daher primär als ‚Wirtschaftsgut' behandelt, „auf das breite Kreise der Bevölkerung angewiesen sind."[233] Daher dürfe die Verfügungsbefugnis der Eigentümerinnen nur im „notwendigen Umfang eingeschränkt" werden und die Vermietung

---

226 Zur rechtspolitischen Verwendung der Figur der Sozialbindung → § 8 C. V.

227 → § 5 B. I. 1.

228 RegE MietNovG, BT-Drs. 18/3121, 19. In den Gesetzentwürfen der Reformgesetze wird jeweils betont, dass „elementare Fragen der Existenzsicherung für breite Kreise der Bevölkerung" geregelt werden, RegE MietAnpG, BT-Drs. 19/4672, 25; RegE MPBRefG, BT-Drs. 19/15824, 15.

229 Siehe insb. *Winkelmeier-Becker* (CDU/CSU), Sten. Bericht der 66. Sitzung, 13.11.2014, BT-PlProt. 18/66, MietNovG, 6200A, die das Wohnen als besonders und die Wohnung als Lebensmittelpunkt und Ort des Privatlebens sowie Ausgangspunkt für soziale Kontakte beschreibt.

230 BVerfGE 18, 121 – *Fiskusprivileg* [1964], zum Kündigungsschutz nach dem Mieterschutzgesetz; kurz einordnend *Sonnenschein*, Wohnraummiete, 1995, S. 10.

231 RegE 2. WKSchG, BT-Drs. 7/2011, 1, 7; zum damit verbundenen Wandel der privatrechtlichen Begründung *Honsell*, AcP 186 (1986), 115 (117, 123 f.).

232 Aufgegriffen wiederum unter Bezugnahme auf die BT-Drs. 7/2011, 7, durch BVerfGE 68, 361 <364> – *Eigenbedarf I* [1985]; BVerfGE 89, 1 <6> – *Besitzrecht des Mieters* [1993].

233 Vgl. RegE MietNovG, BT-Drs. 18/3121, 15. Siehe im Plenum des Bundestags mit einer ähnlichen Feststellung *Winkelmeier-Becker* (CDU/CSU), Sten. Bericht der 91. Sitzung, 5.3.2015, BT-PlProt. 18/91, MietNovG, 8603A. A.A. – wenngleich im

müsse „grundsätzlich rentabel" bleiben.[234] Hieraus folgen insbesondere Erwägungen für die Ausnahmen für Neubau: So dürften zwar keine „Renditen wie früher auf den Finanzmärkten erwirtschaftet" werden.[235] Der „Investitionsbereitschaft" sei jedoch bei Neubauten Vorrang einzuräumen, da es für diese praktisch keine Mieter gebe, die geschützt werden müssten.[236] Die duale Natur des Wohnens wird insofern gesehen und verbal in beide Richtungen verhandelt, aber bezüglich der Neubauanreize einseitig in Richtung Wirtschaftsgut aufgelöst.[237]

2. Soziales Mietrecht in der Sozialen Marktwirtschaft

Nach dem Gesagten liegt es nahe, dass es sich bei der Mietpreisbremse um ein Instrument des Sozialen Mietrechts in der Sozialen Marktwirtschaft handelt.[238] Diese Einordnung nimmt die Gesetzgebung auch selbst vor.[239] Dabei werden zwei wesentliche Zielrichtungen des Sozialen Mietrechts ausgemacht. Erstens diene das Soziale Mietrecht dem „Schutz des Wohnraummieters als der strukturell schwächeren Vertragspartei".[240] Zweitens sei seine Aufgabe, „einen angemessenen Ausgleich zwischen den Rechten

Ergebnis ähnlich – BM *Maas*, ebd., 8601B: „Wohnungen sind keine Ware, sondern das Zuhause von Menschen."

234 RegE MietNovG, BT-Drs. 18/3121, 19.

235 BM *Maas*, Sten. Bericht der 91. Sitzung, 5.3.2015, BT-PlProt. 18/91, MietNovG, 8601B.

236 BM *Maas*, Sten. Bericht der 66. Sitzung, 13.11.2014, BT-PlProt. 18/66, MietNovG, 6193A.

237 Als Zielkonflikt „eines bedarfsgerechten Wohnungsangebots" einerseits und „tragbarer Wohnkosten" andererseits bei *Fichtel*, Wohnungspolitik in der sozialen Marktwirtschaft, 1980, S. 90, mit Hinweis auf die Gefahr, dass bei marktwirtschaftlicher Steuerung über den Preismechanismus „ein ausreichendes und bedarfsgerechtes Wohnungsangebot nur bei steigenden Preisen erreicht werden kann." Zur Auflösung der dualen Natur des Wohnens unter marktwirtschaftlichen Vorzeichen vgl. → § 5 A. II., B. I. 1.

238 Vgl. → § 6 B. V. 2.

239 Vgl. RegE MietNovG, BT-Drs. 18/3121, 14, 27, 32. Siehe weiter SPD-Fraktion, in: Ausschussbericht und Beschlussempfehlung, MietAnpG, BT-Drs. 19/6153, 19; *Müller* (BE), Sten. Bericht der 932. Sitzung, 27.3.2015, MietNovG, BR-PlProt. 932/15, 112A; *Winkelmeier-Becker* (CDU/CSU), Sten. Bericht der 91. Sitzung, 5.3.2015, BT-PlProt. 18/91, MietNovG, 8604A. Vgl. weiter BVerfGE 157, 223 <275> – *Berliner Mietendeckel* [2021]: die Einführung der Mietpreisbremse als letzte größere Reform des sozialen Mietrechts.

240 RegE MietAnpG, BT-Drs. 19/4672, 25; RegE MPBRefG, BT-Drs. 19/15824, 15; ähnlich bereits RegE MietNovG, BT-Drs. 18/3121, 27. Weiter → § 8 C. VI.

und Interessen der Vermieterinnen und Vermieter bzw. Eigentümerinnen und Eigentümer des Mietwohnungsbestandes einerseits und den Mieterinnen und Mietern andererseits zu schaffen".[241] Konkrete Bestandteile dessen seien die „Gewährleistung von sozialem Kündigungsschutz einerseits und dem Recht des Vermieters andererseits [...], die Miete an die ortsübliche Vergleichsmiete anzupassen oder aber nach Modernisierung zu erhöhen."[242]

Über diese Zielsetzung wird zumindest implizit insbesondere das Vergleichsmietensystem, das einerseits die Mieten dämpfen und andererseits die Wirtschaftlichkeit für Vermieterinnen sicherstellen soll, als ein zentraler Bestandsteil des Sozialen Mietrechts umrissen. Auch die Mietpreisbremse folgt den Linien des Vergleichsmietensystems und ist von dessen Ausgleichsgedanken[243] geprägt. Sie passt sich insofern in das für das Soziale Mietrecht typische Spannungsverhältnis zwischen Wirtschafts- und Sozialgut ein. Teilweise werden aus dieser Einordnung zudem rechtliche Folgerungen abgeleitet, beispielsweise die Geltung des „im sozialen Wohnraummietrecht übliche[n] Abweichungsverbot[s] zum Nachteil des Mieters" in § 556 f Abs. 1 S. 1 BGB.[244]

Des Weiteren erscheint es möglich, dass die Einordnung diskursive und legitimierende Wirkung entfaltet: Dass die Mietpreisbremse in die Erfolgsgeschichte des Sozialen Mietrechts eingeordnet wird, kann als Versuch gelesen werden, sie zum Bestandteil dieses Erfolges werden zu lassen. Dies gilt parallel für das Stichwort der Sozialen Marktwirtschaft. Auch hier lassen sich einerseits inhaltliche Anknüpfungspunkte ausmachen: So legt bereits die Verbindung sozialer Aspekte mit marktwirtschaftlichem Denken

---

241 RegE MietNovG, BT-Drs. 18/3121, 14.

242 RegE MietNovG, BT-Drs. 18/3121, 14. Ähnlich BVerfGE 157, 223 <277> – *Berliner Mietendeckel* [2021], das den Kündigungsschutz und das Mietpreisrecht „als wichtigste Komponenten des sozialen Mietrechts" listet; mit *Derleder*, WuM 2013, 383 (389), dürfte auch die Kappungsgrenze dazu gehören. Siehe bereits → § 3 C.; § 6 B. V. 2.

243 → § 8 C. IV. 1.; RegE MietNovG, BT-Drs. 18/3121, 18; siehe weiter in Plenarreden unter dem Stichwort Ausgewogenheit bspw. *Luczak* (CDU/CSU), Sten. Bericht der 17. Sitzung, 20.2.2014, BT-PlProt. 18/17, MPB, 1240D; *Weisgerber* (CDU/CSU), ebd., 1251B; *Groß* (SPD), ebd., 1256A; *Luczak* (CDU/CSU), Sten. Bericht der 91. Sitzung, 5.3.2015, BT-PlProt. 18/91, MietNovG, 8598C. Ebenso in den Reformgesetzen: Die Zielsetzung des MietAnpG sei, „einen fairen Ausgleich zwischen Vermieter- und Mieterinteressen herzustellen", RegE MietAnpG, BT-Drs. 19/4672, 11. Das MPBRefG von 2020 strebe „einen ausgewogenen Interessenausgleich zwischen Mietern und Vermietern an", RegE MPBRefG, BT-Drs. 19/15824, 2, 11, 12. Weiter *Kühling*, NZM 2020, 521 (523).

244 RegE MietNovG, BT-Drs. 18/3121, 32.

den Schluss nahe, dass es sich bei der Mietpreisbremse um ein Instrument der Sozialen Marktwirtschaft handelt. Und tatsächlich ist die Gesetzgebung selbst überzeugt, im Sinne der Sozialen Marktwirtschaft zu handeln.[245] Im ökonomischen Sinne gilt dies jedoch nur beschränkt. Demnach wären Eingriffe in den Preismechanismus schließlich zu vermeiden und nur bei Marktversagen und mit dem Ergebnis verbesserter Allokationseffizienz gerechtfertigt.[246] Auch in der Sozialen Marktwirtschaft sollen die Ausgleichsmaßnahmen daher möglichst marktkonform erfolgen und nicht den Preismechanismus unmittelbar betreffen.[247] Zwar erfüllt die Mietpreisbremse dieses Kriterium insofern, als dass ihre Eingriffswirkung durch die konkrete Ausgestaltung wieder relativiert und eine marktwirtschaftliche Lösung abseits der Mietpreisbremse angestrebt wird.[248] Dennoch kann sie in einer ökonomisch gefassten Sozialen Marktwirtschaft nicht als optimales Instrument gelten.[249] Dass die Gesetzgebung gleichwohl auf die Einordnung verweist, kann als Ausdruck der diskursiv legitimierenden Funktion als politisches Programm verstanden werden: Durch die Selbstverortung vergewissert sich die Gesetzgebung einer gesetzgeberischen Traditionslinie und kann die positiven Assoziationen nutzen, um gesetzgeberische Handlungen zu legitimieren.

245 *Weisgerber* (CDU/CSU), Sten. Bericht der 17. Sitzung, 20.2.2014, BT-PlProt. 18/17, MPB, 1251D; *Magwas* (CDU/CSU), ebd., 1255C; *Rohde* (SPD), Sten. Bericht der 91. Sitzung, 5.3.2015, BT-PlProt. 18/91, MietNovG, 8605D.

246 Siehe so *Schuldt*, Mietpreisbremse, 2017, S. 100 ff., 113, 213, wonach „eine Regulierung der Neuvertragsmieten ökonomisch gesehen nicht gerechtfertigt [ist], da es an einem diesbezüglichen Marktversagen fehlt"; → § 4 B. I. 1.

247 Siehe bereits *Müller-Armack*, in: Beckerath et al. (Hrsg.), HdSW Bd. 9, 1956, S. 390 (391), der als Beispiel für marktinkonforme Wirtschaftslenkung den Mietenstopp und für marktkonforme Lenkung „ein System von Mietbeihilfen für bedürftige Schichten" nennt, → § 6 B. I. Entsprechend für das Wohnen entfaltet durch *Leonhardt*, Wohnungspolitik in der Sozialen Marktwirtschaft, 1996; *Koch*, Mietpreispolitik, 2006, S. 21 ff.

248 → § 8 C. III., II.

249 Daher rührt wohl auch die wesentlich virulentere Diskussion um die Mietpreisbremse gegenüber der Einführung des Bestellerprinzips mit demselben Gesetz. Auch wenn es sich um „zwei drängende[ ] Probleme[ ] auf dem Mietwohnungsmarkt" handelt (RegE MietNovG, BT-Drs. 18/3121, 1), wird die Mietpreisbremse deutlich strittiger diskutiert. Denn beim Bestellerprinzip wird weiterhin das „marktwirtschaftliche Prinzip" angewendet (ebd.). Die gesetzliche Mietpreisbindung lasse sich hingegen (historisch-ökonomisch) als „erzwungene[ ] Umverteilung von Einkommen" auf die Mieter verstehen, „das der Eigentümer bei einem funktionierenden Markt hätte erzielen können", *Oestmann*, in: HKK-BGB, 2013, S. 533 Rn. 93.

3. Ein neuer Impuls im Sozialen Mietrecht: „Gentrifizierung" verhindern

Die soziale Bedeutung des Wohnens und das Soziale Mietrecht sind Diskussionspunkte, die das Mietrecht seit geraumer Zeit prägen. Ein vergleichsweise neuer sozialpolitischer Aspekt, dem in der gesetzgeberischen Abwägung zur Mietpreisbremse nun Gewicht zukommt, sind sozial-strukturelle Erwägungen rund um das stadtsoziologische Problemfeld der Gentrifizierung.

So verfolgt die Gesetzgebung mit der Mietpreisbremse das unmittelbare Ziel, Mieterinnen und Mieter finanziell zu entlasten und ihre Rechtsstellung zu verbessern.[250] Darüber hinaus werden steigende Mieten problematisiert, da die Wohnungssuche auf innerstädtischen Teilmärkten insbesondere für einkommensschwächere Haushalte schwieriger werde.[251] Dies führe zu Gentrifizierung: „Erhebliche Teile der angestammten Bevölkerung werden aus ihren Wohnquartieren verdrängt."[252] Daher verfolge das Mietrechtsnovellierungsgesetz auch

> *„das weiterreichende siedlungs- und sozialpolitische Ziel, eine Abwanderung einkommensschwächerer Mieter in Folge von Mietanstiegen zu verhindern und so den Fortbestand sozial stabiler Bewohnerstrukturen, ausgewogener Siedlungsstrukturen und ausgeglichener wirtschaftlicher, sozialer und kultureller Verhältnisse zu garantieren."*[253]

Die Gesetzgebung nimmt an dieser Stelle mithin eine sozial-strukturelle Perspektive ein und erklärt es zum Ziel, Gentrifizierung und Segregation „zumindest zu *verlangsamen*".[254] Die explizite Nennung des Problems ‚Gentrifizierung' – wenngleich zunächst in Anführungszeichen – ist beacht-

250 Ausschussbericht und Beschlussempfehlung, MietNovG, BT-Drs. 18/4220, 4. In den Plenardebatten aufgegriffen bspw. durch *Bartol* (SPD), Sten. Bericht der 91. Sitzung, 5.3.2015, BT-PlProt. 18/91, MietNovG, 8594D, 8595B; *Hakverdi* (SPD), ebd., 8607D. Mit einer Hervorhebung der siedlungspolitischen Zielsetzung *Gustorff*, Mietpreisbremse und Bestellerprinzip, 2021, S. 186 ff.

251 RegE MietNovG, BT-Drs. 18/3121, 11; → § 8 C. I. 1.

252 RegE MietNovG, BT-Drs. 18/3121, 1, auf S. 11 nur noch „Teile". Zur Gentrifizierung als Analysekategorie → § 5 B. I. 2. b.

253 RegE MietNovG, BT-Drs. 18/3121, 18 (Herv. d. Verf.). Es gehe darum, der direkten oder indirekten Verdrängung „wirtschaftlich weniger leistungsfähiger Bevölkerungsgruppen aus stark nachgefragten Wohnquartieren entgegenzuwirken" (ebd., 15). Denn durch die Verdrängung der angestammten Bevölkerung „kann sich die Bevölkerungsstruktur in kurzer Zeit teilweise erheblich verändern" (ebd., 11). Zu diesem Ziel auch *Dudeck*, Die soziale Frage unserer Zeit, 2025, S. 199 ff.

254 RegE MietNovG, BT-Drs. 18/3121, 19 (Herv. d. Verf.).

lich.[255] Dieses stadtsoziologische Konzept erhält so Einzug in das Miethöherecht und wird bereits mit dem MietAnpG normalisiert.[256]

Aus Sicht der Gesetzgebung stellt es ein legitimes Ziel dar, Gentrifizierung „insbesondere von innenstädtischen Lagen" zu verlangsamen.[257] Begründet wird dies damit, dass die Heterogenität der Wohnbevölkerung ein „entscheidendes Qualitätsmerkmal der europäischen Stadt" sei.[258] Es bestehe ein „allgemeines gesellschaftliches Interesse am Erhalt sozialer Strukturen, die eine Vielfalt der Bewohnerschaft in den Quartieren insbesondere prosperierender Innenstädte ermöglichen".[259] Nicht nur bestimmte Personen sollen in der Innenstadt wohnen können.[260] Und insbesondere dadurch, dass Gentrifizierung nicht mehr „nur einkommensschwache Haushalte, sondern auch Durchschnittsverdiener, insbesondere Familien mit Kindern" betrifft,[261] scheint sie zu einem dringend behandlungsbedürftigen Problem zu werden.[262] Insofern wird die Verhinderung von Gentrifi-

255 RegE MietNovG, BT-Drs. 18/3121, 11, 19. Auch in der parlamentarischen Debatte wird die Gentrifizierung als Problem adressiert, bspw. durch *Weisgerber* (CDU/CSU), Sten. Bericht der 66. Sitzung, 13.11.2014, BT-PlProt. 18/66, MietNovG, 6204B; *Weisgerber*, Sten. Bericht der 91. Sitzung, 5.3.2015, BT-PlProt. 18/91, MietNovG, 8606B, C. Als lediglich diffuse Bezugnahme eingeordnet bei *Kühling*, NZM 2020, 521 (523).

256 Dort erscheint Gentrifizierung nicht mehr in Anführungszeichen, vgl. den RegE MietAnpG, BT-Drs. 19/4672, 2, 12, 16, 36. Zudem wird die Gentrifizierung teilweise durch das Phänomen des sog. Herausmodernisierens konkretisiert, auf das mit der Reform ebenfalls reagiert wird: Die zunehmenden Modernisierungskosten aufgrund der „gewachsenen Anforderungen an den Gebäudebestand" führten dazu, dass sich Mieter die Miete für ihre Wohnungen nach einer umfangreichen Modernisierung immer häufiger nicht mehr leisten können und „ihr gewohntes Umfeld verlassen [müssen], weil sie auch in ihrer angestammten Nachbarschaft keine bezahlbare Wohnung finden" (ebd., 1).

257 RegE MietNovG, BT-Drs. 18/3121, 19.

258 RegE MietNovG, BT-Drs. 18/3121, 19. In eine ähnliche Richtung – für das Ziel ausgewogener Städte mit qualitativ gutem Wohnen für alle – *Bartol* (SPD), Sten. Bericht der 91. Sitzung, 5.3.2015, BT-PlProt. 18/91, MietNovG, 8595B.

259 RegE MietNovG, BT-Drs. 18/3121, 19.

260 BM *Maas*, Sten. Bericht der 91. Sitzung, 5.3.2015, BT-PlProt. 18/91, MietNovG, 8601A; *Rohde* (SPD), ebd., 8605C – wenngleich es „kein gesetzliches Recht darauf [gibt], in der Innenstadt zu leben."

261 RegE MietNovG, BT-Drs. 18/3121, 15; RegE MietAnpG, BT-Drs. 19/4672, 11.

262 Auch im Plenum deuten einige Redebeiträge daraufhin, dass insbesondere die Verdrängung von Familien als negativ bewertet wird, vgl. *Groß* (SPD), Sten. Bericht der 66. Sitzung, 13.11.2014, BT-PlProt. 18/66, MietNovG, 6203C; *Luczak* (CDU/CSU), Sten. Bericht der 91. Sitzung, 5.3.2015, BT-PlProt. 18/91, MietNovG, 8597B; insbesondere auch *Luczak* (CDU/CSU), Sten. Bericht der 66. Sitzung, 13.11.2014, BT-PlProt. 18/66, MietNovG, 6196A: „Wir wollen nicht, dass Menschen und *insbe-*

zierung nicht nur als ein soziales Ziel beschrieben, sondern gilt auch als Ausdruck einer nachhaltigen Entwicklung, da die Durchmischung ein soziales Gleichgewicht, Zusammenhalt und Teilhabechancen breiter Bevölkerungskreise im Zuge des gesellschaftlichen Strukturwandels ermögliche.[263]

Dass die Verhinderung von Gentrifizierung ein legitimes Gesetzgebungsziel darstellt, wird im rechtswissenschaftlichen Schrifttum hingegen in Frage gestellt. Dabei wird erstens auf die aus dem Sozialrecht bekannte zumutbare Mobilitätserwartung verwiesen.[264] Mieterinnen könnten steigenden Mieten durchaus entgehen, indem sie in andere Gemeinden oder Gemeindeteile zögen. Aufgrund dieser Mobilität existiere eigentlich auch gar kein angespannter Wohnungsmarkt.[265] Die Gesetzgebung legt im Mietrecht jedoch offensichtlich eine andere Wertung zugrunde. Eine Übertragung der Gedanken aus dem Sozialrecht scheitert insofern am expliziten Regelungsziel, heterogene Quartiere zu erhalten. Auch das Bundesverfassungsgericht hält es angesichts der gesetzgeberischen Ziele für unerheblich, ob in anderen Stadtvierteln ausreichend Wohnraum verfügbar ist: Die „Belange von Wohnungssuchenden würden nicht angemessen berücksichtigt, wenn sie auf Mietwohnungen verwiesen werden, die außerhalb nachgefragter Gemeindeteile liegen."[266] Schließlich bilde die Wohnung den „Lebensmittelpunkt der Einzelnen und ihrer Familien und soll nicht allein der Befriedigung elementarer Lebensbedürfnisse, sondern auch der Freiheitssicherung und der Persönlichkeitsentfaltung dienen".[267] Dies umfasse „auch die Lage der Wohnung, etwa in Bezug auf die Entfernung zu kulturellen Einrichtungen, Schulen, Einkaufsmöglichkeiten und Naherholungsgebieten oder die

sondere junge Familien aus ihren angestammten Kiezen verdrängt werden" (Herv. d. Verf.). Zu beachten ist weiter, dass Alleinerziehende („meist Frauen") unter den einkommensschwachen Haushalten, die von der Mietpreisbremse profitieren, besonders hervorgehoben werden, vgl. RegE MietNovG, BT-Drs. 18/3121, 27. Zur Bedeutung familienpolitischer Erwägungen innerhalb ökonomischer Wissensstrukturen → § 5 B. III. 2.; § 6 B. IV.

263 RegE MietNovG, BT-Drs. 18/3121, 22.

264 Siehe hierfür *Blankenagel/Schröder/Spoerr*, NZM 2015, 1 (4): Schon bei einem durchschnittlichen Arbeitsweg von 36,8 km lasse sich hohen Mietsteigerungen entgehen. Dies sei mit Blick auf § 140 Abs. 4 SGB III auch zumutbar, da hiernach bei sechs Stunden Arbeitszeit zweieinhalb Stunden Wegzeit als zumutbar erachtet würden.

265 *Blankenagel/Schröder/Spoerr*, NZM 2015, 1 (4).

266 BVerfG, Beschl. v. 18.7.2019, 1 BvL 1/18 u.a. (Mietpreisbremse), Rn. 82.

267 BVerfG, Beschl. v. 18.7.2019, 1 BvL 1/18 u.a. (Mietpreisbremse), Rn. 82, m.V.a. BVerfGE 89, 1 <6> – *Besichtrecht des Mieters* [1993].

Erreichbarkeit mit öffentlichem Nahverkehr."[268] Die gesetzgeberischen Ziele werden an dieser Stelle durch Rückgriff auf weitere Erwägungen ergänzt und mit Nachdruck versehen.

Vor diesem Hintergrund überrascht nicht, dass auch der zweite Einwand im Schrifttum, legitime gesetzgeberische Ziele seien nur solche „von hohem, ja verfassungsrechtlichem Rang", in der Verfassungsrechtsprechung nicht durchschlägt.[269] Nach Ansicht von Teilen des Schrifttums solle sich der Wohnsektor, wie auch in anderen gesellschaftlichen Bereichen – abgesehen von Schulen (Art. 7 Abs. 4 S. 3 GG) – üblich, selbst ordnen.[270] Dass sich bei einer marktwirtschaftlichen Allokation von Wohnraum „eine soziale Sonderung nach Besitzverhältnissen" ergebe, sei dabei verfassungsrechtlich nicht zu beanstanden.[271] Demgegenüber würden Grundrechtseingriffe zugunsten sozialer Heterogenität mittelbar die Freizügigkeit derjenigen beeinträchtigen, die in bestimmte Viertel ziehen wollten.[272] Dem neoklassischen Kriterium der Zahlungsfähigkeit wird somit eine hohe Bedeutung zugesprochen und die Zielrichtung der gesetzgeberischen Argumentation verkannt. Denn die Gesetzgebung wird nicht von der Annahme angetrieben, dass Gentrifizierungsprozesse verfassungswidrig seien, sondern erkennt deren Verhinderung vielmehr als legitimes politisches Anliegen an. Diese gesetzgeberische Zielsetzung wird auch vom Bundesverfassungsgericht aufgegriffen und mit Relevanz versehen.[273]

268 BVerfG, Beschl. v. 18.7.2019, 1 BvL 1/18 u.a. (Mietpreisbremse), Rn. 82.

269 *Blankenagel/Schröder/Spoerr*, NZM 2015, 1 (16); *Schuldt*, Mietpreisbremse, 2017, S. 195; *Kühling*, NZM 2020, 521 (525), die jeweils eine Zielsetzung von Verfassungsrang fordern; a.A. *P. Lange*, DVBl 2015, 1551 (1555 Fn. 46), die betont, dass der Ausgestaltungsvorbehalt des Art. 14 Abs. 1 S. 2 GG gerade keine Ziele von Verfassungsrang verlange.

270 *Blankenagel/Schröder/Spoerr*, NZM 2015, 1 (16); *Schuldt*, Mietpreisbremse, 2017, S. 195.

271 *Schuldt*, Mietpreisbremse, 2017, S. 195 f.

272 *Blankenagel/Schröder/Spoerr*, NZM 2015, 1 (16); *Schuldt*, Mietpreisbremse, 2017, S. 195; ablehnend *Gustorff*, Mietpreisbremse und Bestellerprinzip, 2021, S. 229 f.

273 Das BVerfG, Beschl. v. 18.7.2019, 1 BvL 1/18 u.a. (Mietpreisbremse), Rn. 60, spricht von einem „öffentlichen Interesse".

V. Gesetzgeberische Annahmen V: Sozialbindung und gesetzgeberische Handlungsspielräume

Die soziale Bedeutung des Wohnens wird bereits nach dem Vorstehenden in verschiedenen Facetten verhandelt – als existenzielles Bedürfnis, als begründendes Element des Sozialen Mietrechts und Ausdruck der Sozialen Marktwirtschaft sowie in seiner Entwicklung hin zur Berücksichtigung sozial-struktureller, siedlungspolitischer Aspekte. Gesonderte Aufmerksamkeit verdient daneben die verfassungsrechtliche Figur der Sozialbindung des Eigentums (Art. 14 Abs. 2 GG), die ebenfalls vielfach referenziert wird und über die ökonomische Gedanken transportiert und verhandelt werden.[274] An dieser Stelle überlagern sich somit verfassungsrechtliche und ökonomische Wissensstrukturen.

Nach der Konzeption des Grundgesetzes ist das Eigentum der gesetzgeberischen Bestimmung von Inhalt und Schranken unterworfen und durch seine Sozialbindung geprägt.[275] Verfassungsrechtliche Argumentationen zur Eigentumsfreiheit teilen somit einen kritischen Blick auf jeweils sogenannte Eingriffe mit neoklassischen Perspektiven.[276] Sie beruhen jedoch auf unterschiedlichen, wenngleich miteinander verbundenen Wissensstrukturen. Aus verfassungsrechtlicher Perspektive wird die Funktion des Eigentums zur Sicherung der persönlichen Freiheit des Einzelnen betont und es deshalb vor staatlichen Eingriffen geschützt.[277] Die neoklassische Perspektive fokussiert hingegen die marktwirtschaftlichen Friktionen, die aus diesen Eingriffen entstehen, und eine marktwirtschaftliche Bedeutung des Privateigentums.[278] Übersetzt in die Sprache des Sozialen Mietrechts geht es daher darum, „einen Ausgleich zwischen den Marktparteien zu erreichen, der ein ‚sozial befriedigendes Funktionieren' des Marktes gewährleistet".[279] Als

274 Siehe dogmatisch *Gustorff*, Mietpreisbremse und Bestellerprinzip, 2021, S. 338 ff.

275 Grundlegend zur Frage der Herangehensweise *Farahat*, JZ 75 (2020), 602 (606); *Dudeck*, Die soziale Frage unserer Zeit, 2025, S. 141.

276 Zum Zusammenhang *M. Müller*, AöR 147 (2022), 518 (548 Fn. 187, 550 ff.); als Ausgangspunkt für Überlegungen zu Besonderheiten des deutschen Modells *Meinel/Neumeier*, Der Staat 64 (2025), 79 (91).

277 Für den hiesigen Kontext BVerfG, Beschl. v. 18.7.2019, 1 BvL 1/18 u.a. (Mietpreisbremse), Rn. 53, 74.

278 → § 4 B. IV.

279 *Fichtel*, Wohnungspolitik in der sozialen Marktwirtschaft, 1980, S. 219, m.V.a. *H. K. Schneider/Kornemann*, Soziale Wohnungsmarktwirtschaft, 1977, S. 91 (dort: Übermäßige Stärkung des Mieterschutzes wäre langfristig kontraproduktiv für ein „sozial befriedigendes Funktionieren einer Wettbewerbsordnung im Wohnungswesen").

Bewertungsmaßstab für das *sozial befriedigende Funktionieren des Marktes* dienen wiederum die Gedanken der Sozialen Marktwirtschaft, die im politischen Prozess konkretisiert werden.[280] Die daher erforderliche Abwägung von Eigentumsfreiheit und Sozialpflichtigkeit lässt sich insofern als Konstitutionalisierung der Wirtschaftsverfassung, hier im Sinne der Sozialen Marktwirtschaft, verstehen.[281] Wenn sich die Gesetzgebung mit dieser Sozialbindung auseinandersetzt, dann geschieht dies somit zum einen unter verfassungsrechtlichen Vorzeichen, zum anderen liegt ein Hintergrund der Sozialen Marktwirtschaft nahe.[282]

Als hilfreich für die Dekonstruktion dieser beiden Bedeutungszusammenhänge und ihres Zusammenspiels erweisen sich insbesondere die politökonomischen Wissenselemente zu sozialen Fragen und demokratischer Mitbestimmung. Denn ein wichtiger Aspekt der polit-ökonomischen Kritik an den vorherrschenden neoklassischen Modellen ist, dass diese den gesetzgeberischen Handlungsspielraum durch die Prämisse der Rechtfertigungsbedürftigkeit staatlichen Handelns gegenüber dem marktwirtschaftlichen Funktionsmechanismus von vornherein beschränken.[283] Vor diesem Hintergrund zeigt die Beschäftigung mit der Figur der Sozialbindung des Eigentums, dass diese zumindest verfassungsrechtlich dazu geeignet ist, erweiterte gesetzgeberische Spielräume zu begründen: Die Verfassungsrechtsprechung leitet aus der Sozialbindung eine gesteigerte gesetzgeberische Gestaltungsmacht und eine geringere Rechtfertigungsbedürftigkeit der das Eigentum betreffenden Gesetzgebung ab.[284] Da sich die Gesetzgebung ausführlich mit dieser Verfassungsrechtsprechung auseinandersetzt, wäre davon auszugehen, dass sie sich ihrer Spielräume durchaus bewusst ist. Gleichwohl tendiert sie dazu, vor allem auf die eigenen Grenzen zu

---

280 Vgl. *Fichtel*, Wohnungspolitik in der sozialen Marktwirtschaft, 1980, S. 219 f.

281 Angelehnt an *Fichtel*, Wohnungspolitik in der sozialen Marktwirtschaft, 1980, S. 219; vgl. weiterführend *Meinel/Neumeier*, Der Staat 64 (2025), 79 (92 ff.).

282 Grundlegender zur dem Privateigentum immanenten Abwägung als gesellschaftlicher Ordnungsidee *M. Müller*, AöR 147 (2022), 518 (550 ff.).

283 → § 5 B. III. 1.

284 Kritisch zu einem für das Wohnen generell erweiterten Handlungsspielraum *L. Winkler*, Regulierung von Bestandsbauten, 2023, S. 427 ff.; ausführlich dafür *Nispel*, Mietpreisregulierung und Verfassungsrecht, 2023, S. 149 ff.; zum Argument auch *Meinel/Neumeier*, Der Staat 64 (2025), 79 (93). An dieser Stelle geht es daher, anders als im Zuge der Beschäftigung mit der Grundsteuer (→ § 9 C. I.), nicht um die Frage, ob die Gesetzgebung vor dem Hintergrund verfassungsrechtlicher Anforderungen überhaupt ökonomische Annahmen bildet. Stattdessen interessiert, wie Gesetzgebung und BVerfG den Aspekt der Sozialbindung jeweils gewichten und welche Folgerungen sie ableiten.

schließen. Insofern zeigen sich zwischen der gesetzgeberischen und der verfassungsgerichtlichen Argumentation bedeutsame Nuancen, die ein unterschiedlich gelagertes Verständnis der Bedeutung der Sozialbindung nahelegen.

Im Zuge ihrer Ausführungen zur Vereinbarkeit der Mietpreisbremse mit den Maßgaben des Grundgesetzes bewegt sich die Gesetzgebung zunächst eng entlang der Linien der Verfassungsrechtsprechung zu Sozialbindung und Abwägungserfordernissen.[285] So gibt sie ihre eigene, aus der Sozialbindung folgende Verpflichtung wieder, für einen „angemessenen Ausgleich zwischen den Interessen von Mietern und Vermietern" zu sorgen, „der sowohl die Privatnützigkeit des Eigentums und die grundsätzliche Verfügungsbefugnis des Eigentümers wahrt, als auch dem Wohle der Allgemeinheit Rechnung trägt."[286] Hierbei reiche der gesetzgeberische Spielraum allgemein umso weiter, „[j]e mehr das Eigentumsobjekt in einem sozialen Bezug steht und eine soziale Funktion erfüllt".[287] Dabei könnten „Veränderungen der gesellschaftlichen und wirtschaftlichen Verhältnisse zu einer Verschiebung der Maßstäbe führen".[288] Nachdem die Gesetzgebung die Bedeutung des Ausgleichsgedankens im Mietrecht so als Ausgangspunkt der Argumentation positioniert hat, geht sie ohne Umschweife zur Beschreibung der gesetzgeberischen Zielsetzung und Grenzen über.

Demgegenüber finden sich in der zitierten Verfassungsrechtsprechung vielfach zunächst noch Ausführungen zur hohen sozialen Bedeutung des Wohnens. Ein besonders hoher sozialer Bezug liege nämlich beispielsweise dann vor, wenn der Eigentumsgegenstand Dritten zur entgeltlichen Nutzung überlassen werde und deren Freiheitssicherung diene.[289] Dass es sich bei der Wohnung um einen solchen Eigentumsgegenstand handelt, wird von der Gesetzgebung höchstens implizit vorausgesetzt.[290] Das Bun-

285 RegE MietNovG, BT-Drs. 18/3121, 18 f.

286 RegE MietNovG, BT-Drs. 18/3121, 18, m.V.a. die Verfassungsrechtsprechung: BVerfGE 91, 294 <308, 310> – *Mietpreisbindung* 1994; 37, BVerfGE 132 <140> – *Vergleichsmiete I* [1974].

287 RegE MietNovG, BT-Drs. 18/3121, 18, m.V.a. BVerfGE 95, 64 <84> – *Mietpreisbindung* [1996].

288 RegE MietNovG, BT-Drs. 18/3121, 18, m.V.a. BVerfGE 95, 64 <84> – *Mietpreisbindung* [1996].

289 BVerfGE 95, 64 <84> – *Mietpreisbindung* [1996]; ähnlich auch BVerfGE 37, 132 <140> – *Vergleichsmiete I* [1974]. Aufgegriffen von BVerfGE 38, 348 <370> – *Zweckentfremdung von Wohnraum* [1975]; 71, 230 <247> – *Kappungsgrenze* [1985].

290 Vgl. den Verweis von RegE MietNovG, BT-Drs. 18/3121, 18, auf BVerfGE 95, 64 <84> – *Mietpreisbindung* [1996]. Dort heißt es im Anschluss an den wiedergegebenen

desverfassungsgericht trifft im Beschluss zur Mietpreisbremse hingegen deutlichere Aussagen: Die Wohnung habe für die Einzelnen und ihre Familien eine hohe Bedeutung.[291] Große Teile der Bevölkerung seien mangels Wohneigentum und insbesondere in den Städten auf Mietwohnungen angewiesen.[292] Dabei geht es nicht nur um das sprichwörtliche Dach über dem Kopf: Die Gesetzgebung könne auch Fragen des Wohnumfelds berücksichtigen.[293] Daneben tragen die besondere Bodengebundenheit von Wohnraum und seine Endlichkeit zur besonderen Sozialbindung bei.[294] Für die „durch die Miethöhenregulierung mittelbar erfassten Interessen von Mietern in bestehenden Mietverhältnissen" spreche zudem ihr durch Art. 14 Abs. 1 GG geschütztes Besitzrecht.[295] Die Sozialbindung führe somit

---

Maßstab, dass „[d]as Eigentumsobjekt Sozialwohnung [...] nach seiner gesetzlichen Ausgestaltung einen besonders starken Sozialbezug" aufweise. Es sei „nicht zur Selbstnutzung durch den Eigentümer, sondern zur Fremdnutzung durch bedürftige Mieter bestimmt." Für diese habe die Wohnung eine elementare Bedeutung, die durch Schwankungen am Wohnungsmarkt noch gesteigert werde. Diese Ausführungen müssen nicht nur für Sozialwohnungen gelten; der Verweis gerade auf dieses Urteil im Gegensatz zu den vom BVerfG selbst referenzierten Entscheidungen (dazu sogleich), spricht jedoch nicht dafür, dass die Gesetzgebung den hohen Sozialbezug ausmalen wollte.

291 BVerfG, Beschl. v. 18.7.2019, 1 BvL 1/18 u.a. (Mietpreisbremse), Rn. 71, m.V.a. BVerfGE 143, 246 <341 f., Rn. 268> – *Atomausstiegsgesetz* [2016], m.w.N., für eine Übersicht der Rechtsprechung zum Sozialbezug, sowie BVerfGE 37, 132 <141> – *Wohnraumkündigung* [1974]; 38, 348 <370> – *Zweckentfremdung von Wohnraum* [1975]; 95, 64 <84 f.> – *Mietpreisbindung* [1996], für das Wohnen. Das BVerfG verweist also auf Rechtsprechung zum freifinanzierten Wohnraum sowie bzgl. BVerfGE 95, 64 <84 f.>– *Mietpreisbindung* [1996], auch präzise auf die Anwendung des Maßstabs auf das Themenfeld Wohnen („84 *f.*").

292 BVerfG, Beschl. v. 18.7.2019, 1 BvL 1/18 u.a. (Mietpreisbremse), Rn. 71, m.V.a. BVerfGE 38, 348 <370 f.> – *Zweckentfremdung von Wohnraum* [1975]; nicht ganz so eindeutig, aber bereits in diese Richtung BVerfGE 37, 132 <142> – *Vergleichsmiete I* [1974]; 79, 292 <302> – *Eigenbedarf II* [1989]; 81, 29 <31> – *Ferienwohnungen* [1989]; 89, 1 <6> – *Besitzrecht des Mieters* [1993].

293 BVerfG, Beschl. v. 18.7.2019, 1 BvL 1/18 u.a. (Mietpreisbremse), Rn. 71. Insofern gewinnt die Verhinderung von Gentrifizierung als ein gesellschaftliches Interesse, das die Verdrängung einkommensschwächerer Mieter und die Segregation der Bevölkerung betrifft, Gewicht, ebd., Rn. 72, mit Bezug auf den RegE MietNovG, BT-Drs. 18/3121, 19, sowie *Gsell*, NZM 2017, 305 (308); → § 8 C. IV. 3.

294 BVerfG, Beschl. v. 18.7.2019, 1 BvL 1/18 u.a. (Mietpreisbremse), Rn. 71, m.V.a. insb. *Gsell*, NZM 2017, 305 (306).

295 BVerfG, Beschl. v. 18.7.2019, 1 BvL 1/18 u.a. (Mietpreisbremse), Rn. 72, m.V.a. BVerfGE 89, 1 <5 ff.> – *Besitzrecht des Mieters* [1993]. Diese Mieter könne die Gesetzgebung aufgrund des gesellschaftspolitischen Interesses an durchmischten Vierteln ebenfalls schützen, vgl. bereits bei → § 8 Fn. 267.

bei der Abwägung der in Frage stehenden Positionen zu einem „weiten Gestaltungsspielraum."[296]

Erst im Anschluss an diese Ausführungen heißt es, dass dieser Gestaltungsspielraum wiederum durch die wirtschaftlichen und gesellschaftlichen Verhältnisse geprägt werde, insbesondere auch die jeweiligen Umstände auf dem Wohnungsmarkt.[297] Doch auch hinsichtlich dieser Abwägung führt das Gericht weiter aus, dass die Eigentumsgarantie nicht gebiete, „einmal ausgestaltete Rechtspositionen für alle Zukunft in ihrem Inhalt unangetastet zu lassen."[298] Dies gelte unter bestimmten Voraussetzungen auch für den Fall, dass sich dadurch die Nutzungsmöglichkeiten der Eigentümer verschlechterten,[299] wobei Vermieterinnen und Vermieter „[a]uf dem sozialpolitisch umstrittenen Gebiet des Mietrechts [...] mit häufigen Gesetzesänderungen rechnen [müssen] und [...] nicht auf den Fortbestand einer ihnen günstigen Rechtslage vertrauen [können]."[300]

Auffällig ist insofern, dass die Gesetzgebung der wohnpolitischen Konkretisierung der Sozialbindung deutlich weniger Raum zugesteht als das Bundesverfassungsgericht. Indem sie diesen Schritt überspringt, übergeht sie die Gelegenheit, selbstbewusst einen weiten Gestaltungsspielraum zu betonen. Anstelle auszubuchstabieren, welche Effekte auf Mieterseite zur

---

296 Deutlich BVerfG, Beschl. v. 18.7.2019, 1 BvL 1/18 u.a. (Mietpreisbremse), Rn. 74. Nach *Sauer*, Freie Fahrt für die Mietpreisbremse, VerfBlog v. 21.8.2019, ist der Beschluss „bemerkenswert", „weil er auf dem Höhepunkt der politischen Diskussion die Sozialbindung des Eigentums betont und der Politik erhebliche Spielräume für ihr Vorgehen zur Regulierung des Wohnungsmarktes und zur Steuerung der Sozialstruktur in den Ballungsräumen belässt." Vgl. auch *P. Lange*, DVBl 2015, 1551 (1555); *Sonnenschein*, Wohnraummiete, 1995, S. 3, jeweils m.V.a. die Verfassungsrechtsprechung.

297 BVerfG, Beschl. v. 18.7.2019, 1 BvL 1/18 u.a. (Mietpreisbremse), Rn. 74. Dies stellt gefestigte Rechtsprechung dar und wird auch vom Gesetzgeber so wiedergegeben, vgl. → § 8 Fn. 288. Kritisch insofern zum aktuellen Kontext der Finanzialisierung *Adamski*, GWP 68 (2019), 543 (545), dem zufolge die Geschäftsmodelle der Immobilienunternehmen allein rendite- und nicht gemeinwohlorientiert sind.

298 BVerfG, Beschl. v. 18.7.2019, 1 BvL 1/18 u.a. (Mietpreisbremse), Rn. 75, m.V.a. BVerfGE 58, 300 <351> – *Naßauskiesung* [1981], m.w.N.; BVerfGE 143, 266 <342, Rn. 269> – *Atomausstieg* [2016], m.w.N.

299 BVerfG, Beschl. v. 18.7.2019, 1 BvL 1/18 u.a. (Mietpreisbremse), Rn. 75, m.V.a. BVerfGE 42, 263 <294 f.> – *Contergan* [1976]; BVerfGE 143, 266 <342, Rn. 269> – *Atomausstieg* [2016].

300 BVerfG, Beschl. v. 18.7.2019, 1 BvL 1/18 u.a. (Mietpreisbremse), Rn. 76, m.V.a. BVerfGE 71, 230 <252> – *Kappungsgrenze* [1985]. Dass dies kein Freibrief sei, sondern eben „hinreichend gewichtige tatsächliche Entwicklungen" erfordere, *Häublein*, ZfPW 2020, 1 (6), mit einem verhaltensökonomischen Argument zur Lenkung menschlichen Verhaltens.

gesteigerten Sozialbindung führen und sich diese so zu eigen zu machen, verweist die Gesetzgebung lediglich auf das abstrakte Allgemeinwohl der gesetzgeberischen Ziele, die Verfassungsrechtsprechung und bezeichnet die Regelung kurzerhand als gerechtfertigt.[301] Stattdessen wendet sie sich den Grenzen des eigenen Handlungsspielraums zu: Die Bestandsgarantie des Privateigentums erfordere, dass Eingriffe nicht unverhältnismäßig sind, nicht die Substanz des Eigentumsgegenstandes gefährden oder „eine einseitige Bevorzugung der Mieterseite bzw. Benachteiligung der Vermieterseite darstellen".[302]

Obwohl auch in der Verfassungsrechtsprechung das Allgemeinwohl nicht nur einen Orientierungspunkt, sondern gleichzeitig eine Schranke darstellt, weichen die gesetzgeberischen Ausführungen erneut leicht von denen der Verfassungsrechtsprechung ab.[303] Während die Gesetzgebung eine doppelte Sorge um die Vermieterseite umtreibt,[304] soll sie nach dem Bundesverfassungsgericht „sowohl die Belange des Mieters als auch die des Vermieters in gleicher Weise berücksichtigen."[305] Zwar müssten diese Belange nicht zu jeder Zeit und in jedem Zusammenhang dasselbe Gewicht haben, aber eine „einseitige Bevorzugung oder Benachteiligung steht [...] mit den verfassungsrechtlichen Vorstellungen eines sozialgebundenen Privateigentums

301 RegE MietNovG, BT-Drs. 18/3121, 18.

302 RegE MietNovG, BT-Drs. 18/3121, 18, m.V.a. BVerfGE 71, 230 <247 ff.> – *Kappungsgrenze* [1985].

303 BVerfG, Beschl. v. 18.7.2019, 1 BvL 1/18 u.a. (Mietpreisbremse), Rn. 55: „Das Wohl der Allgemeinheit ist nicht nur Orientierungspunkt, sondern auch Grenze für die Beschränkung des Eigentums"; BVerfGE 37, 132 <140> – *Vergleichsmiete I* [1974]: Die beiden Elemente verfassungsrechtlich garantierte Freiheit und Gebot sozialgerechter Eigentumsordnung stünden in einem dialektischen Verhältnis und der Gesetzgeber müsse beiden „in gleicher Weise Rechnung tragen und die schutzwürdigen Interessen aller Beteiligten in einen gerechten Ausgleich und ein ausgewogenes Verhältnis bringen"; siehe auch BVerfGE 143, 246 <341 f., Rn. 268> – *Atomausstiegsgesetz* [2016], m.w.N., wonach das Allgemeinwohl sowohl Grund als auch Grenze der Beschränkung der Eigentümerbefugnisse darstelle. Auf diese Ausführungen bezieht sich das BVerfG auch im Beschluss zur Mietpreisbremse als st.Rspr. Siehe weiter BVerfGE 37, 132 <140 f.> – *Vergleichsmiete I* [1974]; 38, 348 <370> – *Zweckentfremdung von Wohnraum* [1975]; 71, 230 <246 f.> – *Kappungsgrenze* [1985].

304 Siehe soeben (→ § 8 Fn. 302): „einseitige Bevorzugung der Mieterseite bzw. Benachteiligung der Vermieterseite", RegE MietNovG, BT-Drs. 18/3121, 18.

305 BVerfG, Beschl. v. 18.7.2019, 1 BvL 1/18 u.a. (Mietpreisbremse), Rn. 69; zuvor BVerfGE 37, 132 <141> – *Vergleichsmiete I* [1974]; 71, 230 <247> – *Kappungsgrenze* [1985]. Mit dem Hinweis, nicht nur auf die Interessen der Mietvertragsparteien, sondern auch die der Allgemeinheit abzustellen (Stichwort Gentrifizierung) *Gustorff*, Mietpreisbremse und Bestellerprinzip, 2021, S. 342.

nicht in Einklang."[306] Beachtenswert ist, dass hier die Bevorzugung und Benachteiligung der jeweils *widerstreitenden* Interessen gemeint ist und nicht – wie durch die Gesetzgebung – die zu vermeidende Benachteiligung der Vermieterseite der zu vermeidenden Bevorzugung der Mieterseite nur vermeintlich gegenübergestellt wird.

Wieder im Einklang stehen Gesetzgebung und Rechtsprechung, wenn schließlich solche Regelungen als problematisch angesehen werden, die „die Wirtschaftlichkeit der Vermietung ernstlich in Frage stellen"[307] und insbesondere auf Dauer zu Verlusten oder Substanzgefährdung führen.[308] Diese Grenze werde durch die Mietpreisbremse nicht überschritten, da die Vormieten durch § 556 e Abs. 1 BGB geschützt werden, durch den 10 %-Zuschlag weiterhin Mieterhöhungen möglich seien und aufgrund von § 556 e Abs. 2 BGB Wertverbesserungen bei der Mietpreisbildung berücksichtigt würden.[309] Die Verfügungsbefugnis der Eigentümer werde nur im „notwendigen Umfang eingeschränkt", während „die Vermietung grundsätzlich rentabel bleibt."[310] Obgleich also die grundsätzliche Rentabi-

---

306 BVerfG, Beschl. v. 18.7.2019, 1 BvL 1/18 u.a. (Mietpreisbremse), Rn. 69, m.V.a. u.a. BVerfGE 37, 132 <141> – *Vergleichsmiete I* [1974]; 71, 230 <247, 249> – *Kappungsgrenze* [1985].

307 RegE MietNovG, BT-Drs. 18/3121, 18, m.V.a. BVerfG, Beschl. v. 3.4.1990 – 1 BvR 268/90 u.a. = NJW 1992, 1377 (1378); BVerfG, Beschl. v. 12.10.2000 – 2 BvR 2306/97, Rn. 3. Die Nichtannahmebeschlüsse des BVerfG verweisen zur Wirtschaftlichkeit wiederum aufeinander bzw. auf BVerfGE 37, 132 <142> – *Vergleichsmiete I* [1974].

308 RegE MietNovG, BT-Drs. 18/3121, 18, m.V.a. BVerfGE 91, 294 <310> – *Mietpreisbindung* [1994]; 71, 230 <250> – *Kappungsgrenze* [1985]; ebenso BVerfG, Beschl. v. 18.7.2019, 1 BvL 1/18 u.a. (Mietpreisbremse), Rn. 69. Mit dem Hinweis, dass somit ein auf Vermieterseite quantifizierbares Interesse einer weiten normativen Interessenlage der Mieterinnen gegenübergestellt wird, *Dudeck*, Die soziale Frage unserer Zeit, 2025, S. 169.

309 RegE MietNovG, BT-Drs. 18/3121, 18; → § 8 C. III. Ergänzt wird durch die SPD-Fraktion im Zuge der Ausschussberatungen noch die regionale Begrenzung, SPD-Fraktion, in: Ausschussbericht und Beschlussempfehlung, MietNovG, BT-Drs. 18/4220, 5. Ebenso BVerfG, Beschl. v. 18.7.2019, 1 BvL 1/18 u.a. (Mietpreisbremse), Rn. 89, m.V.a. RegE MietNovG, BT-Drs. 18/3121, 21, für die dort aufgezählten Ausnahmen und Sicherungen sowie die derzeitige Marktsituation, die keine substanzgefährdenden Entwicklungen absehen lasse (m.V.a. u.a. *Schuldt*, Mietpreisbremse, 2017, S. 197, 219). Weiter *P. Lange*, DVBl 2015, 1551 (1556).

310 RegE MietNovG, BT-Drs. 18/3121, 19. Pointiert *A. Frank*, Mietpreisbremse, 2016, S. 29 f.: „Das Bedürfnis nach bezahlbarem Wohnraum überwiegt in diesem Zusammenhang das Interesse des Eigentümers, eine Miete am Markt durchzusetzen, die mehr als 10 % über der ortsüblichen Vergleichsmiete liegt. Während es sich bei dem Bedürfnis nach bezahlbarem Wohnraum um ein existenzielles Grundbedürfnis eines Menschen handelt, resultiert das Bedürfnis des Vermieters eine am üblichen

lität der Wohnung als Wirtschaftsgut nicht in Frage gestellt wird und der Eigentümer „sein Eigentum weiterhin mit einem angemessenen Ertrag [...] bewirtschaften" können soll, soll er gleichwohl daran gehindert werden, „besondere Erträge zu realisieren, die sich aus der spezifischen Situation eines angespannten Wohnungsmarktes ergeben".[311] Diese Argumentation steht somit im Widerspruch zu einem rein neoklassischen Marktansatz, der auf Knappheit beruhende Preisspitzen gerade nicht abschneiden würde. Dennoch bleibt das ökonomische Prinzip im Verständnis der Wohnung als ertragreiches Wirtschaftsgut aktiv. Es zeigt sich der enge Zusammenhang verfassungsrechtlicher und ökonomischer Argumentationen, hier in der Form als Soziale Marktwirtschaft.

Zusammenfassend lässt sich festhalten, dass die verfassungsrechtliche Figur der Sozialbindung einen relevanten gesetzgeberischen Bezugspunkt bei der Reflexion der eigenen Gestaltungsspielräume bei der Miethöheregulierung darstellt. Die Figur leitet die Gesetzgebung in Richtung einer verschiedene Interessen ausgleichenden Regelung. In ihr spiegelt sich insofern die polit-ökonomische Auffassung der dualen Natur des Wohnens wider, ausgemalt als Widerspruch zwischen Vermieterfreiheit und sozialer Funktion des Wohnens. Indem auch ökonomische Erwägungen und die Wirtschaftlichkeit der Vermietung die Abwägung prägen, erscheint die Sozialbindung als eine weitere Übersetzung sozial-marktwirtschaftlicher Gedanken für das Wohnen.[312] Bemerkenswert ist die argumentative Entfaltung der Sozial-

---

Markt überhöhte Miete – mithin mehr als 10 % der ortsüblichen Vergleichsmiete – zu verlangen, lediglich aus kapitalistischen Motiven, die gegenüber dem existenziellen Grundbedürfnis des Mietinteressenten zurücktreten müssen."

311 RegE MietNovG, BT-Drs. 18/3121, 18. Vgl. weiter aus der Verfassungsrechtsprechung dazu, dass zum Schutz des Privateigentums auch dessen wirtschaftliche Nutzung gehöre, insbesondere einen „Ertrag zu ziehen, der zur finanziellen Grundlage für die eigene Lebensgestaltung beiträgt", BVerfG, Beschl. v. 18.7.2019, 1 BvL 1/18 u.a. (Mietpreisbremse), Rn. 53, 70, m.V.a. u.a. BVerfG, Beschluss v. 23.5.2018, 1 BvR 97/14, 1 BvR 2392/14, Rn. 70 f.; BVerfGE 79, 292 <303 f.> – *Eigenbedarf II* [1988]; 101, 54 <75> – *Schuldrechtsanpassungsgesetz* [1999], jeweils m.w.N. Unterstützend dafür, dass das Vertrauen auf künftige höchstmögliche Mieteinkünfte nicht geschützt sei, BVerfG, Beschl. v. 18.7.2019, 1 BvL 1/18 u.a. (Mietpreisbremse), Rn. 76, 88, m.V.a. BVerfGE 37, 132 <142> – *Vergleichsmiete I* [1974]; 71, 230 <250> – *Kappungsgrenze* [1985]; 91, 294 <310> – *Mietpreisbindung* [1994]; 100, 226 <242 f.> – *Denkmalschutz* [1999]; sowie erneut BVerfG, NJW 1992, 1377. Siehe auch *P. Lange*, DVBl 2015, 1551 (1556).

312 *Rohde* (SPD), Sten. Bericht der 91. Sitzung, 5.3.2015, BT-PlProt. 18/91, MietNovG, 8605D, macht diese Verbindung explizit, indem er nach der Wiedergabe des Art. 14 Abs. 2 GG anfügt: „Meine Damen und Herren, wir leben in einer sozialen Marktwirtschaft und nicht, wie der eine oder andere es gerne hätte, in einer radikalen

bindung durch die Gesetzgebung im Kontrast zu den Ausführungen der Verfassungsrechtsprechung. Diese unterschiedlich gewichteten Darstellungen können freilich auf staatsorganisationsrechtliche und aus der Gewaltenteilung rührende Motive zurückgeführt werden: dass das BVerfG dem Vorwurf entgehen möchte, selbst Mietenpolitik zu betreiben.[313] Gleichwohl liegt es nicht fern, auch seitens der Gesetzgebung strategische Motive anzunehmen. Schließlich ist die unterschiedliche Nuancierung gerade deshalb bemerkenswert, da die Gesetzgebung an sich – vermeintlich – eng entlang verfassungsrechtlicher Linien argumentiert, um die Verfassungsmäßigkeit der eigenen Regelungen zu belegen. Insofern transportiert die Referenz auf verfassungsrechtliche Figuren soziale Gedanken, ermöglicht aber auch eine Abwägung und sichert eigene ökonomische Wertungen ab.

VI. Gesetzgeberische Annahmen VI: Individuelle Zugriffe jenseits von Machtverhältnissen

Als letzter Aspekt der im Wesentlichen neoklassisch fundierten gesetzgeberischen Wissensstrukturen zur Mietpreisbremse ist deren individueller Zugriff zu erwähnen. Zwar wird das Mietrecht – neben der Grundentscheidung zugunsten des Marktmechanismus – mit der Mietpreisbremse zumindest teilweise für strukturelle Erwägungen geöffnet, wie das Phänomen der Gentrifizierung zeigt. Andere strukturelle Aspekte werden jedoch kaum berücksichtigt. Das gilt unter anderem für Fragen der Funktionsfähigkeit des Wohnungsmarktes, der schließlich als Paradebeispiel für einen atypischen, unvollkommenen Markt angesehen wird. Seine Komplexität wird jedoch nur unzureichend berücksichtigt: Sie wird in den Gesetzesmaterialien kaum thematisiert und wenn doch, meist durch die Opposition eingebracht. So dient das Phänomen verschiedener Teilmärkte in der Regierungsbegründung zwar dazu, die „Gentrifizierung" zu beschreiben und die regionale Begrenzung der Mietpreisbremse zu begründen.[314] Dabei wird aber lediglich die regionale Heterogenität der Wohnungsmärkte als

---

Marktwirtschaft." In eine ähnliche Richtung allgemeiner *Sonnenschein*, Wohnraummiete, 1995, S. 2 f.

313 Das gilt umso mehr, wenn man die widerstreitenden Interessen als dem Wohnsystem immanent begreift und die Aushandlung dieses Verhältnisses dem politischen Prozess und nicht dem Verfassungsgericht zuweist, so *Lomfeld*, Demokratische Miet-Bestimmung, VerfBlog v. 12.9.2019.

314 RegE MietNovG, BT-Drs. 18/3121, 11, 14.

entweder angespannt oder nicht angespannt erfasst. Den Regionen mit steigenden Mieten werden solche mit stagnierenden und zurückgehenden Mieten gegenübergestellt. Die Begründung für dieses Teilmarktphänomen wird zudem klassisch marktwirtschaftlich darin gesehen, dass aufgrund eines Bevölkerungsrückgangs „dort das Angebot an Wohnraum die Nachfrage teilweise deutlich übersteigt."[315] Auch die Verwendung des Stichworts der Wohnungsklassen[316] lässt über die Kenntnis des Konzepts hinaus keine weiteren Schlüsse zu. Es wird nur verwendet, um das Bewusstsein dafür zu zeigen, dass die Ermittlung der Vergleichsmiete streitanfällig sein kann und dies die Ausgestaltung des § 556 g BGB beeinflusst.

Die Relevanz eines komplexen Verständnisses des Wohnungsmarktes wird im parlamentarischen Prozess somit vor allem als Kritik an der gesetzgebenden Mehrheit deutlich. So stellt vor allem die Opposition die Wirkung der Sickereffekte und hierüber die für die Mietpreisbremse wichtige Wirkung von Neubauanreizen in Frage.[317] Sie greift die Komplexität des Wohnungsmarktes auch in ihrer Kritik am Fokus auf Preisbildung und Preissteigerungen auf.[318] Stattdessen wird – seitens der Opposition –

---

315 RegE MietNovG, BT-Drs. 18/3121, 14. Demgegenüber wird im Schrifttum teilweise angenommen, dass die Gesetzgebung durch die Verwendung des Plurals „Wohnungsmärkte" in § 556 d Abs. 2 BGB die Segmentierung des Wohnungsmarktes berücksichtige. Daraus wird gefolgert, dass sich die Landesrechtsverordnungen nicht nur räumlich auf eine Gemeinde oder Teile einer Gemeinde beschränken, sondern darüber hinaus nur bestimmte Segmente erfassen dürften, bspw. den Teilmarkt Kleinwohnungen, wenn nur dort eine angespannte Marktlage festzustellen sei, *Blank*, WuM 2014, 641 (645); *Börstinghaus*, in: Schmidt-Futterer, Mietrecht-Großkomm., 16. Aufl. 2024, § 556 d BGB Rn. 32. Dieser Schluss ist hingegen nicht zwingend, da sich die Pluralverwendung auch über den Bezugspunkt der Gebiete – ebenfalls im Plural – erklären lässt, siehe hierfür und für weitere Argumente *Lehmann-Richter*, WuM 2015, 204 (207). Gleichwohl argumentiert auch *Lehmann-Richter* anschließend – aus teleologischen Gründen – für eine segmentbezogene Interpretation der Norm. Weiter *A. Frank*, Mietpreisbremse, 2016, S. 134 ff.; *Fleindl*, in: BeckOGK BGB v. 1.1.2025, § 556 d Rn. 35, 38 f.; ebenso wohl BVerfG, Beschl. v. 18.7.2019, 1 BvL 1/18 u.a. (Mietpreisbremse), Rn. 117. Dabei erkennt das BVerfG die Komplexität des (Berliner) Wohnungsmarktes an und leitet daraus einen begrenzten Prüfungsmaßstab hinsichtlich der Ausweisung durch die Landesrechtsverordnungen ab.

316 RegE MietNovG, BT-Drs. 18/3121, 32. Vgl. → § 5 A. II. 2.

317 Das Problem liege nicht in fehlenden Anreizen, sondern darin, was gebaut werde, *Lay* (Linke), Sten. Bericht der 66. Sitzung, 13.11.2014, BT-PlProt. 18/66, MietNovG, 6194B (siehe bereits → § 8 Fn. 143). Siehe zudem die vereinzelte Kritik am Vertrauen auf die Sickereffekte im Bundesrat, Empfehlungen der Ausschüsse, MietNovG, BR-Drs. 447/1/14, 8 f.

318 Bereits→ § 8 C. I. 1.

der Trend der Finanzialisierung als wesentlich erkannt und aufgegriffen. Die gesetzgeberische Mehrheit führt die Mietpreissteigerungen hingegen maßgeblich auf das Wirken des Marktmechanismus angesichts eines Nachfrageüberhangs zurück.[319]

Die auf dem Wohnungsmarkt möglichen Machtverhältnisse zwischen Mieterinnen und Vermieterinnen werden in den Gesetzesmaterialien demgegenüber stärker thematisiert. So sollen Vermieter die örtlichen Mangellagen schließlich nicht ausnutzen, um unangemessene Mietsteigerungen durchzusetzen.[320] Auch das Verbot von Abweichungen zulasten der Mieterinnen in § 556 g Abs. 1 BGB als Bestandteil des Sozialen Mietrechts ist ausdrücklich auf den Schutz der Mieter als „strukturell schwächere[r] Vertragspartei" ausgerichtet.[321] In einem leichten Widerspruch hierzu verneint die Gesetzgebung hingegen eine naheliegende Parallele zum Verbraucherschutz und hierüber vermittelt die Frage, ob es sich bei den Mieterinnen auch um die schutzwürdigere Vertragspartei handelt (1.). Auch den weiteren Folgerungen mangelt es an Konsequenz. Dies gilt zum einen für die Frage der Durchsetzung der geltenden Mietpreisbegrenzungen (2.). Hierbei lässt sich ein – auch für die Neoklassik typischer – individualistischer Zugang feststellen, der sich darin ausdrückt, dass die Durchsetzung der Mietpreisbremse den einzelnen Mieterinnen überlassen wird. Zum anderen werden auch die damit zusammenhängenden Informationshierarchien zwischen Vermieterinnen und Mieterinnen, wie sie sich im Kontext der Auskunftspflicht und Rüge offenbaren, erst mit der Zeit behandelt (3.).

---

319 Zur „Kontingenz von Problemkonstruktionen" siehe *Münch*, Interpretative Policy-Analyse, 2016, S. 140); bereits → § 8 C. I.

320 → § 8 C. I. 1.; RegE MietNovG, BT-Drs. 18/3121, 11. Deutlicher noch zum Bestellerprinzip, wo auch das Stichwort Marktmacht fällt (ebd., 16).

321 → § 8 Fn. 240; RegE MietNovG, BT-Drs. 18/3121, 27, 32; RegE MietAnpG, BT-Drs. 19/4672, 25; RegE MPBRefG, BT-Drs. 19/15824, 15. Mit Nachdruck und kritisch hingegen die Stellungnahme der Linksfraktion, wonach der Gesetzentwurf eine „Verwässerung der sozialen Schieflage auf dem Wohnungsmarkt" sei und es ein starkes soziales Mietrecht brauche, „das Mieterinnen und Mieter sowie Vermieterinnen und Vermieter auf Augenhöhe bringe", Linksfraktion, in: Ausschussbericht und Beschlussempfehlung, MietAnpG, BT-Drs. 19/6153, 19. Eindrücklich für die frühere Intention, durch den Schutz von Wohnraummietern ein „Ausgleich für die verschieden gewichtete Marktstellung zwischen Vermieter und Mieter" zu schaffen, Ausschussbericht, MietRVerbG, BT-Drs. 6/2421, 1.

1. Mieterschutz als Verbraucherschutz?

Der Schutz der Mieterinnen als „strukturell schwächere Vertragspartei“[322] legt aufgrund der funktionalen Ähnlichkeit eine Parallele zum Verbraucherschutz nahe.[323] Dies gilt für den deutschen Kontext jedoch aus Sicht der Gesetzgebung nur begrenzt.[324] Denn viele Vermieter würden ihre Wohnungen privat vermieten, dabei verschiedenste Zwecke verfolgen, wie die Altersvorsorge und den Vermögensaufbau, und seien „auch rechtlich nicht Unternehmer im Sinne des Bürgerlichen Gesetzbuches.“[325] Vermögensaufbau und Altersvorsorge werden somit als legitime Ziele der Vermietung begriffen. Mit dem hierdurch gestärkten personalen Bezug geht in der Folge eine höhere Schutzbedürftigkeit einher.[326] Indem so auf beiden Seiten des Mietvertrags eine potenzielle Schutzbedürftigkeit ausgemacht wird, trägt die Mietpreisbremse „verbraucherpolitischen Aspekten“ dadurch Rechnung, dass sie „*sowohl* die Interessen der Mieter *als auch* der Vermieter angemessen“ berücksichtigt.[327] Die Position der Mieterinnen wird durch die Parallele zum Verbraucherschutz demnach nicht gestärkt. Stattdessen wird ihre Schutzbedürftigkeit gegenüber den ebenfalls schutzbedürftigen Vermieterinnen relativiert. Dieser Interessenausgleich kommt dabei nicht nur den tatsächlichen Privatvermieterinnen zugute, sondern allen Vermie-

---

322 → § 8 Fn. 240, 321.

323 Diese Parallele noch hervorhebend, auch wenn „das soziale Mietrecht typischerweise nicht dem Verbraucherschutz zugerechnet“ wird, RegE MietNovG, BT-Drs. 18/3121, 27; anders RegE MietAnpG, BT-Drs. 19/4672, 25; RegE MPBRefG, BT-Drs. 19/15824, 15. Weiter *Siegmund*, in: Artz/Eisenschmid/H. Schmidt/Streyl (Hrsg.), FS Börstinghaus, 2020, S. 397 (397 f.); auch bei *Kaufhold/Heitzer*, Der Staat 60 (2021), 353, dient die Mietpreisbremse dem Verbraucherschutz (375) bzw. dem Schutz der strukturell unterlegenen Vertragspartei (376).

324 Vgl. RegE MietNovG, BT-Drs. 18/3121, 27.

325 RegE MietNovG, BT-Drs. 18/3121, 27. Mit demselben Gedanken auch RegE MietAnpG, BT-Drs. 19/4672, 25; RegE MPBRefG, BT-Drs. 19/15824, 15

326 Vgl. weiter, dass der freiheitliche Charakter des Eigentums bei der „Vermietung zur privaten Vorsorge im Gegensatz zur unternehmerischen Nutzung […] stärker hervor[trete]“, BVerfG, Beschl. v. 18.7.2019, 1 BvL 1/18 u.a. (Mietpreisbremse), Rn. 101, m.V.a. BVerfGE 143, 246 <351, Rn. 297> – *Atomausstieg* [2016], wo der persönlich-freiheitliche Bezug nur gering sei. Insofern schlägt die Frage nach der Gewichtung sozialer Zwecke des Wohnens (→ § 5 A. II., B. I., II.) und der Eigentümerstruktur durch (vgl. auch *L. Winkler*, Regulierung von Bestandsbauten, 2023, S. 427, 432).

327 RegE MietNovG, BT-Drs. 18/3121, 27 (Herv. d. Verf.); RegE MietAnpG, BT-Drs. 19/4672, 25; RegE MPBRefG, BT-Drs. 19/15824, 15.

tergruppen.[328] Die strukturellen Gegebenheiten, komplexen Verhältnisse und jeweiligen Schutzbedürftigkeiten auf dem Wohnungsmarkt werden somit zwar aufgegriffen, aber entfalten nur begrenzte Wirkung.

2. Durchsetzung der Mietpreisbremse: privatrechtlich und individuell

Mit der Mietpreisbremse hat sich die Gesetzgebung für eine privatrechtliche und auf das einzelne Vertragsverhältnis ausgerichtete Regelung entschieden. Die Rechtsdurchsetzung ist auf die individuelle Geltendmachung durch die jeweiligen Mieterinnen ausgerichtet.[329] Auch das sozial-strukturelle Ziel, Gentrifizierung zu verhindern, soll auf diese Weise vermittelt über die einzelnen Mieterinnen erreicht werden:

> *„Nur wenn sich Mieter auf ihre Rechte aus den Regelungen über die zulässige Miethöhe bei Mietbeginn berufen und diese durchsetzen, können die Regelungen ihren legitimen Zweck erreichen, die direkte und indirekte Verdrängung von wirtschaftlich weniger starken Haushalten und Durchschnittsverdienern aus angespannten Wohnungsmärkten zu verhindern."*[330]

Dabei bestehen aus gesetzgeberischer Sicht verschiedene Hürden. Erstens werden sich Mieterinnen in der Regel erst ab einer gewissen Höhe ihres möglichen Rückforderungsanspruchs bewusst.[331] Zweitens könnten sie aufgrund der verschiedenen Ausnahmetatbestände und der häufig fehlenden Kenntnis der Vormiete „oft nicht ohne weiteres beurteilen [...], ob die vom Vermieter verlangte Miete im Einzelfall zulässig ist."[332] Drittens seien die Anforderungen an die Rüge – damals noch stets qualifiziert – nicht

---

328 Das gilt auch für große Immobilienkonzerne (Finanzmarkt-/Börsenakteure und große Privateigentümerinnen), deren Anteil in verschiedenen Städten zwischen knapp 20 % (Erfurt) und 50 % (Berlin) variiert, *Trautvetter/Knechtel*, Wem gehört die Stadt? Teil 2, Rosa-Luxemburg-Stiftung 2022, Berlin. Präziser daher die Bezeichnung der Vermieter als „im Wohnraummietrecht [...] typisiert überlegene Partei" bei *Artz*, in: MüKo-BGB, 9. Aufl. 2023, § 558 Rn. 3.

329 Vgl. die Formulierungen im RegE MietAnpG, BT-Drs. 19/4672, 11 u. 12, die die Schwierigkeiten und Hürden für Mieter bei der Durchsetzung „*ihrer* Rechte" bzw. „*ihres* Rechts" betreffen (Herv. d. Verf.).

330 RegE MietAnpG, BT-Drs. 19/4672, 14.

331 Der RegE MPBRefG, BT-Drs. 19/15824, 15, geht von Ansprüchen ab ca. 50 € aus und beruft sich dabei auf die Auskünfte von Mietervereinen und verweist auf *Geisler/Venohr*, Mieterschutz, der keiner ist, Zeit Online v. 22.6.2017.

332 RegE MietAnpG, BT-Drs. 19/4672, 1, 11, m.w.N.

praktikabel.[333] Viertens scheuten sich viele Mieter generell davor, ihren Auskunftsanspruch geltend zu machen.[334] Entsprechend gering sei die Klagebereitschaft bzw. Klageneigung.[335]

Dass die Gesetzgebung angesichts dieser Hürden von einer anderen Ausgestaltung absah, war eine bewusste Entscheidung. Dies zeigt sich insbesondere im Kontrast zu ihren Ausführungen zur Bußgeldbewährung des Herausmodernisierens gemäß dem neuen § 6 WiStG i.d.F. v. 1.1.2019. Diesbezüglich sei die behördliche Bußgeldbewährung erforderlich, weil „[r]ein zivilrechtliche Maßnahmen [...] das Ziel, die Mieter vor Verdrängung zu schützen und Gentrifizierung einzudämmen, nicht in gleicher Weise erreichen [können]."[336] Die geringere Wirksamkeit der zivilrechtlichen Regelungen folge aus ihrer fehlenden generalpräventiven Wirkung.[337] Erneut erkennt die Gesetzgebung, dass Mieter ihre „zivilrechtliche[n] Ansprüche aktiv geltend machen" müssten und hiervor zurückscheuten.[338] Demgegenüber hat die Gesetzgebung bezüglich der Mietpreisbremse weder eine Bußgeldbewährung[339] noch eine anderweitige Anpassung erwogen.[340] Stattdes-

333 RegE MietAnpG, BT-Drs. 19/4672, 1, 11, m.w.N.

334 RegE MietAnpG, BT-Drs. 19/4672, 14.

335 RegE MietAnpG, BT-Drs. 19/4672, 15, m.V.a. *Geisler/Venohr*, Mieterschutz, der keiner ist, Zeit Online v. 22.6.2017. Vgl. weiter die Nachweise dort, dass die Ängste der Mieterinnen begründet seien, denn „viele Vermieter reagieren ungehalten, einige sogar aggressiv, wenn sie auf das Gesetz hingewiesen werden." Diese Hemmnisse sind nicht nur anekdotischer Natur, sondern werden auch in der rechtswissenschaftlichen Literatur diskutiert: Besorgt wird ein Vollzugsdefizit bei privater klageweiser Rechtsdurchsetzung im Bereich des Mietrechts, wobei auf die genannten und weitere Probleme Bezug genommen wird, *Artz*, in: MüKo-BGB, 9. Aufl. 2023, § 556 d Rn. 4 f.; *Siegmund*, in: Artz/Eisenschmid/H. Schmidt/Streyl (Hrsg.), FS Börstinghaus, 2020, S. 397; insb. auch *J. Kummer*, Ein bürgerlich-rechtlicher Mietendeckel für den Bund?, VerfBlog v. 19.4.2021. Kritisch zudem *Wihl*, Zur Nichtigkeit des Berliner Mietendeckels, VerfBlog v. 15.4.2021.

336 RegE MietAnpG, BT-Drs. 19/4672, 36.

337 RegE MietAnpG, BT-Drs. 19/4672, 36. Stattdessen entstanden durch die früheren Regelungen zur Rüge sogar Anreize, überhöhte Mieten zu verlangen, RegE MPBRefG, BT-Drs. 19/15824, 1; dazu anstelle vieler *Artz*, in: MüKo-BGB, 9. Aufl. 2023, § 556 d Rn. 4, § 556 g Rn. 20 m.w.N.

338 RegE MietAnpG, BT-Drs. 19/4672, 36.

339 Dass die bestehende Regelung des § 5 WiStG ein stumpfes Schwert ist, ist allgemein bekannt, siehe RegE MietNovG, BT-Drs. 18/3121, 14; Stellungnahme BR, MietNovG, BR-Drs. 447/14 (B), 9 ff. Eine Bußgeldbewährung für die Mietpreisbremse wurde u.a. im Zeit-Artikel, auf den sich das MPBRefG bezieht, vehement eingefordert, vgl. *Geisler/Venohr*, Mieterschutz, der keiner ist, Zeit Online v. 22.6.2017.

340 In Betracht kämen bspw. kollektivere Ansätze wie Klagebefugnisse für Mieterverbände; innerhalb der individuell-privatrechtlichen Durchsetzung nachempfunden

sen wird den Mieterinnen – nach Reform der konkreten Rügeanforderungen[341] – zugemutet, trotz bestehender Risiken zu viel gezahlte Mietsummen innerhalb von 30 Monaten geltend zu machen.[342] Die Durchsetzung der Mietpreisbremse und der mit ihr verbundenen wohnungsmarktlichen Ziele wird somit auf der individuellen Vertragsebene verortet und damit geschwächt.

3. Informationshierarchien: Auskunft und Rüge

Wesentliche Verfahrenselemente der Durchsetzung der Mietpreisbremse stellen die Frage der Vermieterauskunft und Rüge durch die Mieterinnen dar.[343] Es handelt sich dabei auch um einen Schwerpunkt der Reformgesetze. Mit dem MietNovG wurde in § 556 g Abs. 2 BGB noch eine qualifizierte Rüge als Voraussetzung für die Rückforderung der Miete statuiert. Damit korrespondierte eine Auskunftsverpflichtung seitens der Vermieterinnen bezüglich Fakten, die sich für die Mieterinnen nicht ermitteln lassen, aber für die Vermieterinnen ohne großen Aufwand ermittelbar sind. Mit dem MietAnpG wurde eine vorvertragliche Auskunftsobliegenheit für Vermieterinnen eingeführt, sofern diese sich auf eine der Ausnahmen von § 556 d Abs. 1 BGB berufen. Mit dem Mietpreisbremsenreformgesetz wurde die Regelung zur Rüge verändert, sodass sich der Rückerstattungsanspruch

---

durch Legal-Tech-Dienstleister. Hierauf reagierte der Eigentümerverband Haus und Grund mit einer Handreichung für Vermieterinnen, wie sie sich gegen Rückforderungsansprüche wehren können. Dazu gehörten „Tipps" wie „die Vollmacht anzweifeln, […] möglichst wenige Auskünfte erteilen, keine schriftlichen Belege über die Höhe der Vormiete rausrücken, Fristsetzungen ignorieren", zitiert nach *Geisler/Venohr*, Mieterschutz, der keiner ist, Zeit Online v. 22.6.2017. Auch in diesem Kontext hieß es schon: „Die Vermieter haben nichts zu befürchten: Verstoßen sie bei der Festlegung der Miete gegen das neue Recht, droht ihnen kein Bußgeld. Denn Strafen sind im Gesetz nicht vorgesehen."

341 Dafür, dass die vorigen Rügeerfordernisse ein Problem darstellten, siehe RegE MPB-RefG, BT-Drs. 19/15824, 1; → § 8 C. VI. 3.

342 Trotz vorstehender Kritik grds. positiv zu diesem politischen Kompromiss *Artz*, in: MüKo-BGB, 9. Aufl. 2023, § 556 d Rn. 6.

343 Sowohl die Auskunftserteilung als auch das Rügeerfordernis sind je nach Verwendung und Reform als Obliegenheit oder Verpflichtung zu verstehen. Vgl. nur *Artz*, in: MüKo-BGB, 9. Aufl. 2023, § 556 g Rn. 1 ff.; *Emmerich*, in: Staudinger, BGB-Komm., 2024, § 556 g Rn. 20 ff., Rn. 41 ff.; *Börstinghaus*, in: Schmidt-Futterer, Mietrecht-Großkomm., 16. Aufl. 2024, § 556 d BGB Rn. 11; § 556 g BGB Rn. 2 ff., 27 a ff., 28; *Jacoby*, in: Artz/Eisenschmid/H. Schmidt/Streyl (Hrsg.), FS Börstinghaus, 2020, S. 267 (269, 271 m.w.N).

nun auch (begrenzt) auf die Vergangenheit bezieht.[344] Die jeweiligen Regelungen beruhen auf drei gesetzgeberischen Einschätzungen: dem Vorliegen von Informationshierarchien, der Redlichkeit der Vermieterinnen und einer als angemessen erachteten Risikoverteilung.

Bei der Einführung der Mietpreisbremse mit dem MietNovG war die vorgenommene Ausgestaltung der Rüge ausweislich des Regierungsentwurfs Unsicherheiten geschuldet, die die Ermittlung der zulässigen Miethöhe mit sich bringt.[345] In dieser Situation sorge die Rügevoraussetzung für Rechtssicherheit und Rechtsfrieden, da hierdurch verhindert werde, dass weit zurückliegende Sachverhalte nachträglich aufgeklärt werden müssten oder nach Vertragsende Streitigkeiten aufkämen.[346] Dabei wurde die Redlichkeit der Vermieterinnen grundsätzlich vermutet und die Schwierigkeiten bei der Ermittlung der zulässigen Miethöhe betont: Die Gesetzgebung nahm an, dass es unbillig sei, Vermieter Rückforderungsansprüchen auszusetzen, obwohl sie redlich bemüht waren, die Mietpreisbremse einzuhalten.[347] Der Einwand, dass hierüber die „rechtswidrige Praxis des Vermieters" zulasten der ebenfalls redlichen Mieter geschützt und „das Kräfteverhältnis in einem Mietverhältnis" verkannt werde, konnte sich noch nicht durchsetzen.[348] Während im Bundesrat angesichts des regelmäßig vorhandenen Informationsvorsprungs seitens der Vermieter zwar die Pflicht zur richtigen Berechnung der zulässigen Miete bei diesen gesehen wurde und zu ihren Gunsten auch der Spielraum von 10 % über der Vergleichsmiete als Puffer für Fehleinschätzungen angeführt wurde,[349] wurden im weiteren

344 Für einen Überblick über die maßgeblichen Änderungen → § 8 B. II., III. Ausführlich zur Regelung nach dem Reformgesetz 2020 *Fleindl*, in: Artz/Eisenschmid/H. Schmidt/Streyl (Hrsg.), FS Börstinghaus, 2020, S. 119 (128 ff.).

345 RegE MietNovG, BT-Drs. 18/3121, 33.

346 Ähnlich die spätere Argumentation für die Begrenzungen bei der Rückerstattung auch für die Vergangenheit, RegE MPBRefG, BT-Drs. 19/15824, 17. Kritisch, die Regelung aber im Ergebnis als „sachgerecht" bewertend, *Fleindl*, in: Artz/Eisenschmid/H. Schmidt/Streyl (Hrsg.), FS Börstinghaus, 2020, S. 119 (122 f.).

347 RegE MietNovG, BT-Drs. 18/3121, 33; kritisch schon Stellungnahme BR, Anlage 3 zum RegE MietNovG, BT-Drs. 18/3121, 45. Ablehnend *Blank*, WuM 2014, 641 (654 f.); kritisch auch *Emmerich*, in: Staudinger, BGB-Komm., 2024, § 556 g Rn. 12; *Fleindl*, in: BeckOGK BGB v. 1.1.2025, § 556 g Rn. 3.

348 Änderungsantrag der Linksfraktion, in: Ausschussbericht und Beschlussempfehlung, MietNovG, BT-Drs. 18/4220, 7; vgl. auch Änderungsantrag Linksfraktion, MietNovG, BT-Drs. 18/4223, 4.

349 Stellungnahme BR, MietNovG, BR-Drs. 447/14(B), 5; Empfehlungen der Ausschüsse, MietNovG, BR-Drs. 447/1/14, 11. Zum Informationsdefizit der Mieterinnen siehe auch *Fleindl*, in: BeckOGK BGB v. 1.1.2025, § 556 g Rn. 3; weiter zur Infor-

Verfahren vor allem hohe Anforderungen an die Mieterinnen gestellt. So wurde die Auskunftspflicht auf solche Informationen begrenzt, die der Mieter „nicht selbst ermitteln kann, z.B. mit Hilfe des örtlichen Mietspiegels."[350] Dass die Vermieterin diese Informationen bereits ermittelt und somit einen Informationsvorsprung hat, wurde im MietNovG ebenso wenig berücksichtigt wie der Faktor, dass die Ermittlungen hoch komplex sind, eine Kenntnis der Rechtslage, des Mietspiegels und die Fähigkeit, solche Tabellen zu lesen und anzuwenden, voraussetzen und – wie in Bezug auf die Vermieterinnen angenommen – fehleranfällig sind.[351] Stattdessen wirkten sich die mieterseitigen Informationsdefizite auch auf die Rüge aus: Mangels gesetzlicher Fristsetzung[352] konnten die Vermieterinnen ihre Auskünfte hinauszögern – mit der Folge, dass für den entsprechenden Zeitraum die Miete nicht zurückverlangt werden konnte.[353]

Hierauf wurde mit dem MietAnpG reagiert, indem sich die Rüge fortan nur noch bei Vorliegen einer Auskunft qualifiziert hierauf beziehen musste.[354] Auch wenn „Rüge[n] ins Blaue hinein" weiterhin vermieden werden sollten,[355] wurde das entsprechende Informationsdefizit gesetzgeberisch anerkannt.[356] Trotz Misstrauen gegenüber den Mieterinnen wurden deren Schwierigkeiten beim MietAnpG somit als Ausgangspunkt der gesetzgeberischen Erwägungen gewählt.[357] Flankiert wurde dies durch eine Sperrfrist bei verspäteter Nachholung der Auskunft (so der neue § 556 g Abs. 1a S. 3 BGB), mit der die nicht erfolgte Auskunft sanktioniert wurde. Die Vermutung redlicher Vermieterinnen wurde insofern relativiert.

---

mationsasymmetrie als eine Möglichkeit des Marktversagens und Grund für Ausgleich, *Schuldt*, Mietpreisbremse, 2017, S. 103 ff., demzufolge aber der Informationsvorsprung des Vermieters bzgl. der Wohnung nicht marktrelevant ist.

350 RegE MietNovG, BT-Drs. 18/3121, 2.

351 Im Bundesrat wird aus diesem Grund hingegen eine beidseitigere Lastenverteilung gefordert, siehe Empfehlungen der Ausschüsse, MietNovG, BR-Drs. 447/1/14, 12; Stellungnahme BR, MietNovG, BR-Drs. 447/14(B), 5 f.

352 Schon zum MietNovG seitens der Opposition kritisiert, siehe B90/Gr, in: Ausschussbericht und Beschlussempfehlung, MietNovG, BT-Drs. 18/4220, 5.

353 Vgl. RegE MietAnpG, BT-Drs. 19/4672, 13.

354 Ausschussbericht und Beschlussempfehlung, MietAnpG, BT-Drs. 19/6153, 7.

355 CDU/CSU-Fraktion, in: Ausschussbericht und Beschlussempfehlung, MietAnpG, BT-Drs. 19/6153, 18. Weiterführend zu diesem Verständnis des vertragstreuen Mieters im Zuge der Reformalisierung des Wohnraummietrechts durch die BGH-Rechtsprechung *Kummer*, AcP 223 (2023), 747.

356 Ausschussbericht und Beschlussempfehlung, MietAnpG, BT-Drs. 19/6153, 20.

357 Im RegE MietAnpG, BT-Drs. 19/4672, 12 f., heißt es zur vorherigen Regelung sogar explizit, dass diese „als ungerecht empfunden" werde.

Diese Entwicklung setzte sich mit dem Mietpreisbremsenreformgesetz fort. Mit dieser Reform wurden das Rügeerfordernis modifiziert und Rückforderungsansprüche auch für die Vergangenheit vorgesehen. Begründet wurde dies weniger mit Kräfteverhältnissen als damit, dass die Kopplung des Rückforderungszeitraums an die Rüge den Mietern die Wahrnehmung ihrer Rechte erschwere und negative Anreize für Vermieter setze.[358] Durch die bisherige Regelung werde „ein unrechtmäßiges Verhalten des Vermieters privilegiert, der die bis zur Rüge überzahlte Miete behalten darf."[359] Insofern zeigt sich ein deutlicher Wandel der gesetzgeberischen Wahrnehmung der Vermieterinnen, denen nun ökonomisch rationales, aber unredliches Handeln unterstellt wird.

Insgesamt verschiebt sich die gesetzgeberische Wahrnehmung somit deutlich. Die Redlichkeit der Vermieterinnen wird nach der Evaluation der Mietpreisbremse trotz und wegen ihres ökonomisch rationalen Verhaltens bezweifelt.[360] Gleichzeitig geraten Schwierigkeiten seitens der Mieterinnen und der Informationsvorsprung der Vermieterinnen ins Blickfeld. Die entsprechenden Neuregelungen stellen eine Verbesserung für die Mieter dar,[361] werden als solche Verschiebung jedoch nicht uneingeschränkt begrüßt, sondern als Kompromiss verstanden.[362]

---

358 Deutlich RegE MPBRefG, BT-Drs. 19/15824, 1, mit Bezugnahme auf *Michelsen/Mense*, Evaluierung der Mietpreisbremse, 2018; ähnlich ebd., 11, 16 f.: „Es hat sich mithin gezeigt, dass die derzeitige Ausgestaltung Vermietern ökonomische Anreize bietet, sich nicht an die Mietpreisbremse zu halten." Siehe bereits → § 8 Fn. 337.

359 RegE MPBRefG, BT-Drs. 19/15824, 16. Interessant auch die spätere Formulierung, dass sich die rechtmäßig handelnden Vermieter nach der Neuregelung „nicht länger benachteiligt gegen Vermietern *fühlen*, die sich bewusst nicht an die Mietpreisbremse halten […]" (ebd., 17, Herv. d. Verf.). Nun geht es nicht mehr um finanzielle Anreize bzw. Vorteile durch die bisherige Regelung, sondern ein Gefühl der Benachteiligung. Aus einer finanziellen Benachteiligung wird ein gefühltes Gerechtigkeitsproblem.

360 Diese verschobene Wahrnehmung wird auch durch verschiedene Untersuchungen gestützt, wie bspw. für Berlin, wo die Wiedervermietungsmieten 2016 in 81–91 % der Fälle die nach der Mietpreisbremse zu erwartenden Mietpreise überschritten haben sollen, *von Bodelschwingh/Dettmann/Schlichting*, Wiedervermietungsmieten und Mietpreisbremse in Berlin, BMV 2016, S. 11; *Die Unterzeichnenden*, suburban 6 (2018), 205 (210)

361 RegE MPBRefG, BT-Drs. 19/15824, 16.

362 Vgl. die Stellungnahme der CDU/CSU-Fraktion, Beschlussempfehlung und Ausschussbericht, MPBRefG, BT-Drs. 19/17156, 4, die wieder auf Privatvermieter verweist, für die aus den Neureglungen ein erhöhtes Risiko folge. Ähnlich die Oppositionsfraktionen der FDP und AfD (ebd., 5), dagegen wiederum die Linksfraktion (ebd., 4 f.)

D. Zusammenfassung: Abwägung sozialer Ziele im marktwirtschaftlichen System

Das Miethöherecht der Bundesrepublik ist durch das Vergleichsmietensystem und die ihm zugrunde liegenden Annahmen geprägt; als Teil des Sozialen Mietrechts sorgt es für einen Ausgleich der Interessen von Mieterinnen und Vermieterinnen innerhalb des marktwirtschaftlichen Rahmens.[363] In diesen gedanklichen Rahmen fügt sich auch die Mietpreisbremse ein. Sie greift typische Elemente des Vergleichsmietensystems auf, wie etwa die Orientierung an der ortsüblichen Vergleichsmiete und die Begrenzung auf Gebiete mit angespannten Marktlagen.[364] Zudem ist auch die Mietpreisbremse als nur zwischenzeitliche Begleitmaßnahme für Wohnungsnot und zur Linderung unmittelbarer Nöte marktwirtschaftlich begründet funktionell begrenzt.[365] Eine solche Begrenzung des Miethöherechts ist seit der Weimarer Zeit bekannt und kennzeichnend für den Niederschlag neoklassischer Annahmen in der Wohngesetzgebung.[366]

Und so liegt der Mietpreisbremse in weiten Teilen ein neoklassisches Grundverständnis zugrunde. Dies zeigt sich erstens am marktbasiertem Problemverständnis, das weitere strukturelle Ursachen weitgehend ausblendet und annimmt, dass der Marktmechanismus lediglich örtlich begrenzt und kurzfristig zu überhöhten Mieten führt.[367] Diese überhöhten Mieten gilt es aufgrund ihrer sozialen Folgen, aber auch aus ökonomischen Gründen zu dämpfen: weil es ansonsten zu Fehlallokationen kommt.[368] Zur eigentlichen Problemlösung eignen sich, zweitens, primär marktwirtschaftliche Strategien wie die Angebotsausweitung durch Neubau.[369] Da die Mietpreisbremse demgegenüber einen unerwünschten Markteingriff darstellt, soll sie die Angebotsausweitung nicht bremsen und nur wirken, bis der marktwirtschaftliche Ausgleich erreicht ist.

Das neoklassische Verständnis stellt also die Grundlage der Mietpreisbremse dar. Gleichwohl wird es nicht lückenlos und in Reinform übersetzt.

363 Vgl. → § 8 A.
364 Vgl.→ § 8 A., C. III. 1., I. 2.
365 Vgl. → § 3 B. I.; § 8 C. III. 3.
366 So auch *Blankenagel/Schröder/Spoerr*, NZM 2015, 1 (6); → § 3 B. I., II.
367 Vgl. → § 8 C. I. 1., 2.
368 Vgl. → § 8 C. I. 3. Im Abgleich mit den Deutungsmustern (→ § 4 B.) zeigt sich, dass die Allokationseffizienz relativ wenig Raum einnimmt, dafür aber als grundlegendes Argument dient. Der Fokus ökonomischer Argumentation liegt jedoch im Bereich der Renditeanreize.
369 Vgl. → § 8 C. II.

An verschiedenen Stellen bricht auch die soziale Bedeutung des Wohnens als wesentliche polit-ökonomische Erwägung in die gesetzgeberische Konzeption ein.[370] Diese sozialen Erwägungen gehen jedoch nur nachträglich in eine Abwägung ein, die den marktwirtschaftlichen Rahmen bereits voraussetzt. Dies gilt im Übrigen nicht nur auf einfachrechtlicher Ebene, sondern wird auch in die Sprache des Verfassungsrechts übersetzt, wenn sich die Gesetzgebung auf die Sozialbindung des Eigentums bezieht.[371]

Vor einem polit-ökonomischen Hintergrund ist eine solche Konzeption unbefriedigend. Sie stellt sich nicht als gelungener Ausgleich sozialer und marktwirtschaftlicher Gesichtspunkte dar, da es im Ergebnis zu einer Unterordnung sozialer Gedanken unter den funktionierenden Marktmechanismus kommt.[372] Vielmehr bedeutet sie eine weitere Umsetzung sozial-marktwirtschaftlichen Wissens. Anders als das Wohngeld, das der Einführung einer (Sozialen) Wohnungsmarktwirtschaft diente, stellt die Mietpreisbremse jedoch keine ideale Übersetzung dar, da nicht nur aus neoklassischer, sondern auch aus sozial-marktwirtschaftlicher Perspektive der Preismechanismus möglichst unangetastet bleiben soll.[373] Wenn der Gedanke der Sozialen Marktwirtschaft dennoch teilweise explizit und affirmativ aufgegriffen wird, zeigt sich das diskursive Potenzial dieses Konzepts. Die Mietpreisbremse wird Teil seiner Erfolgsgeschichte.

Während neoklassische Annahmen die Mietpreisbremse fundieren und die Soziale Marktwirtschaft den gedanklichen Rahmen darstellt, kommt polit-ökonomischen Erwägungen in den gesetzgeberischen Argumentationen eine geringe Bedeutung zu. Sie sind insgesamt fragmentarisch. Beispielsweise werden die Mietsteigerungen nahezu ausschließlich über den Marktmechanismus und nicht (auch) mithilfe der Dynamik der Finanzialisierung erklärt. Selbstverständlich kann es nicht der Anspruch eines einzigen Instruments wie der Mietpreisbremse sein, alleine „die tiefgreifenden

370 Vgl. → § 5 A. II. 2.; B. I. 1.; § 8 C. IV., V.

371 → § 8 C. V.

372 → § 5 A. I. 2.

373 → § 4 B. I.; § 6 B. I. Im Schrifttum fällt die Bewertung der Mietpreisbremse daher teilweise negativ aus, vgl. *Schuldt*, Mietpreisbremse, 2017, S. 212; *Schuldt*, in: Artz/Eisenschmid/H. Schmidt/Streyl (Hrsg.), FS Börstinghaus, 2020, S. 369 (371); *Emmerich*, in: Staudinger, BGB-Komm., 2024, § 556 d Rn. 16: „Die darin liegende Intervention gegen den Markt erklärt zugleich zu einem guten Teil die bisher festzustellende weitgehende Wirkungslosigkeit der Mietpreisbremse."

Veränderungen des Wohnungsmarktes in den letzten Jahren“[374] zu erfassen und zu bearbeiten. Gleichwohl scheint in den Gesetzesmaterialien nicht der Anspruch durch, diese Veränderungen als tiefgreifend zu erkennen und anzugehen. So reiht sich die Mietpreisbremse in den Trend ein, das Mietrecht mittels Spezialregimen für unterschiedliche Lagen weiter intern zu pluralisieren.[375]

Die Regelungen der Mietpreisbremse stellen also weder aus einer neoklassischen Perspektive eine saubere Lösung dar noch sind sie aus politökonomischer Perspektive zufriedenstellend. Marktwirtschaftliche Aspekte bleiben priorisiert und der wohnpolitische Grundkonflikt wird nur moderiert. Soziale Erwägungen fließen erst anschließend an die Grundentscheidung für den Wohnungsmarkt in die Abwägung ein, geben der Gesetzgebung aber neue Impulse. Doch trotz offenkundiger Probleme sollen die grundlegenden Probleme des Wohnungsmarktes durch den Markt selbst gelöst werden. Im Sinne des Ausgleichsgedankens des Sozialen Mietrechts und der Sozialen Marktwirtschaft springt die Gesetzgebung ein und sichert die sozialen Folgen ab.

---

374 Vgl. *Eller*, in: Croon-Gestefeld et al. (Hrsg.), Das Private im Privatrecht, 2022, S. 75 (84 f.), im Kontext der historisch-dogmatischen Entwicklung des dualistisch konzipierten Wohnraummietrechts.

375 *Eller*, in: Croon-Gestefeld et al. (Hrsg.), Das Private im Privatrecht, 2022, S. 75 (87).

§ 9 Grundsteuer

Mithilfe des Wohngelds wurde ein Wohnungsmarkt in der Bundesrepublik Deutschland etabliert.[1] Das Mietpreisrecht gestaltet diesen marktwirtschaftlichen Rahmen aus.[2] Daneben gibt es eine Vielzahl weiterer Instrumente, die unterschiedliche wohnpolitische Funktionen erfüllen. Eine beachtliche, meist unsichtbare verteilungspolitische Wirkung[3] entfalten auf das Wohnen bezogene Steuern, vor allem in ihrer negativen Form, als Steuererleichterungen bzw. staatlicher Einnahmeverzicht. Denn über diese indirekte Förderung ermöglicht, unterstützt oder erschwert die Gesetzgebung die Finanzierung von Wohnen. Da Kosten und Finanzierung beim Wohnen eine hohe Bedeutung haben,[4] stellt die Frage, was wie hoch besteuert bzw. gefördert wird und wer diese Kosten schlussendlich trägt, eine wichtige gesetzgeberische Entscheidung dar.

Die indirekten, steuerlichen Förderinstrumente knüpfen an verschiedenen Zeitpunkten an: die Förderung des Bausparens bei der Eigenkapitalbildung, Grunderwerbssteuerausnahmen beim Erwerb und Abschreibungserleichterungen bei den Zinskosten.[5] Zu ihnen gehört auch die Grundsteuer, die nach einem speziellen Steuerregime auf bebauten wie unbebauten Grund und Boden erhoben wird. Die Grundsteuer bedeutet also zunächst einmal Kosten. Aufgrund einer Umlagemöglichkeit nach der Betriebskostenverordnung (BetrKV) belastet sie vor allem Mieterinnen sowie selbst-

---

1 → § 7.

2 → § 8.

3 Vgl. *Kholodilin/Kohl/Niemeyer*, Steuerliche Instrumente der Wohneigentumsförderung, 2019; weiter *H. Schumann/N. Schmidt/M. Wolf*, Wie Steuerprivilegien die Wohnungsnot vergrößern, Investigate Europe v. 8.12.2022; zur vermögenspolitischen Bedeutung von Immobilieneigentum vgl. einführend *Bundesregierung*, Sechster Armuts- und Reichtumsbericht, 2021, S. XV.

4 → § 5 B. II. 1.; § 9 A. II.

5 Vgl. *Leonhardt*, Wohnungspolitik in der Sozialen Marktwirtschaft, 1996, S. 172 (ff.). Die indirekte Förderung steht häufig in einem engen Zusammenhang mit der Eigentumsförderung. Die Eigentumsförderung als wichtiges gesetzgeberische Ziel schlägt wiederum eine Brücke zum Ideal der Sozialen Marktwirtschaft, siehe u.a. ebd., S. 171; → § 6 B. IV.

nutzende Wohneigentümerinnen und hat somit eine unmittelbare wohnpolitische Relevanz.[6]

Nachdem die Grundsteuer lange Zeit vor allem Gegenstand fachwissenschaftlicher Diskussionen war, die unter dem Radar einer größeren Öffentlichkeit liefen, wurde sie im Jahr 2019 nach einer Entscheidung des Bundesverfassungsgerichts erstmals seit 60 Jahren grundlegend reformiert. Dass die Gesetzgebung in diesem Zuge trotz entgegenstehender Grundkonzeption an der Umlagefähigkeit festgehalten hat, ist eine wesentliche ökonomische Weichenstellung dieser Reform. Sie wird jedoch von verfassungsrechtlichen Fragen und einer steuerrechtlich geprägten Gesetzgebungsdebatte teilweise überdeckt, was gerade dazu beigetragen haben könnte, dass dieser Konflikt nicht aufgelöst wurde. Der gleichwohl breit geteilten Sorge steigender Mietpreise begegnet die Gesetzgebung statt mit der Abschaffung der Umlage erneut mittels marktwirtschaftlicher Anreize sowie durch reduzierte Tarife für als förderungswürdig erachtete Wohnungsunternehmen.

Bevor sich die Arbeit dieser Analyse (C.) zuwendet, erfolgt erneut eine kurze Einordnung des Instruments (A.). Auf dieser Grundlage werden das Grundsteuerrecht des Bundes als Untersuchungsgegenstand und die der Analyse zugrundeliegende Gesetzesmaterialien (B.) vorgestellt.

A. Einordnung: Die Grundsteuer als wohnungs- und bodenpolitisches Instrument

Indem die Grundsteuer explizit an das Eigentum an Grund und Boden anknüpft, ist sie nicht nur Teil des wohnungs-, sondern auch des bodenpolitischen Instrumentariums.[7] Dass Wohnen und Boden eng miteinander verbunden sind, ist offenkundig: Ohne Boden gibt es keinen Wohnraum.[8]

---

6 Von den durchschnittlichen Betriebskosten von 2,51 €/qm/Monat (im Jahr 2023) entfallen rund 50 % auf Heizung und Warmwasser; die Grundsteuer macht mit durchschnittlich 0,17 €/qm/Monat knapp 6,8 % der Kosten aus. Angesichts steigender Heizkosten sinkt ihr Anteil. Sie unterliegt jedoch erheblichen regionalen Unterschieden. Vgl. für die Zahlen (auch aus den Vorjahren) *Deutscher Mieterbund*, Betriebskostenspiegel, https://mieterbund.de/service/checks-formulare/betriebskosten/betriebskostenspiegel/.

7 Im Zuge der aktuellen Debatten rund um das Wohnen werden bodenpolitische Fragen vermehrt thematisiert, bspw. *H.-J. Vogel*, Mehr Gerechtigkeit!, 2019, S. 10 f.; *Burgi*, NVwZ 2020, 257 (258 f.).

8 Boden als stoffliche Voraussetzung für Wohnungsbau, *Jenkis*, in: Jenkis (Hrsg.), Kompendium, 4. Aufl. 2001, S. 65 (73). Plastisch auch: „Ohne Baugrundstücke kein Woh-

Die Kosten für Grund und Boden machen einen erheblichen Anteil an den Finanzierungskosten für Neubau und Erwerb von Wohnraum aus.[9] Bodenpolitik ist insofern unmittelbar Wohneigentumspolitik und mittelbar Mietenpolitik. Da im Zuge der Reformdiskussionen zur Grundsteuer die bodenpolitischen Grundlagen relevant werden, werden zunächst deren Grundzüge skizziert (I.). Anschließend wird die Grundsteuer in das System der indirekten Förderung eingeordnet (II.). Nach dieser Einordnung in die verschiedenen Regelungskontexte wird die Entwicklung der Grundsteuer nachgezeichnet (III.). Obwohl es sich um eine verhältnismäßig alte Steuerart handelt, erhielt sie ihre moderne Form erst in den 1930er Jahren. Seitdem hat sie nur noch wenige Veränderungen erfahren. Dies mag auch am recht komplexen Regelungsregime liegen (IV.): Das Grundsteuerrecht kennt eine Vielzahl an Modellen und verteilt die Kompetenzen für Festsetzung und Erhebung über alle föderalen Ebenen hinweg.

I. Bodenpolitische Grundlagen

Wie die Geschichte der modernen Wohngesetzgebung beginnt auch die der modernen Bodenpolitik mit der Industrialisierung und Urbanisierung. Im Zuge dieser Entwicklungen wuchs die Bedeutung von Grund und Boden als Wirtschaftsgut und Produktionsfaktor.[10] Die Verfügungsgewalt darüber war ein doppelter Machtfaktor: Einerseits für staatliche Ansprüche und als staatlicher Regelungsgegenstand, andererseits als Faktor, der die soziale Stellung bestimmte.[11] Nicht erst seitdem sind Wohnungsmarkt und Bodenmarkt eng und wechselseitig miteinander verbunden. Der Bodenmarkt gilt gegenüber dem Wohnungsmarkt als vorgelagerter und als abgeleiteter Markt: Wohnungspreise bzw. Mieten leiten sich (auch) aus den

---

nungsbau", Überschrift in *Expertenkommission Wohnungspolitik,* Abschlussbericht, BT-Drs. 13/159, 74 (Kap. 4 I. 1).

9 *Difu/vhw*, Bodenpolitische Agenda 2020–2030, 2017, S. 1.

10 *Dieterich*, in: Kühne-Büning/Nordalm/Steveling (Hrsg.), Grundlagen der Wohnungs- und Immobilienwirtschaft, 4. Aufl. 2005, S. 373 (375 f.).

11 *Dieterich*, in: Kühne-Büning/Nordalm/Steveling (Hrsg.), Grundlagen der Wohnungs- und Immobilienwirtschaft, 4. Aufl. 2005, S. 373 (375). Auch im Zuge der „normhistorisch maßgeblichen Theorietradition" für Art. 15 S. 1 GG beschrieben in *Expertenkommission zum Volksentscheid*, Vergesellschaftung großer Wohnungsunternehmen – Abschlussbericht, Berlin 2023, S. 41 Rn. 132, S. 42 Rn. 134 f.

Grundstückspreisen ab, die Grundstückspreise wiederum bestimmen sich über die erwarteten Einnahmen, die sogenannte Grundrente.[12]

Diese Grundrente ist der ökonomische Fluchtpunkt des Grundeigentums. Sie bezeichnet den mit dem Grundstück erzielbaren regelmäßigen Ertrag und erscheint beim Kauf als Verzinsung des eingesetzten Kapitals.[13] Das heißt, aus Käufersicht stellen die Erträge die Zinsen des Kaufpreises dar. Der Kaufpreis entspricht dann der erwarteten, kapitalisierten[14] Grundrente. Verkauft wird ein Grundstück andersherum nur, wenn die Zinsanlage des Erlöses auf dem Kapitalmarkt oder an anderer Stelle ebenso ertragreich erscheint wie die Grundrente.[15] Der Kauf- bzw. Bodenpreis repräsentiert also nicht irgendeinen Bodenwert, sondern die erwartete Ertragslage.[16] Nach allokationstheoretischen Gesichtspunkten erhält daher diejenige Person die Eigentums- und Nutzungsrechte am Grundstück, die „die höchste Rendite erwirtschaften kann […] um andere Nachfrager zu überbieten".[17] Somit übt die Grundrente eine Allokationsfunktion aus, die auch Knappheit und Bedarfe indiziert.[18] Dies wirkt zunächst so, als wäre der Boden eine Ware wie jede andere.

Doch an diesem marktwirtschaftlichen Zugang wird zum einen kritisiert, dass die ertragreichste Nutzung nicht diejenige sein muss, die „auch den Interessen der Gemeinschaft entspricht oder auch nur die der Gemeinschaft erwachsenden Folgekosten deckt".[19] Zum anderen wird herausgestellt, dass Bodenerträge vielfach externe Effekte öffentlicher Maßnahmen, wie der Verkehrsanbindung, darstellen.[20] Indem diese Bodenrente privatisiert wird, fallen Kosten und Nutzen auseinander.[21] Drittens wird betont,

12 *Dieterich*, in: Kühne-Büning/Nordalm/Steveling (Hrsg.), Grundlagen der Wohnungs- und Immobilienwirtschaft, 4. Aufl. 2005, S. 373 (382 f.).

13 *Krätke*, Stadt – Raum – Ökonomie, 1995, S. 211.

14 Das heißt, die Grundrente wird mit dem marktüblichen Zinssatz abgezinst: Die zukünftig erwarteten Beträge werden auf einen Stichtag zurückgerechnet.

15 Insofern deutet sich eine weitere Verzahnung mit den Finanzmärkten an. Zur Dynamik der Finanzialisierung → sogleich.

16 *Krätke*, Stadt – Raum – Ökonomie, 1995, S. 211; *Dieterich*, in: Kühne-Büning/Nordalm/Steveling (Hrsg.), Grundlagen der Wohnungs- und Immobilienwirtschaft, 4. Aufl. 2005, S. 373 (382 ff.); *Donner*, Wohnungspolitiken, 2000, S. 13 f.

17 *Krätke*, Stadt – Raum – Ökonomie, 1995, S. 211; *H.-J. Vogel*, NJW 1972, 1544 (1545).

18 *Löhr*, ZfSÖ 2018, 31 (32).

19 *H.-J. Vogel*, NJW 1972, 1544 (1545); *Schulze-Fielitz*, Sozialplanung im Städtebaurecht, 1979, S. 20 ff. Problematisiert in RegE BBauGÄndG, BT-Drs. 7/2496, 31.

20 *Löhr*, ZfSÖ 2018, 31 (32).

21 Vgl. *Löhr*, ZfSÖ 2018, 31 (33 f.), dem zufolge die Grundsteuer daher eine verteilungspolitische Rolle spiele. Kritisch auch *Expertenkommission zum Volksentscheid*, Verge-

dass es sich beim Bodenmarkt gerade nicht um einen idealtypischen, vollkommenen Markt handelt: Grund und Boden sind unvermehrbar und unentbehrlich.[22] Sowohl die Allokations- als auch die Anreizfunktion sind daher begrenzt. Dies zwinge „eine gerechte Rechts- und Gesellschaftsordnung“ sogar verfassungsrechtlich dazu, „die Interessen der Allgemeinheit beim Boden in weit stärkerem Maße zur Geltung zu bringen als bei anderen Vermögensgütern“.[23] Grund und Boden können demnach nicht „dem unübersehbaren Spiel der freien Kräfte und dem Belieben des Einzelnen vollständig“ überlassen werden.[24]

Vor diesem Hintergrund ist es die Aufgabe der Bodenpolitik, die Nutzung, Akkumulation, Verteilung und Eigentumsverhältnisse an Grund und Boden zu regeln.[25] Daher finden sich in Deutschland verschiedenste Regelungen zur Bodennutzung; insbesondere im Städtebaurecht,[26] aber auch im Steuerrecht.[27] Dabei bleibt das Bodenrecht weitgehend der Grundrente als „ökonomische[m] Regulativ der Flächennutzung“ verhaftet.[28] Es soll als Marktordnungsrecht sicherstellen, dass Grundstücke über den Bodenmarkt

---

sellschaftung großer Wohnungsunternehmen – Abschlussbericht, Berlin 2023, S. 142 Rn. 133.

22 BVerfGE 21, 73 <82 f.> – *Grundstücksverkehrsgesetz* [1967]; *H.-J. Vogel*, NJW 1972, 1544 (1544); *Schulze-Fielitz*, Sozialplanung im Städtebaurecht, 1979, S. 2 f.; *Dieterich*, in: Kühne-Büning/Nordalm/Steveling (Hrsg.), Grundlagen der Wohnungs- und Immobilienwirtschaft, 4. Aufl. 2005, S. 373 (375, 376 f.); *Jenkis*, in: Jenkis (Hrsg.), Kompendium, 4. Aufl. 2001, S. 65 (73); *H.-J. Vogel*, ZfSÖ 2018, 19 (19 f.); *Bunzel/Niemeyer*, ZfBR 2018, 743; *Burgi*, NVwZ 2020, 257 (264); *Rödl*, in: B. Schönig/Vollmer (Hrsg.), Wohnungsfragen ohne Ende?!, 2020, S. 37 (42).

23 BVerfGE 21, 73 <82 f.> – *Grundstücksverkehrsgesetz* [1967]. Bei der Verankerung des Gemeinwohlbezugs in Art. 14 Abs. 2 GG hatte der Verfassungsgeber demnach sogar „eindeutig“ die Bodenordnung vor Augen, a.a.O. <83>, m.V.a. die Materialien; Nachweis in ParlRat, 5/I, S. 198 ff. (8. Sitzung des Ausschuss für Grundsatzfragen). Für einen weiter gesteigerten sozialen Bezug bei „bodenbezogenen Maßnahmen, die auf die Wohnraumversorgung zielen“, *Burgi*, NVwZ 2020, 257 (264), m.V.a. den existenziellen Charakter des Wohnens, das eigentumsrechtlich geschützte Besitzrecht der Mieterinnen und die Situation auf angespannten Wohnungsmärkten. Erwähnt auch in BVerfG, Beschl. v. 18.7.2019, 1 BvL 1/18 u.a. (Mietpreisbremse), Rn. 71; zuvor ähnlich BVerfGE 95, 64 <85> – *Mietpreisbindung* [1996]; *Gsell*, NZM 2017, 305 (306).

24 BVerfGE 21, 73 <83> – *Grundstücksverkehrsgesetz* [1967].

25 *Difu/vhw*, Bodenpolitische Agenda 2020–2030, 2017, S. 7 Fn. 1.

26 Bspw. Baufreiheit und -freigabe. Zum Städtebaurecht → § 10 A.

27 Einen Fokus auf das Privat- und Verfassungsrecht (jeweils bezogen auf das Eigentum) richtet hingegen *Dieterich*, in: Kühne-Büning/Nordalm/Steveling (Hrsg.), Grundlagen der Wohnungs- und Immobilienwirtschaft, 4. Aufl. 2005, S. 373 (378 ff.).

28 *Krätke*, Stadt – Raum – Ökonomie, 1995, S. 211. Daraus folgen wiederum funktionale und soziale Segregation.

zur richtigen Zeit am richtigen Ort für die richtige Nutzung zur Verfügung stehen.[29] Grundlegende und breite Debatten, die die marktwirtschaftlichen und privatrechtlichen Pfeiler der Bodenordnung berührten, wurden einzig in den 1970er Jahren geführt.[30] Beispielhaft genannt seien die Idee einer Bodenwertabgabe[31], die auf dem Gedanken beruht, dass Grund und Boden keiner einzelnen Person, sondern der gesamten Menschheit gehören, und die Forderung nach einem Planungswertausgleich[32]: Leistungslose Gewinne aufgrund von kommunalen Planungen sollten abgeschöpft werden. Am weitgehendsten ist wohl die vorgeschlagene Trennung von Verfügungs- und Nutzungseigentum.[33] Diese Gedanken haben sich jedoch nicht durchgesetzt.

Stattdessen hat die Bodenpreisentwicklung im Zuge der Finanzialisierung eine neue Dynamik erhalten: Die mit dem Grundeigentum realisierbare Grundrente führt finanzwirtschaftlich betrachtet dazu, dass das Grundeigentum in Konkurrenz zu anderen Anlageformen tritt.[34] Dies führt zu gesteigertem und internationalem Interesse an bestimmten, meist urbanen Bodenmärkten und zu Mieterhöhungen, Spekulation, Eigentümer-

29 *Dieterich*, NZM 1998, 289 (290). Demgegenüber war der Boden in der DDR der privaten Entscheidung grundsätzlich entzogen und staatlich gelenkt, *Häußermann*, in: Häußermann/Neef (Hrsg.), Stadtentwicklung in Ostdeutschland, 1996, S. 5 (7 f.). Es ging um eine „Vergesellschaftung der Bodennutzung" durch staatliche Kontrolle, Leitung und Planung (samt Festlegung von Preisen) sowie Enteignung, *Jenkis*, in: Jenkis (Hrsg.), Kompendium, 4. Aufl. 2001, S. 673 (681 f.).

30 *Gütter*, Wohnungsnot und Bodenmarkt, 2019, S. 43, 45 ff.

31 *H.-J. Vogel*, NJW 1972, 1544 (1546). Auch: „Bodengewinnsteuer" oder „Bodenwertzuwachssteuer", *H.-J. Vogel*, ZfSÖ 2018, 19 (21); *Andreae*, in: Neumark/Andel/Haller (Hrsg.), Handbuch der Finanzwissenschaft, Bd. II, 1980, S. 576 (600 ff.).

32 *H.-J. Vogel*, NJW 1972, 1544 (1546); erneut *H.-J. Vogel*, Mehr Gerechtigkeit!, 2019, S. 74 f. Teilweise umgesetzt in § 166 Abs. 3 S. 4 BauGB; als Problematik diskutiert in RegE BBauGÄndG, BT-Drs. 7/2496, 31.

33 *H.-J. Vogel*, NJW 1972, 1544 (1546 f.); *H.-J. Vogel*, ZfSÖ 2018, 19 (21 f.); *Gütter*, Wohnungsnot und Bodenmarkt, 2019, S. 12. Dazu *Kreuter-Kirchhof*, Personales Eigentum, 2017, S. 22 ff., 26, 527 f.

34 → § 3 B. IV.; § 5 A. II. 1. Neben „Ansiedelungs- und Bedarfspräferenzen" genannt bei *Burgi*, NVwZ 2020, 257 (258). Dies gilt insbesondere in Zeiten einer kriselnden Finanzwirtschaft, die weiterhin Gewinne produzieren und sich bei rückläufigen Zinsen auf (US-)Staatsanleihen absichern muss. Besonders lukrativ ist mit Wohnungen bebautes Grundeigentum, wobei der Reinerlös der Miete die Grundrente ist, *Holm*, Widersprüche 121:31 (2011), 9 (13); *Heeg*, suburban 1 (2013), 75 (92). Für Berlin *Catalatayud/Homolova/Lehmann/Team Cities for Rent,* Wie internationale Investments den Wohnungsmarkt umwälzen, Tagesspiegel interaktiv v. 28.4.2021.

wechseln, Preisschwankungen sowie Baulandkostensteigerungen.[35] Allein im letzten Jahrzehnt sind die hiermit verbundenen Wertzuwächse durch Preissteigerungen enorm.[36] Die Früchte dieses Booms sind jedoch ungleich verteilt und führen zu einer weiteren Spreizung der Vermögensungleichheit.[37] Während Eigentümerinnen gewinnen, sind Mieterinnen und auch potenzielle Käuferinnen die Verliererinnen der Entwicklung.[38] Dies hat nicht nur unmittelbare finanzielle Folgen, sondern wirkt sich über die Zusammensetzung von Wohnquartieren auf den Zugang zu Arbeitsplätzen und Daseinsvorsorge, kurz: auf die gesellschaftliche Teilhabe insgesamt, aus.

II. Die Grundsteuer im System der indirekten Förderung

Die Finanzierung von Erwerb und Nutzung von Immobilien ist komplex.[39] Die Investitionen sind hoch und langfristig angelegt. In den wenigsten Fällen lassen sich Bau oder Erwerb vollständig aus Eigenkapital bewerkstelligen; in noch weniger Fällen ist dies wirtschaftlich sinnvoll. Diese Problematik ist der Gesetzgebung bewusst, weshalb der Bau von Wohnungen und die Bildung von Wohneigentum auf vielfältige Weise, vielfach durch Steuervergünstigungen, gefördert wird. Eine große Rolle spielen dabei steuerliche Abschreibungsvergünstigungen, die in der Bundesrepublik ab 1949 eingesetzt wurden.[40] Sie galten zunächst für Bauherren im

---

35 *Claus/Sommer*, in: Holm (Hrsg.), Wohnen, 2021, S. 97 (115); *Heeg*, suburban 1 (2013), 75 (92); *H.-J. Vogel*, Mehr Gerechtigkeit!, 2019, S. 10 f.

36 Vgl. für verschiedene Zahlen zwischen 2011 und 2018 – Wertzuwächse in Milliardenhöhe – *Baldenius/Kohl/Schularick*, ifo 73:2 (2020), S. 15 ff. Eindrücklich sind auch die Steigerungen am Berliner Immobilienmarkt: Dort stiegen die Jahresumsätze von 3,7 Mrd. Euro im Jahr 1990 auf 23,9 Mrd. Euro im Jahr 2021, siehe *SenSBW*, Immobilienmarktbericht Berlin 2021/2022, S. 88.

37 *Baldenius/Kohl/Schularick*, ifo 73:2 (2020), S. 19.

38 *Baldenius/Kohl/Schularick*, ifo 73:2 (2020), S. 22 f.; bereits *H.-J. Vogel*, NJW 1972, 1544 (1545).

39 → § 5. A. II. 1., B. II. 1.

40 Bei der Abschreibung wird der Wertverlust mit den Erträgen verrechnet; höhere Abschreibungsbeträge verringern so die Steuerlast. Durch degressive Abschreibungstarife können in den Anfangsjahren höhere Wertverluste geltend gemacht werden, was zu vorgezogenen Liquiditätsvorteilen führt, wodurch u.a. Kredite schneller bedient und Zinskosten gesenkt werden können. Maßgeblich waren bzw. sind §§ 7 b, 10 e EStG. Zu den Abschreibungsvergünstigungen: *Kühne-Büning*, in: Kühne-Büning/Nordalm/Steveling (Hrsg.), Grundlagen der Wohnungs- und Immobilienwirtschaft, 4. Aufl. 2005, S. 314; *Donner*, Wohnungspolitiken, 2000, S. 102 f.; *Kofner*,

frei finanzierten Wohnungsbau und wurden schrittweise ausgedehnt.[41] Bis 1964 galten besonders hohe Abschreibungssätze.[42] Im Jahr 1996 wurde das steuerrechtliche Fördersystem in Teilen auf die einkommensunabhängige Eigenheimzulage umgestellt.[43] Seit 2008 gilt die steuerliche Förderung der selbstgenutzten Immobilie im Rahmen der staatlich geförderten privaten Altersvorsorge gem. § 92 a Abs. 1 EStG als Riesterrente.[44]

Auch die Grundsteuer wird mal mehr, mal weniger eindeutig ins System der indirekten (Wohneigentums-)Förderung eingegliedert. Im Ersten wie Zweiten Wohnungsbaugesetz waren Grundsteuervergünstigungen für bestimmten, neugeschaffenen Wohnraum vorgesehen.[45] Auch wenn diese Vergünstigungen mittlerweile nicht mehr gelten, finden sich auch im neuen Grundsteuerrecht Spuren von ihnen: So werden die Steuermesszahlen[46] bei Wohngrundstücken im öffentlich geförderten Wohnungsbau oder von kommunalen oder gemeinnützigen Wohnungsbaugesellschaften reduziert

---

Wohnungsmarkt und Wohnungswirtschaft, 2010, S. 145 ff. 181 ff.; *P. Lange*, Staatliche Wohnraumvorsorge, 2023, S. 113 f.

41 *WD*, Sachstand: Steuerliche Instrumente zur Förderung des Baus oder Kaufs von Wohnungen, WD 4 – 3000 – 111/18, S. 4 ff. Hervorzuheben ist die Ausdehnung auf selbstgenutzte Eigentumswohnungen in Mehrfamilienhäusern mit dem im Gesetz zur Neuregelung der steuerlichen Förderung des selbstgenutzten Wohneigentums (Wohneigentumsförderungsgesetz) v. 15.5.1986, BGBl. I S. 730, neu eingeführten § 10 e EStG.

42 *Kofner*, Wohnungsmarkt und Wohnungswirtschaft, 2010, S. 181.

43 Die Eigenheimzulage wiederum galt bis 2006; *WD*, Sachstand: Steuerliche Instrumente zur Förderung des Baus oder Kaufs von Wohnungen, WD 4 – 3000 – 111/18, S. 6; *Leonhardt*, Wohnungspolitik in der Sozialen Marktwirtschaft, 1996, S. 176 ff.

44 Eigenheimrentengesetz (EigRentG) v. 29.7.2008, BGBl. I S. 1509. *WD*, Sachstand: Steuerliche Instrumente zur Förderung des Baus oder Kaufs von Wohnungen, WD 4 – 3000 – 111/18, S. 7. Insofern besteht ein Konnex zur Finanzialisierung, *Heeg*, suburban 1 (2013), 75 (91).

45 §§ 7 ff. 1. WoBauG; §§ 5 Abs. 2, 82, 83, 92 ff. 2. WoBauG; *Jenkis*, in: Jenkis (Hrsg.), Kompendium, 4. Aufl. 2001, S. 65 (94 f.); *P. Lange*, Staatliche Wohnraumvorsorge, 2023, S. 112 f. Diese Vergünstigungen werden vom BVerfG auf den Gedanken des Grundsteuergesetzes von 1936 zurückgeführt, durch eine Grundsteuerbeihilfe den Bau solcher Wohnungen zu fördern, „die nach Größe, Art und Ausstattung sowie nach der Höhe der Lasten oder Mieten für die Arbeiterschaft bestimmt waren und von dieser benutzt wurden", BVerfGE 10, 372 <377> – *Grundsteuerbeihilfe* [1960], m.V.a. § 29 GrStG v. 1.12.1936, RGBl. I S. 986 i.V.m. § 11 Abs. 2 S. 1 der Verordnung v. 1.4.1937, RGBl. I S. 437. Zum Kontext *P. Lange*, Staatliche Wohnraumvorsorge, 2023, S. 84, m.w.N.

46 Hierbei handelt es sich um einen Faktor in der Berechnung der Grundsteuer, → § 9 A. IV. 2.

(§ 15 Abs. 4 GrStG n.F.).[47] Förderwirkung entfaltet zudem die Ausgestaltung, nach der bei unverschuldetem Mietausfall die Grundsteuer reduziert und so das Vermieterrisiko verringert wird (§ 34 Abs. 1 GrStG n.F.). Und während nach der bis einschließlich 2024 geltenden Rechtslage auf Ebene der Steuermesszahlen zwischen Ein- und Zweifamilienhäusern sowie übrigen Grundstücken unterschieden wurde (§ 15 GrStG a.F.), wurde diese Differenzierung mit dem neuen Grundsteuerrecht aufgehoben. Alle Wohnnutzungen werden zusammengefasst und mit einer einheitlichen Steuermesszahl berechnet (§ 15 Abs. 1 Nr. 2 a) GrStG n.F.).[48] Die Ausgestaltung der Grundsteuer kann also gesetzgeberische Entscheidungen hinsichtlich unterschiedlicher Wohnformen transportieren und zur indirekten Förderung beitragen. Diese Wirkung erscheint heutzutage jedoch eher fragmentarisch und die Grundsteuer daher primär als Belastung.

III. Entwicklung der Grundsteuer

Die Grundsteuer verbindet bodenpolitische und steuerliche Aspekte, die jeweils auch die großen mit dem Wohnen verbundenen gesellschaftlichen Fragen betreffen. Sie kann diese selbstverständlich nicht auflösen. Gegenstand dieser Untersuchung ist aber, inwiefern die Fragen durch die Gesetzgebung aufgegriffen und reflektiert werden. Dabei ist zu beachten, dass die Grundsteuer nicht im jüngeren Kontext entstanden ist, sondern eine der ältesten Steuern darstellt[49], der insbesondere zu Agrarzeiten eine große

47 Diese Steuerreduzierung reicht jedoch nicht so weit wie die steuerliche Entlastung von gemeinnützigen Wohnungsunternehmen bis 1990, die sich in ihrer Breite von den derzeitigen individuellen oder punktuellen Fördermaßnahmen unterscheidet, *Gluns*, in: Freise/Zimmer (Hrsg.), Zivilgesellschaft und Wohlfahrtsstaat im Wandel, 2019, S. 257 (271); *Jenkis*, in: Jenkis (Hrsg.), Kompendium, 4. Aufl. 2001, S. 65 (95).

48 Die Steuermesszahl wiederum ist niedriger als für andere Nutzungsarten angesetzt: Nach § 15 Abs. 1 Nr. 2 a) GrStG n.F. i.V.m. § 249 Abs. 1 Nr. 1–4 BewG gilt für die dort genannten Wohnimmobilien eine Steuermesszahl von 0,31 gegenüber 0,34 für andere Nutzungsarten. Dies mag jedoch auch an der Anpassung an die neuen Berechnungsmethoden liegen (Wohnnutzungen werden nun allesamt im Ertragswertverfahren bewertet, die übrigen Nutzungen bebauter Grundstücke im Sachwertverfahren, § 250 BewG) und lässt nicht automatisch den Schluss zu, dass die Wohnnutzung gegenüber gewerblicher Nutzung bevorzugt wird.

49 *Andreae*, in: Neumark/Andel/Haller (Hrsg.), Handbuch der Finanzwissenschaft, Bd. II, 1980, S. 576 (579); *Troll/Eisele*, GrStG-Komm., 12. Aufl. 2021, S. 19; *Krumm/Paeßens*, GrSt-Komm., 2. Aufl. 2025, Einleitung Rn. 3; *Schultewolter*, Reform des Gemeindefinanzsystems, 2018, S. 43; WD, Sachstand: Historische Entwicklung der

Bedeutung zukam.[50] Daher wird bis heute zwischen der Grundsteuer A (agrarisch, für land- und forstwirtschaftlich genutzte Grundstücke) und der Grundsteuer B (baulich, für bebaute und unbebaute Grundstücke) unterschieden.[51]

Während die Berechnung lange Zeit auf „nur grobe[n] Schätzungen des Bodenwerts nach dem Flächeninhalt“ beruhte, erhielten im 18. Jahrhundert, im Zuge der Industrialisierung und mit der Einführung des Katasterwesens, auch Qualitätskriterien Eingang.[52] Ab dem 19. Jahrhundert traten schließlich erste einzelstaatliche Grundsteuergesetze auf, wobei die Grundsteuer schließlich – zunächst in Preußen – den Gemeinden überlassen wurde.[53] Nach dem Ersten Weltkrieg wurde die Ausschöpfung der Grundsteuer für die Gemeinden verpflichtend.[54] Mit dem Reichsbewertungsgesetz 1925 wurde versucht, Bewertung und Vollzug zu vereinheitlichen.[55] Da es aber bei weitgehenden Abweichungsmöglichkeiten für die Länder blieb, setzte sich kein Modell durch. Das änderte sich mit dem Reichsbewertungsgesetz

---

Grundsteuer, WD 4 – 3000 – 026/18; *Brands/Gradtke-Hanzsch/Olschewski,* Vermessung Brandenburg, Nr. 2/2001, S. 50 ff. Die „lange Geschichte“ der Grundsteuer wird auch im Gesetzgebungsverfahren thematisiert: CDU/CSU- und SPD-Fraktion, in: Ausschussbericht, GG-Änd. GrSt, BT-Drs. 19/14157, 4; Ausschussbericht, GrStRefG, BT-Drs. 19/14158, 5; Ausschussbericht, GrStGÄndG, BT-Drs. 19/14159, 5.

50 *Seiler*, in: Dürig/Herzog/Scholz, GG-Komm., 105. EL 2024, Art. 106 Rn. 172.

51 *Seiler*, in: Dürig/Herzog/Scholz, GG-Komm., 105. EL 2024, Art. 106 Rn. 171; *Krause*, Kapitalisierungsprozesse am Beispiel Grundsteuer, 2019, S. 35. Die Grundsteuer A gilt ausdrücklich nicht für zum Wohnen genutzten Grund und Boden (§ 232 Abs. 4 Nr. 1 BewG) und macht mit konstant rund 400 Mio. Euro nur einen geringen Anteil am Grundsteueraufkommen aus. Auf die Grundsteuer B entfällt der wesentlich größere Anteil: Für 2024 wird eine Summe von rund 14,7 Mrd. Euro geschätzt, was eine Steigerung um 6,2 Mrd. Euro gegenüber dem Jahr 2000 bedeutet. Vgl. die Zahlen bei *Troll/Eisele*, GrStG-Komm., 12. Aufl. 2021, S. 26 ff. Vorliegend interessieren nur die Grundsteuer B und die für den Zeitraum ab 2025 vorgesehene Grundsteuer C, auch: Baulandsteuer, für baureife Grundstücke (dazu → § 9 B., C. IV. 2.).

52 *Troll/Eisele*, GrStG-Komm., 12. Aufl. 2021, S. 20. Gewissermaßen hieran knüpft der heutige Konflikt um Flächen- oder wertabhängige Modelle an, → § 9 C. II. Die Bedeutung dieser „‚materiell-bürokratische[n]‘ Seite des Prozesses“ hervorhebend *Hentschel*, in: Hentschel/Lohauß (Hrsg.), Wohnungsmärkte und Wohnungspolitik, 2019, S. 171 (210).

53 *Troll/Eisele*, GrStG-Komm., 12. Aufl. 2021, S. 20; *Krause*, Kapitalisierungsprozesse am Beispiel Grundsteuer, 2019, S. 35; *Brands/Gradtke-Hanzsch/Olschewski,*Vermessung Brandenburg, Nr. 2/2001, S. 51 ff.

54 *Troll/Eisele*, GrStG-Komm., 12. Aufl. 2021, S. 20.

55 Reichsbewertungsgesetz v. 10.8.1925, RGBl. I S. 214.

1934, mit dem der heute noch bekannte Einheitswert[56] eingeführt und seine Hauptfeststellung bestimmt wurde.[57] Die Realsteuerreform von 1936 brachte schlussendlich und folgerichtig[58] ein einheitliches Reichsgrundsteuergesetz.[59] Dieses Grundsteuergesetz von 1936 wirkt inhaltlich sowie konzeptionell bis heute fort.[60]

Die bundesrepublikanische Grundsteuer baut also auf alt hergebrachten, vorkonstitutionellen Besteuerungsformen auf.[61] Durch ihre mittlerweile ausdrückliche Nennung wird die Grundsteuer „in ihrer historisch gewachsenen Bedeutung [in das Grundgesetz] aufgenommen und als zulässige Form des Steuerzugriffs anerkannt".[62] Dabei spiegelt das Verfassungsrecht den Charakter der Grundsteuer als traditionelle Gemeindesteuer: Das Hebesatzrecht liegt bei den Gemeinden, denen auch die Steuererträge zugewiesen werden (Art. 106 Abs. 6 S. 1 GG).[63] Da diese Erträge konjunkturunabhängig anfallen, stellt die Grundsteuer einen wichtigen Sockel der Gemeindefinanzen dar.[64]

---

56 Beim Einheitswert (seit der Grundsteuerreform 2019 für die Grundsteuer: Grundsteuerwert) handelt es sich um die erste Festsetzung einer Berechnungsgrundlage. Vgl. ausführlicher sogleich → § 9 A. IV. 2.

57 Reichsbewertungsgesetz (RBewG) vom 16.10.1934, RGBl. I S. 1035; *Krumm/Paeßens*, GrSt-Komm., 2. Aufl. 2025, Einleitung Rn. 4.

58 *Krumm/Paeßens*, GrSt-Komm., 2. Aufl. 2025, Einleitung Rn. 5, m.V.a. die Gesetzesbegründung des Grundsteuergesetzes von 1936, RStBl. 1937, 717, wonach anknüpfend an vorige Rechtsakte nun „Kernstück der Vereinheitlichung des Grundsteuerrechts [...] die Verkopplung der Grundsteuer mit der Einheitsbewertung" sei.

59 Grundsteuergesetz v. 1.12.1936, RGBl. I S. 986; *Troll/Eisele*, GrStG-Komm., 12. Aufl. 2021, S. 20; *P. Lange*, Staatliche Wohnraumvorsorge, 2023, S. 83 f.

60 *Krumm/Paeßens*, GrSt-Komm., 2. Aufl. 2025, Einleitung Rn. 5.

61 *Seiler*, in: Dürig/Herzog/Scholz GG-Komm., 105. EL 2024, Art. 105 Rn. 156. Auf eine Darstellung der Entwicklung der Grundsteuer in der DDR wird verzichtet, da das bundesrepublikanische Grundsteuerrecht seit 1991 – modifiziert – auch in den neuen Bundesländern gilt.

62 BVerfGE 93, 121 <134 f.> – *Einheitswerte II* [1995]. Daran anknüpfend BFH, Urt. v. 19.7.2006 – II R 81/05 = DStRE 2006, 1287 (1288), zur durch das BVerfG „hervorgehobenen Anerkennung der Zulässigkeit einer Grundsteuer in ihrer historischen Bedeutung." Aus der Nennung ergibt sich zwar „keine institutionelle verfassungsrechtliche Existenzgarantie" (*Krumm/Paeßens*, GrSt-Komm., 2. Aufl. 2025, Einleitung Rn. 1), die Erhebung der Grundsteuer an sich ist jedoch verfassungsrechtlich legitimiert (ebd., Rn. 92).

63 Bundesländer ohne kommunalen Unterbau sind selbst bezugsberechtigt, Art. 106 Abs. 6 S. 3 GG; *Seiler*, in: Dürig/Herzog/Scholz, GG-Komm., 105. EL 2024, Art. 106 Rn. 171.

64 Trotz zuletzt steigender Zahlen liegt der Anteil der Grundsteuer am Gemeindesteueraufkommen mittlerweile nur noch bei rund 12 % – ein erheblicher Rückgang gegen-

Nachdem nach 1945 zunächst neue Grundsteuervorschriften auf Landesebene eingeführt worden waren,[65] erließ der Bundesgesetzgeber 1951 das Bundesgrundsteuergesetz.[66] Damit wurde das Grundsteuerrecht von 1936 fortgeführt und auch in der Folge mehrfach nur geringfügig verändert.[67] Unter den Änderungen sind die Einführung und Abschaffung der Baulandsteuer Anfang der 1960er hervorzuheben.[68] 1965 wurde nach fast 30 Jahren eine neue Hauptfeststellung der Einheitswerte für 1964 angeordnet.[69] In diesem Zuge wurde auch das Grundsteuergesetz überarbeitet und neu gefasst.[70] Seitdem sind die Änderungen am Grundsteuerrecht begrenzt.[71] Es erfolgte insbesondere, obwohl an der Idee der Einheitswerte festgehalten wurde, keine erneute Festsetzung dieser Werte.

Aus diesem Grund stieg ab den 2000er Jahren der verfassungsrechtliche Druck auf die Grundsteuer. Dabei stellte die Vereinbarkeit mit dem Gleichheitssatz aus Art. 3 Abs. 1 GG den wesentlichen verfassungsrechtlichen Konfliktpunkt dar.[72] Für das Steuerrecht wurde Art. 3 Abs. 1 GG

über vergangenen Zeiten und der zunehmenden Gewerbesteuer; *Marx*, DStZ 2019, 372 (373); *Andreae*, in: Neumark/Andel/Haller (Hrsg.), Handbuch der Finanzwissenschaft, Bd. II, 1980, S. 576 (585 f.).

65 *Troll/Eisele*, GrStG-Komm., 12. Aufl. 2021, S. 20; *Krumm/Paeßens*, GrSt-Komm., 2. Aufl. 2025, Einleitung Rn. 6; *Schultewolter*, Reform des Gemeindefinanzsystems, 2018, S. 43.

66 Grundsteuergesetz v. 10.8.1951, BGBl. I S. 515; Neubekanntmachung mit BGBl. I S. 519.

67 *Troll/Eisele*, GrStG-Komm., 12. Aufl. 2021, S. 20 f.

68 Mit dem Bundesbaugesetz v. 23.6.1960, BGBl. I S. 341, bzw. dem Grundsteuer-Änderungsgesetz v. 10.6.1964, BGBl. I S. 347. Die Baulandsteuer ist der Vorläufer des 2019 eingeführten speziellen Hebesatzrechts bei baureifen Grundstücken, → § 9 B., C. IV. 2.

69 Art. 2 Abs. 1 Gesetz zur Änderung des Bewertungsgesetzes (BewÄndG 1965) v. 13.8.1965, BGBl. I S. 851. Die Hauptfeststellung wurde für 1964 und 1971 angeordnet. Tatsächlich wurden die Werte für 1964 ab 1.1.1974 zugrunde gelegt, die Feststellung für 1971 ausgesetzt. Eine Darstellung der folgenden Entwicklung findet sich bei BVerfGE 148, 147 <159 ff.> – *Einheitsbewertung* [2018]; zuvor u.a. auch BFH, Beschl. v. 22.10.2014 – II R 16/13, Rn. 12 ff.; *Troll/Eisele*, GrStG-Komm., 12. Aufl. 2021, S. 21 f.

70 Grundsteuergesetz v. 7.8.1973, BGBl. I S. 965. *Andreae*, in: Neumark/Andel/Haller (Hrsg.), Handbuch der Finanzwissenschaft, Bd. II, 1980, S. 576 (580 f.); *Troll/Eisele*, GrStG-Komm., 12. Aufl. 2021, S. 22 f.

71 Vgl. *Schultewolter*, Reform des Gemeindefinanzsystems, 2018, S. 43.

72 Lange Zeit war auch die Frage der Gesetzgebungskompetenz umstritten. Mittlerweile weist das Gesetz zur Änderung des Grundgesetzes (Artikel 72, 105 und 125b) v. 15.11.2019, BGBl. I S. 1546, eine konkurrierende Gesetzgebungskompetenz des Bundes mit einer Länderöffnungsklausel aus. Siehe auch RegE GG-Änd. GrStG, BT-Drs. 19/11084. Die zuvor umstrittene Rechtslage klärend BVerfGE 148, 148 <179 ff., Rn. 82 ff.> – *Einheitsbewertung* [2018]. Teilweise werden auch freiheitsrechtliche Fra-

als Grundsatz der Lastengleichheit konkretisiert; als solcher erfordert er, die Steuerpflichtigen grundsätzlich rechtlich und tatsächlich gleichmäßig zu belasten.[73] Zwar wird dem Gesetzgeber bei der Ausgestaltung von Bewertungsvorschriften ein weiter Spielraum zugestanden, die Ausgestaltung muss aber folgerichtig und geeignet sein, den Belastungsgrund der Steuer zu erfassen.[74] Insbesondere muss das Bewertungssystem im Hinblick auf die Relation der Wirtschaftsgüter zueinander realitätsgerecht sein.[75]

Nachdem der Bundesfinanzhof die Verfassungsmäßigkeit der Regelungen zunächst zwar bezweifelt, sie aber weiterhin angewendet hatte, setzte er 2014 verschiedene Verfahren aus und legte sie dem Bundesverfassungsgericht vor.[76] 2018 erklärte das Bundesverfassungsgericht die Vorschriften zur Einheitsbewertung – zumindest für die alten Bundesländer – für mit Art. 3 Abs. 1 GG unvereinbar.[77] Die letzte Hauptfeststellung liege zu lange zurück und führe zu systematischen Wertverzerrungen.[78] Zwar bleibe die Fortgeltung der bisherigen Werte und der Vollzug der Bescheide zunächst weiterhin zumutbar, „weil die Belastung mit einer Grundsteuer dem Grunde nach durch die Verfassung legitimiert, traditionell ‚schon immer' vorgesehen und deshalb von den Grundbesitzern auch zu erwarten war und ist."[79] Doch das BVerfG setzte der Gesetzgebung eine Frist zur Neurege-

---

gen diskutiert, bspw. nach einem Substanzbesteuerungsverbot. Die entsprechenden Erwägungen im Zuge der Vermögenssteuer können jedoch nicht unmittelbar auf die Grundsteuer übertragen werden und reichen über die vorliegende Untersuchung hinaus. Kritisch die Ausführungen des BFH, Urt. v. 19.7.2006 – II R 81/05 = DStRE 2006, 1287 (1288); *Krumm/Paeßens*, GrSt-Komm., 2. Aufl. 2025, Einleitung Rn. 128 ff.

73 BVerfGE 148, 147 <184, Rn. 96> – *Einheitsbewertung* [2018]; BVerfG, Beschl. v. 22.6.1995 – 2 BvL 37/91 = NJW 1995, 2615 (2616 f.); BFH, Beschl. v. 22.10.2014 – II R 16/13, Rn. 50 (Grundsatz der Steuergerechtigkeit); *Krumm/Paeßens*, GrSt-Komm., 2. Aufl. 2025, Einleitung Rn. 93.

74 BVerfGE 148, 147 <147, 1. Leitsatz; 183, Rn. 92; 184, Rn. 96> – *Einheitsbewertung* [2018]; zuvor BFH, Beschl. v. 22.10.2014 – II R 16/13, Rn. 47 ff. Zum Belastungsgrund als innerer Rechtfertigungsdimension einer Steuer *Freund*, Gerechte Grundsteuer, 2023, S. 80, 94 ff.

75 BVerfGE 148, 147 <147, 1. Leitsatz; 185 ff., Rn. 97 ff.> – *Einheitsbewertung* [2018].

76 BFH v. 22.10.2014 – II R 16/13 und II R 37/14, sowie BFH v. 17.12.2014 – II R 14/13. Kritisch *Krumm/Paeßens*, GrSt-Komm., 2. Aufl. 2025, Einleitung Rn. 11 f.

77 BVerfGE 148, 147 <149; 210 ff., Rn. 162 ff. > – *Einheitsbewertung* [2018].

78 BVerfGE 148, 147 <147, 3. Leitsatz; 187 ff., Rn. 103 ff.; 206 f., Rn. 147 ff.> – *Einheitsbewertung* [2018]. Deutlich zur Aussetzung bereits BVerfGE 93, 121 <144 f.> – *Einheitswerte II* [1995]; mit Feststellungen auch BFH, Beschl. v. 22.10.2014 – II R 16/13, Rn. 20 ff. Dazu *Krumm/Paeßens*, GrSt-Komm., 2. Aufl. 2025, Einleitung Rn. 10; *Schmehl*, in: Wieland (Hrsg.), Kommunalsteuern und -abgaben, 2012, S. 249 (262 f.).

79 BVerfGE 148, 147 <214, Rn. 171> – *Einheitsbewertung* [2018],

lung. Hierauf reagierte die Gesetzgebung mit einem „Gesetzespaket zur Reform der Grundsteuer“[80].[81] Dieses liegt der Untersuchung zugrunde und wird sogleich detailliert vorgestellt.[82]

IV. Die Grundsteuer im föderalen Zusammenspiel

1. Kompetenzen und Modelle

Seit der Reform 2019 ist die Gesetzgebungskompetenz für die Grundsteuer dem Bund als konkurrierende Gesetzgebung ausdrücklich zugewiesen (Art. 105 Abs. 2 S. 1 GG).[83] Für die Länder wurde eine Abweichungsbefugnis für den Zeitraum ab dem 1.1.2025 eingeführt (Art. 72 Abs. 3 S. 1 Nr. 7, 125 Abs. 3 GG).[84] Von dieser Länderöffnungsklausel haben fast alle Bundesländer Gebrauch gemacht. Ungeachtet der Gesetzgebungskompetenz liegt die Verwaltungskompetenz bei den Ländern (Art. 108 Abs. 2 S. 1 GG), die diese wiederum per Gesetz den Gemeinden übertragen können (Art. 108 Abs. 4 S. 2 GG). Von dieser Möglichkeit haben alle Flächenländer Gebrauch gemacht.[85]

Das Verfahren zur Festsetzung der Grundsteuer ist stets in drei Stufen gegliedert.[86] In einem ersten Schritt wird der Grundsteuerwert ermittelt.[87] Er wird in einem zweiten Schritt mit einer Grundsteuermesszahl multipliziert, um die Bemessungsgrundlage festzustellen. Auf den so ermittelten Grund-

80 *Troll/Eisele*, GrStG-Komm., 12. Aufl. 2021, S. 41.

81 Zur Frage der Verfassungsmäßigkeit der neuen Vorschriften u.a. *Krumm/Paeßens*, GrSt-Komm., 2. Aufl. 2025, Einleitung Rn. 97 ff.; *J. Winkler*, Verfassungsmäßigkeit der Grundsteuerreform, 2024.

82 → § 9 B.

83 *Uhle*, in: Dürig/Herzog/Scholz, GG-Komm., 105. EL 2024, Art. 72 Rn. 56–58; *Seiler*, in: Dürig/Herzog/Scholz, GG-Komm., 105. EL 2024, Art. 105 Rn. 31; *Krumm/Paeßens*, GrSt-Komm., 2. Aufl. 2025, Einleitung Rn. 2, 13 f., 74 ff.

84 Im Vorfeld *Greve*, NVwZ 2019, 701; *Hey*, ZG 2019, 297 (301 ff.).

85 *Krumm/Paeßens*, GrSt-Komm., 2. Aufl. 2025, Einleitung Rn. 42 ff. In den Stadtstaaten erfolgt mangels kommunaler Ebene keine Delegation.

86 *Krumm/Paeßens*, GrSt-Komm., 2. Aufl. 2025, Einleitung Rn. 21.

87 Der Grundsteuerwert entspricht dem vorigen Einheitswert. Die Umbenennung lässt sich als Kritik an weiteren auf dem Einheitswert beruhenden Steuerarten verstehen (Erbschaftssteuer, Vermögenssteuer): Die verfassungsrechtlichen Bedenken, die für den Einheitswert bzgl. der Grundsteuer gelten, lassen sich auch auf diese anderen Steuern übertragen. Wenn nun die Reform explizit nur einen Grundsteuerwert und keinen Einheitswert betrifft, können die verfassungsrechtlichen Bedenken weiter gegen die anderen Steuerarten angeführt werden.

steuermessbetrag wird schließlich ein kommunaler Hebesatz angewendet.[88] Der Bund kann dabei aber durch die Festlegung von Unter- und Obergrenzen einen Korridor für den Hebesatz vorgeben.[89] Die Festsetzungen stellen auf jeder der drei Stufen einen eigenständigen, verdinglichten Verwaltungsakt dar, der Bindungswirkung nicht nur gegenüber der Adressatin, sondern auch gegenüber der Rechtsnachfolgerin entfaltet (§ 182 Abs. 2 S. 1 AO [i.V.m. § 184 Abs. 1 S. 4 AO]).[90] Die Aufspaltung und eine damit verbundene Präklusion wirken sich auf den Rechtsschutz aus.[91]

In der jahrzehntelangen Diskussion um die Grundsteuer haben sich verschiedene Berechnungsmodelle herausgebildet. Grundlegend unterscheiden lassen sich das verkehrswertabhängige Sollertragsmodell, wonach die Grundsteuerwerte im Ertragswertverfahren ermittelt werden, und das wertunabhängige Flächenmodell;[92] dazwischen gibt es eine Reihe an Kombinationsmodellen.[93] Für die unterschiedlichen Modelle werden verschiedene steuerrechtliche Begründungsansätze – kurz: Belastungsgründe[94] – vorgebracht.[95] Typischerweise wird das Sollertragsverfahren mit dem Leis-

---

88 Das Recht, diesen Hebesatz zu bestimmen, steht den Gemeinden exklusiv zu (Art. 106 Abs. 6 S. 2 GG); *Seiler*, in: Dürig/Herzog/Scholz, GG-Komm., 105. EL 2024, Art. 106 Rn. 173. Hervorzuheben ist in diesem Zusammenhang erneut die Grundsteuer C, die den Gemeinden ein weiteres Hebesatzrecht in Bezug auf sog. baureife Grundstücke an die Hand gibt, → § 9 B., C. IV. 2.

89 *Seiler*, in: Dürig/Herzog/Scholz, GG-Komm., 105. EL 2024, Art. 106 Rn. 173. Mindestsätze gibt der Bundesgesetzgeber derzeit nicht vor, die Einführung von Höchstsätzen ist den Landesgesetzgebern überlassen worden.

90 *Seer*, in: Tipke/Lang, Steuerrecht, 24. Aufl. 2024, § 16 Grund-/Vermögenssteuer, Rn. 16.32.

91 *Seer*, in: Tipke/Lang, Steuerrecht, 24. Aufl. 2024, § 16 Grund-/Vermögenssteuer, Rn. 16.32; *Krumm/Paeßens*, GrSt-Komm., 2. Aufl. 2025, Einleitung Rn. 57 ff.; verfassungsrechtlich vgl. BVerfG, Beschl. v. 18.2.2009 – 1 BvR 1334/07 = NJW 2009, 1868. Des Weiteren besteht das Problem eines gespaltenen Rechtswegs – teilweise Zuständigkeit der Finanzgerichtsbarkeit, teilweise der Verwaltungsgerichtsbarkeit –, kritisch *Krumm/Paeßens*, GrSt-Komm., 2. Aufl. 2025, Einleitung Rn. 60 ff.

92 Kurz: Beim Sollertragsmodell gehen die Grundsteuerwerte auf den Verkehrswert zurück, beim Flächenmodell ist die Fläche maßgeblich. Ausführlich → § 9 C. II.

93 Bspw. *H. Zimmermann*, Wirtschaftsdienst 7/2019, 490; *Marx*, DStZ 2019, 372. In Schrifttum und öffentlicher Diskussion wird vielfach eine Bodenwertsteuer gefordert, die nur den Bodenwert ohne Einbezug der bebauten Gebäude besteuert, schon *Dieterich*, NZM 1998, 289 (292 f.); *Siebert*, Reform der Grundsteuer, 2016, S. 81; *Difu/vhw*, Bodenpolitische Agenda 2020–2030, 2017, S. 20 ff.; *Löhr*, ZfSÖ 2018, 31 (38 ff.); *Kriese/Löhr/Wilke*, Grundsteuer: Zeitgemäß!, 2019; *Löhr/Kempny*, DStR 2019, 537.

94 *Freund*, Gerechte Grundsteuer, 2023, S. 80, 122–157, 161 ff.

95 Für alle Modelle wird das verfassungsrechtliche Für und Wider diskutiert, mit einem Überblick *Freund*, Gerechte Grundsteuer, 2023, S. 166 f. Kritisch zu wertabhängigen

tungsfähigkeitsprinzip begründet, das heißt die wirtschaftliche Ertragsfähigkeit des Grundstücks zugrunde gelegt. Flächenmodelle folgen hingegen meist dem Äquivalenzgedanken: Die Steuer dient dann als Ausgleich für kommunale Leistungen. Diese Zuordnung ist jedoch nicht zwingend; die Modelle lassen sich auch anders begründen oder die Prinzipien kombinieren.[96]

Auch bei der Grundsteuerreform 2019 gelang es nicht, sich bundesweit auf ein einheitliches Modell zu einigen. Das Grundsteuergesetz des Bundes führt das bisherige Grundsteuerrecht fort. Auf Grundlage der Länderöffnungsklausel haben verschiedene Länder eigene Grundsteuergesetze erlassen: Bayern verfolgt ein Flächenmodell, Hamburg, Niedersachsen und Hessen haben modifizierte Flächenmodelle und Baden-Württemberg ein Bodenwertmodell gewählt.[97] Die übrigen Bundesländer nutzen entweder das Grundsteuergesetz des Bundes (Brandenburg, Mecklenburg-Vorpommern und Thüringen) oder haben Gesetze erlassen, die punktuell abweichen (Berlin, Bremen, Nordrhein-Westfalen, Rheinland-Pfalz, Saarland, Sachsen, Sachsen-Anhalt und Schleswig-Holstein).[98] Das Grundsteuermodell des Bundes ist somit für den Großteil der Länder und die meisten Grundsteuerfälle maßgeblich.[99] Aufgrund dieser breiten Wirkung liegt es dieser Analyse zugrunde.

Ansätzen anstelle vieler *Hey*, ZG 2019, 297 (319 f.); *Kirchhof*, Der Belastungsgrund von Steuern, Gutachten im Auftrag des ZIA e.V., 2020. Gegen Flächenmodelle *T. Schmidt*, DStR 2020, 249. Zu beachten sind die jeweiligen Entstehungskontexte der Beiträge.

96 *Schmehl*, in: Wieland (Hrsg.), Kommunalsteuern und -abgaben, 2012, S. 249 (256). Der Sollertrag wird schließlich auch durch kommunale Leistungen (externe Faktoren) beeinflusst, *Hentschel*, in: Hentschel/Lohauß (Hrsg.), Wohnungsmärkte und Wohnungspolitik, 2019, S. 171 (173). Zudem lassen sich wertabhängige Modelle mit dem Äquivalenzansatz rechtfertigen bzw. sich der Äquivalenzansatz mithilfe wertabhängiger Modelle ausgestalten, vgl. *Feldner/Stoklassa*, DStR 2019, 2505 (2508), die auch innerhalb des Äquivalenzansatzes auf den wirtschaftlichen Erfolg, gemessen am Verkehrswert, abstellen. Hingegen sage die Größe eines Grundstücks „noch nichts über die Inanspruchnahme öffentlicher Leistungen [...] aus"; siehe auch → § 9 Fn. 154, 188; § 9 C. II.

97 Eine Analyse der Modelle von Bayern, Hamburg, Niedersachsen, Hessen und Baden-Württemberg – also den vom Bundesmodell signifikant abweichenden Modellen – findet sich bei *Freund*, Gerechte Grundsteuer, 2023, S. 195 ff.; im Hinblick auf die jeweiligen finanziellen Anreizwirkungen zum Umweltschutz vgl. *Anger*, Optimierung des Bodenschutzes, 2014, S. 107 ff.

98 Stand Mai 2025, vgl. *Mandler*, in: Stenger/Loose, Bewertungsrecht, 174. EG 2025, BlnGrStMG Rn. 29.

99 *Mannek*, in: Stenger/Loose, Bewertungsrecht, 174. EG 2025, § 254 BewG Rn. 50.

2. Verfahren und Erhebung der Bundesgrundsteuer

Das Grundsteuerrecht des Bundes findet sich zum einen im Grundsteuergesetz (GrStG). Dieses regelt die Steuerpflicht (§§ 1–12), die Bemessungsgrundlage (§§ 13–24), Festsetzung und Entrichtung (§§ 25–31) und den Erlass der Grundsteuer (§§ 32–35). Relevant sind zum anderen die Vorschriften des Bewertungsgesetzes, die die Feststellung und Ermittlung der Grundsteuerwerte regeln.[100]

Nach dem Bundesmodell wird der Grundsteuerwert bei Wohnimmobilien[101] im Ertragswertverfahren (§§ 250 Abs. 2, 252 ff. BewG) als Summe des kapitalisierten Reinertrages des Grundstücks (§ 253 BewG) und des abgezinsten Bodenwertes (§ 257 BewG) gebildet.[102] Die Werte hängen selbst jeweils von verschiedenen Parametern wie der Restnutzungsdauer des Gebäudes, der Grundstücksfläche, dem Bodenrichtwert und dem Liegenschaftszinssatz ab. Weitgehend werden diese Parameter in ausdifferenzierten Tabellen und Anlagen vorgegeben; teilweise finden Eingruppierungen durch die Finanzverwaltungen statt.[103] Anschließend nutzt die Gesetzgebung Grundsteuermesszahlen (§§ 14, 15 GrStG), um zwischen verschiedenen Grundstücksarten zu differenzieren.[104] Auf dieser Berechnungsebene erfolgen die Reduzierungen zugunsten von Wohngrundstücken im öffent-

100 Die bisherige Einheitswertbestimmung regeln die §§ 19 ff. BewG. Folgend wird die Rechtslage ab dem 1.1.2025 zugrunde gelegt. Die Grundsteuer- bzw. Einheitswerte sind deshalb so relevant, weil sie die Grundlage der weiteren Berechnung darstellen. Während sie ursprünglich auch für die Vermögens- und Erbschaftssteuer galten, gelten sie heute nur noch für die Grundsteuer, BVerfGE 148, 147 <150> – *Einheitsbewertung* [2018]. Zur Relevanz der Bewertungsmethode *Schmehl*, in: Wieland (Hrsg.), Kommunalsteuern und -abgaben, 2012, S. 249 (260).

101 Die Bewertungsverfahren für Grundstücke unterscheiden sich zunächst dadurch, ob die Grundstücke bebaut sind oder nicht (§§ 246, 248 BewG). Doch auch innerhalb der Grundstücksgruppe der bebauten Grundstücke differenziert das Gesetz zwischen solchen Grundstücken mit Wohnnutzung (§ 250 Abs. 2 BewG) und weiteren Grundstücksarten (§ 250 Abs. 3 BewG). Vorliegend wird die Darstellung auf das Verfahren für Wohnimmobilien beschränkt.

102 Vgl. auch *Krumm/Paeßens*, GrSt-Komm., 2. Aufl. 2025, Einleitung Rn. 29; *Mannek*, in: Stenger/Loose, Bewertungsrecht, 174. EG 2025, § 252 BewG Rn. 9 ff. Der Reinertrag ergibt sich aus typisierten Erträgen abzüglich typisierter Bewirtschaftungskosten; er wird mithilfe des marktüblichen Zinssatzes auf einen Stichtag zurückgerechnet (vgl. parallel → § 9 Fn. 14).

103 *Krumm/Paeßens*, GrSt-Komm., 2. Aufl. 2025, Einleitung Rn. 30.

104 *Krumm/Paeßens*, GrSt-Komm., 2. Aufl. 2025, Einleitung Rn. 40 f. Einordnend → § 9 A. II.; Fn. 48.

lich gefördertem Wohnungsbau oder von kommunalen oder gemeinnützigen Wohnungsbaugesellschaften.[105]

B. Materialienkorpus: Grundsteuerreform 2019

Aus der langen, wenig ergiebigen Gesetzgebungsgeschichte der Grundsteuer widmet sich die vorliegende Untersuchung nur dem letzten Baustein: den Gesetzen zur Reform der Grundsteuer aus dem Jahr 2019. Die Reform besteht aus drei Säulen: einer Änderung des Grundgesetzes[106], dem eigentlichen Grundsteuer-Reformgesetz[107] und der Einführung eines besonderen Hebesatzrechts für baureife Grundstücke[108].

Den kompetenzrechtlichen wie auch inhaltlichen Konflikten zwischen Bund und Ländern wurde dadurch Rechnung getragen, dass neben der konkurrierenden Gesetzgebungskompetenz des Bundes (Art. 105 Abs. 2 S. 1 GG) eine Ermächtigung für die Länder zu abweichenden landesrechtlichen Regelungen im Grundgesetz verankert wurde (Art. 72 Abs. 3 S. 1 Nr. 7 GG).[109] Dieser Gesetzentwurf wurde ohne Änderungen beschlossen.

Mit dem Grundsteuer-Reformgesetz wurden elf Gesetze und drei Rechtsverordnungen reformiert. Die Änderungen finden sich verteilt auf 18 Artikel und verschiedene Anlagen, wobei für die vorliegende Untersuchung vor allem die Änderungen des Bewertungsgesetzes nach Art. 1 und die Änderung des Grundsteuergesetzes nach Art. 3 relevant sind.[110] Dabei wurde die bisherige Grundstruktur von Grundsteuer- und Bewertungsrecht beibe-

105 → § 9 A. II., C. IV. 1. Daneben gibt es weitere Befreiungstatbestände, u.a. §§ 3 f. (für bestimmte Rechtsträger, wie juristische Personen des öffentlichen Rechts oder Religionsgemeinschaften, oder aufgrund besonderer Nutzung, wie Bestattungen, Verkehr, Wissenschaft, Krankenhäuser u.a.) und §§ 32 ff. (Erlass für Kulturgüter und Grünanlagen oder bei wesentlichen, unverschuldeten Ertragsminderungen). Kritisch mit Blick auf Äquivalenz *H. Zimmermann*, in: Hansmann (Hrsg.), Kommunalfinanzen in der Krise, 2011, S. 194 (210).

106 → § 9 Fn. 72.

107 Gesetz zur Reform des Grundsteuer- und Bewertungsrechts (Grundsteuer-Reformgesetz – GrStRefG) v. 26.11.2019, BGBl. I S. 1794.

108 Gesetz zur Änderung des Grundsteuergesetzes zur Mobilisierung von baureifen Grundstücken für die Bebauung (k.a.Abk., i.F. GrStGÄndG) v. 30.11.2019, BGBl. I S. 1875.

109 → § 9 A. IV. 1.

110 In den weiteren Artikeln finden sich mehrheitlich Folgeänderungen, beispielsweise zur Bezeichnung des Einheits- bzw. Grundsteuerwert sowie zum Fristablauf. Angepasst wurden zudem die Tabellenwerte der 17 Anlagen.

halten.[111] Es ändert sich aber die Terminologie: Statt „Einheitswerte" gilt nun die Bezeichnung „Grundsteuerwerte" (vgl. die neuen Regelungen in den §§ 218 ff. BewG). Die bisherigen Einheitswerte blieben bis zum 1.1.2025 für die bestehende Grundsteuer maßgeblich. Für den Zeitraum danach gelten die Werte einer neuen Hauptfeststellung. Diese Hauptfeststellung wurde zum 1.1.2022 festgesetzt und soll im Folgenden alle sieben Jahre erfolgen (§ 221 BewG). Das Gesetz wurde während der Ausschussphase im Bundestag modifiziert. Die Änderungen betrafen aber keine für die vorliegende Untersuchung grundsätzlichen Fragen, sondern beispielsweise eine präzisierende Definition von Windkraftanlagen, die Absenkung der Steuermesszahl für Baudenkmäler und eine in Art. 18 vorgenommene Normierung der Grundsteuer im Länderfinanzausgleich.[112]

Drittens wurde das Grundsteuerrecht durch die Einfügung einer Grundsteuer C fortentwickelt.[113] Hierfür wurde mit § 25 Abs. 5 GrStG ein gesonderter Hebesatz für sogenannte baureife Grundstücke eingeführt. Gemeinden können nun aus städtebaulichen Gründen eine dementsprechende Grundstücksgruppe bestimmen (S. 1). Umfasst sind solche unbebauten Grundstücke, „die nach Lage, Form und Größe und ihrem sonstigen tatsächlichen Zustand sowie nach öffentlich-rechtlichen Vorschriften sofort bebaut werden könnten" (S. 2). Der neue Hebesatz muss für alle entsprechenden Grundstücke gelten und höher liegen als der einheitliche Hebesatz (S. 10), kann aber räumlich auf einzelne Gemeindeteile beschränkt werden, solange dieser Gemeindeteil mindestens 10 % des Gemeindegebiets ausmacht und mehrere baureife Grundstücke darin belegen sind (S. 5 u. 6). Mit dem gesonderten Hebesatz können städtebauliche Ziele verfolgt werden, namentlich „die Deckung eines erhöhten Bedarfs an Wohn- und Arbeitsstätten sowie Gemeinbedarfs- und Folgeeinrichtungen, die Nachverdichtung bestehender Siedlungsstrukturen oder die Stärkung der Innenent-

111 Es wurde jedoch eine Vielzahl an Normen redaktionell oder geringfügig angepasst, vgl. GesE CDU/CSU und SPD, GrStRefG, BT-Drs. 19/11085, 123 ff. Zusammenfassend zur Reform *Krumm/Paeßens*, GrSt-Komm., 2. Aufl. 2025, Einleitung Rn. 16 ff.

112 Damit unterschiedliche Grundsteuermodelle nicht zu Verschiebungen beim Länderfinanzausgleich führen, liegt diesem die Berechnung nach dem Bundesgrundsteuerrecht zugrunde (§ 8 Abs. 2 S. 3 FAG). Die Werte müssen alle Bundesländer feststellen. Da dabei jedoch unverhältnismäßiger Verwaltungsaufwand vermieden werden soll und den Steuerpflichtigen keine gesonderten Erklärungspflichten entstehen dürfen (§ 8 Abs. 2 S. 4 u. 5 FAG), ist die praktische Umsetzung fraglich, *Feldner/Stoklassa*, DStR 2019, 2505 (2509).

113 Vgl. bereits → § 9 Fn. 51, 88.

wicklung“ (S. 4).[114] Die wesentlichen Informationen sollen per Allgemeinverfügung bekanntgemacht und nachvollziehbar dargelegt werden (S. 7 u. 8).

Abgesehen von der Wiedereinführung der Grundsteuer C sind die textlichen Änderungen im Zuge der Grundsteuerreform überschaubar. Dies ist methodisch bedeutsam, da die Rekonstruktion gesetzgeberischer Annahmen auf Textaussagen angewiesen ist.[115] Diesbezüglich gilt jedoch zum einen, dass auch kleine textliche Änderungen und bereits die Neufestsetzung der Grundsteuerwerte zu großen finanziellen Verschiebungen und für die einzelnen Eigentümerinnen und Mieterinnen weitreichenden Veränderungen führen können. Zum anderen steigt die Bedeutung der weiteren Gesetzesmaterialien, die Aufschluss darüber bieten, ob und inwieweit dies von der Gesetzgebung erkannt und diskutiert wird.

Die drei Gesetze der Grundsteuerreform beruhen auf einem gemeinsamen Eckpunktepapier,[116] wurden am 25.6.2019 gemeinsam in das parlamentarische Verfahren eingebracht und weitgehend zusammen behandelt. Gleichwohl beruhen die Gesetze auf drei einzelnen Gesetzentwürfen, die zeitgleich durch die Regierungsfraktionen im Bundestag[117] und die Bundesregierung im Bundesrat[118] eingebracht wurden. Im Bundestag wurden die Gesetzentwürfe am 27.6.2019 in erster Lesung beraten und im Anschluss federführend an den Finanzausschuss überwiesen.[119] Begleitet wurden die

114 Anders noch im GesE CDU/CSU und SPD, GrStGÄndG, BT-Drs. 19/11086, der eine engere Zielsetzung und weniger gesetzliche Präzisierung enthielt.

115 → § 2 C.

116 *Gammelin*, Bund und Länder legen Eckpunkte für Grundsteuerreform fest, SZ v. 1.2.2019.

117 GesE CDU/CSU und SPD, GG-Änd. GrSt, BT-Drs. 19/11084; GesE CDU/CSU und SPD, GrStRefG, BT-Drs. 19/11085; GesE CDU/CSU und SPD, GrStGÄndG, BT-Drs. 19/11086.

118 Zur GG-Änderung: RegE GG-Änd. GrSt, BR-Drs. 327/19; es wurden keine Einwendungen erhoben, vgl. BR-Drs. 327/19/(B). Bezüglich eines Grundsteuer-Reformgesetzes: RegE GrStRefG, BR-Drs. 354/19; nach den Empfehlungen der Ausschüsse und einem Plenarantrag des Landes Mecklenburg-Vorpommern wurde die Gesetzesinitiative begrüßt, es wurden jedoch Änderungen vorgeschlagen, BR-Drs. 354/19(B); dazu die Gegenäußerung BReg, BT-Drs. 19/13713. Zur Baulandmobilisierung: RegE GrStGÄndG, BR-Drs. 353/19; auch hier keine Einwendungen, BR-Drs. 353/19(B). Siehe für die Plenardebatte im ersten Durchgang Sten. Bericht der 980. Sitzung, 20.9.2019, BR-PlProt. 980/19, GrSt 2019, 469–374.

119 Sten. Bericht der 107. Sitzung, 27.6.2019, BT-PlProt. 19/107, GrSt 2019, 13097B–13112C. Zu den Stellungnahmen der mitberatenden Ausschüsse vgl. jeweils die Ausschussberichte des federführenden Ausschusses → § 9 Fn. 121.

Gesetzentwürfe von verschiedenen Anträgen der Opposition.[120] Nach einer öffentlichen Anhörung empfahl der Finanzausschuss am 16.10.2019 die Annahme der teilweise modifizierten Vorlagen.[121] Am 18.10.2019 fanden die zweite und dritte Lesung im Bundestag statt.[122] Auch der Bundesrat stimmte den Gesetzen nach einer Debatte im Bundesratsplenum zu.[123] Die Grundgesetzänderung trat am Tag nach der Verkündung in Kraft (Art. 2 GG-Änd. GrSt), das Grundsteuer-Reformgesetz zeitlich gestaffelt (Art. 18 GrStRefG) und das Gesetz zum Hebesatzrecht zum 1.1.2025 (Art. 2 GrStGÄndG).

C. Analyse: Ökonomische Wertungsentscheidungen zwischen den Grundsteuermodellen

Die aktuelle Grundsteuerreform geht ausdrücklich auf die Entscheidung des Bundesverfassungsgerichts zur Einheitsbewertung von 2018 zurück,

120 AfD-Fraktion, Gemeindesteuerreform, BT-Drs. 19/11125; FDP-Fraktion, Flächenmodell, BT-Drs. 19/11144; Linksfraktion, Sozial gerechte Grundsteuer-Reform, BT-Drs. 19/7980; Linksfraktion, Grundsteuer nicht länger auf Mieterinnen und Mieter umlegen, BT-Drs. 19/8358. Zudem ein GesE der Fraktion B90/Gr, Mieter-Grundsteuer-Entlastungsgesetz, BT-Drs. 19/8827. Vgl. weiter Ausschussempfehlung, Anträge GrSt, BT-Drs. 19/14141; Ausschussempfehlung, Anträge Mieterentlastung, BT-Drs. 19/14118.

121 Vgl. jeweils Ausschussempfehlung, GG-Änd. GrSt, BT-Drs. 19/14136, und Ausschussbericht, GG-Änd. GrSt, BT-Drs. 19/14157; Ausschussempfehlung, GrStRefG, BT-Drs. 19/14138, – Annahme in Ausschussfassung mit den Stimmen der Fraktionen CDU/CSU, SPD und Bündnis 90/Die Grünen, gegen die Stimmen der Fraktionen der AfD und FDP, Stimmenthaltung der Linksfraktion – und Ausschussbericht, GrStRefG, BT-Drs. 19/14158. Zum GrStRefG siehe auch den Änderungsantrag der FDP-Fraktion, ÄA GrStRefG, BT-Drs. 19/14144. Weiter Ausschussempfehlung, GrStGÄndG, BT-Drs. 19/14139, – Annahme in Ausschussfassung, d.h. Ausweitung des Anwendungsbereichs – und Ausschussbericht, GrStGÄndG, BT-Drs. 19/14159. Bei der Ausschussberatung wurden RegE und GesE der Regierungsfraktionen zusammengeführt. Die drei bzw. sechs Gesetzentwürfe wurden vom Finanzausschuss gemeinsam beraten, weshalb die Darstellung in den jeweiligen Berichten gleichlautend ist (u.a. Ausschussbericht, GrStRefG, BT-Drs. 19/1415, 5).

122 Sten. Bericht der 119. Sitzung, 18.10.2019, BT-PlProt. 19/119, GrSt 2019, 14691D–14713A.

123 Sten. Bericht der 982. Sitzung, 8.11.2019, BR-PlProt. 982/19, GrSt 2019, 497–499. Zum GrStGÄndG stellte das Land Berlin einen Entschließungsantrag, BR-Drs. 503/1/19, der angenommen wurde; Beschluss BR, GG-Änd. GrSt, BR-Drs. 499/19(B); Beschluss BR, GrStRefG, BR-Drs. 500/19(B); Beschluss BR, GrStGÄndG, BR-Drs. 503/19(B).

wonach die seit 1964 ausgesetzte Hauptfeststellung der Einheitswerte zu systematischen Wertverzerrungen geführt hat.[124] Eine entscheidende Vorfrage ist daher, ob die Gesetzgebung davon ausgeht, dass ihr das Verfassungsrecht bei der Grundsteuerreform Spielräume zugesteht (I.). Denn erst dadurch, dass die Gesetzgebung eigene – ökonomische – Spielräume annimmt, kann entsprechendes Wissen in die Rechtsetzung eingehen. Nur im Anschluss hieran lassen sich gesetzgeberische Annahmen und Argumentationsmuster ausmachen.

Die Gesetzgebungsdebatte wird dabei, wie das Schrifttum, von einer Diskussion um die Grundsteuermodelle und die jeweiligen Belastungsgründe dominiert (II.). Beruht die Besteuerung auf dem Leistungsfähigkeits- oder dem Äquivalenzprinzip? Kurz: Geht es um eine Besteuerung nach der wirtschaftlichen Ertragsfähigkeit des Grundstücks oder um den Ausgleich für kommunale Leistungen? Obwohl die Prinzipien vielfach als Widerspruch positioniert werden, hinterlassen beide ihre Spuren im Bundesgesetz. Dabei offenbaren sich verschiedene marktwirtschaftliche Annahmen und Gerechtigkeitsvorstellungen, die den gesetzgeberischen Zugriff beeinflussen. Insgesamt aber überlagern steuerrechtliche Logiken und Konzepte die ökonomischen Annahmen, die nur teilweise abgeschichtet werden können.

Auch wenn die vorliegende Untersuchung also zunächst der Struktur der parlamentarischen Debatte um die Entscheidung zwischen Sollertrags- und Flächenmodell folgt,[125] ist diese Diskussion nicht allein entscheidend. Stattdessen überlagert sie weitere ökonomische Fragen und Weichenstellungen.[126] Denn insbesondere die konsequente Fortführung des Äquivalenzgedankens durch die Umlagefähigkeit der Grundsteuer auf die Mieterinnen offenbart einen weiteren polit-ökonomisch relevanten Widerspruch (III.): Zwar nutzen die Mieterinnen die kommunale Infrastruktur. Ihnen steht jedoch der monetäre Grundstückswert, der dem Ertragswertverfahren zugrunde liegt, nicht zu. Die Ausgestaltung der Grundsteuer – dass trotz Entscheidung für das Leistungsfähigkeitsprinzip an der Umlagefähigkeit

---

124 → § 9 A. III.

125 Die Länderöffnungsklausel (→ § 9 A. IV. 1., B.) muss konkret als Kompromiss zwischen den sich gegenüberstehenden wertabhängigen und wertunabhängigen Modellen verstanden werden, CDU/CSU- und SPD-Fraktion, in: Ausschussbericht, GG-Änd. GrSt, BT-Drs. 19/14157, 5; Ausschussbericht, GrStRefG, BT-Drs. 19/14158, 5; Ausschussbericht, GrStGÄndG, BT-Drs. 19/14159, 5.

126 Wirklich greifbar werden die ökonomischen Annahmen in den Materialien zur Grundsteuer jedoch erst durch eine Rückbesinnung auf den Impetus des *Law and Political Economy*-Ansatzes, offenzulegen, welche und wessen Interessen wie geschützt werden, → § 1.

festgehalten wird – geht so zu ihren Lasten. Wenn sich dennoch feststellen lässt, dass die Gesetzgebung von Sorge um die Miethöhen angetrieben wird, dann zeigt sich, dass sie ihren sozialen Anspruch erneut auf marktwirtschaftlichem Wege einlöst (IV.). Auch wenn dies nicht ausdrücklich so benannt wird, folgt somit auch die Grundsteuer den Gedanken der Sozialen Marktwirtschaft.

I. Gesetzgeberische Spielräume für ökonomische Annahmen

Die Gesetzgebung benennt die Entscheidung des Bundesverfassungsgerichts von 2018 zu den Einheitswerten ausdrücklich als Ausgangspunkt ihrer Reformüberlegungen.[127] Eine für die Untersuchung zu klärende Vorfrage ist daher, inwiefern sich die Gesetzgebung verfassungsrechtlich gebunden sieht: Setzt sie nur höherrangige Vorgaben um oder geht sie davon aus, einen ökonomischen Spielraum zu haben? Denn erst von der Gesetzgebung angenommene Spielräume erlauben ihr, eigene ökonomische Annahmen zu bilden. Dabei ist kein objektiver, verfassungsrechtlicher Maßstab relevant. Für die Untersuchung gesetzgeberischer Annahmen ist entscheidend, ob die Gesetzgebung subjektiv davon ausgeht, Annahmen bilden zu können.

Da mit der Grundsteuerreform „an das bestehende Bewertungs- und Grundsteuersystem"[128] angeknüpft wird, gelten die formulierten verfassungsrechtlichen Vorgaben auch für die neue Grundsteuer. Sie werden im Gesetzentwurf wiedergegeben und sind Maßstab der gesetzgeberischen Überlegungen.[129] Es handelt sich aus Sicht der Gesetzgebung jedoch nicht um einen festen Rahmen, der ihr jegliche eigenen politischen, finanziellen und ökonomischen Spielräume nimmt. Vielmehr ergebe sich aus den Feststellungen des Bundesverfassungsgerichts, dass

> *„[d]er Gesetzgeber [...] bei der Wahl der Bemessungsgrundlage und bei der Ausgestaltung der Bewertungsregeln einer Steuer einen großen Spielraum [hat], solange sie geeignet sind, den Belastungsgrund der Steuer zu erfassen*

127 GesE CDU/CSU und SPD, GrStRefG, BT-Drs. 19/11085, 1, 80; Ausschussempfehlung, GrStRefG, BT-Drs. 19/14138, 1.

128 GesE CDU/CSU und SPD, GrStRefG, BT-Drs. 19/11085, 1, 80; Ausschussbericht, GrStRefG, BT-Drs. 19/14158, 2.

129 GesE CDU/CSU und SPD, GrStRefG, BT-Drs. 19/11085, 81 f.

und dabei die Relation der Wirtschaftsgüter zueinander realitätsgerecht abzubilden.“[130]

Dieser angenommene Spielraum ermöglicht die Analyse gesetzgeberischer Annahmen. Eine verfassungsrechtliche Beschränkung folgt lediglich daraus, dass die Regelungen „den mit der Steuer verfolgten Belastungsgrund in der Relation realitätsgerecht“ abbilden müsse.[131] Selbstbewusst sieht sich die Gesetzgebung jedoch nicht verfassungsrechtlich auf nur *einen* Maßstab zur Bemessung der Besteuerungsgrundlage beschränkt: „Je nach Art und Vielfalt der von der Steuer erfassten Wirtschaftsgüter wird eine gleichheitsgerechte Bemessung der Erhebungsgrundlage ohnehin oft nur durch die Verwendung mehrerer Maßstäbe möglich sein.“[132] Hiermit beansprucht die Gesetzgebung einen weiteren Spielraum. Einen konkreten Ausdruck findet dies in der Orientierung an sowohl dem Leistungsfähigkeitsprinzip als auch dem Äquivalenzansatz.[133] Dies birgt aber auch das Risiko, bei der Auswahl der verschiedenen Maßstäbe widersprüchlichen Anforderungen und Zielkonflikten zu unterliegen.[134]

Des Weiteren korrespondiert die freie Maßstabswahl nach Einschätzung der Gesetzgebung mit der Möglichkeit zur Typisierung und Pauschalisierung.[135] Diese gewinne mit der Anzahl „der zu erfassenden Bewertungsvorgänge an Bedeutung“ und rechtfertige gleichheitsrechtlich relevante Vereinfachungen in erheblichem Umfang.[136] Das wiederum stellt die Grundlage der transparenten, nachvollziehbaren und automatisierten, d.h. zukunftsfähigen, *Weiter*entwicklung der Grundsteuer dar und zeigt, an welcher Stelle die Gesetzgebung ihre Spielräume zu nutzen beabsichtigt.[137]

---

130 GesE CDU/CSU und SPD, GrStRefG, BT-Drs. 19/11085, 81, 84. Weiter CDU/CSU, in: Ausschussbericht, GG-Änd. GrSt, BT-Drs. 19/14157, 5; Ausschussbericht, GrStRefG, BT-Drs. 19/14158, 6; Ausschussbericht, GrStGÄndG, BT-Drs. 19/14159, 5; *Güntzler* (CDU/CSU), Sten. Bericht der 119. Sitzung, 18.10.2019, BT-PlProt. 19/119, GrSt 2019, 14705B. Ebenso BFH, Beschl. v. 27.5.2024, Az. II V 78/23, Rn. 29.

131 GesE CDU/CSU und SPD, GrStRefG, BT-Drs. 19/11085, 82.

132 GesE CDU/CSU und SPD, GrStRefG, BT-Drs. 19/11085, 81.

133 → § 9 C. II., III.

134 Siehe → § 9 C. II. 2., III.

135 GesE CDU/CSU und SPD, GrStRefG, BT-Drs. 19/11085, 81; auch BFH, Beschl. v. 27.5.2024, Az. II V 78/23, Rn. 29.

136 GesE CDU/CSU und SPD, GrStRefG, BT-Drs. 19/11085, 81. Bei einem wertabhängigen Modell muss die Gesetzgebung daher bspw. nicht jeden Wert vollständig ermitteln, sondern kann auf Tabellenwerte zurückgreifen, → § 9 C. II. 2.

137 Vgl. GesE CDU/CSU und SPD, GrStRefG, BT-Drs. 19/11085, 2, 80, 84; Ausschussbericht, GrStRefG, BT-Drs. 19/14158, 3; Ausschussempfehlung, GrStRefG,

Denn gleichzeitig steht die Gesetzgebung unter dem Druck, „die Grundsteuer als verlässliche Einnahmequelle der Kommunen zu erhalten."[138] An unzähligen Stellen wird ihre Bedeutung für die kommunalen Haushalte hervorgehoben.[139] Auch ihre „historisch gewachsene[ ] Funktion als unverzichtbare Finanzierungsquelle"[140], als „wichtiges und demokratiestärkendes steuerliches Band zwischen den Gemeinden und ihren Einwohnern"[141] und die hierbei notwendige „Planungssicherheit"[142] werden erwähnt. Dass die Grundsteuer nicht neu gestaltet, sondern lediglich weiterentwickelt wird, deutet vor diesem Hintergrund auf einen begrenzten *politischen* Handlungsspielraum hin. Der „Respekt vor der kommunalen Selbstverwaltung"[143] entlastet den Gesetzgeber jedoch auch: Die „Immobilität des Steuerobjekts" und das verfassungsrechtlich vorgesehene Hebesatzrecht der Gemeinden begründen deren Steuerautonomie und die nunmehr im Grundgesetz verankerte Abweichungsbefugnis der Länder.[144] Angesichts

BT-Drs. 19/14138, 2. Speziell zur Typisierung im Zuge der Automatisierung GesE CDU/CSU und SPD, GrStRefG, BT-Drs. 19/11085, 83, 107.

138 GesE CDU/CSU und SPD, GrStRefG, BT-Drs. 19/11085, 1, ähnlich 80; Ausschussbericht, GrStRefG, BT-Drs. 19/14158, 2. *Seer*, in: Tipke/Lang, Steuerrecht, 24. Aufl. 2024, § 16 Grund-/Vermögenssteuer, Rn. 16.4; *Krumm/Paeßens*, GrSt-Komm., 2. Aufl. 2025, Einleitung Rn. 13; dazu, dass die Gesetzgebung „zum Handeln gezwungen" war, *Marx*, DStZ 2019, 372 (373).

139 U.a. GesE CDU/CSU und SPD, GrStRefG, BT-Drs. 19/11085, 80; Stellungnahme BR, BR-Drs. 354/19(B), 1; CDU/CSU- und SPD-Fraktion, in: Ausschussbericht, GG-Änd. GrSt, BT-Drs. 19/14157, 4; Ausschussbericht, GrStRefG, BT-Drs. 19/14158, 5; Ausschussbericht, GrStGÄndG, BT-Drs. 19/14159, 5; BM *Scholz* (SPD), Sten. Bericht der 107. Sitzung, 27.6.2019, BT-PlProt. 19/107, GrSt 2019, 13098C; *Jung* (CDU/CSU), ebd., 13100D, 13101A; *Toncar* (FDP), ebd., 13102A; *Cezanne* (Linke), ebd., 13104A; *Hilbers* (NI), Sten. Bericht der 980. Sitzung, 20.9.2019, BR-PlProt. 980/19, GrSt 2019, 371; *Meyer* (MV), ebd., 372; *Lienenkämper* (NW), Sten. Bericht der 982. Sitzung, 8.11.2019, BR-PlProt. 982/19, GrSt 2019, 498.

140 GesE CDU/CSU und SPD, GG-Änd. GrSt, BT-Drs. 19/11084, 4, 80.

141 Begründung zum Antrag der FDP zur Umlagefähigkeit der Grundsteuer, Ausschussbericht, GrStRefG, BT-Drs. 19/14158, 14.

142 B90/Gr, in: Ausschussbericht, GG-Änd. GrSt, BT-Drs. 19/14157, 8; Ausschussbericht, GrStRefG, BT-Drs. 19/14158, 9; Ausschussbericht, GrStGÄndG, BT-Drs. 19/14159, 9.

143 CDU/CSU- und SPD-Fraktion, in: Ausschussbericht, GG-Änd. GrSt, BT-Drs. 19/14157, 5; Ausschussbericht, GrStRefG, BT-Drs. 19/14158, 5; Ausschussbericht, GrStGÄndG, BT-Drs. 19/14159, 5.

144 GesE CDU/CSU und SPD, GG-Änd. GrSt, BT-Drs. 19/11084, 4; Ausschussbericht, GG-Änd. GrSt, BT-Drs. 19/14157, 2.

der Tatsache, „dass es nicht nur Reformgewinner geben konnte“[145], wird die Verantwortung hierdurch verteilt.

Im Ergebnis sieht die Gesetzgebung trotz der verfassungsrechtlichen Vorgaben weiterhin Spielräume, eigene (ökonomische) Entscheidungen zu treffen. Wenngleich sie das bisherige Modell fortführt, erfolgt keine bloße Umsetzung der Entscheidung des BVerfG. Die Bildung ökonomischer Annahmen ist daher nicht von vornherein ausgeschlossen. Eine wesentliche Grenze ergibt sich aus den finanziellen Folgen der Reform. Eine Selbstbindung im Hinblick auf marktwirtschaftliche Regelungen oder ein Gebot, von einer Regelung abzusehen, findet sich hingegen nicht.

II. Gesetzgeberische Annahmen I: Diskussionen über Belastungsgründe und Modelle

Während das Ob der Grundsteuer, also die generelle Möglichkeit, eine Grundsteuer zu erheben, durch die ausdrückliche Nennung im Grundgesetz vorausgesetzt wird, erfordert das Wie, die innere Systematik, einen Belastungsgrund.[146] Die Frage nach dem Belastungsgrund der Grundsteuer nimmt in der parlamentarischen Debatte viel Raum ein. Hierbei dominieren Begrifflichkeiten des Steuer- und Verfassungsrechts die Diskussion, die in der Analyse eines kontextsensitiven Umgangs bedürfen.[147] Den hierbei entfalteten Argumentationslinien wird zunächst gefolgt. Allerdings werden durch diesen gesetzgeberischen Zugriff weitere ökonomische Fragen überlagert, wie im Anschluss gezeigt wird (dazu III.).

Im Zentrum der Diskussion um den Belastungsgrund stehen die Prinzipien der Leistungsfähigkeit und der Äquivalenz.[148] Da die Gesetzgebung am bestehenden Grundsteuermodell festhält, bleibt der Wert das entscheidende Kriterium im Zuge der Festsetzung der Grundsteuerwerte.[149] Die

---

145 *Krumm/Paeßens*, GrSt-Komm., 2. Aufl. 2025, S. VII, ähnlich Einleitung, Rn. 13; → hierzu insb. § 9 C. III.

146 → § 9 A. IV. 1.

147 Dies gilt namentlich für die mit dem Leistungsfähigkeitsgrundsatz verbundenen Argumente, → § 9 C. II. 1., 2.

148 Allg. *Freund*, Gerechte Grundsteuer, 2023.

149 Dies betont BM *Scholz* (SPD), Sten. Bericht der 107. Sitzung, 27.6.2019, BT-PlProt. 19/107, GrSt 2019, 13098B, als das „seit Ewigkeiten [...] typische Prinzip“. Das Ertragswertverfahren wird als wertorientiertes (*Cezanne* [Linke], ebd., 13104A, B; *Hilbers* [NI], Grundsteuerreform, Sten. Bericht der 980. Sitzung, 20.9.2019, BR-PlProt. 980/19, GrSt 2019, 371) bzw. wertabhängiges Modell bezeichnet (SPD, in: Ausschuss-

Bewertung von Grundstücken mit Wohnnutzung folgt damit weiterhin der „Systematik der Grundsteuer als Sollertragsteuer."[150] Da der Sollertrag der Grundrente der Eigentümerin zusteht, deutet das Ertragswertverfahren auf die Leistungsfähigkeit der Grundeigentümerinnen als Belastungsgrund hin (1.). Der Sollertrag orientiert sich dabei an einer (möglichst) ertragsbringenden Nutzung (2.), es zeigen sich mithin Verbindungen zum erwerbswirtschaftlichen Prinzip der Neoklassik.[151] Gleichzeitig ergibt sich durch die Annahme einer typischen Ertragsfähigkeit ein erster Zielkonflikt mit dem gesetzgeberischen Wunsch nach bezahlbaren Mieten. Und obwohl das Sollertragsmodell grundsätzlich auf dem Gedanken der Leistungsfähigkeit beruhen soll, finden sich daneben auch gesetzgeberische Verweise auf den Äquivalenzgedanken (3.), die wiederum einer auf Gerechtigkeitserwägungen beruhenden Kritik am Flächenmodell den Weg bereiten.

1. Potenzielle Leistungsfähigkeit der Eigentümerinnen

Die Grundsteuer wird ausdrücklich „ohne Berücksichtigung der jeweils persönlichen Verhältnisse und subjektiven Leistungsfähigkeit des Steuerschuldners" erhoben.[152] Stattdessen folgt die Grundsteuer einem (abstrakten) Leistungsfähigkeitsprinzip, indem an die „mit dem Grundbesitz vermittelte Möglichkeit einer ertragsbringenden Nutzung, die durch den

bericht, GG-Änd. GrSt, BT-Drs. 19/14157, 5; Linksfraktion, ebd., 8; Fraktion B90/Gr, ebd., 9; Ausschussbericht, GrStRefG, BT-Drs. 19/14158, 6, 9; Ausschussbericht, GrStGÄndG, BT-Drs. 19/14159, 6, 8, 9).

150 GesE CDU/CSU und SPD, GrStRefG, BT-Drs. 19/11085, 112. Für unbebaute sowie bebaute Grundstücke mit anderer Nutzung als Wohnnutzung werden eigene Berechnungsmethoden angewendet. → § 9 Fn. 101.

151 → § 4 A. I., III.

152 GesE CDU/CSU und SPD, GrStRefG, BT-Drs. 19/11085, 84. Auch BVerfG, Beschl. v. 18.2.2009 – 1 BvR 1334/07 = NJW 2009, 1868 (1868 f.); BFH, Beschl. v. 22.10.2014 – II R 16/13, Rn. 51. *Troll/Eisele*, GrStG-Komm., 12. Aufl. 2021, S. 17; *Krumm/Paeßens*, GrSt-Komm., 2. Aufl. 2025, Einleitung Rn. 132; eingehend *Freund*, Gerechte Grundsteuer, 2023, S. 123 ff. Konkret bedeutet dies, dass es keine subjektbezogenen Ausnahmen oder Erlasse von der Grundsteuer gibt, bspw. für kinderreiche Familien. Für den Erlass gelten lediglich §§ 33, 34 GrStG (bei wesentlicher, unverschuldeter Ertragsminderung) und als allgemeine Regel § 227 AO; *Seer*, in: Tipke/Lang, Steuerrecht, 24. Aufl. 2024, § 16 Grund-/Vermögenssteuer, Rn. 16.1.

Sollertrag widergespiegelt wird“[153], angeknüpft wird.[154] Diese Nutzungsmöglichkeit „vermittelt eine objektive Leistungsfähigkeit des Steuerschuldners.“[155] Dies gelte zwar „insbesondere“[156] für land- und forstwirtschaftlichen Grundbesitz.[157] Doch auch für die Grundsteuer B bilde die „durch die Erfassung der Gebäude [...] vermittelte objektive Leistungsfähigkeit“ eine wichtige Grundlage.[158]

Dabei zielt die Grundsteuer jedoch trotz der Ausgestaltung nach dem so genannten Ertragswertverfahren weiterhin auf die Besteuerung von Grund und Boden und nicht auf dessen Ertrag[159].[160] Das Ertragswertverfahren bedeutet mithin nicht, dass der Sollertrag besteuert wird, sondern dass er als „allgemein anerkannte Wertermittlungsmethode“[161] bei bebauten Grundstücken einen Faktor bei der Berechnung des Grundsteuerwerts bil-

153 GesE CDU/CSU und SPD, GrStRefG, BT-Drs. 19/11085, 84. Die unterstellte gewinnbringende Nutzung der Grundstücke wird sogleich (→ § 9 C. II. 2.) thematisiert.

154 Auch das BVerfG benannte 1983 als eine wesentliche Grundlage der Grundsteuer die „Ertragsfähigkeit des Grundbesitzes als einer möglichen Einnahmequelle“, BVerfGE 65, 325 <353> – *Zweitwohnungssteuer I* [1983]. Sie ziele „als Objektsteuer wirtschaftlich auf die durch den Besitz sogenannten fundierten Einkommens vermittelte Leistungskraft.“ Aufgebracht im Vorlagebeschluss des BFH, Beschl. v. 22.10.2014 – II R 16/13, Rn. 51, sowie durch BFH, Beschl. v. 27.5.2024, Az. II V 78/23, Rn. 30 m.V.a. die Gesetzesmaterialien; in der aktuellen Einheitswertentscheidung durch das BVerfG jedoch nicht thematisiert. Im Schrifttum wird dies (teilweise kritisch) als „Theorie des fundierten Eigentums“ oder auch „Fundustheorie“ verhandelt, anstelle vieler: *Freund*, Gerechte Grundsteuer, 2023, S. 124 f., 131; *Hey*, in: Tipke/Lang, Steuerrecht, 24. Aufl. 2024, § 3 Steuersystem und Steuerverfassungsrecht, Rn. 3.62 ff. Die Verbindung von Fundustheorie und Sollertrag wird teilweise auch als Engführung verstanden, da Leistungsfähigkeit bei Grundvermögen nicht erst aus den Erträgen stamme, vgl. so im GesE zum Zweiten Steuerreformgesetz, BT-Drs. 6/3418, 49; unterschiedlich nuanciert auch *T. Schmidt*, DStR 2020, 249 (251); *Difu/vhw*, Bodenpolitische Agenda 2020–2030, 2017, S. 21.

155 GesE CDU/CSU und SPD, GrStRefG, BT-Drs. 19/11085, 84. Affirmativ *Daldrup (SPD)*, Sten. Bericht der 119. Sitzung, 18.10.2019, BT-PlProt. 19/119, GrSt 2019, 14693C; kritisch AfD-Fraktion, Gemeindesteuerreform, BT-Drs. 19/11125, 2.

156 GesE CDU/CSU und SPD, GrStRefG, BT-Drs. 19/11085, 84.

157 Hierauf weist *Marx*, DStZ 2019, 372 (375 f.), hin.

158 GesE CDU/CSU und SPD, GrStRefG, BT-Drs. 19/11085, 84. Daher wird vorliegend, wie im Schrifttum üblich, keine strikte Trennung zwischen den Belastungsgründen von Grundsteuer A und B vorgenommen.

159 So wird bspw. bei der Vermietung von Wohnraum die Miete als Einkommen gem. § 21 EStG versteuert.

160 Auf diesem Missverständnis beruht wohl auch die Kritik, dass neben dem Ist- nun eben auch noch ein Soll-Ertrag besteuert werde. Zur Problematik bereits Sondervotum *Böckenförde*, BVerfGE 93, 121 <161 f.> – *Einheitswerte II* [1995].

161 GesE CDU/CSU und SPD, GrStRefG, BT-Drs. 19/11085, 112.

det.[162] Es geht somit nicht um die tatsächliche, wohl aber die potenzielle Leistungsfähigkeit der Grundstückseigentümerinnen.[163]

Dieser Ausgestaltung liegen, wie im Gesetzgebungsverfahren wiederholt betont wird, Gerechtigkeitserwägungen zugrunde.[164] Vereinzelt wird gar angenommen, dass die Gesetzgebung

> *„[n]ur durch den Wertbezug [...] sicherstellen [kann], dass Steuerpflichtige entsprechend ihrer Leistungsfähigkeit besteuert werden. Diese kommt in dem Wert ihres Grundstücks zum Ausdruck. Kurz gesagt, bezahlen Eigentümer von werthaltigen Grundstücken eine höhere Grundsteuer als Eigentümer von weniger werthaltigen Grundstücken. Diese Belastungsentscheidung ist sozial gerecht, realitätsnah und den Steuerpflichtigen gut zu vermitteln."*[165]

Diese Orientierung an einer (potenziellen) Leistungsfähigkeit entspricht zudem allgemeinen steuerrechtlichen Grundgedanken: Als gerecht werden typischerweise solche Regelungen empfunden, die an die subjektive bzw. faktische Leistungsfähigkeit der Steuersubjekte anknüpfen (bspw. die Einkommenssteuer).[166] Weiterhin lässt sich die gedankliche Verbindung von der Besteuerung des Sollertrags mit Gerechtigkeitsgründen konkret für die Grundsteuer auf das Ziel des historischen Gesetzgebers bei der Änderung des Bewertungsgesetzes 1963 zurückführen: Schon damals zielte die Gesetzgebung bei der Einführung des Ertragswertverfahrens darauf, „gesetzliche Normen zu schaffen, die geeignet sind, gleichmäßige, den Ver-

---

162 Vgl. parallel Sondervotum *Böckenförde*, BVerfGE 93, 121 <160> – *Einheitswerte II* [1995].

163 Vgl. weiter *Schmehl*, in: Wieland (Hrsg.), Kommunalsteuern und -abgaben, 2012, S. 249 (256).

164 Vgl. die Stellungnahmen der Fraktionen der SPD bzw. B90/Gr, in: Ausschussbericht, GG-Änd. GrSt, BT-Drs. 19/14157, 5, 9; Ausschussbericht, GrStRefG, BT-Drs. 19/14158, 6, 9; Ausschussbericht, GrStGÄndG, BT-Drs. 19/14159, 6, 9. Weiter Linksfraktion, Sozial gerechte Grundsteuer-Reform, BT-Drs. 19/7980, 3.

165 So die Erläuterung von *Strehl* (HB), Grundsteuerreform, Sten. Bericht der 980. Sitzung, 20.9.2019, BR-PlProt. 980/19, GrSt 2019, 411. Kritisch zu solchen Aussagen *Fuest/Immel/Meier/Neumeier*, ifo 2018, 1, wobei das Prinzip einer potenziellen Leistungsfähigkeit nicht beachtet wird.

166 Leistungsfähigkeit als „Fundamentalprinzip der Steuergerechtigkeit", *Hey*, Tipke/Lang, Steuerrecht, 24. Aufl. 2024, § 3 Steuersystem und Steuerverfassungsrecht, Rn. 3.40; oder „Meisternarrativ der Steuergerechtigkeit" bei *Freund*, Gerechte Grundsteuer, 2023, S. 111 ff.; *Schultewolter*, Reform des Gemeindefinanzsystems, 2018, S. 67 f.

kehrswerten nahekommende Einheitswerte als Grundlage für eine *gerechte* Besteuerung zu finden."[167]

2. Pauschalierte Werteinschätzung nach dem Grundstücksmarkt

Mit dem Ertragswertverfahren legt die Gesetzgebung den sich im Verkehrswert ausdrückenden „objektiviert-reale[n] Wert"[168] der Grundstücke den Berechnungen zugrunde.[169] Diese Methode eignet sich „insbesondere bei bebauten Grundstücken", weil bei diesen „der in der Regel zu erzielende Ertrag für die Werteinschätzung am Grundstücksmarkt im Vordergrund steht."[170] Die Bewertungsmethode folgt also den jeweiligen „Preisbildungsmechanismen am Grundstücksmarkt".[171] Eine solche „marktkonforme Wertermittlung"[172] bedeutet eine Orientierung am Boden- und Wohnungsmarkt. Deren ökonomischen Mechanismen werden politisch anerkannt und affirmiert.

Auch die ökonomische Annahme, „dass das Gebäude über die Zeit seiner unterstellten wirtschaftlichen Nutzungsdauer Reinerträge erwirtschaftet"[173], drückt sich in der Entscheidung für das Ertragswertverfahren aus. Daher wird bei der Berechnung auch der jeweils „marktüblich erzielbare[ ] Ertrag[ ]" bzw. der „in der Regel zu erzielende Ertrag" zugrunde gelegt.[174] Eine gewinnbringende Nutzung der Grundstücke wird unterstellt

167 Diese Verbindung wird auch über BVerfGE 148, 147 <151, Rn. 5; 187, Rn. 104> – *Einheitsbewertung* [2018], m.V.a. GesE zur Änderung des Bewertungsgesetzes 1963, BT-Drs. 4/1488, 31, hergestellt (Herv. d. Verf.).

168 GesE CDU/CSU und SPD, GrStRefG, BT-Drs. 19/11085, 112.

169 Vgl. GesE CDU/CSU und SPD, GrStRefG, BT-Drs. 19/11085, 85 f.; u.a. *Hilbers* (NI), Grundsteuerreform, Sten. Bericht der 980. Sitzung, 20.9.2019, BR-PlProt. 980/19, GrSt 2019, 371; BVerfGE 148, 147 <187 f., Rn. 104> – *Einheitsbewertung* [2018]. Vgl. auch die bodenpolitischen Ausführungen zum Zusammenhang von Grundrente und Verkehrswert, → § 9 A. I.; kritisch *Freund*, Gerechte Grundsteuer, 2023, S. 136 f.

170 GesE CDU/CSU und SPD, GrStRefG, BT-Drs. 19/11085, 112. Dies ergibt sich für Wohnnutzungen zudem aus einem Umkehrschluss zur Begründung für § 250 Abs. 3 BewG (ebd.), der für andere Nutzungen als Wohnnutzung ein typisiertes Sachwertverfahren vorsieht. Im Schrifttum *Schmehl*, in: Wieland (Hrsg.), Kommunalsteuern und -abgaben, 2012, S. 249 (261).

171 GesE CDU/CSU und SPD, GrStRefG, BT-Drs. 19/11085, 86, 110.

172 GesE CDU/CSU und SPD, GrStRefG, BT-Drs. 19/11085, 110. Auch bereits im GesE zur Änderung des Bewertungsgesetzes von 1963, BT-Drs. 4/1488, 31.

173 GesE CDU/CSU und SPD, GrStRefG, BT-Drs. 19/11085, 113.

174 GesE CDU/CSU und SPD, GrStRefG, BT-Drs. 19/11085, 112. Zum Unterschied sogleich.

und zugleich angeregt: Die Steuerpflichtigen sollen „zu einer ertragsbringenden Nutzung“ angehalten werden.[175] Dies wiederum korrespondiert mit dem ökonomischen Verständnis, demzufolge die marktwirtschaftliche Verteilung zur effizientesten Nutzung führt.[176] Gleichzeitig erscheint diese Bewertungsgrundlage nur sinnvoll, wenn die Grundsteuer durch die Eigentümerinnen getragen wird. Eine ertragsbringende Nutzung ist schließlich im Kontext der Wohnnutzung nur für Eigentümerinnen, nicht jedoch für Mieterinnen möglich.[177]

Da die Ermittlung der tatsächlichen Erträge jedoch schwierig und aufwendig ist, wird als der Rohertrag des Grundstücks „die nach den Verhältnissen zu Beginn des Erlasszeitraums geschätzte übliche Jahresmiete“ zugrunde gelegt.[178] Der Sollertrag wird also nicht für jedes Grundstück einzeln ermittelt, sondern nur „realitätsgerechte, statistisch ermittelte Erträge abgeleitet“.[179] Zugrunde gelegt wird mithin der *typische* Ertragswert des Grundstücks, also eine pauschalisierte Grundrente. Dies führt zu einer relativ stärkeren Belastung derjenigen Grundstücke, deren Mieten unterhalb des Marktüblichen liegen: Während überhöhte Mieten von einer relativ geringeren Grundsteuer profitieren, sind für Grundstücke mit unterdurchschnittlichen Mieten die höheren Werte maßgeblich.[180] Die Möglichkeit, durch Nachweis einer geringeren Miethöhe auch geringere Grundsteuer-

175 GesE CDU/CSU und SPD, GrStRefG, BT-Drs. 19/11085, 84.

176 → § 4 A. II., B. II.

177 Wohl aber beim selbstgenutzten Wohneigentum, wenn es um die „mit dem Grundbesitz vermittelte *Möglichkeit* einer ertragsbringenden Nutzung“ geht, GesE CDU/CSU und SPD, GrStRefG, BT-Drs. 19/11085, 84. Vgl. insofern auch die durch das BVerfG vorgenommene Abgrenzung der Grundsteuer von der Zweitwohnungssteuer, bei der der Steuerschuldner „Eigentümer, Mieter oder sonstiger Nutzungsberechtigter“ sein kann, BVerfGE 65, 325 <353> – *Zweitwohnungssteuer I* [1983]. Parallel im Kontext der Bodenwertsteuer *Hentschel*, in: Hentschel/Lohauß (Hrsg.), Wohnungsmärkte und Wohnungspolitik, 2019, S. 171 (262 f.).

178 § 34 Abs. 1 S. 3 GrStG; vgl. GesE CDU/CSU und SPD, GrStRefG, BT-Drs. 19/11085, 112, 115. Dadurch, dass der potenzielle Mieterertrag der Festsetzung der Grundsteuerwerte zugrunde liegt, ergibt sich das Missverständnis, dass der Ertrag neben der Besteuerung als Einkommen (§ 21 EStG) doppelt berücksichtigt wird (kritisch *Freund*, Gerechte Grundsteuer, 2023, S. 135 f.; dazu bereits oben → § 9 Fn. 160). Aus Mietersicht wiederum ergibt sich ein Zirkelschluss bzw. eine Spirale (→ § 9 C. III. 3.), da sich die an der Nettokaltmiete bemessene Grundsteuer i.d.R. wiederum in den Nebenkosten niederschlägt (zur Umlage → § 9 C. III.).

179 GesE CDU/CSU und SPD, GrStRefG, BT-Drs. 19/11085, 112.

180 Dies wird als Gerechtigkeitsproblem adressiert, CDU/CSU, in: Ausschussbericht, GG-Änd. GrSt, BT-Drs. 19/14157, 5; Ausschussbericht, GrStRefG, BT-Drs. 19/14158, 6; Ausschussbericht, GrStGÄndG, BT-Drs. 19/14159, 5. Kritisch zur „[s]ystema-

werte zu erreichen, wurde aufgrund des administrativen Aufwands von den Ländern abgelehnt.[181] Demgegenüber hat der Bundesfinanzhof im Jahr 2024 festgestellt, dass die § 218 ff. BewG verfassungskonform dahingehend ausgelegt werden müssen, dass wenn der Wert der wirtschaftlichen Einheit den pauschalierten Grundsteuerwert so deutlich unterschreitet, dass dieser sich als „erheblich über das normale Maß hinausgehend erweist", ein niedrigerer Wert nachgewiesen werden kann.[182]

Jedenfalls nach der ursprünglichen gesetzgeberischen Konzeption ergibt sich hinsichtlich vermieteter Einheiten ein Zielkonflikt: Es ist davon auszugehen, dass die Gesetzgebung zumindest in Gebieten mit angespannten Marktlagen aus sozialen Gründen nicht hohe, sondern niedrige Mieten fördern will.[183] Wenn bei der Grundsteuer nun der Sollertrag, mithin eine marktmäßige Verwertung, zugrunde gelegt wird, entspricht dies zwar dem neoklassischen Gedanken der Allokationseffizienz. Es führt aber dazu, dass unterdurchschnittliche Mieten mit einer an den Durchschnittswerten orientierten, relativ gesehen zu hohen Grundsteuer belegt werden. So benachteiligt das pauschalierte Ertragswertverfahren die Vermieterinnen, die niedrige Mieten verlangen bzw. erhöht die Nebenkosten ihrer Mieterinnen aufgrund der Orientierung an dem, was marktwirtschaftlich üblich und möglich wäre. Somit drücken sich die Konsequenzen einer neoklassischen Ausrichtung in polit-ökonomischen Zielkonflikten aus.

Dieser Widerspruch wird zwar nicht aufgehoben, aber dadurch relativiert, dass die Ermittlung der marktüblichen Erträge abweichend von der parallelen Vergleichsmietensystematik[184] erfolgt. Die für die Grundsteuer maßgebliche Jahresmiete wird angelehnt an die Miete, die für nach Art, Lage und Ausstattung vergleichbare Räume *regelmäßig gezahlt wird,* ermit-

---

tische[n] Unterbewertung hochwertiger Immobilien" auch *Hey*, ZG 2019, 297 (308 ff.).

181 Kritisch CDU/CSU, in: Ausschussbericht, GG-Änd. GrSt, BT-Drs. 19/14157, 5; Ausschussbericht, GrStRefG, BT-Drs. 19/14158, 6; Ausschussbericht, GrStGÄndG, BT-Drs. 19/14159, 5.

182 BFH, Beschl. v. 27.5.2024, Az. II V 78/23, insb. Rn. 31 ff. Da es sich bei der in Frage stehenden wirtschaftlichen Einheit um ein 1880 gebautes und seitdem nicht wesentlich renoviertes Einfamilienhaus handelte, dessen Wert zu hoch angesetzt wurde, ist die Übertragbarkeit der Entscheidung auf typische Mietshäuser mit unterdurchschnittlichen Mieten offen. Der BFH nimmt eine erhebliche Überschreitung über das normale Maß hinaus regelmäßig ab 40 % oder mehr an (ebd., Rn. 31).

183 Vgl. hierzu → § 8 C. I., IV. (für soziale Zielsetzungen), II. (für hohe Mieten als Anreiz).

184 § 558 Abs. 2 BGB; → § 8 A. I., C. III. 1.

telt (§ 34 Abs. 1 S. 4 GrStG). Die jeweiligen Werte können aus einer tabellarischen Anlage mit den „aus dem Mikrozensus des Statistischen Bundesamtes abgeleiteten durchschnittlichen Nettokaltmieten“ abgelesen werden.[185] Anders als bei der ortsüblichen Vergleichsmiete umfasst dies nicht nur neu vereinbarte Mieten. Somit liegt die vergleichbare Miete i.S.d. § 34 GrStG regelmäßig unter der ortsüblichen Vergleichsmiete, was zu relativ geringeren Grundsteuerwerten führen dürfte. Indem also keine Orientierung am „marktüblichen“, sondern am „in der Regel zu erzielenden Ertrag“ erfolgt, wird der Sollertragsgedanke systematisch begrenzt.[186]

Mit dem Ertragswertverfahren wird somit ein am marktwirtschaftlichen Verkehrswert orientiertes Verfahren gewählt. Dieser Verkehrswert beruht maßgeblich auf den „in der Regel zu erzielenden“[187] Erträgen, die den Eigentümerinnen aus der Nutzung zustehen. Diese potenzielle Leistungsfähigkeit führt dazu, dass die Gesetzgebung eine dem Wert entsprechende Besteuerung als gerecht ansieht. Der Entscheidung liegen somit neoklassische Kriterien – unterstellte gewinnbringende Nutzung, Leistungsfähigkeit als Zahlungsfähigkeit – und der polit-ökonomische Anspruch einer gerechten Besteuerung zugrunde. Wertvermittelnde externe Faktoren und die Besonderheiten des Bodenmarktes werden nicht ausdrücklich erwähnt.[188]

185 GesE CDU/CSU und SPD, GrStRefG, BT-Drs. 19/11085, 115, Anlage 39. Durch eine Differenzierung nach Grundstücksarten, Wohnflächengruppe, Baujahrgruppen und Mietniveaustufen soll typischerweise bestehenden Reinertragsunterschieden Rechnung getragen werden.

186 Dies wird im Kontext der Sorge um einen „Mietenturbo“ erneut relevant, → § 9 C. III. 1.

187 → § 9 Fn. 174.

188 Sie werden aber dadurch berücksichtigt, dass auch die Bodenwerte Eingang in die Berechnung finden (§§ 252 S. 1, 257 BewG). Insofern gelten die Vorteile einer Bodenwertsteuer, die gerade deshalb als mit „marktwirtschaftlichen Prinzipien kompatibel“ (*Difu/vhw*, Bodenpolitische Agenda 2020–2030, 2017, S. 21) bezeichnet wird, da sie diese externen Effekte einpreist (Bodenwerte und -erträge beruhen nicht auf Leistung der Eigentümerinnen, sondern der Allgemeinheit [durch Planung eingeräumte Vorteile, öffentliche Infrastruktur, Agglomerationsvorteile]), auch für das Grundsteuermodell des Bundes. An dieser Stelle zeigen sich auch erste Verbindungen zum Äquivalenzprinzip (ebd.; explizit auch *Hentschel*, in: Hentschel/Lohauß (Hrsg.), Wohnungsmärkte und Wohnungspolitik, 2019, S. 171 [173]).

3. Die Grundsteuer als Ausgleich für kommunale Leistungen

Trotz der Entscheidung für das Ertragswertverfahren nach dem Sollertragsgedanken möchte die Gesetzgebung „über die Erfassung des Grund und Bodens“ auch einen expliziten „Zusammenhang mit kommunalen Infrastrukturleistungen“ herstellen.[189] Dass diese „durch Beiträge und Gebühren nicht vollständig abgegolten werden können und dem Grundstückseigentümer zu Gute kommen“, wird als einer von „vielfältige[n] Zwecken[n]“ des gewählten Grundsteuermodells angeführt.[190] Auch andersherum, dem steuerlichen Fiskalzweck entsprechend, werde mithilfe der Grundsteuer erreicht, „dass vielfältige freiwillige Aufgaben einer Gemeinde finanziert werden, die der Allgemeinheit andernfalls regelmäßig nur mit Zuschüssen zur Verfügung gestellt werden können.“[191] Der Grundsteuer liegen somit sowohl Gedanken der Kosten- (Kosten für die Gemeinde) als auch der Nutzenäquivalenz (Nutzen für die Eigentümerinnen bzw. Bewohnerinnen) zugrunde.[192]

Da aber Leistungsfähigkeits- und Äquivalenzprinzip jeweils als Grundlage (politischer) Gegenmodelle verstanden werden, stößt der gesetzgeberische Verweis im Schrifttum auf Kritik.[193] Und auch im Gesetzgebungsverfahren wird der Äquivalenzansatz stark mit wertunabhängigen Flächenmodellen verbunden und dem Sollertragsmodell gegenüber gestellt: Die oppo-

---

189 GesE CDU/CSU und SPD, GrStRefG, BT-Drs. 19/11085, 84.

190 GesE CDU/CSU und SPD, GrStRefG, BT-Drs. 19/11085, 84.

191 GesE CDU/CSU und SPD, GrStRefG, BT-Drs. 19/11085, 84. Dort im Zusammenspiel als Argument für eine verbundene Grundsteuer, die Grund und Boden sowie die Gebäude bei der Steuerbemessung berücksichtigt.

192 Vgl. *Troll/Eisele*, GrStG-Komm., 12. Aufl. 2021, S. 18; eingehend *Freund*, Gerechte Grundsteuer, 2023, S. 139 ff., als Belastungsgrund des GrStRefG, S. 192 ff.; früh schon *Andreae*, in: Neumark/Andel/Haller (Hrsg.), Handbuch der Finanzwissenschaft, Bd. II, 1980, S. 576 (588 f.).

193 Das Sollertragsmodell wird allgemein mit dem Leistungsfähigkeitsprinzip, das Flächenmodell mit dem Äquivalenzprinzip verbunden; → § 9 A. IV. 1. *Seiler*, in: Dürig/Herzog/Scholz, GG-Komm., 105. EL 2024, Art. 105 Rn. 156 Fn. 7, kritisiert den gesetzgeberischen Bezug als widersprüchlich. Kritisch auch *Feldner/Stoklassa*, DStR 2019, 2505 (2508 f.). Keinen automatischen Konflikt sieht hingegen *Schmehl*, in: Wieland (Hrsg.), Kommunalsteuern und -abgaben, 2012, S. 249 (256).

sitionelle FDP-Fraktion[194] und zunächst auch die CDU/CSU-Fraktion[195] plädierten dafür, die Grundsteuer auf diese Weise auszugestalten. Die wertabhängige Ausgestaltung der Grundsteuer bei gleichzeitiger Nennung des Äquivalenzprinzips zeigt aber, dass jedenfalls die gesetzgebende Mehrheit davon ausgeht, beide Ansätze praktisch-politisch miteinander verbinden zu können.[196]

Dass die Diskussion um die verschiedenen Modelle überhaupt einen so beachtlichen Teil der parlamentarischen Debatte einnimmt, liegt daran, dass versucht wird, eine einheitliche, konsensfähige Regelung zu finden und Rechtszersplitterung zu vermeiden.[197] Der wertunabhängige, flächenbasierte Ansatz erfährt dabei eindrückliche Kritik. So werden wiederholt Beispiele für Verzerrungen vorgebracht:

> *„Dann wird auf 1 Quadratmeter Wohnfläche einer Villa am Starnberger See kaum mehr Grundsteuer entfallen als auf den einer Sozialwohnung in München. Da Bayern aber nicht auf Geld verzichten will, zahlt der*

---

194 Vgl. FDP, in: Ausschussempfehlung, Anträge Mieterentlastung, BT-Drs. 19/14118, 6; FDP-Fraktion, Flächenmodell, BT-Drs. 19/11144, 1, 3; *Toncar* (FDP), Sten. Bericht der 107. Sitzung, 27.6.2019, BT-PlProt. 19/107, GrSt 2019, 13102A, B. Bis zum Schluss lehnt die FDP-Fraktion das wertabhängige Bundesmodell ab (Sten. Bericht der 119. Sitzung, 18.10.2019, BT-PlProt. 19/119, GrSt 2019, 14711D). Der Grundgesetzänderung stimmten die FDP-Abgeordneten aber zu, vgl. das Ergebnis der namentlichen Abstimmung über GesE CDU/CSU und SPD, GG-Änd. GrSt, BT-Drs. 19/11084, im Sten. Bericht der 119. Sitzung, 18.10.2019, BT-PlProt. 19/119, GrSt 2019, 14708C ff.). Auch dies geschah aber unter Verweis auf das „Äquivalenzprinzip als Belastungsgrund der Grundsteuer, da man der Auffassung sei, dass die Grundsteuer erhoben werde, um damit Leistungen der Kommunen abzugelten" (FDP, in: Ausschussbericht, GG-Änd. GrSt, BT-Drs. 19/14157, 7; Ausschussbericht, GrStRefG, BT-Drs. 19/14158, 8; Ausschussbericht, GrStGÄndG, BT-Drs. 19/14159, 8). Diese Verbindung ist wohl auch darauf zurückzuführen, dass eine Ausgestaltung der Grundsteuer als Vermögenssteuer befürchtet wird, welche bereits grundsätzlich abgelehnt wird, vgl. einordnend *Schmehl*, in: Wieland (Hrsg.), Kommunalsteuern und -abgaben, 2012, S. 249 (254 f.).

195 CDU/CSU, in: Ausschussbericht, GG-Änd. GrSt, BT-Drs. 19/14157, 5; Ausschussbericht, GrStRefG, BT-Drs. 19/14158, 6; Ausschussbericht, GrStGÄndG, BT-Drs. 19/14159, 5.

196 In der Literatur wird bspw. vorgeschlagen, die Äquivalenzgedanken dem Belastungsgrund als Belastungs*zweck* vorzulagern oder alle Steuern als Ausdruck eines „Gedanken[s] einer globalen Äquivalenz" zu verstehen, *Krumm/Paeßens*, GrSt-Komm., 2. Aufl. 2025, Einleitung Rn. 18. Die Ansätze lassen sich aber auch auf andere Weise verbinden und jeweils umgekehrt rechtfertigen, siehe bereits → § 9 A. IV. 1.; § 9 Fn. 188; vgl. zudem *Freund*, Gerechte Grundsteuer, 2023, S. 161 f., kritisch S. 163 f.

197 GesE CDU/CSU und SPD, GrStRefG, BT-Drs. 19/11085, 89.

Sozialmieter relativ gesehen mehr und der Villenbesitzer relativ gesehen weniger.“[198]

Auch andersherum argumentiert sollen nicht „Villenbesitzer in einer begehrten Lage“ bessergestellt werden als Besitzerinnen einfacher Immobilien am Stadtrand.[199] So oder so bestehe bei derart pauschalisierten und vereinfachten Modellen wie dem Flächenmodell vielfach die Gefahr, „dass wertvolle Wohnungen weniger und einfache Wohnungen mehr besteuert werden.“[200] Insofern führen Gerechtigkeitsaspekte und ein struktureller Zugriff zu einer Bevorzugung des wertabhängigen, am Marktwert orientierten Modells.

Das Grundsteuerkonzept des Bundes folgt somit sowohl dem mit dem Sollertrag verbundenen Gedanken der Leistungsfähigkeit als auch dem Äquivalenzprinzip.[201] Dabei sprechen aus gesetzgeberischer Sicht Gerechtigkeitserwägungen für das Sollertragsmodell und gegen das Flächenmodell.[202] Wenn dennoch eine Verbindung von Grundsteuer und kommunaler Infrastruktur erfolgt, dann ausweislich der Gesetzesbegründung, weil sie

---

198 Insofern kritisch gegenüber diesem Modell *De Masi* (Linke), Sten. Bericht der 119. Sitzung, 18.10.2019, BT-PlProt. 19/119, GrSt 2019, 14699D; ähnlich zuvor *Cezanne* (Linke), Sten. Bericht der 107. Sitzung, 27.6.2019, BT-PlProt. 19/107, GrSt 2019, 13104A. Als Beispiel dient Bayern, da Bayern sich unbedingt für ein wertunabhängiges Flächenmodell eingesetzt hat. Die Länderöffnungsklausel als Kompromiss zwischen Bund und Ländern geht letztlich hierauf zurück. Dass sich gerade Bayern (und Hamburg) gegen ein Bodenwertmodell eingesetzt haben (bzw. dafür, dass die Grundsteuer keine finanziellen Verschiebungen im Zuge des Länderfinanzausgleichs nach sich zieht), liegt möglicherweise am dortigen hohen Bodenpreisniveau, *Difu/vhw*, Bodenpolitische Agenda 2020–2030, 2017, S. 22; bildlich *Fuest/Immel/Meier/Neumeier*, ifo 2018, 28.

199 *Daldrup* (SPD), Sten. Bericht der 119. Sitzung, 18.10.2019, BT-PlProt. 19/119, GrSt 2019, 14693C; ähnlich gefordert von *Schmidt* (B90/Gr), Sten. Bericht der 107. Sitzung, 27.6.2019, BT-PlProt. 19/107, GrSt 2019, 13104D; *Schmidt* (B90/Gr), Sten. Bericht der 119. Sitzung, 18.10.2019, BT-PlProt. 19/119, GrSt 2019, 14701A. Vgl. auch *Kriese/Löhr*, WuM 2018, 321 (325).

200 *Kollatz* (BE), Sten. Bericht der 980. Sitzung, 20.9.2019, BR-PlProt. 980/19, GrSt 2019, 370.

201 Vgl. u.a. *Seiler*, in: Dürig/Herzog/Scholz, GG-Komm., 105. EL 2024, Art. 105 Rn. 156 Fn. 7 m.V.a. RegE GrStRefG, BT-Drs. 19/11085, 84; *Troll/Eisele*, GrStG-Komm., 12. Aufl. 2021, S. 18.

202 Vgl. für das Ertragswertverfahren → § 9 C. II. 1. Unterstützend im Schrifttum *H. Zimmermann*, Wirtschaftsdienst 7/2019, 490 (491); *T. Schmidt*, DStR 2020, 249 (251 ff.).

„dem Grundstückseigentümer zu Gute" komme.[203] Dass die Gebäude entsprechend dem Sollertragsgedanken aufgrund der „dadurch vermittelte[n] objektive[n] Leistungsfähigkeit" zur Finanzierung erfasst werden,[204] steht jedoch im Widerspruch zur Möglichkeit, die Grundsteuer im Zuge der Nebenkostenabrechnung auf die Mieterinnen umzulegen.

III. Gesetzgeberische Annahmen II: Belastungswirkung zulasten der Mieterinnen

Die ökonomisch höchst relevante Frage, wer die Kosten der Grundsteuer letztendlich trägt, wird durch die Modelldiskussionen in Teilen überlagert. Das Bundesverfassungsgericht hatte in einer Entscheidung aus dem Jahr 2009 diesbezüglich zwar festgestellt, dass „[d]ie Grundsteuer [...] den Grundbesitz besteuern [soll] und [...] nicht auf Abwälzung auf den Wohnungsmieter hin angelegt [ist], unabhängig von der privatrechtlichen Zulässigkeit dieses Vorgangs."[205] Letzteres, also die Umlage auf die Mieterinnen, ist – seit 2004 mit ausdrücklicher Nennung in § 2 Nr. 1 BetrKV klargestellt –[206] möglich und gängig.[207]

---

203 GesE CDU/CSU und SPD, GrStRefG, BT-Drs. 19/11085, 84. Siehe oben, → § 9 Fn. 190.

204 GesE CDU/CSU und SPD, GrStRefG, BT-Drs. 19/11085, 84.

205 BVerfG, Beschl. v. 18.2.2009 – 1 BvR 1334/07 = NJW 2009, 1868 (1869, Rn. 9). Dazu *Freund*, Gerechte Grundsteuer, 2023, S. 128. Dagegen *Andreae*, in: Neumark/Andel/Haller (Hrsg.), Handbuch der Finanzwissenschaft, Bd. II, 1980, S. 576 (589): „Die Eigentümer sollen, soweit sie Wohnraum vermieten, die Lasten an die Mieter weitergeben."

206 Sie wird gesetzlich und auch im Schrifttum unter den „laufenden öffentlichen Lasten" hervorgehoben; u.a. *Gies*, in: T. Hannemann/Wiegner, MAH MietR, 5. Aufl. 2019, § 24 Betriebs- und Nebenkosten, Rn. 59–64. Daneben zählen hierzu die Realkirchensteuer und bspw. Deichabgaben, siehe *Callsen*, in: Lützenkirchen (Hrsg.), AH Mietrecht, 7. Aufl. 2025, S. 1717 Rn. L 28; *Saxinger*, in: Herlitz/Saxinger (Hrsg.), Hdb. soz. Wohnungsbau und MietR, 2019, Kap. 5 Rn. 416 f. Auch hierbei handelt es sich um Posten, die sowohl für die Mieterin als auch für die Vermieterin über das Äquivalenzprinzip begründet werden (können). Nicht umlagefähig sind hingegen Erschließungsbeiträge, die zu den Kapital- und Baukosten gerechnet werden.

207 *Troll/Eisele*, GrStG-Komm., 12. Aufl. 2021, S. 18; *Seiler*, in: Dürig/Herzog/Scholz, GG-Komm., 105. EL 2024, Art. 105 Rn. 156 Fn. 6; nach *Seer*, in: Tipke/Lang, Steuerrecht, 24. Aufl. 2024, § 16 Grund-/Vermögenssteuer, Rn. 16.2, handelt es sich daher praktisch um eine Einwohnersteuer. Ähnlich *Fuest/Immel/Meier/Neumeier*, ifo 2018, 1, denen zufolge im Ergebnis „nicht das Grundvermögen [...], sondern effektiv das Gut Wohnen" besteuert wird. Aus der Umlage entwickeln *Beck/Prinz*, Wirtschaftsdienst 5/2011, 339 (344), den Gedanken der kommunalen Wohnungssteuer.

An dieser Stelle schlägt das Äquivalenzprinzip also auf die gesetzliche Ausgestaltung und das gesetzgeberische Verständnis der Lastenverteilung durch. Zwar beschäftigt die Sorge vor den Auswirkungen der Grundsteuerreform auf die Mieterinnen die Gesetzgebung durchaus (1.). Unter anderem aufgrund des sonst befürchteten „Mietenturbo[s]“[208] wird das Grundsteuerniveau insgesamt beibehalten und Aufkommensneutralität postuliert.[209] An der Umlagefähigkeit der Grundsteuer wird jedoch trotz Kritik festgehalten (2.) und eine allgemeine Schutzwürdigkeit der Mieterinnen abgelehnt (3.). Hierdurch wird der Äquivalenzansatz dem Leistungsfähigkeitsprinzip an einer entscheidenden Stelle übergeordnet und die soziale Zwecksetzung durch die Gesetzgebung selbst konterkariert. Stattdessen wählt die Gesetzgebung, wie im Anschluss gezeigt wird, einen marktwirtschaftlichen Problemlösungsansatz (dazu IV.).

1. „Mietenturbo“ und Aufkommensneutralität

Die Auswirkungen der Grundsteuerreform auf die Mietpreise wird an verschiedenen Stellen der parlamentarischen Debatte, jeweils im Plenum, unter dem Stichwort „Mietenturbo“ diskutiert.[210] Grundlage hierfür ist die Kopplung von Grundsteuer und Miethöhe nach dem Sollertragsmodell: Als Sollertrag sind die Nettokaltmieten die Grundlage für die Bemessung der Grundsteuer. Daraus wird abgeleitet: „Dort, wo die Mieten hoch sind, werden sie durch dieses Gesetz weiter steigen. [...] Steigende Mieten führen zu steigender Grundsteuer“[211]. Noch tiefer taucht die Argumentation in den Zusammenhang ein, wenn sie die Folge besorgt, „dass dort, wo Bodenrichtwerte steigen, wo das Mietniveau steigt, also dort, wo die Lage auf dem

208 Dafür *Dürr* (FDP), Sten. Bericht der 119. Sitzung, 18.10.2019, BT-PlProt. 19/119, GrSt 2019, 14698A, B; dagegen *Daldrup* (SPD), ebd., 14694C. An anderer Stelle auch „Steuerturbo“, FDP-Fraktion, Flächenmodell, BT-Drs. 19/11144, 1; zudem ist die Rede von einem „gefährlichen und fortdauernden Erhöhungsautomatismus“ und einer „Grundsteuerexplosion“, *Michelbach* (CDU/CSU), Sten. Bericht der 119. Sitzung, 18.10.2019, BT-PlProt. 19/119, GrSt 2019, 14701D.

209 Schon in der ersten Berichterstattung wurden die Hürden der Reform wegen der Auswirkungen auf die Mietpreise thematisiert, vgl. *Gammelin*, Bund und Länder legen Eckpunkte für Grundsteuerreform fest, SZ v. 1.2.2019; *Krumm/Paeßens*, GrSt-Komm., 2. Aufl. 2025, S. VII, ähnlich Einleitung Rn. 13.

210 Für Nachweise siehe soeben → § 9 Fn. 208.

211 *Dürr* (FDP), Sten. Bericht der 119. Sitzung, 18.10.2019, BT-PlProt. 19/119, GrSt 2019, 14698A, B; FDP-Fraktion, Flächenmodell, BT-Drs. 19/11144, 1.

Wohnungsmarkt schon heute angespannt ist, die Grundsteuer automatisch besonders stark steigt."[212] Auffällig ist, dass die Sorge vor steigenden Mietpreisen vor allem angebracht wird, um statt des Sollertragsmodells das wertunabhängige Flächenmodell und die Länderöffnungsklausel voranzubringen.[213]

Im Zuge des Bundesgrundsteuergesetzes wird das „Mietenturbo"-Problem dadurch adressiert, dass das Grundsteuerniveau insgesamt beibehalten wird.[214] Der Zielkonflikt zwischen der Erhebung der Grundsteuer zugunsten der Kommunalfinanzen und der Mietbelastung wird zunächst explizit angesprochen.[215] Die Sicherung bezahlbaren Wohnraums überwiegt dabei als höherrangige Zielsetzung.[216] Das gilt zumindest, solange die Einnahmen der Kommunen gesichert werden können.[217] Ziel sei „eben nicht, möglichst hohe Steuern zu erheben".[218] Daraus folge auch, „dass sich die großen Wertsteigerungen der letzten Jahrzehnte nicht in der Grundsteuer niederschlagen [...]."[219] Anders formuliert sinkt die am Grundstückswert gemessene relative Grundsteuerbelastung. Nicht ausgeschlossen werden jedoch „Belas-

212 *Toncar (FDP)*, Sten. Bericht der 107. Sitzung, 27.6.2019, BT-PlProt. 19/107, GrSt 2019, 13102C; ebenfalls mit Blick auf Lagen mit angespanntem Wohnungsmarkt *Michelbach* (CDU/CSU), Sten. Bericht der 119. Sitzung, 18.10.2019, BT-PlProt. 19/119, GrSt 2019, 14701D. Die Berücksichtigung der Bodenrichtwerte, welche von den Renditeerwartungen abhängen, verbindet Wohnungs- und Bodenmarkt.

213 Vgl. *Michelbach* (CDU/CSU), Sten. Bericht der 119. Sitzung, 18.10.2019, BT-PlProt. 19/119, GrSt 2019, 14701D; weniger explizit *Toncar (FDP)*, Sten. Bericht der 107. Sitzung, 27.6.2019, BT-PlProt. 19/107, GrSt 2019, 13102C. Im Zuge der Diskussion um die Umlage findet sich dieser Begriff nicht derart dominant.

214 Wiederholt wird die Aufkommensneutralität betont, u.a. GesE CDU/CSU und SPD, GrStRefG, BT-Drs. 19/11085, 1, 80, 83; Ausschussbericht, GrStRefG, BT-Drs. 19/14158, 2, 3; BM *Scholz*, Sten. Bericht der 107. Sitzung, 27.6.2019, BT-PlProt. 19/107, GrSt 2019, 13098D; *Daldrup* (SPD), Sten. Bericht der 119. Sitzung, 18.10.2019, BT-PlProt. 19/119, GrSt 2019, 14693B; *Haase* (CDU/CSU), ebd., 14707B, C. Umgesetzt wurde dies maßgeblich, indem die Steuermesszahl von 3,5 ‰ auf 0,34 ‰ (für Wohnraum) abgesenkt wurde, *P. Lange*, Staatliche Wohnraumvorsorge, 2023, S. 337.

215 *Jung* (CDU/CSU), Sten. Bericht der 119. Sitzung, 18.10.2019, BT-PlProt. 19/119, GrSt 2019, 14697B.

216 Mit dieser Wertung („Dem muss sich die Grundsteuerreform unterordnen.") *Jung* (CDU/CSU), Sten. Bericht der 119. Sitzung, 18.10.2019, BT-PlProt. 19/119, GrSt 2019, 14697A, B.

217 Vgl. *Jung* (CDU/CSU), Sten. Bericht der 119. Sitzung, 18.10.2019, BT-PlProt. 19/119, GrSt 2019, 14697B.

218 *Jung* (CDU/CSU), Sten. Bericht der 119. Sitzung, 18.10.2019, BT-PlProt. 19/119, GrSt 2019, 14697B.

219 Positiv BM *Scholz* (SPD), Sten. Bericht der 107. Sitzung, 27.6.2019, BT-PlProt. 19/107, GrSt 2019, 13098D; *Haase* (CDU/CSU), ebd., 13111D.

tungsverschiebungen zwischen den einzelnen Steuerobjekten".[220] Gleichzeitig sei das, was als Belastungsverschiebung wahrgenommen werde, nur die Auflösung von Wertverzerrungen als „Ergebnis einer jahrzehntelangen Aussetzung der Hauptfeststellung."[221] Des Weiteren werde zur Vermeidung steigender Mieten auf Listen- statt auf die realen Nettokaltmieten zurückgegriffen.[222] Es wird somit explizit von der Marktmiete abgewichen. Auch dies führt jedoch zu Gerechtigkeitsproblemen und löst den Zielkonflikt nicht auf.[223]

2. Umlage auf Mieterinnen als Fortführung des Äquivalenzansatzes

Die naheliegende gesetzgeberische Reaktion auf die befürchteten Mietpreissteigerungen, nämlich die Umlagefähigkeit abzuschaffen, findet demgegenüber trotz mehrerer Anträge keine Mehrheit.[224] Gleichzeitig lehnte eine Mehrheit der Fraktionen einen Entschließungsantrag der FDP-Fraktion ab, der ein ausdrückliches Bekenntnis zur Umlagefähigkeit forderte.[225] Bemerkenswert an diesem Antrag ist, dass die FDP-Fraktion das Ziel verfolgte, einen Satz aus dem Referentenentwurf, der im Zuge der Ressortabstimmung gestrichen worden war, wieder in die Gesetzes*begründung* aufzunehmen:

> *„Da diese Leistungen nicht nur dem Grundstückseigentümer zu Gute kommen, erfasst die Grundsteuer sachgerecht durch ihre Umlagefähigkeit*

---

220 GesE CDU/CSU und SPD, GrStRefG, BT-Drs. 19/11085, 83.

221 GesE CDU/CSU und SPD, GrStRefG, BT-Drs. 19/11085, 83. Vgl. im Zuge der Diskussion einer reinen Bodenwertsteuer *Difu/vhw*, Bodenpolitische Agenda 2020–2030, 2017, S. 21 f.; → § 9 A. III.

222 BM *Scholz* (SPD), Sten. Bericht der 107. Sitzung, 27.6.2019, BT-PlProt. 19/107, GrSt 2019, 13098D; *Jung* (CDU/CSU), Sten. Bericht der 119. Sitzung, 18.10.2019, BT-PlProt. 19/119, GrSt 2019, 14697B. Hierzu bereits → § 9 C. II. 2.

223 → § 9 C. II. 2.

224 Antrag Land Berlin, Mieter-Grundsteuer-Entlastungsgesetz, BR-Drs. 434/19; Sten. Bericht der 980. Sitzung, 20.9.2019, BR-PlProt. 980/19, GrSt 2019, 324 f.; weiter verschiedene Anträge der Fraktionen Die Linke und Bündnis 90/Die Grünen, siehe § 9 Fn. 120. Die SPD begrüßte das Anliegen zwar, konnte sich aber koalitionsintern nicht durchsetzen und stimmte daher dagegen, SPD, in: Ausschussempfehlung, Anträge Mieterentlastung, BT-Drs. 19/14118, 6.

225 Entschließungsantrag FDP-Fraktion, in: Ausschussbericht, GrStRefG, BT-Drs. 19/14158, 14 f. Vgl. zudem die Position der FDP-Fraktion in Ausschussbericht, GG-Änd. GrSt, BT-Drs. 19/14157, 8; Ausschussbericht, GrStRefG, BT-Drs. 19/14158, 8; Ausschussbericht, GrStGÄndG, BT-Drs. 19/14159, 8.

alle Einwohner und ist geeignet, die Bindung der Bevölkerung an die Gemeinde zu stärken".[226]

Dies zeigt, dass die Umlagefähigkeit als (konsequente) Fortführung des Äquivalenzprinzips begriffen wird: Nicht mehr der Grundbesitz bzw. das Grundeigentum wird besteuert,[227] sondern wer von den kommunalen Leistungen profitiert, wird am finanziellen Ausgleich beteiligt.[228] Auch in der CDU/CSU-Fraktion wurde dieser Ansatz geteilt. Zwar lehnte sie den Antrag der FDP-Fraktion ab, stimmte inhaltlich aber weitgehend zu:

> *„Es geht darum, dass die Bürgerinnen und Bürger für die Inanspruchnahme von Infrastrukturleistungen einen Beitrag über ihre Gebühren und Beiträge leisten. Wenn es aber so ist, dass es um die Inanspruchnahme durch die Mieterinnen und Mieter geht, dann ist es auch folgerichtig, dass die Mieterinnen und Mieter die Grundsteuer zu tragen haben, dass die Umlagefähigkeit bleiben muss.*"[229]

Da die Umlagefähigkeit erhalten bleibt, ist das Abstimmungsergebnis über den Entschließungsantrag nicht entscheidend. Interessant ist jedoch das der Umlage zugrunde liegende, für die Mieterinnen nachteilige Verständnis der *Nutzen*äquivalenz: Nicht die wertbildenden Faktoren der Kommunalleistungen interessieren, lediglich der unmittelbare Nutzen.[230]

---

226 Entschließungsantrag FDP-Fraktion, in: Ausschussbericht, GrStRefG, BT-Drs. 19/14158, 14; *BMF*, Referentenentwurf eines Gesetzes zur Reform des Grundsteuer- und Bewertungsrechts (Grundsteuer-Reformgesetz – GrStRG), Bearbeitungsstand 3.4.2019, S. 90, https://www.nwb-experten-blog.de/wp-content/uploads/2019/04/eNorm_RefEntw_BewG_und_GrStG_20190404.pdf. Hierbei handelt es sich um eine vorläufige Version, die nicht dem durch das BMF bereitgestellten Referentenentwurf entspricht (für diese Dokumentation vgl. *BMF*, Referentenentwurf eines Gesetzes zur Reform des Grundsteuer- und Bewertungsrechts [Grundsteuer-Reformgesetz – GrStRefG] v. 21.6.2019, https://www.bundesfinanzministerium.de/Content/DE/Gesetzestexte/Gesetze_Gesetzesvorhaben/Abteilungen/Abteilung_IV/19_Legislaturperiode/Gesetze_Verordnungen/2019-12-02-Grundsteuer-Reformgesetz-GrStRG/1-Referentenentwurf.html. Bereits im konsolidierten Referentenentwurf fehlt die entsprechende Passage.

227 So noch ausdrücklich BVerfG, Beschl. v. 18.2.2009 – 1 BvR 1334/07 = NJW 2009, 1868 (1869, Rn. 9); siehe oben bei → § 9 Fn. 205.

228 Begr. zum Entschließungsantrag FDP-Fraktion, in: Ausschussbericht, GrStRefG, BT-Drs. 19/14158, 14.

229 *Güntzler* (CDU/CSU), Sten. Bericht der 119. Sitzung, 18.10.2019, BT-PlProt. 19/119, GrSt 2019, 14705C.

230 Ausdrücklich für dieses Verständnis AfD, in: Ausschussempfehlung, Anträge Mieterentlastung, BT-Drs. 19/14118, 5; *Kirchhof*, Der Belastungsgrund von Steuern, Gut-

3. (Wert-)Vorteile, Schutzbedürftigkeit und Marktwirtschaft

Dieser in Wertsteigerungen ausgedrückte Nutzen für die Grundeigentümerinnen wird – anders als durch die Befürworterinnen der Umlage – durch die Kritikerinnen der Umlage hervorgehoben: Wertsteigerungen aufgrund von mithilfe der Grundsteuer bezahlter kommunaler Infrastruktur kommen schließlich den Eigentümerinnen und Eigentümern zugute.[231] Dies gelte auch unmittelbar, da die Infrastruktur die „zu erzielende Miethöhe" beeinflusse.[232] Insofern werden hinsichtlich der bestehenden Rechtslage drei für die Eigentümerinnen vorteilhafte Faktoren ausgemacht: Sowohl der Wert ihrer Immobilien als auch ihre Mieteinnahmen steigen, während sie gleichzeitig nicht durch die Grundsteuer belastet werden. Stattdessen können sie diese „mit dem Eigentum verbundene[ ] Last der Grundsteuer auf die Mieterinnen und Mieter" umlegen.[233] Für die Mieterinnen und Mieter hingegen ist dies doppelt nachteilig: Mit einem höheren Wert der Immobilien steigen ihre Mieten und erhöhen so – aufgrund des Ertragswertverfahrens – die Grundsteuer, welche wiederum über die Nebenkosten umgelegt wird.[234] Diesem Verständnis der Gemengelage entsprechend wird die Abschaffung der Umlage mit sozialen Argumenten begründet. Die Mieterinnen und Mieter werden „als schwächste Teilnehmer am Immobilienmarkt" bezeichnet.[235] Sie seien in den Ballungsgebieten bereits durch Verdrängung bedroht und die Nebenkostenabrechnung entwickle sich zu-

achten im Auftrag des ZIA e.V., 2020, S. 29: Nutzen i.S.v. Nutzbarkeit „zuvörderst und unmittelbar" für die Mieter.

231 GesE B90/Gr, Mieter-Grundsteuer-Entlastungsgesetz, BT-Drs. 19/8827, 5; *Kollatz* (BE), Sten. Bericht der 980. Sitzung, 20.9.2019, BR-PlProt. 980/19, GrSt 2019, 342 f.; *De Masi* (Linke), Sten. Bericht der 119. Sitzung, 18.10.2019, BT-PlProt. 19/119, GrSt 2019, 14699A.

232 GesE B90/Gr, Mieter-Grundsteuer-Entlastungsgesetz, BT-Drs. 19/8827, 5.

233 Die Linke, in: Ausschussempfehlung, Anträge Mieterentlastung, BT-Drs. 19/14118, 6; ähnlich *Schmidt* (B90/Gr), Sten. Bericht der 119. Sitzung, 18.10.2019, BT-PlProt. 19/119, GrSt 2019, 14700C.

234 *De Masi* (Linke), Sten. Bericht der 119. Sitzung, 18.10.2019, BT-PlProt. 19/119, GrSt 2019, 14699B. Vgl. die zweifache Belastung bei *Kriese/Löhr*, WuM 2018, 321 (323), die diese darin sehen, dass die Mieterinnen die Grundsteuer sowie durch ihre weiteren Steuern und Abgaben die öffentlichen Leistungen und somit eine weitere Aufwertung des Grundeigentums bezahlen.

235 *Cezanne* (Linke), Sten. Bericht der 107. Sitzung, 27.6.2019, BT-PlProt. 19/107, GrSt 2019, 13103C, D.

nehmend zu einer Zweitmiete.[236] Die regelmäßige Umlage der Grundsteuer sei ein „relevanter Kostenfaktor" für die Mieterinnen und Mieter.[237] Es müsse daher „politisch alles Nötige unternommen werden [...], um den starken Anstieg der Mieten in den Ballungsräumen einzudämmen."[238] Durch die Abschaffung der Umlage könnten die Mieterinnen und Mieter geschützt und entlastet werden.[239] Dies verhindere zudem weitere Vermögenskonzentration[240] und entspreche dem Verfassungsgrundsatz „Eigentum verpflichtet"[241].

Diese Argumentation setzte sich jedoch nicht durch; an der Umlage wird festgehalten.[242] Ihr wird entgegengebracht, dass Mieterinnen und Mieter nicht generell schutzbedürftig seien.[243] Im Gegenteil werden die Vermieterinnen und Vermieter als schutzbedürftig angesehen, da 43 % der Mietwohnungen Privatpersonen gehörten[244] und die Vermietung häufig der Altersvorsorge diene[245]. Die Abschaffung der Umlage würde zudem zu keinem Vorteil für die Mieterinnen und Mieter führen, da „jeder wirtschaftlich denkende Vermieter versuchen werde, die ihm entstandenen Mehrkosten auf die Nettokaltmiete umzulegen."[246] Hierdurch würden die ortsüblichen Vergleichsmieten weiter steigen, was weitere Mieterhöhungen im Bestand

236 B90/Gr, in: Ausschussempfehlung, Anträge Mieterentlastung, BT-Drs. 19/14118, 5. Zur Gentrifizierung als stadtsoziologisch relevantem Phänomen → § 5 B. I. 2. b.

237 GesE B90/Gr, Mieter-Grundsteuer-Entlastungsgesetz, BT-Drs. 19/8827, 1; → § 9 Fn. 6.

238 Linksfraktion, in: Ausschussempfehlung, Anträge Mieterentlastung, BT-Drs. 19/14118, 5.

239 GesE B90/Gr, Mieter-Grundsteuer-Entlastungsgesetz, BT-Drs. 19/8827, 1; Linksfraktion, Grundsteuer nicht länger auf Mieterinnen und Mieter umlegen, BT-Drs. 19/8358, 1. Bei B90/Gr, in: Ausschussempfehlung, Anträge Mieterentlastung, BT-Drs. 19/14118, 5, auch: „Stärkung der Mieterinnen und Mieter".

240 *Kollatz* (BE), Sten. Bericht der 980. Sitzung, 20.9.2019, BR-PlProt. 980/19, GrSt 2019, 342. Auch an dieser Stelle scheinen polit-ökonomische Argumente durch, → § 5 A. I. Vgl. auch *Seiler*, in: Dürig/Herzog/Scholz, GG-Komm., 105. EL 2024, Art. 106 Rn. 172 Fn. 6, wonach „die Angemessenheit auch mit Blick auf die faktisch belastete Einkommensverwendung zu wahren" sei.

241 GesE B90/Gr, Mieter-Grundsteuer-Entlastungsgesetz, BT-Drs. 19/8827, 1.

242 *Jung* (CDU/CSU), Sten. Bericht der 119. Sitzung, 18.10.2019, BT-PlProt. 19/119, GrSt 2019, 14697A, B: „Gott sei Dank".

243 AfD, in: Ausschussempfehlung, Anträge Mieterentlastung, BT-Drs. 19/14118, 5.

244 CDU/CSU, in: Ausschussempfehlung, Anträge Mieterentlastung, BT-Drs. 19/14118, 5.

245 AfD, in: Ausschussempfehlung, Anträge Mieterentlastung, BT-Drs. 19/14118, 5.

246 CDU/CSU, in: Ausschussempfehlung, Anträge Mieterentlastung, BT-Drs. 19/14118, 5.

ermöglichen würde.[247] Zudem würden sich Vermieterinnen und Vermieter im ländlichen Raum aufgrund „vermieterunfreundliche[n] Mietrecht[s]“ bereits dafür entscheiden, von einer Vermietung absehen.[248] Dies verschärfe die Situation auf den Wohnungsmärkten weiter und führe zu Folgeregulierung und weiteren Mietpreisbegrenzungen, was jedoch abzulehnen sei.[249] Stattdessen sei „[d]ie Marktwirtschaft [...] die bessere Antwort, insbesondere am Wohnungsmarkt.“[250] So zeigt sich, dass auch diese auf soziale Fragen zielende Argumentation marktwirtschaftlichen Denklogiken unterliegt. Vermieterinnen werden als kalkulierende *Homines Oeconomici* konstruiert. Niedrige Mieten werden als negative Investitionsanreize begriffen, die zu weniger Angebot und somit steigenden Mieten führen. Stattdessen werden eine zurückhaltende Mietenregulierung und ein ungestört wirkender Preismechanismus als bester Lösungsansatz angesehen. Weitere Faktoren für hohe Mieten und ihre unmittelbaren sozialen Folgen werden nicht berücksichtigt, dafür jedoch auf die Wirksamkeit des Marktes vertraut.

Nachdem sich die Bundesgesetzgebung bei der Grundsteuerreform für ein auf dem Leistungsfähigkeitsprinzip beruhendes Sollertragsmodell entschieden hat, schlagen Marktdenken und Äquivalenzprinzip also an entscheidender Stelle durch und begründen die weiterhin vorgesehene Umlagefähigkeit der Grundsteuer auf die Mieterinnen. Trotz befürchteter Mietpreissteigerungen werden die Mieterinnen von keiner gesetzgeberischen Mehrheit als gegenüber den Eigentümerinnen oder allgemein vor den Belastungen durch die Grundsteuer schutzwürdig angesehen. Dabei ist diese Ausgestaltung durchaus widersprüchlich, wird mit der Grundkonzeption doch auf eine dem Grundbesitz inhärente Möglichkeit zur „ertragsbringenden Nutzung“[251] verwiesen, die im Kontext der Wohnnutzung grundsätzlich nur Eigentümerinnen, nicht jedoch Mieterinnen möglich ist.[252] Diese wesentlichen ökonomischen Folgen gehen in der allgemeinen Diskussion über die Grundsteuermodelle jedoch ebenso wie das Ergebnis, dass die

247 CDU/CSU, in: Ausschussempfehlung, Anträge Mieterentlastung, BT-Drs. 19/14118, 5.

248 CDU/CSU, in: Ausschussempfehlung, Anträge Mieterentlastung, BT-Drs. 19/14118, 5.

249 CDU/CSU, in: Ausschussempfehlung, Anträge Mieterentlastung, BT-Drs. 19/14118, 5.

250 *Dürr* (FDP), Sten. Bericht der 119. Sitzung, 18.10.2019, BT-PlProt. 19/119, GrSt 2019, 14698D.

251 GesE CDU/CSU und SPD, GrStRefG, BT-Drs. 19/11085, 84.

252 → § 9 Fn. 177.

Grundsteuerreform vermietende Eigentümerinnen aufgrund der Umlage finanziell gar nicht betrifft, weitgehend unter.

IV. Gesetzgeberische Annahmen III: Sozialer Anspruch unter marktwirtschaftlichem Mantel

Der in der Argumentation zugunsten der Umlage angedeutete marktwirtschaftliche Lösungsansatz schlägt sich auch an anderer Stelle in den Gesetzesmaterialien nieder. Denn anstatt die Umlagefähigkeit anzufassen, sollen soziale Zielsetzungen über marktwirtschaftliche Anreize verfolgt werden. Auf diese sozial-marktwirtschaftlichen Erwägungen gehen zum einen verschiedene Ausnahmen von der Grundsteuer zurück (1.). Zum anderen sollen niedrigere oder zumindest stabilisierte Mieten erreicht werden, indem mittels eines speziellen Hebesatzrechts bebaubare Grundstücke der Bebauung zugeführt werden (2.).[253] In diesem Sinne wird die Grundsteuer nicht nur als Faktor begriffen, der sich problematisch auf die Mieterschaft auswirken kann, sondern auch im Kampf gegen steigende Mieten mobilisiert. Dabei berücksichtigt die Gesetzgebung zwar auch strukturelle und städtebauliche Entwicklungen. Sowohl dem besonderen Hebesatzrecht als auch den Grundsteuerreduktionen liegt aber erneut das marktwirtschaftliche Verständnis zugrunde, durch finanzielle Anreize mehr Neubau, auf diese Weise mehr Angebot und somit Entspannung auf den Wohnungsmärkten herbeizuführen.[254]

1. Grundsteuerreduzierungen aus sozialen Gründen

Ausdrücklich soziale Zielsetzungen werden durch die Grundsteuerreduzierungen gem. § 15 Abs. 2–4 GrStG verfolgt. Demnach können die Steuermesszahlen bei gefördertem, gemeinnützigem oder kommunalem Wohnraum um 25 % ermäßigt werden. Unter anderem sozialer Wohnungsbau profitiert also von reduzierten Steuertarifen. Hintergrund der Regelung ist ausweislich der Gesetzesbegründung, dass das Wohnen „ein existenzi-

---

253 An dieser Stelle zeigt sich der Konnex von Grundsteuer und bodenpolitischen Debatten besonders deutlich: Das Stichwort der Baulandmobilisierung verbindet die Grundsteuer mit dem Städtebau- bzw. Bauplanungsrecht. Weiter *Burgi*, NVwZ 2020, 257 (259); *Burgi*, NJW 2022, 2726 (2727).

254 Vgl. schon → § 4 B. III.; § 8 C. II.

elles Grundbedürfnis“ sei.[255] Die „Schaffung und Verfügbarmachung von ausreichendem Wohnraum“ sei daher ein „überragende[r] Gemeinwohlbelang“.[256]

Bei der Ausgestaltung werde im Sinne „zielgenauer und normenklarer steuerlicher Verschonungsregelungen“ auf eine „bereits im außersteuerrechtlichen Bereich“ erfolgte „Konkretisierung der Wohnraumförderwürdigkeit“ zurückgegriffen.[257] Diese Wertungen wirken also in die Grundsteuer hinein und sollen eine marktwirtschaftliche Lenkungswirkung entfalten. Denn dass über die Ermäßigungen die Grundsteuer und somit die Nebenkostenbelastung für die Mieterinnen gesenkt werden sollen, es sich also um eine individuell mieterschützende Regelung handeln könnte, drückt sich in den Gesetzesmaterialien an keiner Stelle aus. Wohl aber sollen über die Steuervergünstigungen „zusätzlich Investitionsanreize zur Schaffung von Wohnraum gesetzt werden und zielgenau die Bau- und Wohnungswirtschaft in denjenigen Fällen positiv beeinflussen, bei denen die günstige Versorgung der Bevölkerung mit Wohnraum Hauptzweck ist.“[258] Nach der so verdeutlichten Zielrichtung dieser reduzierten Grundsteuertarife spielt das neoklassische Motiv finanzieller Anreize eine Rolle. Es soll jedoch nicht pauschal Wohnungsbau angereizt werden, sondern es sollen gezielt diejenigen Akteurinnen gefördert werden, die günstigen Wohnraum zur Verfügung stellen.[259] Angesichts der Umlagefähigkeit offenbaren sich jedoch ökonomische Widersprüche: Geht man – auch für Unternehmen des sozialen Wohnungsbaus naheliegend – davon aus, dass die Grundsteuer auf die Mieterinnen umgelegt wird, entfallen die Anreiz- bzw. Lenkungswirkung.[260]

---

255 GesE CDU/CSU und SPD, GrStRefG, BT-Drs. 19/11085, 123; *P. Lange*, Staatliche Wohnraumvorsorge, 2023, S. 338; → § 5 A. II. 2., B. I.

256 GesE CDU/CSU und SPD, GrStRefG, BT-Drs. 19/11085, 123.

257 GesE CDU/CSU und SPD, GrStRefG, BT-Drs. 19/11085, 124.

258 GesE CDU/CSU und SPD, GrStRefG, BT-Drs. 19/11085, 124; *P. Lange*, Staatliche Wohnraumvorsorge, 2023, S. 338.

259 Linksfraktion, Sozial gerechte Grundsteuer-Reform, BT-Drs. 19/7980, 1, fordert, nicht-profitorientierte Wohnungsunternehmen ganz von der Grundsteuer zu befreien. Zur Bedeutung eines nicht-gewinnorientierten Sektors für das korporatistische Modell → § 5 A. II. 2., B. II. 4.

260 Stattdessen profitieren die Mieterinnen von der reduzierten Grundsteuer. Irritiert daher auch *Krumm/Paeßens*, GrSt-Komm., 2. Aufl. 2025, § 15 Rn. 14a; zum Grundsatz, dass Grundsteuervergünstigungen an die Mieterinnen weiterzugeben sind, *Callsen*, in: Lützenkirchen (Hrsg.), AH Mietrecht, 7. Aufl. 2025, S. 1717 Rn. L 27.

2. Baulandmobilisierung: Anreize zum Wohnungsbau

Pauschal soll Wohnungsbau hingegen mit der breit getragenen Wiedereinführung der Grundsteuer C angereizt werden.[261] Hiermit greift die Gesetzgebung den Gedanken der Baulandsteuer wieder auf, die in den 1960er Jahren zwischenzeitlich erhoben wurde.[262] Schon damals wurden mit dem Ziel, Spekulation mit unbebauten Grundstücken zu unterbinden und mehr Grundstücke zur Bebauung zur Verfügung zu stellen, erhöhte Steuermesszahlen und Hebesätze für unbebaute baureife Grundstücke eingeführt.[263] Diese Ausgestaltung gilt ihrer Zeit entsprechend als mit sozial-marktwirtschaftlichen Grundsätzen konform.[264] Mit der Grundsteuer C leben diese Gedanken neu auf. Mit dem neuen § 25 Abs. 5 GrStG wird den Gemeinden ein gesondertes Hebesatzrecht für baureife Grundstücke erteilt. Ziel ist erneut, dass Grundstücke bebaut werden, die bisher aus teilweise spekulativen Gründen zurückgehalten wurden.[265] Somit ist auch die Grundsteuer C

---

261 Ausschussbericht, GrStGÄndG, BT-Drs. 19/14159, 4. Dagegen stimmten nur die Fraktionen der AfD und der FDP. Letztere schlägt stattdessen „die Vereinfachung von Vorschriften im Wohnungsbausektor sowie die Verbesserung von Investitionsbedingungen auch durch Anreize im Steuerrecht" vor, FDP, in: Ausschussbericht, GG-Änd. GrSt, BT-Drs. 19/14157, 7; Ausschussbericht, GrStRefG, BT-Drs. 19/14158, 8; Ausschussbericht, GrStGÄndG, BT-Drs. 19/14159, 8. Zur Grundsteuer als Lenkungssteuer im Zusammenhang einer (ökologisch motivierten) Rechtfertigung der Grundsteuer *Freund*, Gerechte Grundsteuer, 2023, S. 149 ff.

262 § 172 BBauG, §§ 12 a–c, 21 Abs. 3 GrStG, → § 9 Fn. 68. Dazu *Andreae*, in: Neumark/Andel/Haller (Hrsg.), Handbuch der Finanzwissenschaft, Bd. II, 1980, S. 576 (593 f.); *P. Lange*, Staatliche Wohnraumvorsorge, 2023, S. 338 f.; *WD*, Sachstand: Einzelfragen zur Grundsteuer C, WD 4 – 3000 – 022/17, 4. Die Begriffe Grundsteuer C und Baulandsteuer werden auch synonym verwendet. In *Expertenkommission Wohnungspolitik,* Abschlussbericht, BT-Drs. 13/159, 81, auch „zonierte[s] Satzungsrecht[ ]", mit kritischer Bewertung.

263 Ausschussbericht *Hesberg*, BBauG, zu BT-Drs. 3/1794, 31 ff. Die Baulandsteuer wurde während der Ausschussphase in das Bundesbaugesetz aufgenommen. *Andreae*, in: Neumark/Andel/Haller (Hrsg.), Handbuch der Finanzwissenschaft, Bd. II, 1980, S. 576 (593); *Schupp*, Juristische Rundschau 1964, 41.

264 Vgl. *Leonhardt*, Wohnungspolitik in der Sozialen Marktwirtschaft, 1996, S. 291. Ausdrücklich als „marktkonformes Mittel" bezeichnet im Ausschussbericht *Hesberg*, BBauG, zu BT-Drs. 3/1794, 31. Demgegenüber wurde von anderen gefordert, im Zuge des „Abbau[s] marktwidriger Interventionen" auf eine solche „Zusatzbesteuerung baureifer Grundstücke" zu verzichten, *Eekhoff*, in: Issing (Hrsg.), Zukunftsprobleme der Sozialen Marktwirtschaft, 1981, S. 455 (476); ambivalent *H. K. Schneider/Deichmann*, Der Weg zur sozialen Wohnungsmarktwirtschaft, 1984, S. 29 f.

265 Vgl. § 25 Abs. 1 S. 2 GrStG; GesE CDU/CSU und SPD, GrStGÄndG, BT-Drs. 19/11086, 1, 5; Ausschussempfehlung, GrStGÄndG, BT-Drs. 19/14139, 1. Positiv

Ausdruck (sozial-)marktwirtschaftlicher Ansätze zur Lösung mietenpolitischer Probleme.

Im Gesetzentwurf tritt dies noch besonders deutlich zutage: Die Grundsteuer C sollte lediglich „in Gebieten mit besonderem Wohnraumbedarf" erhoben werden können.[266] Nur für diese Gebiete wurden Problemlagen angenommen, die eine regulatorische Lösung erforderten und rechtfertigten.[267] Grundlage für die Grundsteuer C sollte demnach „ein erheblicher Wohnungsmangel" sein, gerade weil die „damit verbundene Wertentwicklung von Grundstücken [...] vermehrt dazu genutzt [wird], baureife Grundstücke als Spekulationsobjekt zu halten."[268] Grundstücke nur zu kaufen, „um eine Wertsteigerung abzuwarten und die Grundstücke anschließend gewinnbringend wieder zu veräußern", sei jedoch keine sachgerechte oder sinnvolle Nutzung.[269] Problematisch sei das Zurückhalten der Grundstücke, weil damit trotz vorhandenen Baulands der Wohnungsbau ausgebremst werde.[270] Mittels der gesonderten Hebesätze könnten die Kommunen nun „steuerliche Anreize bei der Grundsteuer" setzen, um „die baureifen Grundstücke einer sachgerechten und sinnvollen Nutzung durch Bebauung zuzuführen."[271] Das diene dem Wohnungsbau und unterstütze die eigentliche Zielsetzung, bezahlbaren Wohnraum zu schaffen.[272] Es zeigt sich ein marktwirtschaftliches Verständnis wohnpolitischer Probleme: Das Problem ist ein Wohnraummangel, der durch Neubau lösbar ist.[273]

---

auch Linksfraktion, Sozial gerechte Grundsteuer-Reform, BT-Drs. 19/7980, 1. Dies folgt dem Gedanken: „Ohne Baugrundstücke kein Wohnungsbau" → § 9 Fn. 8.

266 So der Entwurf des § 25 Abs. 5 S. 1 GrStG in GesE CDU/CSU und SPD, GrStÄndG, BT-Drs. 19/11086, 3. Diese Formulierung wurde nicht beibehalten; die damit verbundene Argumentation trägt das Gesetz jedoch durch das gesamte Gesetzgebungsverfahren.

267 Vgl. parallel die Mietpreisbremse → § 8 C. I. 1., 2.

268 GesE CDU/CSU und SPD, GrStÄndG, BT-Drs. 19/11086, 1.

269 GesE CDU/CSU und SPD, GrStÄndG, BT-Drs. 19/11086, 1. Vgl. zudem *Kollatz* (BE), Sten. Bericht der 982. Sitzung, 8.11.2019, BR-PlProt. 982/19, GrSt 2019, 545.

270 GesE CDU/CSU und SPD, GrStÄndG, BT-Drs. 19/11086, 1.

271 GesE CDU/CSU und SPD, GrStÄndG, BT-Drs. 19/11086, 1.

272 Vgl. im Bereich der Nachhaltigkeitsrelevanz GesE CDU/CSU und SPD, GrStÄndG, BT-Drs. 19/11086, 7.

273 Vgl. → § 4 B. III. (affirmativ); § 5 B. II. 1., 3. (wonach das Problem im Dualismus des Wohnens angelegt ist und Neubau nicht die eine optimale Lösung darstellt).

Im Gesetzgebungsverfahren wurden dieser rein marktwirtschaftliche Ansatz ausgeweitet und weitere Aspekte integriert.[274] Im verkündeten Gesetz kann die Grundsteuer C allgemeiner „aus städtebaulichen Gründen“ örtlich festgesetzt werden.[275] Zu diesen Gründen gehören weiterhin ein erhöhter Bedarf an Wohnstätten, aber nun auch an Arbeitsstätten sowie Gemeinbedarfs- und Folgeeinrichtungen (§ 25 Abs. 5 S. 4 GrStG).[276] Hinzu kommen Ziele der Nachverdichtung bestehender Siedlungsstrukturen und die Stärkung der Innenentwicklung.[277] Insgesamt handelt es sich also um einen breiteren Ansatz, der nicht nur marktwirtschaftlich bestimmten Wohnungsmangel adressiert, sondern mittels eines strukturellen Zugriffs verwandte Probleme zusammenführt und „Impulse für die Stadtentwicklung“[278] setzen soll. Gleichzeitig sollte der Zugriff jedoch aus Gründen der Verhältnismäßigkeit und Bestimmtheit auf bestimmte städtebaulichen Gründe beschränkt bleiben.[279] Dieses Argument, vorgebracht in verfassungsrechtlicher Terminologie, entspricht dem ökonomischen Ansatz, nur in begrenzten Ausnahmefällen zu regulieren. Auch dass es sich bei der Grundsteuer C lediglich um eine „Optionsmöglichkeit“[280] für die Gemeinden handelt, verbindet verfassungsrechtliche und ökonomische Erwägungen: Es berücksichtigt einerseits die gemeindliche Hebesatzautonomie, ermöglicht andererseits aber auch, „die Besteuerung flexibel an die jeweilige Marktlage und die örtlichen Verhältnisse“ anzupassen.[281] Eine wichtige Grenze sei dabei, dass „nicht das Verhältnis von Angebot und Nachfrage

274 Vgl. CDU/CSU- und SPD-Fraktion, in: Ausschussbericht, GG-Änd. GrSt, BT-Drs. 19/14157, 6; Ausschussbericht, GrStRefG, BT-Drs. 19/14158, 7; Ausschussbericht, GrStGÄndG, BT-Drs. 19/14159, 6.

275 § 25 Abs. 5 S. 1 GrStG; Ausschussempfehlung, GrStGÄndG, BT-Drs. 19/14139, 5.

276 Kritisch (u.a.) zur fehlenden Einordnung dieser Erweiterung im Rahmen des Gesetzgebungsverfahrens *Vogelpoth*, DStR 2020, 1026 (1026).

277 Zur Thematik *Bunzel/Niemeyer*, ZfBR 2018, 743 (747); kritisch *Meyer*, DStR 2024, 978.

278 CDU/CSU- und SPD-Fraktion, in: Ausschussbericht, GG-Änd. GrSt, BT-Drs. 19/14157, 5; Ausschussbericht, GrStRefG, BT-Drs. 19/14158, 5; Ausschussbericht, GrStGÄndG, BT-Drs. 19/14159, 5. Ähnlich GesE CDU/CSU und SPD, GrStGÄndG, BT-Drs. 19/11086, 5. Der Entschließungsantrag der Fraktion B90/Gr, der in diesem Zuge von einer „sinnvolle[n] und weitsichtige[n] Stadtentwicklungspolitik“ sprach, wurde aus anderen Gründen nicht angenommen, Ausschussbericht, GrStGÄndG, BT-Drs. 19/14159, 10.

279 Ausschussbericht, GrStGÄndG, BT-Drs. 19/14159, 11.

280 GesE CDU/CSU und SPD, GrStGÄndG, BT-Drs. 19/11086, 5.

281 GesE CDU/CSU und SPD, GrStGÄndG, BT-Drs. 19/11086, 5.

außer Kraft" gesetzt werde, sondern „dessen volkswirtschaftliche Funktion erhalten bleibt."[282]

Insgesamt bleibt das vorrangige Ziel des Gesetzes trotz der Änderungen während der Ausschussphase wie im Gesetzentwurf, „Bauland für die Bebauung zu mobilisieren."[283] Der Anwendungsbereich wird lediglich ausgedehnt.[284] Die mit dem Neubau verbundenen siedlungs- und klimapolitischen Folgeprobleme werden – und das ist hervorzuheben – zwar insoweit berücksichtigt, als dass die Forderung der Bodenschutzklausel aus § 1 a Abs. 2 S. 1 BauGB, „mit Grund und Boden sparsam und schonend umzugehen", und damit verbundene Handlungsmöglichkeiten erwähnt werden.[285] Insgesamt aber wird dieser Zielkonflikt kaum angesprochen und noch weniger aufgelöst.[286]

D. Zusammenfassung: Modelldiskussionen und marktwirtschaftliche Impulse

Die ökonomischen Annahmen der Gesetzgebung, die die Grundsteuerreform prägen, bewegen sich erneut innerhalb eines (sozial-)marktwirtschaftlichen Denkrahmens. Zwar wird das Gesetzgebungsverfahren in weiten Teilen von Diskussionen über das zugrunde zu legende Grundsteuermodell und die Prinzipien von Leistungsfähigkeit und Äquivalenz geprägt – das Steuer- und auch das Verfassungsrecht bestimmen insofern die Debatte. Doch finden sich bereits in diesem Zuge ökonomische Argumente: So orientiert sich das Sollertragsmodell, nach dem die Grundsteuerwerte ge-

---

282 GesE CDU/CSU und SPD, GrStGÄndG, BT-Drs. 19/11086, 5. Zum historischen Vorgänger wurde noch davon ausgegangen, dass die Baulandsteuer diese Grenzen als solche nicht außer Kraft setze, Ausschussbericht *Hesberg*, BBauG, zu BT-Drs. 3/1794, 31.

283 Vgl. GesE CDU/CSU und SPD, GrStGÄndG, BT-Drs. 19/11086, 5. Für ein Wahlrecht der Kommunen *Daldrup* (SPD), Sten. Bericht der 119. Sitzung, 18.10.2019, BT-PlProt. 19/119, GrSt 2019, 14694D: „Die Kommunen dürfen selber entscheiden, ob und aus welchen Überlegungen sie die Grundsteuer C erheben wollen, zum Beispiel um den Wohnungsmarkt zu mobilisieren, um Spekulationen einzudämmen oder aus allgemeinen Gründen der Stadtentwicklung."

284 Ausschussempfehlung, GrStGÄndG, BT-Drs. 19/14139, 2.

285 Ausschussbericht, GrStGÄndG, BT-Drs. 19/14159, 11.

286 Zur Frage, ob mit einer Neugestaltung der Grundsteuer „auch umweltpolitische Zielsetzungen zugunsten des Bodens effizient verwirklicht werden können", *Anger*, Optimierung des Bodenschutzes, 2014, S. 94 (ff.). Bezüglich der Baulandsteuer verneint sie dies, da diese nicht geeignet sei, den Flächenverbrauch zu verringern – sondern die Flächen gerade im Gegenteil der Bebauung zuführen soll (ebd., S. 108).

mäß dem Bundesmodell schließlich berechnet werden, an Grundrente und Verkehrswert. Diese an einer potenziellen Leistungsfähigkeit ausgerichtete, marktwirtschaftliche Ausgestaltung erscheint als mit allgemeinen Steuergerechtigkeitserwägungen besonders kompatibel.

Noch entscheidender ist aber, dass und wie der den alternativen Flächenmodellen meist zugrunde liegende Äquivalenzansatz auf das gesetzgeberische Konzept durchschlägt: Denn dass die Grundsteuerbelastung trotz Sorge vor hohen bzw. steigenden Mieten weiterhin im Zuge der Nebenkostenabrechnung auf die Mieterinnen umgelegt werden kann, wird mithilfe dieses Prinzips begründet.[287] Die vorrangig auf einen Kompromiss zwischen den Fraktionen und Ländern ausgerichtete Modelldiskussion überlagert die hierdurch entstehenden politischen Widersprüche – Umlage der Grundsteuer auf die Mieterinnen, aber Besteuerung anhand des Leistungsfähigkeitsprinzips –[288] und legitimiert diese weitreichende Entscheidung zur Kostentragung. Auch den damit verwandten Zielkonflikt – der Sollertrag regt ertragreiche Nutzung an, gleichzeitig sollen die Mieten bezahlbar bleiben – kann die Gesetzgebung nicht zufriedenstellend lösen.[289] Im Ergebnis zeigt sich, dass hohe Mieten zwar besorgt werden, Mieterinnen jedoch nicht als schutzwürdig (genug) angesehen werden, um die Umlage abzuschaffen.[290]

Stattdessen setzt die Gesetzgebung auf eine andere, marktkonform herbeigeführte Lösung: Soziale Zielsetzungen sollen durch finanzielle Anreize

287 Umgekehrt bedeutet dies, dass Grundsteuererhöhungen nicht zulasten von Vermieterinnen gehen; für sie bringt die Grundsteuerreform keine wesentlichen Verschiebungen mit sich. Anders als angesichts der Eigentumsrelevanz der Grundsteuer grundsätzlich erwartbar, nimmt die unmittelbare Auseinandersetzung mit dem Grundeigentum daher wenig Raum im gesetzgeberischen Verfahren ein. Weder Gedanken zur generellen Förderungswürdigkeit von Wohneigentum (→ § 4 B. IV.; § 6 B. IV.) noch die zunehmende Responsibilisierung im Zuge der Finanzialisierung (→ § 5 A. II. 1.; § 9 A. I.) schlagen sich nennenswert in den Materialien nieder. Nur vereinzelt wird die Grundsteuer als Hindernis für die „Eigentümergesellschaft" (*Glaser* [AfD], Sten. Bericht der 119. Sitzung, 18.10.2019, BT-PlProt. 19/119, GrSt 2019, 14704B) und als verkappte Vermögens(substanz)steuer kritisiert (*Glaser* [AfD], Sten. Bericht der 107. Sitzung, 27.6.2019, BT-PlProt. 19/107, GrSt 2019, 13100A, B).

288 → § 9 C. II., III. Zwar kann die Umlage auch innerhalb wertabhängiger Modelle begründet werden – von öffentliche Anlagen profitieren bspw. nicht nur die Vermieterinnen in der Nähe aufgrund des finanziellen Wertzuwachses, sondern die Wohnungen stellen sich auch aus Mietersicht als wertvoller dar. Doch liegt dann gerade nicht die (potenzielle) Leistungsfähigkeit dem wertabhängigen Modell zugrunde.

289 → § 9 C. II. 2.

290 → § 9 C. III. 1., 3.

erreicht werden.[291] Ihre Förderungs- und Steuerungswirkung entfaltet die Grundsteuer somit vor allem auf der Makroebene. Zum einen, wenn durch die wieder eingeführte Grundsteuer C Neubau angereizt wird, zum anderen, indem sozialer Wohnungsbau von reduzierten Steuertarifen profitiert. Da dies für die Unternehmen selbst – wiederum aufgrund der Umlage – keinen relevanten Unterschied bedeutet, kann diese Ermäßigung vor allem als polit-ökonomisches Signal verstanden werden.

291 → insb. § 9 C. IV.

§ 10 Milieuschutzsatzungen

Nach der Zeit des unmittelbaren Wiederaufbaus nach 1945, während der ein Wohnungsmarkt in der Bundesrepublik mithilfe von Wohngeld etabliert und durch das Mietrecht stabilisiert wurde, gewann das Städtebaurecht schrittweise an Bedeutung. Die Gesetzgebung machte sich verstärkt Gedanken über die Organisation der Städte und den Umgang mit der vorhandenen Bausubstanz. In diesem Zuge entwickelte sich der Gedanke eines Milieuschutzrechts, das den Schutz sozialer Milieus und die Erhaltung baulicher Anlagen zusammen dachte und diese Ziele über die Möglichkeit, Abbruchgenehmigungen zu versagen und ein erhaltungsrechtliches Vorkaufsrecht auszuüben, sichert(e).[1] Dieser Ansatz, der ein soziales Ziel nicht nur im Vertragsverhältnis oder auf die individuelle Mieterin bezogen verfolgt, liegt quer zu den aus den anderen Rechtsgebieten bekannten gesetzgeberischen Herangehensweisen. Die Gesetzgebung greift dabei nicht primär marktwirtschaftliches Wissen auf, sondern priorisiert ihre polit-ökonomischen Ziele gegenüber eigentumspolitischen Erwägungen (C.).

Beim Milieuschutzrecht handelt es im Kern um Normen, die seit Jahrzehnten im Baugesetzbuch und dessen Vorläufer, dem Bundesbaugesetz, enthalten sind (A.). Die Analyse der gesetzgeberischen Annahmen bezieht sich daher schwerpunktmäßig auf drei historische Gesetzgebungsverfahren: von 1976, 1986 und 1998 (B.). Nach der hier vorgenommenen Rekonstruktion haben sich die gesetzgeberischen Annahmen betreffend den mit dem Milieuschutzrecht verfolgten Erhaltungsgedanken zwar weiterentwickelt, ihren grundsätzlichen Charakter jedoch beibehalten. Diese Erzählung wird durch ein Urteil des Bundesverwaltungsgerichts von 2021[2] in Frage gestellt (D.). In dieser Entscheidung trifft das Gericht insbesondere eine Aussage über die Reform von 1986, wonach die Gesetzgebung den spezifisch erhaltungsrechtlichen Zweck dieses Vorkaufsrechts mit der Überführung in das Baugesetzbuch abgeschafft habe. Das viel diskutierte Urteil

1 Die Engführung auf diese Regelungen begrenzt die Analyse und Erkenntnisse. Gleichzeitig können allein über die Frage des Milieuschutzes im Baurecht ganze Bücher geschrieben werden, *Riemann*, Gentrifizierung, 2016; *Ramsauer*, Segregation, 2018; *Holze*, Der Milieuschutz – Möglichkeiten, verfassungsrechtliche Grenzen und Perspektiven, Diss. Uni Hannover, i.A.

2 BVerwG, Urt. v. 9.11.2021 – 4 C 1/20 = NVwZ 2022, 75.

bietet nicht nur eine eigene Rekonstruktion der gesetzgeberischen Annahmen über das Milieuschutzrecht an, sie ist zudem der Ausgangspunkt neuerlicher gesetzgeberischer Debatten. Auch wenn diese Diskussionen (bisher) keine gesetzgeberische Reaktion nach sich gezogen haben, lassen sich aus ihnen wie aus dem Urteil des Bundesverwaltungsgerichts Schlüsse über den Entwicklungsstand der gesetzgeberischen Annahmen und die Relativität der Methodik ableiten (D.).

A. Einordnung: Milieuschutz im Städtebaurecht

Mit dem Städtebaurecht als Teil des öffentlichen Baurechts werden neben der privatrechtlichen Regelung der Beziehungen zwischen Eigentümerin und Mieterin weitere regulatorische Perspektiven erschlossen. Das Städtebaurecht stellt dabei nur eine Teilmenge des öffentlichen Baurechts dar. Dieses behandelt in seiner Gesamtheit die „Zulässigkeit und die Grenzen, die Ordnung und die Förderung der baulichen Nutzung des Bodens, insbesondere durch Errichtung, bestimmungsgemäße Nutzung, wesentliche Veränderung und Beseitigung baulicher Anlagen".[3] Es umfasst neben dem Städtebaurecht – auch: Bauplanungsrecht – das Bauordnungsrecht, mit dem die Landesgesetzgebung sicherheitsrechtliche Vorgaben verfolgt.[4] Das Städtebaurecht hingegen zielt auf die geordnete städtebauliche Entwicklung und regelt im Sinne einer Angebotsplanung[5] „die rechtliche Qualität des Bodens und seine Nutzbarkeit" sowie „flächenbezogene Anforderungen an ein Bauvorhaben".[6] Insofern besteht ein besonderer Zusammenhang zur

---

3 *Stollmann/Beaucamp*, Öffentliches Baurecht, 13. Aufl. 2022, § 1 Rn. 13.

4 *Tillmanns*, AöR 132 (2007), 582 (582); hierzu auch *Fichtel*, Wohnungspolitik in der sozialen Marktwirtschaft, 1980, S. 128 f., m.V.a. das Rechtsgutachten des BVerfG v. 16.6.1954 über die Zuständigkeit des Bundes zum Erlaß eines Baugesetzes, BVerfGE 3, 407 – *Baugutachten* [1954], der die „strenge Trennung der Rechtsmaterien" aber aufgrund eines engen Zusammenhangs für „sachlich nicht gerechtfertigt" hält (S. 129). Zur historischen Bedeutung von (fehlenden) Bauordnungen für die Wohnungspolitik siehe *Cl. Zimmermann*, Von der Wohnungsfrage zur Wohnungspolitik, 1991. Der abwehrrechtliche Charakter des Bauordnungsrechts und die Verortung auf Landesebene sprechen gegen die vertiefte Behandlung im Rahmen der vorliegenden Arbeit.

5 *Weigelt*, Wachsende Stadt, 2016, S. 52.

6 *BMWSB*, Städtebaurecht, https://www.bmwsb.bund.de/Webs/BMWSB/DE/themen/stadt-wohnen/staedtebaurecht/staedtebaurecht-artikel.html; zurückgehend auf BVerfGE 3, 407 <423 f.> – *Baugutachten* [1954].

Bodennutzung, dem Bodenmarkt und dem Bodenrecht.[7] Da es dabei auch um die Verteilung der „räumlichen Nutzungschancen“[8] geht, die einen Interessenausgleich zwischen gesellschaftlichen Interessen an der Bodennutzung und denen der Eigentümerinnen erfordern,[9] deuten sich bereits die ökonomischen Besonderheiten des Rechtsgebiets an.

Insbesondere eröffnet das Städtebaurecht die Perspektive auf Prozesse der Segregation, die in einem engen Zusammenhang mit der Wohnortentscheidung stehen.[10] Zur Steuerung von Segregationsprozessen kommt eine Vielzahl verschiedener Instrumente in Betracht, die sowohl dazu dienen können, neuen Wohnraum zu schaffen, als auch, den bestehenden Wohnraum zu verteilen.[11] Dazu gehören primär die Instrumente des besonderen Städtebaurechts, wie städtebauliche Sanierungsmaßnahmen (§§ 136 ff. BauGB), Entwicklungsmaßnahmen (§§ 165 ff. BauGB), Stadtumbaumaßnahmen (§ 171 a–d BauGB), Maßnahmen der Sozialen Stadt (§ 171 e BauGB), Erhaltungssatzungen und -verordnungen (§ 172 BauGB), städtebauliche Verträge (§ 11 BauGB) und private Initiativen zur Stadtentwicklung (§ 171 f BauGB).[12] Im Folgenden interessieren die Regelungen zur Festsetzung von sogenannten Milieuschutzgebieten durch soziale Erhaltungssatzungen (§ 172 Abs. 1 S. 1 Nr. 2, Abs. 4 BauGB) und das damit verbundene Vorkaufsrecht (§ 24 Abs. 1 S. 1 Nr. 4 BauGB). Mithilfe dieser Instrumente sollen die Bevölkerungsstrukturen ganzer Stadtquartiere angesichts von Verdrängungsdruck erhalten und Segregationsprozesse explizit rechtlich erfasst werden.[13] Diese Regelungen werden zunächst in die Ausbildung eines Milieuschutzrechts eingeordnet (I.) und anschließend näher beschrieben (II.).

---

7 *Donner*, Wohnungspolitiken, 2000, S. 61 ff.; *Kofner*, Wohnungsmarkt und Wohnungswirtschaft, 2010, S. 39 ff. (Kap. 4); → § 9 A. I.

8 *Weigelt*, Wachsende Stadt, 2016, S. 52.

9 *Kofner*, Wohnungsmarkt und Wohnungswirtschaft, 2010, S. 45.

10 *Pernice-Warnke*, ZfBR 2018, 753; → § 5 B. I. 2. b.

11 *Ramsauer*, Segregation, 2018, S. 19. Segregation wird auch, aber nicht nur im Städtebaurecht verhandelt, *Pernice-Warnke*, ZfBR 2018, 753. Zum Kontext von Bauleitplanung und Gentrifizierung *Gluns*, in: Freise/Zimmer (Hrsg.), Zivilgesellschaft und Wohlfahrtsstaat im Wandel, 2019, S. 257 (273).

12 Nach *Ramsauer*, Segregation, 2018, S. 119 ff. Bei den beiden zuletzt genannten Instrumenten lassen sich Abweichungen von der klassischen Angebotsplanung als Top-Down-Planung feststellen, zur Entwicklung *Kilper/Zibell*, in: Kessel/Reutlinger/Maurer/O. Frey (Hrsg.), Handbuch Sozialraum, 2005, S. 165 (171).

13 *Ramsauer*, Segregation, 2018, S. 184 ff.

I. Begriff und Entwicklung des Milieuschutzrechts

Das Instrument der sozialen Erhaltungssatzung[14] ist heutzutage eng mit dem Milieuschutz verbunden: Auch wenn sich der rechtliche Milieuschutz über verschiedene Rechtsgebiete verteilt,[15] hat sich speziell für die soziale Erhaltungssatzung die Bezeichnung als „Milieuschutzsatzung" etabliert.[16] Weder das Milieu noch der Milieuschutz werden jedoch legaldefiniert. Daher wird sich folgend diesen stadtsoziologischen Termini angenähert, um das Milieuschutzrecht zu konturieren.

Begriffsgeschichtlich stammt das ‚Milieu' ursprünglich aus den Naturwissenschaften und wurde aus dem Französischen und von der Soziologie entlehnt.[17] Es beschreibt die „Gesamtheit der natürlichen und sozialen Lebensverhältnisse"[18], die sich in den „grundlegenden Werthaltungen und Einstellungen" sowie ähnlichen Interpretationen der „Lebens-, Wohn- und Arbeitsverhältnisse" innerhalb des jeweiligen sozialen Milieus ausdrücken.[19] Aus stadtsoziologischer Perspektive prägen insbesondere auch die räumlichen Strukturen der Städte und des Wohnens die Alltagswelt der Milieus (sozialwirksame Raumstruktur).[20] Andersherum wirken die milieuspezifischen Praxen und Beziehungen auf die räumliche Struktur zurück

14 Als in der Anwendungspraxis gängige Bezeichnung bei *Stock*, in: Ernst/Zinkahn/Bielenberg/Krautzberger, BauGB-Komm., 157. EL 2024, § 172 Rn. 40.

15 *Holze*, GSZ 2023, 24 (26). Ich danke *Alina Holze* für den anregenden Austausch und die vielfältigen Hinweise zum Milieuschutzrecht.

16 U.a. durch BVerwG, Urt. v. 18.6.1997 – 4 C 2/97 (München) = NVwZ 1998, 503 (503) = BVerwGE 105, 67.

17 *Brasch*, Milieu, Wortgeschichte digital – ZDL, https://www.zdl.org/wb/wortgeschichten/Milieu. Prominent insbesondere das ‚soziale Milieu' nach *Émile Durkheim*; eingeordnet in die Wissenschaftsgeschichte – allein vertikale Schicht- und Klassenmodelle erfassen die Komplexität moderner, ausdifferenzierter Gesellschaften nicht hinreichend – bei *Herlyn*, in: Häußermann (Hrsg.), Großstadt, 2000, S. 152 (153); *O. Frey*, in: Eckardt (Hrsg.), HB Stadtsoziologie, 2012, S. 503 (503 ff.).

18 *DWDS*, Milieu, https://www.dwds.de/wb/Milieu.

19 *Hradil*, in: Schwenk (Hrsg.), Lebensstil, 1996, S. 13 (15 f.); *O. Frey*, in: Eckardt (Hrsg.), HB Stadtsoziologie, 2012, S. 503 (506); mit einer Hervorhebung der Bedeutung „subjektiver Wertemuster" für die Milieuforschung *Dangschadt/O. Frey*, in: Kessel/Reutlinger/Maurer/O. Frey (Hrsg.), Handbuch Sozialraum, 2005, S. 143 (157).

20 *O. Frey*, in: Eckardt (Hrsg.), HB Stadtsoziologie, 2012, S. 503 (503 f.). Ganz praktisch lassen sich erste Erfahrungen als Wohnmilieus auf das Wohnelend im Zuge von Industrialisierung und Urbanisierung zurückführen, vgl. *Herlyn*, in: Häußermann (Hrsg.), Großstadt, 2000, S. 152, m.V.a. die Skizzen von *Heinrich Zille*; weiter *Reulecke*, Urbanisierung, 1985, S. 100.

(raumwirksame Sozialstruktur).[21] Beim städtischen Milieu handelt es sich demnach um

> *„eine nicht nur flüchtig über das angestammte Wohngebiet unierte, nach außen hin räumlich abgrenzbare Bevölkerungseinheit, die sich oftmals, aber nicht notwendiger Weise [sic] mit ihrer näheren Umgebung identifiziert und über nachbarschaftliche Beziehungen mit ihr verbunden ist."*[22]

Solche Wohnumfelder sind jedoch stets vielfältigen Veränderungen ausgesetzt: aufgrund der wirtschaftlichen Entwicklung, aber auch aufgrund von Faktoren wie Krieg und Klimakrise, Epidemien und Pandemien oder durch die Veränderung der Alltagsstrukturen im Zuge der Digitalisierung.[23] Aus Sicht der Wohnbevölkerung erfolgen Zuzug und Wegzug aus verschiedenen, oft freiwilligen Motiven.[24] Schützenswert sind daher nicht Milieus an sich: Der rechtliche Milieuschutz richtet sich vielmehr auf den Schutz von konstituierten Milieus gegen unfreiwillige Verdrängung.[25]

Erstmalig in Gesetzesmaterialien erwähnt wurde der „sogenannte ‚Milieuschutz'" im Ausschussbericht zum Gesetz zur Änderung des Bundesbaugesetzes.[26] In diesem Zuge wurde den Gemeinden die Möglichkeit

---

21 Beschrieben als Subjektivierung des allgemeinen soziologischen Milieukonzepts bei *Herlyn,* in: Häußermann (Hrsg.), Großstadt, 2000, S. 152 (152 f., 156 f.); ausführlich auch *O. Frey,* in: Eckardt (Hrsg.), HB Stadtsoziologie, 2012, S. 503 (506 f., 508 ff.).

22 *Holze,* GSZ 2023, 24 (26); bezogen auf die „erhaltenswerte Wohnbevölkerung" in § 172 Abs. 1 S. 1 Nr. 2 BauGB ähnlich bereits *Peine,* DÖV 1992, 85 (88); weiter *Herlyn,* in: Herlyn (Hrsg.), Stadt- und Sozialstruktur, 1974, S. 16 (17); *Spengelin,* in: Jenkis (Hrsg.), Kompendium, 4. Aufl. 2001, S. 479 (502): „Wenn man die Wohnung als die dritte Haut des Menschen bezeichnet, so ist das Haus die vierte Haut und das Wohnquartier, der Stadtteil oder die Stadt, die fünfte."

23 U.a. *Häußermann/Wurtzbacher,* in: Kessel/Reutlinger/Maurer/O. Frey (Hrsg.), Handbuch Sozialraum, 2005, S. 513 (515 f.).

24 Zum Wohnen im Lebenslauf und damit verbundenen Wechseln der Wohnbedürfnisse und Wohnung: *Spiegel,* in: Jenkis (Hrsg.), Kompendium, 4. Aufl. 2001, S. 42 (46 ff.). Teilweise sind Milieus aus finanziellen Gründen von vornherein nicht zugänglich und abgeschottet; der Diskurs um Segregation dreht sich aber vornehmlich um einkommensschwache Bevölkerungsgruppen und Stadtteile, vgl. → § 5 B. I. 2. b.

25 *Peine,* DÖV 1992, 85 (88): Schutz vor „unerwünschten Veränderungen"; kritisch zur Unterscheidung *Dangschadt/O. Frey,* in: Kessel/Reutlinger/Maurer/O. Frey (Hrsg.), Handbuch Sozialraum, 2005, S. 143 (155 f.). Was und wer als schützenswertes Milieu angesehen wird, ist eine erste gesetzgeberische Setzung, die durch Literatur und Rechtsprechung weit ausgelegt wurde, *Peine,* DÖV 1992, 85 (89 f.). Eine im Städtebaurecht notwendige Folgeerscheinung müssen städtebauliche Auswirkungen sein, vgl. *Ramsauer,* Segregation, 2018, S. 188; siehe unten → § 10 Fn. 40, 134.

26 Ausschussbericht und Antrag, BBauGÄndG, BT-Drs. 7/4793, 38. Dies wird im Zuge der Analyse tiefgehender bearbeitet, → § 10 C. I. 2.

gegeben, Abbruch, Änderung oder Umbau von baulichen Anlagen in bestimmten Gebieten unter Genehmigungsvorbehalt zu stellen, um unter anderem „die Zusammensetzung der Wohnbevölkerung zu erhalten, wenn dies aus besonderen städtebaulichen Gründen erforderlich ist" (§ 39 h Abs. 3 Nr. 3 BauGB i.d.F. v. 18.8.1976). Damals ging es darum, den Gemeinden ein Mittel „gegen den Abbruch städtebaulich wertvoller Bausubstanz zu geben."[27] Nachdem in der Nachkriegszeit der Neubau massiv gefördert worden war, sollte nun die Instandhaltung der Bausubstanz angereizt werden.[28] Heutzutage hat sich diese Zielsetzung gewissermaßen umgekehrt.[29] Die Folgen von Modernisierungen werden ambivalent bewertet: Während zwar die Mobilisierung privaten Kapitals zur städtebaulichen Aufwertung begrüßt wird, werden die hiermit korrespondierenden Verdrängungsdynamiken problematisiert.[30] Die durch Wohnraummodernisierung verursachten Mietpreissteigerungen und Folgen der Umwandlung von Miet- in Eigentumswohnungen geraten in den Fokus.[31] So firmiert die Diskussion um die (Wieder-)Aufwertung von Wohnvierteln seit Ende der 1980er unter dem Stichwort der ‚Gentrifizierung'.[32] Insgesamt lässt sich ein Umdenken beobachten, wonach gerade Modernisierungen möglichst sozialverträglich

27 *Möller*, in: Schrödter (Hrsg.), BauGB-Komm., 9. Aufl. 2019, § 172 Rn. 2, m.V.a. RegE BBauGÄndG, BT-Drs. 7/2496, 53.

28 *Riemann*, Gentrifizierung, 2016, S. 7 f., 24; *Spengelin*, in: Jenkis (Hrsg.), Kompendium, 4. Aufl. 2001, S. 479 (509). Dabei lässt sich – bis heute – auch eine Nähe zum Denkmalschutzrecht feststellen, *Möller*, in: Schrödter (Hrsg.), BauGB-Komm., 9. Aufl. 2019, § 172 Rn. 1; *Weigelt*, Wachsende Stadt, 2016, S. 175 f. Vgl. auch Ausschussbericht und Antrag, BBauGÄndG, BT-Drs. 7/4793, 8; dazu unten bei → § 10 Fn. 96.

29 Dieser Paradigmenwechsel wird freilich bei der Analyse des Gesetzgebungsmaterials beachtet, → § 10 C. I. Zu den gewandelten Herausforderungen für die Innenstadtentwicklung bereits *Altrock*, in: K. Kummer/Frankenberger/Kötter (Hrsg.), Das deutsche Vermessungs- und Geoinformationswesen 2014, 2013, S. 157 (158 ff.); S. *Frank*, in: B. Schönig/Kadi/Schipper (Hrsg.), Wohnraum für alle?!, 2017, S. 87 (94 ff.).

30 Schon *Peine*, DÖV 1992, 85 (86); nun *Bärenbrinker*, Urban Governance, 2012, S. 54 f.; *Riemann*, Gentrifizierung, 2016, S. 4 f.

31 *Riemann*, Gentrifizierung, 2016, S. 1 (ff.); *Ramsauer*, Segregation, 2018, S. 185. Eine Verbindung zwischen der Einführung der steuerlichen Förderung der Wohneigentumsbildung im Altbau (→ § 9 A. II.) und der Dynamik der Verdrängung sowie Erhaltungssatzungen stellen *Häußermann/Wurtzbacher*, in: Kessel/Reutlinger/Maurer/O. Frey (Hrsg.), Handbuch Sozialraum, 2005, S. 513 (524), her.

32 *Riemann*, Gentrifizierung, 2016, S. 1, zum wohnpolitischen Kontext (Ablauf der Belegungs- und Mietpreisbindung, Ende der Wohngemeinnützigkeit) der Zuspitzung der Verdrängungssituation ebd., S. 8 f. Weiter S. *Frank*, in: B. Schönig/Kadi/Schipper (Hrsg.), Wohnraum für alle?!, 2017, S. 87 (87 ff.).

erfolgen[33] und andersherum Anreize für den Wohnungserwerb zum Zwecke der Modernisierung und anschließender höherpreisiger Wiedervermietung reduziert werden sollen.[34]

II. Erhaltungssatzungen und kommunales Vorkaufsrecht

Mit der Zusammenführung von Bundesbaugesetz und Städtebauförderungsgesetz im Baugesetzbuch wurde die Milieuschutzsatzung als Unterform der Erhaltungssatzung in § 172 Abs. 1 S. 1 Nr. 2, Abs. 4 BauGB normiert.[35] Normtechnisch handelt es sich um eine Ermächtigungsgrundlage, die die Gemeinden befugt, per Bebauungsplan oder sonstiger Satzung bestimmte Gebiete mit dem Ziel städtebaulicher Erhaltung zu kennzeichnen.[36] Aus der Festlegung der Gebiete folgt ein Genehmigungsvorbehalt für Rückbau, Änderung oder Nutzungsänderung baulicher Anlagen (§ 172 Abs. 1 S. 1 BauGB a.E.).[37] Seit 1998 können die Landesregierungen zudem festlegen, dass auch die Begründung von Wohneigentum an Gebäuden, die ganz oder teilweise Wohnzwecken zu dienen bestimmt sind, unter Genehmigungsvorbehalt steht (§ 172 Abs. 1 S. 4 BauGB).[38] Diese Genehmigungen dürfen im Falle des § 172 Abs. 4 S. 1 Nr. 2 BauGB nur versagt werden, wenn die Zusammensetzung der Wohnbevölkerung aus besonderen städtebaulichen Gründen erhalten werden soll. Dies setzt voraus, dass

33 *Riemann*, Gentrifizierung, 2016, S. 9.

34 *Weigelt*, Wachsende Stadt, 2016, S. 176.

35 *Riemann*, Gentrifizierung, 2016, S. 24; *Stock*, in: Ernst/Zinkahn/Bielenberg/Krautzberger, BauGB-Komm., 157. EL 2024, § 172 Rn. 2.

36 *Möller*, in: Schrödter (Hrsg.), BauGB-Komm., 9. Aufl. 2019, § 172 Rn. 2; weiter zur Festlegung *Mitschang*, in: Mitschang (Hrsg.), Erhaltung und Sicherung von Wohnraum, 2017, S. 51 (62 ff.).

37 *Riemann*, Gentrifizierung, 2016, S. 22 f., 34 ff.; *Mitschang*, in: Mitschang (Hrsg.), Erhaltung und Sicherung von Wohnraum, 2017, S. 51 (73, 74 ff.); *Ramsauer*, Segregation, 2018, S. 185 f.; *Stock*, in: Ernst/Zinkahn/Bielenberg/Krautzberger, BauGB-Komm., 157. EL 2024, § 172 Rn. 1, 100 ff.

38 Eingeführt mit dem Gesetz zur Änderung des Baugesetzbuchs und zur Neuregelung des Rechts der Raumordnung (Bau- und Raumordnungsgesetz 1998 – BauROG) v. 18.8.1997, BGBl. I S. 2081 (Art. 1 Nr. 73 a) bb)). Weiter *Riemann*, Gentrifizierung, 2016, S. 43 ff.; *Mitschang*, in: Mitschang (Hrsg.), Erhaltung und Sicherung von Wohnraum, 2017, S. 51 (81 ff.); diese Umwandlung als „[z]entrales städtebauliches Kriterium für den sog. ‚Verdrängungsdruck'" bei *Ramsauer*, Segregation, 2018, S. 186; *Stock*, in: Ernst/Zinkahn/Bielenberg/Krautzberger, BauGB-Komm., 157. EL 2024, § 172 Rn. 1, 120 ff.

das geplante Vorhaben im konkreten Einzelfall[39] geeignet erscheint, zur Verdrängung der Wohnbevölkerung beizutragen und dabei städtebaulich nachteilige Auswirkungen zu zeitigen.[40] Ein Anspruch auf Genehmigung besteht hingegen, wenn auch unter Berücksichtigung des Allgemeinwohls die Erhaltung der baulichen Anlage oder ein Absehen von der Begründung von Wohnungseigentum oder Teileigentum wirtschaftlich nicht zumutbar ist (§ 172 Abs. 4 S. 2 BauGB). Die Genehmigung ist weiterhin unter anderem dann zu erteilen, wenn durch die Änderungen bauliche Mindeststandards eingehalten werden (§ 172 Abs. 4 S. 3 Nr. 1, 1 a BauGB), wenn Nachlassnehmerinnen Wohneigentum begründen (Nr. 2), Familienangehörige erwerben (Nr. 3) oder für den Fall einer Veräußerung innerhalb von sieben Jahren ein Vorkaufsrecht für die Mieterinnen zugesagt wird (Nr. 6). Einzelvorschriften zum Genehmigungsverfahren finden sich in § 173 BauGB.

Neben den Genehmigungsvorbehalten knüpfen auch die Regelungen zum kommunalen Vorkaufsrecht an die Erhaltungssatzungen an (§ 24 Abs. 1 S. 1 Nr. 4 2. Alt. BauGB).[41] Das Vorkaufsrecht hat sich insbesondere im Zuge des Wiederaufbaus nach 1945 als mildere Alternative zu Enteignungen bei der Baulandbeschaffung hervorgetan.[42] Es gibt den Gemeinden die Möglichkeit, in private Grundstücksrechtsverhältnisse einzugreifen, um sie anschließend „nach bestimmten städtebaulichen Entwicklungsvorstellungen der Gemeinde" zu nutzen[43] und sichert so die Bauleitplanung und weitere städtebauliche Maßnahmen.[44] Auch das Verfahren zum Vorkaufsrecht ist mehrstufig gestaltet: Unterschieden werden das Entstehen des

39 *Weigelt*, Wachsende Stadt, 2016, S. 187 und passim zu den Einzelheiten und Problemen.

40 *Riemann*, Gentrifizierung, 2016, S. 35; *Weigelt*, Wachsende Stadt, 2016, S. 177 ff.; *Mitschang*, in: Mitschang (Hrsg.), Erhaltung und Sicherung von Wohnraum, 2017, S. 51 (60 f., 99 ff.); *Ramsauer*, Segregation, 2018, S. 187 f.; *Stock*, in: Ernst/Zinkahn/Bielenberg/Krautzberger, BauGB-Komm., 157. EL 2024, § 172 Rn. 175 ff.

41 Dies gilt von Beginn an: Ursprünglich verwies § 24 a BBauG auf § 39 h Abs. 3 Nr. 3 BBauG; das allgemeine Vorkaufsrecht existierte indes bereits länger, *Stock*, in: Ernst/Zinkahn/Bielenberg/Krautzberger, BauGB-Komm., 157. EL 2024, § 24 Rn. 4 f.; *Göhner*, Vorkaufsrecht, 2006, S. 7 ff.

42 *Stock*, in: Ernst/Zinkahn/Bielenberg/Krautzberger, BauGB-Komm., 157. EL 2024, § 24 Rn. 4; *Köster*, in: Schrödter (Hrsg.), BauGB-Komm., 9. Aufl. 2019, § 24 Rn. 1; zur eigentumsrechtlichen Abgrenzung von Vorkaufsrecht und Enteignung in diesem Zusammenhang *Reidt*, in: Battis/Krautzberger/Löhr, BauGB-Komm., 15. Aufl. 2022, Vorb. zu §§24–28 Rn. 6.

43 *Köster*, in: Schrödter (Hrsg.), BauGB-Komm., 9. Aufl. 2019, § 24 Rn. 1.

44 *Reidt*, in: Battis/Krautzberger/Löhr, BauGB-Komm., 15. Aufl. 2022, Vorb. zu §§24–28 Rn. 1.; vgl. Ausschussbericht und Antrag, BBauGÄndG, BT-Drs. 7/4793, 10.

Vorkaufsrechts und die tatsächliche Ausübung.[45] Während § 24 BauGB die materiellen Voraussetzungen der Ausübung beinhaltet, regeln die folgenden Normen den Ausschluss (§ 26 BauGB), die Abwendung[46] (§ 27 BauGB) und das weitere Verfahren[47] (§ 28 BauGB). Auch der Vorkauf ist nur zum Wohle der Allgemeinheit möglich (§ 24 Abs. 3 S. 1 BauGB), aber nicht, wenn das Grundstück entsprechend den Zielen und Zwecken der städtebaulichen Maßnahme[48] bebaut ist und genutzt wird (§ 26 Nr. 4 2. Alt. BauGB). Letztgenannter Ausschlussgrund hat nach dem Urteil des Bundesverwaltungsgericht im Jahr 2021, demzufolge ausweislich des Wortlauts der Vorschrift zukünftige Entwicklungen nicht zu berücksichtigen sind, zu politischer Unsicherheit und Unruhe geführt, da das erhaltungsrechtliche Vorkaufsrecht hiermit faktisch leer läuft.[49] Dem hat das BVerwG zwar mit einem Hinweis auf den Gesetzgeber vorweggegriffen.[50] Die von der Ampel-Koalition angedachte Prüfung gesetzgeberischen Handlungsbedarfs[51] hat indes, trotz

45 *Köster*, in: Schrödter (Hrsg.), BauGB-Komm., 9. Aufl. 2019, § 24 Rn. 7. Zählt man den Erlass der Erhaltungssatzung hinzu: dreistufig, *Riemann*, Gentrifizierung, 2016, S. 50. *Stock*, in: Ernst/Zinkahn/Bielenberg/Krautzberger, BauGB-Komm., 157. EL 2024, § 24 Rn. 13, wiederum stellt auf Entstehung, Verkaufsfall und Ausübung ab.

46 Insbesondere im Zuge des erhaltungsrechtlichen Vorkaufsrechts waren Abwendungsvereinbarungen und -erklärungen ein vielfach gewähltes milderes Mittel gegenüber der Ausübung des Vorkaufsrechts. Für Berlin wurden bspw. für das Jahr 2020 18 Vorkaufsfälle und 143 Abwendungsfälle verzeichnet, vgl. *Senat von Berlin*, Wahrnehmung von Vorkaufsrechten, Mitteilung z.K. v. 28.4.2021, AGH-Drs. 18/2400, 5 f.

47 Beachtenswert ist hierbei die Kaufpreislimitierung nach § 28 Abs. 3 S. 1 BauGB, *Riemann*, Gentrifizierung, 2016, S. 53 ff.; zur Einführung 1976, Abschaffung 1986 und Wiedereinführung 1990 *Göhner*, Vorkaufsrecht, 2006, S. 11, 13, 14.

48 Hierzu gehören auch die Erhaltungssatzungen, vgl. BVerwG Urt. v. 9.11.2021 – 4 C 1.20, = NVwZ 2022, 75 (76); *Stock*, in: Ernst/Zinkahn/Bielenberg/Krautzberger, BauGB-Komm., 157. EL 2024, § 26 Rn. 23.

49 BVerwG, Urt. v. 9.11.2021 – 4 C 1/20 = NVwZ 2022, 75 (76 ff., Rn. 18 ff.). Zustimmend *Reidt*, in: Battis/Krautzberger/Löhr, BauGB-Komm., 15. Aufl. 2022, § 24 Rn. 11, § 26 Rn. 8; ablehnend *Stock*, in: Ernst/Zinkahn/Bielenberg/Krautzberger, BauGB-Komm., 157. EL 2024, § 26 Rn. 24 ff.; *Schröer/Kümmel*, NVwZ 2022, 78 (78 f.); *Putzer*, NVwZ 2022, 222. Im Vorfeld mit einem die Zukunftsbezogenheit des Milieuschutzes betonenden Lösungsweg *Weigelt*, Wachsende Stadt, 2016, S. 214 ff.; noch von einer Prognoseentscheidung geht auch *Riemann*, Gentrifizierung, 2016, S. 52, aus. Die Entscheidung vorwegnehmend zur im Schrifttum vorherrschenden bzw. überwiegenden Unterstützung „für diese dem Gesetzeswortlaut widersprechende Handhabung" kritisch *Kronisch*, NVwZ 2018, 1161.

50 BVerwG, Urt. v. 9.11.2021 – 4 C 1/20 = NVwZ 2022, 75 (77, Rn. 24).

51 *SPD/Bündnis 90/Die Grünen/FDP*, Mehr Fortschritt wagen: Koalitionsvertrag 2021–2025, S. 89 f. Nunmehr *CDU/CSU/SPD*, Koalitionsvertrag 21. Legislaturperiode, Rn. 718 ff.

Initiativen in Bundesrat und Bundestag, noch keine gesetzlichen Folgen nach sich gezogen.[52]

B. Materialienkorpus: Gesetzesmaterialien zum Milieuschutz

Vor dem beschriebenen Hintergrund werden im Folgenden die Regelungen zur Erhaltungssatzung unter besonderer Beachtung des kommunalen Vorkaufsrechts der Analyse zugeführt. Herausfordernd bei der Auswahl der Gesetze und Materialien ist zum einen, dass sich im Laufe der Zeit viele kleine Veränderungen zugetragen haben. Zum anderen handelt es sich bei den Gesetzen, die signifikante Änderungen herbeigeführt haben, jeweils um große Gesetzgebungsverfahren, die den Milieuschutz eher am Rande betrafen. Dies erfordert eine selektive Untersuchung im Hinblick auf die wichtigen Passagen.

I. Gesetz zur Änderung des Bundesbaugesetzes (1976)

Das Recht der Erhaltungssatzungen ging von Beginn an Hand in Hand mit dem entsprechenden kommunalen Vorkaufsrecht. Eingeführt wurde beides mit dem Gesetz zur Änderung des Bundesbaugesetzes 1976.[53] Damals fanden sich die städtebaulichen Vorschriften noch aufgeteilt auf das Bundesbaugesetz (allgemeines Städtebaurecht) und das Städtebauförderungsgesetz (besonderes Städtebaurecht). Grundlegender Gedanke des Gesetzgebungsaktes von 1976 war der Wechsel weg von Neubau und Flächensanierung hin zu Instandhaltung und Modernisierung des Bestandes.[54] In diesem Zuge wurden ein neuer § 39 h BBauG für Erhaltungssatzungen eingeführt und die bestehenden Vorkaufsrechte erheblich umgestaltet, zugunsten der Gemeinden erweitert und insbesondere mit § 24 a Abs. 1 Nr. 4 BBauG ein besonderes Vorkaufsrecht zur Sicherung der städtebaulichen Erhaltungszie-

52 Zwar gibt es einen Referentenentwurf des Bauministeriums, dieser wurde jedoch im Zuge der Ressortabstimmung durch das Justizministerium blockiert, das zunächst „Beratungsbedarf“ sah (siehe die Berichterstattung in der *F.A.Z.*, Der Streit ums Vorkaufsrecht geht in eine neue Runde, F.A.Z. v. 10.5.2022). Hierzu und zu den weiteren Initiativen → § 10 B. IV.

53 → § 3 Fn. 90; Berichtigung v. 20.12.1976, BGBl. I S. 3617.

54 *Stock*, in: Ernst/Zinkahn/Bielenberg/Krautzberger, BauGB-Komm., 157. EL 2024, § 172 Rn. 8.

le eingeführt.[55] Im Gesetzentwurf der Bundesregierung, der im Mai 1974 im Bundesrat ein- und nach dem ersten Durchgang im August 1974 dem Bundestag zuging,[56] waren beide Normen noch nicht in dieser Form vorgesehen. Nach der ersten Lesung[57] wurde der Gesetzentwurf fast eineinhalb Jahre in den Ausschüssen behandelt; in diesem Zuge wurden für die vorliegende Untersuchung maßgebliche Änderungen vorgenommen.[58] Nach der zweiten und dritten Lesung wurde der Gesetzentwurf in Ausschussfassung angenommen.[59] Der Bundesrat berief jedoch den Vermittlungsausschuss ein,[60] dessen Ergebnis[61] im Mai[62] und Juni[63] 1976 angenommen wurde.

55 *Stock*, in: Ernst/Zinkahn/Bielenberg/Krautzberger, BauGB-Komm., 157. EL 2024, § 172 Rn. 3, § 24 Rn. 7; *Köster*, in: Schrödter (Hrsg.), BauGB-Komm., 9. Aufl. 2019, § 24 Rn. 2.

56 RegE BBauGÄndG, BR-Drs. 300/74; Sten. Bericht der 407. Sitzung, 21.6.1974, BBauGÄndG, BR-PlProt. 407/74, 263A–269D (vor allem zum Planungswertausgleich, vgl. → § 9 A. I.); RegE BBauGÄndG, BT-Drs. 7/2496 – mit der Stellungnahme des Bundesrats und der Gegenäußerung der Bundesregierung.

57 Sten. Bericht der 120. Sitzung, 27.9.1974, BT-PlProt. 7/120, BBauGÄndG, 8035B–8062C, wobei ebenfalls Fragen zum Planungswertausgleich und der Bodenordnung im Mittelpunkt standen, die für die Analyse im vorliegenden Kapitel nicht relevant sind.

58 Vgl. Ausschussbericht und Antrag, BBauGÄndG, BT-Drs. 7/4793, v. 23.2.1976. Es fanden u.a. vier öffentliche Anhörungen, zwei zweitägige Planspiele, eine Ausschussreise nach England und ein Austausch mit französischen Parlamentarierinnen statt (ebd., 5 f.). Dabei wurde die Konzeption der Regierungsvorlage grundsätzlich beibehalten, aber geändert, verbessert und erweitert (ebd., 7). Auch wenn drei Änderungsanträge der CDU/CSU- Fraktion abgelehnt wurden (BT-Drs. 7/4848, 7/4849, 7/4850; Sten. Bericht der 227. Sitzung, 11.3.1976, BT-PlProt. 7/227, BBauGÄndG, 15874B) und diese auch der Ausschussfassung insgesamt nicht zugestimmt hat, wird im Ausschussbericht für die Einzelberatungen ein für die Untersuchung relevantes „breites Maß an Übereinstimmung“ festgehalten, Ausschussbericht und Antrag, BBauGÄndG, BT-Drs. 7/4793, 7. Auch die vorliegend zentralen Vorschriften wurde demnach „weitgehend einvernehmlich gebilligt“.

59 Sten. Bericht der 227. Sitzung, 11.3.1976, BT-PlProt. 7/227, BBauGÄndG, 15840B–15892C.

60 Sten. Bericht der 433. Sitzung, 9.4.1976, BR-PlProt. 433/76, BBauGÄndG, 145B–154D.

61 Antrag und Bericht Vermittlungsausschuss, BBauGÄndG, BT-Drs. 7/5204. Der umstrittene Planungswertausgleich wurde gestrichen (ebd. Anlage 1, I. Nr. 9 [S. 3 f.]), die Ausübung des Vorkaufsrechts zum Verkehrswert eingeführt (ebd., Anlage 1, I. Nr. 10 [S. 4]). § 24 a wurde nicht geändert, § 39 h in für die Analyse nicht relevanter Weise.

62 Sten. Bericht der 245. Sitzung, 20.5.1976, BT-PlProt. 7/245, BBauGÄndG, 17373A–17382D.

63 Sten. Bericht der 435. Sitzung, 4.6.1976, BR-PlProt. 435/76, BBauGÄndG, 229C–235B.

II. Gesetz über das Baugesetzbuch (1986)

Mit der Einführung des Baugesetzbuchs[64] wurden auch die Erhaltungssatzungen und das Vorkaufsrecht zum 1.1.1987 in das Baugesetzbuch überführt. Beide Normen wurden dabei neu gefasst: Die Erhaltungssatzung aus § 39 h BBauG als § 172 BauGB, das erhaltungsrechtliche Vorkaufsrecht wanderte als eines der allgemeinen Vorkaufsrechte in § 24 Abs. 1 Nr. 4 BauGB.[65] Auch beim Gesetz über das BauGB handelt sich um ein langwieriges Gesetzgebungsprojekt, das auf vielfältigen Vorarbeiten beruhte.[66] Der Gesetzentwurf durch die Bundesregierung wurde noch 1985 im Bundesrat[67] und bereits vor Beendigung des ersten Durchgangs auch im Bundestag[68] eingebracht. Nach der ersten Lesung und (mehrfach geänderter) Ausschussüberweisung,[69] wurde der Gesetzentwurf im Ausschuss für Raumordnung, Bauwesen und Städtebau überarbeitet und im Oktober 1986 in Ausschussfassung angenommen.[70] Auch der Bundesrat stimmte dem Gesetz im zweiten Durchgang trotz entgegenstehender Ausschussempfehlungen und verschiedenen Plenaranträgen zu.[71]

---

64 Gesetz über das Baugesetzbuch (GBauGB) v. 8.12.1986, BGBl. I S. 2191.

65 Diese Änderungen und der gesetzgeberische Kontext dieser Reform liegen der Diskussion über das Vorkaufsrecht zugrunde, → § 10 D. Nach der Einfügung weiterer Sätze findet sich das Vorkaufsrecht heutzutage in § 24 Abs. 1 S. 1 Nr. 4 BauGB.

66 Diese Vorarbeiten, namentlich die „Materialien zum Baugesetzbuch – Berichte der Arbeitsgruppen und der Gesprächskreise zum Baugesetzbuch“, liegen der vorliegenden Analyse nicht zugrunde, vgl. zur Materialienfrage → § 2 C.; § 10 C. I.

67 RegE GBauGB, BR-Drs. 575/85. Der Untersuchung zugrunde gelegt werden die Stellungnahme des Bundesrats (→ § 10 Fn. 69; Beschluss, GBauGB, BR-Drs. 575/85[B]) sowie das Plenarprotokoll (Sten. Bericht der 560. Sitzung, 31.1.1986, BR-PlProt. 560/86, GBauGB, 37A–40B). Die Empfehlungen der Ausschüsse, GBauGB, BR-Drs. 575/1/85, und die verschiedenen Plenaranträge einzelner Bundesländer werden nicht gesondert berücksichtigt.

68 RegE GBauGB, BT-Drs. 10/4630.

69 Sten. Bericht der 188. Sitzung, 17.1.1986, BT-PlProt. 10/188, GBauGB, 14307A–14334C. Erst im Anschluss gingen die Stellungnahme des Bundesrats, BT-Drs. 10/5027, und die Gegenäußerung der BReg, BT-Drs. 10/5111, ein. Die Änderungen der Ausschussüberweisung werden nicht behandelt.

70 Ausschussbericht und Beschlussempfehlung, GBauGB, BT-Drs. 10/6166 (mit intensiver Darstellung des Gangs der Beratungen, 116–124); Sten. Bericht der 214. Sitzung, 23.10.1986, BT-PlProt. 10/241, GBauGB, 18566B–18599A. Verschiedene Änderungsanträge (BT-Drs. 10/6228, 10/6229, 10/6230, 10/6231) und ein Entschließungsantrag der SPD-Fraktion (BT-Drs. 10/6232) wurden abgelehnt, ein Entschließungsantrag der Fraktionen der CDU/CSU und FDP (BT-Drs. 10/6252) angenommen.

71 Sten. Bericht der 571. Sitzung, 28.11.1986, BR-PlProt. 571/86, GBauGB, 635B–642D.

III. Bau- und Raumordnungsgesetz (1998)

Die letzte für die Untersuchung wesentliche Gesetzesänderung erfolgte mit dem Bau- und Raumordnungsgesetz 1998 (BauROG), mit dem wiederum Änderungen an verschiedenen Gesetzen vorgenommen wurden.[72] § 172 BauGB erhielt im Gesetzgebungsverfahren[73] seine – bis auf geringfügige Ausnahmen – heutige Fassung. Dabei wurde sein Anwendungsbereich im Hinblick auf Milieuschutzsatzungen einerseits erweitert, indem ein besonderer Genehmigungsvorbehalt für die Umwandlung von Miet- in Eigentumswohnungen eingeführt wurde.[74] Andererseits wurden im „Interesse an der Erleichterung von Modernisierungsmaßnahmen in Milieuschutzgebieten durch Deregulierung“[75] Modernisierungsmaßnahmen, die den Zustand einer Wohnung „auf den gebietstypischen, zeitgemäßen Ausstattungszustand einer durchschnittlichen Wohnung“ anheben (vgl. § 172 Abs. 4 S. 3 Nr. 1 BauGB), erleichtert.[76] Für die vorliegende Untersuchung relevant ist dies, weil so „die Absätze 1 und 4, hinter denen ursprünglich wohnungspolitische Zielsetzungen standen, eine besondere Aufwertung“ erfuhren.[77]

Das parlamentarische Verfahren zum BauROG begann mit einer intensiven Befassung mit dem Gesetzentwurf der Bundesregierung im Bundes-

72 → § 10 Fn. 38. Schwerpunkt des BauROG war die Vereinheitlichung der bauplanungsrechtlichen Rechtslage im BauGB. Die Änderungen des Vorkaufsrechts sind vor dem Hintergrund des hiesigen Analysefokus zu vernachlässigen.

73 Wesentlich im Vermittlungsausschuss, *Möller*, in: Schrödter (Hrsg.), BauGB-Komm., 9. Aufl. 2019, § 172 Rn. 48. Dort wurden Vorschläge von Bundesrat und parlamentarischer Opposition aufgegriffen.

74 *Stock*, in: Ernst/Zinkahn/Bielenberg/Krautzberger, BauGB-Komm., 157. EL 2024, § 172 Rn. 19. Dies war bereits zuvor, mit der gescheiterten Baulandnovelle 1981, angedacht gewesen, vgl. die Ausführungen zu § 39 h in RegE, Gesetz zur Erleichterung der Bereitstellung von Bauland, BT-Drs. 9/746, 5; *Riemann*, Gentrifizierung, 2016, S. 47; ausführlich *Stock*, in: Ernst/Zinkahn/Bielenberg/Krautzberger, BauGB-Komm., 157. EL 2024, § 172 Rn. 7.

75 *Riemann*, Gentrifizierung, 2016, S. 24 f.

76 *Stock*, in: Ernst/Zinkahn/Bielenberg/Krautzberger, BauGB-Komm., 157. EL 2024, § 172 Rn. 19.

77 *Möller*, in: Schrödter (Hrsg.), BauGB-Komm., 9. Aufl. 2019, § 172 Rn. 5.

rat.[78] Im Bundestag wurde der Gesetzentwurf[79] wieder federführend vom Ausschuss für Raumordnung, Bauwesen und Städtebau beraten[80] und nach gut einem halben Jahr in Ausschussfassung angenommen.[81] Der Bundesrat rief auf Empfehlung der Ausschüsse den Vermittlungsausschuss an,[82] dessen Vermittlungsvorschlag[83] im Juni[84] und Juli[85] angenommen wurde.

IV. Aktuelle Entwicklungen

Nach der Reform im Zuge des BauROG kam es nur noch zu kleineren Änderungen am Gesetzeswortlaut des § 172 BauGB.[86] Diese werden vorliegend

78 RegE BauROG, BR-Drs. 635/96. Dort zunächst Bitte um Fristverlängerung, zahlreiche Plenaranträge und Ausschussempfehlungen. Schließlich Plenarberatung: Sten. Bericht der 704. Sitzung, 8.11.1996, BR-PlProt. 704/96, BauROG, 566A–574D (mit Diskussion insb. des mitverhandelten Naturschutzgesetzes); Stellungnahme BR, BauROG, BR-Drs. 635/96(B).

79 RegE BauROG, BT-Drs. 13/6392 (mit Stellungnahme BR und Gegenäußerung BReg); Sten. Bericht der 145. Sitzung, 5.12.1996, BauROG, BT-PlProt. 13/145, 13161C–13177D.

80 Beschlussempfehlung und Bericht, BauROG, BT-Drs. 13/7588 und 13/7589. Erneut fand eine intensive Auseinandersetzung statt, inklusive Austausch mit dem zuständigen Ministerium, öffentlicher Anhörung, diversen Stellungnahmen und Planspiel, vgl. im Ausschussbericht, BauROG, BT-Drs. 13/7589, 2 ff., 7. Die Diskussion kreiste vielfach um die großen Fragen der Bauleitplanung, weniger um die konkreten Maßnahmen der Erhaltungssatzung und des Vorkaufsrechts. Hervorzuheben unter den Änderungsanträgen ist einer der Fraktionen SPD und B90/Gr, BT-Drs. 13/7657, zu § 174 b BauGB, der die Umwandlung von Miet- und Eigentumswohnungen betraf.

81 Sten. Bericht der 175. Sitzung, 15.5.1997, BT-PlProt. 13/175, BauROG, 15728B–15758D.

82 Empfehlung der Ausschüsse, BauROG, BR-Drs. 339/1/97; Sten. Bericht der 713. Sitzung, 6.6.1997, BR-PlProt. 713/97, BauROG, 213D–214D; Beschluss mit Gründen wiedergegeben in BT-Drs. 13/7886.

83 Vermittlungsvorschlag, BauROG, BT-Drs. 13/8019. Vertreterinnen der PDS nahmen am Vermittlungsausschuss nicht teil, kritisch *Warnick* (PDS), Sten. Bericht der 184. Sitzung, 26.6.1997, BT-PlProt. 13/184, BauROG, 16596B.

84 Sten. Bericht der 184. Sitzung, 26.6.1997, BT-PlProt. 13/184, BauROG, 16596A–16596C. Nach dem Vermittlungsausschuss konnten im Bundestag auch die Stimmen der SPD-Fraktion gewonnen werden (ebd., 16596C).

85 Sten. Bericht der 714. Sitzung, 4.7.1997, BR-PlProt. 714/97, BauROG, 262A–263A. Die Änderungen hinsichtlich der Erhaltungssatzungen werden hier unter „einige kleinere Veränderungen des Gesetzes" subsumiert (ebd., 262D).

86 Bspw. Umformulierung „Sondereigentum" in „Wohnungseigentum oder Teileigentum" (§ 172 BauGB i.d.F. v. 24.6.2004); Anwendung der neuen Rechtschreibung (§ 172 BauGB i.d.F. v. 23.9.2004) und Anpassung an die Energieeinsparverordnung (§ 172 BauGB i.d.F. v. 11.6.2013, erneut § 172 BauGB i.d.F. v. 8.8.2020). Dazu *Stock*, in: Ernst/Zinkahn/Bielenberg/Krautzberger, BauGB-Komm., 157. EL 2024, § 172 Rn. 20a ff. Be-

ebenso wenig berücksichtigt wie die letzte Änderung des Wortlauts des § 24 Abs. 1 S. 1 Nr. 4 BauGB im Zuge des Europarechtsanpassungsgesetzes Bau von 2004.[87] Auch die letzte Novelle mit dem Baulandmobilisierungsgesetz[88] brachte in Bezug auf den vorliegenden Untersuchungsgegenstand keine wesentlichen Neuerungen.[89]

Viel weitreichender wirkt sich das Urteil des Bundesverwaltungsgerichts vom 9.11.2021 auf die Gestalt des Milieuschutzrechts aus.[90] In dieser Entscheidung nimmt das Gericht eine eigene Rekonstruktion der Gesetzgebungsgeschichte mit der folgenreichen Einschätzung vor, dass das ursprünglich erhaltungsrechtliche Vorkaufsrecht aus dem Bundesbaugesetz mit der Überführung in das Baugesetzbuch seinen ihm eigenen erhaltungsrechtlichen Zweck verloren habe. Diese Rekonstruktionserzählung des Bundesverwaltungsgerichts wird im Anschluss an die eigene Untersuchung nachvollzogen (hierzu D.).

Das Leipziger Urteil hat die Diskussion um das Milieuschutzrecht wiederbelebt und zu verschiedenen Gesetzesinitiativen geführt. Um die Potenziale und Grenzen des methodischen Vorgehens weiter zu testen, werden abweichend vom bisherigen strengen methodischen Vorgehen auch die folgenden, nicht gesetzgeberisch konsentierten[91] Materialien berücksichtigt: der Referentenentwurf aus dem Bundesbauministerium über ein

züglich der Energiesparregelungen lässt sich durchaus ein politischer Kompromiss zwischen Energiewende und Milieuschutz beobachten (ebd., Rn. 20c).

87 Gesetz v. 24.6.2004, BGBl. I S. 1359. Die damals einzige Änderung an § 24 BauGB bezog lediglich die durch Satzung festgelegten Stadtumbaugebiete (§ 171 d Abs. 1 BauGB) in den Anwendungsbereich der Norm mit ein, *Köster*, in: Schrödter (Hrsg.), BauGB-Komm., 9. Aufl. 2019, § 24 Rn. 3.

88 Gesetz zur Mobilisierung von Bauland (Baulandmobilisierungsgesetz) v. 14.6.2021, BGBl. I S. 1802 (1809). Überblicksartig *Grziwotz*, NotBZ 2021, 361 (363 ff.).

89 Zwar wird die Streichung in § 28 Abs. 3 S. 1 BauGB, nach der beim preislimitierenden Vorkaufsrecht die Verkehrswertüberschreitung nicht mehr *erkennbar* sein muss, als „kleine[ ] Revolution“ bezeichnet, *Grziwotz*, NotBZ 2021, 361 (365). Die Analyse dieser Vorschrift würde jedoch den Fokus der Untersuchung verschieben. Die Ausweitung der Vorkaufsrechte, um „eine gezielte strategische Bodenpolitik der Kommunen für den Wohnungsbau“ (*Zimmermann*, DVBl 2023, 443 [443]) zu unterstützen und den Gemeinden „eine leichtere Mobilisierung von Flächen für den Wohnungsbau“ (ebd., 444) zu ermöglichen, betrifft die Vorkaufsrechte hingegen zu allgemein. Mit den Vorkaufsrechten zur Baulandmobilisierung verfolgt der Gesetzgeber eine auf marktwirtschaftlichen Gedanken beruhende Zielsetzung, die bereits aus dem Kapitel zur Grundsteuer bekannt ist (→ § 9 C. IV. 2.).

90 → § 10 Fn. 2.

91 → § 2 B., C.

Vorkaufsrechtsänderungsgesetz,[92] eine Bundesratsentschließung zur Thematik[93] und ein im Bundestag verhandelter Gesetzentwurf zur Wiederherstellung des Vorkaufsrechts in Milieuschutzgebieten[94]. Alle diese Initiativen haben bisher zu keinem Gesetzesbeschluss geführt, geben aber Einblicke in den aktuellen Stand der Gesetzesdebatte zum Milieuschutz.

C. Analyse: Entwicklung des Erhaltungsgedankens zwischen Milieuschutz und Eigentum

Trotz vergleichsweise geringfügiger Änderungen am Wortlaut der Normen wird die Entwicklung des Milieuschutzrechts von unterschiedlichen ökonomischen Bedeutungszuschreibungen durch die Gesetzgebung getragen. Dies gilt insbesondere mit Blick auf den Kern des Milieuschutzes: den Erhaltungsgedanken. Dieser orientierte sich zunächst an der baulichen Substanz, wurde aber bald zu einem Schutz des sozialen Milieus an sich und näherte sich schließlich dem Mieterschutz an (I.). Nach der vorliegenden Rekonstruktion handelt es sich trotz dieser Wandlungen um eine insgesamt einheitliche Entwicklung, die in weiten Teilen von sozialen und strukturellen, polit-ökonomischen Erwägungen der Gesetzgebung dominiert wird.

Daneben gehen auch eigentumspolitische Argumente in die Gesetzgebungsdebatten ein, die das Milieuschutzrecht stärker konturieren und ebenfalls weiterentwickeln (II.). Während marktwirtschaftliche Argumentationen zunächst nur fragmentarisch angeführt wurden, hat sich dies zuletzt geändert. Heutzutage wird den milieuschutzrechtlichen Instrumenten

---

92 *BMWSB*, Referentenentwurf eines Gesetzes zur Änderung des Baugesetzbuchs, (Vorkaufsrechtsänderungsgesetz – VKRÄG) v. 27.4.2022, https://berlin.igbau.de/Binaries/Binary12742/220427-Referentenentwurf-Vorkaufsrechtsaenderungsgesetz-Ressortabstimmung-.pdf.

93 Entschließungsantrag (BE, HH), Vorkaufsrecht, BR-Drs. 133/22; Sten. Bericht der 1019. Sitzung, 8.4.2022, BR-PlProt. 1019/22, Vorkaufsrecht, 108–109; Beschluss, Entschließung Vorkaufsrecht, BR-Drs. 133/22(B).

94 GesE Linksfraktion, Gesetz zur Wiederherstellung des Vorkaufsrechts in Milieuschutzgebieten (Neues Vorkaufsrecht-Gesetz – VorkG), BT-Drs. 20/679. Erste Lesung: Sten. Bericht der 17. Sitzung, 17.2.2022, BT-PlProt. 20/17, VorkG, 1212C–1222C; Ausschussbericht und Beschlussempfehlung, VorkG, BT-Drs. 20/2393; zweite Lesung Sten. Bericht der 44. Sitzung, 23.6.2022, BT-PlProt. 20/144, VorkG, 4534A–4543B. Gemeinsam verhandelt mit dem Antrag der Linksfraktion, Kommunales Vorkaufsrecht in Milieuschutzgebieten sofort wiederherstellen, BT-Drs. 20/236; und der AfD-Fraktion, Mehr Wohnungsmarkt wagen – Keine Ausweitung der Vorkaufspraxis in Milieuschutzgebieten, BT-Drs. 20/2362.

vor allem mit marktwirtschaftlich begründeter Skepsis begegnet: Demnach verbessern staatliche Eingriffe in das Eigentum die Situation nicht, stattdessen sollen die eigentlichen Probleme auf anderem Wege – abseits des Milieuschutzrechts – gelöst werden. Insofern scheinen aus den Untersuchungen der anderen Instrumente bekannte marktwirtschaftliche Motive auch im Milieuschutzrecht auf, die somit als für den Bereich der Wohngesetzgebung insgesamt grundlegend verstanden werden können.

I. Gesetzgeberische Annahmen I: Variationen des Erhaltungsgedankens

Der „sogenannte ‚Milieuschutz'" wurde erstmals im Ausschussbericht zum Bundesbaugesetzänderungsgesetz 1976 erwähnt.[95] Daher ist er zunächst im Kontext dieses Gesetzes zu betrachten: Der Neuorientierung des Städtebaurechts weg von Aufbau und Neubau der Nachkriegszeit hin zur „Konsolidierung des Bestehenden, Erhaltung der gewachsenen sozialen städtischen Strukturen und bedarfsgerechte[m] Neubau."[96] Diese Ausrichtung beruht ausweislich der Plenardebatten auch auf der Auseinandersetzung mit der ökonomisch getriebenen Entwicklung der Städte in den 1970er Jahren.[97] Als Folge einer „dem sogenannten ‚freien Spiel der Kräfte'" überlassenen Stadtentwicklung, die sich an privaten finanziellen Interessen orientiere,[98] wurden „unübersehbar[e]" „Fehlentwicklungen" beschrieben: dass Menschen aus den Innenstädten verdrängt und im Zuge der Kahlschlagsanierung günstige Altbau- durch „unverkäufliche Eigentumswohnungen ersetzt" werden, dass Umwelt- und Klimaverschlechterungen zu- und die Qualität des menschlichen Miteinanders abnehme.[99]

Diese Problemanalyse wurde indes von der Opposition nicht in dieser Drastik geteilt. Sie betonte vielmehr die ordnungsrechtliche Funktion des Bundesbaugesetzes – das „nicht als preispolitisches Instrumentarium

95 Bereits → § 10 A. II.; Ausschussbericht und Antrag, BBauGÄndG, BT-Drs. 7/4793, 38.

96 BM *Ravens*, Sten. Bericht der 433. Sitzung, 9.4.1976, BR-PlProt. 433/76, BBauGÄndG, 148A; kurz „Erhaltung des Erhaltenswerten", RegE BBauGÄndG, BT-Drs. 7/2496, 27. Siehe bereits → § 10 Fn. 28.

97 → § 9 A. I.; vgl. *B. Schönig/Vollmer*, in: B. Schönig/Vollmer (Hrsg.), Wohnungsfragen ohne Ende?!, 2020, S. 7 (14).

98 *Conradi* (SPD), Sten. Bericht der 120. Sitzung, 27.9.1974, BT-PlProt. 7/120, BBauGÄndG, 8045B.

99 *Conradi* (SPD), Sten. Bericht der 120. Sitzung, 27.9.1974, BT-PlProt. 7/120, BBauGÄndG, 8043B, D.

mißverstanden werden“ dürfe.[100] Einigkeit wurde aber dahingehend postuliert, dass dem „sozialen Bodenrecht [...] nicht nur baurechtliche Aufgaben gestellt“ seien, sondern es auch eine „soziale und wirtschaftliche Funktion“ erfülle, indem es den Bodenmarkt ordne, Bodenpreise und -spekulation dämpfe und „bessere gemeindliche Planungen für eine humane städtebauliche Entwicklung ermöglichen und ihre Durchführung erleichtern“ solle.[101] Parallel zum Sozialen Mietrecht wurde somit auch mit dem sozialen Bodenrecht eine den Gedanken der Sozialen Marktwirtschaft entsprechende Konzeption beschrieben.[102]

In diese Gemengelage fügen sich die Regelungen über den Milieuschutz ein. Während im Gesetzentwurf noch angedacht war, über Modernisierungen anstelle von Abriss die Bevölkerungsstruktur mittelbar zu erhalten (1.), wurde bereits mit der Einführung des Gedankens des Milieuschutzes in der Ausschussphase der Schutz der Bevölkerungsstruktur selbst vor verschiedensten Veränderungen als Schutzziel festgelegt (2.). Insofern hat sich ein Verständnis durchgesetzt, das die *Erhaltung der Zusammensetzung der Wohnbevölkerung* statt des *Schutzes der Bevölkerung im Zuge der Erhaltung der Bausubstanz* betont. Beiden Verständnissen liegt jedoch eine grundlegend positive Sichtweise auf Instandhaltung und Modernisierung – gegenüber Abriss – und Milieuschutz zugrunde. Nach der vorliegenden Rekonstruktion wurde dieses Verständnis nach dem Bundesbaugesetz auch in das Baugesetzbuch übersetzt. Gleichwohl hat sich auch nach hiesiger Auffassung die Schutzrichtung des Milieuschutzes seit dem Baugesetzbuch weiterentwickelt: Während zunächst die größte Bedrohung von Abriss ausging, wurden mit der Zeit die Umwandlungen von Mietwohnungen in Wohneigentum und heutzutage schließlich Modernisierung und Wiederaufwertung zum Problem.[103] Hierdurch wurde der Milieuschutz zunehmend als Mieterschutz verhandelt (3.), die verschiedenen Diskussionen unter dem Stichwort der ‚Gentrifizierung‘ hingegen nicht aufgegriffen.[104]

---

100 *Schneider* (CDU/CSU), Sten. Bericht der 120. Sitzung, 27.9.1974, BT-PlProt. 7/120, BBauGÄndG, 80359C.

101 *Schneider* (CDU/CSU), Sten. Bericht der 120. Sitzung, 27.9.1974, BT-PlProt. 7/120, BBauGÄndG, 80359D f.

102 → § 6 B. I., V.; § 8 C. IV.; § 9 C. IV.

103 Zu diesen gewandelten Herausforderungen für die Innenstadtentwicklung bereits *Altrock*, in: K. Kummer/Frankenberger/Kötter (Hrsg.), Das deutsche Vermessungs- und Geoinformationswesen 2014, 2013, S. 157 (158 ff.); → § 10 A. I.

104 Nicht einmal die Ambivalenz der Diskussion – auf der einen Seite wird die Mobilisierung privaten Kapitals zur städtebaulichen Aufwertung begrüßt, andererseits die hiermit verbundenen Verdrängungsdynamiken und sozialen Probleme besorgt –

1. Mittelbarer Milieuschutz: Modernisieren, um zu erhalten

Noch ohne explizite Benennung als Milieuschutz findet sich die Zielsetzung, die bevölkerungsmäßige Zusammensetzung zu erhalten, im Gesetzentwurf zum Bundesbaugesetzänderungsgesetz. Dieses Ziel sollte *durch* Modernisierungen erreicht werden (a.). Obwohl dieses Verständnis bereits im Ausschuss überholt wurde, zieht sich die Frage nach notwendiger Modernisierung *zum* Erhalt der Bevölkerungsstruktur durch die weitere Gesetzgebungsgeschichte (b.).

a) Modernisierungen als Voraussetzung für Milieuschutz

Entsprechend der Verortung von Instandhaltung und Modernisierung als Voraussetzung für den Erhalt nicht nur der Bausubstanz, sondern auch der Bevölkerungszusammensetzung wurden die Erhaltungssatzungen zunächst unter der Überschrift „Abbruchgenehmigung" verhandelt.[105] In § 39 h Abs. 1 BBauG wurde die Ermächtigung zur Erstellung von Erhaltungssatzungen erteilt, in § 39 h Abs. 2 BBauG Versagungsgründe für die Genehmigung – positiv: Gründe für den Erhalt der baulichen Anlage – formuliert. Dazu gehörte unter anderem die „Sicherung eines den sozialen Belangen Rechnung tragenden Ablaufs bei städtebaulichen Maßnahmen und Umstrukturierungen" (Nr. 2) und die „Sicherung künftiger Modernisierungen" (Nr. 3).[106] Während die Sicherung nach Nr. 2 auf die wirtschaftlichen und sozialen Auswirkungen der städtebaulichen Maßnahmen auf die persönlichen Lebensumstände der Bewohnerinnen abzielte, hatte § 39 h Abs. 2 Nr. 3 BBauG bereits die „bevölkerungsmäßige Zusammensetzung im Gebiet" im Blick.[107] Denn die Bezeichnung des Erhaltungsgebiets war dadurch bedingt,

---

drückt sich im Gesetzgebungsverfahren aus; *Riemann*, Gentrifizierung, 2016, S. 4 f.; *Bärenbrinker*, Urban Governance, 2012, S. 54 f.; → § 10 A. II.; zur korrespondierenden Operationalisierung → § 5 B. I. 2.

105 RegE BBauGÄndG, BT-Drs. 7/2496, 14. Vgl. auch Aussagen von BM *Ravens*, Sten. Bericht der 433. Sitzung, 9.4.1976, BR-PlProt. 433/76, BBauGÄndG, 148C, dazu, die städtebauliche Neuorientierung durch ein Modernisierungsgebot und das Erfordernis der Abbruchgenehmigung zu ermöglichen und zu sichern.

106 RegE BBauGÄndG, BT-Drs. 7/2496, 14.

107 RegE BBauGÄndG, BT-Drs. 7/2496, 14. Plastisch *Waltemathe* (SPD), Sten. Bericht der 227. Sitzung, 11.3.1976, BT-PlProt. 7/227, BBauGÄndG, 15848B: „Wer sein Haus verkommen läßt — in Spekulation darauf, daß Abriß und Neubau seines Gebäudes ungewohnten Gewinn verheißen —, kann zur Modernisierung veranlaßt werden.

dass für die Zukunft Modernisierungen beabsichtigt waren, die zum Erhalt der bevölkerungsmäßigen Zusammensetzung beitragen sollten.[108] Der Erhalt dieser Zusammensetzung und die Modernisierung standen also in einem insofern positiven Zusammenhang, als dass die Modernisierungen selbst zum Erhalt der Zusammensetzung beitragen sollten. Modernisierung – statt Abbruch – wurde also als Voraussetzung für Milieuschutz verstanden; die Erhaltungssatzungen waren ein Bestandteil des Modernisierungs- und Instandhaltungs*gebots*.

b) Kontinuität des Gedankens in den Debatten um Substandards

Wenngleich diese Schutzrichtung bereits in den Ausschussberatungen zum Bundesbaugesetzänderungsgesetz abgeändert wurde und nicht mehr der Erhalt durch Modernisierung als Voraussetzung für Milieuschutz, sondern das Milieu selbst fokussiert wurde, zieht sich der Gedanke des Milieuschutzes *durch* Instandhaltung bis heute durch die Gesetzgebung. Er wird jedoch nicht in dieser Form ausformuliert, sondern in der Sorge um Substandards und die Bewohner von Milieuschutzgebieten als Modernisierungsverlierer verhandelt.[109]

Konkretisiert hat sich dies in einer in den Ausschussberatungen zum Bau- und Raumordnungsgesetz 1998 diskutierten Änderung des § 172 Abs. 4 BauGB, wonach gewisse qualitätsverbessernde Maßnahmen von den genehmigungspflichtigen Änderungen einer baulichen Anlage ausgenommen werden sollten: Wenn damit „bauordnungsrechtlichen Mindestanforderungen Rechnung“ getragen wird oder „die Maßnahme der Herstellung des zeitgemäßen Ausstattungszustands einer durchschnittlichen Wohnung dient, soweit mit ihr kein wesentlicher Eingriff in die Bausubstanz verbun-

Um radikalem Kahlschlag vorzubeugen, erhalten die Gemeinden das Recht, Gebiete festzulegen, in denen Abbrüche verboten sind bzw. einer besonderen städtebaulichen Genehmigung bedürfen. Hier sind Belange der Stadterhaltung, der Stadtbildgestaltung, geschichtliche und künstlerische Gesichtspunkte ebenso angesprochen wie soziale und solche der Bevölkerungsstruktur.“

108 RegE BBauGÄndG, BT-Drs. 7/2496, 14. Vgl. trotz Änderungen auch noch die Annahme im Ausschussbericht und Antrag, BBauGÄndG, BT-Drs. 7/4793, 38, dass erst die Modernisierung „in vielen Fällen die Voraussetzung für die Erhaltung einer bestimmten Bevölkerungsstruktur schafft“.

109 Vgl. *Braun* (Augsburg, FDP), Sten. Bericht der 145. Sitzung, 5.12.1996, BauROG, BT-PlProt. 13/145, 13170A, B.

den ist."[110] Neben dem (Selbst-)Zweck der Deregulierung sollte hiermit ein „Substandard" vermieden werden, „weitgehende Maßnahmen" hingegen weiterhin einer „genehmigungsrechtlichen Prüfung im Hinblick auf die Ziele der Milieuschutzsatzung unterzogen werden."[111] Dem liegt wiederum (auch) die „Sichtweise" zugrunde,

> *„daß Modernisierung grundsätzlich positiv ist, weil sie die Altbausubstanz in den Städten erhält, Wohnungen langfristig vermietbar macht, den Wohnwert erhöht und damit auch die soziale Ausgewogenheit in Altbaugebieten der Städte ermöglicht."*[112]

Dem begegnete der Bundesrat bei Anrufung des Vermittlungsausschusses mit der Sorge, dass diese „vom Bundestag beschlossene Fassung [...] dazu führen [würde], daß auf die Mieterschaft im Anschluß an nunmehr nicht mehr genehmigungspflichtige Maßnahmen erhebliche finanzielle Mehrbelastungen zukommen können."[113] Im Vermittlungsausschuss wurden die jeweiligen Sorgen durch Beibehaltung des Genehmigungsvorbehalts, aber Ermessenslenkung auf Genehmigungserteilung bei Instandsetzung miteinander in Ausgleich gebracht.[114] Damit war die gesetzgeberische Diskussion jedoch nicht beendet: Auch in den aktuellen Diskussionen wird den Milieuschutzvorschriften vorgehalten, entgegen den (potenziellen) Bedarfen den Status quo zu zementieren,[115] notwendige Sanierungen zu verhindern[116] und so die „Bewohner in sozialen Erhaltungsgebieten [...] zu Modernisierungsverlierern"[117] zu machen und selbst zur Verdrängung beizutragen[118].

---

110 Beschlussempfehlung Ausschuss, BauROG, BT-Drs. 13/7588, 47.

111 Ausschussbericht, BauROG, BT-Drs. 13/7589, 29 f.

112 *Braun* (Augsburg, FDP), Sten. Bericht der 175. Sitzung, 15.5.1997, BT-PlProt. 13/175, BauROG, 15739B.

113 Unterrichtung, Anrufung des Vermittlungsausschusses, BauROG, BT-Drs. 13/7886, 11.

114 Kritisch hierzu wiederum → § 10 C. II. 2.

115 *Ferlemann* (CDU/CSU), Sten. Bericht der 17. Sitzung, 17.2.2022, BT-PlProt. 20/17, VorkG, 1215A, mit dem fast typischen Beispiel: „Warum soll die Mieterin im dritten Stock, die ältere Dame, nicht davon profitieren, dass ein Fahrstuhl eingebaut wird?"

116 AfD-Fraktion, in: Ausschussbericht und Beschlussempfehlung, VorkG, BT-Drs. 20/2393, 7.

117 Antrag AfD-Fraktion, Mehr Wohnungsmarkt, BT-Drs. 20/2362, 3.

118 CDU/CSU-Fraktion, in: Ausschussbericht und Beschlussempfehlung, VorkG, BT-Drs. 20/2393, 7.

2. Milieuschutz als Erhaltungsziel: Erhalt der Bevölkerungsstruktur

In den Ausschussberatungen zum Bundesbaugesetzänderungsgesetz wurden der Wortlaut und der Normzweck des § 39 h BBauG verändert.[119] Der erhaltungsrechtliche Gedanke des Milieuschutzes tritt hiernach stärker hervor und wird durch weitere Regelungsgehalte abgesichert (a.). Diese Ausrichtung wurde mit § 172 Abs. 1 S. 1 Nr. 2 BauGB, der Nachfolgenorm[120] des § 39 h BBauG, und mit dem korrespondierenden Vorkaufsrecht aus § 24 Abs. 1 Nr. 4 BauGB, zuvor in § 24 a BBauG, fortgeführt (b.).[121]

a) Der milieuschutzrechtliche Erhaltungszweck im Bundesbaugesetz

Bereits die vom Ausschuss neu formulierte Überschrift, „Erhaltung baulicher Anlagen“[122], sollte „dem vom Ausschuß dieser Vorschrift beigemessenen stärkeren städtebaulichen Erhaltungsgedanken Rechnung“ tragen.[123] Diese Zielrichtung schlägt sich auch im angepassten Aufbau der Norm nieder, wonach die Gebietsbezeichnung als Voraussetzung des Genehmigungsvorbehalts klargestellt wird: Die Erhaltungsgründe fungieren weiterhin vorrangig als Ausschlussgründe,[124] es muss aber bereits bei der Festsetzung der Erhaltungsgebiete angegeben werden, welchen Erhaltungsgründen die Festlegung dient (§ 39 h Abs. 1 S. 2 BBauG).

Flankiert wird § 39 h BBauG nach dem Willen des Ausschusses durch ein erhaltungsrechtliches Vorkaufsrecht in § 24 a BBauG.[125] Auch hiermit

---

119 Dabei wird betont, dass die „Zielsetzung der Regierungsvorlage“ grundsätzlich beibehalten werde, Ausschussbericht und Antrag, BBauGÄndG, BT-Drs. 7/4793, 38. Auch *Stock*, in: Ernst/Zinkahn/Bielenberg/Krautzberger, BauGB-Komm., 157. EL 2024, § 172 Rn. 3.

120 *Möller*, in: Schrödter (Hrsg.), BauGB-Komm., 9. Aufl. 2019, § 172 Rn. 2; *Stock*, in: Ernst/Zinkahn/Bielenberg/Krautzberger, BauGB-Komm., 157. EL 2024, § 172 Rn. 2; → § 10 B. II.

121 Zur abweichenden Lesart des BVerwG und die daran anschließenden Reformdebatten → § 10 D.

122 Vgl. Ausschussbericht und Antrag, BBauGÄndG, BT-Drs. 7/4793, 92.

123 Ausschussbericht und Antrag, BBauGÄndG, BT-Drs. 7/4793, 38.

124 § 39 h Abs. 3 BBauG (Ausschussfassung): „Die Genehmigung darf nur versagt werden, wenn die bauliche Anlage erhalten bleiben soll [...], 3. um in dem Gebiet die Zusammensetzung der Wohnbevölkerung zu erhalten, wenn dies aus besonderen städtebaulichen Gründen erforderlich ist.“

125 Dies geht zurück auf einen Vorschlag der Ausschussminderheit der CDU/CSU-Fraktion, siehe Ausschussbericht und Antrag, BBauGÄndG, BT-Drs. 7/4793, 14, 32.

sollen die Gemeinden die „Erhaltung einer bestimmten Stadtgestalt oder bestimmter Stadtstrukturen“ beeinflussen können[126] und insbesondere „zur Wahrung der Belange des § 39 h“ Grundstücke im Wege des Vorkaufsrechts erwerben können, solange konkrete Anhaltspunkte ergeben, „daß durch den Erwerber des Grundstücks die Ziele des § 39 h unterlaufen würden.“[127] Die marktwirtschaftliche Verfügung über Wohnhäuser wird somit Milieuschutzzielen bei- und untergeordnet.

Wesentlich im Sinne dieser Untersuchung ist zudem, dass zwar am Grundgedanken des § 39 h Abs. 2 Nr. 3 RegE BBauGÄndG festgehalten, die Zielsetzung jedoch derart verändert wurde, dass sie gerade „nicht mehr unmittelbar auf die Sicherung künftiger Modernisierungen, sondern ausschließlich auf den sogenannten ‚Milieuschutz‘ abstellt“.[128] So lautet die Formulierung der Norm in der Ausschussfassung: „[...] um in dem Gebiet die Zusammensetzung der Wohnbevölkerung zu erhalten, wenn dies aus besonderen städtebaulichen Gründen erforderlich ist.“[129] Der Schutz der Milieus selbst wurde also zum Gesetzeszweck, Milieus als erhaltenswert betrachtet und so die polit-ökonomisch relevante Fragestellung über die Bedeutung der Zusammensetzung der Wohnbevölkerung aufgewertet. Von Abbruch, Umbau und Änderung baulicher Anlagen wird weiterhin angenommen, dass sie den Erhalt der Zusammensetzung der Wohnbevölkerung gefährden können.[130] Zudem wird angenommen, dass die Modernisierung auch ohne die noch im Gesetzentwurf vorgesehene Formulierung („zur Sicherung künftiger Modernisierungen“) ausreichend abgesichert ist.[131] Es bleibt aber dabei, dass Modernisierungen „erst in vielen Fällen die Voraussetzung für die Erhaltung einer bestimmten Bevölkerungsstruktur“ schaffen und somit Modernisierung und Schutz der Bevölkerungsstruktur nicht im Widerspruch zueinander verstanden werden.[132]

126 Ausschussbericht und Antrag, BBauGÄndG, BT-Drs. 7/4793, 14.

127 Ausschussbericht und Antrag, BBauGÄndG, BT-Drs. 7/4793, 32.

128 Ausschussbericht und Antrag, BBauGÄndG, BT-Drs. 7/4793, 38.

129 Eine Gegenüberstellung des Wortlauts der Fassungen findet sich im Ausschussbericht und Antrag, BBauGÄndG, BT-Drs. 7/4793, 92 f.

130 *Böger* (FDP), Sten. Bericht der 120. Sitzung, 27.9.1974, BT-PlProt. 7/120, BBauGÄndG, 8048D: „Es können auch Gebiete festgelegt werden, in denen der Abbruch von Gebäuden der Genehmigung bedarf. Grund: Sicherung erhaltenswerter Bausubstanz, vor allem in der Innenstadt, sozial gerechte Steuerung von Umstrukturierung, Modernisierung in den älteren Vierteln der Stadt, Vermeidung von Stadtkahlschlag.“

131 Ausschussbericht und Antrag, BBauGÄndG, BT-Drs. 7/4793, 38 f.

132 Vgl. Ausschussbericht und Antrag, BBauGÄndG, BT-Drs. 7/4793, 38.

Nach dieser Konzeption von 1976 sind Erhaltungssatzungen und Vorkaufsrecht jeweils Mittel zum Zweck. Sie dienen der Planverwirklichung[133] und unterstützen die städtebaulichen[134] Ziele des Baugesetzbuchs. Dies ergibt sich neben dem Wortlaut der Norm insbesondere aus der systematischen Verortung. Die Diskussion hat dabei vier verschiedene Dimensionen.[135] Erstens ist die Planverwirklichung bei der möglichen Abwendung des Vorkaufsrechts von Bedeutung.[136] Zweitens spiegelt sich der Gedanke der Planverwirklichung in der Wiederveräußerungspflicht der Gemeinde[137], „sobald der mit dem Erwerb des Grundstücks verfolgte Zweck verwirklicht werden kann."[138] Diese Kopplung von Vorkaufsrecht und Wiederveräußerung stellte insbesondere für die Unionsfraktion eine wichtige Voraussetzung dar, die sie „im Interesse einer breiten Eigentumsstreuung" forcierte.[139] Insofern wird auch das Vorkaufsrecht verbunden mit den großen wohnpolitischen Zielsetzungen in der (Sozialen) Marktwirtschaft.[140]

---

133 BM *Ravens*, Sten. Bericht der 120. Sitzung, 27.9.1974, BT-PlProt. 7/120, BBauGÄndG, 8036D; *Böger* (FDP), ebd., 8048D. Auch später als allgemeine Aussage zum Vorkaufsrecht in RegE GBauGB, BT-Drs. 10/4630, 55; Ausschussbericht, BauROG, BT-Drs. 13/7589, 27. An dieser Stelle muss betont werden, dass in den gesetzgeberischen Debatten häufig kaum zwischen den verschiedenen Vorkaufsrechten differenziert wird.

134 Dass dem Erhaltungsrecht dieser städtebauliche Charakter zugrunde liegt, wird in der Gesetzgebung jedoch weniger stark hervorgehoben als im Schrifttum: *Möller*, in: Schrödter (Hrsg.), BauGB-Komm., 9. Aufl. 2019, § 172 Rn. 5, 31 ff., 100 ff.; *Riemann*, Gentrifizierung, 2016, S. 21 f.; *Weigelt*, Wachsende Stadt, 2016, S. 177 ff.; *Stock*, in: Ernst/Zinkahn/Bielenberg/Krautzberger, BauGB-Komm., 157. EL 2024, § 172 Rn. 42 ff.; *Mitschang*, in: Battis/Krautzberger/Löhr, BauGB-Komm., 15. Aufl. 2022, § 172 Rn. 11 f., 91 ff. Dabei sind weder alle Bevölkerungsstrukturen schützenswert noch reicht die bloße Veränderung aus, wenn diese nicht städtebauliche Folgeerscheinungen (bspw. Auswirkungen auf Infrastruktureinrichtungen oder sozialen Wohnungsbau) nach sich zieht.

135 Diese Themen werden in der Analyse allesamt nicht tiefgehend verfolgt und berücksichtigt. Die Darstellung erhebt somit keinen Anspruch auf Vollständigkeit, sondern gibt punktuell Linien und Äußerungen wieder. Insbesondere wird auf die unterschiedlichen Lesarten und Akzentuierungen vor, durch und nach dem BVerwG-Urteil von 2021 an dieser Stelle noch nicht eingegangen.

136 Zunächst § 24 a S. 2 BBauG, später § 27 BauGB.

137 Zunächst § 26 BBauG, später § 89 BauGB.

138 Ausschussbericht und Antrag, BBauGÄndG, BT-Drs. 7/4793, 33.

139 *Schmöle* (CDU/CSU), Sten. Bericht der 227. Sitzung, 11.3.1976, BT-PlProt. 7/227, BBauGÄndG, 15842C; siehe bereits BM *Ravens*, Sten. Bericht der 120. Sitzung, 27.9.1974, BT-PlProt. 7/120, BBauGÄndG, 80356D, zum Ziel der „Eigentumsbildung breiter Schichten der Bevölkerung". Vgl. heute § 89 Abs. 3 BauGB.

140 Weiter → § 10 C. II. 1.

Ebenfalls der Planverwirklichung dienen, drittens, die Gründe für den Ausschluss des Vorkaufsrechts.[141] Und viertens kann auch die Diskussion um das preislimitierende Vorkaufsrecht in diesem Kontext gelesen werden.[142] Hierbei werden zudem weitere Zwecke in das Vorkaufsrecht inkorporiert: fiskalische Zwecke (keine übermäßige Belastung der Kommunen), aber auch Einflussnahme auf das Preisniveau.[143] Gleichzeitig werden die Auswirkungen der Preislimitierung zum einen durch die Abwendungsmöglichkeit, zum anderen durch das mit der Preislimitierung verbundene Rücktrittsrecht[144] abgemildert.

b) Sicherstellung des Erhaltungszwecks im Baugesetzbuch

Zehn Jahre nach der Aufnahme des Milieuschutzgedankens in das Bundesbaugesetz wurden die Erhaltungssatzungen und Vorkaufsrechte bei der Einführung des Baugesetzbuchs 1986 in dieses neue Gesetzbuch überführt.[145] Nach der Lesart des Bundesverwaltungsgerichts hat das erhaltungsrechtliche Vorkaufsrecht, das der Verwirklichung der städtebaulichen Ziele der Erhaltungssatzungen dient(e), hierbei seinen speziell erhaltungsrechtlichen Charakter eingebüßt und wurde zum bloßen Vorkaufsrecht „im Geltungsbereich einer Erhaltungssatzung" (so auch der Wortlaut des neuen § 24 Abs. 1 Nr. 4 BauGB).[146] Dass mit der Überführung in das Baugesetzbuch nicht nur eine regionale Einschränkung erfolgte, sondern auch der Charak-

---

141 § 26 BauGB, zuvor (für das erhaltungsrechtliche Vorkaufsrecht nur) § 24 Abs. 3 i.V.a. § 24 a S. 3 BBauG. Dies als Schwerpunkt der Entscheidung des BVerwG → § 10 D. I.

142 Die wechselhafte Gesetzgebungsgeschichte des preislimitierenden Vorkaufsrechts ist ein Thema für sich, das vorliegend nur angerissen wird. Heutzutage muss noch der Hinweis der Preislimitierung nicht auf den Verkehrswert, sondern einen „sozialverträglichen Ertragswert" ergänzt werden, vgl. Antrag Linksfraktion, Vorkaufsrecht wiederherstellen, BT-Drs. 20/236, 3.

143 Wegen dieser Funktion wird das preislimitierende Vorkaufsrecht teilweise auch als „Fremdkörper im System des BBauG" angesehen, der beseitigt werden soll, RegE GBauGB, BT-Drs. 10/4630, 56. Dazu kritisch *Werner* (Westerland, B90/Gr), Sten. Bericht der 214. Sitzung, 23.10.1986, BT-PlProt. 10/241, GBauGB, 18576C. Später, mit dem BauROG, heißt es, dass sich die Bemessung der Entschädigung nach dem Verkehrswert bewährt habe, RegE BauROG, BT-Drs. 13/6392, 36, ähnlich 54. Daher stimmte der Ausschuss dieser Möglichkeit mehrheitlich zu, Ausschussbericht, BauROG, BT-Drs. 13/7589, 27.

144 § 28 Abs. 3 S. 2 BauGB.

145 Vgl. → § 10 B. II.

146 BVerwG, Urt. v. 9.11.2021 – 4 C 1/20 = NVwZ 2022, 75 (77, Rn. 25); dazu → § 10 D. I.

ter des Vorkaufsrechts geändert wurde, steht jedoch im Widerspruch zur Einordnung im Regierungsentwurf: „[§ 24 Abs. 1] Nummer 4 entspricht § 24 a des Bundesbaugesetzes. Die Neufassung beschränkt das Vorkaufsrecht zur Sicherung von städtebaulichen Erhaltungszielen auf die durch Satzung festgesetzten Gebiete."[147] Insbesondere der zweite Teil des Zitats verdeutlicht, dass der erhaltungsrechtliche Zweck („Vorkaufsrecht zur Sicherung von städtebaulichen Erhaltungszielen") nicht abgeschafft, sondern lediglich regional begrenzt werden sollte („beschränkt [...] auf die durch Satzung festgesetzten Gebiete").[148] Unterstützt wird dieses Verständnis nur räumlicher Einschränkung bei Beibehaltung der erhaltungsrechtlichen Zielsetzung auch im Bundestagsplenum.[149] Umgekehrt wurde diese den Erhaltungsgedanken fortführende Bedeutungszuschreibung zum Wortlaut des § 24 Abs. 1 Nr. 4 BauGB während des Gesetzgebungsverfahrens nicht in Frage gestellt.[150] Angesichts der zentralen Sicherungsfunktion, die das Vorkaufsrecht für den Erhaltungsgedanken ausübt,[151] wäre es erwartbar, dass sich diesbezügliche gesetzgeberische Annahmen explizieren.

---

147 RegE GBauGB, BT-Drs. 10/4630, 82. Weiter u.a. *Stock*, ZfBR 1987, 10 (11, 12, 15); *Putzer*, NVwZ 2022, 222 (223).

148 Ebenso *Putzer*, NVwZ 2022, 222 (223), der keine „klaren Anhaltspunkte dafür, dass er [d. Verf.: der Gesetzgeber] hierüber hinaus auch dessen tatbestandliche Voraussetzungen einschränken wollte", erkennt. Im Gegenteil „sollte nach dem ausdrücklichen Willen des Gesetzgebers § 24 I 1 Nr. 4 BauGB der Regelung in § 24 a S. 1 BBauG entsprechen; § 26 Nr. 4 BauGB zudem an die Stelle von § 24 II 2 Nr. 1, S. 3 Hs. 1 BBauG treten, der auf das besondere Vorkaufsrecht zur Sicherung städtebaulicher Erhaltungsziele gerade nicht anwendbar war." Insofern geht *Putzer* von einem „Versehen des Gesetzgebers" im Hinblick auf eine hinreichend eindeutige Formulierung aus; ähnlich die Instanzgerichte VG Berlin, Urt. v. 17.5.2018 – VG 13 K 724.17, Rn. 24; OVG Berlin-Brandenburg, Urt. v. 22.10.2019 – OVG 10 B 9.18, Rn. 72 ff.

149 *Werner* (Westerland, B90/Gr), Sten. Bericht der 188. Sitzung, 17.1.1986, BT-PlProt. 10/188, GBauGB, 14319C, D: „Können Vorkaufsrechte bisher noch zur Verwirklichung von städtebaulichen Erhaltungszielen im gesamten Gemeindegebiet geltend gemacht werden, so soll dies nunmehr auf Gebiete mit einer Erhaltungssatzung beschränkt werden."

150 Insofern schlägt sich die vom Bundesverwaltungsgericht angenommene Entscheidung der Gesetzgebung, die spezifische Bedeutung des erhaltungsrechtlichen Vorkaufsrechts *aufzugeben*, nicht explizit in den Materialien nieder. Die Frage, „welchen Sinn der damalige Gesetzgeber in einem allgemeinen Vorkaufsrecht in Milieuschutzgebieten gesehen haben könnte, wenn es allein die bisherige Nutzung von Grundstücken in den Blick nehmen darf", *Putzer*, NVwZ 2022, 222 (223), wird vom BVerwG also weder gestellt noch beantwortet.

151 Zur Sicherungsfunktion soeben → § 10 C. I. 2. a.

Folgt man daher den Bedeutungszuschreibungen aus den Materialien, dass das Vorkaufsrecht aus § 24 Abs. 1 Nr. 4 BauGB weiterhin einem spezifischen Erhaltungszweck dient, wirkt sich dies auf die Auslegung des Ausschlussgrunds im neuen § 26 Nr. 4 BauGB aus, der seit der Reform nicht mehr nur für die allgemeinen Vorkaufsrechte, sondern auch für das erhaltungsrechtliche Vorkaufsrecht gilt:[152] Im Falle des erhaltungsrechtlichen Vorkaufsrechts kann es bei der Beurteilung, ob das Grundstück entsprechend der städtebaulichen Erhaltungsziele bebaut ist und genutzt wird, nicht auf eine nur auf die Gegenwart gerichtete Betrachtung ankommen, sondern auch darauf, ob durch den Verkauf für die Zukunft Beeinträchtigungen des Erhaltungsziels zu erwarten sind. Zwar fehlt ein solch eindeutiger Zukunftsbezug im Wortlaut des § 26 Nr. 4 BauGB.[153] Dies ist dann aber darauf zurückzuführen, dass sich der Ausschlussgrund im Bundesbaugesetz noch ausschließlich auf die systematisch von § 24 a BBauG – das heißt von den Zielen des erhaltungsrechtlichen Vorkaufsrechts – verschiedenen Zielsetzungen des § 24 BBauG bezog. Mit der mit dem Baugesetzbuch vorgesehenen Anwendung auch auf das erhaltungsrechtliche Vorkaufsrecht ist jedoch keine implizite Aussage über dessen teleologische Beschränkung verbunden.[154]

Stattdessen kann die teleologische Bedeutung des Erhaltungsgedankens mit Blick auf die vorliegend interessierenden ökonomischen Wissensstrukturen kaum zu hoch bewertet werden. Der Erhaltungsgedanke hat sich als polit-ökonomischer Fluchtpunkt des Milieuschutzrechts erwiesen, der über das Vorkaufsrecht gesichert werden sollte. Aus dieser Perspektive erscheint ein Vorkaufsrecht, das zwar noch in Gebieten mit Milieuschutzbedarf ausgeübt werden kann, aber gerade nicht dafür geeignet ist, die mit der Ausweisung der Gebiete verfolgten Milieuschutzziele zu verfolgen, zwecklos. Auch wenn eine andere Auslegung aus dogmatischer Perspektive vertretbar ist, erscheint es mangels ausdrücklicher Absage an den Erhaltungsgedanken aus ökonomischer Perspektive wahrscheinlicher, dass die Gesetzgebung die Gesetzessystematik nur vereinfachen, aber den mit dem Bundesbaugesetz eingeschlagenen Weg des Milieuschutzes weiterverfolgen wollte. Nach einem solchen Verständnis hat das erhaltungsrechtliche Vorkaufsrecht seinen Erhaltungszweck bei der Einführung des Baugesetzbuchs

152 Vgl. RegE GBauGB, BT-Drs. 10/4630, 83.

153 Er ist aber grammatikalisch möglich und umgangssprachlich mitunter intendiert, wie auch das BVerwG zugesteht, BVerwG, Urt. v. 9.11.2021 – 4 C 1/20 = NVwZ 2022, 75 (77, Rn. 22).

154 Anders das Bundesverwaltungsgericht → § 10 D. I.

beibehalten und dieses die Geschichte des Milieuschutzrechts insofern fortgeschrieben.[155]

3. Milieuschutz als Mieterschutz: ein Verständnis in Entwicklung

Folgt man dieser Rekonstruktionserzählung, nach der sich der Milieuschutz vom mittelbaren Ziel zum Erhaltungszweck entwickelt und als solcher etabliert hat, vollzieht sich seit den 1990er Jahren eine weitere Wandlung. Denn während zu Beginn der parlamentarischen Diskussionen der Schutz von individuellen Mieterinnen kaum vorkam,[156] änderte sich dies mit der Diskussion um ein Umwandlungsverbot von Miet- in Eigentumswohnungen. Dieses Umwandlungsverbot wurde auf Antrag der SPD-Fraktion schon im Zuge der Überführung der Norm in das Baugesetzbuch diskutiert, damals jedoch „aus ordnungspolitischen Gründen und mit dem Hinweis auf den bestehenden Mieterschutz abgelehnt."[157] Das heißt, die Umwandlung in Wohneigentum wurde (noch) nicht als städtebaulich relevant verstanden und Mieterschutz außerhalb des Milieuschutzrechts veror-

155 Anders das Bundesverwaltungsgericht, demzufolge die Einführung des Bundesbaugesetzes eine Vereinheitlichung aller Vorkaufsrechte bewirkt hat, wodurch das erhaltungsrechtliche Vorkaufsrecht entleert wird und ein Bruch in der Entwicklung stattfindet, → § 10 D. I.

156 Eine Ausnahme bildet die Begründung für notwendige Abbruchgenehmigungen: „Daneben ist es vor allem zum Schutze von Mietern notwendig, Gebäude bis zu einem bestimmten Zeitpunkt zu erhalten, um einen den sozialen Belangen Rechnung tragenden Ablauf bei städtebaulichen Maßnahmen und Umstrukturierungen zu gewährleisten", RegE BBauGÄndG, BT-Drs. 7/2496, 53.

157 Ausschussbericht und Beschlussempfehlung, BT-Drs. 10/6166, 137. Dagegen *Schmitt* (Wiesbaden, SPD), Sten. Bericht der 214. Sitzung, 23.10.1986, BT-PlProt. 10/241, GBauGB, 18597B, der mieterschützende Regelungen auch im BauGB vor dem Hintergrund der parallelen Fristverkürzung bei Eigenbedarfskündigungen für notwendig erachtet – und so die Rechtsgebiete verbindet. Des Weiteren wurde der Antrag mit dem Hinweis begründet, dass „sonst die ganze Sozialstruktur kaputtginge", *Müntefering* (SPD), ebd., 18589D.

tet. Dieses Verständnis wurde mit dem Bau- und Raumordnungsgesetz 1998 herausgefordert (a.),[158] ist aber bis heute umstritten (b.).[159]

a) Schutz von Mieterinnen

Auch im Zuge des Bau- und Raumordnungsgesetzes 1998 wurden zunächst noch allgemein Segregationsdynamiken thematisiert.[160] Doch die Forderung nach einem Umwandlungsverbot in einem neuen § 174 b BauGB richtete den Fokus auf die „negativen Folgen für die dort ansässige Mieterschaft“[161]. So sollten zum einen „Mieter vor der Verdrängung aus ihrer angestammten Umgebung“ geschützt und hiermit zum anderen „sowohl die Zusammensetzung der Bevölkerung“ erhalten „als auch eine unerwünschte strukturelle Entwicklung“ vermieden werden.[162] Es wird also individueller Schutz mit einer strukturellen Einwirkung auf die Marktverhältnisse ver-

---

158 Zwar war auch in diesem Gesetzentwurf kein Umwandlungsverbot vorgesehen und entsprechende Vorträge in der Stellungnahme des Bundesrates und im Bundestag konnten zunächst keine Mehrheit hinter sich vereinen. Im Zuge des Vermittlungsausschusses wurde der Vorschlag jedoch aufgegriffen und in § 172 Abs. 1 BauGB der entsprechende Passus eingefügt (Vermittlungsvorschlag, BauROG, BT-Drs. 13/8019, 5). Die zuvor abgelehnten Anträge liegen der vorliegenden Analyse daher (auch) zugrunde. Auf die ebenfalls verfolgte, jedoch gescheiterte Ausweitung der Erhaltungsziele auf Gewerbe (vgl. Ausschussbericht, BauROG, BT-Drs. 13/7589, 10, 32) wird nicht eingegangen. Zum Vermittlungsergebnis *Stock*, in: Ernst/Zinkahn/Bielenberg/Krautzberger, BauGB-Komm., 157. EL 2024, § 172 Rn. 20.

159 Die Entwicklung steht insofern in Einklang mit vielen Äußerungen im Schrifttum, die den städtebaulichen gegenüber einem mieterschützenden Charakter betonen, → § 10 Fn. 134.

160 BM *Töpfer*, Sten. Bericht der 145. Sitzung, 5.12.1996, BauROG, BT-PlProt. 13/145, 13162B, 13163A: „ausgewogene Bewohnerstrukturen“ werden gegenüber Segregationsdynamiken als eine von vielen „wichtigen Voraussetzungen für sozialen Frieden“ und daher der Erhalt „gemischte[r] Wohnstrukturen“ als politische Zielsetzung bezeichnet sowie ein Zusammenspiel von Wohnungs- und Stadtentwicklungspolitik betont; gegen „Monostrukturen“ ebd., 13164A.

161 Änderungsantrag SPD und B90/Gr, BauROG, BT-Drs. 13/7657, 7. Weiter zum veränderten Fokus *Riemann*, Gentrifizierung, 2016, S. 1 (ff.); *Ramsauer*, Segregation, 2018, S. 185.

162 Ausschussbericht, BauROG, BT-Drs. 13/7589, 21; *Schöler* (SPD), Sten. Bericht der 175. Sitzung, 15.5.1997, BT-PlProt. 13/175, BauROG, 15733C: „Schutz vor Umwandlung ist Mieterschutz, meine Damen und Herren.“ Zu den Grenzen u.a. *Riemann*, Gentrifizierung, 2016, S. 85; *Gütter*, Wohnungsnot und Bodenmarkt, 2019, S. 33. Auch *Mitschang*, in: Mitschang (Hrsg.), Erhaltung und Sicherung von Wohnraum, 2017, S. 51 (100 f.), betont, dass es „nicht (unmittelbar)“ um den Schutz einzelner Bewohnerinnen gehe, sondern die „Erhaltung der Struktur der Wohnbevölkerung

bunden, indem „die auf dem Wohnungsmarkt zum Abschluß von Mietverhältnissen bereitgestellten Wohnungen" geschützt werden.[163] Denn trotz Neubau gebe es „Engpässe auf dem Mietwohnungsmarkt",[164] und es komme zu „wachsenden Versorgungsschwierigkeiten", die zu „einem ständigen Anstieg des Mietindexes" führten.[165]

Dies wird auch auf die „Einführung der steuerlichen Förderung des Erwerbs von Altbauwohnungen" als Wohneigentum zurückgeführt,[166] wodurch verschiedene Themenkomplexe miteinander verbunden werden. Die bisherigen mietrechtlichen Maßnahmen dagegen – in der Gegenäußerung der Bundesregierung angeführt –[167] hätten „die erhoffte dämpfende Wirkung nicht ausreichend entfalten" können.[168] Da also „zu befürchten [ist], daß Mieter vor allem in den Ballungsräumen weitaus mehr als in den vergangenen Jahren aus ihren Wohnungen und ihrer lang gewohnten Umgebung verdrängt werden", soll dem mit dem vorgeschlagenen städtebaulichen Instrumentarium begegnet werden.[169] Dabei wird an die nun bestehenden Regelungen im Städtebaurecht angeknüpft, um zu zeigen, dass auch das Umwandlungsverbot hier hineinpasst.[170]

---

insgesamt." Daher müssten bauliche Maßnahmen auch nicht tatsächlich zu Verdrängung führen, sondern lediglich geeignet sein, eine „Verdrängungsgefahr auszulösen".

163 Stellungnahme BR, Anlage 2 RegE BauROG, BT-Drs. 13/6392, 116; ebenso Unterrichtung, Anrufung des Vermittlungsausschusses, BauROG, BT-Drs. 13/7886, 13. Vgl. auch die vorgeschlagene amtliche Überschrift des vorgeschlagenen § 174 b BauGB „Sicherung des Bestandes an Mietwohnungen", ebd., 12.

164 Ausschussbericht, BauROG, BT-Drs. 13/7589, 21.

165 Stellungnahme BR, Anlage 2 RegE BauROG, BT-Drs. 13/6392, 115; ebenso Unterrichtung, Anrufung des Vermittlungsausschusses, BauROG, BT-Drs. 13/7886, 12.

166 Stellungnahme BR, Anlage 2 RegE BauROG, BT-Drs. 13/6392, 115; ebenso Unterrichtung, Anrufung des Vermittlungsausschusses, BauROG, BT-Drs. 13/7886, 12. Diese Verbindung zwischen der Einführung der steuerlichen Förderung der Wohneigentumsbildung im Altbau (→ § 9 A. II.) und der Dynamik der Verdrängung sowie Erhaltungssatzungen stellen auch *Häußermann/Wurtzbacher*, in: Kessel/Reutlinger/Maurer/O. Frey (Hrsg.), Handbuch Sozialraum, 2005, S. 513 (524), her.

167 Gegenäußerung BReg, Anlage 3 RegE BauROG, BT-Drs. 13/6392, 138.

168 Stellungnahme BR, Anlage 2 RegE BauROG, BT-Drs. 13/6392, 115; Unterrichtung, Anrufung des Vermittlungsausschusses, BauROG, BT-Drs. 13/7886, 13.

169 Stellungnahme BR, Anlage 2 RegE BauROG, BT-Drs. 13/6392, 115; Unterrichtung, Anrufung des Vermittlungsausschusses, BauROG, BT-Drs. 13/7886, 13. *Schöler* (SPD), Sten. Bericht der 145. Sitzung, 5.12.1996, BauROG, BT-PlProt. 13/145, 13166D: Solange zu viel „Druck" auf dem Wohnungsmarkt bestehe, müsse die Situation für Mieterinnen und Mieter mithilfe des Wohnrechts entlastet werden.

170 Stellungnahme BR, Anlage 2 RegE BauROG, BT-Drs. 13/6392, 116; Unterrichtung, Anrufung des Vermittlungsausschusses, BauROG, BT-Drs. 13/7886, 13: „Bei der Bauleitplanung sind u. a. insbesondere die Wohnbedürfnisse der Bevölkerung bei

b) Aufwertung und Ablehnung des Mieterschutzgedankens

In den aktuellen Diskussionen nimmt die Bedeutung des Mieterschutzgedankens zu. Er wird dabei einerseits angeführt, um die Notwendigkeit des Milieuschutzrechts und insbesondere des erhaltungsrechtlichen Vorkaufsrechts zu betonen, andererseits wird er auch explizit ablehnend und zugunsten anderer Instrumente verwendet.

Im Sinne der erstgenannten Argumentationslinie wird die große soziale Bedeutung des erhaltungsrechtlichen Vorkaufsrechts hervorgehoben.[171] Auch wenn dabei die Situation in den Großstädten in den Vordergrund gestellt wird, wird die Notwendigkeit des entsprechenden Instrumentariums bundesweit angenommen.[172] Der Schutz von Milieus wird direkt mit der Begrenzung von Wohnkosten verbunden[173] und hierüber die Brücke zum Mieterschutz und den negativen Folgen des Urteils des Bundesverwaltungsgerichts für die Mieterinnen und Mieter geschlagen.[174] Dass „Mieterinnen und Mieter vor ungerechtfertigten Mietsteigerungen" geschützt werden sol-

---

Vermeidung einseitiger Bevölkerungsstrukturen zu vermeiden [sic] (§ 1 Abs. 5 Satz 2 Nr. 2 BauGB). Schon nach § 172 Abs. 1 Satz 1 Nr. 2 BauGB kann eine gemeindliche Satzung zur Erhaltung der Zusammensetzung der Wohnbevölkerung erlassen werden. Der neue § 174 a BauGB will auch der Verdrängung der ortsansässigen Bevölkerung durch die Entstehung von Zweitwohnsitzen vorbeugen, der regelmäßig die Bildung von Wohneigentum vorangeht."

171 *Giffey* (BE), Sten. Bericht der 1019. Sitzung, 8.4.2022, BR-PlProt. 1019/22, Vorkaufsrecht, 108: „Ein Zuhause zu haben, in dem man sich wohlfühlt, Kraft tanken kann und Geborgenheit spürt, das wünschen wir uns alle." In dieser Plenarrede von *Giffey* finden sich weitere ausführliche Äußerungen zur Wohnthematik als sozialer Frage. Siehe dafür, dass „jede Bürgerin und jeder Bürger weiterhin in seinem Heimatquartier wohnen kann", *Cademartori* (SPD), Sten. Bericht der 17. Sitzung, 17.2.2022, BT-PlProt. 20/17, VorkG, 1213C, D.

172 Das zeigt bereits der Bundesratsbeschluss, Entschließung Vorkaufsrecht, BR-Drs. 133/22(B), 1; Entschließungsantrag (BE, HH), Vorkaufsrecht, BR-Drs. 133/22, 1; *Giffey* (BE), Sten. Bericht der 1019. Sitzung, 8.4.2022, BR-PlProt. 1019/22, Vorkaufsrecht, 108. A.A. in den Plenardebatten u.a. *Semet* (FDP), Sten. Bericht der 44. Sitzung, 23.6.2022, VorkG, BT-PlProt. 20/44, 4538C.

173 Antrag Linksfraktion, Vorkaufsrecht wiederherstellen, BT-Drs. 20/236, 1; freilich mit abweichender Zielrichtung FDP-Fraktion, in: Ausschussbericht und Beschlussempfehlung, VorkG, BT-Drs. 20/2393, 8. Dazu sogleich.

174 Linksfraktion, in: Ausschussbericht und Beschlussempfehlung, VorkG, BT-Drs. 20/2393, 7; *Lay* (Linke), Sten. Bericht der 44. Sitzung, 23.6.2022, VorkG, BT-PlProt. 20/44, 4539A: „Tausende Mieter/innen fürchten jetzt die Verdrängung."

len, wird als Konsens der Regierung beschrieben.[175] Es sei Aufgabe des Gesetzgebers,

> *„dass wir den Phänomenen der Verdrängung und überbordenden Mietpreissteigerungen entgegenwirken und eine Wohnsituation in Stadtlagen erhalten, in der Menschen mit weniger Geld eben nicht an den Rand ausweichen müssen – falls sie überhaupt noch eine bezahlbare Wohnung finden.*“[176]

Der Genehmigungsvorbehalt in sozialen Erhaltungsgebieten reiche dafür nicht aus.[177] Das „wichtige Schutzinstrument“ des Vorkaufsrechts solle daher „wieder nutzbar“ gemacht werden.[178]

Doch wie sehr Mieterschutz und Milieuschutz verbunden sein sollen, ist nicht konsentiert. Dagegen wird ebenfalls vorgetragen, dass beide nichts miteinander zu tun haben[179] und die Verbindung des Vorkaufsrechts mit bezahlbaren Mieten und Schutz vor Verdrängung bezweifelt.[180] So wird gegen das erhaltungsrechtliche Vorkaufsrecht vorgetragen, dass es „das Ziel des bezahlbaren Wohnraums“ grundsätzlich verfehle.[181] Die Ursache des „Druck[s] auf die Milieus“ sei Wohnungsmangel – „und nicht eventuelle zukünftige Eigentümer; denn durch das kommunale Vorkaufsrecht wird keine

175 SPD-Fraktion, in: Ausschussbericht und Beschlussempfehlung, VorkG, BT-Drs. 20/2393, 7.

176 *Giffey* (BE), Sten. Bericht der 1019. Sitzung, 8.4.2022, BR-PlProt. 1019/22, Vorkaufsrecht, 108.

177 So die mehrheitliche Auffassung im Bundesrat, vgl. Beschluss, Entschließung Vorkaufsrecht, BR-Drs. 133/22(B), 2; Entschließungsantrag (BE, HH), Vorkaufsrecht, BR-Drs. 133/22, 2.

178 Beschluss, Entschließung Vorkaufsrecht, BR-Drs. 133/22(B), 2; Entschließungsantrag (BE, HH), Vorkaufsrecht, BR-Drs. 133/22, 1. Auch für diesen gesetzgeberischen Handlungsbedarf finden sich vielfältige Bezeichnungen: „zügige Anpassung des BauGB“, „unumgänglich“ (Beschluss, Entschließung Vorkaufsrecht, BR-Drs. 133/22[B], 1; Entschließungsantrag [BE, HH], Vorkaufsrecht, BR-Drs. 133/22, 1); „umgehend notwendige Neuregelung“ (Beschluss, Entschließung Vorkaufsrecht, BR-Drs. 133/22[B], 4; Entschließungsantrag [BE, HH], Vorkaufsrecht, BR-Drs. 133/22, 4).

179 *Kießling* (CDU/CSU), Sten. Bericht der 44. Sitzung, 23.6.2022, VorkG, BT-PlProt. 20/44, 4541A.

180 *Luczak* (CDU/CSU), Sten. Bericht der 17. Sitzung, 17.2.2022, BT-PlProt. 20/17, VorkG, 1221A.

181 *Bachmann* (AfD), Sten. Bericht der 44. Sitzung, 23.6.2022, VorkG, BT-PlProt. 20/44, 4537B; *Föst* (FDP), Sten. Bericht der 17. Sitzung, 17.2.2022, BT-PlProt. 20/17, VorkG, 1217D.

einzige neue Wohnung gebaut."[182] Während das Vorkaufsrecht „keinen neuen Wohnraum [schafft], sondern weitere Einschränkungen und Hürden, die Neuinvestitionen behindern"[183], brauche es für bezahlbaren Wohnraum vor allem Wohnungen, die gebaut werden müssten.[184] Entsprechend dieser marktwirtschaftlichen Problemanalyse und Lösungsstrategie heißt es also: „mehr bauen, schneller bauen und günstiger bauen. Das ist die Lösung, um die Mieten in den Griff zu bekommen."[185] Das Vorkaufsrecht stellt nach dieser Auffassung ein „symbolhaft überhöhtes Instrument [dar], das weit überschätzt wird im Kampf gegen die Wohnungsknappheit."[186] Es handele sich einmal mehr um „ein Instrument, das die Symptome, aber nicht die Ursachen bekämpft."[187]

II. Gesetzgeberische Annahmen II: Eigentum als Argument

Während der Milieuschutz grundsätzlich auf einem sozial-strukturellen Verständnis beruht und bisher großteils affirmativ erfasst wurde, haben sich bereits verschiedene Argumentationen, die sich gegen einzelne Aspekte des Milieuschutzrechts richten, angedeutet. Dabei lassen sich zum einen Argumentationslinien ausmachen, die sich positiv auf die Eigentumsbildung als gesetzgeberisches Ziel beziehen (1). Zum anderen wird das Eigentum in einem negativen, abwehrrechtlichen Sinne angeführt und prägt so eine Abwägung zwischen Milieuschutz und wirtschaftlicher Verfügung über bzw. Nutzung des Eigentums (2). Aus der Verortung der eigentumspolitischen Argumentationen im Gesetzgebungsverfahren – meist im Plenum und Vermittlungsausschuss – lässt sich ableiten, dass diese als explizit politische Fragen behandelt werden. Aspekte, die die ökonomische Funktion des Ei-

---

182 *Kießling* (CDU/CSU), Sten. Bericht der 44. Sitzung, 23.6.2022, VorkG, BT-PlProt. 20/44, 4541A.

183 Antrag AfD-Fraktion, Mehr Wohnungsmarkt, BT-Drs. 20/2362, 2.

184 *Kießling* (CDU/CSU), Sten. Bericht der 44. Sitzung, 23.6.2022, VorkG, BT-PlProt. 20/44, 4541A. Mit einem Versuch, gegen die Vermischung von Instrumenten und Zielsetzungen zu sprechen, *Steinmüller* (B90/Gr), Sten. Bericht der 17. Sitzung, 17.2.2022, BT-PlProt. 20/17, VorkG, 1221C.

185 *Föst* (FDP), Sten. Bericht der 17. Sitzung, 17.2.2022, BT-PlProt. 20/17, VorkG, 1217D.

186 *Luczak* (CDU/CSU), Sten. Bericht der 17. Sitzung, 17.2.2022, BT-PlProt. 20/17, VorkG, 1219D.

187 *Luczak* (CDU/CSU), Sten. Bericht der 17. Sitzung, 17.2.2022, BT-PlProt. 20/17, VorkG, 1219D. Dies erinnert an Argumentationen bzgl. der Mietpreisbremse → § 8 C. II., Neubau als Lösung der Wohnproblematik; ähnlich → § 9 C. IV. 2.

gentums betreffen, schlagen sich in den historischen Materialien hingegen kaum nieder.[188] Es finden sich aber insbesondere in jüngerer Zeit vermehrt Hinweise auf marktwirtschaftliche Annahmen, die in die Diskussion über eine Reform des erhaltungsrechtlichen Vorkaufsrechts eingehen (3).

1. Eigentumsbildung als gesetzgeberische Leitvorstellung

Während soziale und strukturelle Zwecksetzungen zugunsten der Erhaltungssatzungen und dem korrespondierenden Vorkaufsrecht angeführt werden, werden eigentumspolitisch begründete Einwände dagegen erhoben: Die verschiedenen städtebaulichen Maßnahmen, unter anderem auch das Vorkaufsrecht und die „Veränderungssperre", werden als Eingriffe in die „Eigentumsverfügbarkeit oder in die Eigentumsbewertung" benannt.[189] Dies gilt insbesondere angesichts eines Verständnisses des „sozialen Bodenrechts", das „nicht nur baurechtliche Aufgaben", sondern auch eine „soziale und wirtschaftliche Funktion erfüllen" soll.[190] Zu diesen weiteren Funktionen gehöre die gesellschaftspolitische Zielsetzung, breiten Bevölkerungsschichten Zugang zu Grund und Boden zu gewähren.[191] Auch das Soziale Bodenrecht fügt sich insofern in ein gesellschaftspolitisches Bild ein, das aus anderen Bereichen der Wohngesetzgebung bekannt ist.[192] Es konkretisiert sich in der Argumentation gegen das Umwandlungsverbot, da dieses „die erwünschte Bildung von Einzeleigentum, d. h. insbesondere die Privatisierung von Mietwohnungen in den neuen Ländern, erheblich behindern [würde]".[193]

Besonders tritt eine eigentumsrechtliche Argumentation aber hervor, zumal zwischen den Fraktionen breit geteilt, bezüglich der Wiederveräuße-

188 Bspw. findet sich die Aufgabe des Städtebaurechts, Nutzungsrechte zuzuweisen (vgl. nur *Eekhoff*, Wohnungs- und Bodenmarkt, 2. Aufl. 2006, S. 224 f.) nur im Anspruch für das Bundesbaugesetz allgemein, „aufgetretene Nutzungskonflikte jeweils interessen- und wertneutral zu lösen" (Ausschussbericht und Antrag, BBauGÄndG, BT-Drs. 7/4793, 1).

189 *Grünbeck* (FDP), Sten. Bericht der 214. Sitzung, 23.10.1986, BT-PlProt. 10/241, GBauGB, 18573A, B.

190 *Schneider* (CDU/CSU), Sten. Bericht der 120. Sitzung, 27.9.1974, BT-PlProt. 7/120, BBauGÄndG, 8039D. Zum Sozialen Bodenrecht bereits → § 10 C. I.

191 *Schneider* (CDU/CSU), Sten. Bericht der 120. Sitzung, 27.9.1974, BT-PlProt. 7/120, BBauGÄndG, 8040A; affirmativ BM *Ravens*, ebd., 8036D.

192 → § 6 B. V. 2.; § 7 C. II.; § 8 C. IV.

193 Ausschussbericht, BauROG, BT-Drs. 13/7589, 21. Zudem werde der Rechtsverkehr – und darüber vermittelt die Allokationseffizienz – beeinträchtigt.

rungspflicht.[194] Die „Privatisierungs- und Reprivatisierungsvorschriften" dienten demnach „einer breiten Eigentumsstreuung", was auch deshalb wichtig sei, weil das

> *„private Eigentum, auch und gerade das an Grund und Boden, den Freiheitsraum für die persönliche Entfaltung des Menschen [erweitert]. Es dient dem Schutz eines unantastbaren Kernbereichs der Lebensgestaltung und der Zukunftssorge des Bürgers. Diese freiheitlichen Gestaltungs- und Sicherungsfunktionen lassen sich aber nur dann in befriedigendem Ausmaß verwirklichen, wenn möglichst viele Bürger in den Besitz von Grund und Boden gelangen können."*[195]

Entsprechend wird an anderer Stelle hervorgehoben, dass die Vorlage „kein Gesetzentwurf g e g e n, sondern ein Gesetzentwurf f ü r die Verbreitung und den Schutz des Eigentums an Grund und Boden, gerade auch für den Bürger in kleinen und mittleren Vermögensverhältnissen" sei.[196]

2. Bedeutung des Eigentums in der gesetzgeberischen Abwägung

Eine besondere Ausprägung erhält die eigentumspolitische Argumentation bei der Diskussion zur Folgenabwägung der wirtschaftlichen (Un-)Zumutbarkeit einer Genehmigungsversagung im Zuge des Bau- und Raumordnungsgesetzes 1998.[197] Nach der Konzeption des Gesetzentwurfs handelte es sich bei der Erteilung der Genehmigung bei wirtschaftlicher Unzumutbarkeit der Erhaltung der baulichen Anlage um eine Ermessensentscheidung.[198] Damit sollte eine Übergangsregelung aus der Wendezeit in das

---

194 → § 10 C. I. 2. a.

195 *Schmöle* (CDU/CSU), Sten. Bericht der 227. Sitzung, 11.3.1976, BT-PlProt. 7/227, BBauGÄndG, 15842C. Dieser spricht auch die Sorge vor einer „eigentumspolitischen Wendemarke" an, wonach eine Aufweichung der Reprivatisierungsvorschriften die Weichen hin zu einer „Aufspaltung des Bodeneigentums in ein Verfügungseigentum der Gemeinden und ein nachgeordnetes Nutzungsrecht Privater und damit in Richtung auf eine Kommunalisierung des Baubodens" stelle (ebd., 15842D; ähnlich *Jahn* [CDU/CSU], ebd., 15865C, 15867A, B). Gegen diese Lesart der CDU/CSU-Fraktion argumentiert bereits *Böger* (FDP), ebd., 15852B, C.

196 BM *Ravens*, Sten. Bericht der 433. Sitzung, 9.4.1976, BR-PlProt. 433/76, BBauGÄndG, 148D (Herv. i.O.).

197 Zunächst § 39 h Abs. 7 BBauG, später § 172 Abs. 4 S. 2 BauGB.

198 RegE BauROG, BT-Drs. 13/6392, 72; Gegenäußerung BReg, Anlage 3 RegE BauROG, BT-Drs. 13/6392, 137; Beschlussempfehlung Ausschuss, BauROG, BT-Drs. 13/7588, 47.

Baugesetzbuch übernommen werden.[199] Hinter dieser stand wiederum der Gedanke, dass viele Wohngebäude in den neuen Bundesländern noch nicht wirtschaftlich genutzt werden konnten.[200] Daher hätten die Genehmigungen für Abriss, Umbau, Nutzungsänderung stets erteilt werden müssen, was deutlich zulasten des Milieuschutzes gegangen wäre. Mit der Abwägung von wirtschaftlicher Zumutbarkeit und Milieuschutz wurde daher für die neuen Bundesländer ein Ausgleich vorgesehen: Für den Fall, dass starke städtebauliche Erwägungen der Genehmigungserteilung entgegenstanden, musste die Genehmigung nicht erteilt, das Grundstück aber durch die Gemeinden übernommen werden.[201] Durch die Ermessensabwägung sollten die finanziellen Kapazitäten der Gemeinde geschont und gleichzeitig die „berechtigten Interessen des Eigentümers berücksichtigt werden, für den der Erhalt der baulichen Anlage dann wirtschaftlich nicht mehr zumutbar ist, wenn er z. B. Modernisierungen unterlassen muß."[202] Diese bisherige Übergangsregelung sollte mit dem Bau- und Raumordnungsgesetz 1998 als Dauerrecht im Baugesetzbuch aufgenommen werden.

Nachdem in der Ausschussphase zunächst Ausnahmen von der Genehmigungspflicht vorgesehen wurden,[203] wurde die Norm Gegenstand der Verhandlungen im Vermittlungsausschuss.[204] Dort wurde die Ermessensentscheidung der Verwaltung durch eine Abwägung der Gesetzgebung ersetzt: Für Fälle wirtschaftlicher Unzumutbarkeit wurde ein Anspruch auf Genehmigungserteilung vorgesehen. Hiermit wurde das wirtschaftliche Interesse der Eigentümerinnen höher als die Allgemeininteressen gewertet; eine Auslösung durch die Gemeinden war nun nicht mehr vorgesehen. Wie sich bei der parallelen Frage der wirtschaftlichen Unzumutbarkeit im Kontext der Umwandlungsverbotsverordnungen beobachten lässt, steht dahinter ein verfassungsrechtliches Argument: „Artikel 14 GG erlaubt es nicht, demjenigen eine günstigere Verwertung seines Eigentums zu untersagen, der hierauf aus Gründen der Erhaltung der eigenen Existenz dringend angewiesen ist."[205]

199 RegE BauROG, BT-Drs. 13/6392, 72.

200 Vgl. hierfür RegE BauROG, BT-Drs. 13/6392, 72.

201 RegE BauROG, BT-Drs. 13/6392, 72; Gegenäußerung BReg, Anlage 3 RegE BauROG, BT-Drs. 13/6392, 137.

202 RegE BauROG, BT-Drs. 13/6392, 72.

203 Beschlussempfehlung Ausschuss, BauROG, BT-Drs. 13/7588, 47; → § 10 C. I. 1. b.

204 Unterrichtung, Anrufung des Vermittlungsausschusses, BauROG, BT-Drs. 13/7886, 11 f.

205 Unterrichtung, Anrufung des Vermittlungsausschusses, BauROG, BT-Drs. 13/7886, 13; auch bereits Stellungnahme BR, Anlage 2 RegE BauROG, BT-Drs. 13/6392,

3. Marktwirtschaftlich begründete Skepsis als aktuelle Entwicklung

In den jüngsten Debatten werden eigentumspolitische Argumente – unter Bezugnahme auf das Urteil des Bundesverwaltungsgerichts von 2021 – zudem mit marktwirtschaftlichen Erwägungen verbunden. Nachdem die „soziale[ ] Marktwirtschaft" als „eine Grundlage des Erfolges der Bundesrepublik Deutschland" positioniert wird, wird das Eigentumsrecht wiederum als „eine der Grundlagen einer sozialen Marktwirtschaft, aller marktwirtschaftlichen Ordnungen" begriffen.[206] Der Schutz des Eigentums wird als richterliche Verantwortung bezeichnet und gelobt, dass die Richter am Bundesverwaltungsgericht dieser nachgekommen seien.[207] Die Entscheidung des Gerichts, die sich auf den Wortlaut der Normen und nicht auf verfassungsrechtliche oder teleologische Argumente stützt, wird so politisch interpretiert und für die eigenen Ansichten vereinnahmt. Konsequenterweise wird das Eigentumsrecht auch in der Diskussion um den Milieuschutz „an die erste Stelle" gesetzt.[208] Das erhaltungsrechtliche Vorkaufsrecht wird demgegenüber als „riesiger"[209] Eingriff in das Eigentumsrecht

116; mit einer kürzeren, abweichend pointierten Begründung SPD und B90/Gr, Änderungsantrag BauROG, BT-Drs. 13/7657, 5 f. Siehe weiter *Mitschang*, in: Mitschang (Hrsg.), Erhaltung und Sicherung von Wohnraum, 2017, S. 51 (105); kritisch *Dangschadt*, in: Dohrendorf (Hrsg.), Soziale Erhaltungssatzung, 1991, S. 15 (16, 40), dazu, dass nicht gefragt werde, „[o]b die Wohnsituation für die Mieter zuvor nicht zumutbar war" und so die Auflösung von Härten für die Mieter in das Vertragsrecht verschoben werde. Insofern sei das Zusammenspiel der verschiedenen Regelungsregime zu beachten, bspw. ob die Lockerung von Mietpreisbegrenzungen den Erhaltungszielen entgegenlaufe.

206 *Ferlemann* (CDU/CSU), Sten. Bericht der 44. Sitzung, 23.6.2022, VorkG, BT-PlProt. 20/44, 4535C; ähnlich *Ferlemann* (CDU/CSU), Sten. Bericht der 17. Sitzung, 17.2.2022, BT-PlProt. 20/17, VorkG, 1214D: Das Eigentum als „ganz hohes Gut, ohne das die Marktwirtschaft nicht funktioniert."

207 *Ferlemann* (CDU/CSU), Sten. Bericht der 44. Sitzung, 23.6.2022, VorkG, BT-PlProt. 20/44, 4535C; ähnlich *Ferlemann* (CDU/CSU), Sten. Bericht der 17. Sitzung, 17.2.2022, BT-PlProt. 20/17, VorkG, 1214D.

208 *Ferlemann* (CDU/CSU), Sten. Bericht der 44. Sitzung, 23.6.2022, VorkG, BT-PlProt. 20/44, 4536A; ähnlich *Ferlemann* (CDU/CSU), Sten. Bericht der 17. Sitzung, 17.2.2022, BT-PlProt. 20/17, VorkG, 1215D; *Kießling* (CDU/CSU), Sten. Bericht der 44. Sitzung, 23.6.2022, VorkG, BT-PlProt. 20/44, 4540D, 4541A.

209 *Kießling* (CDU/CSU), Sten. Bericht der 44. Sitzung, 23.6.2022, VorkG, BT-PlProt. 20/44, 4541A. Dem entgegen wird im Schrifttum regelmäßig nur ein „geringfügig belastender Eingriff" in das Eigentumsrecht des Verkäufers angenommen, vgl. *Stock*, in: Ernst/Zinkahn/Bielenberg/Krautzberger, BauGB-Komm., 157. EL 2024, § 24 Rn. 83, 85.

verstanden und abgelehnt.[210] Insofern müsse geklärt werden, „wie effektiv dieser zusätzliche Eingriff in Eigentumsrechte im Verhältnis zu den bereits bestehenden Möglichkeiten sei."[211]

Daneben finden sich neuerdings vermehrt Stimmen, die das erhaltungsrechtliche Instrumentarium losgelöst von eigentumspolitischen Erwägungen kritisch sehen und eine an marktwirtschaftlichen Grundsätzen ausgerichtete Politik fordern.[212] Dabei wird ausgehend von der Problembeschreibung steigender Mieten aufgrund von unter anderem Wohnraummangel die Problemlösung dem Wohnungsmarkt zugewiesen.[213] Dem zugrunde liegen wiederum ein positives Verständnis von Marktwirtschaft als Erfolgsgeschichte[214] und die Annahme, nur mit „Investitionen durch privates Kapital" die Wohnprobleme lösen zu können.[215] Dies erinnert an die Argumentation der Adenauer-Regierung der 1950er Jahre zur Mobilisierung privaten Kapitals im Wohnungsbau.[216] Zugleich liegt dem ein negativer Blick auf staatliche Maßnahmen zugrunde: Der Staat sei „in keiner Weise der bessere Immobilieneigentümer."[217] Auch Kommunen seien „nicht besser geeignet als die Privaten die Nachfrage nach Wohnungen zu befriedigen".[218]

---

210 *Ferlemann* (CDU/CSU), Sten. Bericht der 17. Sitzung, 17.2.2022, BT-PlProt. 20/17, VorkG, 1214C, D. Zur Sicherung der Erhaltungsschutzziele nicht über das Vorkaufsrecht, sondern über die Erhaltungssatzungen der §§ 172 ff. BauGB siehe CDU/CSU-Fraktion, in: Ausschussbericht und Beschlussempfehlung, VorkG, BT-Drs. 20/2393, 7.

211 FDP-Fraktion, in: Ausschussbericht und Beschlussempfehlung, VorkG, BT-Drs. 20/2393, 8.

212 Dies deutete sich bereits bei der Diskussion zu den Substandards (→ § 10 C. I. 1. b.) und – deutlicher – in der Auseinandersetzung mit den Argumentationen zum erhaltungsrechtlichen Vorkaufsrecht als lediglich *ein* Baustein im wohnpolitischen Instrumentenkoffer an (→ § 10 C. II.).

213 *Ferlemann* (CDU/CSU), Sten. Bericht der 17. Sitzung, 17.2.2022, BT-PlProt. 20/17, VorkG, 1214C. Anders nuanciert *Bachmann* (AfD), ebd., 1217A.

214 *Ferlemann* (CDU/CSU), Sten. Bericht der 17. Sitzung, 17.2.2022, BT-PlProt. 20/17, VorkG, 1215A: „Aber wir als Christdemokraten wollen die Marktwirtschaft. Sie hat dieses Land reich gemacht und nach vorne gebracht."

215 *Ferlemann* (CDU/CSU), Sten. Bericht der 44. Sitzung, 23.6.2022, VorkG, BT-PlProt. 20/44, 4536A; ähnlich *Kießling* (CDU/CSU), ebd., 4540D, 4541A.

216 → § 4 C. I.; § 6 B. II.; § 7 C. II. 1.

217 AfD-Fraktion, in: Ausschussbericht und Beschlussempfehlung, VorkG, BT-Drs. 20/2393, 8.

218 Weil erstens in der Vergangenheit Privatisierungen stattgefunden haben, zweitens – tautologisch – „in der Marktwirtschaft die privaten Anbieter zur Marktteilnahme berufen [sind] und nicht die öffentliche Hand" und drittens so auch „keine finanziellen Mittel der öffentlichen Hand gebunden sind", Antrag AfD-Fraktion, Mehr Wohnungsmarkt, BT-Drs. 20/2362, 1.

In der Folge erhalten „Marktmechanismen den Vorzug vor staatlichen Eingriffen“[219].

Doch auch diese Position bleibt nicht unwidersprochen. So wird gleichzeitig die Leistung des Wohnungsmarktes aus polit-ökonomischen Gründen infrage gestellt: Er sei „eben kein funktionierender Markt, auch wenn er so heißt, weil das knappe Gut ‚Grund und Boden‘ nicht vermehrbar ist wie ein x-beliebiges Gut.“[220]

III. Zusammenfassung: Die Entwicklung des Erhaltungszwecks in Abwägung mit Eigentum und Marktwirtschaft

Die Analyse der Gesetzgebungsmaterialien zum Milieuschutzrecht und speziell zum erhaltungsrechtlichen Vorkaufsrecht zeigt die Potenziale und Grenzen der Methode auf. Erneut lassen sich verschiedene ökonomische Annahmen der Gesetzgebung rekonstruieren, die die bisherigen Untersuchungen und Zugriffe ergänzen. Es zeigt sich, dass sich einzelne Elemente in der Gesetzgebungsgeschichte wiederholen, die gesetzgeberischen Annahmen aber auch Veränderungen unterworfen sind und sich wahrgenommenen Problemlagen anpassen. Dies lässt sich insbesondere anhand der Entwicklung des Erhaltungsgedankens und der mit ihm verbundenen gesetzgeberischen Zuschreibungen nachzeichnen.[221] Die aufgeworfenen Thematiken weichen dabei teilweise von den aufgrund der Schwerpunktsetzung im Schrifttum erwartbaren Äußerungen ab: Phänomene wie Verdrängung und Gentrifizierung werden kaum angesprochen, die Betonung städtebaulicher Aspekte fehlt.[222] Auch das eigentliche Milieuschutzziel, die Zusammensetzung der Bevölkerung, wird vorausgesetzt und kaum diskutiert.

---

219 Antrag AfD-Fraktion, Mehr Wohnungsmarkt, BT-Drs. 20/2362, 3; → § 4 B. I. Diese Ordnung wird nach Ansicht von *Ramsauer*, Segregation, 2018, S. 109, bereits umgesetzt. Demnach bestimmen über die Miet- und Kaufkosten bereits Marktmechanismen wesentlich über die Zusammensetzung der Wohnbevölkerung; die „Möglichkeit städtebaulicher Steuerung“ sei hingegen bereits „beschränkt“.

220 *Tausend* (SPD), Sten. Bericht der 44. Sitzung, 23.6.2022, VorkG, BT-PlProt. 20/44, 4535A. Auf einen „völlig überhitzten Immobilienmarkt“ weist *Cademartori* (SPD), Sten. Bericht der 17. Sitzung, 17.2.2022, BT-PlProt. 20/17, VorkG, 1213D, hin. Wiederum andere externe Ursachen (Zuwanderung und Energiekosten) fokussiert der Antrag AfD-Fraktion, Mehr Wohnungsmarkt, BT-Drs. 20/2362, 2.

221 → § 10 C. I.

222 Vgl. aber die Chiffre „soziale und technische Infrastruktur“ in GesE Linksfraktion, VorkG, BT-Drs. 20/679, 8.

Dafür werden ökonomische Argumente in die Diskussion eingewoben, wenn beispielsweise Investitionen gegen Substandards eingefordert und so soziale Ziele verfolgt werden.[223]

Auch der Schutz des Eigentums sowie die Förderung von Wohneigentum als wohnpolitische Zielvorstellung finden an verschiedenen Stellen Eingang in die Diskussion.[224] Sie werden dabei vor allem als Argument gegen den Milieuschutz angeführt und gehen so in eine Abwägung mit den erhaltungsrechtlichen Zielen ein. In jüngerer Zeit werden sie zunehmend durch marktwirtschaftliche Erwägungen ergänzt.[225] Hervorzuheben ist gleichzeitig, dass mit der Zeit Mieterschutzgedanken in das Milieuschutzrecht eingehen. Diese lassen sich somit nicht allein dem (Sozialen) Mietrecht zuordnen.[226] Während sich Mieterschutzgedanken im Mietrecht vorrangig unmittelbar und individualisiert ausdrücken, soll das Städtebaurecht nachteilige *Entwicklungen* verhindern, da die sozialräumlichen Wohnverhältnisse von den städtebaulichen Strukturen abhängig sind.[227] Wenngleich Mieterschutz schrittweise Einzug in die Diskussionen erhält, bleibt es also bei einer Perspektive, die (auch) dynamisch und strukturell argumentiert.[228]

Die vorliegend unternommene Rekonstruktion gesetzgeberischer Annahmen erzählt von einer zwar verschiedenen Wandlungen unterworfenen, insgesamt jedoch linearen Entwicklung des Milieuschutzrechts. Ganz anders erscheint die Rekonstruktionserzählung durch das Bundesverwaltungsgericht von 2021, die in der Gesetzgebung zum Baugesetzbuch 1986 einen Bruch mit dem Erhaltungsgedanken erkennt. Dem wird im Folgenden nachgegangen.

D. Gegenerzählung des Bundesverwaltungsgerichts: Das Ende des erhaltungsrechtlichen Vorkaufsrechts

Nach der hiesigen Rekonstruktion wurde der Erhaltungszweck des Milieuschutzrechts bei der Einführung des Baugesetzbuchs nicht nur allgemein übernommen, sondern auch das seiner Sicherung dienende Vorkaufs-

223 → § 10 C. I. 1. b.
224 → § 10 C. II. 1., 2.
225 → § 10 C. III. 3.
226 → § 6 B. V. 2.; § 8 C. IV. 2. Zum Verhältnis auch *Eller*, in: Croon-Gestefeld et al. (Hrsg.), Das Private im Privatrecht, 2022, S. 75 (87 f.).
227 *Riemann*, Gentrifizierung, 2016, S. 15.
228 → § 10 C. I. 3.; § 5 B. II. 2.

recht.[229] Diese Erzählung wird durch das bereits mehrfach erwähnte Urteil des Bundesverwaltungsgerichts von 2021 infrage gestellt: Demnach verfolgt das erhaltungsrechtliche Vorkaufsrecht seit 1986 keine spezifisch erhaltungsrechtlichen Zwecke mehr. Stattdessen seien die verschiedenen Vorkaufsrechte im Zuge der Reform vereinheitlicht worden – zumindest interpretiert das Bundesverwaltungsgericht die Gesetzgebungshistorie in diesem Sinne (I.). Seine Auslegung anhand des Wortlauts der Normen und unter Berücksichtigung der Materialien ist vertretbar, allerdings nicht zwingend.[230] Sie führt faktisch jedenfalls dazu, dass das Vorkaufsrecht in Milieuschutzgebieten selbst bei einer den erhaltungsrechtlichen Zielen widersprechenden Umwandlungsabsicht der Erwerberin nicht ausgeübt werden kann.[231] In der Folge ist dieses Instrument als solches nicht anwendbar – und ohne entsprechenden Gesetzesbeschluss kann auch die abweichende Interpretation von Teilen der Gesetzgebung hieran nichts ändern (II.).[232] Es zeigt sich, dass Gesetzgebungsgeschichte (auch) das ist, was Gerichte daraus machen.[233] Insofern deutet die folgenden Darstellung neben Erkenntnissen über die ökonomischen Annahmen der Gesetzgebung auch die Relativität dieser Rekonstruktionsarbeit an.

229 → § 10 C. I. 2. b.

230 Ebenso *Putzer*, NVwZ 2022, 222 (223); als Auslegungsfrage aktuell aufgearbeitet bei *Holze*, Milieuschutz, Diss. i.A.

231 *Stock*, in: Ernst/Zinkahn/Bielenberg/Krautzberger, BauGB-Komm., 157. EL 2024, § 172 Rn. 22.

232 Einen Dialog zwischen Obergerichten und Gesetzgebung spricht auch *Hirzel*, Macht und Methode, 2023, S. 132, an. Das „parlamentarische[ ] Zugriffsrecht“ stelle sich insofern als neuerliche Interpretationsmöglichkeit der Gesetzgebung dar, die die Gerichte zwinge, seinen Willen schon vorher zu berücksichtigen.

233 Dies ist Umstand und Normalität Gesetzesmaterialien interpretierender historischer Rekonstruktion, vgl. die Ausführungen zur Nähe von Annahmen und Erzählungen → § 2 A. IV. Indem in Darstellungen Ereignisse in Relation zueinander gesetzt und ihre Bedeutung gewichtet wird, erhält jede der Darstellungen einen „narrativen Grundcharakter[ ]“, *Jarausch/Sabrow*, in: Jarausch/Sabrow (Hrsg.), Historische Meistererzählung, 2002, S. 9 (13); *Croon-Gestefeld*, Gemeininteressen im Privatrecht, 2022, S. 26; zurückgehend jeweils auf *White*, Metahistory, 1973. Gleichwohl mag eine solche Aussage im vorliegenden Kontext auch deshalb provokant erscheinen, weil mit der juristischen Methodenlehre ein theoretisch-methodischer Ansatz besteht, durch Rationalitätskriterien die Anerkennung der eigenen Argumentation zu sichern, vgl. *Jarausch/Sabrow*, in: Jarausch/Sabrow (Hrsg.), Historische Meistererzählung, 2002, S. 9 (17); für die richterliche Rechtsfindung mit Vorteilen und Grenzen der methodischen Rationalisierung *Hirzel*, Macht und Methode, 2023, S. 103 f., m.w.N.

I. Rekonstruktionserzählung des Bundesverwaltungsgerichts

Ausgangspunkt der Entscheidung des Bundesverwaltungsgerichts ist ein Fall der Vorkaufsrechtsausübung im Geltungsbereich einer Erhaltungssatzung in Berlin. Entscheidend ist dabei nicht die im Zuge der Interessenabwägung (§ 24 Abs. 3 S. 2 BauGB) relevante Antwort auf die (von den Vorinstanzen bejahte) Frage, ob zu befürchten sei, „dass in der nachgefragten innerstädtischen Lage die Zusammensetzung der sozialgemischten Wohnbevölkerung aufgrund der Verdrängung einkommensschwächerer Gruppen nicht erhalten werde."[234] Im Zentrum der Entscheidung steht vielmehr die vorgelagerte Frage nach der Auslegung des Ausschlussgrunds des § 26 Nr. 4 Alt. 2 BauGB[235] und in der Konsequenz einer eigenständigen Bedeutung der städtebaulichen Erhaltungsziele im Vorkaufsrecht.

Nach dem Wortlaut des § 26 Nr. 4 BauGB ist das Vorkaufsrecht im Geltungsbereich einer Erhaltungssatzung ausgeschlossen, „wenn [...] das Grundstück entsprechend [...] den Zielen und Zwecken der städtebaulichen Maßnahme bebaut ist und genutzt wird und eine auf ihm errichtete bauliche Anlage keine Missstände oder Mängel aufweist".[236] Es handelt sich dogmatisch um eine negative Tatbestandsvoraussetzung, die den unbestimmten Rechtsbegriff des Wohls der Allgemeinheit aus § 24 Abs. 3 S. 1 BauGB normativ begrenzt.[237] Das Bundesverwaltungsgericht versteht den Wortlaut des § 26 Nr. 4 BauGB als ausschließlich auf die tatsächlichen

234 BVerwG, Urt. v. 9.11.2021 – 4 C 1/20 = NVwZ 2022, 75 (75, Rn. 5). Beide Instanzgerichte bezogen sich hierbei auf den „relativ hohe[n] Kaufpreis", der befürchten lasse, „dass die Klägerin das Grundstück anders als bisher nutzen und den hohen Kaufpreis zumindest durch mieterhöhende bauliche Maßnahmen refinanzieren würde", OVG Berlin-Brandenburg, Urt. v. 22.10.2019 – OVG 10 B 9.18, Rn. 55. Zudem spreche der Charakter der Klägerin als „private Immobiliengesellschaft" und dass sie keine Abwendungserklärung unterzeichnet habe dafür, „dass sie das Wohngebäude nach betriebswirtschaftlichen Grundsätzen und Erfordernissen gewinnorientiert bewirtschaften bzw. vermarkten wird" (ebd., Rn. 56; ähnlich VG Berlin, Urt. v. 17.5.2018 – VG 13 K 724.17, Rn. 20, 25).

235 BVerwG, Urt. v. 9.11.2021 – 4 C 1/20 = NVwZ 2022, 75 (76, Rn. 13).

236 Auf die Frage, ob § 26 Nr. 4 Alt. 1 oder 2 BauGB einschlägig ist, wird in der folgenden Untersuchung nur am Rande eingegangen, da diese Thematik über den vorliegenden Themenzuschnitt hinausweist. Dazu BVerwG, Urt. v. 9.11.2021 – 4 C 1/20 = NVwZ 2022, 75 (76, Rn. 16 f.); kritisch *Schröer/Kümmel*, NVwZ 2022, 78 (79).

237 BVerwG, Urt. v. 9.11.2021 – 4 C 1/20 = NVwZ 2022, 75 (75, Rn. 13). Die Ausübung des Vorkaufsrechts ist nach den Vorkaufsrechtstatbeständen des § 24 Abs. 1 BauGB gem. § 24 Abs. 3 S. 1 BauGB nur zum Wohle der Allgemeinheit möglich.

Verhältnisse im Zeitpunkt der letzten Behördenentscheidung bezogen.[238] Zukünftige Entwicklungen seien hingegen bedeutungslos.[239] Eine solche Lesart nimmt dem erhaltungsrechtlichen Vorkaufsrecht seinen spezifischen Charakter, da es zumindest zuvor auf eine in die Zukunft gerichtete Sicherung und Wahrung erhaltungswürdiger Zustände abzielte.

Und tatsächlich beschreibt das Bundesverwaltungsgericht die Überführung der Vorkaufsrechte in das Baugesetzbuch als Geschichte der Vereinheitlichung und Vereinfachung.[240] Dabei bezieht sich das Gericht vielfach auf die Gesetzgebungsgeschichte zum Gesetz über das Baugesetzbuch, insbesondere den Gesetzentwurf der Bundesregierung[241] sowie die bei der Ausarbeitung dieses Gesetzentwurfs genutzten „Materialien zum Baugesetzbuch – Berichte der Arbeitsgruppen und der Gesprächskreise zum Baugesetzbuch".[242] Bei Letzteren handelt es sich gemessen an den vorliegenden Maßstäben um keine für die Willensbildung heranzuziehenden Materialien.[243] Weiterhin verweist das Bundesverwaltungsgericht im Einklang mit den vorliegend angewandten Argumentationsregeln auf die im weiteren Gesetzgebungsverfahren fehlende Auseinandersetzung mit der Norm.[244] Wenig Bedeutung wird hingegen der Gesetzessystematik – § 24 Abs. 1 Nr. 4 BauGB als Nachfolgenorm des § 24 a BBauG[245], Verbindung des Vorkaufsrechts mit § 39 h BBauG respektive § 172 BauGB – beigemessen. Stattdessen ergebe sich dem Bundesverwaltungsgericht zufolge aus der Gesetzgebungsgeschichte ein hinreichend klares Wortlautverständnis, das keinen – grammatikalisch zwar möglichen und umgangssprachlich mitunter intendierten

238 BVerwG, Urt. v. 9.11.2021 – 4 C 1/20 = NVwZ 2022, 75 (76, Rn. 21). Das OVG Berlin-Brandenburg, Urt. v. 22.10.2019, OVG 10 B 9.18, Rn. 67, war demgegenüber noch der Ansicht, dass der Ausschlussgrund für den betreffenden Fall nicht anwendbar sei, da er sachgerecht so ausgelegt werden könne, dass bei der Beurteilung und Bewertung, ob das Grundstück entsprechend der Erhaltungsziele genutzt wird, auch die künftigen Nutzungen durch den Käufer zu berücksichtigen sind.

239 BVerwG, Urt. v. 9.11.2021 – 4 C 1/20 = NVwZ 2022, 75 (76, Rn. 21).

240 BVerwG, Urt. v. 9.11.2021 – 4 C 1/20 = NVwZ 2022, 75 (78, Rn. 27). Dabei werden bezüglich der Vereinfachung – quasi nachträglich – im Schrifttum benannte Vorteile angeführt.

241 RegE GBauGB, BT-Drs. 10/4630.

242 BVerwG, Urt. v. 9.11.2021 – 4 C 1/20 = NVwZ 2022, 75 (76, Rn. 20).

243 → § 10 Fn. 66; § 2 B., C. Sie liegen der vorliegenden Untersuchung nicht einmal unterstützend zugrunde.

244 BVerwG, Urt. v. 9.11.2021 – 4 C 1/20 = NVwZ 2022, 75 (78, Rn. 27); → § 2 C.

245 Zur insofern strittigen Auslegung → sogleich.

– Zukunftsbezug erkennen lasse.[246] Das Bundesverwaltungsgericht begreift dies als ein Ergebnis, das „auch nicht mithilfe anderer Auslegungsmethoden überwunden werden kann."[247]

Maßgeblich für diese Absage an andere Auslegungsmethoden ist ein von der hiesigen Rekonstruktion abweichendes Verständnis der Gesetzgebungsgeschichte, demzufolge die bisherigen systematischen Unterschiede zwischen den allgemeinen Vorkaufsrechten aus § 24 BBauG und dem erhaltungsrechtlichen Vorkaufsrecht aus § 24 a BBauG im Zuge der Überführung in das Baugesetzbuch nivelliert wurden: Die Umformulierung des in Frage stehenden Vorkaufsrechts – während § 24 a BBauG auf die „Wahrung" der erhaltungsrechtlichen Belange ausgerichtet war, ist § 24 Abs. 1 Nr. 4 BauGB allgemein als Vorkaufsrecht beim Kauf von Grundstücken „im Geltungsbereich einer Erhaltungssatzung" formuliert – wird als Veränderung der „inhaltlichen Ausformung" verstanden.[248] Nach der historischen Rekonstruktion durch das Bundesverwaltungsgericht wurden die Vorkaufsrechte also inhaltlich angeglichen.[249] Eine nur räumliche Begrenzung[250] wird mit dem Hinweis auf diesen Wegfall der „tatbestandlichen Anknüpfung an zukünftige Nutzungsabsichten" abgelehnt.[251] Weder der vom Gericht aufgegriffenen Formulierung in den Materialien, „Nr. 4 entspricht § 24 a des Bundesbaugesetzes"[252], noch der Feststellung, wonach den Gemeinden „gesetzliche Vorkaufsrechte weiterhin (...) in Satzungsgebieten nach dem bisherigen § 39 h BBauG zustehen sollen"[253], wird eine

---

246 BVerwG, Urt. v. 9.11.2021 – 4 C 1/20 = NVwZ 2022, 75 (77, Rn. 22); bereits → § 10 Fn. 153.

247 BVerwG, Urt. v. 9.11.2021 – 4 C 1/20 = NVwZ 2022, 75 (78, Rn. 27 [zum Maßstab]; 76 f., Rn. 21). Das VG Berlin, Urt. v. 17.5.2018 – VG 13 K 724.17, Rn. 24, nimmt mit Blick auf die Entstehungsgeschichte noch eine planwidrige Regelunglücke an und legt die Norm im Wege einer teleologischen Reduktion zugunsten des Erhaltungsgedankens aus. Ebenfalls deutlich für eine nur räumliche Änderung des erhaltungsrechtlichen Vorkaufsrechts OVG Berlin-Brandenburg, Urt. v. 22.10.2019 – OVG 10 B 9.18, Rn. 76.

248 BVerwG, Urt. v. 9.11.2021 – 4 C 1/20 = NVwZ 2022, 75 (77, Rn. 25); siehe bereits → § 10 C. I. 2. b.

249 Vgl. BVerwG, Urt. v. 9.11.2021 – 4 C 1/20 = NVwZ 2022, 75 (77 f., Rn. 25 ff.), mit Verweis auf den Unterschied zwischen den unterstützenden Materialien und dem Gesetzentwurf selbst.

250 So die andere Ansicht; → § 10 C. I. 2. b.

251 BVerwG, Urt. v. 9.11.2021 – 4 C 1/20 = NVwZ 2022, 75 (77, Rn. 26).

252 BVerwG, Urt. v. 9.11.2021 – 4 C 1/20 = NVwZ 2022, 75 (77, Rn. 26), m.V.a. RegE GBauGB, BT-Drs. 10/4630, 82; siehe bereits → § 10 C. I. 2. b.

253 BVerwG, Urt. v. 9.11.2021 – 4 C 1/20 = NVwZ 2022, 75 (77, Rn. 26), m.V.a. RegE GBauGB, BT-Drs. 10/4630, 56.

Aussage über den Inhalt der Neuregelung entnommen. Vielmehr erfolgt nach Ansicht des Bundesverwaltungsgerichts die inhaltliche Ausgestaltung maßgeblich durch die Ausschlussgründe.[254]

Dabei spricht nach Ansicht des Bundesverwaltungsgerichts gegen eine vom Präsenswortlaut abweichende Lesart des § 26 Nr. 4 BauGB, dass in den Materialien als „Regelungsvorbild allein auf § 24 II 2 Nr. 1 BBauG" abgestellt und somit auf das allgemeine Vorkaufsrecht aus § 24 BBauG verwiesen werde, „nicht aber auf das nach § 24 a BBauG, dessen S. 3 auf § 24 II 2 BBauG gerade nicht Bezug nimmt."[255] Anders formuliert: Dass der Ausschlussgrund, der im Bundesbaugesetz ausschließlich für die allgemeinen Vorkaufsrechte galt und in dem daher noch „jeglicher Anhaltspunkt für eine zukunftsbezogene Verwendung des Präsens" fehlte,[256] nun auch auf das erhaltungsrechtliche Vorkaufsrecht angewendet wird, soll zu einer inhaltlichen Angleichung des erhaltungsrechtlichen Vorkaufsrechts an die anderen Vorkaufsrechte geführt haben. Deshalb wiederum sei keine abweichende Auslegung des Ausschlussgrunds für dieses – nun nicht mehr spezielle – Vorkaufsrecht angezeigt. Da das erhaltungsrechtliche Vorkaufsrecht nach Lesart des Bundesverwaltungsgerichts somit seit 1986 nicht mehr wie zuvor als solches, ausgerichtet auf die städtebaulichen Erhaltungsziele, existiert, wird eine dem Erhaltungszweck entsprechende, den Wortlaut dehnende Auslegung abgelehnt. Das Bundesverwaltungsgericht sieht also in einer streng am Wortlaut orientierten Erzählung des Gesetzgebungsverständnisses die allgemeine systematische Differenz des erhaltungsrechtlichen Vorkaufsrechts gegenüber den weiteren Vorkaufsrechten mit Überführung in das Baugesetzbuch als überholt an.

Den verschiedenen Bausteinen der Argumentation lässt sich jeweils ebenfalls auf Basis der Gesetzgebungsmaterialien entgegentreten. Wird die Gesetzgebungsgeschichte nicht als Vereinheitlichung der Vorkaufsrechte konstruiert, liegt eine ein enges Wortlautverständnis transzendierende Auslegung der Normen sogar nahe.[257] Dies lässt sich argumentieren, wenn die

---

254 Vgl. BVerwG, Urteil v. 9.11.2021 – 4 C 1/20 = NVwZ 2022, 75 (77, Rn. 26). Wenn die Ausschlussgründe als normative Begrenzungen des Vorkaufsrechtstatbestands gelten, wirken sich deren Formulierungen auf den Inhalt des Rechts selbst aus.

255 BVerwG, Urt. v. 9.11.2021 – 4 C 1/20 = NVwZ 2022, 75 (76, Rn. 17; 76 f., Rn. 21; 77, Rn. 22), m.V.a. RegE GBauGB, BT-Drs. 10/4630, 83 (zu § 26).

256 BVerwG, Urt. v. 9.11.2021 – 4 C 1/20 = NVwZ 2022, 75 (77, Rn. 22).

257 Siehe bereits → § 10 C. I. 2. b. Unabhängig von der Positionierung ist der Wortlaut der Normen in vielerlei Hinsicht missverständlich und missglückt. Dies gilt parallel für den neugefassten Wortlaut des § 27 Abs. 1 S. 1 BauGB, den das BVerwG für seine

Überführung des Vorkaufsrechts vom Bundesbaugesetz ins Baugesetzbuch nicht als inhaltliche, sondern nur regionale Begrenzung rekonstruiert wird und dem Vorkaufsrecht somit weiterhin ein erhaltungsrechtlicher, auf die Zukunft gerichteter Sinn zukommen soll.[258] Hierfür spricht zunächst die bereits angesprochene explizite Deutungszuschreibung im Gesetzentwurf, die vom Bundesverwaltungsgericht nicht vollständig wiedergegeben wird und ausdrücklich am erhaltungsrechtlichen Zweck des Vorkaufsrechts festhält.[259] Nimmt man an, dass das erhaltungsrechtliche Vorkaufsrecht nicht bereits durch die Überführung in § 24 BauGB teleologisch entleert wurde, ergeben sich auch mit Blick auf § 26 Nr. 4 BauGB andere Perspektiven.[260] Wenn das Bundesverwaltungsgericht nun meint, dass „[a]llein der Verweis auf das Erhaltungsziel, das auf die (fortdauernde) Bewahrung eines gegebenen Zustands bezogen ist", nicht ausreiche, „um den grammatikalischen Sonderfall als gegeben anzunehmen", und die Entstehungsgeschichte „[f]ür ein abweichendes Wortverständnis [...] nichts her[gibt]"[261], so lässt sich dieser Aussage gerade die – vom Bundesverwaltungsgericht abgelehnte – nicht triviale, teleologische Differenz der Vorkaufsrechte entgegenhalten.

Entscheidend für die jeweilige Rekonstruktion sind somit zwei Aspekte: Zum einen die methodische Frage zum Verhältnis des Wortlauts von § 26 Nr. 4 BauGB zu den Materialienaussagen zum Erhaltungszweck. Wird das erhaltungsrechtliche Vorkaufsrecht aus § 24 Abs. 1 Nr. 4 BauGB durch den Ausschlussgrund des § 26 Nr. 4 BauGB geformt? Oder wirken sich die Materialienaussagen zu § 24 Abs. 1 Nr. 4 BauGB auf die Auslegung des Ausschlussgrunds in § 26 Nr. 4 BauGB aus? Hieraus folgt zum anderen die für das Verständnis des Milieuschutzrechts entscheidende Weichenstellung, ob die Überführung in das Baugesetzbuch als Fortführung eines speziell erhaltungsrechtlichen, nunmehr regional begrenzten Vorkaufsrechts oder als Geschichte der Vereinheitlichung der Vorkaufsrechte konstruiert wird. Es sind somit verschiedene, die Materialienaussagen und teleologischen so-

---

Argumentation unterstützend heranzieht, BVerwG, Urt. v. 9.11.2021 – 4 C 1/20 = NVwZ 2022, 75 (78, Rn. 28).

258 → § 10 C. I. 2. b. Ebenso u.a. *Putzer*, NVwZ 2022, 222 (223), ebenfalls mit Verweis auf die Gesetzgebungsmaterialien.

259 Siehe bereits oben → § 10 C. I. 2. b.; RegE GBauGB, BT-Drs. 10/4630, 82: „Nummer 4 entspricht § 24 a des Bundesbaugesetzes. Die Neufassung beschränkt das Vorkaufsrecht zur Sicherung von städtebaulichen Erhaltungszielen auf die durch Satzung festgesetzten Gebiete."

260 Siehe → § 10 C. I. 2. b.

261 BVerwG, Urt. v. 9.11.2021 – 4 C 1/20 = NVwZ 2022, 75 (77, Rn. 22).

wie systematischen[262] Zusammenhänge von Vorkaufs- und Erhaltungsrecht unterschiedlich gewichtende Rekonstruktionsansätze möglich. Mit seiner Rekonstruktion hat sich das Bundesverwaltungsgericht für eine von mehreren Möglichkeiten entschieden. Dabei geht der Telos des erhaltungsrechtlichen Vorkaufsrechts inmitten einer Auslegung, die sich ausschließlich am Wortlaut orientiert und in der Auswertung der Gesetzesmaterialien selektiv vorgeht, verloren.[263] Im Hinblick auf das zugrunde liegende ökonomische Wissen folgt aus dieser Rekonstruktion, dass die polit-ökonomischen Erwägungen, die den Erhaltungsgedanken des Vorkaufsrechts geprägt haben, an Bedeutung verlieren.

II. Gesetzgeberische Reaktion: Diskussion um Aufwertung des Erhaltungszwecks

Das Urteil des Bundesverwaltungsgerichts stellt den Hintergrund der aktuellen gesetzgeberischen Reformdiskussionen dar, in denen insbesondere der Erhaltungszweck hervorgehoben oder abgewertet wird.[264] Dabei wird in den Gesetzgebungsdebatten um die Deutungshoheit über das Urteil und mittelbar auch um die Gesetzgebungsgeschichte gerungen. Erst vor diesem Hintergrund überrascht es nicht, dass sich die Gesetzgebung auch mit der Methodik des Bundesverwaltungsgerichts auseinandersetzt: So habe sich das Bundesverwaltungsgericht mit seiner „formelle[n] Auslegung" entgegen den Urteilen des VG Berlin, des OVG Berlin-Brandenburg und der „herrschenden Ansicht im juristischen Schrifttum" positioniert.[265] Kritisiert

262 Siehe insb. die Vorinstanz OVG Berlin-Brandenburg, Urt. v. 22.10.2019 – OVG 10 B 9.18, Rn. 69.

263 Methodenwahl als „Vorentscheidungen über Interpretationsinhalte" bei *Grimm*, in: Horn (Hrsg.), FS Coing, 1982, S. 469; zur Bevorzugung einzelner Methoden schon *Esser*, Vorverständnis und Methodenwahl, 1972, S. 125 ff.

264 Ausdrücklich benannt im Beschluss, Entschließung Vorkaufsrecht, BR-Drs. 133/22(B), 1; Entschließungsantrag (BE, HH), Vorkaufsrecht, BR-Drs. 133/22, 1; RefE VKRÄG v. 27.4.2022, S. 1, 4; GesE Linksfraktion, VorkG, BT-Drs. 20/679, 1, 6. In der Plenardebatte zugespitzt durch *Lay* (Linke), Sten. Bericht der 17. Sitzung, 17.2.2022, BT-PlProt. 20/17, VorkG, 1212D: „Vier Monate ist es her, dass das Urteil des Bundesverwaltungsgerichtes den Städten ihre schärfste Waffe gegen Spekulation genommen hat."

265 Beschluss, Entschließung Vorkaufsrecht, BR-Drs. 133/22(B), 3; Entschließungsantrag (BE, HH), Vorkaufsrecht, BR-Drs. 133/22, 3. Ebenfalls zur Positionierung entgegen „[e]iner in Rechtsprechung und Literatur weit verbreiteten Ansicht, wonach in sozialen Erhaltungsgebieten – entsprechend der dort verfolgten städtebaulichen

wird insofern, dass das Gericht sich allein an den Wortlaut der Vorschrift halte und „keinen Grund für eine systematische und aus der Entstehungsgeschichte begründete Auslegung“ sehe.[266] Vor allem aber ist die inhaltliche Deutung des Urteils und in der Folge der Charakter der Reform umstritten. Teilweise wird das Urteil als Bruch mit der Vorkaufspraxis benannt und hierbei die Differenz zwischen dem erhaltungsrechtlichen Vorkaufsrecht und den anderen Vorkaufsrechten als Kontinuität verstanden.[267] Folgerichtig soll mit der Reform dann „die bisherige Verwaltungspraxis [...] *wieder ermöglicht*“ werden.[268] Nach dieser Lesart dient der Gesetzentwurf lediglich einer „dringend erforderlichen Klarstellung“ und soll die bisherige Praxis rechtssicher *fortführen.*[269] Andere Stimmen verstehen das Urteil hingegen als gerichtliche Klarstellung rechtlicher Kontinuität und die beabsichtigte Reform als *Erweiterung.*[270] Teilweise werden hierbei methodisch begründete und normative Aussagen vermischt.[271]

Zielrichtung, die Zusammensetzung der Wohnbevölkerung vor gegenwärtigen wie künftigen Veränderungen zu schützen – auch und vor allem zu erwartende zukünftige Entwicklungen des betreffenden Grundstücks in den Blick zu nehmen seien“, GesE Linksfraktion, VorkG, BT-Drs. 20/679, 1; siehe auch OVG Berlin-Brandenburg, Urt. v. 22.10.2019 – OVG 10 B 9.18, Rn. 64, 85.

266 GesE Linksfraktion, VorkG, BT-Drs. 20/679, 6.

267 Beschluss, Entschließung Vorkaufsrecht, BR-Drs. 133/22(B), 1; Entschließungsantrag (BE, HH), Vorkaufsrecht, BR-Drs. 133/22, 1.

268 RefE VKRÄG v. 27.4.2022, S. 1 (Herv. d. Verf.). Nach anderen Formulierungen soll das Vorkaufsrecht *erhalten bleiben* (Antrag Linksfraktion, Vorkaufsrecht wiederherstellen, BT-Drs. 20/236, 2) oder *wiederhergestellt werden* (*Tausend* [SPD], Sten. Bericht der 44. Sitzung, 23.6.2022, VorkG, BT-PlProt. 20/44, 4534C). Zum Begriff der „Wiedernutzbarmachung“ Beschluss, Entschließung Vorkaufsrecht, BR-Drs. 133/22(B), 1; Entschließungsantrag (BE, HH), Vorkaufsrecht, BR-Drs. 133/22, 1. Daraus wird auch abgeleitet, dass weder für die Vertragsparteien noch für die Immobilienwirtschaft an sich neue Belastungen entstehen, RefE VKRÄG v. 27.4.2022, S. 2.

269 GesE Linksfraktion, VorkG, BT-Drs. 20/679, 6.

270 Tatsächlich ebenfalls im RefE VKRÄG v. 27.4.2022, S. 4; vgl. weiter den Antrag der AfD-Fraktion, Mehr Wohnungsmarkt wagen – Keine Ausweitung der Vorkaufspraxis in Milieuschutzgebieten, BT-Drs. 20/2362; von einer beabsichtigten *Verschärfung* spricht *Föst* ((FDP), Sten. Bericht der 44. Sitzung, 23.6.2022, BT-PlProt. 20/144, VorkG, 4541C.

271 Auch wenn es in den Plenardebatten teilweise anklingt (bspw. *Föst* [FDP], Sten. Bericht der 17. Sitzung, 17.2.2022, BT-PlProt. 20/17, VorkG, 1217C: „Im Kern des Urteils hieß es: Der Eingriff ins Eigentum muss besser begründet werden. – Das ist der Kern.“), hat das BVerwG keine eigentums- und verfassungsrechtlichen Aussagen getroffen. Diese Aussagen sind Annahmen und Wertungen Abgeordneter, die als solche analysiert werden können; → § 10 C. II. Insofern mahnend *Mansoori* (SPD), Sten. Bericht der 44. Sitzung, 23.6.2022, VorkG, BT-PlProt. 20/44, 4542B, C: „Was

Insofern eröffnet das Urteil des Bundesverwaltungsgerichts eine neuerliche gesetzgeberische Diskussion über das Vorkaufsrecht. Dass diese in einer Zeit „neuer Entwicklungen und drängender Probleme auf dem Wohnungsmarkt“[272] aufbricht, führt zu einer veränderten Ausrichtung der gesetzgeberischen Debatten. Nunmehr wird die Schutzrichtung des Vorkaufsrechts ausdrücklicher als in der bisherigen Gesetzgebungsgeschichte diskutiert. So trägt die Entschließung des Bundesrates zur Änderung der Vorschriften zu den Vorkaufsrechten im Baugesetzbuch den „Schutz der Zusammensetzung der Bevölkerung“ bereits im Titel.[273] Damit verbunden wird der „Erhalt lebendiger, sozial ausgewogener städtischer Quartiere mit bezahlbaren Mieten“.[274] Da „in unseren Städten lebendige und durchmischte Quartiere, gerade in den begehrten innerstädtischen Lagen“ also gewünscht sind, soll alles getan werden, „damit die Menschen, die dort seit Jahrzehnten leben, nicht durch Spekulationen verdrängt und vertrieben werden.“[275] Diese durch die Schutzrichtung beschriebenen Strukturen haben also einen gesetzgeberisch anerkannten Wert. Adressiert wird der daher erforderliche Schutz „vor Verdrängung und Spekulationen“,[276] und spezifische Investmentpraktiken sowie die Finanzialisierung geraten in das Blickfeld.[277]

---

das Urteil des Bundesverwaltungsgerichts betrifft – das gilt auch für die Kollegen von der Union –: Das haben Sie entweder nicht gelesen oder nicht verstanden, [Beifall] weil das Bundesverwaltungsgericht nämlich gerade nicht sagt, dass ein Vorkaufsrecht, das Kommunen eine Prognoseentscheidung zubilligt, schlechterdings unmöglich sei, sondern es sagt: Wenn der Gesetzgeber ein solches Vorkaufsrecht will, muss er ein solches Vorkaufsrecht regeln.“

272 So BVerwG, Urt. v. 9.11.2021 – 4 C 1/20 = NVwZ 2022, 75 (77, Rn. 24); → § 10 Fn. 50.

273 Beschluss, Entschließung Vorkaufsrecht, BR-Drs. 133/22(B); Entschließungsantrag (BE, HH), Vorkaufsrecht, BR-Drs. 133/22.

274 Beschluss, Entschließung Vorkaufsrecht, BR-Drs. 133/22(B), 2; Entschließungsantrag (BE, HH), Vorkaufsrecht, BR-Drs. 133/22, 2.

275 *Tausend* (SPD), Sten. Bericht der 44. Sitzung, 23.6.2022, VorkG, BT-PlProt. 20/44, 4534D; für gemischte, bunte und lebendige Kieze ebenfalls *Luczak* (CDU/CSU), Sten. Bericht der 17. Sitzung, 17.2.2022, BT-PlProt. 20/17, VorkG, 1219D.

276 Fraktion B90/Gr, in: Ausschussbericht und Beschlussempfehlung, VorkG, BT-Drs. 20/2393, 7; gegen Verdrängung auch *Luczak* (CDU/CSU), Sten. Bericht der 17. Sitzung, 17.2.2022, BT-PlProt. 20/17, VorkG, 1219D.

277 Vgl. Beschluss, Entschließung Vorkaufsrecht, BR-Drs. 133/22(B), 2; Entschließungsantrag (BE, HH), Vorkaufsrecht, BR-Drs. 133/22, 1. Auch *Giffey* (BE), Sten. Bericht der 1019. Sitzung, 8.4.2022, BR-PlProt. 1019/22, Vorkaufsrecht, 108: „Häufig kommt es zu spekulativen Käufen von Grundstücken und Wohnimmobilien, mit dem Ziel, bisherige Miet- in Eigentumswohnungen umzuwandeln oder deutlich höhere Mie-

Aufbauend auf diesen grundlegenden Annahmen zum Milieuschutzziel wird mittels verschiedener gesetzgeberischer Akzentuierungen des Erhaltungsziels und des Telos des erhaltungsrechtlichen Vorkaufsrechts das Urteils des Bundesverwaltungsgerichts gedeutet und die Gesetzgebungsgeschichte weitererzählt. Dem Beschluss des Bundesrats zufolge soll zum ausdrücklichen Fokus des kommunalen Blicks werden, „ob der Käufer eines Grundstücks in Zukunft erhaltungswidrige Nutzungsabsichten verfolgt."[278] Dabei gehe es darum sicherzustellen, „dass ein Kauf in Gebieten mit einer sozialen Erhaltungssatzung nur erfolgt, wenn die beabsichtigte Nutzung nicht den Zielen dieser Satzung entgegensteht."[279] Indizien dafür werden unter anderem „in überhöhten Kaufpreisen" gesehen, „da unter Rentabilitätsaspekten für den neuen Eigentümer eine Aufwertung und/oder Verwertung des Grundstücks durch Luxusmodernisierungen und Wohnungseigentumsbildung mit anschließendem Abverkauf der Wohnungen naheliegt."[280] Es wird ausdrücklich bemängelt, dass nach der durch das Bundesverwaltungsgericht wortlautgetreu ausgelegten Gesetzeslage das Vorkaufsrecht in diesen Fällen nicht ausgeübt werden kann.[281] Es gelte daher für die Zukunft „rechtssicher sicherzustellen, dass ein Immobilienkauf die Zusammensetzung der Wohnbevölkerung und die Ziele der Kommune für ein Gebiet nicht gefährdet."[282]

Indem gleichzeitig der Telos des erhaltungsrechtlichen Vorkaufsrechts hervorgehoben und von den weiteren Vorkaufsrechten unterschieden wird,

---

ten zu erzielen, weil unsere Städte als Wohnorte beliebt sind, aber auch, weil die Wohnungsmärkte verstärkt in den Fokus von Investoren gerückt sind."

278 Beschluss, Entschließung Vorkaufsrecht, BR-Drs. 133/22(B), 2; Entschließungsantrag (BE, HH), Vorkaufsrecht, BR-Drs. 133/22, 2.

279 *Giffey* (BE), Sten. Bericht der 1019. Sitzung, 8.4.2022, BR-PlProt. 1019/22, Vorkaufsrecht, 108.

280 Beschluss, Entschließung Vorkaufsrecht, BR-Drs. 133/22(B), 4; Entschließungsantrag (BE, HH), Vorkaufsrecht, BR-Drs. 133/22, 4; auch *Bayram* (B90/Gr), Sten. Bericht der 44. Sitzung, 23.6.2022, VorkG, BT-PlProt. 20/44, 4536B: „Häuser werden zu Preisen verkauft, die das 30-, 40-, ja 50-Fache der Jahresmieteinnahmen betragen. Zur Erinnerung: Noch vor wenigen Jahren wurden Finanzierungen, die das 20-Fache der Einnahmen übersteigen, als unseriös angesehen. Diese überhöhten Preise lassen sich mit den Mieteinnahmen nicht mehr refinanzieren, auch wenn die neuen Eigentümer die Möglichkeit der Mieterhöhungen bis zum Letzten des gesetzlich Erlaubten ausreizen."

281 Beschluss, Entschließung Vorkaufsrecht, BR-Drs. 133/22(B), 2; Entschließungsantrag (BE, HH), Vorkaufsrecht, BR-Drs. 133/22, 3.

282 *Giffey* (BE), Sten. Bericht der 1019. Sitzung, 8.4.2022, BR-PlProt. 1019/22, Vorkaufsrecht, 108 f.

wird implizite Kritik an der gerichtlichen Auslegung der bestehenden Gesetzeslage geübt. Dass es „den Erhalt des Status quo (Erhalt der Zusammensetzung der angestammten Wohnbevölkerung) zum Ziel hat", stelle nämlich „insoweit eine Besonderheit dar", als dass die anderen Vorkaufsrechte auf eine „Änderung des Status quo abzielen (so z. B. die Beseitigung städtebaulicher Missstände in einem Sanierungssatzungsgebiet oder der Erwerb eines Grundstücks zur Sicherung städtebaulicher Entwicklungsmaßnahmen)".[283] Um die letztgenannten Zielsetzungen zu erreichen, benötigten die Kommunen das Vorkaufsrecht – im Einklang mit dem Wortlaut von § 26 Nr. 4 BauGB – nicht, wenn das Grundstück den Zielen und Zwecken der städtebaulichen Maßnahme bereits entspricht.[284] Im Falle der sozialen Erhaltungssatzungen,

> *„die auf die Erhaltung eines bestehenden und bei Festsetzung vorgefundenen Zustand eines Gebiets ausgerichtet sind, benötigt die Gemeinde das Vorkaufsrecht hingegen nur dann nicht, wenn dieses voraussichtlich auch in der Zukunft den Zielen und Zwecken der Erhaltungssatzung entsprechend bebaut und genutzt sein wird."*[285]

Die „planerische Absicht" ist hier somit anders als in den anderen Vorkaufsrechtsfällen „nicht auf die Entwicklung und Veränderung der bestehenden städtebaulichen Situation ausgerichtet", sondern eben auf „die Erhaltung des tatsächlichen Zustandes bzw. der Zusammensetzung der dortigen Bevölkerung."[286] Die mit § 26 Nr. 4 BauGB angenommene Bebauung liege entsprechend der städtebaulichen Maßnahme bereits vor und solle gerade erhalten werden.[287] In diesem Fall könne das erhaltungsrechtliche Vorkaufsrecht dann „dazu beitragen, negativen städtebaulichen Entwicklungen" vorzubeugen.[288]

Diese andere Schutzrichtung „erfordert zwingend eine regulative Einwirkung auf künftige Entwicklungen".[289] So müsse das Vorkaufsrecht der Gemeinde im Falle des erhaltungsrechtlichen Vorkaufsrechts dem Telos der

283 Beschluss, Entschließung Vorkaufsrecht, BR-Drs. 133/22(B), 3; Entschließungsantrag (BE, HH), Vorkaufsrecht, BR-Drs. 133/22, 3 f.
284 GesE Linksfraktion, VorkG, BT-Drs. 20/679, 7.
285 GesE Linksfraktion, VorkG, BT-Drs. 20/679, 7.
286 GesE Linksfraktion, VorkG, BT-Drs. 20/679, 8.
287 GesE Linksfraktion, VorkG, BT-Drs. 20/679, 8.
288 Beschluss, Entschließung Vorkaufsrecht, BR-Drs. 133/22(B), 3; Entschließungsantrag (BE, HH), Vorkaufsrecht, BR-Drs. 133/22, 4.
289 Beschluss, Entschließung Vorkaufsrecht, BR-Drs. 133/22(B), 3; Entschließungsantrag (BE, HH), Vorkaufsrecht, BR-Drs. 133/22, 4.

Norm entsprechend gerade dann „zustehen, wenn – nach sachgerechter Prognose – zu befürchten ist, dass der Käufer/die Käuferin das Grundstück im Widerspruch zu den jeweiligen Erhaltungszielen bebauen bzw. nutzen wird."[290] So betrachtet wird der Wortlaut des § 26 Nr. 4 BauGB als „nicht sachgerecht" formuliert verstanden.[291] Die Regelungen würden „der differenzierten Struktur der städtebaulichen Instrumente des besonderen Teils des BauGB nicht vollständig gerecht".[292] In Zukunft solle daher zwischen den „verschiedenen städtebaulichen Maßnahmen innerhalb des Systems des Baugesetzbuchs differenziert" werden, um den „Anwendungsbereich des Vorkaufsrechts sach- und systemgerecht" zu verfolgen.[293] So könne auch

> *„die ursprünglich vom Gesetzgeber intendierte Systematik gewahrt [werden], dass einerseits das Vorkaufsrecht die Ziele der städtebaulichen Instrumente unterstützen soll und andererseits der Charakter des Instruments der Erhaltungsgebiete auf die Aufrechterhaltung des derzeitigen Zustandes im Hinblick auf Bebauung, Nutzung sowie Zusammensetzung der Bevölkerung gerichtet ist."*[294]

III. Deutungen der Gesetzgebungsgeschichte

Die Auseinandersetzung zwischen Rechtsprechung und Gesetzgebung folgt dem Muster eines Dialogs. Der Gesetzgebung kommt mit der Rechtsetzung die erste gestaltende Rolle zu. Die retrospektive Deutung der Gesetzgebungsgeschichte erfolgt aber durch das Gericht.[295] Insofern kann die

---

290 GesE Linksfraktion, VorkG, BT-Drs. 20/679, 8.

291 Beschluss, Entschließung Vorkaufsrecht, BR-Drs. 133/22(B), 3; Entschließungsantrag (BE, HH), Vorkaufsrecht, BR-Drs. 133/22, 3; vgl. GesE Linksfraktion, VorkG, BT-Drs. 20/679, 8.

292 Beschluss, Entschließung Vorkaufsrecht, BR-Drs. 133/22(B), 3; Entschließungsantrag (BE, HH), Vorkaufsrecht, BR-Drs. 133/22, 3; vgl. GesE Linksfraktion, VorkG, BT-Drs. 20/679, 8.

293 GesE Linksfraktion, VorkG, BT-Drs. 20/679, 7.

294 GesE Linksfraktion, VorkG, BT-Drs. 20/679, 8.

295 *Waldhoff/Rennert*, in: Grimm/König (Hrsg.), Lektüre und Geltung, 2020, S. 83 (91): „Mit der Verkündung des Gesetzes hat das Parlament den Einfluss darauf verloren"; m.V.a. *Simon*, Gesetzesauslegung im Strafrecht, 2011, S. 276.

Gesetzgebung die Interpretation des Gerichts zwar kritisieren, ihre Handlungsmacht ist allerdings auf die Gesetzesform beschränkt.[296]

Auch wenn ein neues Vorkaufsrecht bisher nicht beschlossen wurde, sind die gesetzgeberischen Diskussionen nach dem Urteil des Bundesverwaltungsgerichts anders und expliziter gestrickt als zuvor – was selbstverständlich auch an der Entscheidung des Bundesverwaltungsgerichts als Ausgangspunkt und Gegenstand eines Deutungskampfes liegt. Es findet eine differenzierte Auseinandersetzung über Ziele, Besonderheiten und Grenzen des erhaltungsrechtlichen Vorkaufsrechts statt, die an vorige Debatten anknüpft, diese aber auch weiterführt. Die genaue Gestalt des Erhaltungsgedankens ist demnach Aushandlungssache und neben polit-ökonomischen wirken auch neoklassische Annahmen[297] darauf ein.

Die hiesige Rekonstruktionserzählung, die alternative Deutung durch das Bundesverwaltungsgericht und die Auseinandersetzung der Gesetzgebung mit ihrer eigenen Geschichte verdeutlichen die Relativität der Methodik. Die verschiedenen Ansätze beruhen zwar auf einem geteilten Korpus an Materialien, doch je nachdem, wer mit diesem Material arbeitet, werden unterschiedliche Erzählungen rekonstruiert. Dies muss jedoch kein Makel sein. Es ist vielmehr Ausdruck der unterschiedlichen Erkenntnisinteressen, die die jeweilige Rekonstruktion anleiten und verdeutlicht so die Kontextabhängigkeit des produzierten Wissens und der hermeneutischen Methode.

E. Zusammenfassung: Der Erhaltungsgedanke unter Druck

Das Milieuschutzrecht folgt im Wesentlichen anderen ökonomischen Wissensstrukturen als die zuvor behandelten Instrumente: Polit-ökonomische Erwägungen, wie der soziale Erhaltungsgedanke und die strukturelle Ausrichtung der milieuschutzrechtlichen Bausteine,[298] werden von eigentumspolitischen und marktwirtschaftlichen Argumentationen zwar herausgefordert,[299] dominieren aber den gesetzgeberischen Zugriff. Dabei unterliegt der Erhaltungsgedanke als Fluchtpunkt des Milieuschutzrechts zwar Wandlungen, wird über die Zeit hinweg aber weitergetragen.

---

296 Positiv gewendet: Durch die neuerliche Gestaltungsbefugnis kommt der Gesetzgebung „im Streitfall das letzte Wort" zu, *Hirzel*, Macht und Methode, 2023, S. 132.

297 Bereits → § 10 C. II. 3.

298 → § 10 C. I.

299 → § 10 C. II.

Einen wesentlichen Einschnitt in diese Gesetzgebungsgeschichte stellt das Urteil des Bundesverwaltungsgerichts zum erhaltungsrechtlichen Vorkaufsrecht von 2021 dar.[300] Danach muss gar die Frage gestellt werden, ob das speziell auf erhaltungsrechtliche Zwecke ausgerichtete Vorkaufsrecht des Bundesbaugesetzes seit der Überführung in das Baugesetzbuch im Jahr 1986 überhaupt noch existiert(e). Der milieuschutzrechtliche Erhaltungsgedanke stellt sich demnach als weniger stabil dar, als angenommen. Dass die diesbezügliche Rekonstruktionserzählung und die Auslegung des Bundesverwaltungsgerichts kontrastiert werden, verdeutlicht insofern die Kontextabhängigkeit des methodischen Vorgehens und das Verhältnis von Rechtsprechung und Gesetzgebung als Dialog zwischen den Gewalten.

300 → § 10 D. I., II.

Schluss

§ 11 Zusammenfassung und Fazit

Die bundesrepublikanische Gesetzgebung hat in den vergangenen Jahrzehnten ein marktwirtschaftliches Wohnregime etabliert und ausgeformt. In Zeiten verstärkt wahrgenommener Wohnungsnot und angesichts steigender staatlicher Ausgaben, um die sozialen Folgen der Mietpreisentwicklung abzufedern, stellt sich die Frage, ob die bisherigen Ansätze geeignet sind, die Wohnungsfrage befriedigend zu lösen, von neuem. Dabei erscheint nicht nur die Gestalt des Wohnungsmarktes rechtlich determiniert, das Wohnungswesen also wesentlich durch das Recht konstruiert. Auch umgekehrt war und ist die Wohngesetzgebung von verschiedenen ökonomischen Wissensstrukturen beeinflusst, die sie aufgreift und in das Recht übersetzt. Angesichts diverser und widersprüchlicher ökonomischer Deutungsangebote ist die Rezeption dieser Wissensgrundlagen entscheidend für die Gestalt des rechtlich konstituierten Wohnungswesens. Diese gesetzgeberischen Wissensstrukturen, kurz: Annahmen, sichtbar zu machen, kann daher zur Rationalisierung des rechtswissenschaftlichen wie auch politischen Diskurses beitragen. Zwar lassen sich aus der vorliegenden Untersuchung und ihren Ergebnissen keine unmittelbaren rechtspolitischen Empfehlungen ableiten. Denn das in Frage stehende ökonomische Wissen wurde nicht daraufhin überprüft – es kann und muss aber auch nicht daraufhin überprüft werden –, ob es richtig oder gar wahr ist. Indem unterschiedliche ökonomische Wissensstrukturen in der Gesetzgebung identifiziert, auf ihre Ursprünge zurückgeführt und kontrastiert wurden, konnte aber gezeigt werden, wie die Gesetzgebung einen Wohnungsmarkt mithilfe von Erwägungen der Sozialen Marktwirtschaft eingeführt hat und hierauf aufbauend im Bereich des Mietrechts, stellenweise bei der Grundsteuer und zuletzt vermehrt auch im Milieuschutzrecht auf neoklassisches Marktdenken zurückgreift.

Aus dieser dominanten marktwirtschaftlichen Erzählung, die die Wohngesetzgebung leitet, ergeben sich an verschiedenen Stellen Wertungswidersprüche und Konflikte. Diese lassen sich auf Grundlage des rezipierten ökonomischen Wissens nur begrenzt bewältigen, werden aber selten offen diskutiert und alternative Ansätze nur wenig berücksichtigt. Insofern zeigt die vorliegende, auf die ökonomischen Wissensgrundlagen gerichtete Analyse, welche Leerstellen in der Bezugnahme auf ökonomisches Wissen in der Breite bestehen, mit anderen Worten, welche Angebote ökonomischen Wissens bisher wenig genutzt werden und welche Potenziale bestehen.

A. Potenzial des Forschungsansatzes: Rekonstruktion gesetzgeberischer Annahmen

Die vorliegende Rekonstruktion ökonomischer Annahmen schließt an eine Vielzahl von Arbeiten zum Umgang mit extrajuridischem Wissen an. Nach dem hierbei zugrunde gelegten Verständnis ist Wissen keine feststehende Kategorie, sondern ein Prozess, in dessen Zuge neue Erkenntnisse durch die Einordnung in bestehende Wissensmuster produziert werden.[1] Diese oft impliziten Deutungsmuster standen bisher jedoch selten im Fokus der rechtswissenschaftlichen Auseinandersetzung. Viel stärker war die Diskussion auf die Rezeption extrajuridischer Erkenntnisse in das Recht und auf rechtsdogmatische wie -politische Folgerungen ausgerichtet.[2] Doch die diesen Erkenntnissen zugrunde liegenden Wissensstrukturen wirken sich bereits auf deren Gestalt aus, indem sie bedeutend zu jeder Wirklichkeitskonstruktion beitragen. Aufgrund ihres dann doppelt normativen Bezugs zur Wirklichkeit sind diese Wissensstrukturen insbesondere im Bereich der Gesetzgebung von hoher praktischer Relevanz.[3]

Die so umrissenen Annahmen der Gesetzgebung lassen sich als Teil ihrer kollektiven Intention mittels hermeneutischer Detailarbeit mit Gesetzesmaterialien rekonstruieren.[4] Entscheidend ist dabei, dass die Annahmen zwar häufig impliziter Natur sind, sich aber in Argumentationslinien übersetzen, aus denen wiederum auf das dahinter stehende Wissenskonstrukt geschlossen werden kann.[5] Für unterschiedliche ökonomische Deutungsangebote lassen sich dabei typische Argumentationslinien und Gedankengänge ausmachen, wobei vorliegend drei dieser Angebote aufgegriffen wurden.

Das sind erstens die neoklassischen ökonomischen Theorien und Analysen des Rechts, deren selbsterklärtes Ziel bereits ist, die Gesetzgebung zu informieren und zu beraten.[6] Kern dieser Perspektive auf das Wohnen ist ein marktwirtschaftliches Denken: Der Markt führt zu einer effizienten

1 → § 2 A. I.
2 → § 2 A. II.
3 → § 2 A. IV.
4 → § 2 B., C.
5 → § 2 A. III.
6 → § 4 A.

Allokation der Güter (hier: Wohnungen).[7] Daher sollen Eingriffe in den Preismechanismus unterbleiben.[8] Wohnungswirtschaftliche Probleme basieren demgegenüber auf Angebotsmangel. Oberstes gesetzgeberisches Ziel muss daher sein, diesen Mangel zu beheben. Dies ist Aufgabe der privaten Wohnungswirtschaft, die hierfür Anreize braucht: Bauen muss wirtschaftlich bzw. rentabel sein.[9] Als zweite Lösungsstrategie wird die Versorgung der Bevölkerung mit Wohneigentum verstanden und daher die Bildung von Wohneigentum gefördert.[10]

Zweitens wurden die rechtswissenschaftlichen Kritiken des *Law and Political Economy*-Ansatzes mit Erkenntnissen der Stadtforschung zusammengeführt.[11] Beide Ansätze teilen ein Grundverständnis, wonach die wirtschaftliche Organisation der Wohnverhältnisse genuin politisch ist und dem Recht hierbei eine entscheidende Rolle zukommt.[12] Dabei richtet sich die Kritik gegen die Übernahme neoklassischen Denkens in die Rechtswissenschaft und Wohngesetzgebung, der zudem eine Neuausrichtung gegenübergestellt wird: Ein Fokus auf soziale Fragen, auf die strukturellen Besonderheiten von Wohnen und Wohnungsmarkt und Strategien der Demokratisierung des Wohnens.[13] So geraten insbesondere die Anliegen und Probleme diskriminierter und einkommensschwacher Gruppen[14] sowie weitere gesellschaftliche Entwicklungen, unter Stichworten wie Segregation oder Gentrifizierung, ins Blickfeld.[15] Aufbauend hierauf wird angenommen, dass der Wohnungsmarkt nicht geeignet sei, die wahrgenommenen Probleme zu lösen.[16]

Während die neoklassischen Ansätze marktwirtschaftliche Elemente hervorheben, betont die polit-ökonomische Perspektive soziale Fragen. Dies könnte dazu verleiten, mögliche Widersprüche vor dem Hintergrund der deutschen Sozialen Marktwirtschaft für gelöst zu halten. Doch die ökonomischen Annahmen sozial-marktwirtschaftlicher Ansätze stimmen in weiten Teilen mit denen der neoklassischen Analysen überein: Der Marktmechanismus soll wirken und soziale Korrekturen – denen zwar im Ver-

7 → § 4 B. II.
8 → § 4 B. I.
9 → § 4 B. III.
10 → § 4 B. IV.
11 → § 5 A.
12 → § 5 A. III.
13 → § 5 B. I., II., III.
14 → § 5 B. I. 2. a.
15 → § 5 B. I. 2. b.
16 → § 5 B. II. 3., 4.

gleich eine höhere Relevanz zugesprochen wird – sollen marktkonform durch nachträgliche Umverteilung erfolgen.[17] Eine hohe Bedeutung kommt erneut dem Wohneigentum zu, dessen Förderung nunmehr vor einem spezifischen gesellschaftlichen, historischen Hintergrund begründet wird.[18] Die Berücksichtigung der Gedanken der Sozialen Marktwirtschaft erlaubt insofern, weitere Facetten ökonomischen Wissens zu erfassen. Das gilt insbesondere hinsichtlich ihrer Funktion als Legitimationsstrategie zur Wiedereinführung marktwirtschaftlicher Gedanken im Wohnungswesen nach 1945: Die Soziale Marktwirtschaft sollte diesen Wandel mit Instrumenten wie dem Wohngeld und dem Sozialen Mietrecht inhaltlich wie diskursiv ermöglichen.[19]

Die Gegenüberstellung der verschiedenen ökonomischen Deutungsangebote erleichtert, die Wissensstrukturen untereinander abzugleichen[20] und zu überprüfen, inwiefern sich deren Annahmen auch in der Wohngesetzgebung ausdrücken können.[21] Denn aufgrund der Funktion der Gesetzgebung als Filter der verschiedenen Annahmen und einem hiermit verbundenen möglichen Gestaltwandel des rezipierten Wissens stellt sich nicht nur die Frage, ob, sondern auch *wie* sich die disziplinären Prämissen in die Gesetzgebung übersetzen oder von ihren disziplinären Ursprüngen unterscheiden, sprich: sich das Wissen verselbstständigt.[22] Gleichzeitig wird so der Anspruch an eine interdisziplinär informierte Dekonstruktion der kognitiven Entscheidungsgrundlagen der Gesetzgebung verwirklicht, dem bei der Bewältigung des Spannungsverhältnisses zwischen demokratischer Entscheidung und Wissen hohe Bedeutung zukommt.[23]

B. Annahmen der Wohngesetzgebung: Wirkungsweisen und Argumentationsmuster

Das Wissen der verschiedenen ökonomischen Deutungsansätze schlägt sich zu unterschiedlichen Anteilen und auf verschiedene Art und Weise in den untersuchten wohnpolitischen Instrumenten nieder. Dabei lässt sich kein unmittelbarer Rezeptionsprozess nachweisen, aber eine Kongruenz der je-

17 → § 6 B. II.
18 → § 6 B. IV.
19 → § 6 B. V.
20 → vor §§ 4–6.
21 → § 4 B.; § 5 B.; § 6 B.
22 → § 2 A. IV.
23 → § 2 A. IV.; vor §§ 4–6.

weiligen Wissenssysteme nahelegen. So bauen sowohl das Wohngeld als auch die Mietpreisbremse primär auf marktwirtschaftlichem Wissen auf.

Schon in der ökonomischen Theorie wird das Wohngeld als marktkonformes Instrument zur Verfolgung sozialer Zielsetzungen, sprich als marktwirtschaftlich verträgliche Variante nachträglicher Umverteilung, präferiert.[24] Historisch wurde das Wohngeld nach 1945 Hand in Hand mit der Durchsetzung eines Wohnungsmarktes in der Bundesrepublik eingeführt und war auch funktional eng damit verbunden: Es sollte die sozialen Härten mildern, die sich aus den mit der Durchsetzung der Marktwirtschaft verbundenen Mietpreissteigerungen ergaben.[25] Insofern sollte das Wohngeld einerseits materiell reale Nöte lindern, andererseits erfüllte die Verbindung des marktwirtschaftlichen mit dem sozialen Gedanken – wie auch im Sozialen Mietrecht – eine diskursive Funktion. Das Wohngeld war also *das* soziale Instrument, das die Einführung der Wohnungsmarktwirtschaft tatsächlich und diskursiv überhaupt erst ermöglichte. Es spiegelt somit die programmatische und narrative Funktion und Verwobenheit sozialer und marktwirtschaftlicher Gedanken wider. Grundlegend bleibt hierbei die Entscheidung für den Marktmechanismus, der die Voraussetzung und die Grenze der Konzeption bildet.

Die doppelte Bedeutung des Wohngelds ist mittlerweile normalisiert. Es lindert nicht mehr nur die Härten einer Übergangszeit, sondern gleicht die sozialen Kosten des Marktmechanismus allgemein aus. Sein spezifischer Charakter wird nur in Zeiten gesellschaftlicher Umbrüche (wie nach der Wende) oder Einschnitte (wie rund um die Inflation und die Corona-Krise) wieder deutlich, wenn die Argumentationslinien der 1950er und 1960er Jahre anlassbezogen aktualisiert werden.[26]

Nachdem das Wohngeld zunächst das entscheidende soziale Element im Wohnungsmarktsystem darstellen sollte, wurde unter der sozial-liberalen Koalition Anfang der 1970er Jahre auch das Mietrecht wieder für sozialpolitische Zielsetzungen aktiviert und in diesem Zuge das Vergleichsmietensystem eingeführt.[27] In die Entwicklungslinie dieses Instruments fügt sich auch die 2015 beschlossene Mietpreisbremse ein. Wie dem Wohngeld liegt der Mietpreisbremse, wenngleich anders nuanciert, eine marktbasierte Problembeschreibung zugrunde: Die als Problem wahrgenommenen Miet-

24 → § 4 B. I. 2.; § 6 B. III.
25 → § 7 C. II.
26 → § 7 C. II. 2. b.
27 → § 3 B. III.; § 6 B. V. 2.; § 8 A. I.

preissteigerungen in Ballungszentren werden auf einen angespannten Wohnungsmarkt zurückgeführt.[28] In der Folge wird nicht die Mietpreisbremse, sondern Neubau als eigentliche Lösungsstrategie verstanden.[29] Daraus folgt, dass die Mietpreisbremse Investitionen nicht behindern soll, also keine „Investitionsbremse" sein darf. Als zu vermeidender Markteingriff verstanden wird die Mietpreisbremse daher örtlich begrenzt, befristet, an der ortsüblichen Vergleichsmiete orientiert und dynamisiert.[30]

Die sozialen Ziele, die mit der Mietpreisbremse verfolgt werden,[31] werden somit ebenso wie beim Wohngeld auf eine möglichst marktkonforme Weise verwirklicht: so, dass der Marktmechanismus möglichst wenig behindert wird. Im Mietrecht hat sich hierfür die Figur des Sozialen Mietrechts etabliert, die als mietrechtliche Übersetzung der Gedanken der Sozialen Marktwirtschaft verstanden werden kann.[32] Während das Wohngeld in Zeiten quantitativer Wohnungsnot noch zur Durchsetzung von Marktgrundsätzen fungierte, ist dieses Marktmodell mittlerweile normalisiert. Soziale Erwägungen dienen daher nicht mehr der Persuasion, sondern gehen gewissermaßen nachträglich in eine Abwägung ein. In der diesbezüglichen Argumentation werden zudem verfassungsrechtliche Erwägungen, konkret zur Sozialbindung des Eigentums, herangezogen.[33] Die Sozialbindung kann sozial-marktwirtschaftliche Argumentationen auf Verfassungsebene spiegeln, indem sie eine Abwägung zwischen Eigentumsgrundrecht und Allgemeinwohlbelangen darstellt. Die Gesetzgebung greift diese Gedanken bei der Einführung der Mietpreisbremse und im Gegensatz zum Bundesverfassungsgericht auf eine Weise auf, die ihren eigenen Gestaltungsspielraum verkürzt.[34]

Des Weiteren verfolgt die Gesetzgebung mit der Mietpreisbremse einen grundsätzlich auf die einzelnen Mietverhältnisse bezogenen Ansatz.[35] Machtungleichgewichte zwischen Mieterinnen und Vermieterinnen werden nur schrittweise und insgesamt wenig berücksichtigt. Gleichwohl ist hervorzuheben, dass auch sozial-strukturelle Entwicklungen thematisiert werden: Beispielsweise war die ‚Gentrifizierung' dem Mietrecht zuvor fremd

28 → § 8 C. I.
29 → § 8 C. II.
30 → § 8 C. III.
31 → § 8 C. IV.
32 → § 6 B. V. 2.
33 → § 8 C. V.
34 → § 8 C. V.
35 → § 8 C. VI.

und wurde nun als der Regulierung zugrunde liegende Problemwahrnehmung im Gesetzgebungsverfahren angeführt.[36] Insgesamt aber bleibt die Mietpreisbremse einem individualistischen Zugriff verhaftet.[37] Kollektive Gedanken, die in der Sozialen Marktwirtschaft auch unter dem Stichwort der Sozialpartnerschaft bekannt sind, sind nur wenig ausgeprägt.[38] Dass sich gerade der demokratisierende Aspekt der Sozialen Marktwirtschaft im Wohnungswesen kaum auf die Gesetzgebung auswirkt, ist vor dem Hintergrund polit-ökonomischer Ansätze bemerkenswert.

Quer zu dem durch Wohngeld und Soziales Mietrecht eingeführten und gefassten Wohnungsmarktsystem liegen die beiden weiteren in dieser Arbeit untersuchten Instrumente: Grundsteuer und Milieuschutzsatzungen. Die ihnen zugrunde liegenden ökonomischen Annahmen lassen sich mithilfe der typisierten Wissensstrukturen und Argumentationslinien weniger leicht erfassen. Dies lässt sich zum einen darauf zurückführen, dass die Typisierung maßgeblich auf Wissen basiert, das sich auf den Wohnungsmarkt als Rahmen oder spezifisch auf das Mietrecht bezieht. Insofern haben die ausgewählten ökonomischen Wissensstrukturen den Analyserahmen von vornherein begrenzt. Zum anderen werden die Gesetzgebungsdebatten zu diesen Instrumenten teilweise von anderen Referenzsystemen dominiert.

Das gilt insbesondere für die gesetzgeberischen Diskussionen zur Reform der Grundsteuer von 2019, bei der sowohl verfassungsrechtliche[39] als auch steuerrechtliche[40] Fragen und Figuren die ökonomischen Wissensstrukturen überdecken. Wohl auch aufgrund der intensiven fachwissenschaftlichen Diskussionen rund um die Grundsteuer zeichnet sich die gesetzgeberische Debatte durch einen Widerstreit zwischen zwei verschiedenen Belastungsgründen aus.[41] Im Ergebnis entscheidet sich die Gesetzgebung für einen Kompromiss der verschiedenen Ansätze: Das verkehrswertorientierte Sollertragsmodell wird weitergeführt und gleichzeitig der Äquivalenzansatz integriert, indem an der Umlage auf die Mieterinnen festgehalten wird. Dies ist aus Mietersicht ein denkbar nachteiliger Modus.[42] Insofern überdeckt die technisch geführte Debatte über die Belastungsgründe ökonomisch entscheidende Fragen. Dennoch versucht die Gesetz-

36 → § 8 C. IV. 3.
37 → § 7 C. VI. 2.; § 8 C. III. 1.; anders § 10 C. I.
38 → § 6 B. III.
39 → § 9 C. I.
40 → § 9 C. II.
41 → § 9 C. II.
42 → § 9 C. III.

gebung trotz der Entscheidung, die Umlage beizubehalten, die sozialen Auswirkungen der Grundsteuerreform abzumildern. Dies geschieht erneut unter marktwirtschaftlichen Vorzeichen: Durch eine höhere Besteuerung baureifer Grundstücke sollen Anreize für Neubau gesetzt werden.[43]

Ein solcher marktwirtschaftlicher Ansatz zeigt sich in jüngerer Zeit auch im städtebaulichen Milieuschutzrecht.[44] Dieses war und ist jedoch von anderem, eher polit-ökonomischem Wissen geprägt. Dabei nimmt die Gesetzgebung bereits grundlegend eine weniger individuelle als vielmehr sozial-strukturelle Perspektive ein, in deren Zentrum der milieuschutzrechtliche Erhaltungszweck steht. Dieser war über die Zeit hinweg verschiedenen Weiterentwicklungen unterworfen: Vom Ziel, Wohnraum bestimmter Milieus durch Modernisierung zu erhalten,[45] hin zum Schutz vor Verdrängung aufgrund von Modernisierung.[46] Während dieser Erhaltungsgedanke nach der vorliegenden Analyse zwar Veränderungen unterworfen ist, aber den relevanten ökonomischen Fluchtpunkt der gesetzgeberischen Erwägungen darstellt, hat das Bundesverwaltungsgericht mit einem Urteil im Jahr 2021 im Wege der Auslegung ermittelt dass das erhaltungsrechtliche Vorkaufsrecht schon mit der Überführung in das Baugesetzbuch 1986 seinen spezifisch erhaltungsrechtlichen Zweck verloren habe. Damit nimmt das BVerwG eine eigene Rekonstruktionserzählung vor, die die Relativität der hiesigen Methodik, aber auch die unterschiedlichen Erkenntnisinteressen der ökonomischen Rekonstruktion und historischen Auslegung demonstriert.[47]

C. Status quo: Das Recht des Wohnungsmarktes

Die Untersuchung eines breiten Spektrums an Instrumenten und von Gesetzgebungsverfahren über Jahrzehnte hinweg ermöglicht, ökonomische Annahmen über einzelne gesetzgeberische Entscheidungen hinaus zu rekonstruieren. Es hat sich gezeigt, wie das Recht auf die Wohnverhältnisse reagiert, sie aber ebenso (mit-)konstruiert. In der Gesamtschau kommt dabei insbesondere neoklassischen Argumentationen ein hoher Stellenwert

43 → § 9 C. IV. 2.
44 → § 10 C. II. 3.
45 → § 10 C. I. 1.
46 → § 10 C. I. 2. a.
47 → § 10 D. I.

zu.[48] Polit-ökonomisches Wissen wird weniger prominent und eher fragmentarisch verarbeitet. Dies mag auch darin begründet liegen, dass dieses Wissen in weiten Teilen in Abgrenzung zum neoklassischen Ansatz entstanden ist bzw. entsteht und daher das gesetzgeberische Alltagsverständnis (noch) weniger geprägt hat. Auch ist dieses Wissen nicht gleichermaßen operationalisierbar und aufbereitet. So wird neoklassisches Wissen vielfach als objektive Notwendigkeit verstanden – Marktdenken ist in der Breite normalisiert – und neoklassische Modelle werden durch ihren technisch-mathematischen Charakter aufgewertet.[49] Dieses Wissen ist zudem aufgrund der mit ihm über die Zeit verbundenen Erzählungen und seiner Integration in die Gedanken der Sozialen Marktwirtschaft besonders wirkmächtig.[50]

Doch auch polit-ökonomisches Wissen ist für die Wohngesetzgebung unabdingbar. Das gilt bislang insbesondere insofern, als dass neue Phänomene und Probleme häufig zunächst von diesen Ansätzen erfasst und beschrieben werden – beispielsweise der Milieuschutz und die Gentrifizierung, in Zukunft wohl auch verstärkt die Auswirkungen der Finanzialisierung. Polit-ökonomisches Wissen ermöglicht darüber hinaus, aufzudecken, wer die Gewinnerinnen und Verliererinnen sowohl der Gesetzgebung als auch marktwirtschaftlicher Prozesse sind.[51] Denn obgleich vielfach der Wohnungsmarkt beschworen wird, kommt der Gesetzgebung bereits als derjenigen Akteurin, die dessen Ordnungsrahmen setzt, wesentliche Gestaltungsmacht zu.[52]

Verschiedene gesetzgeberische Entscheidungen hinsichtlich dieser Ausgestaltung sichern derzeit die Profite privater Immobilienkonzerne ab. Dass deren Interessen zusammen mit denen amateurhafter Privatvermieterinnen behandelt werden,[53] blendet die unterschiedlichen Interessenlagen aus. Insbesondere profitieren auch finanzmarktorientierte Unternehmen von einer Gesetzgebung, die vordergründig auf Subventionen setzt, um soziale Zielsetzungen zu erreichen. Der distributive Charakter der Wohngelds kommt

48 Zur Frage → § 1.

49 Vgl. weiter zum Umgang mit naturwissenschaftlichem vs. sozialwissenschaftlichem Wissen die Beobachtungen von *Münkler*, Expertokratie, 2020, S. 430 ff.

50 Vgl. insb. → § 6 C. V.; § 7 C. II.

51 Als Anspruch von polit-ökonomischen Analysen (wie auch der Interpretativen Policy Analyse) → § 5 A. I. 2.; praktisch sichtbar wurde die Relevanz solcher Erwägungen bei der Grundsteuer, → § 9 C. III.

52 → § 5 A. III., B. III.; § 6 A. III. 1., B. I.

53 → § 8 C. VI. 1.

also nicht nur den Mieterinnen zugute. Auch Vermieterinnen bekommen hiermit höhere Mieten subventioniert, die die öffentlichen Haushalte belasten.[54] Die hierbei entstehenden Widersprüche und Konflikte werden selten offen benannt und diskutiert, stattdessen folgt die Gesetzgebung den bekannten Pfadabhängigkeiten. Dies hat sich neben der Analyse zum Wohngeld insbesondere in der Untersuchung zur Mietpreisbremse gezeigt: Die Ausgestaltung der Mietpreisbremse genügt keinem der an sie herangetragenen Ansprüche.[55] Gleichwohl zeigt ihre Ausgestaltung entsprechend den Gedanken des Sozialen Mietrechts, dass schlussendlich meist ein angebotsseitiger Investitionsansatz und somit die neoklassische Orientierung überwiegt.[56]

Neben einer allgemeinen Dominanz marktwirtschaftlichen Wissens lassen sich aber auch Unterschiede zwischen den verschiedenen Säulen der Wohngesetzgebung feststellen: Im Privatrecht (Mietpreisbremse) und im den Wohnungsmarkt flankierenden Wohnsozialrecht (Wohngeld) sind marktwirtschaftliche Argumente gewichtiger als im Öffentlichen Recht (Milieuschutzsatzungen).[57] Die Erkenntnisse darüber, wie gut die Operationalisierung für die verschiedenen Instrumente funktioniert hat, lassen sich auch unter diesen Vorzeichen lesen: Marktwirtschaftliche Programme wie Anreize, Rendite und Neubau werden vor allem privatrechtlich verarbeitet und soziale Fragen mittels minimalinvasiver „Interventionen" verwirklicht. Das öffentliche Recht ist demgegenüber offener für weitere disziplinäre Perspektiven, die es aus der eigenen Disziplin heraus (bisher) weniger in die Gesetzgebung schaffen.

Insgesamt aber zeigt sich für den Bereich des Wohnens, dass sich in der Verarbeitung ökonomischen Wissens eine über konkrete Argumente hinausgehende Hegemonie marktwirtschaftlicher Annahmen ausmachen lässt.[58] Dies wirkt selbstverstärkend, da durch entsprechende Reformen und Maßnahmen eine Wirklichkeit konstruiert wird, die die Gesetzgebung wiederum bindet. Während hierbei in den vergangenen Jahrzehnten teil-

54 → § 7 C. II. 2. c.

55 → § 8 D.

56 → § 8 C. IV. 1., 2.

57 Dies steht im Einklang mit der These aus dem US-amerikanischen *Law and Political Economy*, dass das öffentliche Recht offener für gesellschaftliche Ziele und Gemeinwohlbelange sei, während das Privatrecht auf individuelle Interessen ausgerichtet werde → § 1; § 5 A. I. 1.

58 Zuletzt wurden auch im Milieuschutzrecht vermehrt marktwirtschaftliche Argumente angebracht → § 10 C. II. 3.

weise der Eindruck vermittelt werden konnte, die Konflikte rund um das Wohnen befriedet zu haben, wird dies angesichts der heutigen Herausforderungen vermehrt in Frage gestellt.[59] Nachdem sich die Gesetzgebungsdebatten in der Vergangenheit häufig als Wiederholung bekannter Gedanken und weiterer Ausdifferenzierung der vorhandenen Instrumente darstellten, könnte die Zeit für grundlegende Neuorientierungen gekommen sein.

D. Ausblick: Methodische Entfaltung und weitere Bedeutung

Die vertiefte und detaillierte Auseinandersetzung mit den Wissensstrukturen der Gesetzgebung lässt neben der Methode der Rekonstruktion somit auch Erkenntnisse sowohl für die derzeitige rechtswissenschaftliche Reflexionsbewegung als auch für die Gesetzgebung allgemein und speziell die Wohngesetzgebung sowie ihr Verhältnis zur Rechtsprechung zu.

So hat die Analyse der verschiedenen Instrumente offengelegt, dass sich neoklassische Annahmen in der wohngesetzgeberischen Leiterzählung durchgesetzt und verselbstständigt haben.[60] In der Folge werden sie weniger grundsätzlich diskutiert, sondern vorausgesetzt. Indem die verschiedenen – neoklassischen, polit-ökonomischen und sozial-marktwirtschaftlichen – Annahmen benannt werden, werden die ihnen entsprechenden Argumente als solche erkennbar und können reflektiert werden. Des Weiteren hat die breit angelegte Untersuchung, insbesondere die Diversifizierung der relevanten Wissensstrukturen, die Gemeinsamkeiten und die Unterschiede der Deutungsangebote sichtbar gemacht, was wiederum erleichtert, politische Wertungsentscheidungen zu identifizieren.[61] Indem so Widersprüche aufgedeckt und nur vermeintliche Logiken entmystifiziert werden, leistet die vorliegende Arbeit einen Beitrag zur Rationalisierung des wohnpolitischen Diskurses.

Für die Wohngesetzgebung bestehen diesbezüglich noch Potenziale; sie schöpft das Spektrum ökonomischen Wissens nicht aus. Zwar lassen diese Überlegungen nicht die Folgerung zu, dass die Gesetzgebung *bestimmtes* ökonomisches Wissen berücksichtigen oder gar bevorzugen muss.[62] Gleichwohl verlangt ein „aktives", das heißt „reflektiertes" Wissen eine um-

---

59 → § 1.

60 → § 11 C.; vgl. zum Mechanismus bereits *Croon-Gestefeld*, Gemeininteressen im Privatrecht, 2022, S. 28.

61 Vgl. → § 2 A. IV.; vor §§ 4–6; insb. *Münkler*, Expertokratie, 2020, S. 395 ff. und passim.

62 Vgl. *Bumke*, Der Staat 49 (2010), 77 (92, 95, 99).

fassende Einbeziehung und Würdigung der zugrunde gelegten Annahmen und eine Begründung, wieso welches Wissen herangezogen wird.[63] Dies erscheint angesichts der Komplexität des Wohnens und der ersichtlichen ökonomischen Widersprüche umso notwendiger. Denn aus polit-ökonomischer Perspektive sind viele der Zielkonflikte in ihrer Qualität und Quantität nur gegeben, wenn und soweit das Wohnungswesen innerhalb eines Marktrahmens gedacht wird. Dies gilt beispielsweise für den angebotsseitigen Investitionsansatz, nach dem einerseits finanzielle Anreize für Neubau gesetzt werden, gleichzeitig aber Mieten nicht (zu stark) steigen sollen.[64] Dass dies überhaupt als Zielkonflikt – oder aber genereller als Problem – verstanden wird, ist durch die auf bestimmten Annahmen basierende Problemkonstruktion vorbestimmt.[65] Weitergehend: Bedeuten steigende Mieten, dass der Markt funktioniert oder dass er nicht funktioniert? Beweisen sie – neoklassisch gesprochen – als Knappheitsanzeiger, dass der Preismechanismus Angebot und Nachfrage (noch) koordiniert und auf Mängel hinweisen kann? Oder sind sie Ausdruck eines systemischen Marktversagens, weil Grundbedürfnisse nicht mehr gedeckt werden? Sollten Nachfrage oder Bedarf über das Wohnungsangebot entscheiden? Sollte sich die Gesetzgebung an Wirtschaftlichkeit oder Bezahlbarkeit orientieren? Was bedeutet das jeweils und wie wird das jeweils andere sichergestellt? Diese Fragen werden in der Gesetzgebung nicht mehr aufgeworfen. Stattdessen sind ihre Entscheidungen hinter nur vermeintlich zwingenden ökonomischen Gesetzmäßigkeiten und Pfadabhängigkeiten verborgen.

Insbesondere die Pfadabhängigkeiten deuten indes auch auf die Grenzen der vorliegenden Untersuchung hin. Denn es konnte nicht vollständig untersucht werden, wie weit verschiedene gesetzgeberische Entscheidungen durch ebenjene Pfadabhängigkeiten vorbestimmt waren bzw. sind. Die Untersuchung hat sich auf die Wohngesetzgebung der BRD fokussiert. Da die Instrumente der bundesrepublikanischen Wohngesetzgebung ihre Wurzeln jedoch vielfach in der Weimarer Zeit haben,[66] könnten die Ergebnisse durch entsprechende Untersuchungen gestärkt werden. Es wurde zudem kein rechtsvergleichendes Vorgehen verfolgt; weder international noch für die ehemalige DDR. Dies ist der Prämisse geschuldet, dass beide wenig Auswirkungen auf die heutige bundesrepublikanische Wohngesetzgebung

63 Vgl. *Münkler*, Expertokratie, 2020, S. 402, 421 ff.; *Bumke*, Der Staat 49 (2010), 77 (92).

64 → § 8 C. II., IV.; § 9 C. III. 3., IV.

65 Vgl. → § 8 C. I. 1.

66 → § 3 B. I.

hatten bzw. haben. Stattdessen sind Wohnregime heutzutage in der Regel nationalstaatlich ausdifferenziert und gründen auf spezifischen Traditionen.[67] Zudem wurde das Wohnungswesen der DDR nach der Wende in das bundesrepublikanische System integriert.[68] Gleichwohl könnte gerade ein vergleichendes Vorgehen den Blick auf die vorliegenden Fragen schärfen, zumal spezifische Auswirkungen der „Überleitung", wie Privatisierungen und nunmehr Finanzialisierung, mit der vorliegenden Instrumentenauswahl nicht erfasst werden konnten.[69]

Auch die Instrumentenauswahl hat die Untersuchung insofern bereits von vornherein begrenzt. Das gilt umso mehr, als dass auch die Systematisierung der Instrumente nicht frei von herkömmlichen Logiken erfolgt ist.[70] Die Reorientierungen polit-ökonomischer Perspektiven dürften auch deshalb kaum abgebildet sein, weil sie in den bestehenden Instrumenten schlicht nicht vorhanden sind. Stattdessen haben sich bereits in die Instrumentenauswahl systematisch neoklassische Perspektiven eingeschlichen. Ebenfalls nicht final beantwortet werden kann die Frage, wie sehr die Wohngesetzgebung durch Pragmatismus und politische Kompromisse geprägt ist. Viele wohngesetzgeberische Initiativen und Reformen stellen Reaktionen auf wirtschaftliche und gesellschaftliche Veränderungen dar.[71] Dabei wurden zwar einige grundlegende Richtungsentscheidungen getroffen, die ausdrücklich als solche benannt werden müssen. Es lässt sich jedoch kein einheitliches Gesamtkonzept ausmachen. Die verschiedenen gesetzgeberischen Annahmen formen somit etwas stetig Neues, das sich je nach Zugriff und Zuschnitt anders darstellt.

Obwohl die vorliegende Untersuchung eine Vielzahl von Fragen klären konnte und methodischen Erkenntnisgewinn bietet, öffnet sie somit auch den Raum für weitere Analysen. So gibt die Arbeit Anlass, das Zusammenspiel von Gesetzgebung und Rechtsprechung zu hinterfragen. Die Untersuchungen zu den verschiedenen Instrumenten Mietpreisbremse, Grundsteuer und Milieuschutzsatzungen haben dieses Verhältnis auf jeweils eigene Art und Weise berührt. Im Zuge der Untersuchung der Grundsteuer wurde die Frage aufgeworfen, ob und wie weit verfassungsrechtliche Vorgaben gesetzgeberische Annahmen verunmöglichen.[72] Da in der Wohngesetzge-

67 → § 3 B.
68 → § 3 B. IV.
69 Zum Potenzial bereits soeben → § 11 B.
70 → § 3 C.
71 Allgemein → § 3 B.
72 → § 9 C. I.

bung viel mit verfassungsrechtlichen Begriffen und Figuren argumentiert wird, wird sich diese Frage auch an anderen Stellen stellen. Umgekehrt ist ebenfalls fraglich, inwiefern gesetzgeberische Annahmen die Argumentationslinien der Verfassungsrechtsprechung vorgeben und prägen. In der Untersuchung zur Mietpreisbremse deutete sich diese Frage an, da auch das Bundesverfassungsgericht mit den Gesetzesmaterialien arbeitet und die dort niedergelegten ökonomischen Annahmen spiegelt.[73]

Ebenfalls deutlich wurde das Verhältnis und Zusammenspiel von Rechtsprechung und Gesetzgebung im Zuge der Analyse der Milieuschutzsatzungen.[74] Dabei zeigte sich die Bedeutung der juristischen Arbeit mit den Gesetzesmaterialien: Gesetzesmaterialien geben uns Einblicke in die Annahmen der Gesetzgebung. Sie erlauben, Gesetzgebungsgeschichte zu schreiben. Der Umgang mit ihnen erfordert daher besonderes Feingefühl, Reflexion und methodische Anleitung. Mit der vorliegenden Arbeit wird hierzu ein Beitrag geleistet.

---

73 → § 8 C. V.

74 → § 10 C. I. 2. b., D.

Verzeichnis der Gesetzesmaterialien*

§ 7 Wohngeld

- Gesetz über Maßnahmen auf dem Gebiete des Mietpreisrechts (Erstes Bundesmietengesetz) v. 27.7.1955, BGBl. I S. 458 (1. BMG).
  - Gesetzentwurf der Bundesregierung, Entwurf eines Gesetzes über Maßnahmen auf dem Gebiet des Mietpreisrechts (Erstes Bundesmietengesetz), 5.1.1955, BT-Drs. 2/1110 (zit.: RegE 1. BMG, BT-Drs. 2/1110).
  - Schriftlicher Bericht des Ausschusses für Wiederaufbau und Wohnungswesen (32. Ausschuß), über den Entwurf eines Gesetzes über Maßnahmen auf dem Gebiete des Mietpreisrechts (Erstes Bundesmietengesetz – Drucksache 1110 –, 10.6.1955, zu BT-Drs. 2/1421 (zit.: Ausschussbericht *Hauffe*, 1. BMG, zu BT-Drs. 2/1421).
  - Deutscher Bundestag, Stenografischer Bericht der 67. Sitzung, 18.2.1955, BT-PlProt. 2/67, 1. BMG, S. 3427 ff.
- Zweites Wohnungsbaugesetz (Wohnungsbau- und Familienheimgesetz) v. 27.6.1956, BGBl. I S. 523 (2. WoBauG).
  - Gesetzentwurf der Bundesregierung, Entwurf eines Zweiten Gesetzes zur Änderung und Ergänzung des Ersten Wohnungsbaugesetzes (Wohnungsbau- und Familienheimgesetz), 16.6.1954, BT-Drs. 2/601 (zit.: RegE 2. WoBauG, BT-Drs. 2/601).
  - Schriftlicher Bericht des Ausschusses für Wiederaufbau und Wohnungswesen (32. Ausschuß) über den von der Fraktion der CDU/CSU eingebrachten Entwurf eines Gesetzes zur Schaffung von Familienheimen (Zweites Wohnungsbaugesetz) – Drucksache 5 – über den Entwurf eines Zweiten Gesetzes zur Änderung und Ergänzung des Ersten Wohnungsbaugesetzes (Wohnungsbau- und Familienheimgesetz) – Drucksache 601 – über den von der Fraktion der SPD eingebrachten Entwurf eines Zweiten Wohnungsbaugesetzes – Drucksache 722 –, 12.4.1956, zu BT-Drs. 2/2270 (zit.: Ausschussbericht *Brönner*, 2. WoBauG, zu BT-Drs. 2/2270).

* Die Arbeit mit Gesetzesmaterialien stellt einen Schwerpunkt der Untersuchung dar. Die ausgewerteten Materialien wurden in den jeweiligen Kapiteln in die Untersuchung eingeführt (→ § 7 B.; § 8 B.; § 9 B.; § 10 B.). Die Auswahl im vorliegenden Verzeichnis enthält die Materialien aus der Untersuchung (ohne ergänzende Materialien), die sich in der Analyse niederschlagen.

  - Deutscher Bundestag, Stenografischer Bericht der 9. Sitzung, 14.1.1954, BT-PlProt. 2/9, 2. WoBauG, S. 245 ff.
  - Deutscher Bundestag, Stenografischer Bericht der 142. Sitzung, 3.5.1956, BT-PlProt. 2/142, 2. WoBauG, S. 7379 ff.
- Gesetz über den Abbau der Wohnungszwangswirtschaft und über ein soziales Miet- und Wohnrecht v. 23.6.1960, BGBl. I S. 389 (Abbaugesetz – AbbauG).
  - Gesetzentwurf der Bundesregierung, Entwurf eines Gesetzes über den Abbau der Wohnungszwangswirtschaft und über ein soziales Mietrecht, 6.8.1959, BT-Drs. 3/1234 (zit.: RegE AbbauG, BT-Drs. 3/1234).
  - Stellungnahme des Bundesrates zum Entwurf eines Gesetzes über den Abbau der Wohnungszwangswirtschaft und über ein soziales Mietrecht, 26.6.1959, BR-Drs. 188/59(Beschluß) (zit.: Stellungnahme BR, AbbauG, BR-Drs. 188/59[B]).
  - Stellungnahme der Bundesregierung zu den Entschließungen und Änderungsvorschlägen des Bundesrates, Anlage 3 des Gesetzentwurf der Bundesregierung, Entwurf eines Gesetzes über den Abbau der Wohnungszwangswirtschaft und über ein soziales Mietrecht, 6.8.1959, BT-Drs. 3/1234, S. 107 ff. (zit.: Gegenäußerung BReg, Anlage 3 RegE AbbauG, BT-Drs. 3/1234).
  - Erster Schriftlicher Bericht des Ausschusses für Wohnungswesen, Bau- und Bodenrecht (24. Ausschuß) über den von der Bundesregierung eingebrachten Entwurf eines Gesetzes über den Abbau der Wohnungszwangswirtschaft und über ein soziales Mietrecht – Drucksache 1234 –, 13.5.1960, BT-Drs. 3/1850 (zit.: Ausschussbericht, AbbauG, BT-Drs. 3/1850).
  - Erster Schriftlicher Bericht des Ausschusses für Wohnungswesen, Bau- und Bodenrecht (24. Ausschuß) über den von der Bundesregierung eingebrachten Entwurf eines Gesetzes über den Abbau der Wohnungszwangswirtschaft und über ein soziales Mietrecht – Drucksache 1234 –, 15.5.1960, Bericht des Abgeordneten Mick, zu BT-Drs. 3/1850 (zit.: Ausschussbericht Mick, AbbauG, zu BT-Drs. 3/1850).
  - Deutscher Bundestag, Stenografischer Bericht der 90. Sitzung, 12.11.1959, BT-PlProt. 3/90, AbbauG, S. 4880 ff.
  - Deutscher Bundestag, Stenografischer Bericht der 117. Sitzung, 24.5.1960, BT-PlProt. 3/117, AbbauG, S. 6776 ff.
- Gesetz über Wohnbeihilfen v. 29.7.1963, BGBl. I S. 508 (Wohnbeihilfegesetz).

  - Antrag der Fraktionen der CDU/CSU, FDP, Entwurf eines Gesetzes über Wohnbeihilfen, 13.2.1963, BT-Drs. 4/971 (zit.: GesE CDU/CSU und FDP, Wohnbeihilfegesetz, BT-Drs. 4/971).
  - Schriftlicher Bericht des Ausschusses für Wohnungswesen, Städtebau und Raumordnung (24. Ausschuß) über den von den Fraktionen der CDU/CSU, FDP eingebrachten Entwurf eines Gesetzes über Wohnbeihilfen – Drucksachen IV/971, IV/1335 –, 24.6.1963, Bericht der Abgeordneten Frau Berger-Heise, zu BT-Drs. 4/1335 (zit.: Ausschussbericht *Berger-Heise*, Wohnbeihilfegsetz, zu BT-Drs. 4/1335).
  - Deutscher Bundestag, Stenografischer Bericht der 63. Sitzung, 8.3.1963, BT-PlProt. 4/63, Wohnbeihilfegesetz, S. 2913 ff.
  - Deutscher Bundestag, Stenografischer Bericht der 82. Sitzung, 27.6.1963, BT-PlProt. 4/82, Wohnbeihilfegesetz, S. 3993 ff.
- Gesetz zur Änderung des Gesetzes über Wohnbeihilfen v. 23.3.1965, BGBl. I S. 140; Bekanntmachung der Neufassung des Wohngeldgesetzes v. 1.4.1965, BGBl. I S. 177, 178 (Wohngeldgesetz 1965).
  - Schriftlicher Bericht des Ausschusses für Wohnungswesen, Städtebau und Raumordnung (24. Ausschuß) über den von der Fraktion der SPD eingebrachten Entwurf eines Gesetzes zur Änderung des Gesetzes über Wohnbeihilfen – Drucksache IV/2646 – über den von der Fraktion der CDU/CSU eingebrachten Entwurf eines Gesetzes zur Änderung der Obergrenzen für Wohnbeihilfen – Drucksache IV/2717 –, 29.1.1965, BT-Drs. 4/3018 (zit.: Schriftlicher Ausschussbericht, WoGG 1965, BT-Drs. 4/3018).
  - Schriftlicher Bericht des Ausschusses für Wohnungswesen, Städtebau und Raumordnung (24. Ausschuß) über den von der Fraktion der SPD eingebrachten Entwurf eines Gesetzes zur Änderung des Gesetzes über Wohnbeihilfen – Drucksache IV/2646 – über den von der Fraktion der CDU/CSU eingebrachten Entwurf eines Gesetzes zur Änderung der Obergrenzen für Wohnbeihilfen – Drucksache IV/2717 –, Bericht der Abgeordneten Frau Berger-Heise, 4.2.1965, zu BT-Drs. 4/3018 (zit.: Ausschussbericht *Berger-Heise*, WoGG 1965, zu BT-Drs. 4/3018).
  - Deutscher Bundestag, Stenografischer Bericht der 145. Sitzung, 11.11.1964, BT-PlProt. 4/145, WoGG 1965, S. 7181 ff.
  - Deutscher Bundestag, Stenografischer Bericht der 163. Sitzung, 12.2.1965, BT-PlProt. 4/163, WoGG 1965, S. 8002 ff.
- Zweites Wohngeldgesetz v. 14.12.1970, BGBl. I S. 1637 (2. WoGG).

  - Gesetzentwurf der Bundesregierung, Entwurf eines Zweiten Wohngeldgesetzes, 26.8.1970, BT-Drs. 6/1116 (zit.: RegE 2. WoGG, BT-Drs. 6/1116).
  - Schriftlicher Bericht des Ausschusses für Städtebau und Wohnungswesen (14. Ausschuß) über den von der Bundesregierung eingebrachten Entwurf eines Zweiten Wohngeldgesetzes – Drucksache VI/1116 – über den von den Abgeordneten Geisenhofer, Dr. Riedl (München), Dr. Schmidt (Wuppertal), Rollmann, Orgaß, Dr. Probst, Müller (Berlin); Wohlrabe und Genossen eingebrachten Entwurf eines Gesetzes zur Änderung des Wohngeldgesetzes – Drucksache VI/2 – 21.10.1970, BT-Drs. 6/1310 (zit.: Ausschussbericht, 2. WoGG, BT-Drs. 6/1310).
  - Deutscher Bundestag, Stenografischer Bericht der 64. Sitzung, 16.9.1970, BT-PlProt. 6/64, 2. WoGG, S. 3596 ff.
- Gesetz über die Einführung eines Wohngeldsondergesetzes für das in Artikel 3 des Einigungsvertrages genannte Gebiet, die Änderung des Wohngeldgesetzes und anderer wohngeldrechtlicher Vorschriften sowie über die Änderung des Ersten Buches Sozialgesetzbuch v. 20.6.1991, BGBl. I S. 1250 (Wohngeldsondergesetz).
  - Beschlußempfehlung und Bericht des Ausschusses für Raumordnung, Bauwesen und Städtebau (19. Ausschuß) zum wohngeldrechtlichen Teil – Artikel 5 und 6 – a) des Gesetzentwurfs der Fraktionen der CDU/CSU und FDP – Drucksache 12/221 – b) des Gesetzentwurfs der Bundesregierung – Drucksache 12/401 – Entwurf eines Gesetzes über Maßnahmen zur Entlastung der öffentlichen Haushalte sowie über strukturelle Anpassungen in dem in Artikel 3 des Einigungsvertrages genannten Gebiet (Haushaltsbegleitgesetz 1991 – HBeglG 1991), 8.5.1991, BT-Drs. 12/495 (zit.: Ausschussbericht und -empfehlung, Wohngeldsondergesetz, BT-Drs. 12/495).
  - Deutscher Bundestag, Stenografischer Bericht der 25. Sitzung, 14.5.1991, BT-PlProt. 12/25, Wohngeldsondergesetz, S. 1708 ff.
- Gesetz zur Änderung des Wohngeldgesetzes und anderer Gesetze v. 22.12.1999, BGBl. I S. 2671 (Wohngeldnovellierungsgesetz – WoGNovG).
- Gesetz zur Neuregelung des Wohngeldrechtes und zur Änderung des Sozialgesetzbuches v. 24.9.2008, BGBl. I S. 1856 (Wohngeldnovelle 2008).
  - Gesetzentwurf der Bundesregierung, Entwurf eines Gesetzes zur Neuregelung des Wohngeldrechts und zur Änderung anderer wohnungsrechtlicher Vorschriften, 28.9.2007, BT-Drs. 16/6543 (zit.: RegE Wohngeldnovelle 2008, BT-Drs. 16/6543).

  - Zweite Beschlussempfehlung und zweiter Bericht des Ausschusses für Verkehr, Bau und Stadtentwicklung (15. Ausschuss) zu dem Gesetzentwurf der Bundesregierung – Drucksache 16/6543 – Entwurf eines Gesetzes zur Neuregelung des Wohngeldrechts und zur Änderung anderer wohnungsrechtlicher Vorschriften, 23.4.2008, BT-Drs. 16/8918 (zit.: Zweite Beschlussempfehlung und zweiter Ausschussbericht, Wohngeldnovelle 2008, BT-Drs. 16/8918).
  - Deutscher Bundestag, Stenografischer Bericht der 118. Sitzung, 11.10.2007, BT-PlProt. 16/118, Wohngeldnovelle 2008, S. 12344 ff.
  - Deutscher Bundestag, Stenografischer Bericht der 158. Sitzung, 25.4.2008, BT-PlProt. 16/158, Wohngeldnovelle 2008, S. 16692 ff.
- Gesetz zur Stärkung des Wohngeldes (Wohngeldstärkungsgesetz – WoGStärkG) v. 30.11.2019, BGBl. I S. 1877.
  - Gesetzentwurf der Bundesregierung, Entwurf eines Gesetzes zur Stärkung des Wohngeldes (Wohngeldstärkungsgesetz – WoGStärkG), 11.6.2019, BT-Drs. 19/10816 (zit.: RegE WoGStärkG, BT-Drs. 19/10816).
  - Beschlussempfehlung und Bericht des Ausschusses für Bau, Wohnen, Stadtentwicklung und Kommunen (24. Ausschuss) a) zu dem Gesetzentwurf der Bundesregierung – Drucksachen 19/10816, 19/11696, 19/13175 Nr. 10 – Entwurf eines Gesetzes zur Stärkung des Wohngeldes (Wohngeldstärkungsgesetz – WoGStärkG) b) zu dem Antrag der Fraktion der FDP – Drucksache 19/11107 – Bezahlbare Mieten sichern – Zielgerichtet unterstützen – Liberales Bürgergeld einführen c) zu dem Antrag der Fraktion Die Linke – Drucksache 19/10752 – Wohngeld ausweiten und die Belastung durch Wohnkosten begrenzen, 16.10.2019, BT-Drs. 19/14135 (zit.: Beschlussempfehlung und Ausschussbericht, WoGStärkG, BT-Drs. 19/14135).
  - Deutscher Bundestag, Stenografischer Bericht der 108. Sitzung, 28.6.2019, BT-PlProt. 19/108, WoGStärkG, S. 13457 ff.
  - Deutscher Bundestag, Stenografischer Bericht der 119. Sitzung, 18.10.2019, BT-PlProt. 19/119, WoGStärkG, S. 14733 ff.
- Gesetz zur Entlastung bei den Heizkosten im Wohngeld im Kontext der CO_2-Bepreisung (Wohngeld-CO_2-Bepreisungsentlastungsgesetz – WoG-CO_2BeprEntlG) v. 15.5.2020, BGBl. I S. 1015.
  - Gesetzentwurf der Bundesregierung, Entwurf eines Gesetzes zur Entlastung bei den Heizkosten im Wohngeld im Kontext der CO_2-Bepreisung (Wohngeld-CO_2-Bepreisungsentlastungsgesetz – WoGCO_2BeprEntlG), 4.3.2020, BT-Drs. 19/17588 (zit.: RegE WoGCO_2BeprEntlG, BT-Drs. 19/17588).

  - Beschlussempfehlung und Bericht des Ausschusses für Bau, Wohnen, Stadtentwicklung und Kommunen (24. Ausschuss) zu dem Gesetzentwurf der Bundesregierung – Drucksache 19/17588 – Entwurf eines Gesetzes zur Entlastung bei den Heizkosten im Wohngeld im Kontext der CO_2-Bepreisung (Wohngeld-CO_2-Bepreisungsentlastungsgesetz – $WoGCO_2BeprEntlG$), 22.4.2020, BT-Drs. 19/18755 (zit.: Ausschussbericht und -empfehlung, $WoGCO_2BeprEntlG$, BT-Drs. 19/18755).
  - Deutscher Bundestag, Stenografischer Bericht der 156. Sitzung, 23.4.2020, BT-PlProt. 19/156, $WoGCO_2BeprEntlG$, S. 19354 ff.
- Gesetz zur Erhöhung des Wohngeldes und zur Änderung anderer Vorschriften (Wohngeld-Plus-Gesetz) v. 5.12.2022, BGBl. I S. 2160,
  - Gesetzentwurf der Fraktionen SPD, Bündnis90/Die Grünen und FPD, Entwurf eines Gesetzes zur Erhöhung des Wohngeldes (Wohngeld-Plus-Gesetz), 11.10.2022, BT-Drs. 20/3936 (zit.: GesE SPD, B90/Gr und FDP, Wohngeld-Plus-Gesetz, BT-Drs. 20/3936).
  - Beschlussempfehlung und Bericht, Ausschusses für Bau, Wohnen, Stadtentwicklung und Kommunen (24. Ausschuss) a) zu dem Gesetzentwurf der Fraktionen SPD, Bündnis 90/Die Grünen und FDP – Drucksache 20/3936 – Entwurf eines Gesetzes zur Erhöhung des Wohngeldes (Wohngeld-Plus-Gesetz) b) zu dem Gesetzentwurf der Bundesregierung – Drucksache 20/4230 – Entwurf eines Gesetzes zur Erhöhung des Wohngeldes (Wohngeld-Plus-Gesetz), 9.11.2022, BT-Drs. 20/4356 (zit.: Ausschussbericht und -empfehlung, Wohngeld-Plus-Gesetz, BT-Drs. 20/4356).
  - Deutscher Bundestag, Stenografischer Bericht der 60. Sitzung, 13.10.2022, BT-PlProt. 20/60, Wohngeld-Plus-Gesetz, S. 6674 ff.
  - Deutscher Bundestag, Stenografischer Bericht der 66. Sitzung, 10.11.2022, BT-PlProt. 20/66, Wohngeld-Plus-Gesetz, S. 7534 ff.
  - Deutscher Bundesrat, Stenografischer Bericht der 1026. Sitzung, 28.10.2022, BR-PlProt. 1026/22, Wohngeld-Plus-Gesetz, S. 427 ff.
  - Deutscher Bundesrat, Stenografischer Bericht der 1028. Sitzung, 25.11.2022, BR-PlProt. 1028/22, Wohngeld-Plus-Gesetz, S. 472 ff.

§ 8 Mietpreisbremse

- Gesetz zur Dämpfung des Mietanstiegs auf angespannten Wohnungsmärkten und zur Stärkung des Bestellerprinzips bei der Wohnungsvermittlung (Mietrechtsnovellierungsgesetz, MietNovG) v. 21.4.2015, BGBl. I S. 610.

- Gesetzentwurf der Bundesregierung, Entwurf eines Gesetzes zur Dämpfung des Mietanstiegs auf angespannten Wohnungsmärkten und zur Stärkung des Bestellerprinzips bei der Wohnungsvermittlung (Mietrechtsnovellierungsgesetz – MietNovG), 10.11.2014, BT-Drs. 18/3121 (zit.: RegE MietNovG, BT-Drs. 18/3121).
- Beschlussempfehlung und Bericht des Ausschusses für Recht und Verbraucherschutz (6. Ausschuss) zu dem Gesetzentwurf der Bundesregierung – Drucksachen 18/3121, 18/3250 – Entwurf eines Gesetzes zur Dämpfung des Mietanstiegs auf angespannten Wohnungsmärkten und zur Stärkung des Bestellerprinzips bei der Wohnungsvermittlung (Mietrechtsnovellierungsgesetz – MietNovG), 4.3.2015, BT-Drs. 18/4220 (zit.: Ausschussbericht und Beschlussempfehlung, MietNovG, BT-Drs. 18/4220).
- Stellungnahme des Bundesrates, Entwurf eines Gesetzes zur Dämpfung des Mietanstiegs auf angespannten Wohnungsmärkten und zur Stärkung des Bestellerprinzips bei der Wohnungsvermittlung (Mietrechtsnovellierungsgesetz – MietNovG), 7.11.2014, BR-Drs. 447/15(Beschluss) (zit.: Stellungnahme BR, MietNovG, BR-Drs. 447/14[B]).
- Empfehlungen der Ausschüsse zu Punkt ... der 927. Sitzung des Bundesrates am 7. November 2014, Entwurf eines Gesetzes zur Dämpfung des Mietanstiegs auf angespannten Wohnungsmärkten und zur Stärkung des Bestellerprinzips bei der Wohnungsvermittlung (Mietrechtsnovellierungsgesetz – MietNovG), 24.10.2014, BR-Drs. 447/1/14 (zit.: Empfehlungen der Ausschüsse, MietNovG, BR-Drs. 447/1/14).
- Unterrichtung durch die Bundesregierung, Entwurf eines Gesetzes zur Dämpfung des Mietanstiegs auf angespannten Wohnungsmärkten und zur Stärkung des Bestellerprinzips bei der Wohnungsvermittlung (Mietrechtsnovellierungsgesetz – MietNovG), Gegenäußerung der Bundesregierung zu der Stellungnahme des Bundesrates, 19.11.2014 (zit.: Gegenäußerung BReg, MietNovG, BT-Drs. 18/3250).
- Deutscher Bundestag, Stenografischer Bericht der 17. Sitzung, 20.2.2014, BT-PlProt. 18/17, MPB, S. 1237 ff.
- Deutscher Bundestag, Stenografischer Bericht der 66. Sitzung, 13.11.2014, BT-PlProt. 18/66, MietNovG, S. 6191 ff.
- Deutscher Bundestag, Stenografischer Bericht der 91. Sitzung, 5.3.2015, BT-PlProt. 18/91, MietNovG, S. 8594 ff.
- Deutscher Bundesrat, Stenografischer Bericht der 927. Sitzung, 7.11.2014, BR-PlProt. 927/14, MietNovG, S. 354 ff.

  - Deutscher Bundesrat, Stenografischer Bericht der 932. Sitzung, 27.3.2015, BR-PlProt. 932/15, MietNovG, S. 111 ff.
  - Änderungsantrag der Fraktion Die Linke zu der zweiten Beratung des Gesetzentwurfs der Bundesregierung – Drucksachen 18/3121, 18/3250, 1874220 – Entwurf eines Gesetzes zur Dämpfung des Mietanstiegs auf angespannten Wohnungsmärkten und zur Stärkung des Bestellerprinzips bei der Wohnungsvermittlung (Mietrechtsnovellierungsgesetz – MietNovG), 4.3.2015, BT-Drs. 18/4223 (zit.: Änderungsantrag Linksfraktion, MietNovG, BT-Drs. 18/4223).
  - Antrag der Fraktion Die Linke, Mietanstieg stoppen, soziale Wohnungswirtschaft entwickeln und dauerhaft sicher, 12.2.2014, BT-Drs. 18/504 (zit.: Antrag Linksfraktion, Mietanstieg stoppen, BT-Drs. 18/504).
  - Antrag der Fraktion Die Linke, Mieterhöhungsstopp jetzt, 12.2.2014, BT-Drs. 18/505 (zit.: Antrag Linksfraktion, Mieterhöhungsstopp jetzt, BT-Drs. 18/505).
- Gesetz zur Ergänzung der Regelungen über die zulässige Miethöhe bei Mietbeginn und zur Anpassung der Regelungen über die Modernisierung der Mietsache (Mietrechtsanpassungsgesetz – MietAnpG) v. 2.12.2018, BGBl. I S. 2648.
  - Gesetzentwurf der Bundesregierung, Entwurf eines Gesetzes zur Ergänzung der Regelungen über die zulässige Miethöhe bei Mietbeginn und zur Anpassung der Regelungen über die Modernisierung der Mietsache (Mietrechtsanpassungsgesetz – MietAnpG), 1.10.2018, BT-Drs. 19/4672 (zit.: RegE MietAnpG, BT-Drs. 19/4672).
  - Stellungnahme des Bundesrates, Entwurf eines Gesetzes zur Ergänzung der Regelungen über die zulässige Miethöhe bei Mietbeginn und zur Anpassung der Regelungen über die Modernisierung der Mietsache (Mietrechtsanpassungsgesetz – MietAnpG), 19.10.2018, BR-Drs. 431/18(Beschluss) (zit.: Stellungnahme BR, MietAnpG, BR-Drs. 431/18[B]).
  - Unterrichtung durch die Bundesregierung, Entwurf eines Gesetzes zur Ergänzung der Regelungen über die zulässige Miethöhe bei Mietbeginn und zur Anpassung der Regelungen über die Modernisierung der Mietsache (Mietrechtsanpassungsgesetz – MietAnpG), Stellungnahme des Bundesrates und Gegenäußerung der Bundesregierung, 1.11.2018, BT-Drs. 19/5415 (zit.: Stellungnahme BR und Gegenäußerung BReg, MietAnpG, BT-Drs. 19/5415).

  - Beschlussempfehlung und Bericht des Ausschusses für Recht und Verbraucherschutz (6. Ausschuss), a) zu dem Gesetzentwurf der Bundesregierung – Drucksachen 19/4672, 19/5415, 19/5647 Nr. 13 – Entwurf eines Gesetzes zur Ergänzung der Regelungen über die zulässige Miethöhe bei Mietbeginn und zur Anpassung der Regelungen über die Modernisierung der Mietsache (Mietrechtsanpassungsgesetz – MietAnpG) b) zu dem Antrag der Fraktion Die Linke – Drucksache 19/4829 – Mieterhöhungsstopp jetzt c) zu dem Antrag der Fraktion Die Linke – Drucksache 19/4885 – Mietenanstieg stoppen, Mieterinnen und Mieter schützen, Verdrängung verhindern d) zu dem Antrag Fraktion B90/Gr – Drucksache 19/2976 – Mietrecht jetzt wirksam reformieren – Bezahlbares Wohnen sichern, 28.11.2018, BT-Drs. 19/6153 (zit.: Ausschussbericht und Beschlussempfehlung, MietAnpG, BT-Drs. 19/6153).
- Gesetz zur Verlängerung und Verbesserung der Regelungen über die zulässige Miethöhe bei Mietbeginn v. 19.3.2020, BGBl. I S. 540 (Mietpreisbremsenreformgesetz – MPBRefG).
  - Gesetzentwurf der Bundesregierung, Entwurf eines Gesetzes zur Verlängerung und Verbesserung der Regelungen über die zulässige Miethöhe bei Mietbeginn, 11.12.2019, BT-Drs. 19/15824 (zit.: RegE MPBRefG, BT-Drs. 19/15824).
  - Beschlussempfehlung und Bericht des Ausschusses für Recht und Verbraucherschutz (6. Ausschuss), a) zu dem Gesetzentwurf der Bundesregierung – Drucksache 19/15824 – Entwurf eines Gesetzes zur Verlängerung und Verbesserung der Regelungen über die zulässige Miethöhe bei Mietbeginn b) zu dem Antrag der Abgeordneten Christian Köhn (Tübingen), Canan Bayram, Daniela Wagner, weiterer Abgeordneter und der Fraktion Bündnis 90/Die Grünen – Drucksache 19/15122 – Robuste Mietpreisbremse einführen, 12.2.2020, BT-Drs. 19/17156 (zit.: Beschlussempfehlung und Ausschussbericht, MPBRefG, BT-Drs. 19/17156).

§ 9 Grundsteuer

- Gesetz zur Änderung des Grundgesetzes (Artikel 72, 105 und 125b) v. 15.11.2019, BGBl. I S. 1546 (GG-Änd GrSt).
  - Gesetzentwurf der Fraktionen der CDU/CSU und SPD, Entwurf eines Gesetzes zur Änderung des Grundgesetzes (Artikel 72, 105 und 125b), 25.6.2019, BT-Drs. 19/11084 (zit.: GesE CDU/CSU und SPD, GG-Änd. GrSt, BT-Drs. 19/11084).

  - Bericht des Finanzausschusses (7. Ausschuss) a) zu dem Gesetzentwurf der Fraktionen der CDU/CSU und SPD – Drucksache 19/11084 – Entwurf eines Gesetzes zur Änderung des Grundgesetzes (Artikel 72, 105 und 125b) b) zu dem Gesetzentwurf der Bundesregierung – Drucksache 19/13454 – Entwurf eines Gesetzes zur Änderung des Grundgesetzes (Artikel 72, 105 und 125b), 17.10.2019, BT-Drs. 19/14157 (zit.: Ausschussbericht, GG-Änd. GrSt, BT-Drs. 19/14157).
- Gesetz zur Reform des Grundsteuer- und Bewertungsrechts (Grundsteuer-Reformgesetz – GrStRefG) v. 26.11.2019, BGBl. I S. 1794.
  - Gesetzentwurf der Fraktionen der CDU/CSU und SPD, Entwurf eines Gesetzes zur Reform des Grundsteuer- und Bewertungsrechts (Grundsteuer-Reformgesetz – GrStRefG), 25.6.2019, BT-Drs. 19/11085 (zit.: GesE CDU/CSU und SPD, GrStRefG, BT-Drs. 19/11085).
  - Beschlussempfehlung des Finanzausschusses (7. Ausschuss) a) zu dem Gesetzentwurf der Fraktionen der CDU/CSU und SPD – Drucksache 19/11085 – Entwurf eines Gesetzes zur Reform des Grundsteuer- und Bewertungsrechts (Grundsteuer-Reformgesetz – GrStRefG) b) zu dem Gesetzentwurf der Bundesregierung – Drucksachen 19/13453, 19/13713 – Entwurf eines Gesetzes zur Reform des Grundsteuer- und Bewertungsrechts (Grundsteuer-Reformgesetz – GrStRefG), 16.10.2019, BT-Drs. 14138 (zit.: Ausschussempfehlung, GrStRefG, BT-Drs. 19/14138).
  - Bericht des Finanzausschusses (7. Ausschuss) a) zu dem Gesetzentwurf der Fraktionen der CDU/CSU und SPD – Drucksache 19/11085 – Entwurf eines Gesetzes zur Reform des Grundsteuer- und Bewertungsrechts (Grundsteuer-Reformgesetz – GrStRefG) b) zu dem Gesetzentwurf der Bundesregierung – Drucksachen 19/13453, 19/13713 – Entwurf eines Gesetzes zur Reform des Grundsteuer- und Bewertungsrechts (Grundsteuer-Reformgesetz – GrStRefG), 17.10.2019, BT-Drs. 19/14158 (zit.: Ausschussbericht, GrStRefG, BT-Drs. 19/14158).
- Gesetz zur Änderung des Grundsteuergesetzes zur Mobilisierung von baureifen Grundstücken für die Bebauung v. 30.11.2019, BGBl. I S. 1875 (GrStGÄndG).
  - Gesetzentwurf der Fraktionen der CDU/CSU und SPD, Entwurf eines Gesetzes zur Änderung des Grundsteuergesetzes zur Mobilisierung von baureifen Grundstücken für die Bebauung, 25.6.2019, BT-Drs. 19/11086 (zit: GesE CDU/CSU und SPD, GrStGÄndG, BT-Drs. 19/11086).
  - Beschlussempfehlung des Finanzausschusses (7. Ausschuss) a) zu dem Gesetzentwurf der Fraktionen der CDU/CSU und SPD – Drucksache

19/11086 – Entwurf eines Gesetzes zur Änderung des Grundsteuergesetzes zur Mobilisierung von baureifen Grundstücken für die Bebauung b) zu dem gesetzentwurf der Bundesregierung – Drucksache 19/13456 – Entwurf eines Gesetzes zur Änderung des Grundsteuergesetzes zur Mobilisierung von baureifen Grundstücken für die Bebauung, 16.10.2019, BT-Drs. 19/14139 (zit.: Ausschussempfehlung, GrSt-GÄndG, BT-Drs. 19/14139).

  - Bericht des Finanzausschusses (7. Ausschuss) a) zu dem Gesetzentwurf der Fraktionen der CDU/CSU und SPD – Drucksache 19/11086 – Entwurf eines Gesetzes zur Änderung des Grundsteuergesetzes zur Mobilisierung von baureifen Grundstücken für die Bebauung b) zu dem Gesetzentwurf der Bundesregierung – Drucksache 19/13456 – Entwurf eines Gesetzes zur Änderung des Grundsteuergesetzes zur Mobilisierung von baureifen Grundstücken für die Bebauung, 17.10.2019, BT-Drs. 19/14159 (zit.: Ausschussbericht, GrStGÄndG, BT-Drs. 19/14159).

- Übergreifende Materialien zur Grundsteuerreform:
  - Deutscher Bundestag, Stenografischer Bericht der 107. Sitzung, 27.6.2019, BT-PlProt. 19/107, GrSt 2019, S. 13097 ff.
  - Deutscher Bundestag, Stenografischer Bericht der 119. Sitzung, 18.10.2019, BT-PlProt. 19/119, GrSt 2019, S. 14691 ff.
  - Deutscher Bundesrat, Stenografischer Bericht der 980. Sitzung, 20.9.2019, BR-PlProt. 980/19, GrSt 2019, S. 469 ff.
  - Deutscher Bundesrat, Stenografischer Bericht der 982. Sitzung, 8.11.2019, BR-PlProt. 982/19, GrSt 2019, S. 497 ff.
  - Beschlussempfehlung und Bericht des Ausschusses für Recht und Verbraucherschutz (6. Ausschuss) a) zu dem Gesetzentwurf der Fraktion Bündnis 90/Die Grünen – Drucksache 19/8827 – Entwurf eines Gesetzes zur Änderung des Bürgerlichen Gesetzbuches und anderer Gesetze – Abschaffung der Grundsteuer-Umlagefähigkeit (Mieter-Grundsteuer-Entlastungsgesetz) b) zu dem Antrag der Fraktion Die Linke – Drucksache 19/8358 – Grundsteuer nicht länger auf Mieterinnen und Mieter umlegen, 16.10.2019, BT-Drs. 19/14118 (zit.: Ausschussempfehlung, Anträge Mieterentlastung, BT-Drs. 19/14118).
  - Gesetzentwurf der Fraktion Bündnis 90/Die Grünen, Entwurf eines Gesetzes zur Änderung des Bürgerlichen Gesetzbuches und anderer Gesetze – Abschaffung der Grundsteuer-Umlagefähigkeit (Mieter-Grundsteuer-Entlastungsgesetz), 29.3.2019, BT-Drs. 19/8827 (zit.: GesE B90/Gr, Mieter-Grundsteuer-Entlastungsgesetz, BT-Drs. 19/8827).

  - Antrag der Fraktion Die Linke, Sozial gerechte Grundsteuer-Reform für billigere Mieten und starke Kommunen, 21.2.2019, BT-Drs. 19/7980 (zit.: Linksfraktion, Sozial gerechte Grundsteuer-Reform, BT-Drs. 19/7980).
  - Antrag der Fraktion der AfD, Echte Gemeindesteuerreform auf den Weg bringen, 25.6.2019, BT-Drs. 19/11125 (zit.: AfD-Fraktion, Gemeindesteuerreform, BT-Drs. 19/11125).
  - Antrag der Fraktion der FDP, Grundsteuer – Einfaches Flächenmodell ohne automatische Steuererhöhungen, 26.6.2019, BT-Drs. 19/11144 (zit.: FDP-Fraktion, Flächenmodell, BT-Drs. 19/11144).

§ 10 Milieuschutzsatzungen

- Gesetz zur Änderung des Bundesbaugesetzes v. 18.8.1976, BGBl. I S. 2221 (BBauGÄndG).
  - Gesetzentwurf der Bundesregierung, Entwurf eines Gesetzes zur Änderung des Bundesbaugesetzes, 22.8.1974, BT-Drs. 7/2496 (zit.: RegE BBauGÄndG, BT-Drs. 7/2496).
  - Bericht und Antrag des Ausschusses für Raumordnung, Bauwesen und Städtebau (15. Ausschuß) zu dem von der Bundesregierung eingebrachten Entwurf eines Gesetzes zur Änderung des Bundesbaugesetzes – Drucksache 7/2496 –, 23.2.1976, BT-Drs. 7/4793 (zit.: Ausschussbericht und Antrag, BBauGÄndG, BT-Drs. 7/4793).
  - Deutscher Bundestag, Stenografischer Bericht der 120. Sitzung, 27.9.1974, BT-PlProt. 7/120, BBauGÄndG, S. 8035 ff.
  - Deutscher Bundestag, Stenografischer Bericht der 227. Sitzung, 11.3.1976, BT-PlProt. 7/227, BBauGÄndG, S. 15840 ff.
  - Deutscher Bundesrat, Stenografischer Bericht der 433. Sitzung, 9.4.1976, BR-PlProt. 433/76, BBauGÄndG, S. 145 ff.
- Gesetz über das Baugesetzbuch v. 8.12.1986, BGBl. I S. 2191 (GBauGB).
  - Gesetzentwurf der Bundesregierung, Entwurf eines Gesetzes über das Baugesetzbuch, BT-Drs. 10/4630 (zit.: RegE GBauGB, BT-Drs. 10/4630).
  - Beschlußempfehlung und Bericht des Ausschusses für Raumordnung, Bauwesen und Städtebau (16. Ausschuß) zu dem von der Bundesregierung ingebrachten Entwurf eines Gesetzes über das Baugesetzbuch – Drucksachen 10/4630, 10/5027, 10/5111 –, 15.10.1986, BT-Drs. 10/6166 (zit.: Ausschussbericht und Beschlussempfehlung, GBauGB, BT-Drs. 10/6166).

  - Deutscher Bundestag, Stenografischer Bericht der 188. Sitzung, 17.1.1986, BT-PlProt. 10/188, GBauGB, S. 14307 ff.
  - Deutscher Bundestag, Stenografischer Bericht der 214. Sitzung, 23.10.1986, BT-PlProt. 10/241, GBauGB, S. 18566 ff.
- Gesetz zur Änderung des Baugesetzbuchs und zur Neuregelung des Rechts der Raumordnung (Bau- und Raumordnungsgesetz 1998 – BauROG) v. 18.8.1997, BGBl. I S. 2081.
  - Gesetzentwurf der Bundesregierung, Entwurf eines Gesetzes zur Änderung des Baugesetzbuchs und zur Neuregelung des Rechts der Raumordnung (Bau- und Raumordnungsgesetz 1998 – BauROG), 4.12.1996, BT-Drs. 13/6392 (zit.: RegE BauROG, BT-Drs. 13/6392).
  - Stellungnahme des Bundesrates, Anlage 2 zum Gesetzentwurf der Bundesregierung, Entwurf eines Gesetzes zur Änderung des Baugesetzbuchs und zur Neuregelung des Rechts der Raumordnung (Bau- und Raumordnungsgesetz 1998 – BauROG), BT-Drs. 13/6392, S. 98 ff. (zit.: Stellungnahme BR, Anlage 2 RegE BauROG, BT-Drs. 13/6392).
  - Gegenäußerung der Bundesregierung, Anlage 3 zum Gesetzentwurf der Bundesregierung, Entwurf eines Gesetzes zur Änderung des Baugesetzbuchs und zur Neuregelung des Rechts der Raumordnung (Bau- und Raumordnungsgesetz 1998 – BauROG), BT-Drs. 13/6392, S. 130 ff. (zit.: Gegenäußerung BReg, Anlage 3 RegE BauROG, BT-Drs. 13/6392).
  - Beschlußempfehlung des Ausschusses für Raumordnung, Bauwesen und Städtebau (18. Ausschuß) zu dem Gesetzentwurf der Bundesregierung – Drucksache 13/6392 – Entwurf eines Gesetzes zur Änderung des Baugesetzbuchs und zur Neuregelung des Rechts der Raumordnung (Bau- und Raumordnungsgesetz 1998- BauROG); zu dem Antrag der Fraktion Bündnis 90/Die Grünen – Drucksache 13/6384 – Für ein soziales und ökologisches Städtebau- und Raumordnungsrecht; zu der Unterrichtung durch die Bundesregierung – Drucksachen 13/5489, 13/5655 Nr. 4 – Bericht zu den Ergebnissen der Rechtstatsachen- und Wirkungsforschung bezüglich der neuen und geänderten städtebaulichen Vorschriften, 2.5.1997, BT-Drs. 13/7588 (zit.: Beschlussempfehlung Ausschuss, BauROG, BT-Drs. 13/7588).
  - Bericht des Ausschusses für Raumordnung, Bauwesen und Städtebau (18. Ausschuß) zu dem Gesetzentwurf der Bundesregierung – Drucksache 13/6392 – Entwurf eines Gesetzes zur Änderung des Baugesetzbuchs und zur Neuregelung des Rechts der Raumordnung (Bau- und Raumordnungsgesetz 1998 – BauROG); zu dem Antrag der Fraktion

Bündnis 90/Die Grünen – Drucksache 13/6384 – Für ein soziales und ökologisches Städtebau- und Raumordnungsrecht; zu der Unterrichtung durch die Bundesregierung – Drucksachen 13/5489, 13/5655 Nr. 4 – Bericht zu den Ergebnissen der Rechtstatsachen- und Wirkungsforschung bezüglich der neuen und geänderten städtebaulichen Vorschriften, Bericht der Abgeordneten Schöler, Götz, Hollerith, Iwersen, Pesch und Braun (Augsburg), 2.5.1997, BT-Drs. 13/7589 (zit.: Ausschussbericht, BauROG, BT-Drs. 13/7589).
  - Deutscher Bundestag, Stenografischer Bericht der 145. Sitzung, 5.12.1996, BT-PlProt. 13/145, BauROG, S. 13161 ff.
  - Deutscher Bundestag, Stenografischer Bericht der 175. Sitzung, 15.5.1997, BT-PlProt. 13/175, BauROG, S. 15728 ff.
  - Unterrichtung durch den Bundesrat, Gesetz zur Änderung des Baugesetzbuchs und zur Neuregelung des Rechts der Raumordnung (Bau- und Raumordnungsgesetz 1998 – BauROG) – Drucksachen 13/6392, 13/7588, 13/7589 – hier: Anrufung des Vermittlungsausschusses, 10.6.1997, BT-Drs. 13/7886 (zit.: Unterrichtung, Anrufung des Vermittlungsausschusses, BauROG, BT-Drs. 13/7886).
  - Beschlußempfehlung des Ausschusses nach Artikel 77 des Grundgesetzes (Vermittlungsausschuß) zu dem Gesetz zur Änderung des Baugesetzbuchs und zur Neuregelung des Rechts der Raumordnung (Bau- und Raumordnungsgesetz 1998 – BauROG) – Drucksachen 13/6392, 13/7588, 13/7589, 13/7886 –, 25.6.1997, BT-Drs. 13/8019 (zit.: Vermittlungsvorschlag, BauROG, BT-Drs. 13/8019).
  - Änderungsantrag der Fraktionen SPD und Bündnis 90/Die Grünen zur zweiten Beratung des Gesetzentwurfs der Bundesregierung – Drucksachen 13/6392, 13/7588, 13/7589 – Entwurf eines Gesetzes zur Änderung des Baugesetzbuchs und zur Neuregelung des Rechts der Raumordnung (Bau- und Raumordnungsgesetz 1998 – BauROG), 14.5.1997, BT-Drs. 13/7657 (zit.: SPD und B90/Gr, Änderungsantrag BauROG, BT-Drs. 13/7657).
- Weitere Materialien zu den Milieuschutzsatzungen:
  - Antrag der Länder Berlin, Hamburg, Entschließung des Bundesrates zur Änderung der Vorschriften zu den Vorkaufsrechten im Baugesetzbuch zum Schutz der Zusammensetzung der Wohnbevölkerung, 24.3.2022, BR-Drs. 133/22 (zit.: Entschließungsantrag [BE, HH], Vorkaufsrecht, BR-Drs. 133/22).
  - Deutscher Bundesrat, Stenografischer Bericht der 1019. Sitzung, 8.4.2022, BR-PlProt. 1019/22, Vorkaufsrecht, S. 108 f.

- Beschluss des Bundesrates, Entschließung des Bundesrates zur Änderung der Vorschriften zu den Vorkaufsrechten im Baugesetzbuch zum Schutz der Zusammensetzung der Wohnbevölkerung, 8.4.2022, BT-Drs. 133/22(Beschluss) (zit.: Beschluss, Entschließung Vorkaufsrecht, BR-Drs. 133/22[B]).
- Gesetzentwurf der Fraktion Die Linke, Entwurf eines Gesetzes zur Wiederherstellung des Vorkaufsrechts in Milieuschutzgebieten (Neues Vorkaufsrecht-Gesetz – VorkG), 15.2.2022, BT-Drs. 20/679 (zit.: GesE Linksfraktion, VorkG, BT-Drs. 20/679).
- Deutscher Bundestag, Stenografischer Bericht der 17. Sitzung, 17.2.2022, BT-PlProt. 20/17, VorkG, S. 1212 ff.
- Beschlussempfehlung und Bericht des Ausschusses für Wohnen, Stadtentwicklung, Bauwesen und Kommunen (24. Ausschuss) a) zu dem Gesetzentwurf der Fraktion Die Linke – Drucksache 20/679 – Entwurf eines Gesetzes zur Wiederherstellung des Vorkaufsrechts in Milieuschutzgebieten (Neues Vorkaufsrecht-Gesetz – VorkG) b) zu dem Antrag der Fraktion Die Linke – Drucksache 20/236 – Kommunales Vorkaufsrecht in Milieuschutzgebieten sofort wiederherstellen, 22.6.2022, BT-Drs. 20/2393 (zit.: Ausschussbericht und Beschlussempfehlung, VorkG, BT-Drs. 20/2393).
- Deutscher Bundestag, Stenografischer Bericht der 44. Sitzung, 23.6.2022, BT-PlProt. 20/144, VorkG, S. 4534 ff.
- Antrag der Fraktion Die Linke, Kommunales Vorkaufsrecht in Milieuschutzgebieten sofort wiederherstellen, 9.12.2021, BT-Drs. 20/236 (zit: Linksfraktion, Vorkaufsrecht wiederherstellen, BT-Drs. 20/236.
- Antrag der Fraktion der AfD, Mehr Wohnungsmarkt wagen – Keine Ausweitung der Vorkaufspraxis in Milieuschutzgebieten, 21.6.2022, BT-Drs. 20/2362 (zit.: AfD-Fraktion, Mehr Wohnungsmarkt, BT-Drs. 20/2362).
- Bundesministerium für Wohnen, Stadtentwicklung und Bauwesen (BMWSB), Referentenentwurf eines Gesetzes zur Änderung des Baugesetzbuchs, (Vorkaufsrechtsänderungsgesetz – VKRÄG) v. 27.4.2022, https://berlin.igbau.de/Binaries/Binary12742/220427-Referentenentwurf-Vorkaufsrechtsaenderungsgesetz-Ressortabstimmung-.pdf (zit.: RefE VKRÄG v. 27.4.2022).

Literaturverzeichnis*

Aalbers, Manuel B., The Variegated Financialization of Housing, International Journal of Urban und Regional Research 41:4 (2017), S. 542–554.

Aalbers, Manuel B./Christophers, Brett, Centring Housing in Political Economy, Housing, Theory and Society 31:4 (2014), S. 373–394.

Abelshauser, Werner, Deutsche Wirtschaftsgeschichte seit 1945, München 2004.

Abolafia, Mitchel Y., Framing Moves: Interpretive Politics at the Federal Reserve, Journal of Public Administration Research and Theory 14/3 (2004), S. 349–370.

Adamski, Heiner, Hohe Renditen durch hohe Mieten? Verfassungsrechtliche Zulässigkeit einer Mietpreisbremse, GWP 68 (2019), S. 543–552.

Albers, Marion, Information als neue Dimension im Recht, Rechtstheorie 33 (2002), S. 61–89.

–, Umgang mit personenbezogenen Informationen und Daten, in: Voßkuhle, Andreas/Eifert, Martin/Möllers, Christoph (Hrsg.), Grundlagen des Verwaltungsrechts, Bd. I, 3. Aufl. München 2022, § 22.

Altrock, Uwe, Innenstadterneuerung – Herausforderungen und Ansätze in historischen Stadtkernen und Zentren, in: Kummer, Klaus/Frankenberger, Josef/Kötter, Theo (Hrsg.), Das deutsche Vermessungs- und Geoinformationswesen 2014, Berlin 2013, S. 157–190.

Altrock, Uwe/Kienast, Gerhard, Stadtentwicklung und Wohnungspolitik – vom Nutzen einer Einbettung und Weitung wohnungspolitischer Ziele, in: Egner, Björn/Grohs, Stephan/Robischon, Tobias (Hrsg.), Die Rückkehr der Wohnungsfrage, Wiesbaden 2021, S. 15–36.

Andersen, Uwe, Wirtschaftspolitik/Soziale Marktwirtschaft, in: Andersen, Uwe/Bogumil, Jörg/Marschall, Stefan/Woyke, Wichard (Hrsg.), Handwörterbuch des politischen Systems der Bundesrepublik Deutschland, 8. Aufl. Wiesbaden 2021, S. 1014–1024.

Andreae, Clemens-August, Grundsteuern, in: Neumark, Fritz/Andel, Norbert/Haller, Heinz (Hrsg.), Handbuch der Finanzwissenschaft, Bd. II, 3. Aufl. Tübingen 1980, S. 576–606.

Anger, Anke, Monetäre Anreize und Finanzierungsmöglichkeiten zur Optimierung des Bodenschutzes, Frankfurt a.M. 2014.

von Arnauld, Andreas, Was war, was ist – und was sein soll. Erzählen im juristischen Diskurs, in: Klein, Christian/Martínez, Matías (Hrsg.), Wirklichkeitserzählungen, Stuttgart 2009, S. 14–50.

* Die im Literaturverzeichnis aufgeführten Internetquellen wurden zuletzt am 12.5.2025 abgerufen. Soweit in den Fußnoten des Werks auf Übersichtsseiten im Internet verwiesen wurde, wird darauf verzichtet, diese in das Literaturverzeichnis aufzunehmen.

–, Die Wissenschaft vom Öffentlichen Recht nach einer Öffnung für sozialwissenschaftliche Theorie, in: Funke/Lüdemann (Hrsg.), Öffentliches Recht und Wissenschaftstheorie, Tübingen 2009, S. 65–118.

Artz, Markus, Von Reformen und Reförmchen – Zur Entwicklung des deutschen Wohnraummietrechts seit der „Großen Mietrechtsreform" 2001, NJW 2015, S. 1573–1577.

–, Die Mietpreisbremse, MDR 2015, S. 549–553.

Aubele, Felix/Baake, Pio/Duso, Tomaso/Kholodilin, Konstantin/Pfeiffer, Linus/Stiel, Caroline, Wohnkosten, Lebenszufriedenheit, Sicherheitsempfinden und Narrative: Eine Betrachtung der langfristigen Verteilungswirkungen von Wohnungsmarktzyklen, DIW Berlin: Politikberatung kompakt 199, 2023, https://hdl.handle.net/10419/283253.

Augsberg, Ino, Multi-, inter-, transdisziplinär? Zum Erfordernis binnenjuristischer Metaregeln für den Umgang mit extrajuridischem Wissen im Verwaltungsrecht, in: Augsberg, Ino (Hrsg.), Extrajuridisches Wissen im Verwaltungsrecht, Tübingen 2013, S. 3–33.

–, Informationsverwaltungsrecht. Zur kognitiven Dimension der rechtlichen Steuerung von Verwaltungsentscheidungen, Tübingen 2014.

Awan, Lubena et al., Das verdeckte Imperium, Tagesspiegel interaktiv v. 31.5.2019, https://interaktiv.tagesspiegel.de/lab/das-verdeckte-imperium/.

Baer, Susanne, „Der Bürger" im Verwaltungsrecht. Subjektkonstruktion durch Leitbilder vom Staat, Tübingen 2006.

Balchin, Paul (Hrsg.), Housing Policy in Europe, London 1996.

Baldenius, Till/Kohl, Sebastian/Schularick, Moritz, Die neue Wohnungsfrage: Gewinner und Verlierer des deutschen Immobilienbooms, ifo Schnelldienst 73:2 (2020), S. 21–23, https://www.ifo.de/publikationen/2020/zeitschrift-einzelheft/ifo-schnelldienst-022020-ungleichheit-unter-der-lupe.

Bärenbrinker, Verena, Nachhaltige Stadtentwicklung durch Urban Governance, Berlin 2012.

Battis, Ulrich/Krautzberger, Michael/Löhr, Rolf-Peter (Begr.)/Mitschang, Stephan/Reidt, Olaf (Hrsg.), Baugesetzbuch. Kommentar, 15. Aufl. München 2022 (zit. *Bearbeiterin,* in: Battis/Krauztberger/Löhr, BauGB-Komm.).

Bundesinstitut für Bau-, Stadt- und Raumforschung (BBSR), Wohngeldreform 2016: Mikrosimulationsrechnungen zur Leistungsverbesserung des Wohngeldes, BBSR-Online-Publikation Nr. 06/2016, https://www.bbsr.bund.de/BBSR/DE/veroeffentlichungen/bbsr-online/2016/bbsr-online-06-2016-dl.pdf?__blob=publicationFile&v=1.

–, Umzugsmobilität und ihre Auswirkungen auf lokale Wohnungsmärkte, BBSR-Online-Publikation Nr. 11/2020, https://www.bbsr.bund.de/BBSR/DE/veroeffentlichungen/bbsr-online/2020/bbsr-online-11-2020.html.

Beck, Hanno/Prinz, Aloys, Eine allgemeine kommunale Wohnungsteuer als Alternative zu kommunalen Bagatellsteuern, Wirtschaftsdienst 5/2011, S. 339–346, https://doi.org/10.1007/s10273-011-1228-4.

Beckers, Anna/Eller, Klaas Hendrik/Kjaer, Poul F., The Transformative Law of Political Economy in Europe, European Law Open 1 (2022), S. 749–759.

Behrens, Peter, Die ökonomischen Grundlagen des Rechts: politische Ökonomie als rationale Jurisprudenz, Tübingen 1986.

Beil, Svend-Bjarne, Historische Entwicklungslinien des Wohnraummietrechts, Tübingen 2021.

Belina, Bernd, Kapitalistischer Wohnungsbau: Ware, Spekulation, Finanzialisierung, in: Schönig, Barbara/Kadi, Justin/Schipper, Sebastian (Hrsg.), Wohnraum für Alle?!, Bielefeld 2017, S. 28–46.

Bernt, Matthias, The emergence of „Stadtumbau Ost", Urban Geography, 40:2 (2019), S. 174–191.

von Beyme, Klaus, Wohnen und Politik, in: Flagge, Ingeborg (Hrsg.), Geschichte des Wohnens, Bd. 5: 1945 bis heute, Stuttgart 1999, S. 81–152.

Biebricher, Thomas/Ptak, Ralf, Soziale Marktwirtschaft und Ordoliberalismus zur Einführung, Hamburg 2020.

Blank, Hubert, Die Regelungen zur Mietpreisbremse im Entwurf zum Mietrechtsnovellierungsgesetz, WuM 2014, S. 641–660.

–, Die ortsübliche Vergleichsmiete als Instrument zur Regulierung der Mietpreise, in: Artz, Markus/Eisenschmid, Norbert/Schmidt, Hubert/Streyl, Elmar (Hrsg.), Facetten des Mietrechts: Festschrift für Ulf P. Börstinghaus zum 65. Geburtstag, München 2020, S. 9–19.

Blankenagel, Alexander/Schröder, Rainer/Spoerr, Wolfgang, Verfassungsmäßigkeit des Instituts und der Ausgestaltung der sog. Mietpreisbremse auf Grundlage des MietNovGE, Gutachten im Auftrag von Haus & Grund (Stand 12. November 2014), NZM 2015, S. 1–28.

Bleißmann, Sylvia, Teure Sozialwohnungen: Staat zahlt zu viel, ZDF Heute v. 16.1.2024, https://www.zdf.de/nachrichten/politik/deutschland/sozialer-wohnungsbau-wohnungsnot-100.html.

Blum, Reinhard, Soziale Marktwirtschaft – Wirtschaftspolitik zwischen Neoliberalismus und Ordoliberalismus, Tübingen 1969.

–, Marktwirtschaft, soziale, in: Albers, Willi et al. (Hrsg.), Handwörterbuch der Wirtschaftswissenschaft, zugleich Neuauflage des Handwörterbuchs der Sozialwissenschaften, Bd. 5, Stuttgart u.a. 1980, S. 153–166.

von Bodelschwingh, Arnt/Dettmann, Marleen/Schlichting, Hendrik, Wiedervermietungsmieten und Mietpreisbremse in Berlin, Kurzanalyse für den Berliner Mieterverein e.V., Berlin 2016, https://www.berliner-mieterverein.de/uploads/2016/05/pm1616-Anl1-RegioKontext-Kurzanalyse-Mietpreisbremse.pdf.

Bofinger, Peter, Grundzüge der Volkswirtschaftslehre: eine Einführung in die Wissenschaft von Märkten, 5. Aufl. München 2019.

Böhmer, Felix/Holm, Andrej/Jacob, Matthias, Wohnen und Ideologie, in: Holm, Andrej (Hrsg.), Wohnen zwischen Markt, Staat und Gesellschaft, Hamburg 2021, S. 123–150.

Böhmer, Felix/Jacob, Matthias/Obey, Justina, Wohnen zwischen Markt, Staat und Gesellschaft, in: Holm, Andrej (Hrsg.), Wohnen zwischen Markt, Staat und Gesellschaft, Hamburg 2021, S. 10–13.

Bonß, Wolfgang, Theorietransfer oder Theorietransformation?, in: Bentele, Günter/Rühl, Manfred (Hrsg.), Theorien öffentlicher Kommunikation, München 1993, S. 437–446.

Borchardt, Knut, Die Konzeption der Sozialen Marktwirtschaft in heutiger Sicht, in: Issing, Ottmar (Hrsg.), Zukunftsprobleme der Sozialen Marktwirtschaft, Verhandlungen auf der Jahrestagung der Gesellschaft für Wirtschafts- und Sozialwissenschaften – Verein für Socialpolitik – in Nürnberg vom 15.-17. September 1980, Berlin 1981, S. 33–53.

Borst, Renate, Volkswohnungsbestand in Spekulantenhand? Zu den möglichen Folgen der Privatisierung von ehemals volkseigenen Wohnungen in den neuen Bundesländern, in: Häussermann, Hartmut/Neef, Rainer (Hrsg.), Stadtentwicklung in Ostdeutschland, Opladen 1996, S. 107–128.

Börstinghaus, Ulf, 25 Jahre ortsübliche Vergleichsmiete. Ein ungeliebtes Kind wird erwachsen?, NJW 1997, S. 977–980.

–, Die Entwicklung des Mietpreisrechts in Deutschland, in: Derleder, Peter/Gauweiler, Peter/Merle, Werner/Schumann, Ekkehard (Hrsg.), Wohnen, Bauen, Markt und Recht – Festschrift für Wolf-Rüdiger Bub zum 60. Geburtstag, Berlin 2007, S. 283–304.

–, Die Begrenzung der Wiedervermietungsmiete für Wohnraum, NJW 2015, S. 1553–1559.

– *(Hrsg.)*, Miethöhe-Handbuch, 2. Aufl. München 2016.

–, Zwischen Vermieterfreiheit und Mieterschutz, WuM 2018, S. 610–625.

–, Aktuelle Probleme des Mietspiegelrechts, NZM 2024, S. 345–362.

Börstinghaus, Ulf/Clar, Michael, Die Ermittlung der ortsüblichen Vergleichsmiete, NZM 2014, S. 889–901.

Brands, Christian/Gradtke-Hanzsch, Manja/Olschewski, Manuela, 140 Jahre Grundsteuerreform – Am 21. Mai 1861 wurde das Gesetz betreffend die anderweite Regelung der Grundsteuer verkündet, in: Vermessung Brandenburg Nr. 2/2001, S. 50–55, https://geobasis-bb.de/sixcms/media.php/9/vbb_201.pdf.

Brasch, Anna S., Milieu, Version 3/2021, zuerst 8/2020, Wortgeschichte digital – ZDL, https://www.zdl.org/wb/wortgeschichten/Milieu.

Braun, Johanna, Leitbilder im Recht, Tübingen 2015.

Braun, Reiner, Metastudie „Sickereffekte“ – Endbericht, empirica, Berlin 2020, https://www.empirica-institut.de/fileadmin/Redaktion/Publikationen_Referenzen/PDFs/Bericht_Metastudie-Sickereffekte_2020063_final.pdf.

Braun, Reiner/Grade, Jan, Beitrag des Eigenheimbaus zur Wohnraumversorgung in NRW, empirica, Bonn 2016, https://www.empirica-institut.de/fileadmin/Redaktion/Publikationen_Referenzen/PDFs/empirica-Sickerstudie.pdf.

Brecht-Heitzmann, Holger/Pannenberg, Maria, Das neue Heizkostenzuschussgesetz, NZS 2022, S. 521–525.

Brede, Helmut/Dietrich, Barbara/Kohaupt, Bernhard, Politische Ökonomie des Bodens und Wohnungsfrage (1976), zit. nach: Schipper, Sebastian/Vollmer, Lisa (Hrsg.), Wohnungsforschung: Ein Reader, Bielefeld 2020, S. 103–137.

Britton-Purdy, Jedediah, Neoliberal Constitutionalism: Lochnerism for a New Economy, Law and Contemporary Problems 77 (2014), S. 195–213.

Britton-Purdy, Jedediah/Grewal, David Singh/Kapczynski, Amy/Rahman, K. Sabeel, Building a Law-and-Political-Economy Framework: Beyond the Twentieth-Century Synthesis, Yale Law Journal 2020, S. 1784–1835.

Britton-Purdy, Jedediah/Kapczynski, Amy/Grewal, David Singh, Law and Political Economy: Toward a Manifesto, LPE-Blog v. 11.6.2017, https://lpeproject.org/blog/law-and-political-economy-toward-a-manifesto/.

Britton-Purdy, Jedediah/Kapczynski, Amy/Grewal, David Singh, How Law Made Neoliberalism, Boston Review v. 22.2.2021, http://bostonreview.net/law-justice/jedediah-britton-purdy-amy-kapczynski-david-singh-grewal-how-law-made-neoliberalism.

Bruckmeier, Kerstin/Wiemers, Jürgen, Benefit Take-Up and Labor Supply Incentives of Interdependent Means-Tested Benefit Programs for Low-Income Households, Comparative Economic Studies 60 (2018), S. 583–604.

Brüggemann, Josef, Soziale Regulative in einer Wohnungsmarktwirtschaft, in: Engelhardt, Werner W./Thiemeyer, Theo (Hrsg.), Gesellschaft, Wirtschaft, Wohnungswirtschaft – Festschrift für Helmut Jenkis, Berlin 1987, S. 201–214.

Bumke, Christian, Die Entwicklung der verwaltungsrechtswissenschaftlichen Methodik in der Bundesrepublik Deutschland, in: Schmidt-Aßmann, Eberhard/Hoffmann-Riem, Wolfgang (Hrsg.), Methoden der Verwaltungsrechtswissenschaft, Baden-Baden 2004, S. 73–130.

–, Die Pflicht zur konsistenten Gesetzgebung. Am Beispiel des Ausschlusses der privaten Vermittlung staatlicher Lotterien und ihrer bundesverfassungsgerichtlichen Kontrolle, Der Staat 49 (2010), S. 77–105.

–, Rechtsdogmatik: Überlegungen zur Entwicklung und zu den Formen einer Denk- und Arbeitsweise der deutschen Rechtswissenschaft, JZ 69 (2014), S. 641–650.

–, Rezeption und Rezeptionsabbrüche, in: Marsch, Nikolaus/Münkler, Laura/Wischmeyer, Thomas (Hrsg.), Apokryphe Schriften, Tübingen 2018, S. 47–61.

Bundesministerium für Wirtschaft und Energie (BMWI), Soziale Wohnungspolitik. Gutachten des Wissenschaftlichen Beirats beim Bundesministerium für Wirtschaft und Energie, Berlin 2018, https://www.bmwk.de/Redaktion/DE/Publikationen/Ministerium/Veroeffentlichung-Wissenschaftlicher-Beirat/gutachten-wissenschaftlicher-beirat-soziale-wohnungspolitik.pdf?__blob=publicationFile&v=1.

Bundesministerium für Wirtschaft und Klimaschutz (BMWK), Wohlstand und Klimaschutz: Die sozial-ökologische Marktwirtschaft ist das Konzept für die Transformation hin zur Klimaneutralität, Artikel Leitbild Soziale Marktwirtschaft, https://www.bmwk.de/Redaktion/DE/Dossier/soziale-marktwirtschaft.html.

Bundesministerium für Wohnen, Stadtentwicklung und Bauwesen (BMWSB), Städtebaurecht, https://www.bmwsb.bund.de/Webs/BMWSB/DE/themen/stadt-wohnen/staedtebaurecht/staedtebaurecht-artikel.html.

Bundesregierung, Klimaschutzprogramm 2030 der Bundesregierung zur Umsetzung des Klimaschutzplans 2050, Fassung Oktober 2019, https://www.bundesregierung.de/resource/blob/974430/1679914/c8724321decefc59cca0110063409b50/2019-10-09-klima-massnahmen-data.pdf.

–, Lebenslagen in Deutschland. Sechster Armuts- und Reichtumsbericht der Bundesregierung, 2021, https://www.armuts-und-reichtumsbericht.de/SharedDocs/Downloads/Berichte/sechster-armuts-reichtumsbericht.pdf?__blob=publicationFile&v=2.

–, Mehr Wohngeld für zwei Millionen Haushalte, Mitteilung v. 5.5.2023, https://www.bundesregierung.de/breg-de/aktuelles/wohngeldreform-2130068.

Bunzel, Arno/Niemeyer, Eva, Baulandentwicklung – Der Gesetzgeber ist beim Bodenrecht gefordert, ZfBR 2018, S. 743–752.

Burgi, Martin, Eigentumsordnung und Wohnungsnot: Spielräume für eine wohnraumbezogene Bodenpolitik, NVwZ 2020, S. 257–264.

–, Die nachhaltige Stadt der Zukunft und das Recht, NJW 2022, S. 2726–2730.

Burkiczak, Christian, Der Wille des Gesetzgebers als Auslegungsargument – Zur Entwicklung der methodischen Äußerungen des Bundesverfassungsgerichts, RTh 52 (2021), S. 23–44.

Busch, Roland/Beyer, Colin, Die Wirkung von Umzugsketten auf die Wohnraumversorgung im lokalen Wohnungsmarkt, in: Spars, Guido (Hrsg.), Wohnungsfrage 3.0, Stuttgart 2021, S. 75–92.

Busch, Roland/Spars, Guido/Wardzala, Stephan/Wolfrath, Sascha, Umzugsketten durch Wohnungsneubau. Betrachtung der Wohnraumversorgungseffekte bei verschiedenen Neubautypen, Vertiefungsstudie zur BBSR-Online-Publikation 11/2020 „Umzugsmobilität und ihre Wirkung auf lokale Wohnungsmärkte", Bonn 2020, https://www.bbsr.bund.de/BBSR/DE/forschung/programme/refo/wohnungswesen/2017/umzugsmobilitaet/vertiefungsstudie.pdf?__blob=publicationFile&v=2.

Busz, Eick G., Die Äquivalenz im freifinanzierten Wohnraummietrecht: eine Untersuchung zum „gerechten Preis" und den Grenzen normativer Steuerung, Baden-Baden 2002.

Catalatayud, José Miquel/Homolova, Adriana/Lehmann, Hendrik/Team Cities for Rent, Wie internationale Investments den Wohnungsmarkt umwälzen, Tagesspiegel interaktiv v. 28.4.2021, https://interaktiv.tagesspiegel.de/lab/mietmarktlabor-berlin-wie-internationales-investment-den-mietmarkt-veraendert/.

CDU/CSU/SPD, Verantwortung für Deutschland, Koalitionsvertrag zwischen CDU, CSU und SPD, 21. Legislaturperiode, 2025, https://www.koalitionsvertrag2025.de/.

Cischinsky, Holger/Krapp, Max-Christopher, Widersprüchlichkeiten bei der sozialen Absicherung des Wohnens. Policy-Inkohärenzen zwischen Grundsicherung und Wohngeld – Befunde und Reformvorschläge, WSI 2020, S. 100–109, https://www.wsi.de/data/wsimit_2020_02_cischinsky.pdf.

Claus, Leon/Sommer, Tim, Wohnungsmarkt, in: Holm, Andrej (Hrsg.), Wohnen zwischen Markt, Staat und Gesellschaft, Hamburg 2021, S. 97–122.

Croon-Gestefeld, Johanna, Piketty und die Rechtswissenschaft im 21. Jahrhundert, JZ 74 (2019), S. 340–346.

–, Gemeininteressen im Privatrecht, Tübingen 2022.

Dangschadt, Jens S., Welche Zusammensetzung der Wohnbevölkerung ist erhaltenswert? Kommentar zur Anwendung der Milieuschutzsatzung aus soziologischer Sicht, in: Dohrendorf, Rüdiger (Hrsg.), Die soziale Erhaltungssatzung und ihre Bedeutung für die Stadterneuerung und Stadtentwicklung, Darmstadt 1991, S. 15–42.

Dangschadt, Jens S./Frey, Oliver, Stadt- und Regionalsoziologie, in: Kessel, Fabian/Reutlinger, Christian/Maurer, Susanne/Frey, Oliver (Hrsg.), Handbuch Sozialraum, Wiesbaden 2005, S. 143–165.

Dascher, Kristof, Eine kleine Politische Ökonomie der Wohnungsmieten und -leerstände in Ostdeutschland, Wirtschaftsdienst 7/2010, S. 487–491, https://doi.org/10.1007/s10273-010-1102-9.

Deakin, Simon/Gindis, David/Hodgson, Geoffrey M./Huang, Kainan/Pistor, Katharina, Legal institutionalism: Capitalism and the Constitutive Role of Law, Journal of Comparative Economics 2017, S. 188–200.

Derleder, Peter, Wiedervermietungsbegrenzung und Verfassungsrecht, WuM 2013, S. 383–393.

–, Die Regulierung des Mietwohnungsmarktes, KJ 48 (2015), S. 5–16.

Deutscher Bundestag Parlamentsnachrichten, Bundesregierung legt Wohngeld-Plus-Gesetz vor, Mitteilung v. 12.10.2022, https://www.bundestag.de/presse/hib/kurzmeldungen-915048.

Deutscher Bundestag/Bundesarchiv (Hrsg.), Der Parlamentarische Rat 1948–1949. Akten und Protokolle, Bd. 5/I, Ausschuß für Grundsatzfragen, Boppard am Rhein 1993 (zit.: ParlRat, 5/I).

Die Unterzeichnenden, Für eine wirklich soziale Wohnungspolitik: Wissenschaftler_innen fordern Schutz der Bestandsmieten, Gemeinnützigkeit und Demokratisierung, suburban 6:2/3 (2018), S. 205–222.

Dieterich, Hartmut, Bodenmarkt und Bodenpolitik, in: Kühne-Büning, Lidwina/Nordalm, Volker/Steveling, Lieselotte (Hrsg.), Grundlagen der Wohnungs- und Immobilienwirtschaft, 4. Aufl. Frankfurt a.M. 2005, S. 373–421.

–, Bodenpolitik in Deutschland, NZM 1998, S. 289–295.

Deutsches Institut für Urbanistik (Difu)/ Bundesverband für Wohnen und Stadtentwicklung (vhw), Bodenpolitische Agenda 2020–2030, Berlin 2017, https://difu.de/sites/difu.de/files/archiv/presse/download/2017-10-16_difu-vhw-roadmap-bodenpolitik.pdf.

Deutsches Institut für Wirtschaftsforschung (DIW), Mieten und Wohnungspreise in deutschen Großstädten steigen 2014 weiter, Pressemitteilung v. 5.12.2013, https://www.diw.de/sixcms/detail.php?id=diw_01.c.432964.de.

Digitales Wörterbuch der deutschen Sprache (DWDS), Milieu, https://www.dwds.de/wb/Milieu.

Donner, Christian, Wohnungspolitiken in der Europäischen Union: Theorie und Praxis, Diss., Wien 2000.

Driehaus, Hans-Joachim, Wohngeldsondergesetz für die neuen Bundesländer: Einführung mit Texten, Herne 1991.

Dudeck, Lisa, Die soziale Frage unserer Zeit. Zwecke gesetzlicher Mietpreisregulation, Tübingen 2025.

Dürig, Günter (Begr.)/Herzog, Roman/Scholz, Rupert/Herdegen, Matthias/Klein, Hans H. (Hrsg.), Grundgesetz. Kommentar, Werkstand: 105. Ergänzungslieferung, München 2024 (zit.: *Bearbeiterin*, in: Dürig/Herzog/Scholz, GG-Komm.).

Eckardt, Frank, Wohnen in der Stadt, in: Eckardt, Frank/Meier, Sabine (Hrsg.), Handbuch Wohnsoziologie, Wiesbaden Heidelberg 2021, S. 213–232.

Eekhoff, Johann, Wohnungspolitik in der Sozialen Marktwirtschaft, in: Issing, Ottmar (Hrsg.), Zukunftsprobleme der Sozialen Marktwirtschaft, Verhandlungen auf der Jahrestagung der Gesellschaft für Wirtschafts- und Sozialwissenschaften – Verein für Socialpolitik – in Nürnberg vom 15.-17. September 1980, Berlin 1981, S. 455–479.

–, Wohnungspolitik, 2. Aufl. Tübingen 2002.

–, Wohnungs- und Bodenmarkt, 2. Aufl. Tübingen 2006.

Egner, Björn, Wohnungspolitik seit 1945, APuZ 64:20/21 (2014), S. 13–19.

Eidenmüller, Horst, Effizienz als Rechtsprinzip, 4. Aufl. Tübingen 2015.

von Einem, Eberhard, Wohnungspolitik in Not, in: von Einem, Eberhard (Hrsg.), Wohnen, Wiesbaden 2016, S. 277–318.

Eller, Klaas, Das Privatrecht in der Wohnungskrise, in: Croon-Gestefeld, Johanna/Korch, Stefan/Kuschel, Linda/Sarel, Roee/Scholz, Philipp (Hrsg.), Das Private im Privatrecht, Baden-Baden 2022, S. 75–98.

Engel, Christoph, Rechtswissenschaft als angewandte Sozialwissenschaft, in: Engel, Christoph (Hrsg.), Methodische Zugänge zu einem Recht der Gemeinschaftsgüter, Baden-Baden 1998, S. 11–40.

–, Verhaltenswissenschaftliche Analyse: eine Gebrauchsanweisung für Juristen, in: Engel, Christoph/Englerth, Markus/Lüdemann, Jörn/Spiecker gen. Döhmann, Indra (Hrsg.), Recht und Verhalten. Beiträge zu Behavioral Law and Economics, Tübingen 2007, S. 363–405.

Engels, Friedrich, Zur Wohnungsfrage (1872/1873), zitiert nach MEW 18, Berlin 1976, S. 209–287.

Englerth, Markus/Towfigh, Emanuel V., § 8 Verhaltensökonomik, in: Towfigh, Emanuel V./Petersen, Niels (Hrsg.), Ökonomische Methoden im Recht, 3. Aufl. Tübingen 2023, S. 215–250.

–, § 6 Public and Social Choice Theorie, in: Towfigh, Emanuel V./Petersen, Niels (Hrsg.), Ökonomische Methoden im Recht, 3. Aufl. Tübingen 2023, S. 149–176.

Erhard, Ludwig, Wohlstand für alle, Düsseldorf 1957.

Ernst, Werner/Zinkahn, Willy/Bielenberg, Walter (Begr.)/Krautzberger, Michael (fortg.)/Külpmann, Christoph (Hrsg.), Baugesetzbuch. Kommentar, Werkstand: 157. Ergänzungslieferung, München 2024 (zit.: *Bearbeiterin*, in: Ernst/Zinkahn/Bielenberg/Krautzberger, BauGB-Komm.).

Esping-Andersen, Gøsta, The Three Worlds of Welfare Capitalism, Cambridge (UK) 1990.

Esser, Josef, Vorverständnis und Methodenwahl in der Rechtsfindung: Rationalitätsgrundlagen richterlicher Entscheidungspraxis, Frankfurt a.M. 1972.

Eucken, Walter, Grundsätze der Wirtschaftspolitik, 4. Aufl. Reinbek bei Hamburg 1962.

Expertenkommission zum Volksentscheid, Vergesellschaftung großer Wohnungsunternehmen – Abschlussbericht, Berlin 2023.

Farahat, Anuscheh, Eigentum verpflichtet: die Sozialbindung des Eigentums am Beispiel des Berliner Mietendeckels, JZ 75 (2020), S. 602–609.

Fassbender, Bardo, Wissen als Grundlage staatlichen Handelns, in: Isensee, Josef/Kirchhof, Paul (Hrsg.), Handbuch des Staatsrechts der Bundesrepublik Deutschland, Bd. IV, 3. Aufl. München Heidelberg u.a. 2006, § 76.

Frankfurter Allgemeine Zeitung (F.A.Z.), Der Streit ums Vorkaufsrecht geht in eine neue Runde, F.A.Z. v. 10.5.2022, https://www.faz.net/aktuell/wirtschaft/der-streit-ums-vorkaufsrecht-geht-in-eine-neue-runde-18017992.html.

Felberg, Bruno, Das Wohngeld: eine Untersuchung seiner wirtschaftlichen und sozialen Bedeutung und ein Vergleich mit anderen Subventionsformen, Bonn 1972.

Feldner, Michael/Stoklassa, Sven-Oliver, Verfassungsrechtliche Fragen zur sog. Länderöffnungsklausel im Rahmen der Grundsteuerreform, DStR 2019, S. 2505–2509.

Fezer, Karl-Heinz, Aspekte einer Rechtskritik an der economic analysis of law und am property rights approach, JZ 41 (1986), S. 817–824.

Fezer, Karl-Heinz, Nochmals: Kritik an der ökonomischen Analyse des Rechts, JZ 43 (1988), S. 223–228.

Fichtel, Lorenz, Wohnungspolitik in der sozialen Marktwirtschaft, Darstellung und Analyse des Systems der Wohnungspolitik in der Bundesrepublik Deutschland, Augsburg 1980.

Flatow, Beate, Die höchst zulässige Miete, WuM 2015, S. 191–203.

Fleindl, Hubert, Das Gesetz zur Verlängerung und Verbesserung der Regelungen über die zulässige Miethöhe bei Mietbeginn, in: Artz, Markus/Eisenschmid, Norbert/Schmidt, Hubert/Streyl, Elmar (Hrsg.), Facetten des Mietrechts: Festschrift für Ulf P. Börstinghaus zum 65. Geburtstag, München 2020, S. 119–134.

Fleischer, Holger, Europäische Methodenlehre: Stand und Perspektiven, RabelsZ 75 (2011), S. 700–729.

–, Rechtsvergleichende Beobachtungen zur Rolle der Gesetzesmaterialien bei der Gesetzesauslegung, AcP 211 (2011), S. 317–351.

Frank, Alexandra, Die Mietpreisbremse. Eine Analyse der Rechtsvorschriften zur Begrenzung der Neu- und Wiedervertragsmiete auf 110 % der ortsüblichen Vergleichsmiete, Marburg 2016.

Frank, Susanne, Gentrifizierung und neue Mittelschichten: Drei Phasen eines wechselhaften Verhältnisses, in: Schönig, Barbara/Kadi, Justin/Schipper, Sebastian (Hrsg.), Wohnraum für Alle?!, Bielefeld 2017, S. 87–100.

Frenzel, Eike Michael, Schnittstellen für extrajuridisches Wissen im Regulierungsrecht, in: Augsberg, Ino (Hrsg.), Extrajuridisches Wissen, Tübingen, 2013, S. 177–193.

Frerich, Johannes/Frey, Martin, Handbuch der Geschichte der Sozialpolitik in Deutschland, Bd. 2, 2. Aufl. München Wien 1996.

–, Handbuch der Geschichte der Sozialpolitik in Deutschland, Bd. 3, 2. Aufl. München Wien 1996.

Freund, Volker, Die gerechte Grundsteuer im Lichte von Leistungsfähigkeits- und Äquivalenzprinzip, Stuttgart 2023.

Frey, Oliver, Städtische Milieus, in: Eckardt, Frank (Hrsg.), Handbuch Stadtsoziologie, Wiesbaden 2012, S. 503–525.

Friedrichs, Jürgen, Stadtsoziologie, Opladen 1995.

–, Gentrification, in: Häußermann, Hartmut (Hrsg.), Großstadt: Soziologische Stichworte, Wiesbaden 1998, S. 57–66.

Frieling, Tino, Gesetzesmaterialien und Wille des Gesetzgebers, Tübingen 2017.

Fritsch, Michael, Marktversagen und Wirtschaftspolitik. Mikroökonomische Grundlagen staatlichen Handelns, 10. Aufl. München 2018.

Fuest, Clemens/Immel, Lea/Meier, Volker/Neumeier, Florian, Die Grundsteuer in Deutschland: Finanzwissenschaftliche Analyse und Reformoptionen, ifo, München 2018, https://www.ifo.de/DocDL/ifo-studie-2018-fuest-etal-grundsteuer.pdf.

Fuhrmann, Uwe, Die Entstehung der „Sozialen Marktwirtschaft" 1948/49: eine historische Dispositivanalyse, Konstanz München 2017.

Gammelin, Cerstin, Bund und Länder legen Eckpunkte für Grundsteuerreform fest, SZ v. 1.2.2019, https://www.sueddeutsche.de/wirtschaft/grundsteuer-olaf-scholz-reform-1.4312514,

Geisler, Astrid/Venohr, Sascha, Mieterschutz, der keiner ist, Zeit Online v. 22.6.2017, http://www.zeit.de/wirtschaft/2017-06/mietpreisbremse-gesetz-durchfuehrung-praxis.

Gerrard, Jorim/Zöllner, Uwe/Peters, Michael, Rendite mit der Miete – Wie die Finanzmärkte die Wohnungskrise in Deutschland befeuern, Finanzwende Recherche, Berlin 2023.

Gleichmann, Peter, Wohnen, in: Häußermann, Hartmut (Hrsg.), Großstadt: Soziologische Stichworte, Wiesbaden 1998, S. 270–278.

Gluns, Danielle, Wohnungspolitik als „alte neue" Herausforderung des Sozialstaats, in: Freise, Matthias/Zimmer, Annette (Hrsg.), Zivilgesellschaft und Wohlfahrtsstaat im Wandel, Wiesbaden 2019, S. 257–283.

Göhner, Torsten, Das gemeindliche Vorkaufsrecht, Hamburg 2006.

Grabarse, Kurt, Kernaussagen des Bundesverfassungsgerichts zur „Mietpreisbremse", NJ 2019, S. 505–512.

Grabka, Markus M./Halbmeier, Christoph, Vermögensungleichheit in Deutschland bleibt trotz deutlich steigender Nettovermögen anhaltend hoch, DIW Wochenbericht 40 (2019), S. 735–745, https://www.diw.de/documents/publikationen/73/diw_01.c.679972.de/19-40-1.pdf.

Grechenig, Kristoffel, Divergente Evolution des Rechtsdenkens – Von amerikanischer Rechtsökonomie und deutscher Dogmatik, RabelsZ 72 (2008), S. 513–561.

Greve, Holger, Verfassungsrechtliche Anforderungen an eine Länderöffnungsklausel im Rahmen der Novellierung der Grundsteuer, NVwZ 2019, S. 701–704.

Grewal, David Singh, Book Review: The Laws of Capitalism, Harvard Law Review 2014, S. 626–667.

Grewal, David Singh/Britton-Purdy, Jedediah, Introduction: Law and Neoliberalism, Law and Contemporary Problems 77 (2014), S. 1–23.

Grimm, Dieter, Methode als Machtfaktor, in: Horn, Norbert (Hrsg.), Europäisches Rechtsdenken in Geschichte und Gegenwart: Festschrift für Helmut Coing zum 70. Geburtstag, München 1982, S. 469–492.

–, Dignity in a Legal Context: Dignity as an Absolute Right, in: McCrudden, Christopher (Hrsg.), Understanding Human Dignity, Oxford (UK) 2013, S. 381–392.

Grosche, Nils, Fehlbarkeit von Wissen. Wissen über (Nicht-)Wissen und staatliche Entscheidungen, in: Münkler, Laura (Hrsg.), Dimensionen des Wissens im Recht, Tübingen 2019, S. 27–50.

Großbölting, Thomas, Alfred Müller-Armack – die politische Biografie eines Ökonomen, Münster 2023.

Grosser, Dieter, Die Wirklichkeit der Wirtschaftsordnung, in: Grosser, Dieter/Lange, Thomas/Müller-Armack, Andreas/Neuss, Beate (Hrsg.), Soziale Marktwirtschaft: Geschichte, Konzept, Leistung, Stuttgart 1988, S. 35–73.

Grüber, Wolfram, Sozialer Wohnungsbau in der Bundesrepublik: der Wohnungssektor zwischen Sozialpolitik und Kapitalinteressen, Köln 1981.

Grziwotz, Herbert, Baulandmobilisierungsgesetz und Grundstücksverkehr, NotBZ 2021, S. 361–368.

Gsell, Beate, Die gerechte Miete, NZM 2017, S. 305–312.

Gsell, Beate/Krüger, Wolfgang/Lorenz, Stephan/Reymann, Christoph (Gesamthrsg.), beck-online.Großkommentar, BGB, Werkstand: 1.1.2025, München 2025 (zit.: *Bearbeiterin,* in: BeckOGK BGB).

Gustorff, Niklas, Mietpreisbremse und Bestellerprinzip: Hintergründe, Regulierungsfunktion, Verfassungsmäßigkeit, Baden-Baden 2021.

Gusy, Christoph, „Wirklichkeit" in der Rechtsdogmatik, JZ 46 (1991), S. 213–222.

Gutenberg, Erich, Grundlagen der Betriebswirtschaftslehre, Bd. II, 17. Aufl. Berlin Heidelberg 1984.

Gutmann, Thomas, Intra- und Interdisziplinarität: Chance oder Störfaktor?, in: Hilgendorf, Eric/Schulze-Fielitz, Helmuth (Hrsg.), Selbstreflexionen der Rechtswissenschaft, 2. Aufl. Tübingen 2021, S. 93–118.

Gütter, Reinhold, Wohnungsnot und Bodenmarkt, Hamburg 2019.

Habermann, Gerd, Müssen Utopien sozialistisch sein?, ORDO 2004, S. 99–126.

Habermas, Jürgen, Faktizität und Geltung: Beiträge zur Diskurstheorie des Rechts und des demokratischen Rechtsstaats, 7. Aufl. Frankfurt a.M. 2019.

Haerendel, Ulrike, Kommunale Wohnungspolitik im Dritten Reich: Siedlungsideologie, Kleinhausbau und „Wohnraumarisierung" am Beispiel Münchens, München 1999.

–, Wohnungspolitik im Nationalsozialismus, ZfS 1999, S. 843–879.

Haimann, Richard, Wendepunkt am Wohnungsmarkt, Die Welt v. 14.11.2006, https://www.welt.de/print-welt/article94262/Wendepunkt-am-Wohnungsmarkt.html.

Hale, Robert L., Coercion and Distribution in a Supposedly Non-Coercive State, Political Science Quarterly 1923, S. 470–494.

Hamann, Ulrike/Kaltenborn, Sandy, Die Legende vom Sozialen Wohnungsbau, in: Hamann, Ulrike/Kaltenborn, Sandy (Hrsg.), Die Legende vom Sozialen Wohnungsbau, 3. Aufl. Berlin 2021, S. 16–23.

Hannemann, Christine, Die Platte – industrialisierter Wohnungsbau in der DDR, 3. Aufl. Berlin 2005.

–, Zum Wandel des Wohnens, APuZ 64:20/21 (2014), S. 36–42.

Hannemann, Thomas/Wiegner, Michael (Hrsg.), Münchener Anwalts-Handbuch Mietrecht, 5 Aufl. München 2019 (zit.: *Bearbeiterin*, in: Hannemann/Wiegner, MAH MietR).

Häring, Dieter, Zur Geschichte und Wirkung staatlicher Interventionen im Wohnsektor, Hamburg 1974.

Harris, Angela/Varellas, James, Law and Political Economy in a Time of Accelerating Crises, Journal of Law and Political Economy 2020, S. 1–27.

Harth, Annette/Scheller, Gitta, Das Wohnerlebnis in Deutschland: Eine Wiederholungsstudie nach 20 Jahren, Wiesbaden 2012.

Hau, Wolfgang/Poseck, Roman, BeckOK BGB, Stand 1.2.2025, 73. Auflage, München 2024 (zit.: *Bearbeiterin*, in: BeckOK BGB).

Häublein, Martin, „Mietpreisbremse" und „Mietendeckel" – ein kritischer Überblick aus aktuellem Anlass, ZfPW 2020, S. 1–19.

Häußermann, Hartmut, Von der Stadt im Sozialismus zur Stadt im Kapitalismus, in: Häussermann, Hartmut/Neef, Rainer (Hrsg.), Stadtentwicklung in Ostdeutschland, Opladen 1996, S. 5–47.

–, Vorwort [zur 1. Aufl. 1996], in: Hannemann, Christine (Hrsg.), Die Platte – industrialisierter Wohnungsbau in der DDR, 3 Aufl. Berlin 2005. S. 7–9.

–, Wohnen, in: Allmendinger, Jutta/Ludwig-Mayerhofer, Wolfgang (Hrsg.), Soziologie des Sozialstaats, Weinheim 2000, S. 167–200.

–, Ihre Parallelgesellschaften, unser Problem, Leviathan 35 (2007), S. 458–469.

Häußermann, Hartmut/Siebel, Walter, Stadtsoziologie, Frankfurt a.M. 2004.

Häußermann, Hartmut/Läpple, Dieter/Siebel, Walter, Stadtpolitik, Frankfurt a.M. 2008.

Häußermann, Hartmut/Wurtzbacher, Jens, Stadterneuerungspolitik und Segregation, in: Kessel, Fabian/Reutlinger, Christian/Maurer, Susanne/Frey, Oliver (Hrsg.), Handbuch Sozialraum, Wiesbaden 2005, S. 513–528.

Hajer, Maarten A., Discourse Coalitions and the Institutionalization of Practice: The Case of Acid Rain in Britain, in: Fischer, Frank/Forester, John (Hrsg.), The Argumentative Turn in Policy Analysis and Planning, Durham London (UK) 1993, S. 43–76.

Heeg, Susanne, Wohnungen als Finanzanlage. Auswirkungen von Responsibilisierung und Finanzialisierung im Bereich des Wohnens, suburban 1 (2013), S. 75–99.

–, Finanzialisierung und Responsibilisierung – Zur Vermarktlichung der Stadtentwicklung, in: Schönig, Barbara/Kadi, Justin/Schipper, Sebastian (Hrsg.), Wohnraum für alle?!, Bielefeld 2017, S. 47–60.

–, Ökonomie des Wohnens, in: Eckardt, Frank/Meier, Sabine (Hrsg.), Handbuch Wohnsoziologie, Wiesbaden Heidelberg 2021, S. 97–116.

Heeg, Susanne/Rosol, Marit, Neoliberale Stadtpolitik im globalen Kontext, Prokla 37 (2007), S. 491–509.

Heinelt, Hubert, Rahmenbedingungen, Politikinhalte und Politikprozesse, in: Egner, Björn/Georgakis, Nikolaos/Heinelt, Hubert/Bartholomäi, Reinhart (Hrsg.), Wohnungspolitik in Deutschland, Darmstadt 2004, S. 35–48.

Heinelt, Hubert/Egner, Björn, Wohnungspolitik – von der Wohnraumzwangsbewirtschaftung zur Wohnungsmarktpolitik, in: Schmidt, Manfred G./Zohlnhöfer, Reimut (Hrsg.), Regieren in der Bundesrepublik Deutschland, Wiesbaden 2006, S. 203–220.

Heinrich, Jürgen/Utecht, Burkhard/Baßeler, Ulrich, Grundlagen und Probleme der Volkswirtschaft, 19. Aufl. Stuttgart 2010.

Hemming, Jost, Kann der Markt die Probleme lösen?, WuM 2015, S. 463–469.

Henger, Ralph/Niehues, Judith, Der Drehtüreffekt zwischen Wohngeld und Grundsicherung, Sozialer Fortschritt 2019, S. 791–818.

–, Wohngeldreform 2020: Stärkung eines vernachlässigten Instruments, IW-Kurzbericht 32/2019, Köln 2019, https://www.iwkoeln.de/fileadmin/user_upload/Studien/Kurzberichte/PDF/2019/IW-Kurzbericht_2019_Wohngeldreform.pdf.

Hentschel, Armin, Markt- oder Staatsversagen?, WuM 2018, S. 737–746.

–, Der Steuerstaat und die Besteuerung des Bodens, in: Hentschel, Armin/Lohauß, Peter (Hrsg.), Wohnungsmärkte und Wohnungspolitik, Marburg 2019, S. 171–263.

Herlitz, Carsten/Saxinger, Andreas (Hrsg.), Handbuch sozialer Wohnungsbau und Mietrecht, Köln 2019.

Herlyn, Ulfert, Einleitung: Wohnquartiere und soziale Schicht, in: Herlyn, Ulfert (Hrsg.), Stadt- und Sozialstruktur, München 1974, S. 16–41.

–, Milieus, in: Häußermann, Hartmut (Hrsg.), Großstadt: Soziologische Stichworte, 2. Aufl. Wiesbaden 2000, S. 152–162.

Herrlein, Jürgen, Die „Entjudung" des Mietwohnungsbestands im Nationalsozialismus als Teil der geplanten „Ausrottung des jüdischen Volkes", KJ 48 (2015), S. 17–37.

–, Das Mietrecht als „Baustein am Unrechtsgebäude" des Nationalsozialismus, NZM 2015, S. 641–654.

–, 100 Jahre „Mietpreisbremse", NZM 2016, S. 1–9.

–, Ein Leben mit der Miete, NJW 2017, S. 711–716.

Herzog, Eva, Die Wiederentdeckung des Öffentlichen, JZ 78 (2023), S. 968–972.

Heuer, Jürgen/Nordalm, Volker, Die Wohnungsmärkte im gesamtwirtschaftlichen Gefüge, in: Jenkis, Helmut (Hrsg.), Kompendium der Wohnungswirtschaft, 4. Aufl. München Wien 2001, S. 23–41.

Heusch, Andreas, Mietpreisbegrenzungen und Eigentumsgarantie, NZM 2020, S. 357–365.

Hey, Johanna, Grundsteuerreform 2019 – Gibt der Gesetzgeber die richtigen Antworten auf das Grundsteuerurteil des BVerfG vom 10. April 2018?, ZG 2019, S. 297–323.

Hien, Josef/Joerges, Christian, Das aktuelle europäische Interesse an der ordoliberalen Tradition, Leviathan 45 (2017), S. 459–493.

Hinkelmann (heute Flatow), Beate, Die ortsübliche Miete: zur historischen Entwicklung, Auslegung und prozessualen Handhabung des Vergleichsmietenbegriffs, Berlin 1999.

Hinrichs, Frank, Wohngeldrechtliche Haushaltsmitgliedschaft – Umsetzung und Vereinfachungspotential, ZMR 2020, S. 919–922.

–, Wohngeld und Heizkosten: Eine wechselvolle Entwicklung mit neuer Perspektive?, NZM 2021, S. 456–458.

Hirzel, David, Macht und Methode, Berlin 2023.

Hofacker, Thomas M., Preisvorschriften für sogenannten preisfreien Wohnraum. Eine juristische sowie preis- und allokationstheoretische Untersuchung, Frankfurt a.M. u.a. 2000.

Hoffmann-Riem, Wolfgang, Medienforschung – Ein Schlußwort, in: Bentele, Günter/Rühl, Manfred (Hrsg.), Theorien öffentlicher Kommunikation, München 1993, S. 461–467.

–, Effizienz als Herausforderung an das Verwaltungsrecht – Einleitende Problemskizze, in: Hoffmann-Riem, Wolfgang/Schmidt-Aßmann, Eberhard (Hrsg.), Effizienz als Herausforderung an das Verwaltungsrecht, Baden-Baden 1998, S. 11–57.

–, Sozialwissenschaften im Verwaltungsrecht: Kommunikation in einer multidisziplinären Scientific Community, in: Berg, Wilfried/Fisch, Stefan/Schmitt Glaser, Walter/Schoch, Friedrich/Schulze-Fielitz, Helmuth (Hrsg.), Die Wissenschaft vom Verwaltungsrecht, Beiheft 2 zu "Die Verwaltung", Berlin 1999, S. 83–102 (zit.: DV Beiheft 2 [1999]).

–, Verwaltungsrecht in der Informationsgesellschaft – Einleitende Problemskizze, in: Hoffmann-Riem/Schmidt-Aßmann (Hrsg.), Verwaltungsrecht in der Informationsgesellschaft, Baden-Baden 2000, S. 9–58.

–, Methoden einer anwendungsorientierten Verwaltungsrechtswissenschaft, in: Schmidt-Aßmann, Eberhard/Hoffmann-Riem, Wolfgang (Hrsg.), Methoden der Verwaltungsrechtswissenschaft, Baden-Baden 2004, S. 9–72.

–, Wissen als Risiko – Unwissen als Chance. Herausforderungen auch an die Rechtswissenschaft, in: Augsberg, Ino (Hrsg.), Ungewissheit als Chance, Tübingen 2009, S. 17–38.

–, „Außerjuridisches" Wissen, Alltagstheorien und Heuristiken im Verwaltungsrecht, Die Verwaltung 49 (2016), S. 1–23.

Holm, Andrej, Wohnung als Ware: Zur Ökonomie und Politik der Wohnungsversorgung, Widersprüche 121:31 (2011), S. 9–21.

–, Wiederkehr der Wohnungsfrage, APuZ 64:20/21 (2014), S. 24–30.

–, Wohnen, in: Böhm, Katharina/Bräunling, Stefan/Geene, Raimund/Köckler, Heike (Hrsg.), Gesundheit als gesamtgesellschaftliche Aufgabe, Wiesbaden 2020, S. 223–234.

–, (Un)sozialer Wohnungsbau. Schwerpunkt der Berliner Verdrängungsdynamik, in: Hamann, Ulrike/Kaltenborn, Sandy (Hrsg.), Die Legende vom Sozialen Wohnungsbau, 3. Aufl. Berlin 2021, S. 24–121.

Holm, Andrej/Metzkow, Kaspar, Wohnen als Soziales Verhältnis, in: Holm, Andrej (Hrsg.), Wohnen zwischen Markt, Staat und Gesellschaft, Hamburg 2021, S. 151–171.

Holze, Alina, Milieuschutz als sicherheitsrechtliche Herausforderung, GSZ 2023, S. 24–29.

Honecker, Erich, Bericht des Politbüros an das ZK der SED, 7. Tagung, Berlin 1988, S. 84–91.

Honsell, Heinrich, Privatautonomie und Wohnungsmiete, AcP 186 (1986), S. 115–186.

Horst, Johan, Ökonomische Theorien des Rechts, in: Buckel, Sonja/Christensen, Ralph/Fischer-Lescano, Andreas (Hrsg.), Neue Theorien des Rechts, 3. Aufl. Tübingen 2020, S. 301–320.

Hradil, Stefan, Sozialstruktur und Kultur. Fragen und Antworten zu einem schwierigen Verhältnis, in: Schwenk, Otto G. (Hrsg.), Lebensstil zwischen Sozialstrukturanalyse und Kulturwissenschaft, Opladen 1996, S. 13–30.

Huber, Theresa Sophie, Einbindung von Expertise und externem Wissen in das Gesetzgebungsverfahren. Eine verfassungsrechtliche, rechtspolitische und rechtsvergleichende Analyse zum US-amerikanischen Recht, Baden-Baden 2021.

Hügemann, Ewald, Die Geschichte des öffentlichen und privaten Mietpreisrechts vom Ersten Weltkrieg bis zum Gesetz zur Regelung der Miethöhe von 1974, Frankfurt a.M. 1998.

Ipsen, Detlev, Wohnungen und Mieten: Analysen zur Auswirkung des Wohnraumkündigungsschutzgesetzes, 1976, AfK 15 (1976), S. 262–279.

–, Wohnsituation und Wohninteresse ausländischer Arbeiter in der Bundesrepublik Deutschland, Leviathan 6 (1978), S. 558–573.

Jacoby, Florian, Zivilrechtliche Aspekte der zweiten Stufe der Mietpreisbremse, in: Artz, Markus/Eisenschmid, Norbert/Schmidt, Hubert/Streyl, Elmar (Hrsg.), Facetten des Mietrechts: Festschrift für Ulf P. Börstinghaus zum 65. Geburtstag, München 2020, S. 267–275.

Jaedicke, Wolfgang, Wirkungen wohnungspolitischer Instrumente, in: Jenkis, Helmut (Hrsg.), Kompendium der Wohnungswirtschaft, 4. Aufl. München Wien 2001, S. 184–209.

Jaedicke, Wolfgang/Wollmann, Hellmut, Wohnungspolitik zwischen Staatsintervention und Markt, in: von Beyme, Klaus/Schmidt, Manfred G. (Hrsg.), Politik in der Bundesrepublik Deutschland, Opladen 1990, S. 203–226.

Janson, Gunnar, Ökonomische Theorie im Recht, Berlin 2004.

Jarausch, Konrad H./Sabrow, Martin, „Meistererzählung" – Zur Karriere eines Begriffs, in: Jarausch, Konrad H./Sabrow, Martin (Hrsg.), Die historische Meistererzählung, Göttingen 2002, S. 9–32.

Jenkis, Helmut, Einführung in die Wohnungswirtschaftspolitik, in: Jenkis, Helmut (Hrsg.), Kompendium der Wohnungswirtschaft, 4. Aufl. München Wien 2001, S. 65–122.

–, Die Wohnung: Ein Wirtschafts- oder Sozialgut?, in: Jenkis, Helmut (Hrsg.), Kompendium der Wohnungswirtschaft, 4. Aufl. München Wien 2001, S. 213–251.

–, Überführung der ostdeutschen Wohnungswirtschaft in die soziale Marktwirtschaft, in: Jenkis, Helmut (Hrsg.), Kompendium der Wohnungswirtschaft, 4. Aufl. München Wien 2001, S. 673–733.

Jestaedt, Matthias, Perspektiven der Rechtswissenschaftstheorie, in: Jestaedt, Matthias/Lepsius, Oliver (Hrsg.), Rechtswissenschaftstheorie, Tübingen 2008. S. 185–205.

Joerges, Christian, Europa nach dem Ordoliberalismus: Eine Philippika, KJ 43 (2010), S. 394–406.

Just, Tobias/Voigtländer, Michael/Eisfeld, Rupert/Henger, Ralph/Hesse, Markus/Troschka, Alexandra, Wirtschaftsfaktor Immobilien 2017, Gutachten für den Deutschen Verband für Wohnungswesen, Städtebau und Raumordnung e.V. und die Gesellschaft für Immobilienwirtschaftliche Forschung e.V. (Hrsg.), Berlin 2017, https://www.gdw.de/uploads/pdf/studien_gutachten/Wirtschaftsfaktor-Immobilien_2017_9.pdf.

Kampourakis, Ioannis, Bound by the Economic Constitution: Notes for "Law and Political Economy" in Europe, Journal of Law and Political Economy 2021, S. 301–332.

–, LPE in Europe as Critique of Ordoliberalism, LPE Blog v. 15.3.2021, https://lpeproject.org/blog/lpe-in-europe-as-critique-of-ordoliberalism/.

Kaufhold, Ann-Katrin, Transfer und Transformation ökonomischen Wissens im Recht der Bankenaufsicht, in: Augsberg, Ino (Hrsg.), Extrajuridisches Wissen im Verwaltungsrecht, Tübingen 2013, S. 151–175.

Kaufhold, Ann-Katrin/Heitzer, Sonja, Managervergütung, Mindestlohn, Mietpreisbremse – Vergütungsregelungen als Steuerungsinstrumente in einer sozialen Marktwirtschaft, Der Staat 60 (2021), S. 353–386.

Kemeny, Jim, From Public Housing to the Social Market – Rental Policy Strategies in Comparative Perspective, London 2002.

Kennedy, Duncan, The Stakes of Law, or Hale and Foucault!, Legal Studies Forum 15 (1991), S. 327–366.

–, A Social Psychological Interpretation of the Hermeneutic of Suspicion in Contemporary American Legal Thought, in: Tomlins, Christopher/Desautels-Stein, Justin (Hrsg.), Searching for Contemporary Legal Thought, Cambridge 2017, S. 365–385.

Kerner, Frank, Wohnraumzwangswirtschaft in Deutschland: Anfänge, Entwicklung und Wirkung vom Ersten bis zum Zweiten Weltkrieg, Frankfurt a.M. 1996.

Kholodilin, Konstantin/Kohl, Sebastian/Niemeyer, Tobias, Steuerliche Instrumente der Wohneigentumsförderung, DIW Roundup 132, Berlin 2019, https://www.diw.de/documents/publikationen/73/diw_01.c.669728.de/diw_roundup_132_de.pdf.

Kiehle, Wolfgang, Wohnungspolitik, in: Andersen, Uwe/Bogumil, Jörg/Marschall, Stefan/Woyke, Wichard (Hrsg.), Handwörterbuch des politischen Systems der Bundesrepublik Deutschland, 8. Aufl. Wiesbaden 2021, S. 1028–1035.

Kilper, Heiderose/Zibell, Barbara, Stadt- und Regionalplanung, in: Kessel, Fabian/Reutlinger, Christian/Maurer, Susanne/Frey, Oliver (Hrsg.), Handbuch Sozialraum, Wiesbaden 2005, S. 165–180.

Kirchgässner, Gebhard, Führt der homo oeconomicus das Recht in die Irre? – Zur Kritik an der ökonomischen Analyse des Rechts, JZ 46 (1991), S. 104–111.

–, Homo Oeconomicus. Das ökonomische Modell individuellen Verhaltens und seine Anwendung in den Wirtschafts- und Sozialwissenschaften, 4. Aufl. Tübingen 2013.

Kirchhof, Gregor, Der Belastungsgrund von Steuern – zum verfassungsrechtlichen Auftrag, die Grundsteuer zu reformieren, Gutachten im Auftrag des ZIA e.V., Augsburg 2020, https://zia-deutschland.de/wp-content/uploads/2021/05/zia_gutachten_grundsteuer_kirchhofl.pdf.

Kirchner, Christian, Ökonomische Theorie des Rechts, Berlin New York (NY, USA) 1997.

Kjaer, Poul F., The Law of Political Economy – An Introduction, in: Kjaer, Poul F. (Hrsg.), The Law of Political Economy: Transformation in the Function of Law, Cambridge (UK) 2020, S. 1–30.

–, The Law of Political Economy as Transformative Law: A New Approach to the Concept and Function of Law, Global Perspectives 2:1 (2021), S. 1–17.

Kleeberg, Bernhard, Gewinn maximieren, Gleichgewicht modellieren. Erzählen im ökonomischen Diskurs, in: Klein, Christian/Martínez, Matías (Hrsg.), Wirklichkeitserzählungen, Stuttgart Weimar 2009, S. 136–159.

Klein, Christian/Martínez, Matías, Wirklichkeitserzählungen. Felder, Formen und Funktionen nicht-literarischen Erzählens, in: Klein, Christian/Martínez, Matías (Hrsg.), Wirklichkeitserzählungen, Stuttgart Weimar 2009, S. 1–13.

Kleinewefers, Henner, Ökonomische Theorie des Rechts. Über Unterschiede zwischen dem ökonomischen und dem juristischen Denken, in: Dicke, Detlev Christian/Fleiner-Gerster, Thomas (Hrsg.), Staat und Gesellschaft: Festschrift für Leo Schürmann zum 70. Geburtstag, Freiburg (Schweiz) 1987, S. 83–116.

Klus, Sebastian, Die europäische Stadt unter Privatisierungsdruck: Konflikte um den Verkauf kommunaler Wohnungsbestände in Freiburg i.Br., Wiesbaden 2013.

Kluth, Winfried, Die Strukturierung von Wissensgenerierung durch das Verwaltungsorganisationsrecht, in: Spiecker gen. Döhmann/Collin (Hrsg.), Generierung und Transfer staatlichen Wissens im System des Verwaltungsrechts, Tübingen 2008, S. 73–92.

Knabe, Judith, Wohnen und Wohnungspolitik als sozialraumbezogenes Handlungsfeld, in: Kessl, Fabian/Reutlinger, Christian (Hrsg.), Handbuch Sozialraum, 2. Aufl. Wiesbaden 2019, S. 635–658.

Knauer, Walter, Tragbare Mieten als wohnungspolitische Zielsetzung. Untersuchung ihrer Begründung, ihrer Wirkungen und Konsequenzen, Tübingen 1968.

Knoblauch, Hubert, Wissenssoziologie, 3. Aufl. Konstanz 2014.

Koch, Uwe, Mietpreispolitik in Deutschland: Eine empirische Studie unter besonderer Berücksichtigung des qualifizierten Mietspiegels, München 2006.

Kofner, Stefan, Wohnungsmarkt und Wohnungswirtschaft, München 2010.

Koschorke, Albrecht, Wahrheit und Erfindung: Grundzüge einer Allgemeinen Erzähltheorie, Frankfurt a.M. 2012.

Krapp, Max-Christopher, Wohnungspolitische Instrumente ohne Wirkung? Aktuelle Herausforderungen der sozialen Absicherung des Wohnens, APuZ 72:51/52 (2022), S. 10–16.

Krätke, Stefan, Stadt – Raum – Ökonomie: Einführung in aktuelle Problemfelder der Stadtökonomie und Wirtschaftsgeographie, Basel 1995.

–, Politische Ökonomie des Wohnungsbaus und der Stadtentwicklung (1988), in: Schipper, Sebastian/Vollmer, Lisa (Hrsg.), Wohnungsforschung: Ein Reader, Bielefeld 2020, S. 85–101.

Krause, Sonja, Eine institutionenökonomische Analyse von Kapitalisierungsprozessen im Rahmen einer Dezentralisierung von Steuergesetzgebungskompetenzen am Beispiel der Grundsteuer in Deutschland, Berlin 2019.

Kreiß, Christian, Starke Mieterhöhungen in deutschen Städten, Cash Online v. 28.7.2023, https://www.cash-online.de/a/starke-mieterhoehungen-in-deutschen-grossstaedten-655523/.

Kreuter-Kirchhof, Charlotte, Personales Eigentum im Wandel, Tübingen 2017.

Kriese, Ulrich/Löhr, Dirk, Grundsteuerreform in Zeiten und Räumen mit steigenden Bodenwerten: Modellanalyse, Bewertung, Empfehlungen, WuM 2018, S. 321–329.

Kriese, Ulrich/Löhr, Dirk/Wilke, Henry (Hrsg.), Grundsteuer: Zeitgemäß!, Münster 2019.

Kronauer, Martin/Siebel, Walter, Editorial: Die neue Wohnungsfrage, WSI-Mitteilungen 3/2022, S. 178, https://www.wsi.de/data/wsimit_2022_03_editorial.pdf.

Kronisch, Joachim, Vorkaufsrechtsausübung im Erhaltungsgebiet, NVwZ 2018, S. 1161–1164.

Krumm, Marcel/Paeßens, Petra (Hrsg.), Grundsteuergesetz mit Bewertungsgesetz (Auszug) und Landesgrundsteuergesetzen, Kommentar, 2. Auflage München 2025.

Krumme, Markus, Die Wohnung im Recht: unter besonderer Berücksichtigung des Wohnungsbegriffs in § 244 Abs. 1 Nr. 3 StGB, Berlin 2004.

Kühling, Jürgen, Gentrifizierung als Rechtsproblem: Wohnungspolitik ohne rechtsstaatliche Leitplanken, NZM 2020, S. 521–531.

Kuhn, Thomas S., Struktur wissenschaftlicher Revolutionen, Frankfurt a.M. 1967.

Kühne-Büning, Lidwina, Besonderheiten des Wirtschaftsgutes Wohnung und seiner Nutzungsleistungen, in: Kühne-Büning, Lidwina/Nordalm, Volker/Steveling, Lieselotte (Hrsg.), Grundlagen der Wohnungs- und Immobilienwirtschaft, 4. Aufl. Frankfurt a.M. 2005, S. 7–17.

–, Besonderheiten des Wohnungsmarktes und soziale Marktwirtschaft, in: Kühne-Büning, Lidwina/Nordalm, Volker/Steveling, Lieselotte (Hrsg.), Grundlagen der Wohnungs- und Immobilienwirtschaft, 4. Aufl. Frankfurt a.M. 2005, S. 69–87.

–, Nachfrage, Nachfrager und Nachfrageverhalten an Wohnungsmärkten, in: Kühne-Büning, Lidwina/Nordalm, Volker/Steveling, Lieselotte (Hrsg.), Grundlagen der Wohnungs- und Immobilienwirtschaft, 4. Aufl. Frankfurt a.M. 2005, S. 132–176.

– Interdependenz wohnungswirtschaftlicher Teilmärkte – theoretische Ansätze zur Erklärung prozessualer Abläufe, in: Kühne-Büning, Lidwina/Nordalm, Volker/Steveling, Lieselotte (Hrsg.), Grundlagen der Wohnungs- und Immobilienwirtschaft, 4. Aufl. Frankfurt a.M. 2005, S. 177–190.

–, Strategien, Instrumente und Ansätze wohnungspolitischer Intervention, in: Kühne-Büning, Lidwina/Nordalm, Volker/Steveling, Lieselotte (Hrsg.), Grundlagen der Wohnungs- und Immobilienwirtschaft, 4. Aufl. Frankfurt a.M. 2005, S. 259–282.

–, Förderung der Wohneigentumsbildung, in: Kühne-Büning, Lidwina/Nordalm, Volker/Steveling, Lieselotte (Hrsg.), Grundlagen der Wohnungs- und Immobilienwirtschaft, 4. Aufl. Frankfurt a.M. 2005, S. 314–316.

–, Das Baugeschehen im Trend der Wohnungsnachfrage, in: Hüpen, Rolf/Werbeck, Thomas (Hrsg.), Wirtschaftslehre zwischen Modell und Realität, Stuttgart 2016, S. 217–236.

Kühne-Büning, Lidwina/Nordalm, Volker/Steveling, Lieselotte, Die Wohnung und ihre Märkte – Vorbemerkung, in: Kühne-Büning, Lidwina/Nordalm, Volker/Steveling, Lieselotte (Hrsg.), Grundlagen der Wohnungs- und Immobilienwirtschaft, 4. Aufl. Frankfurt a.M. 2005, S. 4–6.

Kummer, Joachim, Ein bürgerlich-rechtlicher Mietendeckel für den Bund?, VerfBlog v. 19.4.2021, https://verfassungsblog.de/ein-burgerlich-rechtlicher-mietendeckel-fur-den-bund/.

–, Die Reformalisierung des Wohnungsmietrechts, AcP 223 (2023), S. 747–785.

–, Anordnungen im System der Anreize – Zur inneren Differenz der Mieterhöhung nach § 559 I BGB, NZM 2024, 961–975.

Küsters, Anselm, The Making and Unmaking of Ordoliberal Language. A Digital Conceptual History of European Competition Law, Frankfurt a.M. 2023.

Lachmann, Werner, Volkswirtschaftslehre 2: Anwendungen, Berlin Heidelberg 2004.

Lampert, Heinz, Die Soziale Marktwirtschaft in der Bundesrepublik Deutschland – Ursprung, Konzeption, Entwicklung und Probleme, APuZ 17 (1988), S. 3–14.

Landmesser, Paula/Metzkow, Kaspar, Gegenstand, Akteur:innen und Instrumente der Wohnungspolitik, in: Holm, Andrej (Hrsg.), Wohnen zwischen Markt, Staat und Gesellschaft, Hamburg 2021, S. 172–195.

Landwehr, Achim, Historische Diskursanalyse, 2. Aufl. Frankfurt a.M. 2018.

Lange, Pia, Die »Mietpreisbremse« auf dem verfassungsrechtlichen Prüfstand, DVBl 2015, S. 1551–1559.

–, Die Entwicklung der Wohnraumvorsorge in Deutschland: eine historische Perspektive, ZUR 2022, S. 67–74.

–, Staatliche Wohnraumvorsorge, Tübingen 2023.

Lange, Thomas, Sozialpolitik, in: Grosser, Dieter/Lange, Thomas/Müller-Armack, Andreas/Neuss, Beate (Hrsg.), Soziale Marktwirtschaft: Geschichte, Konzept, Leistung, Stuttgart 1988, S. 137–181.

Lehmann-Richter, Arnold, Voraussetzungen und Kontrolle einer Gebietsverordnung zur Mietpreisbremse, WuM 2015, S. 204–212.

Leonhardt, Katrin, Wohnungspolitik in der Sozialen Marktwirtschaft, Bern Stuttgart 1996.

Lepsius, Oliver, Die Erkenntnistheoretische Notwendigkeit des Parlamentarismus, in: Bertschi et al. (Hrsg.), Demokratie und Freiheit, Stuttgart u.a. 1999, S. 123–180.

–, Die Ökonomik als neue Referenzwissenschaft für die Staatsrechtslehre, DV 1999, S. 429–444.

–, Sozialwissenschaften im Verfassungsrecht — Amerika als Vorbild?, JZ 60 (2005), S. 1–13.

Leutner, Bernd, Wohnungspolitik nach dem 2. Weltkrieg, GEWOS Institut für Stadt-, Regional- und Wohnforschung GmbH (Hamburg) im Auftrag des Bundesministers für Raumordnung, Bauwesen und Städtebau, Bonn 1990.

Liebscher, Doris, Rasse im Recht – Recht gegen Rassismus. Genealogie einer ambivalenten rechtlichen Kategorie, Berlin 2021.

Lieth, Oliver, Die ökonomische Analyse des Rechts im Spiegelbild klassischer Argumentationsrestriktionen des Rechts und seiner Methodenlehre, Baden-Baden 2007.

Lilge, Werner/Gutzler, Stephan (Hrsg.), SGB I, 5. Aufl. 2019 (zit.: *Bearbeiterin*, in: Lilge/Gutzler, SGB I-Komm.).

Liscow, Zachary, Is Efficiency Biased?, The University of Chicago Law Review 2018, S. 1649–1718.

Löcher, Jens (Hrsg.), Grundsicherung für Arbeitssuchende, Baden-Baden 2012.

Löhr, Dirk, Wege und Irrwege der aktuellen Bodenreformdiskussion, ZfSÖ 2018, S. 31–45.

–, Soziale Wohnungspolitik, Hans-Böckler-Stiftung, Düsseldorf 2021, https://www.boeckler.de/fpdf/HBS-008198/p_study_hbs_466.pdf.

Löhr, Dirk/Kempny, Simon, Zur Grundsteuerreform. Grundzüge eines Bodenwertsteuergesetzes, DStR 2019, S. 537–543.

Lomfeld, Bertram, Epilogue: the power of law to reshape markets, in: Lomfeld, Bertram/Somma, Alessandro/Zumbansen, Peer (Hrsg.), Reshaping Markets, Cambridge (UK) 2016, S. 347–356.

–, Demokratische Miet-Bestimmung. Zum Berliner Referentenentwurf für einen „Mietendeckel", VerfBlog v. 12.9.2019, https://verfassungsblog.de/demokratische-miet-bestimmung/.

Looschelders, Dirk/Roth, Wolfgang, Juristische Methodik im Prozess der Rechtsanwendung, Berlin 1996.

Lowinski, Leonhard, Grundlagen, Zielsetzungen und Methoden der Wohnungspolitik in der Sozialen Marktwirtschaft, Köln-Braunsfeld 1964.

Lücke, Paul, Eigentum schaffen – Eigentum erhalten, BBauBl 1963, S. 110–112.

Lüdemann, Jörn, Netzwerke, Öffentliches Recht und Rezeptionstheorie, in: Boysen, Sigrid/Bühring, Ferry/Franzius, Claudio/Herbst, Tobias/Kötter, Matthias/Kreutz, Anita/von Lewinski, Kai/Meinel, Florian/Nolte, Jakob/Schönrock, Sabrina (Hrsg.), Netzwerke, 47. Assistententagung Öffentliches Recht, Baden-Baden 2007, S. 266–285.

–, Jenseits von Rationalität und Eigennutz, in: Engel, Christoph/Englerth, Markus/Lüdemann, Jörn/Spiecker gen. Döhmann, Indra (Hrsg.), Recht und Verhalten. Beiträge zu Behavioral Law and Economics, Tübingen 2007, S. 1–4.

–, Die Grenzen des homo oeconomicus und die Rechtswissenschaft, in: Engel, Christoph/Englerth, Markus/Lüdemann, Jörn/Spiecker gen. Döhmann, Indra (Hrsg.), Recht und Verhalten. Beiträge zu Behavioral Law and Economics, Tübingen 2007, S. 7–59.

–, Öffentliches Wirtschaftsrecht und ökonomisches Wissen, in: Augsberg, Ino (Hrsg.), Extrajuridisches Wissen im Verwaltungsrecht, Tübingen 2013, S. 121–149.

Lütge, Friedrich, Wohnungswirtschaft. Eine systematische Darstellung unter besonderer Berücksichtigung der deutschen Wohnungswirtschaft, 2. Aufl. Stuttgart 1949.

Lützenkirchen, Klaus (Hrsg.), Anwalts-Handbuch Mietrecht, 7. Aufl. Köln 2025 (zit.: *Bearbeiterin*, in: Lützenkirchen [Hrsg.], AH Mietrecht).

Mackaay, Ejan, History of Law and Economics, in: Bouckaert, Boudewijn/Geest, Gerrit de (Hrsg.), Encyclopedia of law and economics, Cheltenham (UK) Northampton (MA, USA) 2000, S. 65–117.

Madden, David/Marcuse, Peter, In Defense of Housing: The Politics of Crisis, London (UK) 2016.

Mankiw, N. Gregory, Grundzüge der Volkswirtschaftslehre, 7. Aufl. Stuttgart 2018.

Marcuse, Peter, Neutralizing Homelessness, Socialist review 18:1 (1988), S. 69–96.

Marx, Franz Jürgen, Ökonomische Analyse des Grundsteuer-Reformgesetzentwurfs, DStZ 2019, S. 372–379.

Mauer, Karl, Datenbanken als Instrument der Informationsverwaltung, Baden-Baden 2024.

Mathis, Klaus, Effizienz statt Gerechtigkeit?, 4. Aufl. Berlin 2019.

Mayer, Annette, Theorie und Politik des Wohnungsmarktes. Eine Analyse der Wohnungspolitik in Deutschland unter besonderer Berücksichtigung der ökonomischen Theorie der Politik, Berlin 1998.

Mayer, Jan Niklas/Mayeres, Elena, Historische Genese der Wohnungsfrage, in: Holm, Andrej (Hrsg.), Wohnen zwischen Markt, Staat und Gesellschaft, Hamburg 2021, S. 14–27.

Meinel, Florian/Neumeier, Christian, Die Politische Ökonomie des Öffentlichen Rechts. Umrisse einer Forschungsfrage, Der Staat 64 (2025), S. 79–116.

Meißner, Werner/Markl, Rainer, Der Staat in der Sozialen Marktwirtschaft der Bundesrepublik Deutschland, ApuZ 17, 1988, S. 27–39.

Meyer, Ralf, Grundsteuer C – Ist eine Sondersteuer auf baureife Grundstücke verfassungswidrig?, DStR 2024, S. 978–981.

Michelsen, Claus/Mense, Evaluierung der Mietpreisbremse – Endbericht, Untersuchung der Wirksamkeit der in 2015 eingeführten Regelungen zur Dämpfung des Mietanstiegs auf angespannten Wohnungsmärkten (Mietpreisbremse), Studie im Auftrag des Bundesministerium der Justiz und für Verbraucherschutz (BMJV), DIW, Berlin 2018, https://www.bmj.de/SharedDocs/Downloads/DE/Fachpublikationen/MPB_Gutachten_DIW.pdf?__blob=publicationFile&v=4 (auch: DIW-Studie).

Miksch, Leonhard, Gedanken zur Wirtschaftsordnung, Sonderdruck "Der Wirtschafts-Spiegel", Wiesbaden 1948.

Mirowski, Philip/Plehwe, Dieter (Hrsg.), The Road from Mont Pèlerin. The Making of the Neoliberal Thought Collective, Cambridge (MA, USA) 2009.

Mitschang, Stephan, Satzungen nach § 172 BauGB, in: Mitschang, Stephan (Hrsg.), Erhaltung und Sicherung von Wohnraum, Fach- und Rechtsfragen der Planungs- und Genehmigungspraxis, Baden-Baden 2017, S. 51–118.

Molinari, Valesca Maria, Die Tradition staatlicher Interventionen in den Mietwohnungsmarkt, Tübingen 2021.

Möllers, Christoph, Methoden, in: Voßkuhle, Andreas/Eifert, Martin/Möllers, Christoph (Hrsg.), Grundlagen des Verwaltungsrechts, Bd. I, 3. Aufl. München 2022, § 2.

Morlok, Martin, Vom Reiz und vom Nutzen, von den Schwierigkeiten und den Gefahren der Ökonomischen Theorie für das Öffentliche Recht, in: Engel, Christoph/Morlok, Martin (Hrsg.), Öffentliches Recht als ein Gegenstand ökonomischer Forschung, Tübingen 1998, S. 1–29.

Müller, Annekathrin, Diskriminierung auf dem Wohnungsmarkt. Strategien zum Nachweis rassistischer Benachteiligungen, Expertise im Auftrag der Antidiskriminierungsstelle des Bundes, Berlin 2015, https://www.antidiskriminierungsstelle.de/SharedDocs/downloads/DE/publikationen/Expertisen/expertise_diskriminierung_auf_dem_wohnungsmarkt.html.

Müller, Friedrich/Christensen, Ralph, Juristische Methodik, 11. Aufl. Berlin 2013.

Müller, Michael W., "Complex structures of freedom and unfreedom", AöR 147 (2022), S. 518–581.

Müller-Armack, Alfred, Wirtschaftslenkung und Marktwirtschaft, Hamburg 1947.

–, Soziale Irenik (1950), zit. nach: Müller-Armack, Alfred (Hrsg.), Religion und Wirtschaft. Geistesgeschichtliche Hintergründe unserer europäischen Lebensform, Stuttgart 1959, S. 559–591.

–, Stil und Ordnung der Sozialen Marktwirtschaft (1952), zitiert nach: Müller-Armack, Alfred (Hrsg.), Wirtschaftsordnung und Wirtschaftspolitik, Studien und Konzepte zur Sozialen Marktwirtschaft und zur Europäischen Integration, Freiburg i.Br. 1966, S. 231–242.

–, Soziale Marktwirtschaft, in: Beckerath, Erwin von et al. (Hrsg.), Handwörterbuch der Sozialwissenschaften, Bd. 9, Göttingen 1956, S. 390–392 (zit.: HdSW Bd. 9).

–, Die Soziale Marktwirtschaft nach einem Jahrzehnt ihrer Erprobung (1959), zitiert nach: Müller-Armack, Alfred (Hrsg.), Wirtschaftsordnung und Wirtschaftspolitik, Freiburg i.Br. 1966, S. 251–265.

–, Die zweite Phase der Sozialen Marktwirtschaft. Ihre Ergänzung durch das Leitbild einer neuen Gesellschaftspolitik (1960), zitiert nach: Müller-Armack, Alfred (Hrsg.), Wirtschaftsordnung und Wirtschaftspolitik, Studien und Konzepte zur Sozialen Marktwirtschaft und zur Europäischen Integration, Freiburg i.Br. 1966, S. 267–291.

–, Zur Einführung: Zeitgeschichtliche Notizen, in: Müller-Armack, Alfred (Hrsg.), Genealogie der Sozialen Marktwirtschaft: Frühschriften und weiterführende Konzepte, Bern, Stuttgart 1974, S. 7–12.

Müller-Armack, Andreas, Das Konzept der Sozialen Marktwirtschaft – Grundlagen, Entwicklung, Aktualität, in: Grosser, Dieter/Lange, Thomas/Müller-Armack, Andreas/Neuss, Beate (Hrsg.), Soziale Marktwirtschaft: Geschichte, Konzept, Leistung, Stuttgart 1988, S. 1–34.

Münch, Sibylle, Interpretative Policy-Analyse. Eine Einführung, Wiesbaden 2016.

Münkler, Laura (Hrsg.), Dimensionen des Wissens im Recht, Tübingen 2019.

–, Wissen – ein blinder Fleck des Rechts?, in: Münkler, Laura (Hrsg.), Dimensionen des Wissens im Recht, Tübingen 2019, S. 3–25.

–, Expertokratie. Zwischen Herrschaft kraft Wissens und politischem Dezisionismus, Tübingen 2020.

–, Demokratie und Expertise. Ambivalenzen und rechtliche Lösungsansätze, APuZ 72.26/27 (2022), S. 7–13.

Mutua, Athena, Introducing ClassCrits: Rejecting Class-Blindness, A Critical Legal Analysis of Economic Inequity, Buffalo Law Review 2008, S. 859–913.

Neitzel, Noah, Wohnraum-Commons – Rechtliche Ansätze für das Wohnen jenseits von Markt und Staat, Kritische Justiz 57 (2024), S. 334–345.

Nispel, Sophia Marie, Mietpreisregulierung und Verfassungsrecht, Berlin 2023.

Nolte, Roland, Nachfrage- und Angebotswirkungen des Wohngeldes: theoretische Analyse und empirische Überprüfung, Münster 1997.

Nonhoff, Martin, Politischer Diskurs und Hegemonie: Das Projekt "Soziale Marktwirtschaft", Bielefeld 2006.

Nörr, Knut Wolfgang, Die Republik der Wirtschaft, Teil 1, Tübingen 1999.

Nullmeier, Frank, Politikwissenschaft auf dem Weg zur Diskursanalyse?, in: Keller, Reiner/Hirseland, Andreas/Schneider, Werner/Viehöver, Willy (Hrsg.), Handbuch Sozialwissenschaftliche Diskursanalyse, 3. Aufl. Wiesbaden 2011, S. 309–337.

Olsen, Frances E., The Family and the Market: A Study of Ideology and Legal Reform, Harvard Law Review 1983, S. 1497–1578.

Ott, Alfred Eugen, Grundzüge der Preistheorie, 3. Aufl. Göttingen 1997.

–, Marktformen, in: Albers, Willi et al. (Hrsg.), Handwörterbuch der Wirtschaftswissenschaft, zugleich Neuauflage des Handwörterbuchs der Sozialwissenschaften, Bd. 5, Stuttgart 1980, S. 104–113.

Ott, Claus/Schäfer, Hans-Bernd, Die ökonomische Analyse des Rechts – Irrweg oder Chance wissenschaftlicher Rechtserkenntnis?, JZ 43 (1988), S. 213–223.

Parisi, Francesco, Positive, Normative and Functional Schools in Law and Economics, European Journal of Law and Economics 2004, S. 259–272.

Paschke, Marian, Das Dauerschuldverhältnis der Wohnraummiete: Grundfragen der privatautonomen Gestaltung des Wohnraummietverhältnisses, Berlin 1991.

Peine, Franz-Joseph, Der Schutz der Wohnbevölkerung vor Verdrängung als Ziel baurechtlicher Satzungen, DÖV 1992, S. 85–92.

Penig, Ludwig, Der komplexe Wohnungsbau als staatliche Aufgabe, Berlin 1973.

Pernice-Warnke, Silvia, Demographische Segregation und Städtebaurecht, ZfBR 2018, S. 753–759.

Pestel Institut, Bauen und Wohnen 2024 in Deutschland, beauftragt vom Verbändebündnis "Soziales Wohnen", Hannover 2024, https://mieterbund.de/app/uploads/2024/01/Bauen-und-Wohnen-im-Jahr-2024.pdf.

Peter, Erik, Vonovia bricht Bündnis-Zusage, Taz v. 17.8.2023, https://taz.de/Berliner-Mietenbuendnis/!5950297/.

Petersen, Jens-Uwe, Die Vorgeschichte und die Entstehung des Mieterschutzgesetzes von 1923 nebst der Anordnung für das Verfahren vor dem Mieteinigungsamt und der Beschwerdestelle, Frankfurt a.M. 1991.

Petersen, Niels/Towfigh, Emanuel V., § 1 Ökonomik in der Rechtswissenschaft, in: Towfigh, Emanuel V./Petersen, Niels (Hrsg.), Ökonomische Methoden im Recht, 3. Aufl. Tübingen 2023, S. 1–22.

Pichl, Maximilian, Untersuchung im Rechtsstaat, Weilerswist 2022.

Piketty, Thomas, Das Kapital im 21. Jahrhundert, München 2016.

Piketty, Thomas, Kapital und Ideologie, München 2020.

Piketty, Thomas/Saez, Emmanuel/Zucman, Gabriel, Distributional National Accounts: Methods and Estimates for the United States, The Quarterly Journal of Economics 2018, S. 553–609.

Pistor, Katharina, Der Code des Kapitals – Wie das Recht Reichtum und Ungleichheit schafft, Berlin 2020.

Poscher, Ralf, The Hand of Midas: When Concepts turn Legal, or Deflating the Hart-Dworkin Debate, in: Hage/von der Pfordten (Hrsg.), Concepts in Law, Dordrecht (NL) Heidelberg u.a. 2009, S. 99–115.

Praum, Carsten, Der Mythos der Bezahlbarkeit. Zur wohnungspolitischen Relevanz von Faustregeln, dérive 65 (2016), S. 37–41.

Ptak, Ralf, Mythos Soziale Marktwirtschaft, Ossietzky 5 (2002), S. 235–238.

–, Neoliberalism in Germany: Revisiting the Ordoliberal Foundations of the Social Market Economy, in: Mirowski, Philip/Plehwe, Dieter (Hrsg.), The Road from Mont Pèlerin. The Making of the Neoliberal Thought Collective, Cambridge (MA, USA) London (UK) 2009, S. 98–138.

Putzer, Max, Das kommunale Vorkaufsrecht in Milieuschutzgebieten nach der Grundsatzentscheidung des BVerwG, NVwZ 2022, S. 222–225.

Ramsauer, Stefanie, Steuerung sozialer und ethnischer Segregation durch städtebauliche Planungsinstrumente, Berlin 2018.

rbb, Vonovia will Mieten in Berlin um bis zu 15 Prozent erhöhen, Beitrag v. 16.7.2024, https://www.rbb24.de/wirtschaft/beitrag/2024/07/vonovia-mieten-mieterhoehung-berlin-senat-metzner.html.

Reichel, Richard, Soziale Marktwirtschaft, Sozialstaat und liberale Wirtschaftsordnung, Aufklärung und Kritik, Sonderheft 2 (1998), S. 83–92.

Renner, Moritz/Kindt, Torsten, Wirtschaftsrecht und Politische Ökonomie, JZ 78 (2023), S. 313–320.

–, Erkenntnis und Interesse im Wirtschaftsrecht, JZ 78 (2023), S. 972–977.

Reulecke, Jürgen, Geschichte der Urbanisierung in Deutschland, Frankfurt a.M. 1985.

Riebel, Volker/Hubbert, Eva-Maria, Die Wohnung als ökonomisches Gut – eine Betrachtung aus mikroökonomischer Sicht, in: Hüpen, Rolf/Werbeck, Thomas (Hrsg.), Wirtschaftslehre zwischen Modell und Realität, Stuttgart 1998, S. 179–190.

Riegner, Michael, Staatlichkeit und globalisiertes Wissen, in: Münkler, Laura (Hrsg.), Dimensionen des Wissens im Recht, Tübingen 2019, S. 89–109.

Riemann, Charlotte Sophie, Baurechtliche Instrumente gegen Gentrifizierung, Wiesbaden 2016.

Rink, Dieter, Wohnen, Bundeszentrale für politische Bildung 2020, https://www.bpb.de/themen/deutsche-einheit/lange-wege-der-deutschen-einheit/47280/wohnen/.

–, Politik des Wohnens, in: Eckardt, Frank/Meier, Sabine (Hrsg.), Handbuch Wohnsoziologie, Wiesbaden 2021, S. 79–96.

Rödig, Jürgen, Die Denkform der Alternative in der Jurisprudenz, Berlin u.a. 1969.

Rödl, Florian, Europäisches Verfassungsziel „soziale Marktwirtschaft“ – kritische Anmerkungen zu einem populären Modell, Integration 28 (2005), S. 150–161.

–, Recht am Boden und Recht auf Wohnen im bürgerlichen Sozialstaat, in: Schönig, Barbara/Vollmer, Lisa (Hrsg.), Wohnungsfragen ohne Ende?!, Bielefeld 2020, S. 37–47.

Rödl, Florian/Restorff, Maike von, Das geltende Mietrecht: Vermieterbegünstigungsrecht, WuM 2020, S. 57–61.

Roelcke, Teresa, Nach Mieterhöhungen – Adler Group tritt aus Berliner Wohnungsbündnis aus, Tagesspiegel v. 15.8.2023, https://www.tagesspiegel.de/berlin/berliner-wirtschaft/nach-mieterhohungen-adler-group-tritt-aus-berliner-wohnungsbundnis-aus-10312162.html.

–, Wegen falsch begründeter Mieterhöhungen – Berliner Senat wirft Vonovia aus dem Wohnungsbündnis, Tagesspiegel v. 11.4.2025, https://www.tagesspiegel.de/berlin/berliner-wirtschaft/wegen-falsch-begrundeter-mieterhohungen-berliner-senat-wirft-vonovia-aus-dem-wohnungsbundnis-13528984.html.

Röhner, Cara, Eigentum und Vergesellschaftung in der Wohnungskrise. Zur Aktualität von Art. 15 GG, KJ 53 (2020), S. 16–29.

Röpke, Wilhelm, Die Lehre von der Wirtschaft, Wien 1937.

–, Die Gesellschaftskrisis der Gegenwart, 4. Aufl. Erlenbach-Zürich 1942.

Roquette, Hermann, Mietrecht. Aufbauende Gesamtdarstellung des Mietrechts mit einem Anhang: Mietverhältnisse mit Juden, Berlin 1939.

Rösner, Hans Jürgen, Sozialpartnerschaft und Mitbestimmung (1988), zitiert nach: Bundeszentrale für politische Bildung (Hrsg.), Soziale Marktwirtschaft, 1989, S. 99–100.

Roth, Walter, Mieterschutz und Sozialstaatsprinzip, WuM 1987, S. 176–180.

Ruck, Michael, Die öffentliche Wohnungsbaufinanzierung in der Weimarer Republik – Zielsetzungen, Ergebnisse, Probleme, in: Schildt, Axel/Sywottek, Arnold (Hrsg.), Massenwohnung und Eigenheim, Frankfurt a.M. New York (NY, USA) 1988, S. 150–200.

Rüstow, Alexander, Diskussionsbemerkung, in: Boese, Franz (Hrsg.), Verhandlungen des Vereins für Socialpolitik in Dresden 1932: Deutschland und die Weltkrise, München Leipzig 1932, S. 62–69.

–, Soziale Marktwirtschaft als Gegenprogramm gegen Kommunismus und Bolschewismus, in: Hunold, Albert (Hrsg.), Wirtschaft ohne Wunder, Erlenbach-Zürich 1953, S. 97–108.

–, Paläoliberalismus, Kollektivismus und Neoliberalismus in der Wirtschafts- und Sozialordnung, in: Forster, Karl (Hrsg.), Christentum und Liberalismus, München 1960, S. 149–178.

Säcker, Franz Jürgen/Rixecker, Roland/Oetker, Hartmut/Limperg, Bettina (Hrsg.), Münchener Kommentar zum Bürgerlichen Gesetzbuch, Band 5: Schuldrecht – Besonderer Teil II, §§ 535–630 h, 9. Aufl. München 2023 (zit.: *Bearbeiterin*, in: MüKo-BGB).

Sammet, Emma, Die Wohngesetzgebung als Spiegel polit-ökonomischer Annahmen, in: Bahmer, Larissa et al. (Hrsg.), Interaktionen: Internationalität, Intra- und Interdisziplinarität, Tagungsband der 63. Jungen Tagung Öffentliches Recht 2023, Baden-Baden 2024, S. 143–160.

–, Bezahlbare Miete statt Rendite – Die Neue Wohngemeinnützigkeit als kühlender Tropfen auf zu heißem Stein, Verfassungsblog v 10.6.2024, https://verfassungsblog.de/wohngemeinnutzigkeit-eigentum-verfassung/.

Sarbo, Bafta/Wolf, Lukas, Politische Ökonomie des Wohnens, in: Holm, Andrej (Hrsg.), Wohnen zwischen Markt, Staat und Gesellschaft, Hamburg 2021, S. 83–96.

Sauer, Heiko, Freie Fahrt für die Mietpreisbremse. Das Bundesverfassungsgericht akzentuiert die Sozialbindung des Eigentums und die politischen Spielräume für ihre Ausgestaltung, VerfBlog v. 21.8.2019, https://verfassungsblog.de/freie-fahrt-fuer-die-mietpreisbremse/.

Schäfer, Hans-Bernd/Ott, Claus, Lehrbuch der ökonomischen Analyse des Zivilrechts, 6. Aufl. Berlin Heidelberg 2020.

Schendel, Reiner, Verkauf kommunaler Wohnungsbestände, Ursachen und Folgen, wohnbund-Informationen: Ausverkauf der Wohnungswirtschaft, 3–4/2006, S. 15–21, https://www.wohnbund.de/wp-content/uploads/2019/10/wohnbund-info_2006_3.pdf.

Scherzberg, Arno, Wissen, Nichtwissen und Ungewißheit im Recht, in: Engel, Christoph/Halfmann, Jost/Schulte, Martin (Hrsg.), Wissen, Nichtwissen, unsicheres Wissen, Baden-Baden 2002, S. 114–144.

Schindler, Benjamin, Vom Nachjustieren der „Mietpreisbremse“, NZM 2020, S. 347–357.

Schipper, Sebastian/Vollmer, Lisa, Wohnungforschung, in: Schipper, Sebastian/Vollmer, Lisa (Hrsg.), Wohnungsforschung: Ein Reader, Bielefeld 2020, S. 9–36

Schlecht, Otto, Die Genesis des Konzepts der Sozialen Marktwirtschaft, in: Issing, Ottmar (Hrsg.), Zukunftsprobleme der Sozialen Marktwirtschaft, Verhandlungen auf der Jahrestagung der Gesellschaft für Wirtschafts- und Sozialwissenschaften – Verein für Socialpolitik – in Nürnberg vom 15.-17. September 1980, Berlin 1981, S. 9–31.

–, Grundlagen und Perspektiven der sozialen Marktwirtschaft, Tübingen 1990.

Schlegel, Rainer/Voelzke, Thomas, juris PraxisKommentar SGB I, 4. Auflage 2024 (zit.: jurisPK-SGB I).

Schmehl, Arndt, Kritische Bestandsaufnahme der Grundsteuer, in: Wieland, Joachim (Hrsg.), Kommunalsteuern und -abgaben. 36. Jahrestagung der Deutschen Steuerjuristischen Gesellschaft e.V., Köln 2012, S. 249–291.

Schmidt, Thorsten Ingo, Verfassungswidrigkeit der Grundsteuer als Flächensteuer, DStR 2020, S. 249–257.

Schmidt-Aßmann, Eberhard, Effizienz als Herausforderung an das Verwaltungsrecht – Perspektiven der verwaltungsrechtlichen Systembildung, in: Hoffmann-Riem, Wolfgang/Schmidt-Aßmann, Eberhard (Hrsg.), Effizienz als Herausforderung an das Verwaltungsrecht, Baden-Baden 1998, S. 245–269.

Schmidt-Futterer, Wolfgang, Die Kündigung zum Zwecke der Mieterhöhung, MDR 1971, S. 630–633.

Schmidt-Futterer, Wolfgang (Begr.)/Börstinghaus, Ulf (Hrsg.), Mietrecht. Großkommentar des Wohn- und Gewerberaummietrechts, 16. Aufl. München 2024 (zit.: *Bearbeiterin*, in: Schmidt-Futterer, Mietrecht-Großkomm.).

Schmoeckel, Mathias/Rückert, Joachim/Zimmermann, Reinhard (Hrsg.), Historisch-kritischer Kommentar zum BGB, Bd. 3, §§ 535–580 a. Mietvertrag, Tübingen 2013 (zit.: *Bearbeiterin*, in: HKK-BGB).

Schneider, Hans K./Deichmann, Werner, Der Weg zur sozialen Wohnungsmarktwirtschaft, Forschungsbericht 36 im Auftrag der Konrad-Adenauer-Stiftung, Melle 1984.

Schneider, Hans K./Kornemann, Rolf, Soziale Wohnungsmarktwirtschaft, Forschungsprojekt "Wohnungspolitik" des Instituts für Kommunalwissenschaften der Konrad-Adenauer-Stiftung e.V., Bonn 1977.

Schneider, Hans K./Schuppener, Christian, Soziale Absicherung der Wohnungsmarktwirtschaft durch Individualsubventionen, Göttingen 1971.

Schneider, Michael, Wohnungsbaupolitik, in: Handwörterbuch der Raumforschung und Raumordnung, Bd. 3, 2. Aufl. Hannover 1970, Sp. 3821–3827.

Schollmeier, Jana, Die Gewährleistung von angemessenem und bezahlbarem Wohnraum als Verfassungsfrage, Baden-Baden 2020.

Schollmeier, Jana/Lange, Pia/Röhner, Cara, Geschlechtergerechtes Wohnen – eine Annäherung, DJB-Z 1/2024, S. 1–8.

Schönig, Barbara, Die neue Wohnungsfrage, Blätter 2/2013, S. 17–20.

Schönig, Barbara/Kadi, Justin/Schipper, Sebastian (Hrsg.), Wohnraum für Alle?!, Bielefeld 2017.

Schönig, Barbara/Vollmer, Lisa, Wohnungsnot gestern und heute, Informationen zur Raumentwicklung 2018, S. 8–21.

–, Wohnungsfrage(n) ohne Ende und überall?! Sechs Thesen für eine interdisziplinäre Wohnungsforschung, in: Schönig, Barbara/Vollmer, Lisa (Hrsg.), Wohnungsfragen ohne Ende?!, Bielefeld 2020, S. 7–33.

Schrader, Paul Tobias, Wissen im Recht. Definition des Gegenstandes der Kenntnis und Bestimmung des Kenntnisstandes als rechtlich relevantes Wissen, Tübingen 2017.

Schrödter, Wolfgang (Hrsg.), Baugesetzbuch. Kommentar, 9. Aufl. Baden-Baden 2019.

Schröer, Thomas/Kümmel, Dennis, Anmerkung zu BVerwG, Urt. v. 9.11.2021, 4 C 1.20, NVwZ 2022, S. 78–79.

Schubert, Klaus/Klein, Martina, Das Politiklexikon: Begriffe, Fakten, Zusammenhänge, 8. Aufl. Bonn 2021.

Schuldt, Johann-Frederik, Mietpreisbremse: eine juristische und ökonomische Untersuchung der Preisregulierung für preisfreien Wohnraum, Baden-Baden 2017.

–, Die Mietpreisbremse als rechtspolitisches Menetekel, in: Artz, Markus/Eisenschmid, Norbert/Schmidt, Hubert/Streyl, Elmar (Hrsg.), Facetten des Mietrechts: Festschrift für Ulf P. Börstinghaus zum 65. Geburtstag, München 2020, S. 369–377.

Schultewolter, Daniel, Reform des Gemeindefinanzsystems: eine ökonomische Analyse unter besonderer Berücksichtigung der Grundsteuer und des kommunalen Finanzausgleichs, Göttingen 2018.

Schultz, Michael, Irrtum Mietpreisbremse, ZRP 2014, S. 37–41.

Schulz, Günther, Kontinuitäten und Brüche in der Wohnungspolitik von der Weimarer Zeit bis zur Bundesrepublik, in: Teuteberg, Hans Jürgen (Hrsg.), Stadtwachstum, Industrialisierung, Sozialer Wandel. Beiträge zur Erforschung der Urbanisierung im 19. und 20. Jahrhundert, Berlin 1986, S. 135–173.

Schulz, Sarah, Die freiheitliche demokratische Grundordnung, Weilerswist 2019.

Schulze-Fielitz, Helmuth, Sozialplanung im Städtebaurecht – Am Beispiel der Stadterneuerung, Königstein (Taunus) 1979.

Schumann, Jochen/Meyer, Ulrich/Ströbele, Wolfgang, Grundzüge der mikroökonomischen Theorie, 9. Aufl. Berlin Heidelberg 2011.

Schumann, Harald/Schmidt, Nico/Wolf, Marcus, Wie Steuerprivilegien die Wohnungsnot vergrößern, Investigate Europe v. 8.12.2022, https://www.investigate-europe.eu/de/posts/steuerprivilegien-wohnungsnot-vergrossern.

Schupp, Roland, Die Baulandsteuer. Lehren einer verfehlten Baubodenpolitik, JR 1964, S. 41–45.

Schwartz, Herman/Seabrooke, Leonard, Varieties of Residential Capitalism in the International Political Economy: Old Welfare States and the New Politics of Housing, in: Schwartz, Herman/Seabrooke, Leonard (Hrsg.), The politics of housing booms and busts, Basingstoke (UK) New York (NY, USA) 2009.

Sehl, Markus, Was will der Gesetzgeber? Ziel und Methoden rationaler Argumentation mit Gesetzesmaterialien, Baden-Baden 2019.

Senat von Berlin, Wahrnehmung von Vorkaufsrechten, Mitteilung zur Kenntnisnahme v. 28.4.2021, AGH-Drs. 18/2400, https://www.parlament-berlin.de/ados/18/IIIPlen/vorgang/d18-3638.pdf.

Senatsverwaltung für Stadtentwicklung, Bauen und Wohnen (SenSBW), Immobilienmarktbericht Berlin 2021/2022, Gutachterausschuss für Grundstückswerte in Berlin, https://www.berlin.de/gutachterausschuss/_assets/amarktinformationen/amarktanalyse/04-03-010-2100.pdf.

Siebert, Katharina, Reform der Grundsteuer. Eine ökonomische Analyse aktuell diskutierter Reformmodelle, Hamburg 2016.

Siegmund, Astrid, Die Privilegierung der Modernisierung im Rahmen der Wiedervermietungsmiete, in: Artz, Markus/Eisenschmid, Norbert/Schmidt, Hubert/Streyl, Elmar (Hrsg.), Facetten des Mietrechts: Festschrift für Ulf P. Börstinghaus zum 65. Geburtstag, München 2020, S. 397–407.

Simon, Eric, Gesetzesauslegung im Strafrecht, Berlin 2011.

Sonnenschein, Jürgen, Die Rechtsprechung des Bundesverfassungsgerichts zum Mietrecht, NJW 1993, S. 161–173.

– Wohnraummiete: eine Analyse des geltenden Rechts, Gutachten für die Expertenkommission Wohnungspolitik, Tübingen 1995.

Sotelo, Ramon, Ökonomische Grundlagen der Wohnungspolitik, Köln 2001.

SPD/Bündnis 90/Die Grünen/FDP, Mehr Fortschritt wagen: Koalitionsvertrag 2021–2025, https://www.bundesregierung.de/resource/blob/974430/1989762/9069d8019dabe546c2449dda2d838453/2021-12-08-koalitionsvertrag-data.pdf?download=1.

Spengelin, Friedrich, Stadtentwicklung und Stadtreparatur, in: Jenkis, Helmut (Hrsg.), Kompendium der Wohnungswirtschaft, 4. Aufl. München Wien 2001, S. 479–515.

Speth, Rudolf, Die politischen Strategien der Initiative Neue Soziale Marktwirtschaft, Düsseldorf 2004.

Spiecker gen. Döhmann, Indra, Wissensverarbeitung im Öffentlichen Recht, Rechtswissenschaft 1.3 (2010), S. 247–282.

Spiegel, Erika, Wohnen und Wohnung als soziologische Kategorie, in: Jenkis, Helmut (Hrsg.), Kompendium der Wohnungswirtschaft, 4. Aufl. München Wien 2001, S. 42–61.

Starck, Christian, Empirie in der Rechtsdogmatik, JZ 27 (1972), S. 609–614.

Staudinger, Julius von (Begr.)/Spellenberg, Ulrich/Heinrich, Dieter (Hrsg.), Kommentar zum Bürgerlichen Gesetzbuch, Buch 2: Recht der Schuldverhältnisse, §§ 535–556 g, Mietrecht 1 – Allgemeine Vorschriften; Wohnraummiete, Berlin 2024 (zit.: *Bearbeiterin*, in: Staudinger, BGB-Komm.).

Stenger, Alfons/Loose, Matthias (Hrsg.), Bewertungsrecht. Kommentar, Werkstand: 174. Ergänzungslieferung 2025, Köln 2025.

Stiel, Caroline/Kholodilin, Konstantin/Baake, Pio/Aubele, Felix/Pfeiffer, Linus, Wohnungsmarkt: Politische Debatten im Laufe der Zeit stark verändert – Einfluss durch Medien gering, DIW Wochenbericht 18 (2025), S. 254–260, https://doi.org/10.18723/diw_wb:2025-18-1.

Stock, Jürgen, Die gesetzlichen Vorkaufsrechte nach dem Baugesetzbuch, ZfBR 1987, S. 10–19.

Stollmann, Frank/Beaucamp, Guy, Öffentliches Baurecht, 13. Aufl. München 2022.

Taupitz, Jochen, Ökonomische Analyse und Haftungsrecht – Eine Zwischenbilanz, AcP 196 (1996), S. 114–167.

Teles, Steven, The Rise of the Conservative Legal Movement, Princeton (NJ, USA) 2008.

Tesch, Joachim, Wurde das DDR-Wohnungsbauprogramm 1971/1976 bis 1990 erfüllt?, Utopie kreativ, Sonderheft, 2000, S. 50–58, https://www.rosalux.de/fileadmin/rls_uploads/pdfs/Utopie_kreativ/2000_Sonderheft/2000_Sonderheft.pdf.

–, Der Wohnungsbau in der DDR 1971–1990. Ergebnisse und Defizite eines Programms in kontroversen Sichten, Berlin 2001.

Teuteberg, Hans Jürgen, Die Debatte der deutschen Nationalökonomie im Verein für Socialpolitik über die Ursachen der „Wohnungsfrage" und die Steuerungsmittel einer Wohnungsreform im späten 19. Jahrhundert, in: Teuteberg, Hans Jürgen (Hrsg.), Stadtwachstum, Industrialisierung, Sozialer Wandel. Beiträge zur Erforschung der Urbanisierung im 19. und 20. Jahrhundert, Berlin 1986, S. 13–59.

Thurn, John Philipp, Welcher Sozialstaat? Ideologie und Wissenschaftsverständnis in den Debatten der bundesdeutschen Staatsrechtslehre 1949–1990, Tübingen 2013.

Thüsing, Gregor/Vianden, Sabine, Rechtsfreie Räume? Die Umsetzung der EU-Antirassismusrichtline im Wohnungsbereich: zum verbleibenden Umsetzungsbedarf der Richtlinie 200/43/EG im Allgemeinen Gleichbehandlungsgesetz, Gutachten im Auftrag der Antidiskriminierungsstelle des Bundes, Baden-Baden 2019, https://www.antidiskriminierungsstelle.de/SharedDocs/downloads/DE/publikationen/Rechtsgutachten/rechtsgutachten_rechtsfreie_raeume_umsetzg_eu_rl_im_wohnungsbereich.pdf?__blob=publicationFile&v=7.

Tietzsch, Rainer, Die Neue Wohngemeinnützigkeit – Ein Konzept, WuM 2023, S. 6–11.

Tietzsch, Rainer/Raabe, Benjamin, Mietpreisbremse verfassungswidrig?, WuM 2017, S. 688–692.

Tillmanns, Reiner, Die Abgrenzung des Bauplanungsrechts vom Bauordnungsrecht, AöR 132:4 (2007), S. 582–605.

Tipke, Klaus (Begr.)/Lang, Joachim (fortg.)/Seer, Roman/Hey, Johanna/Montag, Heinrich/Englisch, Joachim/Hennrichs, Joachim (Hrsg.), Steuerrecht, 24. Aufl. Köln 2024 (zit.: *Bearbeiterin*, in: Tipke/Lang, Steuerrecht).

Towfigh, Emanuel V., § 2 Das ökonomische Paradigma, in: Towfigh, Emanuel V./Petersen, Niels (Hrsg.), Ökonomische Methoden im Recht, 3. Aufl. Tübingen 2023, S. 23–40.

Trautvetter, Christoph/Knechtel, Sarah, Wem gehört die Stadt? Teil 2, Rosa-Luxemburg-Stiftung, https://www.rosalux.de/fileadmin/images/Dossiers/Wohnen/Studien_1-23_Wem_gehoert_die_Stadt2.pdf.

Troll, Max (Begr.)/Eisele, Dirk (Hrsg.), Grundsteuergesetz, mit Nebengesetzen, Richtlinien und Verwaltungsanweisungen sowie Mustersatzung und Rechtsprechungsanhang zur Zweitwohnungssteuer, 12. Aufl. München 2021.

Trute, Hans-Heinrich, Wissen – Einleitende Bemerkungen, in: Röhl, Hans Christian (Hrsg.), Wissen – Zur kognitiven Dimension des Rechts, Die Verwaltung, Beiheft 9 (2010), S. 11–38 (zit.: DV Beiheft 9 [2010]).

Unger, Knut, Anlageprodukt Wohnung: die Finanzindustrialisierung der deutschen Wohnungswirtschaft, Widerspruch 68 (2016), S. 91–103.

–, Vonovia: Ein Problem, das immer größer wird, Rosa-Luxemburg-Stiftung, 2. Aufl. Berlin 2022, https://www.rosalux.de/fileadmin/rls_uploads/pdfs/sonst_publikationen/Broschur_Vonovia_Web.pdf.

Van Aaken, Anne, „Rational Choice" in der Rechtswissenschaft: zum Stellenwert der ökonomischen Theorie im Recht, Baden-Baden 2003.

–, Vom Nutzen der ökonomischen Theorie für das öffentliche Recht: Methode und Anwendungsmöglichkeiten, in: Bungenberg, Marc et al. (Hrsg.), Recht und Ökonomik, 44. Assistententagung Öffentliches Recht, München 2004, S. 1–31.

Van Hulst, Merlijn/Metze, Tamara/Dewulf, Art/de Vries, Jasper/van Bommel, Severine/van Ostaijen, Mark, Discourse, framing and narrative: three ways of doing critical, interpretive policy analysis, Critical Policy Studies 2024, S. 1–23, https://doi.org/10.1080/19460171.2024.2326936.

Veljanovski, Cento, The Economic Approach to Law: A Critical Introduction, British Journal of Law and Society 1980, S. 158–193.

Vesting Thomas, Rechtstheorie. Ein Studienbuch, München 2007.

–, Information und Kommunikation, in: Voßkuhle, Andreas/Eifert, Martin/Möllers, Christoph (Hrsg.), Grundlagen des Verwaltungsrechts, Bd. I, 3. Aufl. München 2022, § 20.

Vogel, Hans-Jochen, Bodenrecht und Stadtentwicklung, NJW 1972, S. 1544–1547.

–, Bedarf es wirklich keiner Bodenrechtsreform? Eine verdrängte Herausforderung, ZfSÖ 2018, S. 19–24.

–, Mehr Gerechtigkeit! Wir brauchen eine neue Bodenordnung – nur dann wird auch Wohnen wieder bezahlbar, Freiburg i.Br. 2019.

Vogel, Klaus, Gesetzgebung und Verwaltung (Schlußwort), in: VVDStRL 24 (1967), S. 247–253.

Vogelpoth, Andreas, Die neue Grundsteuer C auf „baureife" Grundstücke, DStR 2020, S. 1026–1029.

Vollmer, Lisa, Strategien gegen Gentrifizierung, Stuttgart 2018.

Vorsteher, Jens, Das Zuhause im Bürgerlichen Gesetzbuch. Ein Leitmotiv interdisziplinärer Rechtsdogmatik?, Baden-Baden 2024.

Voßkuhle, Andreas, Methode und Pragmatik im Öffentlichen Recht. Vorüberlegungen zu einem differenziert-integrativen Methodenverständnis am Beispiel des Umweltrechts, in: Bauer, Hartmut/Czybulka, Detlef/Kahl, Wolfgang/Schmidt, Reiner (Hrsg.), Umwelt, Wirtschaft und Recht: Wissenschaftliches Symposium aus Anlaß des 65. Geburtstages von Reiner Schmidt, Tübingen 2002, S. 171–195.

–, Neue Verwaltungsrechtswissenschaft, in: Voßkuhle, Andreas/Eifert, Martin/Möllers, Christoph (Hrsg.), Grundlagen des Verwaltungsrechts, Bd. I, 3. Aufl. München 2022, § 1.

Waldhoff, Christian/Rennert, Dominik, Gesetzesmaterialien als juristische Paratexte, in: Grimm, Dieter/König, Christoph (Hrsg.), Lektüre und Geltung: zur Verstehenspraxis in der Rechtswissenschaft und in der Literaturwissenschaft, Göttingen 2020, S. 83–108.

Walter, Peter, Wohnrecht für Mieter und Hausbesitzer: Das neue Wohngeld, Düren 1965.

Wandersleb, Hermann, Entwicklungstendenzen im Wohnungsbau in der Bundesrepublik. Ergebnisse einer zehnjährigen Wohnungsbautätigkeit, in: Fischer-Dieskau, Joachim (Hrsg.), Beiträge zur Theorie und Praxis des Wohnungsbaues. Arnold Knoblauch als Festschrift zum 80. Geburtstag gewidmet von seinen Freunden, Bonn 1959, S. 7–19.

Weber, Peter, Mittel und Wege landesrechtlichen Mietpreisrechts in angespannten Wohnungsmärkten, JZ 73 (2018), S. 1022–1029.

Wegner, Bettina, Zu den ideologischen Grundlagen des Subsidiaritätsprinzips und zur Anwendung des Prinzips auf die Wohnungswirtschaft, in: Engelhardt, Werner W./Thiemeyer, Theo (Hrsg.), Gesellschaft, Wirtschaft, Wohnungswirtschaft: Festschrift für Helmut Jenkis, Berlin 1987, S. 169–197.

Weigelt, Thomas, Die wachsende Stadt als Herausforderung für das Recht, Tübingen 2016.

Weingart, Peter, Wissenschaftssoziologie, Bielefeld 2003.

Weiß, Jeannette, Die Entwicklung des Mieterschutzes. Konsequenzen politischen und sozialen Wandels, Diss., Berlin 1993.

Weißmüller, Laura, Wie der soziale Wohnungsbau vor die Hunde ging, Süddeutsche Zeitung v. 17.12.2021, https://www.sueddeutsche.de/leben/geschichte-sozialer-wohnungsbau-neue-heimat-neues-bauen-privatisierung-sozialbindung-wohnungsnot-1.5489592?reduced=true.

Weitemeyer, Birgit, Das Gesetz zur Regelung der Miethöhe und die Vertragsfreiheit, NZM 2000, S. 313–321.

Wengeler, Martin, „Die Planwirtschaft ist das Unsozialste, was es überhaupt gibt ...". Zur Geschichte eines bundesdeutschen Fahnenwortes, in: Busse, Dietrich/Hermanns, Fritz/Teubert, Wolfgang (Hrsg.), Begriffsgeschichte und Diskursgeschichte. Methodenfragen und Forschungsergebnisse der historischen Semantik, Opladen 1994, S. 107–123.

–, „Der alte Streit ‚hier Marktwirtschaft dort Planwirtschaft' ist vorbei". Ein Rückblick auf die sprachlichen Aspekte wirtschaftspolitischer Diskussionen, in: Stötzel, Georg/Wengeler, Martin (Hrsg.), Kontroverse Begriffe: Geschichte des öffentlichen Sprachgebrauchs in der Bundesrepublik Deutschland, Berlin 1995, S. 35–91.

–, Vom Jedermann-Programm bis zur Vollbeschäftigung – Wirtschaftspolitische Leitvokabeln, in: Böke, Karin/Liedtke, Frank/Wengeler, Martin (Hrsg.), Politische Leitvokabeln in der Adenauer-Ära, Berlin New York (NY, USA) 1996, S. 379–434.

Westphal, Helmut, Die Filtering-Theorie des Wohnungsmarktes und aktuelle Probleme der Wohnungsmarktpolitik, Leviathan 6:4 (1978), S. 536–557.

White, Hayden, Metahistory: the Historical Imagination in Nineteenth-Century Europe, Baltimore (MD, USA) London (UK) 1973.

Whyte, Jessica, The Morals of the Market: Human Rights and the Rise of Neoliberalism, London, New York (NY, USA) 2019.

Wiegand, Felix, David Harveys urbane Politische Ökonomie, Emanzipation 3:2 (2013), S. 35–56.

Wiethölter, Rudolf, Wirtschaftsrecht, in: Görlitz, Axel (Hrsg.), Handlexikon zur Rechtswissenschaft, München 1972, S. 531–539.

Wihl, Tim, Zur Nichtigkeit des Berliner Mietendeckels: Erste Anmerkungen zu einem eklatanten Fehlurteil, VerfBlog v. 15.4.2021, https://verfassungsblog.de/zur-nichtigkeit-des-berliner-mietendeckels/.

Willke, Helmut, Supervision des Staates, Frankfurt a.M. 1997.

Winkler, Jan, Die Verfassungsmäßigkeit der Grundsteuerreform, Berlin 2024.

Winkler, Leopold, Die Regulierung von Bestandsbauten in angespannten Wohnungsmärkten, Baden-Baden 2023.

Wischmeyer, Thomas, Zwecke im Recht des Verfassungsstaates: Geschichte und Theorie einer juristischen Denkfigur, Tübingen 2015.

–, Der „Wille des Gesetzgebers". Zur Rolle der Gesetzesmaterialien in der Rechtsanwendung, JZ 70 (2015), S. 957–966.

–, Informationssicherheit, Tübingen 2023.

Wissenschaftliche Dienste des Deutschen Bundestages (WD), Sachstand: Historische Entwicklung der Grundsteuer, WD 4 - 3000 - 026/18, Berlin 2018.

–, Sachstand: Steuerliche Instrumente zur Förderung des Baus oder Kaufs von Wohnungen, WD 4 - 3000 - 111/18, Berlin 2018.

–, Sachstand: Recht auf Wohnen, WD 3 - 3000 - 120/19, Berlin 2019.

Wolff, Johanna, Anreize im Recht, Tübingen 2021.

Woll, Artur, Marktordnung, in: Albers, Willi et al. (Hrsg.), Handwörterbuch der Wirtschaftswissenschaft, zugleich Neuauflage des Handwörterbuchs der Sozialwissenschaften, Bd. 5, Stuttgart u.a. 1980, S. 127–139.

Wolter, Udo, Mietrechtlicher Bestandsschutz: historische Entwicklung seit 1800 und geltendes Wohnraum-Kündigungsschutzrecht, Frankfurt a.M. 1984.

Zerche, Jürgen/Schönig, Werner, Vergleich der Problemfelder des Wohnens in der DDR und in den neuen Bundesländern, in: Zerche, Jürgen/Krieger, Ingrid (Hrsg.), Vom sozialistischen Versorgungsstaat zum Sozialstaat Bundesrepublik: Ausbau oder Abbau der sozialen Lage in den neuen Bundesländern?, Regensburg 1994, S. 210–229.

Zimmermann, Carlotta, Gemeindliche Vorkaufsrechte im Lichte des Baulandmobilisierungsgesetzes, DVBl 2023, S. 443–449.

Zimmermann, Clemens, Von der Wohnungsfrage zur Wohnungspolitik: die Reformbewegung in Deutschland 1845–1914, Göttingen 1991.

Zimmermann, Horst, Die Grundsteuer als geborene Gemeindesteuer, in: Hansmann, Marc (Hrsg.), Kommunalfinanzen in der Krise: Problemlagen und Handlungsansätze, Berlin 2011, S. 194–212.

–, Grundsteuer: die Qual der Wahl, Wirtschaftsdienst 7/2019, S. 490–493, https://doi.org/10.1007/s10273-019-2479-8.

Zimmermann, Ludwig, Wohngeldgesetz. Handkommentar, Baden-Baden 2014 (zit.: *Bearbeiterin*, in: L. Zimmermann (Hrsg.), WoGG-HK).

Zinn, Karl Georg, Soziale Marktwirtschaft: Idee, Entwicklung und Politik der bundesdeutschen Wirtschaftsordnung, Mannheim u.a. 1992.

Zweynert, Joachim, Die Soziale Marktwirtschaft als politische Integrationsformel, Wirtschaftsdienst 5/2008, S. 334–337, https://doi.org/10.1007/s10273-008-0800-z.